UN BYWYD O BLITH NIFER:

COFIANT SAUNDERS LEWIS

UN BYWYD O BLITH NIFER

Cofiant
SAUNDERS LEWIS

T. Robin Chapman

Gomer

Cyhoeddwyd yn 2006 gan
Wasg Gomer, Llandysul, Ceredigion SA44 4JL

ISBN 1 84323 709 1
ISBN-13 9781843237099

Dymuna'r cyhoeddwyr gydnabod cymorth Cyngor Llyfrau Cymru.

Argraffwyd a rhwymwyd yng Nghymru gan
Wasg Gomer, Llandysul, Ceredigion

I'm brawd, Bill – pen-chwilotwr Cymru –
gyda diolch ac edmygedd.

CYNNWYS

DIOLCHIADAU

Rhaid diolch i amryw o bobl am amryw byd o gymwynasau wrth imi lunio'r gyfrol hon. Priodol cychwyn gyda Rhys Evans, sy'n gwybod o brofiad y fath greadur obsesiynol y gall cofiannydd fod; amheuthun oedd cael rhannu syniadau a rhannu adnoddau gyda hanesydd wrth grefft. Diolch yn ogystal i'r canlynol am gyfeillgarwch, cymorth ymarferol a llawer fflach o ysbrydoliaeth: Mair Saunders Jones, yr Athro R. Geraint Gruffydd, yr Athro Geraint H. Jenkins, Dafydd Glyn Jones, Dr Harri Pritchard Jones, Einion Wyn Thomas, Dr Bruce Griffiths, Ann Corkett, Dinah Jones, Dr Meredydd Evans, Dr Damian Walford Davies, yr Athro Hazel Walford Davies a Dr Huw Walters. Maddeuer yr enwau a aeth dros gof. Carwn gydnabod hefyd gymorth ariannol hael o Gronfa Goffa Saunders Lewis ac o gronfeydd y Fons Enid Parry a Syr David Hughes Parry. Hwyluswyd fy ffordd gryn lawer tua diwedd y gwaith gan yr Athro Gruffydd Aled Williams, a'm rhyddhaodd o sawl gorchwyl yn Adran y Gymraeg yn Aberystwyth. Mawr yw fy nyled iddo ef, ac i Nia Peris, a fwriodd lygad barcud dros y deipysgrif a'm cadw rhag llu o lithriadau. Yn olaf, diolch yn fawr – nid am y tro cyntaf – i'r bobl niferus hynny sy'n gwneud gwaith ymchwil a chyhoeddi yng Nghymru yn llai o faich: i staff Llyfrgell Genedlaethol Cymru ac i'r dewiniaid yng Ngwasg Gomer am greu cyfrol mor hardd.

T. Robin Chapman
Aberystwyth
Mehefin 2006

Dymuna'r cyhoeddwyr ddiolch i Mrs Mair Saunders Jones, y *Western Mail*, Llyfrgell Genedlaethol Cymru a Mary Andrews, o adran Ymchwil Lluniau'r *Guardian* Newspapers, am bob cymorth gyda'r lluniau.

BYRFODDAU

AKAS Dafydd Ifans (gol.), *Annwyl Kate, Annwyl Saunders: Gohebiaeth 1923-83* (Aberystwyth, 1992)

LMG Mair Saunders Jones, Ned Thomas a Harri Pritchard Jones (goln), *Saunders Lewis: Letters to Margaret Gilcriest* (Cardiff, 1993)

LlGC Llyfrgell Genedlaethol Cymru

PRO Public Record Office

SLThG Hazel Walford Davies, *Saunders Lewis a Theatr Garthewin* (Llandysul, 1995)

RHAGYMADRODD

Ac yntau ar drothwy ei ben blwydd yn 87 oed, mynnodd Saunders Lewis nad oedd wedi ystyried ysgrifennu hunangofiant. 'Ni feddyliais erioed,' meddai, 'ac ni feddyliaf yn awr fod defnyddiau cyfanwaith yn fy mywyd gwibiol i.'[1] Nid oes amau bod rhagor yn y gosodiad na gwyleidd-dra ac yn sicr rywbeth amgen nag awydd chwareus i bryfocio darpar gofiannydd. Yr oedd Lewis fel petai'n ddi-hid am ei hanes personol, neu'n credu nad oedd y fath beth yn bosibl. Ni chyhoeddodd ond un darn hunangofiannol, a hwnnw ar gais Urdd Gobaith Cymru o bawb; bu'n llywydd ar ei blaid am naw mlynedd heb gael tynnu llun ffurfiol, ac arhosodd hyd yn oed ddyddiad ei ben blwydd yn ddirgelwch i rai y tu allan i'w deulu ei hun am bron i ddegawd ar ôl ei farw.

Nid nad oedd yn fwriad ganddo ddweud rhagor amdano'i hun. Yng ngwanwyn 1957, pan oedd ar fin ymddeol o'r swydd olaf iddo ei dal, yn Adran y Gymraeg, Caerdydd, fe gyflawnodd gamp o wrhydri a thynerwch y mynnodd ddweud wrth ei gyfaill D. J. Williams amdani flwyddyn yn ddiweddarach. Achubodd gyw bronfraith 'o safn cath' ar lawnt ei gartref. Aeth â'r creadur di-blu, nad oedd ei lygaid wedi agor eto, i'w aelwyd:

> Mi sgrifennaf hanes magu'r fronfraith rywdro, dysgu iddi hedfan, dysgu iddi afael mewn cangen pren, dysgu iddi gyfathrachu ag adar eraill, a mynd allan i'r ardd pan fyddai hi'n nosi a galw'r fronfraith a hithau'n disgyn ar f'ysgwydd i neu fy mhen i a mynd yn ôl i'r tŷ am y nos – nes dyfod na ddôi hi ddim i mewn i gysgu ond aros allan a dod i'n gweld ni i frecwast.[2]

Dewiswyd adrodd yr hanes yma yn rhannol am na ellid disgwyl iddo ei gyhoeddi, oherwydd prin y cafodd neb fyw bywyd mor llawn am gyfnod mor hir gan adael cyn lleied o sôn answyddogol neu anffurfiol amdano ar ei ôl. Ceir bwlch yn y teyrngedau mynych iddo lle byddai rhywun yn disgwyl stori ddadlennol, atgof treiddgar, cip dros ysgwydd. Mae'n werth nodi i Lewis ei hun deimlo'n debyg. 'Pa mor aml y bydd neb yn ef ei hun?' gofynnodd i Pennar Davies yn sgil cyhoeddi astudiaeth o'i fywyd a'i waith gan yr olaf a adawodd y gwrthrych 'heb adnabod o gwbl y gŵr y disgrifir ei waith ynddo . . . Unwaith yr wythnos am awr neu ddwy wrth ysgrifennu, efallai. A sut y gall dyn fod yn gyson ag ef ei hun, pan nad oes ganddo ef "ef ei hun" y gall ef ei gofio?'[3] Tebyg oedd ei farn chwarter canrif wedi hynny. 'Rydw i wedi cael fy siâr o gerddi . . . ac o ysgrifau ar fy ngwaith. Ni fedraf fy ngweld fy hun yn yr un ohonynt.'[4] Disgrifiodd *Presenting Saunders Lewis*, dan olygyddiaeth Alun R. Jones a Gwyn Thomas, fel 'mausoleum',[5] ac yr oedd y syniad o fod yn wrthrych rhaglen deledu i ddathlu ei bedwar ugain oed yn wrthun ganddo: 'Cwbl amhosibl! Mae'r syniad yn fy nychryn o sbasm i sbasm o asthma. Byddai'n well gennyf fod eich camera yn dyfod i lawr i lan môr Penarth a minnau i neidio o'r pier i'r dŵr a'r llanw i mewn yn llawn. Fe fyddai hynny o leia yn derfyn call, ac yn llai o *exhibition*.'[6] Fel beirniad a newyddiadurwr, a hyd yn oed fel llenor, ni chyffyrddwyd Lewis fawr gan rym stori chwaith: yn ei feirniadaeth, syniadaeth y testun oedd ei ddiddordeb; yn ei wleidyddiaeth, yr egwyddorion rhagor yr ymgyrchoedd a'i diddorai; nid taerineb plot sy'n gyrru ei ddramâu a'i nofelau. O ystyried pendantrwydd ei gredoau ei hun a'i ysfa i argyhoeddi a darbwyllo eraill, mae'n arwyddocaol sylwi hefyd mor od o oddefol ydoedd – yn gyhoeddus, o leiaf – yn achos ei bersonoliaeth ei hun. Gadawai i eraill ei liwio fel athrylith, fel bwgan, fel *magus* ac oracl a sant a ffŵl sanctaidd.

Wrth i gofiannydd fynd ati i ddewis llwybr o blith yr opsiynau bras a gor-syml hyn, nid yw geirfa arferol y cofiant, gyda'i sôn am ddatguddio, datgelu, diberfeddu a chodi cwr y llen, fel petai'n briodol yn achos Saunders Lewis. Nid didoli'r elfennau yn ei fywyd yw'r dasg, eithr eu cyfannu. I raddau, rheidrwydd ymarferol yw gwneud hynny. Y duedd yn yr ymdriniaethau â'i fywyd, dros ystod o hanner can mlynedd, fu ei rannu'n gyfraniadau rhwng caredigion: pob un â'i air neu ei gair detholedig am yr ysgolhaig, y bardd, y dramodydd, y gwleidydd ac yn y blaen. Dywed y *Festschriften* hyn lawn gymaint am natur cyhoeddi yn y Gymraeg ag a ddywedant am y gwrthrych, wrth gwrs, ond eu heffaith yw hyrwyddo'r syniad y gellir treulio Lewis o dafell i dafell. Wrth ddarllen y gwaith a wnaed ar Lewis hyd yn hyn, atgoffir rhywun o eiriau Brendan Behan yn ei ragymadrodd i *The Quare Fellow*: 'There is no story, although a great many things happen'. Un ymgais a gafwyd ar lunio cofiant llawn iddo hyd yn hyn, sef y gyfrol gyntaf o ddwy arfaethedig gan D. Tecwyn Lloyd.[7] Rhaid cydnabod ei thrylwyredd a'i gwerth fel ffynhonnell, ond tuedda'r gyfrol i wneud yn fach o naratif bywyd Lewis. Y bwriad yn y gwaith a ganlyn yw adfer dilyniant y bywyd hwnnw trwy ddangos, hyd y gellir, gyfochredd a chyfatebiaeth y digwyddiadau yn ei hanes a'i ymateb – cyhoeddus a phreifat – iddynt.

Ceir rhesymau dyfnach hefyd dros bleidio un darlun llawn a chydlynus o'i fywyd yn y cysyniad o 'gyfanwaith' fel y deallai Lewis ef. Yr oedd rhagor i'w weithgarwch hollgofleidiol na chwilfrydedd deallusol neu'r awydd i greu, er eu pwysiced. Meddai cyfanrwydd ynddo'i hun – neu gyfandod, fel y'i galwai ar dro – ar arbenigrwydd yn ei olwg. Nid ar ddamwain y trôi o hyd at drosiadau cyfunol i ddiffinio gwaith y llenor a'r beirniad a'r gwleidydd fel ei gilydd: yr eglwys gadeiriol lle trawsffurfir pob maen di-nod yn rhywbeth i ryfeddu ato o gael ei osod yn ei drefn rhwng meini eraill, gwledd o seigiau, y dolenni mewn cadwyn, y darnau gwydr mewn ffenestr liw, priodas, teulu, cerflun yn ymddihatru'n wyrthiol o gaethiwed carreg, y sêr yn eu graddau, gwiail ifainc yn cyd-dyfu yn berllan â henwydd praff, planhigyn yn tyfu o'r gwraidd i'r bôn i'r dail. Darganfyddiad cyfareddol iddo, gellir meddwl, oedd taro ar y cysylltiad ieithegol rhwng 'bôn' a 'bonedd'.[8] Peth annigonol, llai na bonheddig, oedd y peth rhannol, didoledig, gweddw ganddo. Nid yn unig hynny: yr oedd fel petai i bob gweithred neu destun unigol werth ac arwyddocâd ehangach o fod yn rhan o gyfangorff mwy. Felly ei ddiffiniad o feirniadaeth lenyddol fel proses o 'wneud-yn-un' a 'sunthesis';[9] ei edmygedd o lenydda fel '*métier*' a'i eiriau hallt am ysgolheigion ifainc a fodlonai ar gyhoeddi ysgrif neu ddwy cyn tewi am byth;[10] ei amharodrwydd i feddwl am y Gymraeg fel 'trysor amhrisiadwy a gollodd y mwyafrif o'r Cymry', eithr fel hanfod 'dynoliaeth dyn . . . y dyn gwâr, llawn-ddynol';[11] ei wrthwynebiad i sosialaeth a fynnai chwyldro yn nhrefn 'naturiol' cymdeithas; ei atgasedd at ddiwydiannaeth; a'i uchelgais ddi-ball, anniwall ei hun i rychwantu holl ganon llenyddiaeth Gymraeg a chyfrannu ato. Yr un ymlyniad wrth gyfanrwydd a chadernid cydberthynas a'i denodd at byrth Eglwys Rufain ac 'undeb annileadwy y byw a'r marw mewn un corff'[12] ddegawd a mwy cyn iddo'i harddel yn agored. 'Swyn y bywyd Cristnogol yw clasuroldeb ei ffurf,' ysgrifennodd ymhellach. 'Y mae'r drychfeddwl yn artistig, yn gyfan.'[13] Yr atyniad hwn at fyd-olwg panoramig a weddnewidiodd wladgarwch ei ieuenctid yn athrawiaeth cenedlaetholdeb hefyd. Yn ei gerddi a'i ddramâu a'i newyddiaduraeth – ym mhopeth bron a ysgrifennodd, yn wir – gwelir yr un duedd i gyfannu a chyfroddeddu, i symud oddi wrth y penodol at y cyffredinol, y tymhorol at yr oesol. Fe'i gwelir hefyd yn yr ysfa i ddehongli hanes, yng ngeiriau Ifor Williams, fel 'Kosmos trefnus . . . yn un cyfanwaith, yn ôl braint celfyddyd, ac nid yn ôl gweledigaeth camera'.[14] A defnyddio ymadrodd y buasai ef, mae'n sicr, yn gwaredu ato, beirniad a llenor, gwleidydd a Christion y darlun mawr oedd Saunders Lewis. 'All conversions,' ysgrifennodd yn y peth agosaf i gyffes ffydd iddo ei roi ar glawr erioed, 'are slow and piecemeal.'[15] Heb ymgais i ddeall ei bwyslais ar undod a'i syniad am dröedigaeth fel peth a ddaw at ei gilydd o dipyn i beth yn hytrach nag mewn fflach, ni ellir gwerthfawrogi un o'r agweddau mwyaf syfrdanol ar Lewis, sef iddo ddod i'r amlwg mewn modd mor orffenedig yn ei waith cyhoeddedig o ddechrau'r 1920au ymlaen. Yr oedd yr adnoddau ganddo cyn i'r moddion fynd â'i fryd: yr oedd wedi dod i benderfyniad am genedlaetholdeb fel egwyddor cyn iddo feddwl o ddifrif am ei gymhwyso at Gymru; yr oedd ei farn am briod iaith y theatr wedi sadio cyn iddo fentro ysgrifennu iddi; cawsai ei argyhoeddi am werth traddodiad cyn clywed enw Dafydd Nanmor hyd yn oed, ac yr oedd ei sêl dros Gatholigiaeth yn gynsail gadarn cyn bod yn wrthrych ffydd.

O'r estheteg gyfannol hon y deilliodd yr agweddau a wnâi Saunders Lewis yn arwr mor broblemus i'w edmygwyr ac a gythruddai ei elynion. Ei absoliwtiaeth i gychwyn, a barai iddo gyhoeddi'n dalog, ymhlith pethau eraill, mai'r cofiant oedd 'y ffurf bwysicaf ar ryddiaith greadigol Gymraeg' yn y bedwaredd ganrif ar bymtheg,[16] neu na allai neb ond cenedlaetholwr 'ddehongli hanes cenedl'.[17] Pwnc papur ynddo'i hun fyddai dilyn hanes troi'r ymadrodd 'iawn farnu' ganddo yn 'iawn-farnu' ac yna'n 'iawnfarnu' wrth i'r ddau gysyniad asio yn ei feddwl. Bu'r pendantrwydd hwn yn fodd i'w wneud yn eilun i genedlaethau o fyfyrwyr a oedd yn ddiamynedd â gosodiadau mesuredig, gwyliadwrus beirniaid eraill, ac yn wrthrych drwgdybiaeth gan yr arch-feirniad sefydliadol hwnnw, Syr Thomas Parry.[18] Dyma ffynhonnell ei geidwadaeth wleidyddol hefyd, a anesmwythai'r rhai a'i dilynodd i rengoedd y Blaid Genedlaethol ac a sefydlodd Gymdeithas yr Iaith yn ateb i'w alwad (un ai a fwriadai hynny neu beidio). Yn olaf, hon yw'r estheteg a'i gyrrodd i fynnu ei le ei hun yn y gadwyn, i geisio bod yn seren yn y cytser. Gellir dilyn llinyn di-dor rhwng y darlithydd ifanc dan gyfaredd a fynnai wybod gan T. Gwynn Jones 'sut deimlad yw gwybod eich bod yn glasur?'[19] a'r henwr a gyfaddefodd, 'I would not think it worth writing if I did not think that I could be first-rate.'[20]

Maen clo adeilad ei fywyd ei hun oedd y gynneddf feirniadol hon – cynneddf ysgubol yn aml. Yr oedd Lewis yn feiriad cyn bod yn wleidydd na hyd yn oed yn llenor. Ei waddol syniadol i Gymru, ac mae'n gymaint rhan o'n cynhysgaeth a'n disgwrs fel mai prin y gallwn sefyll yn ddigon pell oddi wrtho i'w weld yn glir, yw fod cyflwr celfyddyd pob cyfnod, ac yn enwedig felly ei lenyddiaeth, yn ddrych – yn ddangoseg – i'w gyflwr ehangach. Nid wrth ei heconomi na'i sefydliadau gwleidyddol a chrefyddol na'i llwyddiant materol na milwrol na moesol y mae mesur ffyniant cenedl neu ganrif eithr wrth ei diwylliant. Neu'n hytrach, ac yn fanylach, barnai fod iechyd diwylliant yn ategu'r pethau hyn; ac amod diwylliant iach – amod gwareiddiad iach, yn wir, yn ei olwg ef – oedd ei ymwybod â'i orffennol ei hun. 'Hanes gwareiddiad Ewrop,' cyhoeddodd ar drothwy'r Ail Ryfel Byd, '– hanes delfryd ysbrydol ydyw.'[21] Llaw-fer oedd gwareiddiad gan Lewis bob amser am wareiddiad gorllewin Ewrop, a gair swyn yn ei eirfa oedd 'Ewropeaidd'. Bod o ansawdd Ewropeaidd oedd y deyrnged fwyaf y gellid ei thalu i lenyddiaeth Gymraeg. Syniai am ddiwylliant Cymru fel 'yr aelod bychan hwn o gorff gwareiddiad y gorllewin'[22] ac am genedlaetholdeb Cymreig fel gofal am gyfran o'r un gwareiddiad hwnnw.

Mae lle i amau mai'r ysfa ewyllysiol hon am weld undod a dilyniant a'i cadwai rhag llawn werthfawrogi arwyddocâd rhai o'r elfennau a luniai'r byd o'i gwmpas. Yr oedd yn lled ddibris o'r lle llywodraethol a chwaraeai'r Unol Daleithiau yng ngwead diwylliannol y Gorllewin, er enghraifft. Gellir dweud rhywbeth tebyg am ei anallu i wahaniaethu

rhwng diffygion sosialaeth fel credo a'i dylanwad diamheuol ym mywyd
Cymru, ac am ei agwedd wfftiol tuag at bwysigrwydd dosbarth
cymdeithasol. Ar adegau, gallai gamddarllen arwyddion yr amserau yn
enbyd. Daroganodd yn 1927, er enghraifft, y byddai'r diwydiant glo tân
yn ne-ddwyrain Cymru yn mynd â'i ben iddo ymhen hanner can
mlynedd gan orfodi'r glowyr di-waith a di-Gymraeg i edrych tua
meysydd glo carreg y gorllewin am gyflogaeth. Rhagwelai dai newydd
wrth y miloedd yng Nghaerfyrddin a Llandeilo, proffwydai y gwelid
Abertawe a Llanelli yn disodli Caerdydd a Chasnewydd fel canolfannau
poblogaeth, 'a bydd hyd yn oed Aberystwyth yn gwybod oddi wrth
agosrwydd ardaloedd diwydiant':

> Oni threfner heddiw, cyn pen cenhedlaeth fel [*sic*] gwelir trosglwyddo
> Merthyr a Dowlais i ddyffryn Gwili yn Sir Gaer, a throi Llanon yn
> slym, ac fe gilia'r iaith Gymraeg a'r hen draddodiadau am byth o
> ddeheudir Cymru.[23]

Hawdd rhestru anghysonderau hefyd. Anwadalai ar statws y ddwy iaith
yng Nghymru a Chymreictod yr ardaloedd di-Gymraeg; ymdrôi hyd
obsesiwn gyda phwysigrwydd San Steffan a chael Ysgrifennydd i
Gymru, gyda dilysrwydd y traddodiad Protestannaidd a chyda hawliau
ffasgiaeth.

Mae rhywun ar dir llawer llai sicr wrth ei gyhuddo, fel y gwnaeth
W. J. Gruffydd, o fod ag 'ysmotyn dall'[24] yn ei ymwneud â'r bedwaredd
ganrif ar bymtheg. Deallai Lewis y ganrif honno'n burion. Deallai pam
yr edrychid arni fel *fons et origo* bendithion yr ugeinfed ganrif –
rhyddfrydiaeth wlatgar, rhagorfraint y werin, y dymer Anghydffurfiol a'r
chwyldro telynegol – eithr dewisai synio amdani fel terfyn effeithiol ar
ddraddodiad llawer hwy. Wrth wneud, rhoddodd gynnig ar fenter arall yr
oedd mawr angen amdani, sef arbed beirniadaeth lenyddol Gymraeg
rhag gwneud enaid prin y llenor neu rym personoliaeth yn ganolbwynt ei
ddealltwriaeth o'r broses greadigol a'r gŵr mawr yn ganolbwynt ei
ddehongliad o hanes.

Cyflawnai'r feirniadaeth esthetig, foesol hon ddwy swyddogaeth
anhepgor arall iddo. Yn gyntaf, rhoddai iddo foddion i wneud synnwyr
o'r byd na allai gwleidydda na hyd yn oed ei lenydda ei hun ei roi. 'Ond

am feirniadaeth lenyddol,' ysgrifennodd at Bobi Jones yn y llythyr a
ddyfynnwyd eisoes, 'mi gefais ddawn – hynny yw, rhodd – i gael gwefr
a syndod a llawenydd wrth ddarllen llu o feirdd a llenorion, a dyna
bennaf [sic] beth yw beirniadaeth lenyddol i mi, sef cais i egluro'r
weledigaeth a gafwyd.' Yn ail, gwelai feirniadaeth ei hun fel disgyblaeth
ddyrchafol, weddnewidiol, sagrafennol bron, rhywbeth a'i gwnâi rywsut
yn fwy nag ef ei hun:

Bywyd cyffredin a thlawd yw fy mywyd i. Yr wyf mor anonest a llwgr
ag y gall neb fod, a thruan yw hanes fy einioes. Ond hyd y cofiaf i yn
awr, nid ysgrifennais i erioed ysgrif na phennod na roddais i orau fy
nghymeriad a'm deall yn y gwaith, na fûm i'n gwbl onest y pryd
hynny, ac mor ddiragfarn a di-dderbyn wyneb ag y mae'n ddichon [sic]
imi fod. Ni roddais i erioed farn ar na llyfr na phictiwr na drama, nac
unrhyw waith creadigol dyn heb yn gyntaf garthu o'm meddwl bob cas
neu ddig neu ragfarn y gwyddwn amdanynt. I mi yr anonestrwydd
terfynol yw anonestrwydd mewn celfyddyd a beirniadaeth.[25]

Beirniadaeth lenyddol hefyd oedd y porth a'i harweiniai i Gymru ac a
wnâi wleidyddiaeth yn anghenraid iddo. Canodd R. Williams Parry am
Lewis yn disgyn fel aderyn lliwgar i blith colomennod cyffroëdig, ac fe
lynodd y gyffelybiaeth fel petai iddi awdurdod hanes a seicoleg yn un.
Dywedwyd digon a gormod am ymwybyddiaeth y dyn dŵad yn ei
gymeriad, yr alltud yn dychwelyd, y *parvenu*. Pan ysgrifennodd D. J.
Williams at W. J. Gruffydd 'n[a] fedrai Saunders fyw hanner awr yn y
Gymru sy'n annwyl i chi a minnau' ac mai 'mewn theori y mae
Saunders yn werinwr, nid mewn calon ac ysbryd',[26] ensyniai fod teimlad
yn drech na meddwl a bod rhywbeth cyfrin yn y gymuned wledig
naturiol Gymraeg a fyddai o hyd yn llyfr caeedig i'r gŵr o Wallasey â'i
addysg ysgol fonedd a'i acen fain, a aned 'i Gymru', chwedl yntau, yn
hytrach nag ynddi, ac â syniai amdano'i hun fel un 'sy'n bererin' yn y
wlad.[27] Oedd, yr oedd Lewis yn ddieithryn, ond amddiffyn rhywbeth
nad yw'n ymosodiad arno yw cyfeirio at ei wreiddiau gwerinol ar ochr
ei fam a'i dad a'r gwyliau haf ar aelwyd ei fodryb yn Llanfaethlu, Môn,
fel petai'r rheini yn ei ddilysu neu'n cywiro rhyw ddiffyg. Yr oedd
Lewis yn wahanol, ond nid yw gwahaniaethau ynddynt eu hunain yn

gyfystyr ag amddifadrwydd nac anfantais – na mantais chwaith. Gellir cyffelybu'r gymuned Gymreig a Chymraeg y magwyd Lewis ynddi ar Lannau Mersi i'r trefedigaethau Seisnig a Saesneg yn India a oedd yn fagwrfa i Kipling, Orwell a T. H. White. Tueddai bywyd o'r fath, bid siŵr, i feithrin agwedd hiraethus, rosynnog braidd tuag at yr hen wlad, ac roedd perygl i'r cenedlaethau dilynol ymdoddi i ddull o fyw'r brodorion, ond nid oedd byw dros y ffin ynddo'i hun yn dynodi colli Cymreictod fel y cyfryw rhagor mabwysiadu Cymreictod amgen. Yn wahanol i'r rhan fwyaf o Gymry Cymraeg ei gyfnod, er enghraifft, nid oedd y ddinas yn rhywle dieithr, hudolus-beryglus i Lewis; ni allai, gyda'i 'city ignorance',[28] edrych trwy ffenestr yn unman yng Nghymru ac enwi caeau a mynyddoedd na galw blodau wrth eu henwau Cymraeg; ni feddai ar dafodiaith naturiol na'r gallu i ysgrifennu'n ddiymdrech am gau pen y mwdwl na chyrraedd pen y dalar nac adnabod cyffylog wrth ei big, fel y gallai D. J. Williams. Ni allai apelio at ddoethineb gwerinol i glensio dadl yn ddidramgwydd, gan adael ei wrthwynebydd yn fwy edmygol ohono na chynt, fel y gallai Gruffydd. Ni cherddai faes yr Eisteddfod gan ddisgwyl gweld ffrindiau bore oes i'w atgoffa am droeon trwstan ei blentyndod a'i ddyddiau coleg. Yn bwysicach na dim, nis magwyd dan gyfundrefn addysg a gâi'n anghydnaws a gormesol. Cymraeg oedd iaith yr aelwyd a'r Ysgol Sul; Saesneg oedd iaith yr ysgol a'r gymdogaeth: nid oedd tyndra ymhlyg rhyngddynt y gallai ei droi'n sbardun i'w weithgarwch dros Gymru. Cyrhaeddodd oedran gŵr heb ddim o'r synnwyr anghyfiawnder personol a daniai ei gyfoedion.

Elfen hollbwysig yn yr arwahanrwydd hwnnw hefyd yw mai creadigaeth ewyllys Lewis ei hun ydoedd i raddau helaeth. Wrth iddo nesáu at Gymru, cadwodd led braich oddi wrthi hefyd. Nid ymgollodd erioed ynddi ac nid darganfyddiad dirfodol oedd Cymreictod iddo. Ni ddaeth o hyd iddi mewn fflach o sythwelediad am fod ei ymglywed â bod yn Gymro yn rhywbeth cynhenid ynddo o'r dechrau: rhywbeth ychwanegol, amheuthun, nod amgen a'i gwnâi fymryn yn wahanol a mwy diddorol i'w gyd-ddisgyblion oedd ei Gymreictod, efallai, ond nid peth i ymboeni fawr yn ei gylch. Yn wir, mae'n gwestiwn a fuasai wedi dod i Gymru o gwbl heb i'w dad symud i Abertawe yn 1916. Yr oedd teithi ei feddwl wedi eu pennu cyn i Gymru ymyrryd fel pwnc gwleidyddol-ddiwylliannol. Ni feddai Cymru ar swyn a'i dallodd i'w gwendidau ac ni ddychwelodd i wlad ei dadau fel mab afradlon na mab darogan na merthyr. Yr oedd ei deimladau tuag ati'n gynilach na hynny. Syniai amdani fel pos i'w ddatrys, fel darnau chwâl i'w nithio a'u graddoli. Credai fod Cymru a'i hanes a'i llenyddiaeth yn deilwng o'i sylw, a'r nod a osododd iddo'i hun oedd profi hynny. Ni fynnai unioni unrhyw gam a wnaed â hi yn gymaint â'i deall.

I'w lygaid ef yr oedd y Gymru a'i disgwyliai yn ystod y misoedd cyntaf hynny yn niwedd 1920 a dechrau 1921, yn y wedd gyhoeddus arni o leiaf, yn wlad feddal ond gwydn. Ei nodwedd amlycaf oedd consensws diddos bod popeth o'r gorau yn y byd gorau posibl. Er gwaethaf y Rhyfel Mawr, uniongrededd ei diwinyddiaeth o hyd oedd cred ddiysgog yn naioni cynhenid dyn. Nid llais unig, ecsentrig oedd eiddo'r Annibynnwr D. Miall Edwards pan gyhoeddodd yn ei bregeth ar 'Natur, Dyn, Duw' (1920) mai 'pridd y ddaear wedi ei oleuo â fflam y Duwdod' oedd dyn, ac ynddo 'ddyheadau a gogwyddiadau sy'n ymestyn ymhell y tu hwnt i fyd natur ac yn ei gysylltu wrth y goruwchnaturiol'.[29] Ymestynnai'r un ymddiriedaeth yn rhinwedd naturiol dyn i fywyd y wlad drwyddo. I'r graddau bod Cymru'n edrych y tu hwnt i'w ffiniau ei hun, ymhyfrydai yn ei chynrychiolwyr yn y Senedd – a Lloyd George, ar derfyn deng mlynedd ar hugain o wasanaeth yno, yn dywysog yn eu plith, ei lle anrhydeddus ym mhrosiect yr Ymerodraeth a'r enw da a enillai iddi ei hun trwy ei chenadaethau tramor. Ymddangosai fod dyhead gwladgarol Gwili am i Gymru 'chwarae bellach ddynol ran / Yn hanes dynol ryw'[30] ar gael ei wireddu. Cwmwl du yn y ffurfafen Gymreig oedd gweithwyr terfysglyd y De, bid sicr; eto ni fynnai hyd yn oed elyn mwyaf digymrodedd sosialaeth, ac anodd meddwl am neb ffyrnicach na Dyfed, briodoli'r cynnwrf i'r brodorion. Barnai mai 'rhyw haint gwaeth na'r gwahanglwyf'[31] oedd streicio a gwelai 'ddisgyblion Lenin a Throtsky, y ddau elyn pennaf i wareiddiad yn Ewrob heddyw,'[32] ar gerdded trwy'r Cymoedd a rhyfel cartref ar dorri; ond yr oedd y Cymro yn ei fwthyn mynyddig – y gwir Gymro – yn ddiogel ddigon oddi wrtho.

Rhedai'r un wythïen o hunanddigonolrwydd trwy fywyd diwylliannol ehangach y wlad. Ymffrostiai Cymru yn ei Heisteddfod Frenhinol

Genedlaethol a goruchafiaeth foesol yr Ymerodraeth Brydeinig, credid
yn bur gyffredinol yn hynafiaeth yr Orsedd, a phorthid chwaeth y Cymro
darllengar cyffredin ar ddeiet cyson o ganu am fythynnod glân, plant
llon, aelwydydd gweddigar, Suliau dedwydd, a mamau triw. Diau y
buasai Lewis wedi cymeradwyo disgrifiad Wittgenstein o'r 1920au fel
cyfnod yn dioddef gan brinder problemau.

Yn ei hanfod, Cymru gysurus 1920 oedd y wlad a welai drwy weddill
ei fywyd, ac adwaith yn erbyn safonau derbyniedig a derbyniol Cymru'r
cyfnod hwnnw oedd gwaith ei oes. Yr oedd awch Lewis dros ei
hanesmwytho yr un mor ffyrnig a hirbarhaol â'i sêl dros ei hachub. Her i
werinoldeb radicalaidd a seicoleg *tabula rasa* y Gymru Edwardaidd oedd
haeriad deublyg *Gwaed yr Uchelwyr* yn 1922, nad yw dynion yn gydradd
ac mai gwaedoliaeth nid magwraeth a moesgarwch sy'n eu gwahanu;
cyrch ar oruchafiaeth yr aelwyd fel cadarnle sicraf bywyd rhinweddol a
Chymreictod fel ei gilydd oedd cyhoeddi'r geiriau enwog bedair blynedd
wedi hynny mai '[b]od cymdeithasol yw dyn. Mewn cymdeithas yn unig
y mae iddo urddas.'[33] Yn yr un modd, ymosodiad bwriadus ar ei
diwinyddiaeth ryddfrydig oedd y datganiad ymhen blwyddyn eto mai
pechod yw 'y peth mwyaf *dynol* yn bod',[34] ymgais i danseilio ei chred yn
yr artist fel gweledydd oedd datgan mai '[y] gymdeithas ddynol, normal,
cymdeithas o gelfyddydwyr ydyw',[35] a sialens agored i'w gwladgarwch
ym mhob agwedd arno oedd ei genedlaetholdeb – yn enwedig
anuniongrededd trwyadl ei gred mai gwir gyflafan Cymru oedd
buddugoliaeth Harri Tudur ar Faes Bosworth, ac nad oedd cwymp
Llywelyn yn ddim mwy nag anghyfleustra dros dro wrthi.

Yn yr awydd ymwybodol hwn i danseilio cyfandod athrawiaethol
Cymru dechrau'r 1920au y mae deall yn rhannol symbyliad a
chyfanrwydd ei athrawiaeth yntau. Ei adwaith yn erbyn ei hundod
deallusol hi oedd hedyn ac ysgogiad y syniadaeth a dyfodd yn blanhigyn
cydnerth yn ei chysgod, yn ymgorfforiad o'r gwerthoedd a bleidiai fel
gwrthbwynt i Gymru ryddfrydig, Anghydffurfiol, wlatgar, Brydeinig ei
ddydd. Os yw'n briodol sôn am gyfraniad arhosol, fe'i ceir yn y ffaith –
ac nid gair llanw mo 'ffaith' – na ellir bellach edrych ar batrwm hanes
Cymru, yn gam neu'n gymwys, ond trwy wydrau Lewis. Ysgolheigion
mwy confensiynol, mwy hyddysg nag ef, biau'r clod am lawer o'r

deunydd a ddefnyddiodd yn sylfaen i'w olwg ef ar orffennol Cymru, ond eiddo Lewis ei hun yw'r weledigaeth.

Cymhelliad arall, mwy personol, y tu ôl i'w ddarlun o Gymru oedd ymddisgyblu. Nid rhan ddibwys o'i atyniad at lymder clasurol oedd y rheidrwydd a deimlai i osod ffrwyn ar ei benrhyddid tybiedig ei hun. Drwgdybiai'r angerdd a oedd yn faeth iddo. Yn ei gyfweliad gydag Aneirin Talfan am y dylanwadau – Emrys ap Iwan a Barrès – a ddofodd 'hedoniaeth fy ieuenctid', sonia am yr ymbellhau oddi wrth Walter Pater ac arch-ramantwyr Oes Fictoria fel proses o 'ddisgyblu'r synhwyrau'.[36] Aeth ei ddarlun o Gymru ynghlwm wrth y broses o roi heibio bethau bachgennaidd.

Ni sonia yn y cyfweliad, yn arwyddocaol, am ddylanwad uniongyrchol y Rhyfel Mawr arno; ond yn Ffrainc a Gwlad Groeg y'i gwelir ar ei fwyaf rhamantaidd, yn frwysg ar Rossetti a George Russell a Cheiriog, yn cyfansoddi ei efelychiadau teimladwy ei hun, yn lleisio athrawiaeth yn seiliedig ar oruchafiaeth profiad yr unigolyn. Cefnu ar brofiad y rhyfel oedd ymwrthod â rhamantiaeth, fel cribo llaid y ffosydd o'i wallt.

Cyfnod o ymsefydlu yn y Gymru gyffrous, gythruddol hon oedd canol y 1920au hyd ganol y 1930au. Creodd Lewis le ar ei ddelw ei hun iddo'i hun ynddi am nad oedd le parod yn bod. Dyma ddegawd y brys wrth iddo wneud yn iawn am y blynyddoedd ffoadur ar y ffrynt a'r oes o anwybyddu Cymru neu edrych arni o bell. Gwelodd 1925 sefydlu'r Blaid Genedlaethol Gymreig a phennu ei pholisïau. Flwyddyn yn ddiweddarach, caed y gyntaf o'r fflyd o erthyglau i'w misolyn newydd, *Y Ddraig Goch*. Cyn pen blwyddyn eto, yn 1927, cyhoeddodd Lewis *Williams Pantycelyn* a'i ymgais feiddgar i osod emynydd mwyaf blaenllaw a lladmerydd y wedd fwyaf gwerinol ar ei chrefydd yn y traddodiad llenyddol Ewropeaidd a'i gynysgaeddu â chorff a seice a nwydau. Clywsai Cymru enw Saunders Lewis.

Mae'n bur debyg y gallai rhywun llai uchelgeisiol – llai diamynedd – na Lewis fod wedi treulio'i oes yn ddiddan rhwng galwadau plaid a choleg a theulu: safiad symbolaidd mewn etholiad seneddol bob hyn a hyn (fel y gwnaethai yn 1931), cadair coleg gydag amser efallai, llwyth o gyfrolau academaidd a phapurau polisi ar amaeth neu drafnidiaeth neu

drefniadaeth fewnol y Blaid yn ôl y galw. Nid oedd yn sicr yn brin o'r
doniau ymarferol angenrheidiol. Ceir cannoedd o lythyrau yn archifau
Plaid Cymru yn tystio i'w ddawn i lunio memorandwm, i drefnu agenda
cyfarfod neu bwyllgor, i gynnig calondid a cherydd i weithwyr ar y
maes. Erbyn canol y 1930au y posibilrwydd oedd y gallasai Lewis ddod
yn rhan sefydlog a llai-lai hynod o fywyd Cymru. Efallai, wir, y gallasai
Cymru o'i rhan hithau fod wedi caniatáu iddo'i dröedigaeth at yr Eglwys
Gatholig yn 1933 fel estyniad o ddandïaeth gŵr a wisgai dei bô, a fynnai
ysgrifennu 'Eisteddfod Fangor' a 'gwybodaeth Oronwy', a arllwysai
olew ar ei salad yn y dull cyfandirol, ac a draethai'n wybodus am
winoedd Ffrainc a dinasoedd hynafol yr Eidal. Buasai ei gorlannu felly
wedi plesio rhai, yn sicr.

Nid felly y bu. Newidiodd Penyberth yn 1936 bopeth. Cyn hynny,
rhagamod anhepgor llwyddiant y weledigaeth genedlaethol a bleidiai
oedd dadrithiad y Cymry eu hunain â'r drefn yr oeddynt yn byw dani.
'Trwy ddioddef y dysg Cymru.'[37] O fewn pum mlynedd wedi iddo
sefydlu'r Blaid Genedlaethol, amheuai eisoes a allai lwyddo. Ni fynnai'r
Cymry ddilyn y llwybr arwrol, ac ni chymerent mo'u harwain chwaith:

> Clywir dweud gan rai mai angen pennaf Cymru heddiw yw'r angen am
> arweinwyr. Credwn na byddwn yn euog o hunanoldeb na balchder
> wrth ddweud mai ar bobl Cymru y mae'r bai am hynny. Ni fynnant nac
> arweiniad nac arweinwyr. Mae arnynt ofn arweiniad, mae arnynt ofn
> arwriaeth. Cenfigennant wrth y rhai sy'n eu cynnig eu hunain yn
> arweinwyr. Cadwant bob siawns a chyfle oddi wrthynt. Casânt eu
> beiddgarwch. Enllibiant hwy. Ond er hynny oll, y mae trueni yn disgyn
> ar Gymru.[38]

Ei ateb oedd cyfuno dioddefaint ac arweiniad ac arwriaeth, ac yr oedd
yn rhywbeth a ewyllysiodd, yn argyfwng a dynnodd arno'i hun. 'Nid
wyf un math o arwr,' ysgrifennodd am y weithred ddeugain mlynedd a
rhagor yn ddiweddarach. '*Job* yr oedd yn rhaid ei wneud unwaith yr
oeddwn wedi derbyn arweiniad y Blaid Genedlaethol oedd y Tân yn
Llŷn. Ni ellid ei osgoi.'[39]

Gellid, wrth gwrs. Chwenychai Lewis ddioddefaint – ac arwriaeth –
yn fwy nag yr oedd ef ei hun yn barod i'w addef. O edrych ar y weithred

a'i chanlyniadau yng nghyd-destun ei fywyd gwleidyddol, proffesiynol a
phersonol ar y pryd, fel y gwelir, ni all rhywun lai na chasglu iddo ymroi
iddi ar yr union awr pan oedd fwyaf yr aberth a'r golled: swydd,
sefydlogrwydd teulu ac aelwyd, ei berthynas â'r blaid a sefydlodd, ei
enw da ei hun – mewn gair, y cyfandod y bu mor ddiwyd yn ei lunio o'i
fywyd ei hun. Yr oedd yn weithred sy'n dwyn i gof linellau 'A
Grammarian's Funeral' Browning:

> Oh, such a life as he resolved to live,
> When he had learned it,
> When he had gathered all books had to give!
> Sooner, he spurned it.

Gweithred ddirfodol oedd y Tân yn Llŷn cyn bod yn weithred ddifaol.
Fe'i gwnaeth yn goelcerth gwagedd, yn goron ar y penderfyniadau
ymwadol, ymwacaol eraill yn ei fywyd: cefnu ar yrfa academaidd neu
broffesiynol mewn llenyddiaeth Saesneg, priodi'n groes i ddymuniad ei
deulu, arddel Catholigiaeth, torri pob cysylltiad ymarferol yn y pen draw
â'r blaid a sefydlodd. Gweithred oedd hi o wneud gofynion y byd yn
iswasanaethgar i alwad yr enaid. Nid digon gan Saunders Lewis un
dröedigaeth.

Ni fentrodd i Ben Llŷn am weddill ei oes, ond daliai'r cof yn fyw. Ar
ganol yr ymgyrch yn erbyn boddi Cwm Celyn yn 1958, ac yntau bellach
yn teimlo bod y Blaid wedi bradychu'r delfryd o Gymru y gwnaethai
gymaint i'w sefydlu, ysgrifennodd at D. J. Williams:

> 'Fûm i ddim yn agos i'r ardal fyth er hynny, ac eto'i gyd mi allwn, mi
> gredaf, heddiw fynd â chi at y fan yng ngwaelod y lôn lle y gadawsom
> y car a throi'n syth i'r dde wedyn dros y cae a'r perthi hyd at y
> bryncyn hir sy'n edrych i lawr ar y gwastadedd a losgwyd . . .
>
> Mae arna i ofn na chydsyniai Margaret ddim mor barod yn yr oed
> sydd arnom heddiw imi wneud yn debyg yn ardal Tryweryn. A dyna a
> ddymunwn i ei wneud petawn rydd o ofalon.[40]

Ni châi byth fod. Bywyd o ymryddhau o ofalon – a mynnu gofalon
newydd, cathartig yn eu lle – oedd bywyd Saunders Lewis. Y ddau
gymhelliad croes hyn oedd peiriant ei egni a'i angerdd gydol ei fywyd.

Os nad oedd yn arwr, er mai ef ei hun yw'r un lleiaf cymwys i leisio
barn ar y mater, credai'n angerddol mewn arwriaeth. Ei ddelfryd arwrol
wedi Penyberth oedd y pendefig dioddefus. Troes y dioddefaint a
welai'n anghenraid iachusol i'w gyd-Gymry difater yn y cyfnod cyn y
Tân yn Llŷn yn fathodyn anrhydedd, yn nod amgen yr arweinydd a'r
pendefig. 'Beth yw pendefigaeth?', gofynnodd yn 1941. 'Y bobl ŵyr sut
i arwain gwlad drwy ddioddef drosti a meddwl drosti.'[41] Soniodd
ymhellach yn niwedd yr un degawd am 'gario baich y gorffennol hyd
ddiwedd y byd' wrth arddel cenedlaetholdeb. 'Trwy ddioddef y gweir
hynny. Ond y mae llawenydd yn bosibl gyda dioddef buddiol ac
adeiladol.'[42] Tynged Lewis oedd cael byw mewn oes a gredai mai
hanfod arwriaeth oedd dioddefaint tawel, digwyno tra arddelai ef nod
sifalrig, delfryd grym 'ymerodraethau'r Groes a'r Eryr',[43] chwedl un o'i
gerddi mwyaf. Yn ei deyrnged i J. Arthur Price fe'i galwodd yn
'[g]rwsawdwr dros Gymru', yn meddu ar 'ddawn arbennig . . . sifalri'.[44]
Chwenychai'r un enw iddo'i hun. Yng ngeiriau cofiadwy llythyr at D. J.
Williams, '. . . yr wyf yn fy nheimlo fy hun mor debyg i Gandhi ag yw
cosyn blwydd i hufen ffres'.[45] Ni welai werth mewn goddefgarwch a
chymrodedd, a thestun syndod hyd yn oed i un o'i edmygwyr mwyaf
oedd 'dallineb moesol'[46] ei wrth-heddychiaeth.

   Yn ystod ei fis cyntaf yn Wormwood Scrubs, darllenodd *Don
Quixote*. Yng ngoleuni'r delfryd hwn gellir synio am ei fywyd fel peth
Quixotaidd: trasig o wrol yng ngolwg y rhai a gredai yn yr ymgais,
chwerthinllyd bron yng ngolwg ei wrthwynebwyr. Poendod i Lewis,
poendod yr un mor galon-ddrylliol ag annealltwriaeth Don Quixote na
fynnai ei gymdogion mohono, oedd bod Cymru mor anystyriol ohono
yntau. Bu'n byw yn hir gyda'r sylweddoliad cynyddol mai ofer oedd yr
ymdrech, er ei godidoced. Byddai rhagarweiniad i fywyd Lewis yn
anghyflawn heb ddyfynnu eto'r geiriau adnabyddus o'r cyfweliad teledu
ym Mai 1960, sy'n canu fel cnul drwy bob ymdriniaeth ag ef: 'Yr oedd
gen i awydd, nid awydd bychan, awydd mawr iawn i newid hanes
Cymru. I newid holl gwrs Cymru, a gwneud Cymru Gymraeg yn
rhywbeth byw, cryf, nerthol, yn perthyn i'r byd modern. Ac mi fethais
yn llwyr.'[47] Safai yn ei fethiant mewn llinach anrhydeddus a diamheuol
bendefigaidd. Mewn pennill sydd fel petai'n gysgod neu'n ddiweddglo

tawel ar rywbeth dealledig mwy ei faint, yn 1947, pan oedd bywyd
Lewis ar ei ansicraf a'i ragolygon ar eu duaf, rhoddodd y geiriau hyn
yng ngenau Owain Glyndŵr:

> Taenais aden fy mreuddwyd drosot ti, fy ngwlad;
> Codaswn it – O pes mynasit – gaer fai bêr;
> Ond un â'r seren wib, deflir o blith y sêr
> I staenio'r gwyll â'i gwawr a diffodd, yw fy stad.[48]

Eglureb ddefnyddiol am yrfa Saunders Lewis yw'r tyndra yn y llinellau
hyn rhwng cadernid, cyfanrwydd a pharhad y gaer bêr ac ysblander
diflanedig y seren wib. Efallai fod gwahoddiad ymhlyg i'r cofiannydd
ym mywyd 'gwibiol' Lewis wedi'r cyfan.

Nodiadau

[1] John Rowlands, 'Holi Saunders Lewis', *Llais Llyfrau*, Haf 1980, 4.

[2] LlGC, papurau D. J. Williams, Abergwaun, P2/30 blwch 11. SL at D. J. Williams, 11 Mai 1958.

[3] LlGC, papurau Pennar Davies. SL at Pennar Davies, 11 Medi 1950.

[4] LlGC, papurau Bobi Jones, 592. SL at Bobi Jones, 12 Awst 1973.

[5] LlGC, papurau Emyr Humphreys, AI/1428(i). SL at Emyr Humphreys, 26 Mawrth 1973.

[6] Ibid. AI/1426. Saunders Lewis at Emyr Humphreys, 30 Medi 1972.

[7] *John Saunders Lewis: y Gyfrol Gyntaf* (Dinbych, 1988).

[8] 'Dafydd Nanmor', *Y Llenor*, 4 (Hydref, 1925), 144.

[9] [Gwyn Thomas], 'Holi Saunders Lewis', *Mabon*, 8 (1974-5), 8.

[10] 'Y Deng Mlynedd Diwethaf yn Ffrainc', *Baner ac Amserau Cymru*, 5 Gorffennaf 1939. Ailgyhoeddwyd fel 'Ffrainc Cyn y Cwymp', *Ysgrifau Dydd Mercher* (Llandysul, 1945), 12.

[11] 'Teledu a'n Haelodau Seneddol Ni', *Barn*, 117 (Gorffennaf 1972), 228.

[12] 'Rhufain – Yr Ymweliad Cyntaf', *Y Cymro* (Dolgellau), 12 Chwefror 1919.

[13] 'Safonau Beirniadaeth Lenyddol', *Y Llenor*, 1 (1922), 143.

[14] 'Braslun o Hanes Llenyddiaeth Gymraeg', *Yr Efrydydd*, 9 (1933), 88.

[15] 'By Way of Apology', *Dock Leaves*, 15 (1955), 12.

16 'Y Cofiant Cymraeg', *Transactions of the Honourable Society of Cymmrodorion*, Sessions 1933/4/5, 157.

17 'Saunders Lewis yn Trafod Llyfr Newydd Mr Bebb', *Baner ac Amserau Cymru*, 6 Mawrth 1940.

18 'Rhagor o Ysgrifau Saunders Lewis', *Taliesin*, 43 (1981), 12: 'Yn llys beirniadaeth lenyddol Cymru bargyfreithiwr, nid barnwr, yw Mr. Saunders Lewis'.

19 LlGC, papurau Thomas Gwynn Jones, G3656(ii). SL at T. Gwynn Jones, 30 Ebrill 1924. Y cyd-destun yn llawn yw: 'Mi hoffwn ofyn cwestiwn i chi, ond mi wn na allwch mo'i ateb: sut deimlad yw gwybod eich bod yn glasur? Fe ddylai weithiau fod yn dipin cysur i wybod eich bod yn anfarwol. Oblegid barddoniaeth sicr yw'r peth anfarwol sicraf y sydd, ond odid fawr.'

20 'Welsh Playwrights Preparing for a Welsh Theatre', *The Times*, 27 Chwefror 1961.

21 'Lle Pyncid Cerddi Homer', *Baner ac Amserau Cymru*, 19 Gorffennaf 1939.

22 'Saunders Lewis yn Trafod Llyfr Newydd Mr Bebb'.

23 'Nodiadau'r Mis', *Y Ddraig Goch*, Ionawr 1927.

24 'Atebiad y Golygydd i Mr Saunders Lewis', *Y Llenor*, 6 (1927), 79.

25 'Yr Orsedd. Llythyr at Gynan', *Y Ddraig Goch*, Hydref 1926.

26 Yn T. Robin Chapman, *W. J. Gruffydd* (Caerdydd, 1993), 169.

27 'Cwrs y Byd', *Baner ac Amserau Cymru*, 2 Ionawr 1946.

28 *LMC*, 337. SL at Margaret Gilcriest, 29 Ebrill 1919.

29 *Yr Antur Fawr* (Wrecsam, 1932), 78.

30 'Y Gadlef Newydd', *Caniadau Gwili* (Wrecsam, 1934), 44.

31 'Byd ac Eglwys', *Y Drysorfa,* 80 (1920), 29.

32 Ibid., 81 (1921), 106.

33 'Cenedlaetholdeb a Chyfalaf', *Y Ddraig Goch*, Mehefin 1926.

34 'Llythyr ynghylch Catholigiaeth', *Y Llenor,* 6 (1927), 176.

35 'Swyddogaeth Celfyddyd', *Y Traethodydd*, 3edd gyfres, 3 (1934), 69.

36 'Dylanwadau: Saunders Lewis. Mewn Ymgom ag Aneirin Talfan Davies', *Taliesin*, 2 (1961), 9.

37 'Nodiadau'r Mis', *Y Ddraig Goch*, Tachwedd 1931.

38 Ibid.

39 LlGC, papurau Emyr Humphreys, AI/1450(i). SL at Emyr Humphreys, 24 Mawrth 1979.

40 LlGC, papurau D. J. Williams, Abergwaun, P2/30 blwch 11. SL at D. J. Williams, 7 Hydref 1958.

41 'Cwrs y Byd', *Baner ac Amserau Cymru*, 19 Chwefror 1941.

42 Ibid., 5 Tachwedd 1949.

43 'Marwnad Syr John Edward Lloyd', yn R. Geraint Gruffydd (gol.), *Cerddi Saunders Lewis* (ailargraffiad, Caerdydd, 1992), 32.

44 'Oriel y Blaid: J. Arthur Price', *Y Ddraig Goch*, Mawrth 1935, 3. Soniodd am 'sifalri' ei gyfaill eto yn yr ysgrif goffa 'John Arthur Price (1861-1942)', *Baner ac Amserau Cymru*, 17 Mehefin 1942.

[45] LlGC, papurau D. J. Williams, Abergwaun, P2/30 blwch 11. Saunders Lewis at D. J. Williams, 3 Tachwedd 1942.

[46] J. Gwyn Griffiths, 'Saunders Lewis y Gwleidydd', yn D. Tecwyn Lloyd a Gwilym Rees Hughes (goln), *Saunders Lewis* (Abertawe, 1975), 78.

[47] 'Dylanwadau: Saunders Lewis', 13.

[48] 'Caer Arianrhod', yn R. Geraint Gruffydd (gol.), *Meistri'r Canrifoedd* (Caerdydd, 1973), 30.

Pennod 1

'CYFLYM FEL IEUENCTID'

1893-1914

Yr oedd eich Taid yn un o'r dynion duwiolaf a adnabyddais erioed, ac
y mae gennyf y parch mwyaf i'w goffadwriaeth. Y mae yn beth pwysig
iawn i fod yn ŵyr i ddyn mor dda, a disgwyliaf lawer oddi wrthych.[1]

Awdur y geiriau oedd David Howell (Llawdden), Deon Tyddewi ar y
pryd ac un o dadau maeth y Diwygiad a ysgubai'r wlad dair blynedd
wedi hynny; y gŵr duwiol dan sylw oedd y diweddar Barchedig Owen
Thomas, Lerpwl; a'r enw a'r cyfeiriad ar yr amlen, mewn llawysgrifen
drom, ddu, grynedig oedd 'Master Saunders Lewis, 9 Westminster Road,
Egremont, Cheshire'. Yr oedd Master Lewis ar y pryd yn wyth mlwydd a
thair wythnos oed a'i ohebydd yn 70. Er na chadwyd mo lythyr
gwreiddiol y Saunders ifanc y diolchodd Llawdden amdano – gan addo ei
gadw 'ymhlith fy nhrysorau' – gwyddys rhywfaint am yr amgylchiadau
a'i cymhellodd. Yr oedd yr henwr a'r bachgen, yn ôl tystiolaeth yr olaf
dri chwarter canrif yn ddiweddarach, 'yn dipyn o ffrindiau'.[2] Daethant i
adnabod ei gilydd trwy fam Saunders tua 1897 neu 1898. Byddai'r
clerigwr wedi hynny yn gyrru llyfr ato bob Nadolig: cyfrol am Dywysog
Cymru a *The Cricket on the Hearth* Dickens yn eu plith.

Ni chafodd Llawdden fyw i weld a fyddai'r bachgen yn gwireddu ei
obeithion amdano; bu farw yn Ionawr 1903. Ond mae tynerwch ei
lythyr, ei bryder am iechyd bregus tad Lewis, ei weddi am i Saunders
werthfawrogi gofal ei fodryb Ellen dros y teulu, a'i ddymuniad i'r
bachgen a'i frodyr '[d]yfu fynu [*sic*] yn ddynion duwiol a defnyddiol' yn
awgrymu ymwybyddiaeth bod y sawl a'i derbyniodd ag angen hynny o
ymgeledd ag a ellid arno dan amgylchiadau anodd. Ysgrifennai at
fachgen a gollasai ei fam ychydig dros flwyddyn ynghynt. Yr oedd gan

yr hen ddyn le i deimlo'n annwyl iawn tuag at y bachgen: fe'i
bedyddiwyd ag enw ei ddiweddar frawd ei hun.

Pan aned John Saunders Lewis yn rhif 61 Falkland Road, Seacombe
(yn y rhan honno o Lannau Mersi sy'n hoffi meddwl amdani ei hun o hyd
fel rhan o Sir Gaer), ddydd Sul 15 Hydref 1893, yr oedd y Frenhines
Victoria, a oedd yn 75, ar wyliau yn Balmoral. Roedd hi wedi treulio'r
diwrnod hwnnw, yn ôl 'Court Circular' *The Times* drannoeth, yn ymweld
â'r Ymerodres Eugénio yn Abergeldie. Ar yr un diwrnod, ymhlith
adroddiadau o Simla, Rangoon, Zanzibar a Kabul yn yr un papur,
cyhoeddwyd crynodeb o anerchiad gan Cecil Rhodes yn Fort Salisbury, lle
canmolodd lwyddiant Prydain i ddofi Mashonaland: 'The English
colonists could not assent to the savages rushing in amongst them and
cutting their servants to pieces.' I gyfeiliant 'prolonged and enthusiastic
cheers', yn ôl gohebydd dienw Reuter, hyderai Rhodes y byddai
gwladychwyr y rhan honno o Dde Affrica yn gwneud eu rhan i 'assist in
maintaining the right and fulfilling the duties of civilization'. Ar y dydd
Sul hwnnw hefyd, cynhaliwyd gwrthdystiad o blaid y glowyr yn Hyde
Park, lle daeth 'a vast and expectant multitude' o 2,000 ynghyd,
'admirably maintained by a small number of mounted policemen', i
wrando ar yr AS radicalaidd T. P. O'Connor. 'The foreign observer would
probably have come to the conclusion,' soniodd yr un papur eto, wrth
ddisgrifio'r llu o faneri cartrefol gyda'u negeseuon cymedrol, 'that the
English working class, if not artistic, is on the whole sane.' Yng Nghymru,
yr oedd y Comisiwn Tir newydd gwblhau ei ymweliad y diwrnod cynt â
Môn, lle bu Lloyd George wrthi'n huawdl yn cadw plaid y gweithwyr, ac
yn yr un mis cyhoeddwyd ffigurau Cyfrifiad 1891, y cyntaf i holi'n
benodol am wybodaeth o'r Gymraeg. Dangosodd y Cyfrifiad fod 910,289
o'r trigolion yn medru Cymraeg – a 508,036 o'r rheini (os gellid rhoi coel
ar gwestiwn a gamddehonglwyd gan lawer) yn uniaith. Datgelwyd hefyd
fod un o bob saith a aned yng Nghymru bellach yn byw yn Lloegr.

Yr oedd tad Saunders, Lodwig Lewis (1859-1933), wedi symud o'i
ofalaeth yn Seion, Fforest, Aberdulais yn weinidog i eglwys y
Methodistiaid Calfinaidd yn Liscard Road, Seacombe yn Chwefror
1891. Symudasai o Gymru yn ddigon cynnar yn y flwyddyn i gael ei
hepgor o'r Cyfrifiad y mis Mai hwnnw ymhlith y rhai a fedrai Gymraeg

a'i rifo yn hytrach ymhlith y 82,216 o Gymry alltud yn siroedd Caer a Chaerhirfryn.

Daeth i Lerpwl fel deheuwr ymhlith gogleddwyr. Hanai o'r Gors-las, Cross Hands, Sir Gaerfyrddin. Er iddo gael ei fagu yn Eglwys Loegr, trodd at y Methodistiaid Calfinaidd pan oedd yn gweithio fel prentis i ddilledydd yn Nhre-gŵyr. Siomodd uchelgais ei rieni, John ac Esther, Waunddewi, am weld eu plentyn ieuengaf o wyth yn mynd yn offeiriad trwy fynnu troi at y weinidogaeth. Yn sgil ei ordeinio yn Aberystwyth dechreuodd ddilyn cwrs MA yn Glasgow dan yr Athro Caird, nes i'w iechyd dorri a'i orfodi i roi'r gorau i'w astudiaethau cyn pryd. Ni wyddys faint o ddylanwad a gafodd Hegeliaeth Caird ar y myfyriwr o Gymro ifanc, ond mae'n ddiddorol nodi i'w fab yntau fentro ymhen blynyddoedd wedyn '[nad] hwyrach y gellir dyddio dirywiad diwinyddiaeth ac athroniaeth yng Nghymru i'r pryd y cychwynnodd dylanwad Edward Caird ac athrawiaeth Glasgow ledu drwy ein gwlad'.[3]

Fis cyn derbyn yr alwad i Liscard Road ac ail gapel llai ei faint yn New Brighton, ar 20 Ionawr 1891, priododd Lodwig Lewis ferch leol. Roedd gwreiddiau Ymneilltuol Mary Margaret Owen (1862-1900) yn ddyfnach a phraffach. Fe'i ganed yn Llundain a'i magu yn Lerpwl yn ail ferch i'r Dr Owen Thomas (1812-91) ac Ellen Jones (1832-67). Yr oedd yr ymadrodd 'fel merched Owen Thomas' yn arwyddair ymhlith Cymry Lerpwl am genedlaethau am unrhyw ferch a gymerai arni ymddwyn mewn modd ffroenuchel, uwchraddol. Gwelodd tad Mary, yn ôl ei gofiannydd, 'law dyner Rhagluniaeth yn amlwg iawn yn yr alwad'.[4] Câi'r ferch fyw ar gyfyl ei thad enwog yn ei henaint. Bu farw Owen Thomas cyn pen y flwyddyn, a Mary, o'r diciâu, naw mlynedd yn ddiweddarach, ar 30 Medi 1900. Gan ei fam yr etifeddodd Saunders ei drwyn hirfain a'i dalcen llydan, llymder ei ên a'i lygaid llwydlas tywyll byw dan amrannau trwm: 'a pure eighteenth century mask', yn ôl disgrifiad cyfaill agos a'i gwelodd am y tro cyntaf yn y 1920au.[5] Rhoddwyd Saunders ar drothwy ei saith oed – ail fab y teulu (ganed Owen yn 1891 a Ludwig yn 1897) – dan ofal chwaer ddibriod ei fam, Ellen Elizabeth (1867-1951), neu 'Auntie', fel y'i galwai wrth sôn amdani yn y ddwy iaith.

'Ni allai neb fwrw gwraidd yn Wallasey, y *suburbia* dristaf honno',

datganodd Lewis oddi ar lwyfan yr Eisteddfod Genedlaethol un tro, gan
wrthod hyd yn oed ystyried detholiad o gerddi am y lle fel cynnig
teilwng ar waith 'yn ymwneud â bywyd ardal'.[6] Yn sicr, anodd creu
darlun o 'fab gwelw y gweinidog', a âi o res i res rhwng seddi capel ei
dad yn ei wisg ysgol a'r plât casglu yn ei law,[7] heb glytio carpiau
gwasgarog, ac mae hyn ynddo'i hun yn awgrymog. Un rheswm
ymarferol eglur am hynny yw gwarafun i Lewis y cyfle i hel atgofion
gyda'i ddau frawd pan oedd yn oedolyn. Ymfudodd Owen i Ganada yn
ei ugeiniau, i wella o'r clefyd a oedd wedi lladd ei fam. Trefnodd ei
ewyrth waith iddo ym myd coedwigaeth trwy gyfaill i'r teulu yn
Abertawe, ac oddi yno, aeth yn gyfreithiwr i Dallas ac yna i Dakota, lle
bu farw yn Ionawr 1960. Lladdwyd Ludwig, 'Lud', yn y Rhyfel Mawr
yn 1917. Yn ail, ni chadwodd gysylltiad â'i gyfeillion ysgol. Cefnodd
arnynt ar ôl 1911, fe ymddengys, yn y broses o'i ailddyfeisio'i hun.
Deillia'r trydydd rheswm am y bwlch lle y disgwylid atgof o'r ddau
cyntaf. Perthynai rhyw ystyfnigrwydd i Lewis yn ei ymwneud â'i
orffennol ei hun. Peth annheilwng, llwfrdra moesol a chelfyddydol, yn ei
olwg ef oedd tadogi arwyddocâd ar ddigwyddiadau a phrofiadau ei
febyd ei hun. Câi drafferth i werthfawrogi ffurf gyffesol yr ysgrif am yr
un rheswm. 'Dihangfa i fyd plentyndod yw'r ysgrif yn bur fynych,'
ysgrifennodd yn 1939, 'neu ddihangfa i fyd personol, gor-oddrychol, sy
megis byd y plentyn yn ymguddfa i'r ffoadur ysbrydol.'[8] Y peth
trawiadol yn ei waith cyhoeddedig a'i lythyrau fel ei gilydd yw cyn
lleied o sôn sydd ynddynt nid yn unig am ei fagwraeth ond am y
gorffennol yn fwy cyffredinol. Mae'n ymwrthod â'r personol-atgofus ac
yn ymfalchïo bron yn ei anallu i gofio digwyddiadau a dyddiadau, naill
ai am fod cofio'n rhy boenus, neu – a rhaid ystyried y posibilrwydd mai
hwn yw'r cymhelliad cryfaf – am na welai ddiben iddo wneud.

Yn bedwerydd, mae'n gwestiwn i ba raddau y credai Lewis y gellid
cyfleu darlun cywir, ystyrlon o blentyndod. Ni allai ddarllen pennod
agoriadol *Clych Atgof* O. M. Edwards heb fwrw 'amheuon' ar y darlun a
geir ynddi, yn neilltuol felly gof cynnar, cynlythrennog O. M. am weiddi
ar y lleuad mewn ofn a gwylio plu eira'n disgyn, 'gan dybied mai'r
gwenyn wedi cael dillad newydd a welwn'. Rhybuddiodd Lewis ei
ddarllenwyr ifanc nad atgofion dilys, digyfrwng oedd y rhain, 'ond

ffrwyth darllen Dafydd ap Gwilym yn Rhydychen'.[9] Yr awgrym yw fod profiad diweddarach dyn llengar yn tywyllu cyngor, gan osod haenau rhwng y gorffennol a'r cofio. Nid rhyfedd, felly, i Lewis ei hun ddefnyddio llygaid *Sinister Street* Compton Mackenzie i ddirnad yr hyn na allai, neu na ddymunai efallai, ei ddehongli'n uniongyrchol. Fe'i disgrifiodd mewn llythyrau diddyddiad at Margaret yn niwedd 1914 fel 'a very candid and full study of adolescence',[10] ac eto fel 'the most vivid record of a child's life in all its phases I have ever read'. Yr oedd, awgrymodd, wedi llwyddo i wneud rhywbeth nas gwnaed yn ei brofiad o lenyddiaeth cyn hynny. 'It makes you look back continually as you read it.'[11]

Cyhoeddwyd cyfrol gyntaf *Sinister Street* (ymestyn y gwaith cyfan dros 300,000 o eiriau) yn 1913 a'r ail ar 11 Tachwedd y flwyddyn ganlynol, sef tua'r un pryd ag yr ysgrifennodd Lewis ei lythyr o'r gwersyll milwrol yn Prescot. Awgryma hyn, a disgrifiad Lewis o'r gwaith yn yr un llythyr fel 'a boy's life from childhood up to youth', mai'r gyfrol gyntaf yn unig a oedd yn ei feddiant. Mae'n bosibl iawn mai ar anogaeth Lascelles Abercrombie, darlithydd arno ar y pryd, yr ymgymerodd Lewis â'i darllen, am fod hwnnw wedi ei hadolygu yn ei golofn reolaidd i'r *Manchester Guardian* ar 3 Medi y flwyddyn cynt.[12] Hawdd deall atyniad arwynebol Lewis at hanes Michael Fane am fod cyfochredd eglur rhwng ei hanes ef ac eiddo Saunders ei hun hyd hynny, ond bod amgylchiadau cymdeithasol a materol Michael ris neu ddau yn uwch. Fe'i megir yn West Kensington gan nyrs (cymeriad tywyll a phell yw ei fam), mynycha ysgol feithrin breifat ac ysgol fonedd breswyl (gan dreulio gwyliau haf gorfoleddus mewn mynachdy Anglicanaidd), ac enilla le yn un o golegau mwyaf anrhydeddus Rhydychen. Deillia egni'r stori, er hynny, nid yn gymaint o'r hyn sy'n digwydd i Michael Fane ag o'i ddychmygion, ei feddyliau a'i argyhoeddiadau angerddol ond byrhoedlog. Mae'r nofel drwyddi yn ddrych i anniddigrwydd plentyn nad oes ganddo mo'r gallu i reoli ei fywyd ei hun.

Cynigir allwedd i ddatgloi drws caeedig 61 Falkland Road, efallai, yn y darluniau o fywyd teuluol ac aelwydydd yng ngwaith creadigol Lewis ei hun. Ni fentrodd erioed greu cymeriad cyflawn o blentyn. Ei ffocws, yn hytrach, a ffocws mor gyson nes ymylu ar fod yn obsesiwn yn ei waith creadigol, yw'r berthynas anghydryw, anghydnaws rhwng gwŷr gofalus, goddefol a gwragedd dychmygus, mentrus.

Gellir amgyffred hyd a lled cymeriad Lodwig Lewis fel amlygiad o'i amgylchiadau a'i ymwybyddiaeth o ofynion ei safle. Gŵr oedd a gredai mai'r ffordd hawsaf o gadw wyneb oedd trwy ei guddio. Yr oedd yn anochel y creai'r gwagle hwn o ddyn ddyhead yn ei ail fab i wrthryfela am nad oedd digon o sylwedd yn eu perthynas i fachgen deallus a phenderfynol wneud fel arall. Nid oedd ynddo ddim y gellid cydymffurfio ag ef nac ymostwng iddo trwy rym ewyllys a gwres argyhoeddiad. Pan holwyd Saunders Lewis am ddylanwad ei dad arno yn 1961, cyfaddefodd, fel petai'r cwestiwn yn un cwbl annisgwyl, mai 'anodd' oedd ei ddiffinio ac nad oedd 'erioed wedi meddwl amdano'n llawn'.[13] Fe'i hystyriai yn ddyn ag 'ofn y cyhoedd' arno, gŵr mewnblyg, 'ddim yn hoff o gwmni . . . yn hoffi unigedd, ac yn hoffi'r stydi'.[14] Mae'n farn a ategwyd gan ei gydweinidogion yn eu teyrngedau iddo wedi ei farw. 'Yr oedd o dduedd neilltuedig,' meddai un, gan ddefnyddio'r llaw-fer Ymneilltuol am weinidog di-liw. 'Nid oedd dim yn frac a ffraeth ynddo.'[15] Ei fyddardod cynyddol a'i salwch cyson a oedd i gyfrif am ei anallu i gymdeithasu tua diwedd ei oes, mae'n debyg, ond âi'r gwendid ynddo ymhellach na hynny yng ngolwg ei fab. Yn ei lythyrau at Margaret Gilcriest, sonia amdano ragor nag unwaith fel 'a poor sufferer', 'the invalid', claf na allai dderbyn ei glefyd yn ddigwyno, ac mae'r llythyrau oddi wrth Lodwig Lewis, 'Dada', at ei fab a gadwyd yn ategu hynny: rhestra ei anhwylderau gydag awch. Ceir ynddynt, er hynny, awgrym o barch deallusol y naill tuag at y llall. Mae'n eglur wrth gyfeiriadau at waith cynnar Lewis i'w dad ei ddarllen cyn iddo gael ei gyhoeddi a'i ailddarllen wedyn, gan ganmol '[m]eddwl a darfelydd' un o'r ysgrifau cynnar, er enghraifft, ac yn ei ddisgrifiad o 'Motor Drive' trwy ei ardal enedigol yn Nyffryn Tywi datguddir gŵr sy'n medru ymagor a rhannu profiad:

> Yr oedd y golygfeydd yn orlethol, cefais adnewyddiad neillduol wrth yfed awyr mynyddoedd a dyffrynnoedd fy maboed, a gwledda ar eu golygfeydd diguro. Nid yw eich aunty yn medru deall dyn yn myned yn wallgof ar bethau fel hyn, edrychai yn dosturiol arnaf pan yn torri allan i waeddi pan ddelai y darluniau dwyfol i'r golwg y naill ar ôl y llall pan esgynnem i fannau cyfleus i'w canfod.[16]

Nid yw'r ateb a roddodd Lewis i Aneirin Talfan am ddylanwad ei dad, sef i Lodwig Lewis roi iddo 'fy syniad i o beth ddylai llyfrgell ysgolhaig fod',[17] yn ateb o fath yn y byd, wrth gwrs. Ni chredai Lewis mewn peth mor unionsyth a goddefol â dylanwad. Tystia ei waith beirniadol trwyddo, gyda'i bwyslais ar draddodiad fel cronfa y gall y llenor dynnu arni, i hynny. Swyddogaeth ei dad – gair mwy priodol na dylanwad – oedd bod yn gyfrwng neu'n foddion. Diwylliodd y tad y mab trwy gaboli'r llechen lân i eraill gael naddu arni. Darparodd lyfrgell ar ei gyfer – yn cynnwys hynodion wedi'u rhwymo mewn cyfrolau'n dwyn y gair 'amryw', megis traethawd y Parchedig Robert Williams, Dulyn, 'Eglwys Rufain yn Gyfeiliornus: neu Babyddiaeth yn Groes i Air Duw' (1838),[18] a gweithredai fel esiampl o Gymraeg glân. Gan ei dad y dysgodd Saunders Lewis rym y gair cyhoeddus, ysgrifenedig a llafar. Mewn disgrifiad ohono mewn llythyr at Kate Roberts ar 21 Tachwedd 1947, cyfeiriodd ato fel 'llenor da iawn' (er na chyhoeddodd fawr ond ysgrifau achlysurol, i gyhoeddiadau ei enwad yn bennaf) a pherchen ar gasgliad helaeth o glasuron Cymraeg. Arferai godi dyfyniadau a'i trawai wrth ddarllen i lyfr nodiadau. Ei iaith rhagor ei bersonoliaeth a fynnai ei sylw, er hynny:

> Yn Lerpwl bwriodd ymaith, o reidrwydd, dafodiaith Sir Gaerfyrddin a siaradai ar yr aelwyd yn naturiol iaith y pulpud. Cywirai gystrawen ein siarad ni yn feunyddiol; ni chaem fyth ddianc os byddai'n hidiom yn wallus, neu ryw yn anghywir, neu air Saesneg diangen yn ein sgwrs. A gwae ni os siaradem Saesneg wrth chwarae.[19]

Nid bod llawer o gyfle i chwarae ar aelwyd y mans. Un o'r ychydig ddifyrion a ganiateid i'r tri brawd, ar wahân i ambell daith ar ddydd Sadwrn i Gaer (siopa yn Browns, te yn Bollands ac awr ar lan afon Dyfrdwy yn yr haf), oedd ffugio pregethu. Cyfeiriodd Lewis at yr arfer yn ei gyfweliad ag Aneirin Talfan Davies fel 'ein dull ni o dreulio yr oriau rhydd ar ddydd Sul . . . rhan o'n *pantomime*, o'n hactio ni, o hyd'.[20] Y pulpud, hefyd, oedd tarddle ei ymwybyddiaeth o Gymraeg fel cyfrwng diwylliant. 'Yn blentyn ac yn fachgen mi glywais lu o bregethwyr Cymanfa'r Methodistiaid Calfinaidd. Nid oeddwn i'n gwybod ar y pryd mai'r pregethau hynny a'r pregethau rheolaidd o Sul i

Sul oedd prif gyfrwng fy addysg i yn y diwylliant Cymraeg.'[21] Mae'n
arwyddocaol i Lewis, yn ŵr canol oed na welai ddim o'i le ar dreulio
Suliau yn Ffrainc a'r Eidal yn y dull cyfandirol yn yfed gwin a chwmnïa,
synio am y Sul Cymreig, ei dafarnau caeedig a'i gyfyngiadau ar
wamalrwydd fel 'un o'n sefydliadau cenedlaethol ni', ac ysgrifennu
gydag angerdd y gellir yn hawdd ei gamgymryd am sêl ddirwestol dros
ei gadw yn y dull a sefydlwyd gan ei gyndadau Ymneilltuol fel 'rhan o'n
dyletswydd gyffredinol i amddiffyn y genedl Gymreig a'i diwylliant hi
a'i nodau' ac fel '[c]ydnabyddiaeth werthfawr'[22] o'r gwahaniaeth rhwng
Cymru a'i chymdoges. Yn yr un modd, cofiai'n hen ddyn y 'pregethu
ysgrythurol' a glywodd gan John Williams Brynsiencyn, a'r wefr a
gafodd o'i glywed yn diberfeddu arddull Feiblaidd John Jones Talsarn.
Dysgodd y pulpud iddo fod testun yn siarad wrth destun ac oes yn
llefaru wrth oes. Colled i lenyddiaeth oedd colli'r pulpud, meddai, fel yr
haerai mewn man arall mai colled esthetig oedd colli'r ymdeimlad o
bechod, ac yr oedd 'darn o fôr' yn gwahanu'r rhai a oedd yn fyw cyn
1918 oddi wrth y genhedlaeth a ddaeth ar eu hôl, 'ac ni fedrwn siarad
gyda'n gilydd ar draws yr agendor'.[23]

Gellir dirnad llwyred cysylltiad y Lewis ifanc â Methodistiaeth
Galfinaidd y cylch (a chyfynged y byd hwnnw hefyd) mewn un stori a
adroddodd tua diwedd ei oes. O'r ugain o weinidogion yng nghylchdaith
Lerpwl y ceir eu lluniau, eu hanes a detholiad o'u pregethau yn y gyfrol
'Y Gair a Glybuwyd' (1900), meddai, gallai gyfrif ei dad, hen ewyrth a
chofiannydd ei hendaid, 'ac nid oes un o'r ugain nas cofiaf yn dda, fy
athrawon i yn y diwylliant Cymraeg'.[24] Mae pregeth Lodwig Lewis, 'Yr
Iesu yn amlygu ei ogoniant', yn ddadlennol. Cymer yn destun Ioan 2. 11
am yr Iesu'n cychwyn ar ei yrfa gyhoeddus yn sgil ei fedyddio gan Ioan
Fedyddiwr a'i demtio yn yr anialwch. Dysgwn ynddi am y cyswllt a
welai'r tad rhwng cyfrifoldeb a llawenydd mewn bywyd priodasol, ei
bwyslais ar aelwyd a theulu fel sylfeini bywyd iach, a chredoau eraill,
fel y ceir gweld, sydd fel petaent yn cael eu hadleisio wedi hynny ar
wefusau'r mab: 'I fod o werth i'r byd rhaid dyfod iddo o bell. Rhaid bod
allan o hono cyn bod ynddo i unrhyw bwrpas daionus';[25] 'O anialwch y
daw diwygwyr pob oes';[26] 'Mawredd yr Iawn sydd yn dangos mawredd
pechod';[27] 'Edrychir yn ddiraddiol heddyw ar gymeriadau y "canol

oesoedd", y crefyddwyr a ragflaenasant y Diwygiad Protestannaidd; bydd dynion yr oesoedd sydd ar ddyfod yn edrych yn llawn mor ddiraddiol ar gymeriadau y bedwaredd ganrif ar bymtheg.'[28]

Fel proffwyd y cyfarchodd Lodwig Lewis y diwygiwr Evan Roberts pan ymwelodd yr olaf â Seacombe nos Fawrth, 4 Ebrill 1905, ar ei genhadaeth i Lerpwl. Anerchodd gapel dan ei sang o 'suburban swelldom' yr ardal, 'full of the spirit of the revival'. Gwrandawodd Saunders un ar ddeg oed ar weddi o'r frest gan ei fodryb Ellen a phregeth gan ei dad ar Salm 15. Ar ôl i'r gynulleidfa benlinio mewn tawelwch 'awe-inspiring' i wynebu pechodau eu gorffennol, bu canu hwyliog ar 'Dyma Gariad', 'Marchog Iesu', 'and other old favourites' hyd hanner nos.[29]

Daeth Lewis i werthfawrogi sgil-gynnyrch y dylanwadau hyn gydag amser, efallai, ond ni allodd erioed eu gwahanu yn ei waith ysgrifenedig oddi wrth ddehongliad o hanes. Gwelai yn ei dad yn enwedig benllanw Calfiniaeth alltud y bedwaredd ganrif ar bymtheg, a oedd wedi dirywio ar y naill law'n blwyfoldeb taeogaidd ac ystyfnig, ac a gollasai ar y llaw arall yr angerdd a fuasai'n faeth i sylfaenwyr y ffydd. Dywedodd ymhen hanner canrif wedi iddo ymadael â'r ddinas iddo feddwl 'droeon' y buasai bywyd y gymdeithas Gymreig a ffynnai yn Lerpwl a'r cyffiniau yn y cyfnod yn destun rhagorol 'i nofel debyg i *Buddenbrooks* Thomas Mann'.[30] Nid pobl i'w hedmygu oedd Cymry Lerpwl, a fynnai fod 'yn drefedigaeth o fewn tref, yn debyg i'r Iddewon, yn byw ar wahân i'r brodorion',[31] yn gweithio gyda'i gilydd trwy'r dydd ac yn tyrru i'r un cyfarfodydd a gwasanaethau â'i gilydd gyda'r nosau ac ar y Sul. Gwir iddo gyfeirio at ei Saesneg carbwl ei hun yn fachgen ysgol a'i fagwraeth mewn '[c]ymdeithas uniaith Gymraeg, megis mewn pentref yn Sir Fôn'[32] fel amddiffyniad rhag y cyhuddiad o fod yn *arriviste*, ond nid ymfalchïai iddo adnabod Cymry yn Lerpwl a oedd wedi llwyddo i fyw yn y ddinas heb ddysgu rhagor o Saesneg nag a fuasai ganddynt ugain mlynedd ynghynt. Uwchlaw popeth, cynrychiolai ei dad iddo'r gred mai trwy ddiwydrwydd a llwyddiant bydol heb rwysg y gallai'r Cymro oddi cartref ennill parch – neu o leiaf ddrysu dirmyg – y brodorion. Un wers a ddysgodd, ac a ddefnyddiai wedi hynny yn ei ddadl dros Gymru uniaith Gymraeg, oedd mai ffigur gwawd oedd y Cymro yng ngolwg y Sais, yn enwedig wrth iddo siarad Saesneg.

Er gwaethaf ei amharodrwydd i ddatgelu fawr am ei blentyndod ei hun, rhoddai bris ar feithrin y cof yn yr ystyr ehangach o fod yn ymwybodol o'r gorffennol ac yn gyfrannog ynddo. Atgof oedd hwn yr oedd ei atgofion personol, neilltuol ac achlysurol yn iswasanaethgar iddo ac yn rhan annatod ohono. 'Gwyn ei fyd y gŵr sy ganddo wreiddiau mewn bro. Gwyn ei fyd y gŵr atgofus,' ysgrifennodd yn 1946 wrth sôn amdano'i hun, yn lled eiddigeddus, fel un 'sy'n bererin yng Nghymru':

> Y mae'r beirdd a'r llenorion a'r artistiaid bron bob amser yn ddynion atgofus, ac felly'r rhan fwyaf o ddynion o bob dawn sy ganddynt rywfaint o fywyd mewnol a rhywfaint o ddyfnder. Ar yr aelwyd a'r tu fewn i ffiniau bro y gellir orau gyfoethogi cof plentyn. Peth rhagorol yw dysgu llawer ar y cof. Peth rhagorol hefyd yw codi plentyn mewn awyrgylch a lwytha ei gof ef ag argraffiadau o bethau llawer hŷn a pharchedicach nag ef ei hun, traddodiadau teulu o genhedlaeth i genhedlaeth, traddodiadau eglwys neu gapel, olyniaeth offeiriadol cymdogion ar aelwydydd henfro. Dyma'r pethau sy'n rhoi stamp diwylliant ar hen bobl y wlad, yn ogystal ag ar bendefigion.[33]

Am y math hwn o atgof cyffredin, cynysgaeddol, etifeddol, a alwai Lewis yn '[g]yfoeth euraid', rhaid oedd troi oddi wrth ei newydd-ddyfodiad o dad at ffynhonnau dyfnach. Cynrychiolai chwaer-yng-nghyfraith Lodwig Lewis draddodiad Calfinaidd amgen, un na allai ef, gyda'i wreiddiau eglwysig, ei lwyr amgyffred; un, yn wir, y buasai arno ef ac uniongrededd Hegeliaeth ei ddyddiau coleg yn Glasgow, led gywilydd ohono. Crefydd oedd hon a oedd yn berchen ar ei chwedloniaeth ei hun. Yn 1969, adroddodd Lewis hanes wrth D. J. Williams a glywsai gan Ellen Thomas pan oedd hithau'n blentyn. Yn yr 1820au, ryw gyda'r nos ar ei haelwyd ym Môn, pan oedd hi'n ferch ifanc, tynnodd Ellen Roberts, nain Lewis, oddi amdani a mynd at y ffenestr i weld y sêr. Fe'i ceryddwyd gan ei mam: '"Paid â'th ddangos dy hun yn noeth fel 'na," meddai'r fam. "Ond Mam," atebodd y ferch, "mae hi'n ddu nos. Fedr neb fy ngweld i." "Mi fedr yr angylion dy weld di, 'ngeneth i," mynnodd y fam. "Bydd yn weddaidd er mwyn yr angylion."'[34]

Gan ei fodryb y dysgodd Lewis am y cyfuniad o weddustra ac ofergoeledd cyntefig a nodweddai Anghydffurfiaeth ar yr aelwydydd hynny lle tyfasai'n waddol teuluol, lle ymgymysgai storïau tylwyth teg â moesoldeb personol o orgyffwrdd y tymhorol a'r arallfydol, lle credid yn ddidwyll y gallai merch ifanc yn ei noethni godi gwrid ar angylion.

Unwaith eto, mae rhywun yn petruso galw'r gynhysgaeth hon yn ddylanwad. Ymglywai Lewis yn hytrach, yn yr hinsawdd grediniol a diymdrech honno, â'r rhamantiaeth a ganfyddai maes o law yng ngwaith Pantycelyn ac sy'n cael llais yn y 'rhamant hanesiol' *Merch Gwern Hywel* (1964). Fe'i hysgrifennodd, meddai, er mwyn rhoi 'darlun cywir o Fethodistiaeth cyn iddi fynd yn rhy hwyr'.[35] Yn unol â'r ystyr ofalus a phenodol a roddai Lewis i atgof, yr hyn a geir yn *Merch Gwern Hywel* yw stori heb le ynddi i argraffiadau na golygfeydd na sylwebaeth o waith y sawl sy'n dweud yr hanes. 'Yr oedd rhamantiaeth yn ei bore gwyrthiol ac iach', ysgrifennodd am ddyddiau cynnar Methodistiaeth a'r erlid ar Bantycelyn a Hywel Harris, 'yn ddull o fyw, nid yn rhan o freuddwyd swyddog yn y gwasanaeth sifil.'[36]

Nid yr enaid yn ei berthynas â Duw oedd craidd Methodistiaeth – nac Ymneilltuaeth yn ehangach – i Lewis. Ymddiddorai yn hytrach yn ei gweddau cymdeithasol a chelfyddydol, ac yn amwysedd ei swyddogaeth. Hanes Calfiniaeth yng Nghymru, ysgrifennodd tua diwedd ei oes, oedd 'y testun mwyaf cyffrous ac epig y gellid ei ddymuno, sef stori ail eni cenedl'.[37] Magodd 'arweinwyr ym mhethau'r ysbryd a phethau'r meddwl',[38] gan greu 'argyhoeddiad' a gadwai Gymru'n genedl yn y bedwaredd ganrif ar bymtheg wedi iddi golli pob sefydliad cenedlaethol arall.[39] Eto i gyd, trwy lunio 'cenedl newydd sbon ar sail capeli a seiat a chyfeillach', a weithredai fel 'hendref' iddi, cadwodd Gymru rhag bod 'yn genedl gyflawn, secwlaraidd, boliticaidd'. Arall oedd ei heffaith. 'Ni fynnai'r Cymry fod yn Gymry politicaidd, ond yn anghydffurfwyr politicaidd.'[40]

Gorweddai'r drydedd elfen yn ei fagwraeth y tu hwnt i furiau'r cartref a'r capel:

> Euthum i i'r ysgol, – ysgol breifat a rhy ddrud i gyflog gweinidog, ond mynnai fy nhad a'm mam gadw at draddodiad Owen Thomas o fynnu'r addysg orau a fedrid – heb fy mod yn medru dim Saesneg, fwy na phe'm magesid yn Llanddeiniolen, hen gartref y Thomasiaid.[41]

Roedd Liscard High School, lle'r aeth Lewis yn chwech oed a'r unig ysgol iddo ei mynychu, yn faeth ac yn ddihangfa iddo, fel y bu sefydliadau o bob math wedi hynny: byddin, coleg, plaid. Nid ymddengys i ddim ddigwydd iddo yno y gellir ei alw'n hynod, ac ni chollir llawer wrth gywasgu i ychydig frawddegau dystiolaeth ei gydddisgyblion a thystiolaeth yr adegau pan frigodd ei enw i'r amlwg yng nghylchgrawn yr ysgol. Yr oedd i bob golwg yn ddigon bodlon ymhlith y ddau gant, fwy neu lai, o feibion dosbarth masnachol Lerpwl. Yn wir, yn ystod ei gyfnod fel arolygydd ysgolion, cymeradwyodd addysg breswyl Seisnig yn Lloegr i'r Cymry hynny a allai fforddio osgoi cyfundrefn y wladwriaeth yng Nghymru. Fe'i hystyriai'n foddion i 'ffurfio cymeriad nobl, rhadlon, di-ofn', gan awgrymu mai diffyg addysg gynhenid o'r fath gartref oedd '[y]r esboniad seicolegol ar ddiffyg arweinwyr yng Nghymru, ar ofnusrwydd a phetruster ein bywyd cyhoeddus'. Gellid adnabod y disgybl a dderbyniai addysg breifat: 'plentyn heb atalnwyd y taeog, plentyn rhydd mewn cwmni, yn dweud ei ateb yn lân ac yn uchel, a digon o hyder yn ei ymddygiad a moesgarwch hefyd'.[42] Disgleiriai yn y celfyddydau ond câi fathemateg a gwyddoniaeth yn ddiflas. Cymerai ran mewn dadleuon ysgol, gan fabwysiadu ac ailadrodd credoau'r Rhyddfrydiaeth a ddysgodd gartref. Cerddai yng nghwmni ffrindiau yng nghyffiniau Cilgwri. Chwaraeai bêldroed ar dro – gan ddisgleirio ar yr asgell dde. Yn annisgwyl braidd, cofiai un o'i gyfoedion am ei frwdfrydedd dros ysbrydegaeth.[43] Yng ngholofn olygyddol cylchgrawn yr ysgol ym mis Ebrill 1911, ar drothwy ei dymor olaf yno, cymeradwyodd Lewis y syniad o fabwysiadu cân ysgol swyddogol fel 'a very healthy sign, in as much as it shows a patriotic spirit and esprit de corps', gan gynnig aralleiriad o 'Play up! play up! and play the game!' Henry Newbolt yn gynsail.[44] Mae rhywun yn synhwyro peth o'r un hwyliogrwydd yn ei atyniad at ysgolion haf cynnar y Blaid Genedlaethol (ei syniad ef oedd eu cychwyn) ymhen blynyddoedd eto. 'Fe ddylai Plaid Genedlaethol Gymreig fod yn blaid lawen,' telynegodd am yr ail ohonynt, yn Llangollen yn Awst 1927. 'Plaid ifanc yw hi, ac ni ddygymydd tristwch ag ienctyd . . . Yr oedd yno gwmnïaeth ac ymddiddanion nas anghofir tra byddom byw. Dyddiau a nosweithiau o wynfyd pur.'[45]

Gwynfyd arall, a'r hyn a gadwai ei dad, ei fodryb a'i ysgol rhag tyfu'n ddylanwadau a'i traflyncai, oedd ei fewnblygrwydd ei hun. Nod amgen y darn mwyaf hunangofiannol iddo ei gynhyrchu erioed, yn darlunio'r cyfnod 'rhwng dwy ar bymtheg oed ac un ar hugain', yw dwyster – rhywbeth sy'n nes at ymarfer nag ymollwng. Sonia am ei gyrchoedd i 'bentrefi cysglyd a doldiroedd eang' Cilgwri a'r golygfeydd a fyddai'n '[m]eddiannu a llethu' ei ysbryd yno nes ei yrru 'i ddistawrwydd dieithr'. Defnyddia iaith cyfriniaeth i ddisgrifio'r profiad, ond mae'r pwyslais bob amser ar ddisgyblu. Mae llwyd y berth yn disgyn ar ei lin yn dysgu 'safon o lonyddwch' iddo, ac mae bod yn un â natur yn gofyn gwastrodaeth ac ymdrech. Nid perlewyg a geir yma ond ymwadu – 'ymddistewi disgybledig' – a hanes un a gyflawnodd gamp a adroddir. Sylwer ar y rheidiau a'r anhepgorion mewn darn sy'n debycach i ddarn o gyfarwyddyd nag i atgof pur:

> Er mwyn bod yn llonydd rhaid wrth hir ddistewi gyntaf. Ar y dechrau yr oedd hynny'n anodd. Fy arfer wrth droi allan i'r wlad oedd adrodd wrthyf fy hun neu geisio cyfansoddi cerddi. Bu raid peidio. Yr oedd yn anhepgor cadw'r gwefusau'n fud a chadw'r meddwl yn wag o feddyliau bywiog. Y dull hawsaf i wneud hynny oedd rheoli'r anadl wrth gerdded, anadlu'n hir ac yn araf. Ymhen milltir o gerdded felly, treiddiai mudandod y tir i mewn i'r meddwl . . . Cerddwn ar laswellt ymylon y ffordd. Yr oedd sŵn fy nhroed ar gerrig yn rhwystr. Ond yr oedd rhin yn seiniau isaf dail a glaswellt, ac yn sŵn buwch yn pori yn y nos.[46]

O'r ysgol, aeth Lewis i Brifysgol Lerpwl yn Hydref 1911, gyda chymhorthdal gan Gyngor Bwrdeistref Wallasey, i astudio Saesneg (ynghyd â pheth Ffrangeg), dan Oliver Elton – a Lascelles Abercrombie wedi hynny, o 1919 ymlaen. Yr oedd yn sefydliad cymharol newydd o hyd, a oedd wedi derbyn siartr i ddyfarnu ei raddau ei hun wyth mlynedd ynghynt. Ei 'unig uchelgais', addefodd Lewis wrth Aneirin Talfan Davies hanner can mlynedd yn ddiweddarach, 'oedd ennill rhan a lle yn llenyddiaeth Saesneg'.[47]

Gwelir ffrwyth yr uchelgais honno ar ffurf dyrnaid o gerddi anghyhoeddedig yn rhychwantu'r blynyddoedd rhwng dechrau 1912 ac Awst 1914, pan ymyrrodd y Rhyfel Mawr. Maent yn diferu gan sensibiledd Sioraidd. Enw'r gynharaf ohonynt, 'one of my very earliest attempts in English, early in 1912', yn ôl y nodyn ar y llawysgrif, oedd 'A Dedication to Verse'. Ynddi, cyfarcha Lewis yr awen, 'art divine', gan ddyheu am wireddu ei 'soul-deep sympathies' yn ei waith ei hun, costied a gostio:

> Oh, Goddess – 'tis my all; I pray thee use
> The proffered life, and let thy heaven-sent fire
> Light on the radiant altar and consume
> The sacrifice in flames of inspiration.[48]

Mae'r cerddi yn waith prentis diamheuol ddarllengar. Ceir bras gyffyrddiadau ag 'Intimations of Immortality' Wordsworth, a Walter Pater, y Beibl – ie, ac adlais ambell emyn megis 'O Thou who camest' John Wesley; ond prin y clywir llais Lewis ynddynt yn yr ystyr o ganfod idiom unigolyddol. Mae'r ieithwedd yn Edwardaidd ac felly hefyd *persona* hydeiml, clwyfus, hunanobsesiynol y bardd. Yn 'Sonnet', sy'n dwyn y dyddiad 16 Ebrill 1913, croesawa hanner nos, sy'n distewi'r 'echoless / Suburban street':

> A turbulence, an unshaped yearning racks
> My wearied spirit, and not the midnight's balm
> Nor the deep quiet of the heaven can heal
> The anguished soul that knows not what it lacks.[49]

Yr un yw ysbryd 'A Vision of Liverpool' – diddyddiad, ond gwaith coleg eto – a'i gwaredu esthetaidd uwchben y ddinas,

> Where ugliness rode without shame.
> And human forms, once clouds divine,
> Were gathered vapours from the mine
> Of Gehenna's poisoned flame.
>
> It struck the prayer from my heart and eyes,
> It stiffened the knees that erst I lower'd –
> That Satan should brandish Michael's sword
> And keep God out of His Paradise.[50]

Yn 'From a Tavern', sonia'r bardd amdano'i hun yn gadael y miri 'to breathe the night', a chael ei gyfareddu gan belydr lleuad:

I thought the Son of God had stood,
Robed in the immaculate ray,
Beside me in the dim doorway.

Dychwel i'r dafarn:

To where they bandied health and jests,
And sat me silent among the guests.[51]

Y peth tebycaf iddynt yn Gymraeg yw 'Dagrau' y T. H. Parry-Williams ifanc, cerdd yr edrychodd Lewis mewn arswyd arni flynyddoedd yn ddiweddarach gan fethu â chredu bron sut y gallai cenhedlaeth gyfan – ac yntau yn ei phlith, meddai – weld rhinwedd mewn 'traddodiad ecstasi' mor ffuantus a theimladrwydd mor annelwig.[52] Fodd bynnag, tardda'r cerddi hyn o ffynhonnell gwbl Seisnig a Saesneg o ganu dirywiol am flinder a diflastod. Chwarter canrif wedi hynny, cofiai Lewis adnabod y nodau: '[rh]agoriaeth y bardd ar ddynion cyffredin . . . [b]rolio anfydolrwydd y bardd . . . [t]osturio wrth ei unigedd a'i ddyfnder anobaith ei hunan yng nghanol llifeiriant poen y byd nas cenfydd neb ond ef . . . [g]alw ar ei enaid ei hun fel yr unig gydymaith teilwng i'w awen'.[53] Gwelir yr 'hedoniaeth' y cefnodd Lewis arni ar ei mwyaf digyfaddawd yn yr ymgais, chwedl 'Sanctuary', a gyfansoddwyd yng Ngorffennaf 1914, i greu cymundeb rhwng 'vision, feeling, sound and thought' uwchlaw 'the tumults of the world . . . far from their rush'.[54]

Mae'n ganu sy'n tynnu sylw o hyd ac o hyd at foddion ei ddyfais ei hun, gan ymorchestu mewn paradocsau a strociau epigramatig. Amcan hunangyffesedig y bardd yw gwastrodi teimladau trwy eu hudo – 'I charm them to a grave of verse'[55] – a'r teimlad a enynnir amlaf yn y darllenydd yw syrffed. Nid yr ieithwedd hynafol sy'n peri tramgwydd yn gymaint â'r diffyg cymesuredd: ni ŵyr Lewis pryd y bo digon yn ddigon. Mae'r cyfan, a defnyddio disgrifiad Lewis ei hun o awdl gloff ar lwyfan yr Eisteddfod Genedlaethol, yn 'farddonaidd . . . megis petai dyn wrth anadlu yn tynnu gwlân i'w ysgyfaint'.[56] Yn 'College Friendships', sy'n dwyn y dyddiad Ebrill 1914, cymysgir delwedd hap y jyglwr a delwedd darfodedigrwydd y seren wib, y 'never-returing star', i ddisgrifio terfyn dyddiau a chyfeillgarwch coleg, a'r canlyniad yw pennill sy'n baglu ar draws ei sodlau ei hun:

And the hand that tosses the star,
Does it toss us too, my friend, –
Just a juggler's trick, with never a care
For the yearning that has no end . . .[57]

Mae'r gerdd yn amlygu hefyd y nodweddion eraill hynny y gwgai Lewis arnynt yn ei feirniadaeth ar farddoniaeth flynyddoedd yn ddiweddarach: cystrawen chwithig '[d]oes it toss us too', ystrydeb yr ymadrodd 'the yearning that has no end' ac, yn anad dim, yr ysbeilio ar ystyr. Teimlir awydd i garthu llinellau, i fwrw sillafau di-alw-amdanynt, i docio ac ad-drefnu. Er gwaethaf ei hodlau amheus a'i 'diviner' ac ailadrodd 'for', ceir deunydd crai telyneg gyffredin ond digon pert, er enghraifft, ym mhenillion agoriadol a chlo 'The Awakening' (1914):

I was a silent bird
Caged in my lusts,
Joyless and unbestirred
By life's diviner gusts . . .

You gave me faith for a song,
And hope and laughter
For lips that were mute too long
E'er to be silent after.[58]

Yn anffodus, myn Lewis wthio tri phennill arall rhyngddynt a throi'r peth yn draethawd ar rym achubol serch.

Traethawd yn ei hanfod – a'r gwaith estynedig cyntaf i Lewis ei ysgrifennu yn Gymraeg – oedd adroddiad ar ymweliad ag oriel gelf yn Lerpwl, a gyhoeddwyd, yn annisgwyl braidd, yn y cylchgrawn anenwadol, dirwestol Yr Ymwelydd Misol ym mis Hydref 1912. Yn wahanol i'r cerddi, mae olion Lewis aeddfetach arno. Llwydda i osgoi'r duedd i gylchdroi'n ystrydebol a phetrus a geir yng ngherddi'r un cyfnod. Nid ofna'r gŵr ifanc draethu wrth iddo ein tywys trwy'r oriel ar gryn frys. Deallwn nad ar amrantiad y gwerthfawrogir y gelfyddyd orau; cawn ddysgu am allu digymar Joshua Reynolds 'i bortreadu tlysni a diniweidrwydd plentyndod a harddwch gwraig ddiwair' ac mai Turner yw 'y mwyaf barddonol o'r darlunwyr'.[59] Dywedir wrthym fod

'Breuddwyd Dante' Gabriel Rosetti 'yn fwy na darluniad, oblegid y mae yn cario cenadwri, ac yn ymgysylltu â bywyd'. Daw'r wibdaith i ben gyda gosodiad hyderus am 'neges celf', sef neges Blatonaidd boblogaidd y dydd mai diben celf yw 'rhoi mynegiad i ddrychfeddyliau goreu dyn . . . Nid gwella dynion yw pwrpas mwyaf uniongyrchol arlundai, ond gosod yr hyn fydd yn aros bob amser yn arwyddlun o oreu'r ddynoliaeth.'[60]

Y casgliad parod yw tybio i'r Saunders Lewis aeddfed dreulio'i oes mewn gwrthryfel yn erbyn magwraeth ddeuol aelwyd ac ysgol a'u diffiniadau cyferbyniol, ond nid gwrthgyferbyniol, o'r hyn y dylai gŵr bonheddig ymgyrraedd ato. Gwaith cymharol hawdd yw ystumio'r dystiolaeth i ategu dehongliad o'r fath. Ceir cloddfa o ensyniadau yn y syniadaeth Freudaidd a draethir yn *Pantycelyn*, er enghraifft, a rhed y syniadaeth honno fel gwythïen hefyd trwy osodiadau Llew Llaw Gyffes yn *Blodeuwedd*. Yn sicr, fe gâi Galfiniaeth yn anghydnaws, hyd yn oed yn wrthun; ac ni raid pori'n hir yn ei ddatganiadau cynnar ar genedlaetholdeb Cymreig i glywed tinc gwrth-Seisnig digamsyniol.

Fodd bynnag, mae gwendidau mewn casgliad mor gyfleus. Rhagdybia yn un peth fod Lewis yn rhoi pwys ar yr elfennau a'i mowldiodd. Yn yr ail le, mae sôn am wrthryfel yn anwybyddu atyniad Cymru iddo yn ei rhinwedd ei hun. Yr oedd yr awydd i ddod i Gymru yn drech nag unrhyw awydd i ddianc o Loegr. Mewn cerdd gynnar anghyhoeddedig, 'On the Somme', a gyfansoddwyd yn Ionawr 1917, yr unig ddarn o'i fath y gwyddys iddo ei gyfansoddi erioed, gan un a gyfaddefai ymhen blynyddoedd wedyn, '*Entre nous*, 'fedra' i ddim diodde cerddi gwladgarol',[61] ysgrifennodd fel hyn:

> On hills of Arvon, I never stood
> Where I could gaze on you,
> But I have hungered to tread your stony tracks
> And be wet with your mist and dew.
> Hills that my boyhood saw from far,
> Sure I shall come to you.[62]

Erbyn iddo roi'r geiriau ar bapur, Cymru oedd ei gartref.

Nodiadau

1   LlGC, 22963E/10. David Howell (Llawdden) at SL, 10 Tachwedd 1901.
2   LlGC, papurau Aneirin Talfan Davies, blwch 8. SL at Aneirin Talfan Davies, 27
    Mawrth 1977.
3   'Nodiadau'r Mis', *Y Ddraig Goch*, Chwefror 1927.
4   J. J. Roberts, *Cofiant y Parchedig Owen Thomas, DD* (Caernarfon, 1912), 449.
5   P. Mansell Jones, 'Sketches for a Portrait', yn Pennar Davies (gol.), *Saunders
    Lewis: Ei Feddwl a'i Waith* (Dinbych, 1950), 18.
6   *Cyfansoddiadau a Beirniadaethau Eisteddfod Genedlaethol Cymru, Aberteifi
    1942* (Eisteddfod Genedlaethol Cymru, 1942), 80.
7   Gwilym R. Jones, 'Y Cawr Mawr Bychan', *Y Faner*, 13 Medi 1985.
8   'Cwrs y Byd', *Baner ac Amserau Cymru*, 4 Ionawr 1939, 1.
9   'O. M. Edwards', yn Gwynedd Pierce (gol.), *Triwyr Penllyn* (Caerdydd, 1956),
    34.
10 *LMG*, 16. SL at Margaret Gilcriest, diddyddiad.
11 Ibid., 14.
12 Jeffrey Cooper, *A Bibliography and Notes on the Works of Lascelles Abercrombie*
    (London, 1969), 123.
13 'Dylanwadau: Saunders Lewis. Mewn Ymgom ag Aneirin Talfan Davies',
    Taliesin, 2 (1961), 6.
14 Ibid., 7.
15 W. M. Jones, 'Lodwig Lewis', *Y Goleuad*, 26 Gorffennaf 1933.
16 LlGC, 23226D/1. Lodwig Lewis at SL, 15 Mehefin 1919.
17 'Dylanwadau: Saunders Lewis', 7.
18 'Llyfrau Lodwig Lewis', *Baner ac Amserau Cymru*, 5 Ionawr 1939, 8.
19 *AKAS*, 137-8. SL at Kate Roberts, 21 Tachwedd 1947. Ymddengys i'r manylion
    hyn gael eu hysgrifennu ar gais. Fe'u hatgynhyrchwyd yn ei geiriau ei hun yn
    Kate Roberts, 'Rhyddiaith Saunders Lewis', yn Pennar Davies (gol.), *Saunders
    Lewis*, 52-64.
20 'Dylanwadau: Saunders Lewis', 8.
21 'Lewis Edward Valentine: Hanner Canrif yn y Weinidogaeth', *Seren Cymru*, 8
    Hydref 1971.
22 'Cwrs y Byd', *Baner ac Amserau Cymru*, 12 Mawrth 1941.
23 'Y Beibl', *Empire News*, 19 Rhagfyr 1954.
24 'Lewis Edward Valentine', 6.
25 Dienw (gol.) *'Y Gair a Glybuwyd': Pulpud y Methodistiaid Calfinaidd yn
    Liverpool* (Gwrecsam, d.d. [1900: dyddiad ar y meingefn], 219.
26 Ibid.
27 Ibid., 228.
28 Ibid., 236.
29 Gwilym Hughes, *Evan Roberts, Revivalist: Story of the Liverpool Mission*
    (Dolgelley, 1905), 39-41.

[30] Wrth adolygu *Nationalism as a Social Phenomenon* J. Glyn Davies, yn *Lleufer*, 22 (1966), 34.

[31] *Ceiriog* (Aberystwyth, 1929), 14.

[32] 'Dylanwadau: Saunders Lewis', 6.

[33] 'Cwrs y Byd', *Baner ac Amserau Cymru*, 2 Ionawr 1946.

[34] LlGC, papurau D. J. Williams, Abergwaun, P2/30, blwch 11. SL at D. J. Williams, 20 Mehefin 1969.

[35] Ibid., 13 Ionawr 1964.

[36] 'Saunders Lewis yn Trafod Eluned Morgan', *Baner ac Amserau Cymru*, 15 Chwefror 1939.

[37] 'Y Deffroad Mawr', *Barn*, 139 (Mai 1974), 284.

[38] 'Cwrs y Byd', *Baner ac Amserau Cymru*, 16 Hydref 1946, 10.

[39] Ibid., 1 Rhagfyr 1948, 8.

[40] Ibid., 8 Mehefin 1949, 8.

[41] *AKAS*, 137. SL at Kate Roberts, 21 Tachwedd 1947.

[42] 'Cwrs y Byd', *Baner ac Amserau Cymru*, 23 Mehefin 1948.

[43] D. Tecwyn Lloyd, *John Saunders Lewis; y Gyfrol Gyntaf* (Dinbych, 1988), 63.

[44] Ibid., 342.

[45] 'Nodiadau'r Mis', *Y Ddraig Goch*, Medi 1927.

[46] Ifan ab Owen Edwards (gol.), *Y Llinyn Arian: i Gyfarch Urdd Gobaith Cymru* (Aberystwyth, 1947), t. 51.

[47] 'Dylanwadau: Saunders Lewis', 9.

[48] LlGC, 23227D/1.

[49] LlGC, 23227D/2.

[50] LlGC, 23227D/4.

[51] LlGC, 23227D/7.

[52] 'T. H. Parry-Williams', *Llafar*, 5 (1955), 3.

[53] 'Awen Aberystwyth', *Baner ac Amserau Cymru*, 12 Gorffennaf 1939, 10.

[54] LlGC 23227D/17.

[55] 'An apology for versifying', LlGC 23227D/10.

[56] Eisteddfod Genedlaethol Caerdydd 1938, *Barddoniaeth a Beirniadaethau* (Cyngor yr Eisteddfod Genedlaethol, 1938), 112.

[57] LlGC, 23227D/9.

[58] LlGC, 23227D/14.

[59] 'Ymweliad ag Oriel y Darluniau yn Lerpwl', *Yr Ymwelydd Misol*, 10 (1912), 171.

[60] Ibid., 172.

[61] LlGC, papurau Bobi Jones, 573. SL at Bobi Jones, 25 Gorffennaf 1952.

[62] LlGC, 23227D/21.

Y MILWR
1914-18

Pan oedd yr Ail Ryfel Byd yn anochel ym mlwyddyn olaf y 1930au, a gorfodaeth filwrol ar y gorwel, ysgrifennodd Lewis hyn o gyngor i ddarllenwyr ei golofn yn *Y Faner*:

> Y gwir arswydus am fywyd rhyfel yw bod dyn normal, ifanc, yn dygymod ag ef yn bur fuan, ac yn ei gael mewn llawer peth yn fywyd wrth ei fodd. Na synnwch fod dynion ifanc, lawer, unwaith eto'n barod i ladd ac i'w lladd. Y mae'r bwystfil ym mhob dyn ac yn rhan bwysig ohono a pheth hawdd iawn yw trefnu bywyd ar lefel y bwystfil a'i gael, yn ei angerdd a'i beryglon a'i antur a'r boddhad dwfn a rydd ef i'r greddfau cryfaf a'r nwydau pwerus, yn fywyd llawnach a mwy cyffrous na llwydni beunyddiol y clerc a'r 'dwylo' mewn ffatri a'r 'dwylo' sy'n athrawon ysgol. Ni ddywedwyd eto'r gwir am ryfel mewn llenyddiaeth; ni ddywedwyd yr hyn sy'n waethaf ynddo sef ei fod yn mynd yn ebrwydd mor normal ag ydyw unrhyw yrfa arall.[1]

Siaradai o brofiad. Ar 3 Medi 1914, mynychodd gyfarfod recriwtio yn Undeb y Myfyrwyr yn Bedford Street a anerchwyd gan Harvey Gibson, yr Athro Botaneg, mewn lifrai uwchgapten. Cynghorodd hwnnw'r myfyrwyr gwlatgarol 'not to be over-enthusiastic, but to take things steadily, thoroughly recognising the solemn business in front of them'. Fe'u cyfarchwyd wedyn gan yr is-ganghellor, James Alsop, a'u rhybuddiodd 'that there was no possibility of honourable escape'.[2] Rhwng hyn a 1918, byddai 1,673 o fyfyrwyr Prifysgol Lerpwl yn gwasanaethu.[3] Y diwrnod wedyn, ymunodd Lewis â 3ydd Bataliwn y King's Liverpool Regiment (y 'Liverpool Pals', fel y'i hadwaenid). Fel aelod o'r garfan gyntaf i wirfoddoli, derbyniodd Lewis fathodyn arian yn rhodd i'w wisgo yn ei gap. Dangosai eryr a'i adenydd ar led yn glanio ar

faban yn ei grud ac odano arwyddair teulu'r Iarll Derby a oedd wedi
sefydlu a chynnull y gatrawd newydd: *'Sans Changer'* ('Heb Newid').
Treuliodd Lewis ei wythnosau cyntaf mewn barics dros dro mewn hen
ffatri watsys yn Prescot. Yr oedd, yn ôl ei ffurflen feddygol B178A a
lenwyd ar y diwrnod hwnnw, yn 20 mlwydd a 323 diwrnod oed, yn bum
troedfedd a thair modfedd a hanner o daldra, a phwysai ychydig dros
saith stôn a hanner. Cwmpas ei frest oedd 33 modfedd, a ymestynnai o
ddwy fodfedd wrth anadlu. Ar ei ffurflen wasanaeth, B2065, a lenwyd yr
un diwrnod, ychwanegwyd y wybodaeth fod llygaid llwyd a gwallt coch
ganddo, a phryd a gwedd 'fresh'. Dan 'religious denomination', ticiodd
Lewis, 'Wesleyan' a'i ddileu, gan ddewis yn hytrach 'Presbyterian', gan
ychwanegu 'Welsh. Yes' ar ei ôl.[4] Darparwyd pâr o esgidiau trwm iddo,
dau grys, trôns a dau bâr o hosanau: ni châi arfwisg ffurfiol hyd ddiwedd
y flwyddyn. Arhosai yn y fyddin, yn swyddogol, hyd 1 Medi 1921.

Ffynhonnell amhrisiadwy o safbwynt deall datblygiad a hanes
Saunders Lewis yn ystod blynyddoedd y rhyfel ac am gyfnod go hir
wedi hynny yw'r cannoedd o lythyrau a ysgrifennodd at Margaret
Gilcriest, a ddôi maes o law yn wraig iddo.[5] Deuir atynt, er hynny, gyda
rhywfaint o betruster. Maent yn sicr yn cynnwys cofnod llawn o ran eu
swmp a'u manylder, ond gwaith anos yw ymddiried yn eu trefn. Yn wir,
testun rhwystredigaeth i unrhyw un a gais ddilyn bywyd Lewis yw ei
duedd gythruddol gydol ei yrfa i beidio â dyddio'i ohebiaeth, neu i
fodloni ar nodi diwrnod moel. Problem ddwysach yw *sut* y dylid eu
darllen. Ceir digon ynddynt i'r sawl a fynno eu dehongli felly i awgrymu
mai tad y dyn yw'r plentyn, yn wleidyddol, yn grefyddol ac yn
llenyddol, a dadlennol yw adnabod y cyfeiriadau cynnar at
genedlaetholdeb a Chatholigiaeth a llenyddiaeth Gymraeg. Eto, cam â'r
meddwl a'u creodd ac a'r blynyddoedd a greodd y meddwl hwnnw yw
eu darllen yn unig am olion y Lewis cyfarwydd a ddaeth trwy'r drin.
Gorwedd rhan helaeth o'u gwerth arhosol yn eu byrhoedledd a'u
chwiwiau, yn y Lewisiaid posibl ond anghyflawn eraill a ddadlennir.

Yn y llythyr cyntaf sydd wedi goroesi, ar 4 Tachwedd 1914, yr oedd
mewn gwersyll yn Knowsley Park, llecyn corsog ond lled wledig ar gwr y
ddinas, gyda dau lyn a llethrau'n dew gan rug a choed bedw. Trwy weddill
y flwyddyn bu Lewis i bob pwrpas yn chwarae sowldiwrs mewn cytiau

pren, 'like a Canadian log town', chwedl un llythyr,[6] gan ddychwelyd i gartref y teulu yn 6 Wilton Street i fwrw'r Sul bob yn drydedd wythnos. Dysgodd ddrilio a gwarchod a chymryd rhan mewn gorymdeithiau nos. Ei boen fwyaf, cyfaddefodd mewn llythyr cynnar, oedd y tamprwydd a'r baw.[7] Er mor ddiamheuol ddadlennol ydynt, mae rhywun yn darllen y llythyrau hyn at Margaret trwy rwyllwaith y bylchau sydd ynddynt. Ychydig iawn o sôn, er enghraifft, wedi i newydd-deb y profiad bylu, am ei gyd-filwyr, am y swyddogion, am ddigwyddiadau digrif neu drist neu od, am ei ragolygon neu hyd yn oed am ei ddiflastod ei hun ar yr 'unreflective life' a orfodid arno.[8] Maent yn ymarferiadau mewn hunanfeddiant neu fewnblygrwydd siriol: hunanbortread cyfansawdd yn dangos gallu eu hawdur i godi wal rhyngddo a'i amgylchiadau, wedi'i sylfaenu ar ddarllen a dychmygion, ei huodledd epigramatig ei hun a haen drwchus o ledneisrwydd Edwardaidd. 'This all seems to me something apart from normal existence, a break in our growth', ysgrifennodd at Margaret am y gwersyll a'i ddyletswydddau, 'and I feel hungry for that time when we shall take up the thread again'.[9] Disgrifiai ei garchariad ugain mlynedd wedi hynny mewn termau tebyg. Yn y cyfamser, ymgysurai fod amser i ddarllen 'a novel a fortnight', yng ngolau fflachlamp, yn aml dan y dillad gwely,[10] a datgela rhychwant ei ddarllen, ei 'thumb work',[11] ŵr ar drothwy ei un ar hugain oed yn ymfalchïo nid yn unig yn ei allu i feirniadu a diberfeddu'r deunydd a fwriai drwy ei ddwylo ond hefyd yn y sythwelediad i ganfod ei berthnasedd i'w gyflwr ei hun. Peth cyffredin ddigon yw hi i ddyn ifanc geisio creu argraff ffafriol ac ymddangos yn sensitif i gariad neu ddarpar gariad trwy ddyfynnu barddoniaeth ac athronyddu, wrth gwrs, ond tybir bod rhywbeth amgen neu ychwanegol ar waith yma. Nid amhriodol fyddai ei alw'n iwtilitariaeth ysbrydol. Fe'i gwelir yn ei nodiadau maith ar sonedau Elizabeth Barrett Browning, 'read . . . seriously as if for a paper',[12] yn ei ddehongliad o Thomas À Kempis fel awdur sy'n dysgu elusengarwch,[13] yn y defnydd a wna o Shelley i ddadlau bod dynion, fel merched, yn effro i 'their share of this world's beauties',[14] o Donne, Othello, Blake, y ddau Rosetti, Katherine Tynan ac eraill, ac yn ei ymdriniaethau â thechneg caneuon Margaret ei hun. Ateg oedd llenyddiaeth hyd yn oed y pryd hwnnw, fel y byddai wedyn, i'r gynneddf honno a ddiffiniai wedi hynny yn 'ymholiad'. 'Do you know,' ysgrifennodd yng ngwanwyn 1915, 'if I lived in medieval times, I'm sure I would have been a monk. Even now it seems to me the surest way of "possessing your soul" as the Quietists say. There are plenty to live the life of action, but not too many the life of contemplation'.

Ar 24 Ebrill y flwyddyn honno, a heb air sydd ar glawr wrth Margaret, cynigiodd Lewis am gomisiwn, 'since (being the son of a Welsh minister, and a university graduate)', fel yr ysgrifennodd mewn cais heb fod yn gwbl eirwir, wrth gwrs, yn ei ail gymal, 'I should prefer a commission in the Welsh army'.[16] Llanwyd mis Mai – a dreuliodd mewn gwersyll yn Grantham – gydag ansicrwydd dwbl rhwng cyfweliadau am y comisiwn a'r posibilrwydd y dôi galwad i Ffrainc yn destun gwag-ddyfalu ymhlith y 22,000 o filwyr. 'I can't really understand why we are kept so long', cwynodd wrth Margaret; 'we have nothing at all new to learn, and there seems every call and need for reinforcements at the front'.[17] Yr eironi yw na chafodd ei gatrawd fynd dramor trwy gydol y rhyfel. Gyda 12fed Bataliwn Cyffinwyr De Cymru, 'y Welsh army', lle y'i derbyniwyd ar 28 Mai, y gwelodd Ffrainc am y tro cyntaf. Bataliwn 'bantam' neilltuol oedd hwn wedi ei ffurfio ddeufis ynghynt, a gynhwysai wirfoddolwyr heb fod o'r taldra arferol i gael gwasanaethu yn y brif fyddin. Yr oedd Lewis, os rhywbeth, damaid yn rhy dal i'r bataliwn: disgwylid i'w filwyr fod rhwng pum troedfedd a phum troedfedd a thair modfedd. Mae'n werth nodi mai yn ystod ei wythnos olaf gyda'r King's Liverpool Regiment, ar batrôl nos ym mherfeddion Swydd Lincoln rhwng 19 ac 21 Mai, y cafodd yr olaf o'r profiadau allgorfforol a brofai'n blentyn.

Dyfarnwyd comisiwn fel is-lifftenant dros dro iddo ar 1 Mehefin, a barhaodd hyd nes ei benodi'n lifftenant llawn ar 2 Chwefror 1916. Cafodd sicrwydd ar ei ddiwrnod cyntaf gyda'i gatrawd newydd, a dreuliodd yng Nghasnewydd, na welai faes y gad hyd fis Mawrth nesaf 'at the earliest'.[18] Fel y digwyddodd, nid aeth dramor am flwyddyn gron.

Yr oedd yn fywyd digyffro. Dysgodd signalau ac arddywediad i 40 o filwyr am dair noson yr wythnos (a rhyfeddu at eu gafael wan ar sillafu Saesneg),[19] prynodd feic, a dysgodd farchogaeth ceffyl.[20] Cyn pen y mis, yng Ngorffennaf 1915, yr oedd yn St Albans, am fis o hyfforddiant fel swyddog. Cyd-drawodd y cartref dros dro hwn â newydd da: diploma i Margaret a swydd yn Workington fel athrawes daearyddiaeth. A hithau'n ymbaratoi i symud i'r dref ddieithr erbyn y flwyddyn academaidd newydd, parhâi Lewis i fyw bywyd crwydrol, difyr ond diamcan. Erbyn mis Awst yr oedd wedi ailymuno â'i gatrawd yn Whitchurch, Swydd Amwythig ac oddi yno, o fewn tair wythnos, symudodd i Gaer, o fewn ychydig filltiroedd i'w wersyll gwreiddiol yn Knowsley Park. Yn y flwyddyn ers i Lewis ymaelodi â'r fyddin, rhoesai ei fywyd – yn ddaearyddol o leiaf – dro mwy neu lai crwn. Cenfigennai wrth Margaret yn ei chynefin newydd, gan ddychmygu 'mountains and lakes and honest old clogs and cobble-stones',[21] ond nid oedd gobaith am deithio yno i'w gweld. Tynnai ei yrfa ef i'r de-ddwyrain rhagor y gogledd-orllewin. Erbyn mis Hydref yr oedd yn Aldershot, lle y dathlodd ei ben blwydd yn 22 oed, yn Hydref 1915.

Daliai i ddarllen yn awchus: Turgenev a *Studies in Mysticism* A. E. Waite, a daliai'r syniadau i gorddi ac ymgordeddu. Ysgrifennodd hefyd, er nad yn helaeth, a'r dryswch yn adlewyrchiad o feddwl heb ddal gafael ar ddim. Y gerdd hon, sicrhaodd Margaret wythnos yn ddiweddarach, oedd 'the only thing I have written since I have been at Aldershot':

The End of All Things (a very threatening title)

Not from the breath of God
Will the world catch fire and burn
But we who have sought in the sod,
With empty hands we will turn
And pluck down the moon and the sun,
We shall trample the stars every one,
And where Beauty alone can be,
Where nothing can be but she,
We shall find her whence she came,
Flame unto flame.[22]

Beth sy'n gwneud hon yn gerdd mor anfoddhaol? Yr ateb i'r cwestiwn hwnnw, fel y ceir gweld, yw'r esboniad ar y chwyldro a ddigwyddodd ym mywyd Lewis cyn pen blwyddyn arall, pan ddarganfu Emrys ap Iwan a Maurice Barrès a chydio yn y llinyn a fu'n dywysydd iddo am weddill ei oes. Yn ei gynnig ef ei hun ar ddeall diffygion ei ganu (a'r gerdd hon yn neilltuol), daliodd Lewis mai 'the trouble is that the poetry I want to write, the abstract idea of it in my mind, is a kind of quintessential thing, capturing in short lyric [sic] the core of an emotion or thought or aspiration'.[23] Hynny yw, gwelai dyndra rhwng cyfrwng cryno'r delyneg a maint y neges y dymunai ei chyfleu drwyddi. Yn ei uchelgais i ddweud peth mawr o fewn cwmpas bychan, treisia'r cyfrwng a'r genadwri fel ei gilydd. O graffu ar strwythur y gerdd ei hun, gwelir mai hanfod y dryswch ystyr yw anghydbwysedd y gystrawen. Erbyn i Lewis gyrraedd y prif gymal ('we will turn') y mae'r darllenydd yn dibynnu arno i wneud synnwyr o'r hyn sy'n ei ragflaenu, mae pwysau gweddill y frawddeg gymaint fel mae prin y gall peth mor frau ei llywodraethu. Gwelir yr un oedi cyn cyrraedd y prif gymal mewn cerddi eraill o'r un cyfnod. Dyma drafod dwy. Yn y gyntaf, yr atgyfododd Lewis ei theitl a pheth o'i dibyniaeth ar arddodiaid yn 'Golygfa Mewn Caffe' yn ystod yr Ail Ryfel Byd, yr achlysur yw gweld dwy leian yng nghaffi'r Kardomah yn Lerpwl. Cerdd ryfel o fath yw'r ail, ac megis yn ei gyfansoddiadau cynharach, y carn yn y ddwy yw dallineb y byd a sensitifrwydd y bardd. Bodlonir ar ddyfynnu'r penillion agoriadol yn unig:

> In a Cafe
>
> Through the green door, between the rows of chairs
> Where men sat, smoked, drank coffee, took their ease,
> Faltering and stooped as by their long night prayers
> Two black robed sisters came seeking charities.[24]

> 'Exile'
>
> When by the red of a fire I see an old woman sitting
> Or a young girl wistful in the mirror,
> Or a soldier asleep and his greatcoat around him,
> Or in the dusk, on the ridges, silhouetted against
>   the skyline the ploughman guiding the furrow,
>   And the obedient horses,
>   Then in my heart rises a wave of pity,
>   And all living things appear creatures of exile.[25]

Gellir barnu pa mor ddigynllun yw'r pennill cyntaf trwy sylwi fel y byddai ar ei ennill – o ran eglurder – o fod wedi troi'r llinellau o chwith, gan gychwyn gyda'r bedwaredd a chyfrif yn ôl. Am yr ail bennill uchod, mae'r oedi cyn cyrraedd yr ergyd yn ddamcaniaethol ddiderfyn gan mai enghreifftiau mympwyol yw'r hen wraig a'r ferch a'r milwr a'r ffigur yn dal cyrn yr aradr o blith miloedd posibl. Nid hwy yw canolbwynt y gerdd ond calon y bardd â'i llond o dosturi dyrchafol.

Un rheswm am yr awen ddiffygiol, fe ddichon, oedd awyrgylch dineneiniad y barics yn Aldershot lle y treuliodd Lewis fisoedd glawog diwedd 1915. Ni chafodd ond cwta wythnos gartref yn Wallasey dros y Nadolig, cyn ailgychwyn am dde Lloegr, a gwersyll newydd ryw wyth milltir o Aldershot, yn Blackdown. 'I feel a little lost tonight', addefodd wrth Margaret fel y tynnodd blwyddyn arall tua'i therfyn; 'everywhere I go seems so big and hollow, and myself at a discount'.

Y gwanwyn hwnnw, ac yntau ar ei wyliau ar aelwyd newydd ei dad yn Abertawe, canfu gofiant T. Gwynn Jones i Emrys ap Iwan mewn siop lyfrau. Yn sgil sefydlu'r Blaid Genedlaethol ddegawd wedi hynny, tystiai Lewis *post hoc* fel y gweddnewidiodd y gyfrol hon – a gyhoeddwyd yn 1912 – ei fywyd. Hwn oedd '[y] llyfr a wnaeth Emrys yn arwr ac yn rhagflaenydd mudiad cenedlaethol Cymru ac a ddangosodd hefyd ei bwysigrwydd fel llenor a meddyliwr'.[26] 'Braidd', ysgrifennodd yn 1927, 'na ragflaenodd ef holl bolisi gwleidyddol y Blaid Genedlaethol.'[27] Yn 1929 daliodd ymhellach y 'gallasai [Emrys ap Iwan] fod wedi creu mudiad politicaidd, ond fe'i ganed yn rhy gynnar.'[28] Eto, megis gyda phopeth arall o bwys ym mywyd Lewis, gafaelodd Emrys ap Iwan yn nychymyg y Lewis ifanc ar gyfrif ei apêl fel beirniad. Cyn dyddiau Emrys, ysgrifennodd Lewis yn ei sylwadau estynedig cyntaf arno, yr oedd beirniadaeth lenyddol Gymraeg yn 'quaint, bizarre, whimsical'. Ef a'i hachubodd o grafangau'r ieithegwyr: 'our twentieth century literary and poetic renaissance – for renaissance it splendidly has been – had its spring and inspiration in him.'[29] Chwe blynedd yn ddiweddarach disgrifiodd wrthrych y cofiant fel 'the first Welsh European since the 16th century'.[30]

Soniwyd eisoes am y problemau sydd mewn tadogi disgrifiad mor syml â 'dylanwad' ar y bobl a'r digwyddiadau ffurfiannol ym mywyd Lewis. Daw 'the legacy of Emrys ap Iwan' Dafydd Glyn Jones yn nes at ddiffinio natur y berthynas.[31] Ni ddylanwadodd Emrys fawr ddim ar Lewis yn yr

ystyr o gonsurio o ddim ei syniadau am werth traddodiad, Ewropeaeth, lle
canolog yr iaith Gymraeg i Gymreictod, y genedl fel person moesol a
pharch at fonedd, er iddo'n ddiau ei gadarnhau yn yr holl gredoau hynny.
Gadawodd Emrys ei ôl arno yn hytrach trwy greu'r gŵr a allai ac a
feiddiai gynhyrchu'r ymadrodd clo yn y paragraff uchod. Darganfu Lewis
yn Emrys ap Iwan rywbeth gwerthfawrocach a mwy hirbarhaol nag
athrawiaeth: dysgodd ganddo fod cyfiawnhad dros yr uniongyrchedd
ysgubol a nodweddai ei arddull gyhoeddus ei hun o hynny allan. Emrys a
roddodd stamp awdurdod ar ei awydd i draethu'n awdurdodol.

Rhan o apêl Emrys, bid sicr, oedd gwawl egsotig ei deithiau ar y
cyfandir a'r tipyn gwaed Ffrengig a redai yn ei wythiennau, diolch i'w hen
nain ar ochr ei fam. Yr haf hwnnw, ar 1 Mehefin 1916, glaniodd Lewis, yn
lifftenant llawn erbyn hynny, yn Le Havre i gael ei flas cyntaf yntau ar
Ffrainc, mewn pentref yn y Pas de Calais. Ac yntau dros bymtheng milltir
o'r ffrynt, er bod sŵn y gynnau i'w glywed, câi gyfle i roi cynnig ar ei
Ffrangeg colegol gyda'r trigolion, gan dreulio ei ddyddiau cyntaf yno
'in billets, very comfortable and enjoying the new surroundings
immensely . . . The French people are delightful . . . What I like is their
simplicity, the open intimacy of their life.'[32] Bythefnos yn ddiweddarach,
yn y ffosydd, gwahanol iawn oedd yr awyrgylch, y cwmni a'r adwaith:

> To come from billets to trenches is as good as taking boat [*sic*] from
> Havre [*sic*] and landing at Southampton. It is a return to England –
> English language, English oaths, John Bull's own ways of eating,
> drinking, and being generally half a gentleman by effort and half a Bull
> by nature and instinct. That is why I prefer billets even apart from the
> monotony of the trenches. In billets we mingle with the French people,
> and they are always gay, spontaneous, 'decent' in the lighter meaning,
> and they all find entertainment in life apart from the things of life; and
> so they keep us almost civilised.
>
> But in England – in the trenches – among your own coterie of male
> friends, you may keep – do, in fact – the speech of politeness – but you
> tend easily to live the boorish life of the English squire whose soul is
> just capable of hunting rabbits, but who is too lazy to count his kill.[33]

Dyma gofnod sy'n cydeistedd yn ddadlennol â dwy ysgrif Gymraeg
Lewis am ei ddyddiau yn y fyddin, a gyhoeddwyd yn 1919. Pwnc y gyntaf

yw cyfnod ei hyfforddiant fel milwr cyffredin a chyw swyddog yn Lloegr, yn 'aberthu nid yn unig rhyddid personol, namyn hefyd yr hawl i ddyn ddangos yn ei agwedd nad oedd arno feistr yn y byd'.[34] Testun yr ail, fel y ceir gweld, yw maes y gad yn Ffrainc. Ac yma, yn y tir neb rhyngddynt, megis, yn Ffrainc ond ymhlith Saeson, gwelodd Lewis wlad ei eni – trwy wydrau'r portread o'r Sais *huntin'-shootin'-an'-fishin'* yn 'Bully, Taffy a Paddy' Emrys ap Iwan.[35] Honni gormod fyddai dweud mai datganiad cenedlaetholwr sydd gan Lewis yma; ond amlyga'r agwedd meddwl a'i gwnâi yn genedlaetholwr maes o law. Mae'r Saeson y mae'n troi yn eu plith yn anfoneddigaidd, yn faterol, yn ddiog, yn rheglyd; ond, uwchlaw popeth, mae'r gallu ganddynt i droi darn o ddaear estron yn ymestyniad o'u gwlad eu hunain. Pan arddelodd Lewis genedlaetholdeb cyfansoddiadol ddeng mlynedd yn ddiweddarach, nid ennill seddi yn San Steffan na chonsesiynau oddi ar law'r llywodraeth a'i denodd. Ei nod, yn hytrach, oedd Cymreigio Cymru – dadwneud hanes, adennill y tir a gollwyd. Ffosydd Ffrainc oedd magwrfa ei genedlaetholdeb – a'r trosiad mwyaf addas i ddisgrifio natur y cenedlaetholdeb hwnnw hefyd.

Mae'n gyd-ddigwyddiad llwyr ond hapus mai 'In the Trenches' oedd teitl on'd odid y gerdd olaf i Lewis ei chyfansoddi yn y dull Sioraidd cyn arddel yr estheteg newydd a gyd-dyfai ag egin ei genedlaetholdeb. Soned yw hi â'i chwechawd yn cynnwys y trawiadau cyfarwydd:

> The moon that lays her calm upon our dead
> Is kind because she knows not, the mild earth
> On whose green breast our many lives are bled
> Receives them not in pity nor in mirth;
> 'Neath all the beauty that this night does shed
> We alone feel the mystery of our birth.

Yn rhannu'r un ddalen o bapur, er hynny, ceir cerdd wahanol iawn ei naws, 'The Pines':

> Purple and radiant loom the austere lines
> Of hills around us; in the blue mid-day
> Your heart may hear the crackling of your way
> Die in the listening quiet of the pines.

Are they not wise as we, wiser than we,
These old, old silent ones deep bound to earth
Who on her fruitful breast who gave us birth
So gently sleep, with such a majesty.[36]

Llinellau maldodus o ramantaidd yw'r rhain, efallai, ac ansicr eu
cystrawen erbyn yr ail bennill, ond dynodant gam pwysig oddi wrth y dôn a
oedd wedi nodweddu canu Lewis cyn hynny. Yn y gerdd gyntaf, delwedd
stoc yw'r lleuad; yma mae'r emosiwn wedi'i hoelio'n benodol ar y
gwrthrych. Rhaid i'r pinwydd fod yn binwydd (tywyll, uchel, eu
nodwyddau fel carped dan draed a'u brigau'n do di-haul uwchben) – ac nid
yn gyll na deri – i gyfleu'r ymdeimlad o anniddordeb tangnefeddus, doeth.
Ac mae rheswm da am y cyfnewidiad: nid llais Lewis digymysg yw hwn
ond cyfieithiad ganddo o waith Alfred de Musset. Yr oedd yn gychwyn ar
gyfnod o ddarllen dwys. Soniodd amdano'i hun fis wedi hynny yn 'reading,
almost studying, the history of French literature' gan ddysgu, meddai mewn
geiriau sydd eisoes yn dwyn nodau'r Lewis aeddfetach, 'an appreciation of
the hardness of literature, how poetry is infinitely more than sporadic bursts
of versifying'. Ei awydd bellach oedd ceisio 'strength and precision' yn ei
waith ei hun, 'writing verses towards plan and architecture'.[37]

Ni chafodd Lewis fwrw ymlaen â'i ddarllen na rhoi cynnig ei hun ar
ysgrifennu yn yr idiom caled a apeliai gymaint ato. Yr oedd caledi arall
yn ei aros. Ar 16 Medi, fe'i galwyd yn ôl i'r ffosydd ac yn y man cafodd
ei brofiad uniongyrchol cyntaf o'r frwydr. Nid oedd yn y rheng flaen pan
fu ymladd yn Guedecourt ar y Somme ddeng niwrnod wedi hynny: ei
ddyletswydd oedd gofalu am gyflwr y ffosydd fel 'reserve'. Ond bu'n
dyst i'r lladd. 'There is little to tell', ysgrifennodd at Margaret drannoeth
y drin. 'We had a rather warmer time than usual, and more than the usual
roll of casualties'.[38]

Am y tro, parhâi ei ohebiaeth â Margaret yn yr un cywair calonnog,
chwareus bron, fel petai bywyd milwr yn antur fawr, bicarésg.
Gwahanol iawn fyddai ei ddisgrifiad o'r Somme yn ei ail ysgrif yn sgil y
rhyfel a'r 'frwyd anobeithiol â'r ddaear':

Ymosododd y ddaear ar gorff ac ymennydd ac ysbryd a rhwygodd yr
ewyllys gref . . . Gwelais, pan ddychwelem unwaith o'r llinell, a'r dwfr

yn cyrraedd at ein llwynau, fachgen yn syrthio, a'r nesaf a'i canlynodd
a droediodd arno er ennill gwell sylfaen i'w gam. Y dyddiau hynny
boddwyd gymaint [sic] ag a laddwyd, a neb yn ateb nac yn sylwi pan
lefai un am gymorth. Buddugoliaeth y ddaear a'n llethodd.[39]

Mae'n debyg mai hwn oedd cefndir y profiad a ddisgrifiodd yn ei
lythyr at Margaret yn Ionawr 1917 fel 'the mixture of horror and
grotesque humour' a nodweddai fywyd y ffosydd:

Nothing of what I have seen before of trench warfare was at all like
this. In the line we held we were in shell-holes waist-high in slime,
without even the semblance of a trench; dead men were as common as
the living. They had died in all sorts of positions – numbers had merely
drowned, – until your attitude to yourself and them became one of
mingled tenderness and sympathy and humorous acceptance. One
joked with them and often joined them.[40]

Yn y cyfnod hwn, er nad yw'r manylion yn glir, daeth cyfle Lewis
yntau i ladd. Yn y fersiwn cyhoeddedig priodolir y stori i 'offeiriad', ond
ceir tystiolaeth mai ef ei hun oedd y swyddog ar batrôl liw nos yn y tir
neb rhwng y ffosydd, yn archwilio'r mannau gwan yn amddiffynfeydd
yr Almaenwyr:

Dwsin o fechgyn yr Ellmyn oedd yno'n trwsio'r adwy, yn gosod
polion newydd i ddal y gwifrau pigog a'u clymu a'u sisyrnu a'u plethu.
Teirllath o'r tu blaen iddynt yr oedd un milwr yn gwylio . . .
    Yr oedd fy mhistol yn barod . . . Sylweddolais y gallwn yn ddiogel a
sicr ei saethu'n farw, galw ar fy mhatrôl, a chludo'i gorff yn sydyn yn
ôl i'n ffosydd ni. Felly y cynlluniais . . .

'Saethais i ddim. Fedrwn i ddim.'[41] Mae'n anodd dyfalu arwyddocâd y
digwyddiad gwrthgleimactig i Lewis. Gan na soniodd amdano yn
gyhoeddus erioed ond teimlo er hynny yr angen i'w grybwyll bron
ddeugain mlynedd wedyn, diau ei fod wedi llechu yn ei isymwybod. Yn
sicr, mae'n goleuo'r golygfeydd yn *Blodeuwedd, Gymerwch Chi Sigaret*
a *Brad* lle mae'r tyndra dramatig wedi'i ganoli ar y sawl sy'n saethu yn
hytrach nag ar y sawl yr anelir ato.

Daeth adegau ysgafnach: ambell egwyl o olwg y ffosydd, yn cyfansoddi ei lythyrau yng ngolau cannwyll yn y cwt pren a wasanaethai fel *mess*. Yn nechrau mis Chwefror câi ei hun unwaith eto ym mlaen y gad, yn aros am yr ymosodiad nesaf. 'Anything else,' ysgrifennodd, 'reading, conceiving, thinking, growing, are obsolete things to me.'[42] Yn yr 'organised idleness' rhwng dyletswyddau darllenai nofelau Ffrangeg yn niffyg deunydd arall, 'but I'm rather fed up with it, and I'd like something stiff in philosophy if I could'.[43] Mae'n debyg mai yn y cyfnod hwn o fodloni ar ffuglen a chwennych rhywbeth mwy sylweddol, y trawodd Lewis ar y ddwy drioleg o nofelau *Les Déracinés* (1897) a *Le Culte du Moi* (1891) o waith Maurice Barrès, ynghyd, fe ddichon, â'i *Colette Baudoche* (1908) a ddaeth yn rhan o flaengynllun drama Gymraeg gyntaf Lewis, *Gwaed yr Uchelwyr* yn 1922.[44]

Moeswersi estynedig yw'r nofelau o blaid y gred baradocsaidd bod arwriaeth mewn cyffredinedd a phleser esthetig bron mewn hunanymwadiad. Neges *Les Déracinés*, er enghraifft, hanes saith o bobl ifanc o Alsace-Lorraine yn nwyrain Ffrainc sy'n rhoi cynnig aflwyddiannus ar fyw ym Mharis, yw nad oes unman yn debyg i gartref; ergyd *Le Culte du Moi* yw fod yr unigolyn, y *Moi*, yn ei gyflawni ei hun orau yn ei gynefin. Yn niffyg tystiolaeth gyfredol, nid oes ond dyfalu ynghylch eu heffaith ar Lewis ar y pryd. Erbyn iddo haeru ddwy flynedd wedi hynny fod 'philosophic fiction' Barrès wedi llwyddo i adnabod 'the malady of France'[45] a dweud amdano cyn pen pedair blynedd eto mai ef oedd 'arweinydd ysbrydol y genedl Ffrengig',[46] fe'i dehonglai fel patrwm iddo'i hun yng nghyd-destun Cymru a oedd megis tegan newydd yn ei ddwylo. Pan ddaliodd yn hen ŵr fod Barrès wedi ei argyhoeddi 'that Wales for me was not a net but a root',[47] edrychai'n ôl arno trwy fwg Penyberth a dadrithiad y blynyddoedd a'i dilynodd. I Lewis yn y ffosydd, gellir mentro, meddai Barrès ar swyddogaeth amgen fel enghraifft glasurol o'r *magus* sy'n apelio at ddynion ifanc deallus ond hawdd eu llygad-dynnu, sy'n cynnig maeth i'r gynneddf feirniadol heb ei herio trwy gadarnhau rhagdybiaethau a lapio epigram a stori am deimladau parod. Ac Lewis yn ŵr ifanc gyda dyfodol cyffrous o ansicr o'i flaen, a freuddwydiai am fawredd ond a oedd yn ddigon craff i wybod na ddelo mawredd ond i ychydig, darparai Barrès

arfwisg ddi-fwlch rhag siom. Câi fwynhau'r sylwedd neu ymorchestu yn
y cysgod.

Yr oedd apêl wirioneddol yn y cyfarwydd y gwanwyn hwnnw. Ar 7
Ebrill dychwelodd Lewis i Wallasey i aros ar aelwyd ei fodryb yn Wilton
Street. Teimlai'r fath ddyled iddi 'for not a little happiness' fel y
penderfynodd beidio â throi am Workington i gwrdd â Margaret, er
gwaethaf cyfnod o dros flwyddyn ar wahân. 'My turn to consult my own
tastes and inclinations will not be long . . . so until then please bear with
me'.[48] Ychydig dros wythnos yn ddiweddarach, ar ôl noson yn
Llundain, daliodd y trên am y porthladd yn Folkestone: '. . . sometime I
want to come back, be looked at, be searched, be read, be made
ashamed, and set right. At present I'm all wrong'.

Cyrhaeddodd mewn pryd, cyn pen wythnos arall, i gael ei brofiad
uniongyrchol cyntaf ym mlaen y gad, yn Gonnelieu ar 24 Ebrill. Wrth
i'w fataliwn amddiffyn llain o dir, 'Fifteen Ravine', lladdwyd 26 o'i
gydfilwyr a chlwyfwyd 45, a Lewis yn eu plith. Yng ngeiriau moel
adroddiad y bwrdd meddygol a gynhaliwyd gan y fyddin ar 14
Gorffennaf:

> The Board find: he was hit (1) by M[achine] G[un] bullets which
> passed into front of thigh (left) immediately above the patella & passed
> out on posterior + upper aspect of calf (left). He went on with the
> attack and (2) later was hit by two pieces of shrapnel which lodged in
> calf (left) and were removed. Wound left was 10" by 4". A large
> portion of calf muscle is destroyed and he has foot drop, with loss of
> sensation in leg below wound, wound is not yet healed but is going on
> well. He will require to wear a back splint and footpiece. There is also
> some limitation of movement of knee.[49]

Mewn nodyn ynghlwm, barnwyd bod yr ail glwyf yn 'severe . . .
probably permanent', ac y cymerai ddeunaw wythnos cyn i Lewis allu
ailafael yn ei ddyletswyddau.

Wedi cyfnod yn ysbyty'r Groes Goch yn Rouen, lle bu sôn am y
posibilrwydd o orfod tynnu'r goes, ar 17 Mai hwyliodd yn ôl i
Southampton ar fwrdd y *St Davids* i ysbyty ar gyfer swyddogion yng
ngorllewin Llundain. 'I was wounded . . . in the thigh and left leg',

ysgrifennodd Lewis mewn cais am 'wound gratuity' ar 29 Awst, 'the calf of the leg being completely blown away'.[50] Ni ddyfarnwyd pensiwn iddo.

Mae ei lythyrau at Margaret yr haf hwnnw, o Lundain ac yna, ym mis Mehefin, o ysbyty arall yn Luton Hoo, ar gyrion tref Luton ei hun, yn nodedig am eu hiwmor tawel. Dygymai'n well â'i anafiadau nag â'r bywyd milwrol a oedd wedi'u hachosi:

1. I am in bed.
2. I am better, better, heaps better.
3. No, the leg cannot yet be moved.
4. I do not brood, but last year was never horrid.
5. I desire no rest from your letters –
6. quite otherwise.
7. I am yours.[51]

Ac yntau'n parhau i wella o'i glwyfau, daeth ergyd arall. Ar 7 Gorffennaf lladdwyd ei frawd ieuengaf, Ludwig, yn Ffrainc. Ceisiodd fynd adref at ei dad i Abertawe ddeng niwrnod wedi hynny, adeg ei brawf meddygol yn Llundain, ond gwrthododd y llawfeddyg roi caniatâd iddo. Daliai yn Luton Hoo pan gaeodd yr ysbyty yn niwedd mis Awst, a bu'n rhaid symud eto, i Osborne, Ynys Wyth. Erbyn 25 Medi, gallai gerdded heb gymorth ffyn baglau na ffon, er ei fod yn dal yn gloff a'r clwyf yn agored o hyd. Yr oedd y deunaw mis a ragwelwyd iddo wella wedi lleihau'n gyfnod nes at hanner blwyddyn. Erbyn iddo gyrraedd Abertawe yn niwedd mis Hydref, yr oedd ei fodryb wedi symud yno ac absenoldeb Ludwig fel amdo ar yr aelwyd: 'Everything is strange here, home is a new setting'.[52]

Ni chafodd ond pythefnos i ymgynefino â'r dieithrwch. Erbyn canol y mis, dychwelodd at ei gatrawd, i'r 3ydd Bataliwn y tro hwn, ond yr oedd gorymdeithio y tro cyntaf yn drech na'r pwythau yn ei goes, ac fe'i gyrrwyd i ysbyty yn Lerpwl. Yno y treuliodd Nadolig 1917 'in a riot of dressing fantastically, kissing untold beneath mistletoe, riotous play and dancing, and much festivity . . . And just about tea-time an uncle of mine called and was I think rather flabbergasted to find me dressed in nurses' costume, a bow off a chocolate box in my hair, and carrying tea about.'[53]

Fe'i cafwyd yn iach o'r diwedd gan fwrdd meddygol ar 22 Ionawr. Dridiau yn ddiweddarach yr oedd yn ei arfwisg unwaith eto, gyda'r 3ydd Bataliwn yn Hightown, Lerpwl:

> Once again I can see morning breaking over wild sandhills and the wind fresh on my face, and the moonlit nights are wide about me, and it is all a benediction, a largeness of broad-browed kindliness, and I'm heartily glad to be here.[54]

Mae rhywun yn synhwyro cyfnewidiad ehangach hefyd. Daeth y dyddiau dilynol â chyfle i ddarllen ac ailddarllen *Anna Karenina*, i ymdroi mewn siopau llyfrau ail-law, i ddysgu Eidaleg. Daethant â'r argyhoeddiad hefyd fod bywyd crwydrol y blynyddoedd diwethaf yn rhagbaratoad ar gyfer 'my proper task, the awaiting task ... like a novitiate or a pilgrimage towards it'.[55] Yn y cyfamser, ailafaelodd Lewis yn nyletswyddau amrywiol swyddog: darlithoedd ar danciau a nwyon rhyfel a hebrwng deugain o filwyr clwyfedig trwy ganol dinas Lerpwl – 'like a farmer herding obstinate pigs to the market ... those who were not lame were bent or crooked with rheumatism':

> God, but I should enjoy organising in every city in England a vast procession of these broken, wrecked men, and make them carry banners and legends [such] as 'This is Your Work' or 'The Triumph of Civilisation' so that while their ugly figures persisted men and women should be so disgusted, so choked with the hideousness of it all, that hate of the causes of war, hate of prosperity and patriotism, should make life unbearable for them. I had a grim pleasure in my job yesterday.[56]

Mae'n ddarlun sy'n dwyn i gof orymdaith bathetig arall trwy ganol yr un ddinas ddeugain mlynedd wedi hynny, adeg protest Tryweryn, yn yr ymgyrch a ddynododd y rhwyg syniadol terfynol rhwng Lewis a Gwynfor Evans. Ac mae'n cynnig cip hefyd ar yr elfen theatrig sy'n dechrau llenwi dychymyg Lewis yn sgil darllen Emrys ap Iwan a Maurice Barrès: gwleidyddiaeth fel perfformiad, fel dychan. Dug Emrys Saunders Lewis i fyd y 'beth petai?', y weithred symbolaidd nad yw ond yn bod yn y dychymyg; fe'i hategwyd gan y cymeriadau yn nofelau Barrès sy'n byw eu propaganda ar y tudalen. Mae'n arwyddocaol i

Lewis wahaniaethu mewn llythyr arall at Margaret yn yr un mis, yng nghyd-destun ei awydd 'to begin for Wales what the Irish movement had done for Ireland', rhwng yr 'important people' o'r un bryd ag ef sydd 'keener on politics than anything else' a'i ddiddordeb yntau mewn 'literature and art'.[57]

Aeth Lewis trwy hanner blwyddyn olaf y rhyfel â deunydd crai athrawiaethol y gŵr cyhoeddus a fyddai eisoes yn ei le. Dymunai 'wneud' rhywbeth dros Gymru a gwelai fudiad o ryw fath yn foddion; coleddai'r syniad fod tynged wedi ei ragarfaethu i fod yn arweinydd; fe'i swynid gan y syniad chwerw-chwareus o weithred ysgubol, gyhoeddus; credai fod disgyblaeth ddadansoddol yn sicrach canllaw na theimlad. Ond chwiwiau deallusol gŵr ifanc oedd y rhain: cynnyrch ei grebwyll dychmygus, ffrwd redegog ei ddarllen, y gynulleidfa barod a gâi yn Margaret a'r 'appalling passage of wasted time'.[58] Yr elfen goll oedd *terra incognita* y Gymru gyfoes. Parhâi honno'n ddirgelwch iddo. Byddai'n rhaid iddo groesi'r ffin rhwng delfryd a dadrithiad, cofleidio Cymru gan ei ffieiddio – a dysgu cydbwyso'r ddeubeth – cyn y tyfai cramen galed cenedlaetholdeb am ben ei wladgarwch.

Am y tro, ac yn ddealladwy ddigon, y delfryd a'i swynai. Ymwelodd â'r gogledd yn haf 1918, gan aros ym Mangor a cherdded dros bont Telford i Borthaethwy: 'and, oh! the children talk Welsh at play and old men and women everywhere pass the time of day in the old way; and I kissed the earth, the grass, the flowers, for my happiness. And it was a serious effort to walk through the villages soberly. I wanted to shout, throw my hat up . . .'.[59]

Dathlai gan wybod y dôi diwedd buan ar y penrhyddid. Fis yn ddiweddarach, fe'i gwysiwyd i Athen a'r ddirprwyaeth Brydeinig yno a gynhaliai lywodraeth Venizelos yn gyfnewid am droedle yng Ngwlad Groeg. Golygai daith hir trwy Ewrop (Paris ar 20 Gorffennaf a Rhufain a'r Fatican dridiau wedi hynny) cyn cyrraedd Athen ar 1 Awst. Dywed lawer am chwilfrydedd gwibiog meddwl Lewis iddo ddatgan cyn pen pythefnos yno ei fwriad i ddarllen am y wlad, 'its history, its drama, its philosophy and religion . . . I imagine the clear thinking, the love of form and symmetry that is so emphatic here, may be a very tonic discipline for a Celt'.[60]

Ni lawenhaodd Lewis yn ormodol pan ildiodd y Kaiser ar 11 Tachwedd. Dynodai 'the end of one phase' ac ansicrwydd y cymal nesaf yn ei fywyd. Ei ddymuniad oedd teithio eto: i Iwerddon, ac i Gymru:

> When I go to Wales and look from the heights above the Conwy on the river and valley and the hills. I have a sentiment of my closeness to the old Welsh tribesmen who fought there with the Llewelyns, with Owen Glyndŵr, a sentiment of such nearness that I feel as though their very blood were in my veins. And in going over these old countries of western Europe, it is the continual contact of a tradition, of a civilisation, that enraptures me.[61]

Bron ugain mlynedd wedi iddo ysgrifennu'r geiriau hyn, yng nghynnwrf y dyddiau rhwng tân Penyberth a'r prawf yn yr Old Bailey a'i dedfrydai i gaethiwed tebyg i hwnnw a ddioddefai yn ffosydd Ffrainc, soniodd eto am sefyll yn olyniaeth Owain y Glyn. Rhwng 1918 ac 1936, er hynny, rhaid oedd dod i adnabod Cymru a feddai ar gysyniadau gwahanol iawn o ystyr 'tradition' a 'civilisation'.

Nodiadau

1 'Gorfodaeth Filwrol', *Baner ac Amserau Cymru*, 17 Mai 1939.
2 *Liverpool Courier*, 4 Medi 1914.
3 *The University of Liverpool Roll of Service* (Liverpool, 1921), 87.
4 Oni nodir yn wahanol, codwyd y wybodaeth am yrfa filwrol Lewis o'i ffeil yn y Swyddfa Gofnodion Cyhoeddus, PRO, WO 339/33109.
5 Archifau Prifysgol Lerpwl, A.076. Hanai teulu Margaret ar y ddwy ochr o dras Brotestannaidd yn Swydd Wicklow. Fe'i ganed ar 9 Mawrth 1891 yn New Brighton a'i haddysgu yn Ysgol Uwchradd y Merched yno cyn mynd i Brifysgol Lerpwl ym mis Hydref 1910, gan ddilyn ei chwaer Grace a raddiodd yr haf hwnnw. Treuliodd Margaret ei chyfnod yn y brifysgol ar aelwyd ei mam (buasai ei thad farw pan oedd hi eto'n blentyn) yn 36 Sandrock Road, Liscard, gan raddio yn BA (gradd gyffredin) ym mis Gorffennaf 1914. Dyfarnwyd Diploma mewn Addysg iddi union flwyddyn wedi hynny.
6 *LMG*, 18. SL at Margaret Gilcriest, diddyddiad.
7 Ibid., 10. SL at Margaret Gilcriest, diddyddiad.
8 Ibid., 63. SL at Margaret Gilcriest, 9 Chwefror 1915.

9 Ibid., 59. SL at Margaret Gilcriest, diddyddiad.

10 Ibid., 16. SL at Margaret Gilcriest, diddyddiad.

11 Ibid., 66. SL at Margaret Gilcriest, 14 Chwefror 1915.

12 Ibid., 54. SL at Margaret Gilcriest, diddyddiad.

13 Ibid., 92. SL at Margaret Gilcriest, diddyddiad.

14 Ibid., 66. SL at Margaret Gilcriest, 14 Chwefror 1915.

15 Ibid., 89. SL at Margaret Gilcriest, diddyddiad.

16 LlGC, Welsh Army Corps, BL1/8. SL at Ysgrifennydd y 'Welsh Army Corps', 24 Ebrill 1915.

17 *LMG*, 106. SL at Margaret Gilcriest, diddyddiad [13 Mai 1915].

18 Ibid., 111. SL at Margaret Gilcriest, 1 Mehefin 1915.

19 LlGC, papurau Thomas Jones CH, H1/7. Adroddiad SL i'r pwyllgor adrannol a luniodd *Y Gymraeg mewn Addysg a Bywyd*, 10 Medi 1925. '. . . a clear majority of the men were practically illiterate . . . Of syntax they had none, their spelling was chaotic, and their means of expression in English terribly meagre'.

20 *LMG*, 112. SL at Margaret Gilcriest, 1 Mehefin 1915.

21 Ibid., 140. SL at Margaret Gilcriest, 22 Medi 1915.

22 Ibid., 155. SL at Margaret Gilcriest, 20 Hydref 1915.

23 Ibid.

24 Ibid., 163-4. SL at Margaret Gilcriest, 13 Hydref 1915.

25 LlGC, 23227D/26.

26 'Emrys ap Iwan', *Baner ac Amserau Cymru*, 8 Chwefror 1939.

27 'Nodiadau'r Mis', *Y Ddraig Goch*, Mehefin 1927.

28 'A.E. a Chymru', *Y Ddraig Goch*, Ebrill 1929.

29 'The Critical Writings of T. Gwynn Jones', *Welsh Outlook*, 7 (1920), 265.

30 *An Introduction to Contemporary Welsh Literature* (Wrexham, 1926), 3.

31 'Aspects of His Work', yn Alun R. Jones a Gwyn Thomas (goln), *Presenting Saunders Lewis* (Cardiff, 1973), 51.

32 *LMG*, 209. SL at Margaret Gilcriest, 7 Mehefin 1916.

33 Ibid., 211. SL at Margaret Gilcriest, 21 Mehefin 1916.

34 *Y Cymro* (Dolgellau), 23 Gorffennaf 1919.

35 Cyhoeddwyd yr erthygl yn wreiddiol yn *Baner ac Amserau Cymru*, 1 Medi 1880. Fe'i hatgynhyrchwyd yn D. Myrddin Lloyd (gol.), *Detholiad o Erthyglau a Llythyrau Emrys ap Iwan I* (Dinbych, 1937), 1-13.

36 *LMG*, 223. SL at Margaret Gilcriest, 16 Awst 1916.

37 Ibid., 226-7. SL at Margaret Gilcriest, 10 Medi 1916.

38 Ibid., 229. SL at Margaret Gilcriest, 27 Medi 1916.

39 *Y Cymro* (Dolgellau), 30 Gorffennaf 1919.

40 *LMG*, 238. SL at Margaret Gilcriest, 4 Ionawr 1917.

41 'Cosb Angau', *Empire News*, 20 Chwefror 1955. Yn y fersiwn a atgynhyrchwyd yn Mair Saunders, *Bro a Bywyd Saunders Lewis* (Caerdydd, 1987), newidiwyd y teitl yn 'Patrôl' yn llaw Lewis ac ychwanegwyd y nodyn, 'Fy mhrofiad i fy hun oedd hwn; 'does dim drwg o'i gyfaddef rŵan'

[42] *LMG.*, 243. SL at Margaret Gilcriest, 12 Chwefror 1917.

[43] Ibid., 244. SL at Margaret Gilcriest, 3 Mawrth 1917.

[44] Yn 'Maurice Barrès', *Baner ac Amserau Cymru*, 24 Ionawr 1924, sonia Lewis amdano'i hun yn darllen nofelau Barrès 'yn ffosydd Loos, a'r haul uwchben yn yr awyr eglur, a'r gelynion ganol dydd – y barbariaid – yn dawel, a minnau mewn gwynfyd pur'. Ar sail brwydr Loos, ym Medi 1915, a heb lythyrau Lewis at Margaret yn dystiolaeth, camleola D. Tecwyn Lloyd, *John Saunders Lewis; y Gyfrol Gyntaf* (Dinbych, 1988), 153, y profiad yn y flwyddyn honno.

[45] 'The Critical Writings of T. Gwynn Jones', *The Welsh Outlook*, 7 (1920), 267.

[46] 'Maurice Barrès', *Baner ac Amserau Cymru*, 24 Ionawr 1924.

[47] 'By Way of Apology', *Dock Leaves*, 15 (1955), 11.

[48] *LMG.*, 244. SL at Margaret Gilcriest, 9 Ebrill 1917.

[49] PRO, WO 339/33109.

[50] Ibid.

[51] *LMG*, 254. SL at Margaret Gilcriest, 14 Mehefin 1917.

[52] Ibid., 262. SL at Margaret Gilcriest, 2 Tachwedd 1917.

[53] Ibid., 266. SL at Margaret Gilcriest, 26 Rhagfyr 1917.

[54] Ibid., 272. SL at Margaret Gilcriest, 25 Ionawr 1918.

[55] Ibid., 273. SL at Margaret Gilcriest, 1 Chwefror 1918.

[56] Ibid., 275. SL at Margaret Gilcriest, diddyddiad ond 'Sunday morning, Feb. 1918'.

[57] Ibid., 277. SL at Margaret Gilcriest, 28 Chwefror 1918.

[58] Ibid., 285. SL at Margaret Gilcriest, 26 Mai 1918.

[59] Ibid., 288. SL at Margaret Gilcriest, 15 Mehefin 1918.

[60] Ibid., 301. SL at Margaret Gilcriest, 10 Awst 1918.

[61] Ibid., 314. SL at Margaret Gilcriest, 12 Tachwedd 1918.

'BYWYD NORMAL, LLAI EI BERYGLON'

1919-20

Cyrhaeddodd Lewis Lundain am 6.00 nos Lun 17 Ionawr, ar ôl taith 11 niwrnod trwy'r Alpau. Ymhlith y pethau a gludodd gydag ef – a'i unig swfenîr o'r Rhyfel – oedd sbwng naturiol, tua maint pêl-droed, a brynasai ar draeth yng Ngroeg am gan drachma ac a gadwai ar ymyl y bath ym mhob cartref y bu'n byw ynddo am weddill ei oes. Fe'i câi ei hun yn byw bywyd dwbl: ar y naill law yr oedd wedi'i gofrestru yn swyddogol yn fyfyriwr yn Lerpwl er mis Hydref 1918; ar y llall, daliai – yn swyddogol eto – yn y fyddin o hyd. 'I shall work strenuously for a total release,' addawodd mewn llythyr at Margaret o westy'r Burlington. 'If I can get demobilised, well, hundreds of things may happen.'[1]

Ni ddigwyddodd dim am amser. Wythnos yn ddiweddarach yr oedd gartref ar aelwyd ei dad a'i Fodryb Ellen, 1 Ffynone Villas, Uplands, Abertawe, lle ceid golygfeydd dros y môr i fryniau Dyfnaint ar y gorwel. Mae ei ddisgrifiad o'r dref yn atgoffa rhywun o 'ugly, lovely town' Dylan Thomas genhedlaeth yn ddiweddarach: 'A lovely, sheltered little town, hills all about it, warm coal-mines and chimneyed factories to break the wind.'[2]

Yr oedd yn gyfnod o ailasesu. Yn 1941, ysgrifennodd am y dadrithiad a wynebai pawb wrth ddygymod â realiti heddwch a'i gael ei hun '[y]n waeth a salach cymeriad ar ôl rhyfel na chynt':

Yn ystod rhyfel, math o ddihangfa seicolegol yw cynllunio'r byd gwell ar ôl y rhyfel; dihangfa i fyd o freuddwyd a rhyddid, ac y mae'r cynlluniau'n fwy ysblennydd ac eangfrydig a mawreddog na dim a drefnir ar adegau o dawelwch y bywyd normal, llai ei beryglon. Dyna'r paham na chyflawnir odid fyth ar ôl rhyfel y cynlluniau a baratowyd neu a freuddwydiwyd yn ystod rhyfel . . . Y mae'r peth yn rhan o dynged y natur ddynol.[3]

Yn sicr, rhwng popeth, yr oedd dod yn ôl i Gymru i fyw yn derfyn gwrthglimactig ar gyffro, braw a gorfoledd cymysg y blynyddoedd blaenorol. Ymestynnai mis o wyliau o'i flaen, gyda phob argoel y dôi rhyddhad gan y Swyddfa Ryfel yn fuan wedyn. Daliai'r dyfodol, er hynny, yn ansicr – yn bennaf oherwydd y cyfoeth o bosibiliadau a ymgynigiai iddo, heb unrhyw warant y câi wireddu'r un. Yr oedd â'i fryd ar droi'n ôl am Lerpwl, ond gwelai atyniad mewn gwaith ymchwil yn Nulyn, ac anwylai o hyd gysgod o ddiddordeb yn y syniad y buasai'n chwarae mig ag ef trwy'r rhyfel o fynd yn athro Saesneg – i Workington, o ddewis. Am y tro, ymgollai yn y pethau syml, diuchelgais: cyfieithu stori o *Lettres de Mon Moulin* Daudet i'r Gymraeg yn y stydi o flaen y tân wrth i'r eira ddisgyn oddi allan, a gwisgo siwt a chôt fawr newydd: 'a glorious sensation'.[4]

Ei brif bryder oedd cynnal y berthynas â Margaret a'i chadw'n gyfrinach rhag teulu a chydweithwyr ar yr un pryd. Hawdd fuasai gwneud hynny yng nghanol eu cydnabod yn Lerpwl, a hyd yn oed dan amgylchiadau rhyfel; tasg anos oedd dygymod â'r cyfuniad o ryddid a chaethiwed a wynebai'r ddau yn amser heddwch. Byddai'r blynyddoedd rhwng 1919 a'u priodas yn 1924 yn llawn cynllwynion i drefnu 'digwydd' gweld ei gilydd, gan gymryd arnynt yn amlach na heb o flaen dieithriaid eu bod yn lled-gofio'r wyneb ond heb unrhyw syniad am enw. Syniad arall gan Margaret 'to put everyone off the scent' oedd iddynt gymryd arnynt 'quarrel violently and write nasty letters which could be left around'.[5] Ym mis Mehefin bu sôn am daith gyda'i gilydd i Rufain, a gyrrodd Lewis deithlyfr ati'n dwyn y teitl awgrymog *The Path to Rome*.

Buasai'n weithgar yn ystod ei wythnosau olaf yn lifrai'r brenin. 'Lieut J. S. Lewis' yw'r enw ar waelod ei ysgrif sylweddol gyntaf yn Gymraeg, yn disgrifio 'cynnwrf' a 'hen gysylltiadau' ei ymweliad â Rhufain. Er gwaethaf ei synwyrusrwydd, yr hyn sy'n taro'r darllenydd yn y clwt porffor hwn, tair colofn o hyd, yw'r nodyn amhersonol, safiad bwriadus yr awdur ar wahân i amgylchiadau neilltuol ei daith. Ymagwedda fel Pobun o Gymro ynddi, neu'n hytrach fel Ewropead cyfoes, yn ei ddisgrifio'i hun yn hamddena yn y tai bwyta, yn sugno maeth o 'hen atgofion' gwareiddiad cyffredin, fel petasai'r ddinas, yn ystod yr ymweliad cyntaf hwn, yn ei groesawu'n ôl i'w chôl. Mae pleser y foment yn ymhlygedig yn y sefydlogrwydd: 'Teimlais i'r byw gymaint oedd yn hanfodol waraidd yn y mwynhad a roddodd y llygaid a'r clustiau, y ffroenau imi, yr awr honno.' [6]

Ni allai pethau bara yn y cyflwr cysgodol, dioglyd hwnnw. Cychwynnodd am Lerpwl i drafod ei ddyfodol gydag Elton ar 6 Mawrth. Yr oedd wedi derbyn llythyr oddi wrth ei athro yr wythnos gynt yn ei gynghori i ddychwelyd. Ac yntau yn Lerpwl ddeuddydd wedi hynny, daeth gair yn gofyn iddo ailymuno â'i gatrawd. Ysgrifennodd delegram at y Swyddfa Ryfel 'begging to be left in peace',[7] a threuliodd weddill yr wythnos yn disgwyl yn bryderus am ateb na ddaeth.

Penderfynodd fentro, a threfnu llety: 108 Coltart Road, Toxteth Park, lle y symudodd ar 17 Mawrth, ddeuddydd cyn i'r gair ddod gan y Swyddfa Ryfel yn ei ryddhau o'r hir ddiwedd. Ymhen wythnos wedyn yr oedd wrthi'n ddiwyd yn Llyfrgell Picton bob bore a chyda'r nosweithiau'n darllen ac ysgrifennu, gan ddiolch bod yr amser yn mynd heibio mor gyflym. Unwaith yr wythnos yn unig yr ymwelai â'r Brifysgol ei hun, i drafod cynnydd ei waith gydag Elton. Ymddangosai, nododd Lewis rhwng bodd ac anfodd, fod y Swyddfa Ryfel wedi anghofio amdano'n llwyr, ac am ei gyflog: 'I must remind them for they've a hundred and eighty odd pounds that I want out of them!'[8]

Y gorchwyl a'i cadwai wrthi mor ddiwyd yn y Picton oedd ei draethawd gradd 'Imagery and Poetic Themes of S. T. Coleridge'. Dangoswyd eisoes ddyled y traethawd 89 tudalen hwn i waith Elton ei hun,[9] a dadleuwyd yn argyhoeddiadol mewn man arall mai 'rhyw fath o rag-ymarfer' yw hwn i'w *Williams Pantycelyn* yn 1927.[10] Buddiol efallai yw meddwl amdano hefyd, yng nghyd-destun ei brofiadau ef ei hun yn y rhyfel, fel ymchwil am yr hyn sy'n weddill i fardd wedi iddo ysgaru tystiolaeth y synhwyrau a theimlad. Cymharer, er enghraifft, y dyfyniad hwn a rydd o 'Dejection' Coleridge:

> And still I gaze – and with how blank an eye!
> And those thin clouds above, in flakes and bars,
> That give away their motion to the stars;
> Those stars, that glide behind them or between . . .
> I see them all so excellently fair,
> I see, not feel, how beautiful they are!

â'i eiriau yn y llythyr at Margaret o'i wely cystudd yn Luton Hoo wrth edrych ar y coed trwy ffenestr ei ystafell:

> There is passion everywhere. It vibrates in the motion of these trees. Of course we do not really know. We talk of the moods of nature. Nature has no moods except what we imagine for her. Nature itself is a vast terrible dark universe that we have not the slightest notion to understand.[11]

Yr hyn y ceisiai ei dadogi ar Coleridge – gyda chymorth *The Interpretation of Dreams* Freud ac ysgrif Elton, 'A Word on Mysticism' – oedd y gred y gallai bardd fyw ar waddol a grym delweddau fel arfau artistig heb eu cyffwrdd gan deimlad noeth, y gallai'r 'final apathy' wrth iddo gyrraedd canol oed fod yn farddoniaeth ddilys yn rhinwedd 'qualities of its own . . . a strength of diction, a Drydenesque conciseness'. Dadl Lewis oedd bod y bardd yn ildio'r berthynas gyfrin rhwng teimlad a mynegiant ond ei fod, yn gyfnewid am hyn, yn ysgrifennu barddoniaeth sydd, chwedl y traethawd, yn 'direct, terse, with a hard intellectual grain in the language'.[12] Nid gwendid yw 'difaterwch' yn yr ystyr benodol hon, felly, ond amlygiad o eglurder a phellter beirniadol. Cyfeiria Lewis yn gymeradwyol at ddisgyblaeth llinellau agoriadol 'Garden of Boccaccio' Coleridge:

> Of late, in one of those most weary hours,
> When life seems emptied of all genial powers,
> A dreary mood, which he who ne'er has known
> May bless his happy lot, I sate alone;
> And from the numbing spell to win relief,
> Call'd on the Past for thought of glee or grief.
> In vain! bereft alike of grief and glee,
> I sate and cower'd o'er my own vacancy!

Y llinellau hyn, yn ystod yr ychydig fisoedd yn Lerpwl cyn i Gymru ei draflyncu, fyddai ei faniffesto. Yn y traethawd, gwelir camau petrus cyntaf Lewis yn nesu at y dadrithiad, y gwagle, a'i harweiniai ymhen amser i gefnu ar ramantiaeth yn ei waith ei hun ac i'w labelu fel elfen estron yn llenyddiaeth Gymraeg yr Awgwstiaid. Esgorodd ar blwc newydd o farddoni. Mewn cerdd ynghlwm wrth lythyr at Margaret, y gyntaf ers blwyddyn, a gyfansoddodd y noson honno 'instead of [ei waith ar] Coleridge', disgrifia fel y dychwelodd i Bidston Woods, 'impatient of solitude', gan dybio y gallai fwrw ei unigedd a'i hiraeth 'in the old familiar places', ond iddo fethu:

> But oh, the throb of the blackbird's low, clean fluting
> In a silence caught from a moment's tremor of wing,
> And the unimaginable shock of the thorn-leaf's shooting
> So light that a bird's breath set it quivering, – How could I
> Bear them, and the last delicate sky-light,
> And your remembered whisper at gathering twilight.[13]

Os oes hiraeth yma, galar ydyw am yr ymdeimlad o hiraeth ei hun. Addefiad y geiriau yw fod cyfnod ar ben. Ni feddai Bidston a hoff leoedd ei ieuenctid ar y swyn i'w gysuro; moddion oeddynt erbyn hyn i'w atgoffa bod y dyddiau hynny drosodd.

A barnu yn ôl y llythyrau a ddaliai i lifo rhwng Lerpwl a Chaergybi a Workington, nid oedd yn rhwyg poenus. Er gwaethaf ei bellter oddi wrth Margaret, a'r euogrwydd a'i llethai wrth feddwl am adael Ellen Thomas yn Abertawe, dechreuai gael blas eto ar ddarllen a chymdeithasu. Rhwng gwaith yn y Picton ac aelwyd Miss Evans yn Coltart Road, lle dysgai fyfyrwyr ar gyfer yr arholiad mynediad i Brifysgol Llundain, adnewyddodd ei berthynas ag Edward Glyn Jones, meddyg ifanc a adwaenai fel myfyriwr meddygol cyn y rhyfel ac a oedd bellach wedi ymsefydlu yn St George's Square, Lerpwl, gan symud wedi hynny i feddygfa yn Upper Parliament Street. Byddai'r ddau'n cwrdd (yng nghwmni cryn hanner dwsin o rai eraill o bryd i'w gilydd) uwchben coffi a thost yng nghaffi'r Kardomah. 'Drama, pictures, poets, prose, fiction, men of all kinds and women, medical adventures, my Greece, Wales, teaching, journalism, all these were our toys to play with or toss

aside as we chose.'[14] Parhâi i ohebu â Glyn Jones hyd ganol y 1920au,
gan gyfnewid clecs coleg a llyfrau a rhannu dyhead (nas gwireddwyd) i
deithio gyda'i gilydd i Raeadr Niagara ac Uganda. Cynigiai Lewis farn
hefyd ar ei gerddi ar destunau megis 'The Jurassic Age' a 'Humanity' a
gyhoeddwyd yn y gyfrol, *The Death of Itylus and Other Poems*, dan yr
enw E. Glyn-Jones gan wasg Grant Richards yn 1924. Gan Glyn Jones y
derbyniodd Lewis y feirniadaeth gyntaf ar ei ddrama gyntaf, *The Eve of
St John*: 'It's altogether such a new thing to English – rhythm, imagery,
characters, everything about it in fact. You've got an open field before
you and only yourself to march into it.'[15]

Erbyn 3 Gorffennaf 1919, yr oedd gartref yn Abertawe ('It is not a
town that grows pleasanter,' barnodd),[16] lle ceisiodd ailafael yn ei waith
academaidd bob yn ail ag ymweld â Chaerfyrddin (am y tro cyntaf, a
barnu wrth ei ddisgrifiad llawn ohoni mewn llythyr at Margaret),[17] a
darllen *Joan and Peter* H. G. Wells. Yr oedd, meddai Margaret am y
nofel, 'worth reading if it were only for the fact that it makes you angry
at times',[18] a daliodd wythnos yn ddiweddarach ei bod am gicio Wells
am fod wedi ei hysgrifennu.[19] Cydsyniodd Lewis, gan ffromi at ysbryd
ymerodrol y gwaith:

> ... I am what Wells calls a Kelt (what a world of contempt in that
> bizarre K), and I am, I fear, unable to realise that the British Empire is
> really important. To me it seems one of those queer big bubbles that
> people amuse themselves with because they are afraid of not being
> busy.[20]

Ymhelaethodd ar y mater bum niwrnod yn ddiweddarach:

> Briefly I meant that Wells was not serious enough; there are problems
> that matter, but Empire is not one of those. For Empire is a myth, and
> like all myths a tyranny and bad religion, and men wage war and
> destruction for imperial juggernauts of their own pride, – destroy life
> for a bubble's sake. And that's why I dislike Kipling ... a foul high
> priest in a filthy temple where the Union Jack is an obscene God.[21]

Cyhoeddwyd *Joan and Peter* yn 1918, ac mae'n arwyddocaol, efallai,
mai *Bildungsroman* arall yw hi – nofel sy'n cymryd addysg a datblygiad

plant yn thema gynhaliol – fel *Sinister Street* Compton Mackenzie, a ddarllenodd bum mlynedd cyn hynny, fe gofir. Yn nofel Wells cymerir hanes addysgu brawd a chwaer amddifad y teitl yn ddrych i ddadlau dros gyfundrefn sy'n rhoi lle blaenllaw i brofiad yn lle caledi haearnaidd, ffeithiol addysg Fictoraidd ar y naill law a chenadwri ffeminyddiaeth ar y llall. Gwaredigaeth y plant yw'r gwersi a ddysgant gan eu hewyrth anabl, Oswald Sydenham, a dreuliodd ddwy flynedd ar bymtheg yng ngwasanaeth yr ymerodraeth yn Affrica. Mae'n awgrymu, unwaith yn rhagor, fod Lewis yn defnyddio llyfr am blentyndod i ddibenion deall ei orffennol ei hun, fel y gwnâi eto mor ddiweddar ag 1921 gyda *Portrait of the Artist* James Joyce. Yn sicr, nid oedd Margaret heb sylwi ar y tebygrwydd. 'Peter is the same age as you are and all through I kept that in mind.'[22] Ac ymhellach, mewn llythyr diweddarach, 'Certainly you are not my Peter.'[23]

Ymgadwyd yn fwriadol cyn hyn rhag traethu ar ymglywed Lewis â'i genedligrwydd yn y cyfnod hwn; ond daeth yn bryd gwneud. Fel y gwelwyd, gallai chwarae rhan y Cymro a'r Celt bron yn ôl y galw – ac nid oes amau mai rhan fawr o'i atyniad at Margaret ei hun oedd ei gwaed Gwyddelig a'r undod diwylliannol yn ogystal â phersonol y tybiai ei weld rhyngddynt. Yn 1919, wedi gwasanaethu yn ei lluoedd, a'i glwyfo yn y fargen, tybiai Lewis weld ei elyn ar ffurf yr Ymerodraeth a sylweddoli mai rhyfel ymerodrol oedd y drin y buasai'n gyfrannog ynddi. Defnyddiai'r un ansoddair – 'ymerodrol', 'imperialaidd' – ugain mlynedd wedi hynny i gollfarnu Lloegr a'r Almaen fel ei gilydd yn yr Ail Ryfel. Sylweddolodd yn sgil y Rhyfel Mawr hefyd mai'r hyn a wna Gymro yn Gymro yw nid yn gymaint hynny o waedoliaeth sy'n gyffredin rhyngddo a'r Gwyddel eithr ei berthynas â Phrydain. Nid digon Celtigrwydd na gwladgarwch nac iaith: cyflwr gwleidyddol, cyfansoddiadol oedd Cymreictod.

Cyfleus i ddibenion adrodd yr hanes fyddai dweud i'r cysyniad hwn liwio ei fywyd, i'r llythyr hwn ddynodi trobwynt yn ei athrawiaeth, i'r darnau ddisgyn bob un i'w lle. Cyfleus ond camarweiniol. Yn un peth, daliai i ymdroi gyda'r amwysedd rhyddfrydig (a'r parch tuag at deimladau Margaret a'i hoffter hi o'r *Jungle Book* a *Kim*,[24] rhaid ychwanegu) a wnâi unrhyw benderfyniad terfynol yn anodd. Soniai'n ddilornus am Wells, ond edmygai Kipling ar ei waethaf: 'And yet,' fe eddyf ym mrawddeg nesaf y llythyr uchod, 'of course, like all foul people he is also splendid ... everywhere he is a man of genius.' Yr elfen arall a gadwai Lewis rhag coleddu athrawiaeth bendant oedd prysurdeb ei feddwl, y chwilfrydedd ysol a'i diheintiai rhag clefyd obsesiwn ac arwraddoliaeth ar y naill law ond a'i cadwai ar y llaw arall rhag y penderfynoldeb i droi meddyliau'n osodiadau y dymunai eu hamddiffyn ac ymhelaethu arnynt. Yr hyn a welir yn y llythyr hwn, yn hytrach, yw angerdd tân siafins: safiad cwbl ddiffuant ond amodol yn yr ystyr nad oedd eto'n rhan o gyfangorff o argyhoeddiadau cysylltiol a didor. Darganfyddiad oedd ei annhuedd tuag at yr Ymerodraeth, ac ni newidiai ei farn arni am weddill ei fywyd, ond arhosai am y tro yn syniad i chwarae ag ef a'i flasu ac ystyried ei bosibiliadau.

Treuliodd Lewis Orffennaf ac Awst 1919 rhwng gogledd Cymru, lle'r oedd wedi gobeithio gweld Margaret yng nghartref y teulu, Curraghmore, Bryngolau Avenue, Caergybi, a Dulyn. Oherwydd amryfusedd, methodd â dal trên a ganiatâi iddo dorri ei siwrne ym Môn, ond yr oedd Dulyn yn fwy llwyddiannus. Hwn oedd ei ymweliad cyntaf ag Iwerddon, a phrynodd lun o Daniel O'Connell er cof am yr achlysur. Cafodd Margaret ac yntau ran o ddiwrnod yn unig yng nghwmni ei gilydd wrth iddo basio trwy'r porthladd ar ei ffordd yn ôl. 'I can't describe my feelings of emptiness since you went', ysgrifennodd Margaret ato o fewn oriau i'r ffarwelio. 'It is as if I had a tame pet lion and somebody opened the cage door and away he went.'[25] Ddeuddydd yn ddiweddarach, cychwynnodd hithau am Iwerddon, i aros gyda pherthnasau yn Wicklow.

Uchafbwynt yr haf i Lewis oedd ymweld â Beddgelert ac Aberglaslyn. Erbyn 21 Awst, yr oedd yn ôl ar yr aelwyd yn Abertawe: 'health excellent; energy during heat nil, after heat reviving; work fairly good'.[26]

Mae rhywun yn synhwyro ei bod yn dda gan Lewis ddychwelyd i Lerpwl ar 12 Medi. Wythnos yn ddiweddarach yr oedd wedi ailgydio yn y bywyd amgen a chyfarwydd hwn. Yn ôl yn Coltart Road, gweithiai ar ei draethawd bob yn ail â diddordebau y temtir rhywun i edrych arnynt nid yn unig fel cynnyrch cywreinrwydd ond hefyd fel dihangfa rhag y galwadau academaidd ffurfiol arno: arddangosfeydd, cyngherddau, gweithgareddau'r gymdeithas Gymraeg a sgwrsio di-baid. Rhoddodd gynnig hyd yn oed ar ddysgu dawnsio.

Erbyn Hydref 1919 yr oedd ail bennod ei draethawd ar glawr: ymdriniaeth â lliw a goleuni yng ngwaith Coleridge, ynghyd â chynnig (ofer) ar gyfansoddi cerdd dan y teitl 'Branwen'. Yr oedd y dosbarthiadau anrhydedd wedi ailgychwyn, a theimlai'n chwithig yng nghwmni'r pum menyw a rannai'r ddarlithfa gydag ef: 'I sigh for another male.'[27] Daliai i ddarllen: Molière, hanes arlunio yn Fenis yn y bymthegfed ganrif. Pendiliai rhwng diflastod a bodlonrwydd. Cwynodd ar ddiwrnod olaf y mis fod llyfrau'n codi 'nausea' arno a bod barddoniaeth wedi colli ei hapêl. Fe'i darllenai, mewn geiriau sy'n peri cofio'r dyfyniad o 'Dejection' Coleridge uchod, 'without really feeling its beauty, but merely recognising that it is beautiful, and aridly dissecting it for examination purposes'.[28] Ymddiheurodd yn y gwynt nesaf, er hynny, am yrru 'tedious, complaining letter' a rhestru ei fendithion: 'health, splendid, comfortable rooms . . . congenial work, and freedom to do it when I please'.[29]

Un o uchafbwyntiau diwedd 1919 oedd cwrdd â bardd cyhoeddedig, gyda phenodi Lascelles Abercrombie i'r Adran. Os câi Saunders ynddo batrwm o'r hyn y dymunai yntau fod, yr oedd yr olwg gyntaf arno'n siom: 'He is not the picture of a Byronic poet,' cyffesodd wrth Margaret ar 5 Tachwedd; 'no wind-flogged neck-tie and flowing tail-coats'. Gwisgai, yn hytrach, fel 'a not quite successful solicitor, a sallow, spectacled face, with an air of the student and ascetic about it'. Rhagwelai ddeunydd addawol ynddo, er hynny. 'I imagine he would impress you keenly in private talk on definite themes in prose or poetry.'[30] Roedd ei ddarogan yn iawn. Daeth y ddau'n gryn ffrindiau ymhen amser, gan gwrdd bob prynhawn Llun yn yr ystafell aros yng ngorsaf Lime Street i drafod llenyddiaeth wrth i'r darlithydd aros am y trên a'i cludai i'w ddosbarth allanol ym Mae Colwyn. Un brith gof o sgwrs rhwng y ddau uwchben y llestri te sydd wedi goroesi, a hidlwyd trwy'r blynyddoedd. Siaradent am theatr yr Abbey yn Nulyn, am y briodas a welid yno rhwng barddoniaeth a'r llwyfan, am y farddoniaeth naturiol, ddiymdrech sydd mewn tafodiaith ac am farddoniaeth fel gwrthglawdd rhag unffurfiaeth 'the all-invading industrialism of the time'. Yn bwysicach na dim, perswadiwyd Lewis – nad oedd eto wedi mentro mwy nag ystyried ysgrifennu darn i'w chwarae i Gymdeithas Gymraeg y Coleg a atgyfodwyd y gaeaf hwnnw – fod 'characters put more of themselves into every statement just because they speak in verse'.[31] Hynny yw, bod barddoniaeth mewn drama fydryddol yn rhywbeth amgen na chyfrwng y dweud: ei bod yn pennu naws y digwydd ac ymateb y gynulleidfa iddo. Unwaith eto, darganfyddiadau oedd y rhain – megis ei farn am yr Ymerodraeth – y buasai'n rhaid iddynt aros eu tro i gael llais yn ei weithgarwch ei hun.

Fis yn ddiweddarach, tynnai tymor cyntaf Lewis yn ôl yn Lerpwl tua'i derfyn. 'I seem to have done very little work',[32] galarodd wrth Margaret. Nid oedd, meddai, wedi ychwanegu fawr mwy na thudalen at ei draethawd hir. Union wythnos wedyn, ar fin cychwyn am Abertawe i dreulio'r Nadolig, cwynodd nad oedd yn cael unrhyw gymorth o gwbl gan yr 'idiot' Coleridge i'w ysgogi chwaith: 'He rushes at you when you're lazy and won't use his stimulus, and when you're eager to be working he refuses to move from the printed page, but sits there woodenly on the paper, and pretends that he isn't alive.'[33]

Ni ddylid darllen gormod i ddiflastod Lewis ar fywyd coleg, o gofio mor gyffredin y teimlad gan bob un bron wrth nesu at ddiwedd cyfnod a ymddangosai fel petai'n ymestyn i'r dyfodol anhraethol o bell. Yr oedd achos yr ymdroi gyda'r traethawd yn amlwg, ond y cymhellion braidd yn fwy cymhleth. Rhywbeth mwy at ei ddant na'i draethawd oedd ysgrifennu i'r wasg. Ddiwedd mis Hydref, mynychodd ŵyl ddrama yn Neuadd Albert, Abertawe, gan gyflwyno tri adolygiad arni i'r *Cambria Daily Leader* ar 22, 24 a 25 Hydref. 'The Editor told me I could say what I liked,' ysgrifennodd at Margaret drannoeth yr adolygiad olaf, 'so on the third night the drama people even talked of refusing me admission.'[34] Nid rhyfedd o ystyried ei sylwadau yn yr adolygiad cyntaf am *Ble Ma' Fa?* D. T. Davies, 'tedious and loosely constructed', a *Noson o Farrug* R. G. Berry, 'an attempt at a play without ideas'.[35]

Cafwyd atodiad mwy ystyriol i'r darnau byrhoedlog hyn yn 'The Present State of Welsh Drama', a ymddangosodd yn y *Welsh Outlook* ym mis Rhagfyr. Mae'n erthygl annhebygol o ran ei hagwedd os nad ei mater. Ynddi mae'n canu clodydd amaturiaeth, neu o leiaf angerdd ac ysbryd yr amatur yn gymysg â meistrolaeth dechnegol: '. . . an artist, perfect in technique, who yet paints with an amateur's pleasure, and a finished dancer who still has the air of a *débutante*, are of all people the most graceful to watch'.[36] Dylai'r theatr yng Nghymru anelu at yr un cyfuniad o'r crefftus a'r diaddurn. Felly, mae'n lladd ar oleuadau wrth odre'r llwyfan fel dyfeisiadau 'vulgar . . . crude as when in a third-rate music hall they shine on the strangely pressed trousers of American patter duos . . . like a barbed wire between two lines of trenches'.[37] Argymhella yn hytrach 'village plays . . . folk art', wedi'u cynhyrchu mewn tai gwledig, heb seddi gosod na llwyfan uchel. 'And for lighting I would have whatever would be natural, perhaps only a lamp or two, and I should not care greatly if the faces of the actors are a little in shadow.'[38] Ym misoedd yr haf, da o beth fyddai actio yn yr awyr agored. Am y dramâu eu hunain, gellid cyfieithu clasuron er mwyn meithrin 'a high taste and intelligent appreciation and an exacting judgement' nes tyfu drama Gymraeg gynhenid, ac i'r perwyl hwnnw peth 'useful' fyddai 'a Welsh Stratford where the pilgrims of drama shall gather'.[39]

Gellir yn gyfiawn synio am y darn hwn fel rhagflas o'r hyn y dymunai Lewis ei gyflawni yng Ngarthewin ddeng mlynedd ar hugain yn ddiweddarach, wrth gwrs, ond mae'n amheus ai dyna'r darlleniad sy'n egluro'i gymhellion yma. Mae Lewis yn datgelu ei symbyliad mewn llythyr at Margaret yr hydref hwnnw:

> I am reading also old papers on Welsh mummeries and village plays in the eighteenth century, – something may come of it later. It is very interesting, but you want to curse the religious revivals that killed all the wild life that was in Wales before they began to fear God and the deacons.[40]

Ymgais oedd ei frwdfrydedd annisgwyl braidd dros 'folk art' – a gâi sylw ac eglurhad llawnach ganddo yn yr un cyfnodolyn o fewn llai na blwyddyn eto – ynghyd â'r sôn mwy confensiynol ganddo am 'high taste and intelligent appreciation', i edrych y tu hwnt i Gymru ei fagwraeth, i gael cip ar y bywyd rhamantaidd, anhydrin y gwelai gysgod ohono yn storïau ei fodryb Ellen. Nid delfryd o'i fathiad ei hun sydd yma, ond cynnig ar adfer peth o ysbryd Twm o'r Nant a'r anterliwt. Mae'r erthygl, fel ei sylwadau ar yr Ymerodraeth, yn rhan o'r un broses o bennu amodau a therfynau ei Gymreictod. Ac yn yr un modd ag y chwaraeai â'r syniad hwnnw cyn i rywbeth arall fynd â'i fryd, cadwai hwn hefyd – ynghyd â'i sylwadau ar ddrama fydryddol a diwylliant clasurol – wrth gefn.

Trwy ysgwyd y cadw-mi-gei hwn o ddrychfeddyliau a chlywed tinc eu taro yn ei gilydd y mae deall, debyg, y cymhelliad pennaf y tu ôl i'r oedi gyda'r traethawd. Yr oedd Lewis yn ddiamynedd â gwaith academaidd am ei fod yn ddiamynedd ag ef ei hun. Golygai ysgrifennu ar Coleridge ddyrnu estynedig ar bwnc penodol tra gogwyddai ei feddwl a'i ewyllys tuag at y cryno a'r cyffredinol. Cynigiai'r traethawd ddyfnder; mynnai Lewis ehangder. Yr oedd bywyd yn rhy ddiddorol, yn rhy ansicr, yn rhy fyr iddo ymdroi. Ni chaniatâi ei ddeall chwim na'i ymglywed â'r blynyddoedd a gollasai yn y ffosydd na'i awydd am fod gyda Margaret iddo deimlo fel arall. Fe'i câi ei hun, felly, ar derfyn ei flwyddyn gyntaf yn ôl yn y byd a adawodd, yn byw paradocs, gan ewyllysio i amser fynd heibio wrth alaru am ddyddiau annychwel.

Treuliodd ei bedwar diwrnod cyntaf gartref yn Abertawe dan y ffliw, gan ysgogi'r un pryder o ran Margaret. Erbyn 29 Rhagfyr, dyheai am gael dianc o'r glaw a ddifethai 'every dreary Swansea day', a theithio i Penrith i fod gyda hi am benwythnos estynedig rhwng dydd Sadwrn 3 Ionawr a dydd Mawrth 6 Ionawr. Y noson olaf honno, yr oedd yn ôl yn Coltart Road, yn diolch am 'four more days added to the golden list' yn ei chwmni.[41]

Rhyngddynt, yr oedd undonedd Abertawe a chyffro Penrith wedi gwneud eu gwaith. 'After nearly two months of being "stuck" and hopelessly unable to write a word of my thesis,' cyhoeddodd mewn llythyr arall at Margaret ar nos Wener gyntaf y tymor newydd, 'I've got launched again, and another chapter is well in progress.'[42] Wythnos union yn ddiweddarach, parhâi'r traethawd i dyfu'n araf ond yn gyson. Os na lwyddai i gael gradd ddosbarth cyntaf, ysgrifennodd at Margaret, diffyg gallu ac nid diffyg dygnwch fyddai'r rheswm: 'Better stuff than I've put into this essay, I cannot do.'[43]

Llifai'r llythyrau yr un mor gyson o Lerpwl i Workington ym misoedd cyntaf 1920, ond yr oedd eu cynnwys yn deneuach wrth i Lewis ganolbwyntio ar gwblhau'r traethawd erbyn mis Mehefin. Nid gwaith academaidd oedd yr unig beth a ddenai ei fryd er hynny. Mynychodd ddawnsfeydd a phantomeim, rhoes gynnig ar lunio drama ar gyfer dathliadau Gŵyl Dewi yn y brifysgol a soniodd, rhwng difrif a chwarae, ar 12 Chwefror am y syniad o gynnig am ddarlithyddiaeth yn India. Uchafbwynt mis Chwefror oedd gwahoddiad i de ar aelwyd Lascelles Abercrombie, lle y'i cyflwynwyd i'r bardd Sioraidd a golygydd y *London Mercury*, J. C. Squire, 'stretched on the floor, using Mrs Abercrombie's hearth rug as an ashtray'. Nid oedd Squire ond wyth mlynedd yn hŷn na Lewis, ond ymddangosai ei fod yn perthyn i fyd gwahanol wrth iddo ddiddanu'r cwmni gydag atgofion personol am Robert Bridges a Thomas Hardy: 'pleasant bits of gossip about famous men'.[44]

Ar 4 Mawrth, cwblhaodd Lewis ei draethawd ar Coleridge: 'a cause for merriment', fel yr ysgrifennodd at Margaret, er gwaethaf y ddannoedd a'i poenydiai.[45] Dim ond yr arholiadau a'i disgwyliai bellach.

Yr oedd cyflwyno'r gwaith yn destun llawenydd – a rhyddhad, yn sicr. Wyth mlynedd ar ôl cychwyn ym Mhrifysgol Lerpwl yr oedd o fewn ychydig wythnosau i fod yn ŵr gradd yn ei hawl ei hun. Gwelodd mis Mawrth 1920 newid cywair yn y llythyrau at Margaret hefyd. Mae eu tôn yn daerach, eu cynnwys yn fwy sylweddol. Gellir synhwyro newid arall, mwy hirbarhaol hefyd. Ym Mawrth y flwyddyn honno ymddangosodd erthygl a orfododd Lewis i geisio rhoi trefn ar syniadau a fuasai cyn hynny'n gyfyngedig i lythyrau a datganiadau achlysurol. Troes Saunders Lewis yn feirniad. Dirwynai popeth arall fel edafedd rhydd.

Nodiadau

1 *LMG*, 320. SL at Margaret Gilcriest, 17 Ionawr 1919.
2 Ibid., 331. SL at Margaret Gilcriest, 30 Mawrth 1919.
3 'Cwrs y Byd', *Baner ac Amserau Cymru*, 31 Rhagfyr 1941.
4 *LMG*, 324. SL at Margaret Gilcriest, 10 Chwefror 1919.
5 LlGC, 23224C/22. Margaret Gilcriest at SL, 19 Mai 1919.
6 'Rhufain – yr Ymweliad Cyntaf, *Y Cymro* (Dolgellau), 12 Chwefror 1919.
7 *LMG*, 326. SL at Margaret Gilcriest, 8 Mawrth 1919. Cadwyd llythyr Lewis yn ei
   ffeil, PRO, WO 339/33109. SL at War Office, Director of Organisation, 16
   Mawrth 1919, lle dywed ei fod eisoes wedi cofrestru yn Lerpwl a gofyn am drefnu
   ymadael â'r fyddin yn derfynol 'so as not further to derange my university
   course'.
8 Ibid., 330. SL at Margaret Gilcriest, 26 Mawrth 1919.
9 D. Tecwyn Lloyd a Gwilym Rees Hughes (goln), *Saunders Lewis* (Llandybïe,
   1975), 30-1.
10 D. Tecwyn Lloyd, *John Saunders Lewis: y Gyfrol Gyntaf* (Dinbych, 1988), 173.
11 *LMG*, 252. SL at Margaret Gilcriest, 9 Mehefin 1917.
12 Dyfynnwyd yn *John Saunders Lewis*, 176.
13 *LMG*, 340. SL at Margaret Gilcriest, 4 Mai 1919.
14 Ibid., 330. SL at Margaret Gilcriest, 26 Mawrth 1919.
15 LlGC, 22725E/51. Edward Glyn Jones at SL, 22 Rhagfyr 1920.
16 *LMG*, 354. SL at Margaret Gilcriest, 16 Gorffennaf 1919.
17 Ibid.
18 LlGC, 23224C/32. Margaret Gilcriest at SL, 5 Gorffennaf 1919.
19 LlGC, 23224C/33. Margaret Gilcriest at SL, 13 Gorffennaf 1919. Mehefin yw'r
   dyddiad gwallus ar y llythyr ei hun.
20 *LMG*, t. 356. SL at Margaret Gilcriest, 21 Gorffennaf 1919.
21 Ibid.
22 LlGC, 23224C/33. Margaret Gilcriest at SL, 13 Gorffennaf 1919.
23 LlGC, 23224C/34. Margaret Gilcriest at SL, 19 Gorffennaf 1919.
24 Ibid. 'Why do you dislike Kipling as a man? He is a great blatherer and sometimes
   course [sic], but some of his stories are full of good stuff. I love the jungle books
   and the children love them too.'
25 LlGC, 23224C C/41. Margaret Gilcriest at SL, 8 Awst 1919.
26 *LMG*, 362. SL at Margaret Gilcriest, 21 Awst 1919.
27 Ibid., 369. SL at Margaret Gilcriest, [15?] Hydref 1919.
28 Ibid., 372. SL at Margaret Gilcriest, 26 Hydref 1919.
29 Ibid., 373. SL at Margaret Gilcriest, 31 Hydref 1919.
30 Ibid., 374. SL at Margaret Gilcriest, 5 Tachwedd 1919.
31 'By Way of Apology', *Dock Leaves*, 15 (1955), 10.
32 *LMG*, t. 378. SL at Margaret Gilcriest, 30 Tachwedd 1919.
33 Ibid., 381. SL at Margaret Gilcriest, 10 Rhagfyr 1919.

34 Ibid., 372. SL at Margaret Gilcriest, 26 Hydref 1919.
35 'Three Short Plays,' *Cambria Daily Leader*, 22 Hydref 1919.
36 'The Present State of Welsh Drama', *Welsh Outlook*, 6 (1919), 302.
37 Ibid., 302-3.
38 Ibid., 303.
39 Ibid., 304.
40 *LMG*, 367. SL at Margaret Gilcriest, 22 Medi 1919.
41 Ibid., 384. SL at Margaret Gilcriest, 6 Ionawr 1920.
42 Ibid., 385. SL at Margaret Gilcriest, 16 Ionawr 1920.
43 Ibid., 386. SL at Margaret Gilcriest, 23 Ionawr 1920.
44 Ibid., 391. SL at Margaret Gilcriest, 27 Chwefror 1920.
45 Ibid., 392. SL at Margaret Gilcriest, 4 Mawrth 1920.

BLWYDDYN O DDARGANFYDDIADAU
1920-21

'Peth diddorol a brawychus a chrand hefyd yw sylweddoli fynd ieuenctid ymaith a goddiweddyd o ganol oed', ysgrifennodd Lewis at Kate Roberts pan dynnai at y deugain. Mewn llythyr a alwodd yn 'ddarn o brofiad seiataidd' rhestrodd yr amryfal alwadau proffesiynol a theuluol arno: ' – dyna a ddarganfûm i y flwyddyn hon. I mi y mae pobl ifainc bellach yn – ddirgelwch. Nid wyf yn eu deall. A deng mlynedd yn ôl cofiaf yn burion na allwn i o gwbl ddeall pobl ganol oed.[1]

Ar ddechrau'r 1920au yr oedd Lewis yn belen o egni deallusol ac angerdd digyfeiriad; erbyn diwedd y degawd yr oedd yn briod, yn dad, yn sylfaenydd plaid wleidyddol, yn llywydd arni ac yn olygydd ei phapur. Yr oedd mewn swydd sefydlog, gyda rhestr bur faith a chynyddol o gyhoeddiadau wrth ei enw. Yr oedd hefyd, er na wireddai mo'r dymuniad hyd 1933, ac er nas cyfaddefodd hyd yn oed wrth ei gyfeillion agosaf am chwarter canrif wedyn, eisoes wedi ei gynnig ei hun i'r Eglwys Gatholig. Ar ben y cyfnewidiadau hyn, dyma'r degawd pan galedodd y cruglwyth o syniadau a sythweliadau, o ragfarnau a chredoau'n gyfangorff o egwyddorion, yn athrawiaeth gydlynus. Mae'n ddiddorol, felly, sylwi i Lewis grynhoi'r deng mlynedd ffurfiannol hyn trwy ensynio ei fod rywsut ar ei golled. Cwyna yn yr un llythyr am gefnu ar bleserau bwyd, diogi a chyfeillgarwch; yr unig beth a wnâi 'yn llwyr a da', meddai, oedd cysgu'r nos. Wrth edrych ar flynyddoedd cyforiog y 1920au, y symud oddi wrth ieuenctid at ofalon canol oed a'r gweithgarwch yr ymdaflodd iddo mor ymddangosiadol frwdfrydig, rhaid bod yn effro, er tegwch, i'r aberth a welai Lewis ynglŷn ag ef: y pris y credai fod rhaid ei dalu.

Nid un ysgogiad a gyfnewidiodd Lewis, wrth gwrs. Fodd bynnag, mae lle yn y broses hon i dudalen a hanner o ysgrif ar ddyfodol y ddrama yng Nghymru, yn y *Welsh Outlook* ym Mawrth 1920. Ei hawdur oedd D. T. Davies, awdur *Ble Ma' Fa?*, yr oedd Lewis, fe gofir, wedi bwrw ei sen ar ei phlot marwaidd a llac flwyddyn cyn hynny. Yn ôl Davies, her oedd y ddrama gyfoes i lenyddiaeth grefyddol 'homiletic or exigetic' y traddodiad Cymraeg oddi ar y Diwygiad Protestannaidd. Ategai drama yr elfen ysbrydol trwy gynnig i ddyn 'an intelligent comprehension of his social adjustments on this earth'.[2] Cyflawnai swyddogaeth gymdeithasol trwy bwysleisio nid y cyferbyniad rhwng anallu a phechod dyn ar y naill law a hollallu Duw ar y llall, eithr 'a more expansive reflection of his environment, wherein he will see how his daily traffic acts upon his fellow-man and eventually re-acts upon himself'.[3] Cymeradwyodd eiriau Shaw mai hanfod pob celfyddyd yw dysgu, a chlodforodd Arnold Bennett, ac yn enwedig felly Ibsen, am ddangos sut y gallai celfyddyd fod yn foddion i ddal drych o flaen ffaeleddau cymdeithas.

Ysgrifennodd Lewis ei ymateb yn ystod ail wythnos Mehefin, yn y bwlch rhwng ei arholiadau gradd (dathlodd y papur olaf gyda hufen iâ) a'r arholiad llafar terfynol, ei *viva voce*, ar y 26ain o'r mis. Gyrrodd Margaret fioled ato i'w wisgo dan ei gôt. Erbyn i'w erthygl, 'Welsh Drama and Folk Drama', ymddangos yn yr un cyfnodolyn fis yn ddiweddarach yr oedd wedi graddio. Clywodd iddo ennill dosbarth cyntaf ar ddiwrnod olaf Mehefin, a graddiodd ar 3 Gorffennaf: un o ddau yn yr adran y flwyddyn honno.[4]

Mae'n werth oedi gyda'r erthygl gynnar hon am ei bod – fel braslun taenedig amrwd – yn arddangos y technegau a nodweddai waith beirniadol Lewis drwy weddill ei yrfa. Gwelir yma eisoes ei hoffter o'r radd eithaf a'r modd dibynnol, ei ddefnydd deheuig o baradocs i ddal sylw, ei hyfdra mesuredig, cyfeiriadaeth yn ensynio strwythur diwylliannol dwfn, fel petai Lewis wrth chwilio am enghreifftiau i ategu ei ddadl yn dewis ar antur o blith dwsinau o rai addas, a'i atyniad at y frawddeg gryno, ysgubol sy'n gweiddi am gael ei dyfynnu. Teimla rhywun wrth geisio crynhoi ac aralleirio hwn a'r cynigion cynnar eraill ar ddehongli llenyddiaeth mai nerth bôn braich rhethregol rhagor cysondeb rhesymegol sy'n eu cynnal, eu bod yn ddisglair yn hytrach na

chaboledig. Prif nodwedd yr erthygl hon – dull a ddefnyddiai Lewis
gydol y 1920au wrth drafod Catholigiaeth, rhamantiaeth a sawl '-iaeth'
arall – yw herwgipio diffiniad amgen na'r diffiniad disgwyliedig neu
ddealledig yn fan cychwyn. Yma, myn gyplysu 'Folk Drama' nid yn
gymaint â mater y dramâu ond â moddion cyfansoddi. Fe'i cyffelyba i
Volkspoesie. Diffinia hwnnw yn ei dro fel 'poetry which does not bear
the style and imprint of a single mind, but is shaped and finished by
many, by whoever sings it and recites it, and changes it a[c]cording to
his purpose'.[5] Gan fod awduron dramâu Cymraeg yn hysbys, eu
geiriau'n destunau a'r testunau hynny wedi'u diogelu gan ddeddf
hawlfraint, fe ddilyn nad yw drama werin yn bod yng Nghymru 'in any
exact sense'.

Yn yr un modd, nid yw'r dramâu hyn yn adlewyrchu 'the popular
imagination' yn yr ystyr o fod yn amlygiad o unrhyw 'broad, gross
humour' na 'naïve intensity' na 'child-like awe'. Bodlona'r ddrama
Gymraeg yn lle hynny ar 'the insignificant symbolism of a social system
. . . a waste of anger and the futilities of declamation'.[6] Yr esiampl
gliriaf o'r duedd hon yw dramâu W. J. Gruffydd, 'the most intense
religious genius of Welsh poetry today':

> . . . if Wales were a Catholic country, Mr Gruffydd might have done for
> us what M Claudel is by way of doing for French theatre: he might
> have written the mystery play of peasant life. He might have set on the
> stage the symbolic figures of Earth, Death, Hope, Defeat – these
> characters of his poetry – and the Peasant over whom he so
> passionately broods . . .
> Yet neither in his verse nor in his dramatic work does Mr Gruffydd
> approach the folk imagination. He is cut off from the folk, uprooted by
> his own sensitiveness and lonely quest . . . A play of social life he
> could never write well: his outlook is too religious; he scans the
> divinity in human nature too intently – he lacks vulgarity and mirth
> and human compromise.[7]

Hwn oedd y tro cyntaf i Lewis grybwyll enw Gruffydd mewn print,
ac mae'n anodd credu iddo ddewis gwrthrych ei eiriau trawiadol o
anuniongred ar hap. Prin y buasai'r un Cymro arall ar y pryd yn cyfeirio

at ei 'intense religious genius'. Yn 1920 cynrychiolai William John
Gruffydd (1881-1954) – athro Cymraeg Coleg Caerdydd er blwyddyn,
bardd 'Y Pharisead', dramodydd *Beddau'r Proffwydi*, cynheiliad
radicaliaeth ryddfrydig – bopeth a ystyrid yn feiddgar o newydd ym
mywyd llenyddol Cymru. Flwyddyn ynghynt, yr oedd wedi sôn yn
ddilornus yng nghyswllt y Rhyfel Mawr am 'hen ddynion wedi oeri eu
gwaed' a oedd wedi ymfodloni ar yrru llanciau i'r lladdfa, ac o fewn
deunaw mis wedi i erthygl Lewis ymddangos ef fyddai golygydd
cylchgrawn chwarterol *Y Llenor*, lle traethai ar rinweddau 'Rhyddid a
Rheswm' a lle câi Lewis lwyfan i ddatblygu ei syniadau
gwrthgyferbyniol. Treuliai'r ddau'r chwarter canrif nesaf yn canmol ei
gilydd ac yn ciledrych ar ei gilydd bob yn ail nes i'r gwahaniaethau
syniadol rhyngddynt droi'n wrthdaro a rwygai fywyd deallusol a
gwleidyddol Cymru Gymraeg blynyddoedd canol yr ugeinfed ganrif yn
ddwy.

Ceir brasddarlun o'r hyn a fynnai Lewis yn lle'r ddrama Gymraeg yn
null D. T. Davies a Gruffydd mewn tri darn yn Gymraeg ar dudalennau'r
Darian ym Mai a Mehefin. I raddau, maent yn adleisio ei waredu at
'The Present State of Welsh Drama' flwyddyn ynghynt, ond yma cynigir
ymresymiad esthetig amgen na diffyg chwaeth llifoleuadau a setiau
gorlwythog. Ei ddadl yw mai gweithred o 'ffydd' yw gwylio drama, ac
mai 'arwyddlun' yw'r hyn sy'n digwydd ar lwyfan. 'Rhoi awgrym i'r
ysbryd yw amcan golygfa mewn drama, nid diwallu chwant y llygaid; ac
ar ris yr awgrym fe ehed yr ysbryd i fan gweledigaeth y celfwr.' Gan
hynny, 'camgymeriad' yw gorofal am 'wirioneddoliaeth (realism)' yn y
theatr. Mae realaeth yn difreinio'r gynulleidfa 'oherwydd peth ysbrydol
yw prydferthwch, a thrwy brydferthwch y gwêl dyn i fyd y dwyfol'.[8]
Ymhelaethodd ar y pwynt wythnos yn ddiweddarach. Y drwg yn y caws
dramayddol oedd Ibsen, meddai, 'y dylanwad mwyaf anghelfgar a
niweidiol a esgynnodd orsedd celf erioed', a roddai gyfarwyddiadau mor
fanwl i gynhyrchwyr a chyfarwyddwyr ar sut i ddodrefnu llwyfannau.
'Y mae materoliaeth a dallineb moesol yr un mor atgas mewn celf ag
ymhob agwedd arall ar fywyd.'[9] Bythefnos wedyn, cynigiai mai un
ffordd effeithiol o wrthweithio 'gwirionedd moel a chras' Ibsen a'i
ddilynwyr fyddai defnyddio lliw i ddeffro yn y gynulleidfa 'allu nad oes

ond yr ysbryd a'i medd'. Awgrymodd ddefnyddio lliwiau gwisgoedd i
gyfleu hwyliau cymeriadau: 'lliwiau oerion, gwyrdd neu lwyd ar gefndir
tywyll' i ddarlunio prudd-der a phryder a '[ll]iwiau brwd, coch a
rhuddfelyn' i ddangos llawenydd. 'Cymru yn caru lliw oedd Cymry'r
Mabinogion a Chymru Dafydd Ap [sic] Gwilym. Ond lliw lludw yw lliw
Cymru heddyw.'[10]

Treuliodd Lewis haf 1920 yn cyfansoddi drama a wireddai'r
egwyddorion hyn ar lwyfan. Soniodd wrth Margaret ei fod yn gweithio
ar 'a comedy of Welsh life' erbyn canol mis Mehefin,[11] ac mae'n debyg
iddo barhau i ddygnu arni trwy fis Gorffennaf, yn ystod ei wyliau cyntaf
ers wyth mlynedd, yng Nghonwy, ac yn Llandrindod wedi hynny, lle'r
oedd ei dad yn ceisio gwellhad yn y dyfroedd swlffwr a haearn. Tra
ildiai Lodwig yn araf i'r salwch a'i lladdai o fewn ychydig dros
ddegawd wedi hynny, daliai dyfodol y mab yn amhendant. Yr oedd wedi
gohirio'i gam nesaf, ysgrifennodd ar 1 Gorffennaf, ond rhagwelai
gyfuniad o ddysgu yn Lerpwl, 'a little journalism', gwaith academaidd a
pheth ysgrifennu creadigol. 'You see, I simply can't settle to permanent
jobs, Margaret – it's the curse of me this desire to be free.'[12] Gorfoleddai
Margaret yn y newydd. '. . . I had got uneasy fearing you would rush
rashly into something foolish and settled,' atebodd ddeuddydd yn
ddiweddarach, ar ei ddiwrnod graddio. 'But now it's all right and my
only anxiety is that you will be short of time and work too hard.'[13]

Nid oedd llaesu dwylo i fod. Yr oedd golygfa gyntaf y ddrama ar
glawr ar 11 Awst, mewn pryd iddo gychwyn yng nghwmni ei dad a'i
fodryb am Wlad Belg ar 1 Medi, lle ymwelodd y tri â bedd Ludwig yn
Nieuport-Bains cyn treulio rhan o wythnos ym Mharis.

Soniodd Lewis yn niwedd 1920 am ei obaith y trôi'r ddrama
Gymraeg am ysbrydoliaeth at ffynonellau y tu allan i Gymru ei hun: 'at
y Groegiaid, at Shakespeare, at Molière, at grewyr mawr y byd'.[14] Yn yr
arbrawf hwn gyda drama Saesneg ar thema Gymreig, nid oedd ei
amrediad mor eang ond nid oedd ychwaith ddim gronyn yn llai
uchelgeisiol. Ei nod oedd creu iaith ddramatig newydd a gyfleai rythmau
a naws y Gymraeg i gynulleidfa ddi-Gymraeg, a gwneud hynny yn unol
â chanonau gwrthrealaeth a heb bregethu a llwyddo'r un pryd i oglais
cynulleidfa. O ystyried maint ac amlochredd y dasg hunanosodedig, prin

y gallesid disgwyl campwaith, ac nis caed. Eto i gyd, mae *The Eve of Saint John* ymhell o fod yn fethiant. Yn sicr, saif ben ac ysgwyddau uwchlaw'r cerddi y gwelai ei wyn arnynt bum mlynedd a llai ynghynt. Er na ellir cymeradwyo'n ddiamod y sylw mai'r ddrama hon oedd y 'cam cyntaf tuag at sylweddoli a mynegi ei weledigaeth o'r byd' nac ychwaith ei bod yn 'weledigaeth bendant a soffistigedig',[15] gellir hawlio'n hyderus rywbeth llawn cyn bwysiced amdani: gwasanaethai i ddarbwyllo Lewis y gallai gael hwyl ar lapio cnawd am estheteg a fuasai cyn hynny'n gyfyngedig i erthyglau mewn cylchgronau a phapurau newydd.

Lleolir y stori mewn blwyddyn amhendant yn nechrau'r bedwaredd ganrif ar bymtheg, a thry ar wrthdaro ystyfnigrwydd a hygoeledd. Taera Megan Morris, ddeunaw oed a phenstiff, na wna briodi Harri Richard addfwyn a di-sut. Ei breuddwyd hi yw gŵr 'with a beard would blunt the edge of a new scythe ... A brave, easy, comfortable man'.[16] Sonia Megan wrth Harri am yr ofergoel y bydd morwyn sy'n cynnau tân yn y grât hanner awr cyn hanner nos ar Noswyl Ifan (y noson honno) ac yn hulio byrddaid o fwyd, jwgaid o gwrw a phibellaid o faco yn denu'r diafol ei hun i'r tŷ ar lun dyn, ac y bydd y ddau'n briod cyn pen blwyddyn. Rhydd y ferch gynnig arni, ond drysir ei chynlluniau gan drempyn sy'n cyrraedd wrth i hanner nos daro, gan arwain at olygfa sy'n dwyn i gof siarad croesymgroes Bottom a Titania mewn drama arall am noson yn anterth haf pan fydd rheolau arferol y byd ar stop. Daw Harri i'w hamddiffyn rhag pwerau'r fall trwy ganu cloch a llafarganu'r litani, ond mae'r trempyn, wedi bwyta ac yfed a smygu ei wala, yn cysgu fel twrch ar ysgwydd Megan. Pan ddatgelir mai un o Gaerfyrddin ac nid o Gehenna yw'r gwestai, pryfocia Harri hi, gan ei hatgoffa o'i geiriau byrbwyll am y math o ddyn a fynnai'n ŵr. Y trempyn barfog, ysgwyddog yw 'the very image of her fancy'.[17] Mae'r ymddiddan cyn i'r llen ddisgyn yn codi cwmwl o ddryswch. Am ennyd ymddengys fod Megan wedi dysgu ei gwers ac am briodi Harri, ond ei fod ef yn llai na bodlon; y funud nesaf, dan wawd mam Megan, Sara, newidia Harri ei feddwl, ond y tro hwn mae Megan am dderbyn ei thynged. 'It's with this tinker I'll be going now, Mam, and taking the gift the devil has sent me.'[18] Mae hi'n ysgwyd y trempyn i'w ddeffro, ac wrth iddo godi i'w draed mae'n diolch i Megan am ei lletygarwch; ond mae'n bryd mynd: mae ei wraig yn aros amdano. Trôi Lewis yn gyson yn ei ddramâu wedi hynny at ddyfais yr ymwelydd annisgwyl sy'n ansadio trefn a thywyllu cyngor.

Fel y sylwyd yn ddigon cyfiawn,[19] mae ieithwedd, plot a chymeriadau'r ddrama'n dangos ôl dylanwad *The Shadow of the Glen* o waith Synge, ond mae lle i ddadlau ei bod yn nes o ran tymer i ddrama arall mewn dwy olygfa yr aeth Lewis i'r Playhouse yn Lerpwl i'w gwylio ym Mawrth 1920, a chanmol ei chyfuniad o 'splendid verse and drama with broad humour and real comedy' mewn llythyr at Margaret.[20] Dieithryn yw'r ddyfais yn *The End of the World* Abercrombie hefyd, dewin dŵr y tro hwn, sy'n cyrraedd tafarn gan argyhoeddi'r landlord a'i gwsmeriaid fod diwedd y byd ar ddod. Mae pob un yn ymateb yn ei ffordd ei hun i'r newydd – heb feddwl am ennyd ei amau. Mae Huff, y ffermwr, yn croesawu diwedd y byd oherwydd bydd yn ddial ar ei wraig am ei adael i fynd i fyw at ddyn arall, Shale; o'i ran yntau, cais Shale yrru gwraig Huff yn ôl ato, gan ofni'r hyn a all ddigwydd iddo yn y byd a ddaw; croesawa Sollers y cyfle i roi tragwyddol heol i'w drais a'i ddiota; sylwa Vine yn ddagreuol ar brydferthwch y lleuad am y tro cyntaf; ac mae Merrick yn stoicaidd. Wrth i'r anffodusion ddechrau cyffesu eu pechodau a'u dyheadau anniwall wrth ei gilydd, dyma Warp y gwaddotwr yn cyrraedd, a datgelu twyll y 'tramping conjurer'. Daw'r hygoeledd i ben mewn siom: mae pob un wedi datguddio mwy nag a ddylasai wrth ei gymydog.

Yr oedd cwblhau ei ddrama gyntaf yn benllanw ar haf tymhestlog, llawn atyniadau eraill. Wrth ystyried 'plans for SL' ym mis Mai'r flwyddyn honno, yr oedd Oliver Elton wedi darogan y câi 'a first & possibly a scholarship'. Bwriad gwreiddiol y ddau oedd i Lewis aros yn Lerpwl am flwyddyn arall, gan barhau i astudio llenyddiaeth, dysgu Eidaleg ac ennill tamaid trwy ddysgu dosbarthiadau allanol. Fodd bynnag, am fod gan aelod arall o'r staff 'benevolent project' ar gyfer y gŵr gradd newydd, yr oedd Elton yn barod i ildio Lewis i wneud 'something v. definite and promising which can be more or less quickly got in train'.[21]

Ym mis Gorffennaf clywodd Lewis iddo ennill Ysgoloriaeth Owen-

Templeman gwerth £30 i wneud ymchwil ar gyfer MA. Ei destun, prosiect a ddewiswyd iddo, oedd 'English Influences on Welsh Literature in the Eighteenth Century'[22] a'i gyfarwyddwr oedd J. Glyn Davies, pennaeth yr Adran Geltaidd, a oedd wedi ennill teitl Athro cyswllt yr haf hwnnw. Yr oedd pob lle i hyderu y câi'r Athro a'r disgybl gydweithio'n ddigon llawen. Magwyd y ddau yn Lerpwl; Davies oedd ŵyr John Jones Talsarn a Lewis oedd ŵyr ei gofiannydd; adwaenai Davies deulu Lodwig Lewis yn ddigon da i fod yn ymwelydd gweddol gyson â'r aelwyd yn Liscard; yr oedd y ddau wedi cydweithio fel beirniaid ar gystadleuaeth ddrama yn nechrau'r flwyddyn; a rhannent ar ben hynny yr un agwedd ddrwgdybus – am resymau gwahanol braidd, bid siŵr – tuag at eu gwreiddiau Calfinaidd uniongred. Efallai eu bod yn rhy debyg yn eu hystyfnigrwydd hefyd.

Treuliodd John Glyn Davies (1870-1953) ei yrfa ar gyrion y byd academaidd Cymraeg, a hynny'n rhannol, gellir barnu, ar gyfrif ei hoffter o straeon amheus, ei dymer oriog a gwythïen ddofn o odrwydd. Ni ddilynodd gwrs gradd mewn prifysgol (gradd er anrhydedd oedd yr MA ar ôl ei enw), ni dderbyniodd erioed orgraff safonol y Gymraeg ac yr oedd yn gynhenid ddrwgdybus o hawliau John Morris-Jones ynghylch hynafiaeth yr Orsedd. Tua diwedd ei oes byddai ymwelwyr â'i gartref yn Llannarth yn cael eu cyfarch yn y drws gan hen ddyn mewn cap morwr yn cymryd arno ei fod ar fwrdd llong. Cofir yn bennaf amdano bellach, mae'n debyg, fel awdur penillion 'Fflat Huw Puw' a'r llinell 'Lle i enaid gael llonydd'. Yn ei chofiant crwydrol i'w diweddar ŵr, sonia ei wraig gydag edmygedd amdano fel cyfarwyddwr yr oedd ei sêl dros waith ymchwil gwreiddiol mor llym fel na chaniatâi i'w fyfyrwyr gynnwys yr un ffaith na sylw nad oedd yn seiliedig ar waith annibynnol. Nid oedd yn anghyffredin i fyfyrwyr weld tocio eu penodau i hanner eu maint cysefin gyda phensel las: '. . . yr oedd Glyn yn ddidrugaredd ar bethau felly'.[23] Yr oedd wedi dod yn ddarlithydd i Lerpwl yn 1907, ar ôl cyfnod anhapus yn casglu deunydd crai i'r Llyfrgell Genedlaethol yn Aberystwyth. Ei weithred olaf cyn ymadael, yn dilyn anghydfod ynglŷn â chyflog y credai ei fod yn ddyledus iddo, oedd llosgi pob un o'r miloedd o gardiau mynegeio yr oedd ef ei hun wedi'u llunio yn ystod yr wyth mlynedd blaenorol.

Disgrifiodd Lewis y berthynas rhyngddynt, flynyddoedd wedi hynny, fel un fer a 'ffyrnig ffraellyd'. Cydnabu fod Davies 'yn arweinydd ysbrydoledig i'w hoff efrydwyr', ond ni allai ei gyfrif ei hun yn eu plith. 'Ysywaeth, yr oedd ganddo athrylith i gasáu hefyd, ac yr oedd hynny'n gwyro'i farn ar bynciau ysgolheigaidd weithiau'n gwbl anobeithiol.'[24]

Yr oedd yr ymchwil wedi cychwyn yn addawol ddigon. Rhwng gwaith ar *The Eve of Saint John* a chwarae cardiau gyda'i dad yn y Metropole, Llandrindod, ganol mis Gorffennaf, copïodd Lewis ddarnau o waith Goronwy Owen o lyfrau ar fenthyg gan Davies ei hun, gan yrru rhestr o benawdau 'provisional' ei draethawd arfaethedig ato ar bapur y gwesty. Mae'r llythyr – y cyntaf o gryn ddeugain a gadwyd o'r ohebiaeth rhwng y ddau ddyn rhwng 1920 a 1923 – yn gyforiog o hunanhyder a phenderfynoldeb. Trafodai'r bennod agoriadol, meddai Lewis, 'the literary commerce' rhwng Cymru a Lloegr yn y cyfnod; ymdriniai'r ail â'r 'Augustan ideals' yn y ddwy wlad; gofynnai'r drydedd i ba raddau y cafodd y delfrydau hyn eu cyflawni a thafoli'r 'positive poetical qualities' a ddeilliodd o undod diwylliannol y ddwy wlad; ac edrychai'r bedwaredd ar '[t]he decline or metamorphosis of the classical poetry; and what brought it about'. 'I mean only to deal with the good stuff,' cyhoeddodd y myfyriwr; 'the dull and second-rate I shall leave entirely alone, since it fails as literature, and literature is my job'.[25]

Yr oedd yn rhagargoel o'r pendantrwydd a arweiniai Lewis i Gymru, a drôi'r gwaith yn llawer mwy na 'work in one corner of a very small field', a dyfynnu llythyr 15 Gorffennaf, ac a fu bron â herwgipio'r ymchwil yn gyfan gwbl o ddwylo'i diwtor yn y pen draw. Erbyn 10 Medi, yr oedd Lewis yn ôl yn Lerpwl, mewn gwesty arall, The Angel, a chwmpas ei draethawd wedi newid eto. Ni allai, ysgrifennodd at Davies, wneud chwarae teg â'r pwnc yn ei hen brifysgol: 'There simply isn't the material here.' Awgrymodd yn hytrach dreulio pedwar mis yn y Llyfrgell Genedlaethol, lle y gallai 'cram materials into notebooks' rhwng hynny a'r flwyddyn newydd. 'One thing I am sure of,' ychwanegodd yr ymchwilydd ifanc pybyr yn y cyntaf o sawl datganiad o sicrwydd yn ystod y misoedd a ddilynai; 'if I content myself with working on the easily accessible stuff only, the whole field would need re-doing'.[26] Cydsyniodd Davies ac Elton, ac erbyn 22 Medi, yr oedd Lewis mewn llety ar lawr cyntaf rhif 14 Cambrian Place, Aberystwyth. Hwn fyddai ei gartref hyd fis Mai 1921.

Yr oedd ei fisoedd yn Aberystwyth yn rhai cyffrous ond cymhleth. Cychwynnodd Lewis ar ei ymchwil yn y Llyfrgell Genedlaethol ar 25 Medi. Bythefnos yn ddiweddarach cwynodd wrth ei gyfarwyddwr fod y deunydd yno yn 'hopelessly unexamined and uncatalogued'. Bu'n gweithio ar Gwallter Mechain er wythnos, meddai, ond rhaid oedd rhoi'r gorau i'r rhan honno o'r traethawd oherwydd bod yr archifau'n cynnwys 'an unimaginable mass of pure rubbish'. Mae'n bosibl na wyddai Lewis ddim am hanes y llosgi, nac am y ffaith mai un o'r campau prin yr ymfalchïai Davies ynddynt o'i gyfnod yn Aberystwyth oedd darganfod deunydd Gwallter Mechain a'i ddiogelu. Wrth lwc, ychwanegodd Lewis, yr oedd wedi dod o hyd i 'pure gold' yn llawysgrifau Panton ar ffurf llythyrau Edward Richard.[27] Nid oedd sylwadau o'r fath yn debyg o ennyn cydymdeimlad Davies, a fuasai'n gyfrifol wrth sefydlu casgliad y llyfrgell ugain mlynedd cyn hynny am gatalogio'r union ddeunydd y gwgai Lewis arno. Fodd bynnag, gyrrodd Lewis ei ragarweiniad at Davies wythnos yn ddiweddarach, a derbyn ymdriniaeth fanwl yn ôl gyda'r troad bron, yn awgrymu newidiadau i'r testun, llwybrau ychwanegol i'w dilyn ac argymhelliad y dylai gwtogi'r sylwadau agoriadol. Wrth i Elton ddiolch i Davies am ei 'pains and wisdom' gyda'r gwaith, gan ddweud am yr ymchwilydd 'I tell him that the strictness of your criticisms ought to encourage him',[28] nogiodd Lewis: 'I don't know will you [sic] accept my crudeness in picking what I like out of your notes,' atebodd, '& rejecting the rest.' Ei amddiffyniad oedd 'each one must use his own eyes.'[29] Prysurodd i ymhelaethu ar 'crudeness' ei annibyniaeth meddwl ddiwrnod yn ddiweddarach: 'Don't think that I am not very amenable to any criticism, and very ready to give up a point when better light is given me; all I want is to see it myself, and not accept anything merely on authority'.[30] Aeth y gwaith rhagddo ar Edward Richard a cherddi Morys Llwyd trwy weddill Hydref a dechrau Tachwedd 1920, a thawelodd y nodyn cecrus. 'I am very glad SL has made his start and that you are keeping him straight,' ysgrifennodd Elton at Davies.[31] Eithr, wythnos yn ddiweddarach, troes Lewis y drol. Ysgrifennodd at Davies i'w hysbysu ei fod yn 're-organising the whole of my plans'. Bwriadai lunio penodau cyfan ar Goronwy Owen a Lewis Morris. Ac ar waelod y llythyr, ychwanegodd: 'I do not propose returning to Liverpool'.[32]

Wedi misoedd o ymatal, collodd Davies ei amynedd. Mewn llythyr sy'n ategu sylw un a'i hadwaenai ei fod 'yn llawer boneddigeiddiach a mwynach ar dafod nag ar bapur',[33] cyhuddodd Davies waith Lewis o fod yn 'hopelessly obsolete; absolutely ignorant of modern history; confined to the narrowest ruts of dilettantism'.[34] Ym mis Ionawr, cysylltodd ag Elton, i ddangos pennod o waith Lewis iddo a'i sylwadau arni. 'Don't judge from my asperity that Lewis is doing bad work generally. This is his worst, I knew it would come; he has been so damned self-complacent all along.' Crybwyllodd ei 'ineffable cheek' a'r perygl y byddai ei 'intense selfishness of emotion' ynghyd ag '[i]ntellectual keeness [*sic*] hampered by lack of constant touch with difficulties' yn ei osod 'on a tack that will lead him nowhere but dilettante footlings'.[35]

Darllenodd Elton y bennod yr wythnos honno. Cynigiodd ei sylwadau ei hun arni, a rhai Garmon Jones o'r Adran Hanes, ac fe'i dychwelodd at Lewis gyda nodyn calonogol. 'I tell him,' ysgrifennodd at Glyn Davies, 'that he may have to go on the *via crucis* in reading your notes, but that he is much in your debt. He has good blood and will see all that. The end of it ought to be a bit of good work. The next thing is to praise him when we can . . . he is moving about in worlds not realised, which is a great thing when one is young.'[36]

Nid oedd digon o ganmol o du Davies, mae'n rhaid. Erbyn dechrau Chwefror 1921, cwynai Lewis am yr ymosod cyson ar ei waith fel 'unsound and novice stuff'. Barnai'r ymchwilydd mai 'the only way out' fyddai iddo beidio â chyflwyno'r gwaith am MA ac mai 'ill-advised' oedd cychwyn ar y fenter o gwbl:

> For as I read, it is not so much a number of particular points in my essays that you condemn, but my whole method or – as you put it – my 'physical incapacity' to appreciate certain factors. Now that seems a defect beyond remedy.

Dymunai, gan hynny, droi at 'other work', a hyderai y byddai Davies yn cyd-ddwyn. Gofynnodd am ei 'candid opinion' ar y mater cyn ysgrifennu at Elton.[37]

Yr oedd tôn fuddugoliaethus un wedi torri crib ei wrthwynebydd yn llythyr saith tudalen Davies y diwrnod wedyn:

> You jump to wrong conclusions as you [do] so often . . . You have failed outright in the routine work of literary analysis. You are weak in elementary logic; you don't seem to know what [annarllenadwy] premises are; at any rate you signally failed to recognise them.
> . . . the term novice is not a swipe at you; it is a statement of fact. All of my other pupils have been novices. But you have the distinction of being the only one who is a novice and doesn't know it.
> . . . You are only making a start at serious work. And when you come your first big cropper you lose heart! Fie!
> . . . Has it ever struck you that some of your letters would have been regarded by my colleagues as insulting? Try to get rid of your sensitiveness to criticism. It is only self love.

Dymunai Davies roi i'w ddisgybl anhydrin 'a gruelling that may knock some of the dilettante nonsense out of you', ond un a fyddai er hynny'n brofiad buddiol: 'You can consider yourself lucky on the whole in getting a topic that shows up your weaknesses and limitations. You should emerge from the ordeal a much better man than when you entered.' Ac yna, i gloi: 'You seem to have lost nerve all of a sudden. A jolly good thing if you have.'[38]

Ymddangosai am y tro i gerydd Davies lwyddo i ddofi ei gyw ymchwilydd, ac aeth y gwaith rhagddo. Gyrrodd Lewis bennod ar Goronwy Owen yn niwedd yr un mis, gan arwyddo ei lythyr 'Yours obediently'.[39] Erbyn canol Mawrth yr oedd pennod arall, ar Ieuan Brydydd Hir, yn gyflawn, ac edrychai Lewis ymlaen at 'a crammed six weeks ahead' tra ceisiai ddwyn y maen i'r wal gyda'r traethawd erbyn 17 Mai, mewn da bryd i'w deipio cyn y dyddiad terfyn ar ddiwedd y mis.[40] Ni chadwyd y feirniadaeth a achosodd y penderfyniad ddeuddydd yn unig wedi hynny, ond ar 15 Mawrth daeth tro pedol arall. Unwaith eto yr oedd Lewis am roi'r gorau i'w draethawd. Hyn, meddai, oedd 'the only course. And it must be withdrawal, not postponement.'

A barnu wrth weddill llythyr Lewis, mae'n bosibl mai ymgais afrosgo ar ran Davies i gymodi a barodd yr ail argyfwng hwn: sylwadau diddrwg-didda yn ôl ei feddwl ef i'r perwyl bod gwaith Lewis, er nad oedd yn arbennig iawn, yn deilwng o radd ac y dylai fodloni ar hynny. 'I do not want the "marketable MA" you suggest,' ffromodd Lewis, 'nor any degree which is not a recognition of sound work. I am not a charlatan . . . I do not pretend not to regret this conclusion to nine months of plodding; and the loss, of course, is entirely and seriously mine.'[41]

Gwelodd Davies fai ar Lewis yn ei ateb am ddangos 'petulance' ac am godi 'disingenuous grievance'. Barnodd fod y penderfyniad yn un doeth, ond ni allai ymgadw rhag un ergyd olaf: 'You lament nine wasted months. If you have learnt nothing from your own blunders in that time it is indeed wasted.'[42]

Ymddangosai fod y berthynas straenllyd rhwng y ddau ar ddirwyn i ben. Ar 3 Ebrill gyrrodd Lewis nodyn swta i ofyn am ei bennod ar Goronwy yn ôl 'for my private work'. 'I assure you,' ychwanegodd, 'that you need take no precautions against me'.[43]

Tybed? Cyn cael yr ateb gan Davies, neu ar yr un diwrnod ag y'i derbyniodd, mae'n rhaid, cysylltodd Lewis ag Elton, gan ofyn am eirda ar gyfer swydd y tu allan i'r byd academaidd. Ddiwrnod yn ddiweddarach, gyrrodd Elton nodyn gofidus at Davies o'i wyliau yn Ffrainc. 'He does not complain or say more in explanation', meddai am gais annisgwyl Lewis. 'It is disappointing, & as you know, I wouldn't question your judgments on the *opus*.' Er hynny, cwestiynodd a wyddai Davies am ofynion MA. Nid oedd yn deg disgwyl campwaith; prawf oedd, yn hytrach, 'that the man has not been idle, has been working hard . . . has good material in process of elaboration'. Barnai fod Lewis, 'with all his defects', yn bodloni'r gofynion a'i fod yn 'keen worker – the best I've had for years'. 'The young are always too ambitious & have to learn their limitations. I don't want him to be lost to us for good.'[44]

Ni fynnai Davies ildio. 'His letter to you', ysgrifennodd at Elton gyda'r troad am lythyr Lewis, 'is characteristically ingenuous. He tore words out of their context to put himself in the most favourable position . . . His thesis as it stands is a clear fail, for taking your definition of the standard, he has not carried it out. Conclusions hastily arrived at on given sources I do not mark down. But when I find that he has not ev[e]n got his most available so[u]rces before him, and has omited [*sic*] vital data through sheer carelessness I feel like throwing up the sponge.' Yr oedd yr ymchwilydd wedi gwneud 'abominably slovenly work' ar Lewis Morris, ac yr oedd y traethawd drwyddo fel y safai yn 'sloppy, slipshod, superficial'. Gwnaethai bopeth allai, cwynodd Davies, dros ei fyfyriwr 'grotesquely vain', gan gynnwys ysgrifennu 'bravo' yn ymyl y ddalen lle barnai fod hynny'n briodol, ond 'I have my reputation to think of. I must not have it even suspected that I do my pupils' work for them'. Sail pryder a hyder Davies fel ei gilydd oedd ei gais ef ei hun am gadair newydd y Gymraeg yn Abertawe. Yr ateb gorau, terfynodd, fyddai perswadio'i ddisgybl problemus i ohirio am flwyddyn. 'I hope to be in Swansea then, and I should be frankly glad to be rid of Lewis.'[45]

Bum niwrnod yn ddiweddarach, yn sgil derbyn y bennod a 'marciau pwyntil' Glyn Davies arni, ceisiodd Lewis ail farn ar ei hansawdd gan un y credai y rhoddai well croeso iddi. Fe'i gyrrodd at hen gyfaill i'w gyfarwyddwr: '. . . a ystyriwch chwi'r bennod yn rhy wael i safon MA?' gofynnodd; '. . . byddai eich barn yn gryn help imi benderfynu beth a wnaf'.[46]

Ei ohebydd oedd T. Gwynn Jones, a oedd ar ddechrau ei flwyddyn lawn gyntaf fel Athro Iaith Gymraeg Coleg Aberystwyth, ac mae llythyr Saunders yn esiampl bur deg o'r egwyddor ein bod yn ceisio barn a chyngor gan bobl y gwyddom yn burion ymlaen llaw beth fydd eu hymateb. Nid oedd yn gais digymell. Yr oedd Lewis wedi cwrdd â Gwynn Jones am y tro cyntaf o fewn tridiau wedi iddo gyrraedd Aberystwyth ym Medi'r flwyddyn gynt; yn wir, Jones a fu'n gyfrifol am drefnu llety i Lewis yn y dref. Dynodai'r cyfarfod gychwyn ar berthynas trwy'r hydref a'r gaeaf hwnnw (ar aelwyd y bardd yn 'Eirlys', Bow Street, yn bennaf) a gohebiaeth wedi hynny a bennai gyfeiriad dull beirniadol Lewis, gellid dadlau, am weddill ei yrfa. Erbyn canol Tachwedd, adroddai Gwynn Jones wrth Glyn Davies iddo weld Lewis 'droion' gyda'r nosau. 'Yr wyf yn ei hoffi yn fawr iawn, ac y mae'n ysgrifennwr gwych, ac yn glod i'w athrawon. Rhoddais rai awgrymiadau iddo.'[47]

O fewn pythefnos i'r cyfarfod cyntaf hwn, ysgrifennodd Lewis at Margaret ei fod newydd gwblhau'r rhan gyntaf o 'a longish study' o'i waith.[48] Ceisiodd wneud dros ei wrthrych yn 'The Critical Writings of T. Gwynn Jones', a gyhoeddwyd yn ddwy ran ym misoedd Tachwedd a

Rhagfyr, yr hyn y tybiai i Gwynn Jones ei wneud dros Emrys ap Iwan yn ei gofiant iddo wyth mlynedd ynghynt. Mewn ymdriniaeth frasgamus â degawd o'i waith – o'i *Traethodau* (1910) hyd *Llenyddiaeth Gymraeg y Bedwaredd Ganrif ar Bymtheg* (1920), portreada Gwynn Jones fel disgybl i Emrys yn ei 'piety towards Western civilisation' a'i 'sense of the vitality and beauty of the Latin tradition'.[49] Symbyliad dadeni llenyddiaeth Gymraeg dechrau'r ugeinfed ganrif, medd Lewis, oedd symud oddi wrth ddylanwadau Saesneg a wnâi lenyddiaeth Gymraeg yn 'dull and parochial and unimportant' at 'that more ancient tradition ... that ideal of a European commonwealth of minds'. Ymhellach, yr oedd Gwynn Jones, trwy ei 'rare and patient intuition', wedi codi uwchlaw 'zest and pedantry' yr ysgol yng Nghymru a fyn wneud ymdrin â llenyddiaeth yn gangen o ieitheg, gan ddarganfod ynddi yn hytrach 'life and the beauty of life'.[50]

Hynodrwydd pennaf y ddwy ysgrif a'u dehongliad ffres o anuniongred o waith a phersonoliaeth Gwynn Jones yw i Lewis eu cynhyrchu rhwng galwadau'r ymchwil a âi'n fwrn arno. Edrychai ar ei wrthrych fel un a oedd wedi ymestyn y tu hwnt i hanes, gan ailgysylltu'r traddodiad llenyddol â'i wreiddiau Ewropeaidd cysefin. Trwy ysgrifennu ato, ceisiai gadarnhad y gallai wneud peth tebyg yn achos Goronwy Owen a'i gyfoedion.

O fewn wythnos wedi i Gwynn Jones dderbyn y bennod ar Goronwy, daeth ateb. Diolchodd Lewis iddo am 'feirniadaeth mor fanwl' ar ei waith, gan ychwanegu ei fod yn credu bod y sylwadau 'yn iawn ym mhob awgrym'. Ni allasai'r gwahaniaeth tôn rhwng y llythyr diolchgar hwn a'r ohebiaeth biwis gyda Glyn Davies fod yn fwy amlwg. 'Y peth pwysig', ysgrifennodd, 'yw eich bod wedi adfer fy hunan-falchder! Gynt, dechreuais ofni nad oedd dim o wreiddyn y mater llenyddol gennyf, gan mor llym y feirniadaeth.' Ni chadwyd mo lythyr gwreiddiol Gwynn Jones, ond cynhwysodd ragor na sylwadau ar y testun. 'Y peth a garwn,' addefodd Lewis, 'fyddai trosglwyddo'r peth i'r Doctorate Cymreig yn ôl eich awgrym':

> Cadwaf eich llythyr yn hollol gyfrinachol. A gwn na wnewch chwithau fynegi i awdurdodau Lerpwl gymaint fradwr a fûm. Cefais lawer, lawer caredigrwydd gan Mr Glyn Davies, ac ni fynnwn dalu drwg iddo am inni fethu cytuno ar y mater.[51]

Ni ddaeth dim o'r cynllun, ac ofer ceisio cyhuddo neb o annheyrngarwch ar sail tystiolaeth mor simsan. Pwysicach na'r radd arfaethedig gan Lewis oedd y cadarnhad digamsyniol bod ei waith yn deilwng a'i fod wedi diosg yr hyn a alwai 'l'influence de Liverpool', sef y 'zest and pedantry' ieithegol a welai Jones yn elyn mor anghymodlon iddynt. Gan Gwynn Jones y dysgodd nad rhywbeth uniongyrchol a hawdd ei adnabod yw dylanwad llenyddol bob amser:

> Gwell fyddai dweud efallai fod y beirdd a'r beirniaid Saesneg megis cwndid lle llifa'r dylanwad Lladin a'r dylanwad Ffrangeg, ond i Goronwy Owen, a wyddai'n dda am y clasuron, allu closio at lygad y ffynnon ei hun.[52]

Ymhen pythefnos eto, adroddodd Lewis iddo ddangos sylwadau calonogol Gwynn Jones i Garmon Jones, 'yn gyfrinachol'. Bu'n ddigon, meddai, 'i'w ennill yntau i esmwytho'r ffordd'.[53] Addawodd ymhellach 'siarad yn llai pendant ac yn ofalus am Oronwy',[54] a gostegodd y storm. Ysgrifennodd Elton at Lewis yn niwedd Ebrill i ofyn iddo ailystyried, cymodwyd Lewis a Davies ac erbyn canol Mai, a'r gwaith bron yn barod, gallai Lewis ddymuno i'w gyfarwyddwr yn Lerpwl 'many and warm thanks for your advice and direction',[55] gan gyfaddef ym mis Hydref, wedi i'r gwaith gael ei gymeradwyo am MA gan yr arholwr allanol, Garmon Jones, myfyriwr ymchwil cyntaf Davies yn 1907, ei fod yn 'conceited prig and often show it'.[56] Ni fyddai'r ddau'n gohebu eto am dros chwarter canrif. Fel y ceir gweld, erbyn hynny yr oedd amgylchiadau'r ddau yn bur wahanol.

Cyhoeddwyd sylwedd y traethawd yn gyfrol yn 1924, dan y teitl *A School of Welsh Augustans*. Cyflwynodd Lewis hi i Elton, gan ddiolch yn awgrymog i Davies yn ei ragarweiniad am ei 'generous and unsparing criticism'.[57] Cynnwys benodau ar Lewis Morris, Edward Richard, Goronwy Owen ac Evan Evans; aeth ei oriau o waith ar Ieuan Brydydd Hir a Gwallter Mechain yn ofer. Fel y disgwylid, mae'n waith gwyliadwrus, heb ddim o'r ymgais i synnu a dal sylw a nodweddai ei waith newyddiadurol ar y pryd ac a ddôi ymhen amser yn nod amgen ei gyhoeddiadau mwy academaidd. Yn bwysicach na dim, yn y tair blynedd rhwng cyfansoddi a chyhoeddi, yr oedd wedi newid ei farn yn sylfaenol am le'r ddeunawfed ganrif yn hanes llenyddiaeth a diwylliant Cymraeg. Byddai unrhyw un a drôi at y gyfrol yn sgil clywed neu ddarllen ei anerchiad ar Goronwy yn Eisteddfod Genedlaethol 1923 yn cael trafferth coelio mai'r un awdur a gynhyrchodd y ddau destun.

Pan adroddodd Lewis wrth Margaret i bopeth ddiweddu o'r gorau yn Lerpwl – 'I saw Glyn Davies and we rubbed noses like dogs'[58] – tynnai i ben hanes yr oedd ei fanylion, yn ôl pob tebyg, yn ddirgelwch iddi. Nid oedd y ddau wedi gweld ei gilydd er y Calan. Cawsai Margaret wybod ganddo am y gwrthdaro 'prettily rude'[59] rhyngddo a Davies ac am ei fwriad 'probably' i roi'r gorau i'r MA,[60] ond ni ddywedodd ei lythyrau'r ddegfed ran o'r helynt academaidd y buasai ynddo. Un rheswm am hynny oedd bod ei ymdderu â Glyn Davies wedi cydredeg ag anghydfod arall, mwy perthnasol a mwy tyngedfennol i'r ddau. Erbyn iddo gythruddo ei gyfarwyddwr trwy ddweud nad oedd yn barod i dderbyn dim 'merely on authority', wynebai broblem daerach na natur dylanwadau llenyddol.

Trwy ddewis Aberystwyth yr oedd Saunders wedi dod i rywle a adwaenai Margaret yn well nag ef. Buasai hi yno mewn cynadleddau athrawon ac mae ei llythyrau cynnar ato i Cambrian Place yn llawn cynghorion (ynghyd â mapiau braslun) i ymweld â siopau llyfrau ac i sylwi ar nodweddion tirwedd a bywyd gwyllt y fro. Cyd-dynnai â'i ddymuniad i gwblhau'r ymchwil mewn blwyddyn a gobeithiai y byddai awdurdodau Lerpwl yn 'sensible' ynghylch y mater.[61] Wynebai hithau dymor prysur yn Workington, rhwng pasiant ym mis Tachwedd, dosbarthiadau dawnsio unwaith yr wythnos, rhedeg y gymdeithas ddadleuon ac arbrawf yn yr ysgol a olygai fod disgwyl i'r staff ymweld â dosbarthiadau ei gilydd: 'a new idea . . . which is very painful'.[62]

Tra gweithiai Lewis ar y traddodiad Lladinaidd y credai i T. Gwynn Jones ei ailddarganfod, ac ar foddion colli adnabod ar y traddodiad hwnnw yng nghyfnod Goronwy Owen, ymagorai hen Gymru newydd iddo. 'This old Welsh civilisation grips me by the roots', addefodd wrth Margaret ar 5 Hydref, yn sgil ymweld â chartref Lewis Morris yn Allt Fadog ac â'r eglwys yn Llanbadarn Fawr.[63] Wythnos wedi hynny, teithiodd gyda'r trên i weld bedd Dafydd ap Gwilym yn Ystrad-fflur a chartref Edward Richard, gan aros ar y ffordd yn ôl mewn tafarn lle'r yfodd gwrw o flaen tanllwyth o dân a gwrando ar sgwrs rhwng y tafarnwr, ei wraig, ei blant a'r trigolion – bugeiliaid yn bennaf – a eisteddai'n gylch o gwmpas yr un bwrdd. 'The talk is frank but civilised, and always humorous,' nododd wrth Margaret gyda chwilfrydedd anthropolegol ar yr 11eg, fel petai cymeriadau *The Eve of Saint John* wedi dod yn fyw o flaen ei lygaid. 'All Welsh life is not like that; but here in the remotest hamlets you get its best and firmest traditions.'[64]

Er gwaethaf anawsterau ariannol (nid oedd wedi sylweddoli bod gofyn iddo lenwi'r papurau priodol cyn derbyn ei ysgoloriaeth), yr oedd Lewis yn ei elfen yn Aberystwyth, a'i ymhyfrydu yn y lle'n ddwysach am mai blwyddyn yn unig a gâi cyn i ofynion swydd a chyflog ei oddiweddyd. 'When I reach the hill-top where the Library is,' ysgrifennodd at Margaret y diwrnod wedyn, 'and see the sea in front, and the green ridges on every side of me, – and remember Liverpool – I feel I've only just begun to live, and every morning seems a benediction.'[65]

Daeth terfyn disymwth ar y bywyd bendithiol. Ysgrifennodd Margaret ato ddeuddydd wedi hynny ar drothwy ei ben blwydd yn 27 oed, gan amgáu dau lyfr iddo'n anrhegion: *Exiles* a *Portrait of the Artist as a Young Man* Joyce. Cynhwysai'r cyntaf 'some fine pieces', meddai, 'but I don't care for it all'. Am *Portrait of the Artist*, yr oedd ei barn yn fwy pendant. 'I think Stephen [Dedalus] has a horrid outlook, & just when you are beginning to enjoy it some of those nasty coarse pieces come intruding themselves.'[66] Daeth yr ymyriad o'i thu hi dridiau'n ddiweddarach. Yr oedd hi wedi dewis cadw'r peth yn gyfrinach, meddai Margaret mewn bwrlwm o lythyr, ond yr oedd wedi treulio diwrnod pen blwydd Saunders yn Llundain: ei hymweliad cyntaf â'r ddinas. Cawsai weld y Senedd ac Abaty Westminster a cherdded ar yr Embankment dan heulwen Hydref, ond y rheswm am y daith hon ar ganol tymor oedd cyfweliad yno ag Ysgrifennydd Addysg y Transvaal – 'an exceptionally nice elderly fatherly man' – a oedd wedi cynnig swydd iddi yn Pretoria. Gan nad oedd daearyddiaeth eto'n rhan o gwricwlwm y dalaith yr oedd wedi dewis oedi, ond rhagwelai gychwyn am Dde Affrica mewn chwe mis. Yr oedd yn 'excited . . . & still more I feel that these last five years have not been wasted. Write to tell me you are glad.'[67]

'Yes, I'm very glad if you are glad,' atebodd Saunders mewn nodyn diddyddiad a swta, '... But I'm a little frightened and stunned also, my dear ... you're a terrible creature for your own way, and there's the devil's determination in your quiet head.'[68] Addawodd lythyr arall 'when there's good sense in me', ac fe'i gyrrodd ar 20 Hydref. Rhwng sylwadau ar Joyce a dysgu Gwyddeleg a chynlluniau i ennill arian trwy ddysgu dosbarthiadau allanol yn Aberystwyth, gofynnodd am gael sgwrs hir am ei chynllun yn ystod gwyliau'r Nadolig. 'I think I'd better drop the subject till I see you.'[69]

Gogwyddai tôn ateb Margaret rhwng y chwerw a'r chwareus. 'Your first letter this week', ysgrifennodd, 'sounded as if I was off tomorrow, and it's 6 months yet – far too long for me, I'm thinking ... And Saunders, dear, you know well enough that deep down below everything it's for you & you alone I am doing [sic] ... I am afraid of that long talk you threaten, so let us put it off till – say – Easter. I am sure you will be in a better temper in the Spring time'. 'The length of the contract,' ychwanegodd, 'is indefinite – if I like it, I suppose I shall stay till 60. Then I might go on to India – where you can join me if you like [the] Indian climate.' Terfynodd y llythyr gyda 'Goodbye', cyn ychwanegu ôl-nodyn, wedi ailfeddwl:

> Of course there are moments when I wonder what the change will mean & I feel almost afraid when I study the 3 weeks voyage away from here. But I crush it down when it comes up, for I know that 3 weeks will bring me some day to my dearest. Is that enough till that long talk?[70]

Fe'i hatebwyd gan Saunders mewn llythyr diddyddiad arall nad oedd fawr mwy na nodyn, ar 'Sunday morning', sef 25 Hydref. Ynddo daliodd Lewis nad oedd hyd yn oed yn deall ystyr ei haeriad ei bod yn mynd er ei fwyn ef. Edrychai ymlaen yn hytrach at ddiwrnod pan gaent fod gyda'i gilydd 'for good and ill'. Y meddwl hwn, meddai, a'i cadwai wrth ei waith ac a'i cadwai'n fyw:

> Listen.
>   I know beyond any doubting that you love me, and that all you do is for me, – according as you see what is good. Do you believe though

that you are the very support of my life, and that today we have no right to tear in pieces what we have ourselves built up? I hate writing these things, Margaret, even saying them seems to take the edge off truth, and so I've not said much ever, nor have you.[71]

Ond fe'u dywedwyd o'r diwedd, ac fel cwestiwn Peredur i'r Brenin Bysgotwr, effaith ymholiad Saunders oedd adfer perthynas a glafychai. Er gwaethaf ei phrotestiadau – 'something well worth doing . . . I'd go tomorrow if I could' – mae rhywun yn synhwyro bod Margaret eisoes yn gweld hynny pan atebodd gyda'r troad yn edifarhau am fod wedi codi'r pwnc yn y lle cyntaf. 'What am I to do? I have not the remotest idea what to say to you, for your letter has choked me, & I don't know where I am.' Yn ei lythyr yr oedd Saunders wedi gofyn iddi wrando. Mynnodd hithau'r un sylw:

> Look here, if I am going to be of any use to you in your old age & mine, I must prepare for it. Secondary teaching in England – in any school under any methods – is not the best place for that – for I am getting deadened already with the system. Now do you understand when I say that I am going for your sake? . . . I try to forget that you will be so far away, & I'd take you with me if I could . . . I thought you understood all that when we met & you said you liked the idea, and now all this . . .
>
> Now, young man, you are mine – every inch of you & I hope to go away to freshen my brain up to make it fine for you, when you want it. And, dearest – the minute you want me I will leave wherever I am and come back. Are you satisfied for I can't write any more . . .

Ac yna, fel petai'r syniad o fynd eisoes yn cilio:

> You are very rude, Saunders, my dearest, why do you pretend not to understand me? Do you think that if you weren't there, I should care for a moment whether I went to Africa or not – or lived anywhere for that matter?[72]

Dydd Mercher 26 Hydref sydd ar ben ateb Lewis yn y fersiwn cyhoeddedig, ond fe'i hysgrifennwyd ar yr 28ain. Mewn cwta bythefnos o lythyru tanbaid yr oedd yr argyfwng ar ben:

... if you want to teach geography to the Congo pygmies or Northern
Esquimaux, you can do so. Only, you'll not return for your old age;
you'll come for our youth. And if you had given me your promise in the
summer, I might have been quieter now. But then you only smiled.[73]

Ar yr wyneb, llithrodd y berthynas yn ôl i'w chyflwr cysefin.
Amgaeodd Margaret ddau bâr o hosanau gyda'i llythyr nesaf, ar 31
Hydref, i Saunders eu gwisgo yn y llyfrgell oer. Cyrhaeddodd dillad isaf
i'r un perwyl cyn pen mis eto: 'Warm them by the fire for fear of damp
contracted in the post.'[74] O'i ran yntau, argymhellodd 'To His Coy
Mistress' Andrew Marvell iddi. 'Our own way of living often reminds
me of it.'[75] Tynnodd y flwyddyn tua'i therfyn rhwng sôn am y sefyllfa
yn Iwerddon a'i phryderon hi am sefyllfa ariannol Saunders, ei iechyd
petai'n derbyn swydd mewn amgueddfa lychlyd, a'i ddiogelwch ym
mhob agwedd arno. 'Walk in the middle of the road for fear of chimney
pots,' oedd ei chyngor cynhwysfawr pan glywodd am stormydd yn Sir
Aberteifi, 'but be careful of traffic.'[76]

Cafwyd cyfarfod gorfoleddus ar orsaf Lime Street yn Lerpwl ar 4
Ionawr. Yr oedd Lewis wedi trefnu tri amser y tu allan i ystafell aros y
menywod fel y byddent yn sicr o weld ei gilydd. Yn dilyn y cymodi,
hebryngwyd Margaret i'w thrên yn ôl i Workington. Yr oedd eu
hymddygiad wrth ffarwelio yn ddigon angerddol i dynnu sylw ei chyd-
deithwyr – dau ffermwr a merch, fel yr adroddodd hi drannoeth ei thaith:

When I sat down I noticed that something had been going on & the one
near the window sighed most pathetically and said, 'It's hard to part . . .
it's hard to part'.

That started them going. The girl said they had been talking about us
all through that noise. 'And if you had heard what they said,' she said.

They both said that they had been bad enough when young, but
never as bad as that. It was the look in the eyes, etc, etc.

Had I known you long? Oh, I said, it was quite a sudden affair –
love at first sight – only met you in Liverpool. At that the old man got
into a panic & warned me against strange men. The girl said that she
had been shy at joining us in Liv & verified the fact that we came from
there. I laughed so much they did not know what to make of it.

The old man recalled the days of his youth. He was married at 19 &
wished it had been 14, but disliked those 'pick-up' affairs.

'No, you must know a fella a year or so'.
'Now,' he said, 'you can't look me in the eyes and say that you don't love that young man'.
I protested that I had never tried to do so.
'Well, do you love him?'
'Of course I do,' said I. 'Aren't we told to love all mankind?'
That upset them altogether.
This went on to Lancaster, where the girl got out, saying that she pitied me.[77]

Sadrwydd newydd y berthynas rhwng Lewis a Margaret yw'r esboniad gorau ar y nodyn optimistaidd, gwamal bron, yn ei llythyrau hi ato trwy wanwyn 1921, a'i amharodrwydd yntau i ymhelaethu ar ei drafferthion gyda Glyn Davies. Wfftiai hi ei bryderon am swydd a thraethawd. 'Can't you enjoy the present & be thankful you are not on the street yet & leave the future to take care of itself[?] . . . can't you live as the birds live & forget that winter may return[?].'[78] Ac eto, yn ystod wythnosau anodd diwedd Ebrill yr un flwyddyn: '. . . whatever you do, do not start worrying or getting depressed. For you are to be all right in the end. This is merely an interlude when things are straightening out.'[79]

Yr oedd Margaret yn iawn. Ar drothwy cyflwyno'r traethawd, penodwyd Lewis i swydd dan gynllun Cyngor Sir Forgannwg i ddatblygu llyfrgelloedd gwledig. Ei waith fyddai dewis, prynu, catalogio a dosbarthu llyfrau Cymreig a Chymraeg i ysgolion yn ogystal â chynnal llyfrgell ganolog. 'Do you know, Margaret,' ysgrifennodd Saunders ati i Workington o Abertawe i'w hysbysu am y penodiad yr un diwrnod, 'that I've never in my life met a luckier man than myself?'[80] Yr oedd yn droedle yng Nghymru, ar gyflog gweddol (enillai lai na hynny fel darlithydd yn Abertawe bedair blynedd yn ddiweddarach), mewn swydd a ganiatâi beth rhyddid iddo ac a'i cadwai ar gyrion y byd llenyddol. Talai £350 y flwyddyn, gyda chodiadau o £20 y flwyddyn hyd at uchafswm o £450. Yn ôl y llythyr yn cadarnhau'r swydd ar 11 Mai,[81] y bwriad gwreiddiol oedd i Lewis weithio yn Llantrisant, ond oherwydd prinder lle ar gyfer swyddfa, dewiswyd Pont-y-clun yn ganolfan. Amgaeodd gopi o'r *Western Mail* yn cynnwys llun a dynnwyd gan ffotograffydd y papur i gyd-fynd â'r stori, gan holi, 'Don't I look a slyeyed Jew?'[82] Cyrhaeddodd y 'splendid news' am Saunders pan oedd Margaret ar gychwyn i'r gwaith, ac fe agorodd yr amlen ar y stryd. 'That photograph reveals the hidden man,' barnodd; ' . . . after seeing that picture I could not get that grin off my face.'[83]

Nodiadau

[1] *AKAS*, 65. SL at Kate Roberts, 14 Mawrth 1930.
[2] D. T. Davies, 'Welsh Folk Drama: Its Future', *The Welsh Outlook*, 7 (1920), 65.
[3] Ibid., 66.
[4] Yn ei adroddiad blynyddol ar y flwyddyn academaidd 1919-20, nododd yr is-ganghellor, George Adami, fod y cyn-filwyr 'as a body, have been intensely hard-working, evidently realising how much time has been lost and how much lee-way [*sic*] had to be made up. This spirit, together with the sense of manly responsibility which has been brought to them in their years of service and hard experience at the front, made them wholly different from the ordinary irresponsible freshman recently freed from the shackles of school discipline and raised the tone of undergraduate life to a singular degree.'
[5] 'Welsh Drama and Folk Drama', *The Welsh Outlook*, 7 (1920), 167.
[6] Ibid., 168.
[7] Ibid.
[8] 'Celf Drama', *Y Darian*, 20 Mai 1920.
[9] 'Celfyddyd y Ddrama', ibid., 27 Mai 1920.
[10] 'Arluniaeth mewn Drama', ibid., 10 Mehefin 1920, 7.
[11] *LMG*, 404. SL at Margaret Gilcriest, 10 Mehefin 1920.
[12] Ibid., 407. SL at Margaret Gilcriest, 1 Gorffennaf 1920.
[13] LlGC, 23224C/95. Margaret Gilcriest at SL, 3 Gorffennaf 1920.
[14] 'Nodyn ar Ibsen', *Y Darian*, 23 Rhagfyr 1920.
[15] Ioan M. Williams (gol.), *Dramâu Saunders Lewis: Y Casgliad Cyflawn, Cyfrol I* (Caerdydd, 1996), 4.
[16] Ibid., 19.
[17] Ibid., 29.
[18] Ibid., 31.
[19] Ibid., 8-9.
[20] *LMG*, 394. SL at Margaret Gilcriest, 12 Mawrth 1920.
[21] LlGC, papurau J. Glyn Davies, 4532. Oliver Elton at J. Glyn Davies, 13 Mai 1920.
[22] *LMG.*, 412. SL at Margaret Gilcriest, 30 Gorffennaf 1920.
[23] Hettie Glyn Davies, *Hanes Bywyd John Glyn Davies* (Lerpwl, 1965), 40.
[24] 'John Glyn Davies', *Western Mail*, 21 Awst 1965.

25 LlGC, papurau J. Glyn Davies, 6175. SL at J. Glyn Davies, 15 Gorffennaf 1920.
26 Ibid., 6179. SL at J. Glyn Davies, 10 Medi 1920.
27 Ibid., 6181. SL at J. Glyn Davies, 9 Hydref 1920.
28 Ibid., 4532a. Oliver Elton at J. Glyn Davies, 16 Hydref 1920.
29 Ibid., 6182. SL at J. Glyn Davies, 18 Hydref 1920.
30 Ibid., 6184. SL at J. Glyn Davies, 19 Hydref 1920.
31 Ibid., 4533. Oliver Elton at J. Glyn Davies, 12 Tachwedd 1920.
32 Ibid., 6189. SL at J. Glyn Davies, 23 Tachwedd 1920.
33 E. D. Jones, 'Ysgolhaig y Cap Pig-loyw', *Barn*, 38 (Rhagfyr, 1965), 54.
34 LlGC, papurau J. Glyn Davies, 6192. J. Glyn Davies at SL, 16 Rhagfyr 1920.
35 Ibid., 4534. J. Glyn Davies at Oliver Elton, 25 Ionawr 1921.
36 Ibid., 4535. Oliver Elton at J. Glyn Davies, 31 Ionawr 1921.
37 Ibid., 6201. SL at J. Glyn Davies, 2 Chwefror 1921.
38 Ibid., 6204. J. Glyn Davies at SL, 3 Chwefror 1921.
39 Ibid., 6203. SL at J. Glyn Davies, 28 Chwefror 1921.
40 Ibid., 6205. SL at J. Glyn Davies, 13 Mawrth 1921.
41 Ibid., 6206. SL at J. Glyn Davies, 15 Mawrth 1921.
42 Ibid., 6207. J. Glyn Davies at SL, 22 Mawrth 1921.
43 Ibid., 11216. SL at J. Glyn Davies, 3 Ebrill 1921.
44 Ibid., 4536. Oliver Elton at J. Glyn Davies, 4 Ebrill 1921.
45 Ibid., 4537. J. Glyn Davies at Oliver Elton, 6 Ebrill 1921.
46 LlGC, papurau T. Gwynn Jones, G3647. SL at T. Gwynn Jones, 8 Ebrill 1921.
47 Ibid., A11, 134. T. Gwynn Jones at J. Glyn Davies, 13 Tachwedd 1920.
48 *LMG*, 419. SL at Margaret Gilcriest, 5 Hydref 1920.
49 'The Critical Writings of T. Gwynn Jones', *The Welsh Outlook*, 7 (1920), 265.
50 Ibid., 266.
51 LlGC, papurau T. Gwynn Jones, G3645(ii). SL at T. Gwynn Jones, 11 Ebrill 1921.
52 Ibid., G3647. SL at T. Gwynn Jones, 14 Ebrill 1921. Yn Ffrangeg yr ysgrifennodd SL y sylw gwreiddiol: 'On dirait mieux peut-être que les poètes et les critiques anglais étaient comme un canal par où l'influence latine et l'influence française se coulaient, mais que Goronwy Owen, qui savait bien les classiques, a pu s'approcher de la source même.'
53 Ibid., E8. SL at T. Gwynn Jones, 28 Ebrill 1921.
54 Ibid., E9. SL at T. Gwynn Jones, 5 Mai 1921.
55 LlGC, papurau J. Glyn Davies, 6208. SL at J. Glyn Davies, 14 Mai 1921.
56 Ibid., 6212. SL at J. Glyn Davies, 29 Hydref 1921.
57 *A School of Welsh Augustans* (Wrexham, London, 1924), vii.
58 *LMG*, 450. SL at Margaret Gilcriest, 28 Ebrill 1921.
59 Ibid., 441. SL at Margaret Gilcriest, 14 Chwefror 1921.
60 Ibid., 446-7. SL at Margaret Gilcriest, 25 Mawrth 1921.
61 LlGC, 23224C/105. Margaret Gilcriest at SL, 25 Medi 1920.
62 Ibid., 106. Margaret Gilcriest at SL, 3 Hydref 1920.
63 *LMG*, 419-20. SL at Margaret Gilcriest, 5 Hydref 1920.

[64] Ibid., 421. SL at Margaret Gilcriest, 11 Hydref 1920.
[65] Ibid., 422. SL at Margaret Gilcriest, 15 Hydref 1920.
[66] LlGC, 23224C/108. Margaret Gilcriest at SL, 14 Hydref 1920.
[67] Ibid., 111. Margaret Gilcriest at SL, 17 Hydref 1920.
[68] *LMG*, 424. SL at Margaret Gilcriest, diddyddiad ond diwedd Hydref 1920.
[69] Ibid., 425. SL at Margaret Gilcriest, 20 Hydref 1920.
[70] LlGC, 23224C/113. Margaret Gilcriest at SL, 22 Hydref 1920.
[71] *LMG*, 424. SL at Margaret Gilcriest, diddyddiad ond diwedd Hydref 1920.
[72] LlGC, 23224C/113. Margaret Gilcriest at SL, 26 Hydref 1920.
[73] *LMG*, 426. SL at Margaret Gilcriest, 26 Hydref 1920.
[74] LlGC, 23224C/120. Margaret Gilcriest at SL, 26 Tachwedd 1920.
[75] *LMG*, 427. SL at Margaret Gilcriest, 4 Tachwedd 1920.
[76] LlGC, 23224C/118. Margaret Gilcriest at SL, 15 Tachwedd 1920.
[77] Ibid., 128-9. Margaret Gilcriest at SL, 5 Ionawr 1921.
[78] Ibid., 133-4. Margaret Gilcriest at SL, 22 Ionawr 1921.
[79] Ibid., 136. Margaret Gilcriest at SL, 29 Ebrill 1921.
[80] *LMG*, 452. SL at Margaret Gilcriest, 11 Mai 1921.
[81] LlGC, 22725E/90. Glamorgan County Council at SL, 11 Mai 1921.
[82] *LMG*, 451. SL at Margaret Gilcriest, 11 Mai 1921.
[83] LlGC, 23224C/143. Margaret Gilcriest at SL, 12 Mai 1921.

'YR WYF YN HOLLOL DDIFRIFOL'
1921-3

Cafodd Lewis lety yn 10 Hamilton Street o fewn pythefnos wedi iddo gychwyn ar ei swydd ar 4 Gorffennaf, ond trwy amryfusedd arall, nid oedd y swyddfa ym Mhont-y-clun hithau'n barod. Bu'n rhaid iddo dreulio Awst a Medi yn gweithio yn swyddfeydd yr Adran Addysg yn 18 Park Place, Caerdydd. Erbyn yr hydref hwnnw, yr oedd ganddo ddwy fenter lenyddol newydd ar droed, y naill yn Saesneg a'r llall yn Gymraeg. Gellir darllen y ddeubeth fel sylwadaeth ar ei gilydd.

Daeth ei golofn achlysurol i'r *Workington Star and Harrington Guardian* – 'Life and Letters' – ar gais Margaret, a adwaenai'r golygydd. Er bod gwahoddiad iddo ysgrifennu dan ei enw ei hun, dewisodd 'John Sack and Sugar', un o lysenwau Falstaff, gan egluro wrth Margaret ar 25 Hydref ei fod am greu'r argraff ei fod yn hen ŵr, ac yn rhannol, o bosibl, er mwyn paratoi ei ddarllenwyr ar gyfer cyfuniad o felyster a rhywbeth cryfach maes o law. 'Avoid direct politics at first,' cynghorodd Margaret ef, '– make it purely literary at first and then gradually guide to better things!'[1] Rhwng diwedd Hydref a chanol Mawrth y flwyddyn ganlynol lluniodd ychydig dros ddwsin o golofnau, gan yrru pob un at Margaret ymlaen llaw i'w phrawfddarllen. Er na fentrodd erioed wneud safiad gwleidyddol agored, a gofalu cyhoeddi yn y golofn gyntaf un ei fod am draethu 'impartially and without the least political prejudice', nid oedd modd celu ei gredoau – na'i ragfarnau.

Testun ei golofn agoriadol ar 28 Hydref oedd dyled llenyddiaeth gyfoes Lloegr i Iwerddon, yn enwedig ym myd y ddrama. Canmolodd 'tolerance and good taste' a 'catholicity' Theatr yr Abbey ond ofnodd ei bod yn 'doubtful' ai theatr genedlaethol oedd hi yng ngwir ystyr y gair, am nad oedd wedi gwneud dim i hybu'r Wyddeleg, ac felly heb gyfran 'in one of the great movements of modern Ireland'. Ei 'second grouse' oedd nad oedd hyd yn oed ei dramâu Saesneg yn adlewyrchu syniadau a dyheadau'r Gwyddelod, 'but have been written under foreign influence and with alien purposes . . . pale imitations of the English repertory dramatists'. Amheuai mai Ibsen, oedd 'the source of all their work'. Ei feirniadaeth fwyaf ar y ddrama yn Iwerddon, er hynny, oedd ei 'utter lack of humour'.

Cynigiodd batrwm i'r theatr yn Iwerddon ac yn ehangach yn ei ail golofn ar 4 Tachwedd, a'r patrwm hwnnw yng ngwaith F. W. Moorman. Ysgrifennai hwn, meddai Lewis, nid yn unig yn nhafodiaith Swydd Efrog, ond hefyd am y pethau a oedd yn bwysig i'w gwerin: 'its praise of the beauty of the world, its gladness to be alive and itself'. Yr oedd yn ei hanfod yn weledigaeth ganoloesol, am fod 'more gaiety, more fellowship' ym mywyd gwerin yr oesoedd canol nag a geir heddiw:

> . . . he thought of literature as the flowers of the tree of life, the beautiful blossom which grows out of the daily toil and companionship of the folk. All men who think of literature in that way come at last to the conviction that of all the acts of writing, the greatest, the one which includes poetry and dance and music and prose, is drama. It is the greatest because it is the most social. It unites all men together; it demands the imagination of the writer, the gift of the actor, the artistry of the costume-maker and of the stage-carpenter, the music of the composer; in short, there is no gift which may not be used by drama for the gladdening of the life of the community.

Os gwir haeriad Moorman, dadleuodd Lewis ymhellach wythnos wedi hynny, ar 11 Tachwedd, y dylai pob celfyddyd fawr 'rise spontaneously from the life of the people', dilynai nad oedd theatr a sinema gyfoes yn gelfyddyd o gwbl. 'The average stage play and popular cinema production bear no sort of relation to the everyday life of England in town or country. Their whole purpose is to avoid that life, to escape from it and forget it.' Yr oedd dramâu poblogaidd, meddai, yn llawn 'wealthy debauchees', 'fevered girls', 'passionless songs', ond 'no truth, no strong emotion, no beauty. The flapper is the queen of musical comedy, but there is no place for womanhood and motherhood, the themes of art.' Troes y ddrama yn 'refuse [*sic*] for cowards who are afraid of life'. Ar y llaw arall, '. . . fine art is robust art, with a healthy digestion for the tough beef of common or garden joys and sorrows. And good drama is like that: it has stuff in it, thick and fat like the blood of a bull.'

Rhoddodd sylw i Goldsmith a Gide ar 18 Tachwedd, ac i'r dramodydd o Wyddel a welai'n eithriad i dueddiadau Ibsenaidd yr Abbey, Daniel Corkery, wythnos wedi hynny. Yr oedd wedi treulio dwy neu dair noson yn darllen ei ddramâu a'i storïau byrion ym mis Rhagfyr 1920, meddai, 'and found myself at once transferred to a world of strange and passionate men and women, a world of universal intimacy and yet queerly intense and dramatic'. Canfu yn ei waith 'an intensity in the language, a constant use of imagery drawn from nature or from legend or from old poets'. Argymhellodd *The Yellow Bittern* a *The Threshold of Quiet* fel dau lyfr 'that should be in every library', a chanmolodd ei *Clan Falvey* am ei ddarlun o 'the pity of passing things'.

Rhwng hynny a diwedd y flwyddyn traethodd ar lyfrau taith, gan gynnwys *Mémoires d'Enfance* Renan a *The Breton Hearth* Emile Silvestre, ar 9 Rhagfyr a'r dramodydd o Ardal y Llynnoedd, Gordon Bottomley, ar 16 a 30 Rhagfyr: 'He deserves to be called with Euripides the most tragic of all the poets.'

Croesawodd 1922 gyda darn i ddathlu canmlwyddiant geni Molière ar 22 Ionawr. Y gwahaniaeth rhwng llwyfan Molière a'r llwyfan realaidd cyfoes, barnodd, oedd y gwahaniaeth 'between creation and mechanism':

While the marionettes of our contemporary realists are hardly kept on their feet by the strings of craftsmanship, the titans of the old dramatists grow so fiercely and divinely alive that they often pull the construction of their plays to pieces.

Yn ei gyfraniad ar 24 Chwefror, cymerodd arno fod yn hen ŵr yn edrych yn ôl dros oes o ddarllen. 'I would delay my funeral till I had read Chaucer's "Troilus and Cressida" a last time, and I would keep the pennies off my eyes while I laughed my last at the sublime immorality of Rabelais.' Mynegodd ei hoffter hefyd o ddramâu Soffocles ac Euripedes, a sicrhaodd ei ddarllenwyr nad 'pale students' oedd cynulleidfaoedd gwreiddiol eu gwaith ond 'robust fellows who liked strong emotions and who thought it no shame to be often and gaily drunk':

To many a modern dramatist who garbles his play and fails to make the best of good situations we might safely recommend a six month course in ancient Greek drama. He could not fail to return from it a more efficient writer. And happy should he be if something of the nobility and poetry of the Greeks had inspired him to more serious and passionate work than the English stage now possesses.

Erbyn iddo gyflwyno'i erthygl olaf i'w chyhoeddi ar 22 Mawrth, ymdriniaeth â *The Golden Barque and the Weaver's Grave* Seamas O'Kelly, yr oedd ganddo ei ddrama ei hun yn barod i'w chyhoeddi: *Gwaed yr Uchelwyr*. Yr oedd wedi datgan ei fwriad i gyfansoddi drama newydd mor bell yn ôl â Rhagfyr 1920, gan bennu Ebrill y flwyddyn ganlynol yn ddyddiad cychwyn. Gwnaeth yn well na'i addewid, gan gwblhau'r act gyntaf ar y pedwerydd o'r mis. Cwblhaodd yr act olaf ar 25 Hydref, sef diwrnod gyrru ei ddarn cyntaf i'r *Workington Star*, ac fe'i llwyfannwyd dan nawdd Cymmrodorion Caerdydd ar 13 Mai 1922, yn Neuadd y Ddinas Caerdydd, gyda Lewis ei hun yn gynhyrchydd. 'Don't be impatient with the actors,' rhybuddiwyd ef gan Margaret ar 31 Mawrth, wrth i'r cynhyrchiad gael ei draed dano, 'for it's hard enough beginning without being frightened by you.'[2] Unwaith eto, megis yn achos *The Eve of Saint John*, tyfodd yr ail ddrama hon yn gyfochrog â beirniadaeth fwy cyffredinol ar dechneg ac iaith y theatr, ac, yn sicr, hawdd gweld olion yr un broses ar gerdded yma.

Rhyw Tess Durbeyfield yw Luned Gruffydd, merch Isallt, ond wedi'i donio â hunanymwybyddiaeth ac â gwreiddiau sicrach na thystiolaeth llwy de ag arfbais arni. Bu teulu Luned unwaith yn berchnogion ar y Plas, a losgwyd gan wŷr Cromwell am iddynt fynnu cadw eu ffydd Gatholig. Erbyn hyn, saif plas newydd yn y plwyf ac Arthur Gwynn yn etifedd iddo. Ymdodda tynged y ddau deulu i'w gilydd wedi i Gelert, ci Isallt, ladd ysgyfarnog sy'n eiddo i'r Plas. Dim ond perthynas Luned ag Arthur a all achub ei theulu rhag llid y stiward a digartrefedd. Os cytuna hi i briodi Arthur, daw'r erlid i ben. Dewisa hi beidio. Ei dewis yn hytrach yw aberth anrhydeddus:

Pobl newydd ydych ch[w]i, yn edrych ymlaen o hyd. Ond yr wyf fi yn perthyn i bobl hen iawn; mae fy ngwreiddiau i yn ôl yn y gorffennol. A 'does gan obaith ddim rhan yn fy null i o fyw . . . Mi wnaf fy mywyd yn allor i atgofion fy nghenedl. Mi fyddaf yn lleian i'm gwlad. Ac fe fydd fy nheulu farw gyda mi, ond yn marw heb fradychu eu delfrydau na'u traddodiad.[3]

Anffafriol oedd yr adolygiadau arni bron yn ddieithriad. Gellir dychmygu Lewis – awdur yr ymosodiadau ar realaeth y theatr gyfoes yn *Y Darian* yn niwedd 1920 – yn gollwng ochenaid o rwystredigaeth wrth ddarllen cwynion am lwyfan moel, dodrefn anghyfaddas a cholur rhy amlwg ar wynebau'r actorion.[4] Y rhyfeddod yw na welodd yr un adolygydd yn dda ddweud dim am ei strwythur herciog na'i stori artiffisial, megis y modd y mae Luned yn cymell ei thad i adrodd hanes ei theulu, gan ddatguddio iddi, ac i ninnau, ei thras fonheddig funudau'n unig cyn i'r ysgyfarnog anffodus brofi ei rhuddin. Mae'n werth nodi i'r darnau llafurus hyn – a rhai o areithiau mwyaf stroclyd Luned – gael eu dileu o'r gwaith pan fwriodd y dramodydd aeddfed iddi i'w hadolygu ar gyfer ei darlledu yn Rhagfyr 1957.

Wrth iddo gyfansoddi'r ddrama, ac yn y blynyddoedd wedi hynny, gwelodd Lewis amryw o ddylanwadau ar waith ynddi. Cyfeiriodd at Luned Gruffydd fel 'a Welsh Antigone',[5] at y ddrama ei hun fel 'ymgais aflwyddiannus' i drosglwyddo *Colette Baudoche* Maurice Barrès i gyd-destun Cymreig[6] ac at gynllun y gwaith fel 'problem yn null Corneille'.[7] Pan gyflwynodd gopi o'r ddrama i T. Gwynn Jones, ar drothwy'r Rhyfel Cartref yn Iwerddon, awgrymodd mai cymeriad pendefigaidd ei gyfaill oedd rhan o'r ysbrydoliaeth,[8] gan gynnig dehongliad pellach bythefnos yn ddiweddarach:

> Byddaf yn fy nghashau fy hun ac yn ffieiddio fy nghenedl pan gymharwyf angerdd Iwerddon a difrawder ein cynadleddau ninnau. Ac eto, beth a wnawn ni? Y mae'n amhosibl cefnu ar ein gwlad, ei melltithio a gadael iddi. Dyna paham y sgrifennais i 'Waed yr Uchelwyr' – ceisio egluro imi fy hun paham yr arhosaf yng Nghymru.[9]

Yn wyneb y dylanwadau amryfath a'r cymhellion cyfnewidiol hyn – a rhaid ychwanegu at y rhain ei ddarllen ar y llenorion anghofiedig a gafodd sylw ganddo yn ei golofn fyrhoedlog i'r *Workington Star* (ceir mwy nag adlais o falchder teuluaidd *Clan Falvey* Corkery yng nghymeriad Rolant Gruffydd, tad Luned, er enghraifft) – gorfodir rhywun i gasglu i'r ddrama fagu arwyddocâd yn annibynnol ar ei hawdur. Os teg galw trasiedi Luned Gruffydd yn gyffes ffydd, cyffes oedd hi nad oedd ef eto'n gwbl effro i'w goblygiadau. Mae'r ddrama'n bradychu'r gwahaniaeth cynnil yng ngwaith cynnar Lewis rhwng pendantrwydd parthed cyfrwng a phetruster ynghylch dibenion. Ffrwyth greddf ddiysgog oedd *Gwaed yr Uchelwyr* rhagor cynnyrch meddylfryd cydlynol. Ni ellir hawlio llawer mwy am ddatblygiad meddwl ei hawdur yn nechrau 1922 rhagor 1919, dyweder, na bod y pethau y credai ynddynt ar ddiwedd y rhyfel wedi dod yn ail natur iddo yn ystod ei fisoedd yng Nghaerdydd. Er gwaethaf ei ddarllen di-baid a'i ddiddordeb diamheuol yn y byd o'i gwmpas, cyfnod o fygu cywreinrwydd oedd dechrau 1922, o fwrw dehongliadau amgen o'r neilltu, o aberthu ehangder yn enw dyfnder. Dilynai hanes y datblygiadau yn Iwerddon gydag awch, a daliai i chwarae mig â Chatholigiaeth, gan fynychu'r Gosber yn eglwys gadeiriol y ddinas a gweddïo yn y dull Catholig ar 'thin knees with no flesh padding the bones'.[10] Parhâi i ddarllen dramâu a'i hargyhoeddai, dro ar ôl tro, fod amddifadrwydd esthetig y theatr Gymreig a Chymraeg yn arwyddlun o ddiffyg mwy arhosol. Ni ellir darllen y llythyrau oddi wrtho ac ato yn ystod y cyfnod heb ymglywed â'r eironi fod Lewis eto heb weld y cysylltiad rhwng yr argyhoeddiadau disberod hyn. 'The one thing that makes me rejoice above all others', ysgrifennodd Margaret ato ym mis Chwefror 1921, 'is that you love Ireland. The joy is almost too perfect . . . And then to think that you are learning the language I long to know. Before you go to Ireland I wonder will you understand her religion too. I often wonder will you be before me there also.'[11] Ysgrifennodd yntau at Gwynn Jones, yn llythyr 25 Ebrill 1922 a ddyfynnwyd uchod, am ei resymau dros fyw yng Nghymru. 'Un argyhoeddiad sy'n tyfu ynof yw nad oes obaith am ddim tra bo'm yn aros yn Brotestaniaid', ac eto, yn yr un llythyr, pan gyhoeddodd am y Cymry fod 'mymryn o ysbryd rhyddid ac annibyniaeth yn aros o hyd yn ein mysg. Ond nid oes iddo sianel na chwndid, ac felly fe'i collir.'

Yr eironi mwyaf, fe ymddengys, yw na welodd Lewis mo'r

arwyddocâd yn y cam arhosol ynglŷn â *Gwaed yr Uchelwyr,* sef iddo ei
chyfansoddi yn Gymraeg. Ni chyfansoddodd ddim creadigol yn Saesneg
wedi hynny. 'It was the logical thing to do,' ysgrifennodd am y newid
iaith flynyddoedd yn ddiweddarach. 'Didn't someone say that logic is
the very devil?'[12] Yn sicr, mae'r sôn am resymeg yn cymylu'r elfennau
celfyddydol ac ymarferol, moesol a seicolegol, goddefol a gweithredol
yn y cymhelliad. Y canlyniad yn unig sy'n eglur: gyda *Gwaed yr
Uchelwyr* cefnodd Lewis ar unrhyw fwriad a goleddai cyn hynny i fod
yn ddehonglydd ar Gymru i rai oddi allan. Ei gyd-Gymry fyddai ei
ddewis gynulleidfa. O fewn blwyddyn eto, mewn llythyr diddyddiad at
Margaret, dywedodd ei fod yn ei felltithio ei hun am fod wedi troi at y
Gymraeg, 'and yet I simply cannot give my damnable language up'.[13]

Digwyddodd dau beth arall yn 1922 i'w lywio at weithgarwch
Cymraeg. Y cyntaf – a therfyn effeithiol ar yrfa John Sack and Sugar –
oedd lansio'r *Llenor* ym mis Ebrill 1922. Cofiodd G. J. Williams fel y
galwodd Lewis 'nifer o raddedigion' ynghyd i ystyried cychwyn
'cylchgrawn at wasanaeth llenorion a beirniaid a haneswyr llenyddol'
yng ngaeaf 1921.[14] Lledategwyd hyn gan Lewis ei hun, a soniodd
amdano ef a Williams yn cychwyn y cylchgrawn 'ar fwrdd swper yn fy
llety yng Nghaerdydd noson o Hydref 1921'. Cyfaddefodd, serch hynny,
mai W. J. Gruffydd 'fel Sibil yn ei ogof yn Rhiwbina' oedd y 'gwir
gychwynnydd' yn yr ystyr o geisio nawdd Cymdeithasau Cymraeg y
Colegau Cenedlaethol i'w gyhoeddi a mynd yn olygydd arno – mewn
enw yn unig am y pum mlynedd olaf – hyd 1951. 'Byddai galw'r cyfnod
rhwng y ddau ryfel yn "Gyfnod y Llenor" yn ddigon teg.'[15] Erbyn 7
Mawrth 1922 byddai Lewis yn ei ddisgrifio ei hun wrth Margaret fel
'one of the three directors'.[16]

Rhoddodd *Y Llenor* lwyfan a chynulleidfa i Lewis ar yr union adeg
pan oedd arno fwyaf o'u hangen. Cyn diwedd 1922 yr oedd wedi
cyhoeddi tair ysgrif sylweddol ynddo: ar John Morgan, 'llenor a
anghofiwyd', yn seiliedig ar ymchwil i'r MA, cyfieithiad o waith a
wnaed fel atodiad i'r traethawd ond a hepgorwyd o *A School of Welsh
Augustans,*[17] yn y rhifyn cyntaf, a dau ddarn sydd fel petaent yn eu
gwrth-ddweud eu hunain: 'Barddoniaeth Mr R. Williams-Parry' [*sic*] yn
rhifyn yr haf a 'Safonau Beirniadaeth Lenyddol' yn y gaeaf.

Haws eu trafod o chwith. Ceir anghysondeb ymddangosiadol rhwng
relatifiaeth ronc ei ddyfarniadau yn 'Safonau Beirniadaeth Lenyddol' '[na]
ellir dosbarthu hyd yn oed y delyneg leiaf; y mae hi'n beth ar ei ben ei
hun'[18] ac ymhellach '[na] ellir dim barnu celfyddyd wrth safonau o
gwbl'[19] ar y naill law a phendantrwydd y dosbarthu yn ei ymdriniaeth â
Williams Parry, ei ymgais cyntaf yn Gymraeg ar drafod llenor byw, ar y
llaw arall. Mae'r ysgrif honno, y gellir ei darllen fel cymar i ddarnau wedi
hynny ar W. J. Gruffydd a Caradog Prichard, yn ymwneud nid â gwerth
cynhenid y canu ond â gwerthoedd absoliwt yr athroniaeth a amlygir
ynddo. Ei neges yw na ellir gwahaniaethu rhwng yr hyn sy'n gelfydd ac
anghelfydd, ond mai dyletswydd y beirniad yw tynnu ffin bendant rhwng
cywirdeb ac anghywirdeb yr hyn a ddywed. Gallai gydnabod mawredd
canu Williams Parry a hyd yn oed yr angen amdano; ond ni allai byth
ysgaru'r grefft yn llwyr oddi wrth y gredo. Ei amcan wrth herio safonau
cymharol barddoniaeth yw gorseddu ei hansawdd ysbrydol, a thrwy
estyniad ei barnu yn ôl ei huniongrededd Cristnogol. Yn achos Williams
Parry, Gruffydd a Prichard, tyf y feirniadaeth o rannu beirdd yn ddwy
garfan: y rhai sy'n gweld bywyd *sub specie aeternitatis*, gan amgyffred
rhod dyn yng nghyd-destun tragwyddoldeb, a'r rhai y mae terfynau geni a
marw yn derfynau ar eu mater. I'r garfan gyntaf y perthyn Gruffydd: 'Nid
bywyd o gwmpas bywyd a geir ganddo ef, ond barddoniaeth yn tyfu allan
o fywyd, ac yn datguddio'r pethau tragwyddol a hanfodol sy'n gorwedd
odditanodd';[20] ac felly hefyd Prichard, bardd 'y mae'r tywyllwch yn
wasgfa daer, yn galw arno, yn cau arno, fel nad yw goleuni dynol ond
megis cannwyll yn mygu yn ei law'.[21] I garfan y rhai nad oes i
dragwyddoldeb swyddogaeth yn eu canu y perthyn y 'pagan' Williams
Parry, sydd 'ym mhob englyn a marwnad a ysgrifennodd yn gwadu
tragwyddoldeb. Iddo fo angau yw diweddglo pasiant bywyd, amneidiau
marwolaeth yw'r olaf seremoni brudd, ardderchog.'[22] Ac ar y sail honno y
dewisa Lewis ei feirniadu, gan drin llinell glo awdl 'Yr Haf' – 'Boed ei
anwybod i'r byd yn obaith' – fel petai'n arwyddair athrawiaeth:

Tybed? Canys oni ŵyr enaid ben y daith, od oes eto obaith ac
anwybod, ym mhle mae unoliaeth a ffurf a therfynau celfyddyd? Fe
ddaeth yr annherfynol a'r amherffaith yn ôl i ddrysu bywyd. Ac wele'r

dyn yn byw o funud i funud, o brofiad i brofiad, yn ysglyfaeth pob awel ac awr, a'i feistrolaeth ar gynllun einioes yn ddiddim. A dyna wendid y baganiaeth oreu.[23]

Gwelir yn y cysylltiad dealledig yma rhwng cyfanrwydd a chelfyddyd, rhwng sicrwydd y byd a ddaw a gafael ar gynllun einioes yn y bywyd hwn, balmantu'r ffordd ddiwyro a'i harweiniai i ddiffinio'r canon, i gychwyn y Blaid Genedlaethol ac a'i dygai yn y pen draw trwy byrth Eglwys Rufain.

Yr oedd y camau hyn eto i ddod. Yn y cyfamser, ar ddiwrnod olaf Medi 1922, digwyddodd yr ail beth a gadarnhaodd Lewis fel llenor a beirniad Cymraeg, pan benodwyd ef yn ddarlithydd yn Abertawe. Daeth llythyr i'w longyfarch gan Lascelles Abercrombie, ar bapur Prifysgol Leeds: 'Delightful to see you are back in academic life; you will never let it become too academic, I know.'[24] Diau y buasai Abercrombie wedi synnu pa mor anacademaidd y gallasai swydd darlithydd fod. Adran newydd oedd hon mewn coleg newydd, a oedd wedi dechrau yn sesiwn 1920-1 gyda 89 o fyfyrwyr a deunaw o staff – ac un yn unig o'r rhain yng Nghyfadran y Celfyddydau. Cychwynnodd Lewis yno ar 3 Hydref, gan rannu gwaith yr adran newydd gyda'i athro, Henry Lewis, a oedd wedi cychwyn yno flwyddyn o'i flaen. Yr oedd Henry Lewis yntau wedi ymladd yn y Rhyfel Mawr a chael ei glwyfo yn Ffrainc, ac am nad oedd ond pedair blynedd yn hŷn na Saunders, blagurodd yn berthynas gyfeillgar os nad agos. Disgrifiodd y darlithydd newydd ei bennaeth ar ôl wythnos yn y swydd fel gŵr 'very decent', a ganiatâi gryn ryddid iddo o ran trefnu dosbarthiadau. Gofalodd Saunders am lenyddiaeth, a'i bennaeth am iaith, fel 'Jack Sprat and his wife.'[25] Yr oedd ganddo dri myfyriwr anrhydedd, saith yn yr ail flwyddyn ac wyth yn y flwyddyn gyntaf; nid oedd yr adran – na'r coleg yntau – yn ddigon hen eto i fod wedi cynhyrchu dosbarthiadau gradd. Yn unol â'r drefn a sefydlwyd gan Gruffydd yng Nghaerdydd, lle buasai Henry Lewis yn ddarlithydd cyn llenwi'r gadair, ac yn wahanol i Aberystwyth a Bangor ar y pryd, Cymraeg oedd cyfrwng y dysgu. Ar ben ei ddyletswyddau colegol, telid £70 y flwyddyn i Lewis am ddysgu 'dosbarthiadau estyn' ym Mhontardawe: cynulleidfa wreiddiol y darlithoedd ar Williams Pantycelyn a ffurfiai graidd ei ymdriniaeth o'r bardd a'r emynydd yn 1927. Unwaith eto, fe'i cafodd ei hun yn lletya yng nghartref ei dad a'i fodryb yn Ffynone Villas, gan gerdded i'r coleg yn Mount Pleasant am y flwyddyn gyntaf, cyn i'r adran symud i'w chartref newydd yn yr hen abaty ym Mharc Singleton yn 1923.

Treuliodd wanwyn y flwyddyn honno rhwng paratoi darlithoedd, pryder am iechyd ei dad – a oedd yn ddifrifol wael mewn cartref nyrsio yn dilyn adwaith i driniaeth ar y bledren ym mis Mai – a'i ddrama *Blodeuwedd*, yr oedd wedi cychwyn arni yr hydref cynt. Erbyn dechrau mis Gorffennaf, a'r arholiadau ar ben, yr oedd yr act gyntaf yn barod a'r ail act ar droed. Cyhoeddwyd y ddwy yn *Y Llenor* yng ngaeaf 1923 a gaeaf 1924, cyn i'r fenter sefyll yn ei hunfan am bron chwarter canrif eto.

Ac yng nghanol y prysurdeb hwn a'r galwadau eraill arno, cyhoeddodd Saunders Lewis ei hun yn genedlaetholwr Cymreig. Mae'n amhosibl dweud pa argraff a gafodd ei anerchiad gerbron Cymmrodorion y Barri ym mis Hydref 1922, ond prin i'w alwad am i ieuenctid Cymru ysgwyddo'r 'ddyletswydd o gadw'r iaith yn fyw, canys byddai hynny'n symbyliad cryf iddynt gadw eu cenedlaetholdeb yn ogystal'[26] synnu ei gynulleidfa wreiddiol na chynhyrfu fawr ar ddarllenwyr yr adroddiad ar yr anerchiad. Efallai'n wir na fwriadai Lewis iddo wneud argraff. Yn y Gymru Edwardaidd, cysyniad digon llac oedd 'cenedlaetholdeb', heb iddo unrhyw ystyr wleidyddol oblygedig benodol, ac yn sicr heb iddo ystyr o safbwynt gwleidyddiaeth blaid ar wahân. Cyhoeddai Rhyddfrydwyr fel Lloyd George a Sosialwyr fel E. T. John eu hunain yn genedlaetholwyr ar lwyfannau etholiadol ac eisteddfodol, ie, a galw am ymreolaeth, heb i hynny beri i neb dybio bod seiliau Prydeindod yn gwegian. Yng Nghymru 1923, gair oedd cenedlaetholdeb y buasai Humpty Dumpty Lewis Carroll wedi teimlo'n gwbl gartrefol yn ei ddefnyddio. Golygai'r hyn y dymunai i'r rhai a arferai'r gair ei olygu: o wladgarwch gwlanog llwncdestun mewn cinio Gŵyl Dewi i'r galw am ganiatáu i Gymru'r modd i drin ei gardd ei hun; ond tarddai pob diffiniad o'r gred fod Cymru'n genedl *de facto* eisoes. Rhan o genhadaeth baradocsaidd y Blaid Genedlaethol fyddai darbwyllo Cymru nad cenedl mohoni.

Agwedd arall ar ailgyfeirio ac ailddiffinio cenedlaetholdeb – a syniad y dôi Lewis yn ôl ato droeon wedi hynny – oedd synio amdano fel galwad i wasanaethu. Cafodd fynegiant amrwd yn Awst y flwyddyn honno, mewn ateb i holiadur, pan ofynnwyd ei farn ar 'Ddyfodol y Mudiad Cenedlaethol'. Drwgdybiai, meddai, alw cynhadledd, a drwgdybiai'n fwy fyth y syniad o sefydlu cymdeithas genedlaethol. Nid oedd ganddo fawr o ffydd chwaith mewn 'mudiad gwleidyddol yng Nghymru' am na chredai fod sicrwydd y byddai Cymry'n ffyddlon iddo 'pe'n temtid ni gan bleidiau Lloegr'. Yr unig ffordd a welai i 'achub ein cyflwr' oedd sefydlu '[b]ataliwn a gwersyll Cymreig' gwirfoddol:

> Drilio heb arfau, ac felly yn gwbl agored ac heb dorri cyfraith unrhyw wlad, ond ein paratoi ein hunain felly i dderbyn deddfau ac arweiniad gan Gymry. Pe caem gant neu hanner cant neu ugain yn unig y flwyddyn gyntaf i wneuthur hyn, dyna fudiad pwysicaf Cymru ers dyddiau Glyndŵr.[27]

'Yr wyf yn hollol ddifrifol', ychwanegodd Lewis, a diddorol yw ei gymryd ar ei air. Mae'r awgrym yn chwerthinllyd, wrth gwrs, ond mae'n amlygu dull o feddwl ac iddo ei gysondeb mewnol ei hun. Mae'n perthyn i fyd 'beth petai' dyfaliadau Emrys ap Iwan am yr hyn a ddigwyddai pe dangosai Lloegr yr un parch at y Gymraeg ag a ddengys y Cymry at Saesneg. Mae'n ymarferiad mewn meddwl croes, gwrthreddfol, chwareus, carthol – tebyg i'r cyhoeddiad a wnaeth yn Chwefror 1921 ei fod wedi teithio drwy Gymru heb weld yr un cynrychiolydd o'r werin,[28] ac i'w osodiadau yng ngholofnau'r *Ddraig Goch* ac yn *Egwyddorion Cenedlaetholdeb* ym mlynyddoedd cynnar y Blaid Genedlaethol yn dymuno hir oes i'r brenin ac yn honni nad yw annibyniaeth yn werth ei chael. Mae'n anodd peidio â'i ddarllen hefyd fel gosodiad a orfodai Lewis ei hun i'w gyfiawnhau, fel drych i'r duedd gyson ynddo i fynnu'r llwybr cul. Atgoffir rhywun am blentyn sy'n ansicr a all ddringo wal, ac sy'n taflu ei bêl drosti yn gyntaf. Mae'r weithred yn brawf ar ei allu ac yn gydnabyddiaeth hefyd fod sicrwydd y golled os metha yn llai pwysig na her y gamp. Cyn pen y flwyddyn, yr oedd y cyflwr meddwl mentrus, costied-a-gostio hwn wedi cael llais yn ei weithgarwch fel beirniad llenyddol, mewn datganiadau pellach ar gyflwr Cymru ac yn ei fywyd personol.

Ceir adlais o'r un ysbryd ysgytwol, ysgubol yn ei ddarlith ar

Goronwy Owen gerbron y Cymmrodorion yn Eisteddfod Genedlaethol yr Wyddgrug yn ddiweddarach yn yr un mis. Fe'i disgrifiodd wrth Margaret, o'i lety mewn gwesty dirwest yn y dref lle'r oedd wedi teithio yng nghwmni Henry Lewis, fel papur 'very important for me', gan danlinellu'r geiriau ac ychwanegu mai 'hard work' oedd ei baratoi.[29]

Cynrychiolai'r ddau a eisteddai gerbron y Cymmrodorion yn y ddarlith honno – y cadeirydd Syr John Morris-Jones a Lewis – ddau eithaf y byd academaidd Cymraeg, o ran oed (yr oedd Syr John bron ddeng mlynedd ar hugain yn hŷn na'r sawl a gyflwynodd), profiad a gogwydd meddwl. Byddai'r naill yn synio am Goronwy Owen yn olyniaeth apostolaidd Beirdd yr Uchelwyr ac yn llafarganu 'Molawd Môn' Goronwy wrth ei ddosbarth ym Mangor gyda'r fath arddeliad nes bod ei fyfyrwyr 'yn curo dwylo a churo desgiau yn fawr eu boddhad';[30] neges y llall oedd bod Goronwy a'i gyfnod 'yn gyfan gwbl dan ddylanwadau Seisnig'.[31] Cyhoeddodd Lewis faniffesto deuol yn yr Wyddgrug. Gerbron cynulleidfa a chadeirydd a goleddai ddelfryd o farddoniaeth fel cynnyrch cynnwrf yr enaid, daliodd yn gyntaf fod 'Cywydd y Farn' 'heb ddim gwreiddioldeb mewn na mater na deunydd nac arddull' ond eto yn '*tour de force* anghyffredin'.[32] Yn ail, bod modd cael barddoniaeth Gymraeg mewn cynghanedd lawn gan Gymro o Fôn, nad oedd o reidrwydd, yn Gymreig, Yn drydydd, bod y traddodiad barddol yntau'n ysglyfaeth i amgylchiadau gwleidyddol a diwylliannol y tu hwnt i'w allu i'w newid.

Gwnaeth 'Goronwy Owen' dros Saunders Lewis yr hyn a wnâi'r Eisteddfod Genedlaethol dros feirdd trwy gydol hanner cyntaf yr ugeinfed ganrif: bu'n gyfle iddo fwrw ei brentisiaeth gerbron cynulleidfa ehangach. Yn ei sgil, ysgrifennodd un a fu yno, 'cododd ei enw fel roced i'r entrychion'.[33] Gyda'r ddarlith hon, daeth Lewis yn atyniad ynddo'i hun. Ei ddiddordeb arall yn yr Wyddgrug oedd cyfarfod ar y maes dan ofal y Gymdeithas Genedlaethol Gymreig ('y Tair G', fel y'i hadwaenid) o Goleg Bangor. Yn y cyfarfod, dan gadeiryddiaeth T. Gwynn Jones, siaradodd Lewis unwaith eto o blaid drilio milwrol, syniad a wfftiwyd ar dudalen blaen *Y Darian* gan olygydd y papur, J. Tywi Jones, ar 23 Awst fel 'un o'r pethau hynny . . . y llithra dynion call iddynt weithiau'. Bu'n fodd, er hynny, i arwain at drafodaeth ar genedlaetholdeb yn y wasg

Gymraeg a Chymreig, ac at ddatganiad llawnaf Lewis ei hun ar y pwnc, yn y *Western Mail*, ar 17 Awst. Mewn llythyr yn dwyn y teitl 'Welsh Nationality', dilynodd o gam i gam y rhesymeg a barai iddo gredu na ellid gwarchod 'civilised life in Wales' heb fudiad gwleidyddol. Dibynna bywyd gwaraidd ar draddodiad a dilyniant; i gynnal y traddodiadau hynny, rhaid cadw'r iaith; er mwyn cadw'r iaith, rhaid wrth 'official status' i'r Gymraeg o fewn ffiniau Cymru; dibynna statws swyddogol yn ei dro, felly, ar warchod tiriogaeth. 'Now, if these safeguards of civilisation be impossible without some form of self-government, we must have it, or we must try to win it.'

Ailadroddwyd yr un rhesymeg yn Llandrindod ddydd Iau, 30 Awst, mewn anerchiad gerbron Ysgol Haf y 'Welsh School of Social Service' ar thema gyffredinol 'A Christian Order of Society'. Daethai'r gwahoddiad, ar awgrym cydweithiwr i Lewis yn Abertawe, Ernest Hughes, gan ysgrifennydd mygedol y mudiad, Gwilym Davies, gŵr y câi Lewis ei hun yn dadlau'n benben ac yn gyhoeddus ag ef ynghylch cenedlaetholdeb ugain mlynedd wedi hynny. Cytunodd Lewis i wneud ar un amod: 'I'll lecture in Welsh . . . and arrange to give some points of guidance in the tongue of the whole earth.'[34] Y tro hwn, lapiodd athrawiaeth ac idiom gwleidyddiaeth am ddilyniant moel ei osodiadau, a sôn am y tro cyntaf am y nod o greu 'plaid geidwadol Gymreig i achub gwareiddiad yn ein mysg'. Y man cychwyn yma eto yw 'gwerth traddodiad' fel cynheiliad llenyddiaeth a chelfyddyd a'r iaith. Bydd y cenedlaetholdeb sy'n gwarchod traddodiad, felly, yn geidwadol: 'Enw arall yw ceidwadaeth ar genedlaetholdeb.' Gelyn pennaf y 'reddf geidwadol Gymreig' a gwareiddiad yntau trwy estyniad yw'r Blaid Lafur, sy'n pwysleisio brawdoliaeth dosbarth ar draul brawdoliaeth cenedl ac sydd gan hynny'n elyn anghymodlon i'r Gymraeg a'r etifeddiaeth Gristnogol. Os cydia Sosialaeth yn y de, rhybuddia Lewis, 'daw'r ddamchwa [*sic*] a fwria'n yfflon Ymerodraeth Brydain', a chyda hi '[b]opeth ag iddo hanes a hynafiaeth. A'r pryd hwnnw, fe wêl dynion mai ymwrthod â chenedlaetholdeb a fu achos y terfysg a'r cwymp.'[35]

Mae'n anerchiad sydd o'r braidd yn rhy hael a gorffenedig, gan wneud yr ymgais i'w ddehongli'n ymarferiad hysb mewn aralleirio a chrynhoi. Dyma – bron iawn – *summa politica* Lewis; bannau'r ffydd yn gadwyn gymen: yr iaith, gwareiddiad, ceidwadaeth, cenedlaetholdeb. Ceir hyd yn oed rhagflas ynddo o'r cusanu gofidiau, y lled-hyderu am gyflafan, a nodweddai ei gyfraniadau i'r *Ddraig Goch* erbyn diwedd y degawd. Er hynny, y perygl parod yw cymryd gormod yn ganiataol, a thybio gyda synnwyr camarweiniol trannoeth fod yr anerchiad yn hawlio mwy nag a ddywed. Peth annelwig o hyd oedd cenedlaetholdeb Lewis yn y gweddau ymarferol arno. Nid oedd sôn am raglen na dulliau – nac yn wir am sefydlu plaid wleidyddol o gwbl. A rhoi'r cysyniad ceidwadol o'r neilltu, gallai'r galw am blaid genedlaethol fel y'i ceir gan Lewis fod wedi dod o enau Tom Ellis yn anterth Cymru Fydd chwarter canrif ynghynt neu'n wir gan Gwilym Davies ei hun. Y cyfan a wnaeth Lewis yn Llandrindod oedd dangos gwagle yn y meddylfryd Cymreig y gallai plaid o'r fath ei lenwi. Byddai sefydlu plaid yn yr ystyr benodol o fod yn rym gwleidyddol a fynnai weithredu'n annibynnol ar bleidiau gweddill Prydain yn golygu polisi mewn perthynas â'r pleidiau eraill, â'r cynghorau sir a San Steffan, â'r Ymerodraeth a'r Goron, ag amaethyddiaeth ac addysg a statws y Gymraeg a'r Saesneg a'r ugeiniau o ystyriaethau amhosibl eu rhagweld sydd rhyngddynt yn creu rhaglen. O flaen popeth, golygai ddenu pobl o gyffelyb fryd. Gofynnai gan Lewis arfer doniau na fu prawf arnynt yn ei hanes cyn hynny.

Yr oedd gofyn doniau cyfatebol ar lefel fwy personol hefyd erbyn diwedd 1923, wrth i Lewis ddatgelu i'w deulu fod y berthynas rhyngddo a Margaret yn fwy na chyfeillgarwch. Sgil-gynnyrch penderfyniad Margaret i geisio gwaith yn Ne Affrica flwyddyn ynghynt oedd arwain ei theulu i holi sut y byddai hyn yn effeithio ar 'your young man'. Erbyn hyn, daeth yn bryd cau'r cylch. Y rhwystr oedd bod y flwyddyn wedi gweld Margaret ar fin ei derbyn i'r Eglwys Gatholig. Adroddodd Lewis y camau tringar mewn dau lythyr diddyddiad rhwng yr Eisteddfod a dechrau'r tymor newydd yn Abertawe. Yn y cyntaf ohonynt, sy'n dwyn y cofnod moel 'Monday', soniodd am godi'r mater gyda'i fodryb Ellen yn gyntaf, pan gâi 'quiet hour' ar ei ben ei hun gyda hi. 'I'll write and tell you fully what happens and whenever anything happens.'[36] Mae'n debyg iddo godi'r pwnc drannoeth y llythyr, oherwydd erbyn y dydd Iau canlynol, ysgrifennodd fel yr oedd wedi ei drafod gyda hi ddwy noson ynghynt. 'Her only reproach was that I had not confided to her earlier.'

Holodd ei fodryb am grefydd Margaret a sylwi na allai fod llawer yn gyffredin rhyngddi hi a'i dad a'i ddyweddi. Ar ôl iddi gael sicrwydd bod y pwysau i gyd o du Saunders, cydymdeimlai, meddai. 'Altogether she was as decent as could be . . . I am very, very relieved now that I've spoken.'[37]

Gyda'r tymor newydd, ar 20 Hydref, cadarnhawyd Margaret yn yr Eglwys. Cyhoeddodd Lewis ei fod yn 'very content and very glad, and I believe with all my heart that you have done right'.[38] Fe'i sicrhaodd na wnâi ei thröedigaeth unrhyw niwed iddo. 'I don't pretend that some individuals will not be horrified', ychwanegodd naw niwrnod wedyn, 'but only as individuals'.[39] Yr oedd ei feddwl, er hynny, ar bethau amgen. Erbyn iddo ysgrifennu ati ar 4 Ionawr 1924, i sôn am drefnu cartref a thorri'r newydd wrth ei dad a'i fodryb am union ddyddiad y briodas, yr oedd ar fin sefydlu perthynas arall a chwilio am gartref arall a fyddai'n cydredeg â'i fywyd priodasol. Drannoeth ei lythyr, a heb air wrth Margaret am ei fwriad, teithiodd o Abertawe i Benarth.

Nodiadau

[1] LlGC, 23224C/148. Margaret Gilcriest at SL, 20 Hydref 1921.
[2] LlGC, 23224C/162. Margaret Gilcriest at SL, 31 Mawrth 1922.
[3] Ioan M. Williams (gol.), *Dramâu Saunders Lewis: y Casgliad Cyflawn: Cyfrol I* (Caerdydd, 1996), 93. Mae'r cromfachau petryal yn y dyfyniad yn dynodi'r diwygiad testunol rhwng y ddrama gyhoeddedig wreiddiol a'r fersiwn radio a gynhyrchwyd gan Emyr Humphreys ac a ddarlledwyd ar 17 Rhagfyr 1957.
[4] Ibid., 37-9.
[5] *LMG*, 469. SL at Margaret Gilcriest, 9 Hydref 1922.
[6] *Baner ac Amserau Cymru*, 24 Ionawr 1924.
[7] Ibid., 4 Ionawr 1950.
[8] LlGC, papurau T. Gwynn Jones, G3650. SL at T. Gwynn Jones, 7 Ebrill 1922: 'Ni wn am neb byw a chanddo gymaint o enaid a diwylliant yr hen Uchelwyr Cymreig ynddo a [*sic*] chwi . . . Yma yng Nghaerdydd byddaf yn cofio llawer am y flwyddyn a gefais yn Aberystwyth, a'r nosweithiau ger y tân, a cheisiais roi dipyn o'r teimladau a ddanghoswyd yno yn y gwaith hwn.'
[9] Ibid., G3651. SL at T. Gwynn Jones, 25 Ebrill 1922.

10 *LMG*, 469. SL at Margaret Gilcriest, 9 Hydref 1921.

11 LlGC, 23224C/135. Margaret Gilcriest at SL, 17 Chwefror 1921.

12 'By Way of Apology', *Dock Leaves*, 15 (1955), 12.

13 *LMG*, 502. SL at Margaret Gilcriest, 'Thursday' [Chwefror/Mawrth 1923].

14 G. J. Williams, 'Saunders Lewis fel Ysgolhaig Cymraeg', yn Pennar Davies (gol.), *Saunders Lewis: Ei Feddwl a'i Waith* (Dinbych, 1950), 124.

15 'Diwedd yr Yrfa', *Empire News*, 31 Hydref 1954.

16 *LMG*, 484. SL at Margaret Gilcriest, 17 Mawrth 1923.

17 'John Morgan', *Y Llenor*, 1 (1922), 11-17.

18 'Safonau Beirniadaeth Lenyddol', ibid., 244.

19 Ibid., 245.

20 'Barddoniaeth Mr W. J. Gruffydd', *Y Llenor*, 2 (1923), 26.

21 'Y Briodas: Dehongliad', *Y Llenor*, 6 (1927), 210.

22 'Barddoniaeth Mr R. Williams-Parry' [*sic*], *Y Llenor*, 1 (1922), 142.

23 Ibid., 143.

24 LlGC, 22725E. Lascelles Abercrombie at SL, 7 Hydref 1922.

25 *LMG*, 495. SL at Margaret Gilcriest, 12 Hydref 1922.

26 'Led-led Cymru', *Baner ac Amserau Cymru*, 19 Hydref 1922.

27 'Argymell Drilio', *Baner ac Amserau Cymru*, 9 Awst 1923.

28 'Pwy yw'r Werin?', *Baner ac Amserau Cymru*, 19 Chwefror 1921.

29 *LMG*, 508. SL at Margaret Gilcriest, diddyddiad ond Awst 1923.

30 Thomas Parry, *Amryw Bethau* (Dinbych, 1996), 131.

31 'Goronwy Owen', *Transactions of the Honourable Society of Cymmrodorion*, Session 1922-23 (Supplemental Volume), 7.

32 Ibid., 19.

33 LlGC, papurau Islwyn Ffowc Elis. Tegla Davies at Islwyn Ffowc Elis, 22 Chwefror 1964.

34 LlGC, papurau Gwilym Davies, 3/3/31. SL at Gwilym Davies, 4 Mehefin 1923.

35 'Tueddiadau Cymru rhwng 1919 a 1923', *Baner ac Amserau Cymru*, 6 Medi 1923. Dyfynnir yn bur helaeth o'r anerchiad yn D. Tecwyn Lloyd, *John Saunders Lewis: y Gyfrol Gyntaf* (Dinbych, 1988), 225-8.

36 *LMG*, 510. SL at Margaret Gilcriest, diddyddiad ond Medi 1923.

37 Ibid., 511-12. SL at Margaret Gilcriest, diddyddiad ond Medi/Hydref 1923.

38 Ibid., 512. SL at Margaret Gilcriest, 20 Hydref 1923.

39 Ibid., 514. SL at Margaret Gilcriest, 29 Hydref 1923.

DYN PLAID
1924-6

Treuliodd Lewis benwythnos 5 a 6 Ionawr 1924 yng nghartref Griffith John Williams, 9 Bedwas Place, Penarth, yng nghwmni Williams a'i briod newydd, Elisabeth. Teithiodd yno yng nghwmni gŵr yr oedd wedi cwrdd ag ef am y tro cyntaf ddeuddydd cyn hynny, sef Ambrose Bebb.[1] Erbyn i Lewis adrodd wrth Margaret ar 10 Ionawr iddo fwrw'r Sul yn cysgu ar soffa yn y stydi a chael 'a great time all together, talking till dawns and sleeping till noons'[2] – eto heb air am wir bwrpas ei ymweliad heblaw sôn am ddarlithio i ddosbarth estyn yn y Barri ar y nos Lun – yr oedd wedi creu cnewyllyn plaid wleidyddol newydd.

Yr oedd Lewis yn adnabod perchennog y tŷ er diwedd 1920. Yr oeddynt wedi cyfarfod ei gilydd yn y Llyfrgell Genedlaethol, lle'r oedd Williams – a oedd bellach yn ddarlithydd yn Adran y Gymraeg yng Nghaerdydd – wedi ymchwilio i Iolo Morganwg, gan wneud darganfyddiadau a fyddai, ymhen amser, yn datgelu ffug hynafiaeth yr Orsedd. Hanai Bebb o'r un ardal â Williams, a buasent yn ddisgyblion gyda'i gilydd yn Ysgol Tregaron ac yn gydfyfyrwyr wedi hynny yn Aberystwyth. Yr oedd Bebb ddwy flynedd yn iau na'i gyd-Gardi a blwyddyn yn iau na Lewis. Gwnâi fywoliaeth ansicr ar y pryd fel *lecteur* yn y Sorbonne. Treuliai flwyddyn arall yno cyn sicrhau swydd darlithydd hanes yn y Coleg Normal, Bangor, lle arhosodd hyd ei farw cynnar yn 1955. Yr oedd wedi ennill amlygrwydd iddo'i hun yn 1923 mewn dwy erthygl i'r *Geninen*, yn dadlau dros wneud y Gymraeg yn orfodol ym mywyd cyhoeddus Cymru ac yn galw am arweinydd cenedlaethol tebyg i Mussolini i Gymru.

Derbyniwyd yn y cyfarfod fod yn rhaid gweithredu'n wleidyddol i ryddhau Cymru, a bod angen papur neu gylchgrawn yn gyfrwng i gyrraedd y nod hwnnw. Dewiswyd Lewis yn ysgrifennydd, G.J. yn drysorydd (casglwyd cyfanswm o £7 fore Llun 7 Ionawr) a Bebb yn gadeirydd neu'n llywydd.³ O ystyried angerdd Bebb a Lewis, mae rhywun yn synnu braidd at betruster y camau a gymerwyd ym Mhenarth. Y penderfyniad dealledig oedd y byddai'n rhaid i'r mudiad aros yn gyfrinachol am y tro. Lai nag wythnos yn ddiweddarach yr oedd Lewis wedi geirio llw i'r mudiad newydd: 'Yr wyf yn ymuno â'r Mudiad Cymreig ac yn ymrwymo i gyflawni ei holl orchymynion [*sic*] y Pwyllgor Gwaith hyd eithaf fy ngallu.'⁴ Erbyn 19 Ionawr, yr oedd Lewis wedi cysylltu â D. J. Williams a Ben Bowen Thomas, gan dreulio dwy awr yn eu cwmni i egluro amcanion y mudiad wrthynt:

> Bod angen rheoli Cymru yn ôl egwyddorion cenedlaetholdeb a bod angen ffurfio cymdeithas newydd i ddwyn yr amcan i ben.
>
> Maes y gwaith: – yn gyntaf y cynghorau tref a sir yng Nghymru. Wedi ennill tir yno gellir sôn am Senedd Lundain.
>
> Dull gweithio: – rhaid cael cronfa er mwyn propaganda. Rhaid cael gweithwyr a'r rheiny'n ffydd[l]on.
>
> Y dull o sicrhau hynny trwy lw o ufudd-dod: rhaid ufuddhau er mwyn Cymru, canys trwy ufuddhau yn unig y ceir undeb llwyr.
>
> Rhaid i'r peth fod yn gyfrinachol am y tro.⁵

Cadwodd Lewis ei air trwy gydol hanner cyntaf y flwyddyn. Aeth mis Chwefror anarferol o braf rhagddo rhwng gofalon ei blaid a'i berthynas â Margaret, ac yntau'n ceisio cadw'r naill rhag gorgyffwrdd â'r llall. Derbyniwyd D.J. a Ben Bowen Thomas i'r 'Mudiadwyr (dyna i chi air)' yn nechrau Chwefror. 'Ni chaniateir i minnau ddywedyd mwy ar hyn o bryd', ysgrifennodd Lewis at y cyntaf o'r ddau, 'na bod y Mudiad yn bod a chwithau yn awr yn aelod.'⁶ Wyth niwrnod yn ddiweddarach soniai wrth Margaret am ei brysurdeb, 'though it's not a bad state to be in, for it keeps me alive and from mischief, though my lessons aren't what they should be!'⁷ Daeth y mudiad estynedig at ei gilydd am y tro cyntaf yn Abertawe ar 5 Mai. Lledaenu propaganda oedd y pwnc, ac ymgymerodd pawb a fynychodd y cyfarfod â chanolbwyntio ar hybu amcanion y mudiad – eto heb ei enwi am y tro – mewn cylchgrawn neu bapur. Gofalai Bebb am atodiad Cymraeg i'r misolyn Llydewig *Breiz Atao*, a gâi ei ddefnyddio yn brif gyfrwng. Neilltuwyd *Y Darian* i Dyfnallt Owen, *Y Faner* i Iorwerth Peate, *Y Tyst* i'r gweinidog o Dreorci, Fred Jones, *Y Dinesydd Cymreig* i D.J., *Seren Cymru*, *Seren Gomer* a'r *Efrydydd* i Ben Bowen Thomas a'r *Weekly Mail* i G. J. Williams. *Y Llan*, papur yr Eglwys yng Nghymru, fyddai priod faes Lewis.

Am y tro, safodd y Mudiad Cymreig yn ei unfan. Un atalfa ar ei dwf trwy hanner cyntaf 1924 oedd absenoldeb ei lywydd, Bebb, a oedd yn dal i weithio ym Mharis. Synhwyrir mai rhwystr arall oedd yr ymdroi bwriadus ar ran Lewis rhag lansio plaid o gwbl. Cyhyd ag y bodolai'r Mudiad fel cymdeithas gyfrin i wyntyllu syniadau am natur cenedligrwydd, perthynai i fyd beiddgar, damcaniaethol yr alwad am ddrilio heb arfau a gyhoeddasai yn yr Wyddgrug y flwyddyn gynt. Swyn y mudiad oedd ei botensial rhagor y siom anochel bron o geisio'i wireddu. Pan ysgrifennodd Lewis at D. J. Williams i'w hysbysu na fyddai cyfarfod arall 'hyd nes y bydd gennym amcanion pendant a rhywbeth i'w *wneud*',[8] mynegodd y paradocs a'i hwynebai: ni ellid gweithredu fel grym gwleidyddol heb amcan, a'r unig ffordd o roi prawf ar amcan oedd ei droi'n weithred.

Ar un ystyr, yr oedd yn dda gan Lewis na ellid bwrw ymlaen gyda sefydlu'r mudiad. Daeth gwanwyn 1924 â digonedd o ofalon eraill. Treuliodd y gwanwyn yn chwilio am gartref i Margaret ac yntau. Yn sgil gweld fflat yn Abertawe, ysgrifennodd ati ar 2 Ebrill mai ei sicrhau fyddai'r arwydd bod y briodas i ddilyn: 'Of course, once I take it, I shall have to tell them at home, and I can't delay that any more. For we must get married July 31 or August 1, as it suits you.'[9] Atgoffir rhywun unwaith eto o resymeg y bachgen yn taflu ei bêl dros ben wal cyn ei dringo. Amcangyfrifai y gallai'r ddau fyw hyd eithaf ei gyflog o £300, gan y byddai'n rhaid, yn ôl y gyfraith, i Margaret roi'r gorau i'w gyrfa fel athrawes wrth briodi. Pryderon ariannol, lawn cymaint ag uchelgais broffesiynol, mae'n debyg, a'i gyrrodd i grybwyll cais am y Gadair Saesneg ym Mhrifysgol Caer-wysg ar 22 Mai – hynny, a phryder ynghylch dod â'i 'Papist wife' i fyw i Abertawe:

And if that fails? Well then, will they steel themselves at home to endure the inevitable? I almost think the worst has now been gone

through. They cannot suffer more bitterly than they have done. I count
much on my father's laziness. He talks melodrama, and in the end is
too undecided to take action at all, and his appetite is good. My aunt
suffers far more and she is not melodramatic. But she is a Christian
and finds strength to suffer. I can only pray that she will accept even
this final humiliation, – for it is bitterly so to her.

Now, Margaret, before I ask you to resign at school, I feel I must put
the position as blackly as it may be to you. My family will not receive
you – I don't say 'never', but for a long time. We may be able to live
near Swansea. We may not. We may be unemployed (though quite
seriously I don't fear that). I'll never be rich, but I have a pen and a
tongue that have a little commercial value.

We shall cause suffering to others, and we shall not have the
happiness that most marrying people have, of beginning without pain
and amid good wishes . . . These are the wedding presents I offer you,
trouble and insecurity.[10]

Yr oedd, cyfaddefodd, yn 'brutal letter'. Defnyddiai iaith debyg i
groesawu aelodau i'w blaid newydd ymhen amser hefyd. Rhagwelai
wrthwynebiad ar yr aelwyd (soniodd ei dad am ymddiswyddo o'r
weinidogaeth), yn y gymdogaeth ac o ran gyrfa. Mewn llythyr arall,
diddyddiad, soniodd am y posibilrwydd y gallai ei briodas olygu colli
cadair ym Mhrifysgol Cymru yn y dyfodol. Ond ni ellir peidio â chasglu
bod gwefr yn yr argyfwng hefyd. 'I have a sort of conviction,' meddai
yn yr un llythyr, 'that if I funk this, then life will have defeated me, and
I'll never have the strength again, but just sink into mediocrity and
resignation.'[11] Yr oedd y ffin rhwng cariad ac anrhydedd wedi pylu.
Daethai'n gymeriad yn un o'i ddramâu ei hun, yn wynebu dewis
dirfodol. Yng nghanol y terfysg, daliodd ati i gyfansoddi dwy act gyntaf
Blodeuwedd, am y ferch a luniwyd o flodau sy'n dwyn dinistr yn ei sgil.

Erbyn diwedd y tymor, yr oedd y trefniadau yn eu lle. 'I feel almost
frivolous today,' ysgrifennodd at Margaret – ei 'Pars Catholica' – ar 30
Mai, 'and it's a fine feeling; for these last months I've been feeling that I
was born in 1750.'[12] Aeth Mehefin rhagddo rhwng ceisiadau seithug am
swyddi ym Manceinion a Dulyn, bob yn ail â phenderfyniad cynyddol ei
fod am fynnu aros yn Abertawe i wynebu canlyniadau ei weithred.

Ildiodd teulu Lewis ym mis y briodas ei hun. Ysgrifennodd Ellen

Thomas at Margaret ar 5 Gorffennaf yn cyfaddef mai ffolineb fyddai 'keeping aloof' yn wyneb yr anochel. Ymgysurodd yn nidwylledd y ddau ddyweddi: '. . . as I told Saunders, I prefer his marrying a girl who cared enough about religion to change it than one was perfectly indifferent to spiritual things'.[13] Magodd Lodwig Lewis ddigon o ysbryd i ddilyn ei hesiampl o fewn pythefnos eto, gan yrru siec am £300 i'r ddau – £200 o fenthyciad a £100 o rodd – iddynt symud i'w cartref cyntaf, 3 New Well Lane, y Mwmbwls. Ensyniodd ei lythyr fod mwy i'w wrthwynebiad i'r briodas nag egwyddor:

> Gobeithio y bydd eich cartref newydd yn Dŵr, ac yn Ddiddanwch. Bydd y tŷ hwn yn wag iawn ar eich ôl, ond rhaid i mi fodloni. Yr ydych wedi aros yn hwy na llawer; ar derfyn y daith yr wyf, chwithau yn ei chychwyn, a da y gwnewch gychwyn mewn cartref; y mae yn fywyd llawn. Gobeithio y cewch fywyd priodasol hwy nag a gefais i: collais eich mam yn rhy fuan o lawer.[14]

Priodwyd Lewis a Margaret yn Our Lady and St Michael yn Workington ar 31 Gorffennaf 1924, gan y Tad Clement Standish, yr offeiriad yno er 1900, yn yr eglwys yn null Pugin lle'r oedd Margaret wedi cael ei derbyn yn aelod ar ddechrau'r flwyddyn. Cadwodd y ddau deulu draw a staff ei hysgol oedd y tystion.

Erbyn yr hydref hwnnw yr oeddynt wedi ymgartrefu yn Abertawe. Daeth yn bryd ymroi o'r newydd i'r mudiad, ond daliai dyfodol Lewis yn y fantol tra arhosai Bebb, ei 'arglwydd lywydd bondigrybwyll'[15] chwedl yntau wrth D.J., ym Mharis. Ysgrifennodd Lewis lythyr diamynedd at Bebb ar 1 Hydref i'w wahodd o'i swydd ansicr i ddod i fyw atynt. 'Mae gennym ddigon o le,' sicrhaodd ei gyfaill, 'yr ydym yn y wlad, mae gennym ardd a ieir – fe hoffwch ein bod.'[16]

Ni dderbyniodd Bebb y gwahoddiad, ond dychwelodd i Gymru yn ystod gwyliau'r Nadolig, ac i drydydd cyfarfod y mudiad ar 5 Ionawr 1925, flwyddyn i'r diwrnod ers y cyfarfod cyntaf ym Mhenarth, yng nghartref newydd y ddau yn y Mwmbwls. Y pwnc dan sylw oedd agwedd y mudiad tuag at y pleidiau cyfansoddiadol. Penderfynwyd nad oedd modd gweithio y tu mewn i'r un ohonynt. Rhaid oedd mentro sefydlu plaid annibynnol. Prin y gallesid meddwl am adeg fwy

anghyfleus i gychwyn ar y fenter. Nid oedd Margaret yno i groesawu
Bebb a'r darpar aelodau eraill: fe'i trawyd 'yn beryglus o wael' ar
Noswyl Nadolig, ac aethai at ei mam i Gaergybi i wella, fel yr
adroddodd Lewis wrth D. J. Williams mewn nodyn diddyddiad (ond cyn
12 neu 19 Chwefror, yn ôl y dystiolaeth fewnol ynddo). Yr oedd tad
Lewis yn sâl hefyd, yn sgil tair llawdriniaeth yn y flwyddyn newydd, 'ac
y mae dwy nyrs yn y tŷ hyd heddiw'. 'Rhwng popeth,' addefodd Lewis,
'ni wn i ddim am y byd y tu allan imi ers pedwar mis, ac nid oes gennyf
fawr calon i geisio gwybod chwaith.'[17]

Daeth hwb i'r cynllun o gyfeiriad annisgwyl – ar ffurf gwahoddiad o
bentref Deiniolen yn Arfon i ymuno â mudiad arall, mwy selog ei
genadwri, efallai, ond yr un mor waelodol amhendant ei gyfeiriad a'i
ddulliau – ar 26 Chwefror. Yr enw ar frig y papur oedd Plaid
Genedlaethol Cymru, a'r llofnod ar ei waelod oedd H. R. Jones.[18] Yr
oedd Hugh Robert Jones wedi gadael yr ysgol yn dair ar ddeg oed i
ddilyn ei dad i'r chwarel. Oherwydd afiechyd, fe'i gorfodwyd i geisio
gwaith arall, ac ar ôl cyfnod byr mewn masnach yn Lerpwl aeth yn
drafaeliwr i gwmni nwyddau ac offer amaethyddol. A barnu yn ôl y
disgrifiadau cyfoes o'i wyneb gwelw a'i lygaid gloyw yr oedd yr haint
ar ei ysgyfaint a'i lladdai yn 36 oed eisoes wedi gafael. Mae'n anodd
osgoi'r casgliad mai'r ymwybyddiaeth hon a'i cynysgaeddai â'r
byrbwylltra a'r dychymyg ewyllysgar a liwiai bopeth a wnâi dros
genedlaetholdeb. Buasai wrthi mor gynnar â 13 ac 20 Mai 1924 yn
cyhoeddi 'sŵn efengyl rhyddid Cymru' ac yn datgan mai
'[c]enedlaetholdeb yw ein genedigol fraint, a choron cenedlaetholdeb
yw Ymreolaeth' ar ddudalennau'r *Herald Cymraeg*, gan sefydlu 'Byddin
Ymreolwyr Cymru' yng Nghaernarfon ar 29 Medi. Mabwysiadodd yr
enw 'plaid' ar drothwy Nadolig yr un flwyddyn.

Nid yw llythyr gwreiddiol Jones wedi goroesi. Mae'n eglur, er hynny,
o'r unig frawddeg ohono a ddyfynnodd Lewis yn ei deyrnged i'r gŵr a
ddôi erbyn mis Hydref y flwyddyn honno'n drefnydd cyntaf y Blaid –
'Mae gobaith am iachawdwriaeth Cymru yn ein calonnau'[19] – nad oedd
y ddau'n gymheiriaid naturiol. Rhan o amcan Lewis yn ei ateb ar 1
Mawrth ac mewn ail lythyr ar 1 Ebrill oedd sefydlu disgwrs gwahanol
i'r Blaid, 'eich mudiad chi', fel y'i disgrifiodd wrth Jones. Dymunai

ymaelodi, meddai, 'os gallaf heb ymwadu â'm hegwyddorion'. Wrth egwyddorion yr hyn a olygai oedd cysondeb athrawiaeth. Yn lle iachawdwriaeth a chalon Jones, gwell ganddo oedd sôn am gadernid a meddwl ac ymwadu â theimladrwydd: '. . . y mae llwyddiant Cymru heddyw yn gofyn am undeb – ond y mae'n gofyn hefyd bod amodau yr undeb hwnnw yn rhai diogel ac yn sylfaen y gellir adeiladu'n gadarn arni'. Tynnodd Lewis sylw yn neilltuol at ddau bolisi yn llythyr H.R. Y naill oedd 'Gorfodi'r Gymraeg' mewn bywyd cyhoeddus ac yn gyfrwng addysg. Mynnai Lewis fentro gam ymhellach: '. . . nid gorfodi'r Gymraeg yw ei rhoi ar yr un tir neu'n gydradd a [sic] Saesneg. Nage, ond gorfodi'r Gymraeg yn unig.' Y llall oedd torri cysylltiad â phob plaid wleidyddol arall. Unwaith eto, dewisodd safbwynt radicalaidd: '. . . nid yw hynny'n ddigon'.

> Fy meddwl cadarn yw hyn – rhaid torri pob cysylltiad hefyd â Senedd Loegr . . . Rhaid i blaid genedlaethol weithio yng Nghymru, drwy'r awdurdodau lleol, troi Cymru yn Gymreig drwyddynt hwy, a gadael llonydd i Senedd Loegr, boicotio'r Senedd, ac felly wneud Cymru Gymreig yn ffaith. Yna, heb frwydro mwy, ond o wir angenrheidrwydd, bydd yn rhaid i'r *llywodraeth ar Gymru* fod yn Gymreig hefyd.

Os gellid ychwanegu 'llw o ufudd-dod' at yr amodau hynny, meddai, yr oedd yn fodlon ymuno 'ar unwaith . . . mi weithiaf gyda rhywun, neu dan rywun, sy'n ymrwymo i gadw'r ddwy egwyddor a grybwyllais'. [20]

Union fis yn ddiweddarach, cysylltodd Lewis ag H.R. eto, gan fynegi anfodlonrwydd y tro hwn â'r cysyniad o 'hunanlywodraeth'. 'Beth yw ystyr hynny?' gofynnodd; '. . . y mae'n nodweddiadol o'r niwlogrwydd a droes llawer [sic] mudiad tebyg i hwn yn destun gwawd a chwerthin yng Nghymru . . . O'm rhan i, yn bendant, ni allwn ymaelodi mewn mudiad sy'n dechrau mor ddi-syniad ac amhendant.' Gofidiai hefyd nad oedd sôn gan y blaid arfaethedig am bolisi – 'A pholisi sy'n bwysig, yr unig beth pwysig.' Cynhwysodd daflen gyda'r llythyr yn ailadrodd yr egwyddorion y dylid tyngu llw i'w cadw: '[y]mwrthod â phob lecsiwn senedd a pheidio â phleidleisio ynddi' a '[s]icrhau'r Gymraeg yn unig iaith swyddogol Cymru'. 'Os mabwysiedwch chi'r daflen hon, gallaf addo y bydd gwŷr pwysig yn barod i ymuno â ni.' Clodd gyda gosodiad a ddangosai'r pellter rhwng y ddau: 'Maddeuwch eiriau plaen, ond llythyr busnes yw hwn, a bod yn blaen ac yn llym bawb ohonom at ei gilydd sy'n eisiau ar gychwyn mudiad fel hwn[,] onide.'[21]

Mae rhywun yn dyst yng ngohebiaeth y ddau rhwng hyn a 1930 nid yn gymaint i wrthdaro (er i Lewis ei chael yn anodd ffrwyno ei ddiffyg amynedd ar brydiau) ag i berthynas anghymarus dwy bersonoliaeth na allent dynnu i'r un cyfeiriad am iddynt weld yn ei gilydd y cyneddfau a gaent yn brin ynddynt eu hunain. Edrychai Jones ar Lewis gyda rhywbeth yn ymylu ar barchedig ofn a rhyw awydd cyson ond chwithig i blesio trwy fentro gam ymhellach na'r hyn a ofynnid ganddo. Yr oedd yn barod i oddef cywiro ei Gymraeg a gwastrodi ei awydd i weithredu. O'i ran yntau, ac er na chyfaddefai hynny wrth ei ohebydd, cenfigennai Lewis wrth Gymreictod diymdrech a diniwed H.R. a'i sicrwydd syml. Ildiai yn y pen draw hefyd, gellid dadlau, i swyn ei uniongyrchedd hunanaberthol. Mewn araith gerbron Maer a Chorfforaeth Abertawe yn Neuadd Brangwyn ar 8 Awst 1938, ar drothwy'r Ysgol Haf gyntaf i Lewis ei mynychu wedi iddo gael ei ryddhau o Wormwood Scrubs, talodd y 'sacked ex-convict' hunangyffesedig deyrnged i H.R. fel un a fyddai wedi ymorchestu yn y weithred, bron fel petai'r cyn-chwarelwr yn cynrychioli'r rhan honno o'i gydwybod a oedd wedi ei yrru i garchar.[22]

Cyfrannodd H.R. gymaint â hyn at gychwyn y Blaid: defnyddiodd Lewis angerdd y gŵr o Arfon yn garreg hogi i'w weledigaeth lymach, loywach ei hun. Cafodd cynnwys y llythyrau cyfrinachol lais cyhoeddus wythnos yn ddiweddarach mewn ysgrif a ddynodai ddwyn athrawiaeth y Blaid o ddwylo H.R. a rhoi ei stamp ei hun arni, nid yn gymaint o ran ei dulliau eithr o ran ei hamcan ehangach. Gyrrid H.R. gan ymdeimlad o anghyfiawnder; y swmbwl i Lewis oedd anghyflawnder. Mynnai adfer i Gymru ei phriod wareiddiad. Moddion fyddai 'ennill yr awdurdodau lleol i'r achos Cymreig' a gorfodi'r Gymraeg ym mywyd cyhoeddus Cymru i ennill brwydr fwy ei harwyddocâd:

> Y mae datblygiad moesol ac ysbrydol y llwyth yn gymhleth â datblygiad y cyfrwng, yn gwbl anwahanadwy oddiwrth iaith y llwyth.

Ni ellir trosglwyddo gwareiddiad cenedl o un oes i'r nesaf ond drwy'r cyfrwng a ddefnyddiwyd i dderbyn ac i gwbl feddiannu'r gwareiddiad hwnnw. Ac os collir y cyfrwng, fe ddatodir y rhwymyn rhwng y cenedlaethau. H.y. fe dderfydd am y gwareiddiad a dinistr y genedl.[23]

Mae'r pwyslais ar gyfrwng a moddion yn yr ysgrif yn ddrych i wedd ar genedlaetholdeb Lewis a redai trwy ei ymwneud â'r blaid ac a'i gosodai ar wahân i'r rhelyw o'i haelodau maes o law. Nid diogelu (neu greu) cenedl oedd ei nod eithr gwarchod y gwareiddiad a ddeilliai o fod yn genedl. Yn ymhlyg yn y sôn am iaith ceir hadau'r agweddau eraill hynny ar wareiddiad (heb eu henwi yma ond a gâi sylw o un i un maes o law) a fynegir ac a draddodir drwy gyfrwng yr iaith honno. Wrth i agenda gwareiddiad Lewis ehangu trwy'r blynyddoedd a ddilynai, nes cyrraedd ei chyflawnder yn y Deg Pwynt Polisi yn 1933, gwelir lleihad cyfatebol – yn eironig ddigon – ym mhwysigrwydd cenedlaetholdeb er ei fwyn ei hun. Braidd na chredid o'u darllen na fyddai awdur y Deg Pwynt yn gweld angen mudiad gwleidyddol – a rhyddid gwleidyddol yn wir – petai modd sicrhau trwy ddulliau amgen Gymru a fyddai'n wlad Gymraeg, gydweithredol, Gristnogol, wedi'i sylfaenu ar ysbryd crefft a lle canolog ynddi i werthoedd teuluol ac aristocrataidd. Cynnwys yr ysgrif hon nid yn unig hanfod yr hyn y dymunai i blaid newydd Gymreig ei gyflawni ond hanfod ei ddadrithiad diweddarach â hi hefyd.

Ategwyd ei amheuon gan ei ymweliad â'r Gyngres Geltaidd yng Ngholeg y Brifysgol Dulyn yr haf hwnnw. Cyrhaeddodd Ddulyn erbyn cychwyn y gyngres ar 30 Mehefin, gan rannu ystafelloedd yn Neuadd y Drindod gyda dau o gyd-aelodau'r Blaid, J. Tywi Jones ac Ambrose Bebb. Cymerodd ran mewn cylch trafod o Gymry a Llydawyr fore Gwener 3 Gorffennaf yn ystyried dyfodol y ddwy iaith. Mynychodd offeren yn Eglwys y Brifysgol fore Sul, a chwrdd awyr agored ym Mharc y Ffenics yn y prynhawn, cyn mynd i gyngerdd y noson honno i glywed Leila Megane yn canu alawon gwerin, a daliodd ar y cyfle o'r diwedd hefyd i wylio drama ar lwyfan yr Abbey: *Cloudbreak* gan A. O. Roberts a'r *Dieithryn* o waith D. T. Davies ar y seithfed.[24] Fore Iau 2 Gorffennaf, traddododd bapur ar 'The Welsh Dramatic Movement', gyda W. J. Gruffydd a John Morris-Jones yn y gynulleidfa. Nid yw'r papur, 'the perfection of whose form made it outstanding among the transactions of a remarkable Congress', fel y nododd un a'i clywodd,[25] wedi goroesi, ond yn ôl yr adroddiad arno yn y *Western Mail* y diwrnod wedyn, ei fyrdwn oedd bod y ddrama Gymraeg heb fagu'r un athrylith oddi ar y rhyfel. Edrychai Lewis ymlaen, er hynny, at weld y llwyfan yn troi oddi wrth 'theses and didactic problems' tuag at 'free study' a 'discovering the value of personality'. Nid oedd eto, meddai, unrhyw gynhyrchwyr yng Nghymru 'with any sense of stage disposition and arrangement', ac awgrymodd y dylai'r gwahanol gwmnïau amatur gronni eu hadnoddau 'and send men out to Italy to learn the art of producing'. Uchafbwynt yr arhosiad, er hynny, oedd 'ymddiddan hir', â De Valera ar 6 Gorffennaf, yn sgil taith i weld gorsedd draddodiadol brenhinoedd Iwerddon yn Tara. Gadawodd Lewis y cyfarfod wedi'i argyhoeddi nad oedd gan Gymru ddim i'w ddysgu gan ddehongliad o genedlaetholdeb a fynnai wladwriaeth ar draul gwareiddiad. 'Arwain un egwyddor yn unig i wylltineb a meddwdod meddwl,' ysgrifennodd wrth gofio'r achlysur. 'Dywedwn hyn yn awr yn blaen, rhag bod neb o'n darllenwyr yn tybio y gall un dosbarth o Wyddelod benderfynu polisi y Blaid Genedlaethol Gymreig. Y mae problemau Cymru yn gwbl wahanol i broblemau Iwerddon.'[26]

Daeth goleuni ar annhuedd newydd Lewis tuag at batrwm Iwerddon ym mis Medi, mewn memorandwm naw tudalen ffwlsgap a luniodd fel tystiolaeth i'r Pwyllgor Adrannol a gyhoeddodd yr adroddiad *Y Gymraeg mewn Addysg a Bywyd* yn 1927. Rhannodd ei sylwadau yn ddwy ran. Soniodd yn gyntaf am 'general problem' lle iaith a llenyddiaeth Gymraeg yn addysg Cymru. Ar y pwynt cyffredinol, argymhellodd addysg Gymraeg ledled Cymru, gan na chredai y gellid sôn am Saesneg fel etifeddiaeth hyd yn oed yn yr ardaloedd di-Gymraeg. Sylfaen ei sylw oedd ei brofiad o ddysgu ysgrifennu ac arddywediad i filwyr ifainc o ardaloedd Abertyleri a Glynebwy yn ystod y Rhyfel Mawr: 'Of syntax they had none, their spelling was chaotic, and their means of expression in English terribly meagre.' Dadleuai na allent ddysgu Saesneg yn ddigonol am nad oedd yn etifeddiaeth iddynt: 'What there is, is occasional acquisition of the richnesses of English – and that is from an educational point of view a much less valuable thing . . .

English is not in the minds of men [*sic*], not the stuff and process of their thoughts. It is far too recent for that.'

Byddai addysg Gymraeg, ymhellach, yn fodd i wrthweithio 'the dangerous and subversive tendencies in industrial South Wales' ymhlith yr 'uprooted, propertyless, industrial population':

> How can we assure the safety not only of civilisation in Wales, but in England also? It can only be done by teaching in the schools of Wales, by making every child an inheritor of the ancient culture of the land, so that he may hold in horror any attempt to destroy his inheritance.

Byddai gwneud y Gymraeg yn gyfrwng addysg, felly, yn 'act of statesmanship . . . the surest remedy for the poison of anarchy and destructive propaganda'.

Mwy perthnasol i'w newid meddwl ynghylch Iwerddon oedd ail ran ei femorandwm ar 'particular problems' dysgu'r ddwy iaith yn adrannau Cymraeg y Brifysgol, lle cyhoeddodd 'a criticism of much of their polity [*sic*] and a plea for a new orientation in Welsh studies'. Amheuai 'cultural value' y cwrs gradd yn gyffredinol. Yr oedd y pwyslais ar yr ieithoedd Celtaidd – 'essentially a course for research students of the science of philology' – yn anaddas ar gyfer israddedigion. Fe'u hamddifadai o 'the achievement of a thorough cultural Arts course in Welsh language and literature'. Amharai llenyddiaeth hithau yn ei thro ar feistroli digon o'r 'dead languages' hyn i wneud rhagor na dysgu digon ar gof i basio arholiad:

> The supreme object of a Welsh School in a Welsh University College should be to become a true school of the Humanities. That should be in Wales its notable function. It should be the especial guardian of Welsh tradition . . . the study of the Literature of Wales, and a humane rather than a scientific study of the language, should be their main concern.

'Gaulish, Breton, and Cornish have practically no literature; and the Irish influence . . . on Welsh literature is insignificant compared with the influence of classical and mediaeval Latin and of French.' Yn lle'r ieithoedd Celtaidd, felly, awgrymodd ddysgu Lladin ar y cwrs gradd am o leiaf ddwy flynedd 'and preferably for three years . . . and for modern

Welsh literature the studies of French, English and even Italian are necessary'. Er cyfaddef ohono mai hwn oedd '[t]he ideal', daliai fod yr ieithoedd hyn '[of] greater value to the humane study of Welsh than are the literatureless and dead Celtic languages':

> *In fine*, I believe that the Latin relations of Welsh are more important than the Celtic. Our language is partly Celtic; but our literature and culture and a great part of our speech are Latin. We too are the heirs of Rome, and for that reason it is deplorable that Latin is no longer compulsory throughout the Welsh University, and it is even ludicrous that there should be Welsh Honours graduates having no Latin.[27]

Nid Iwerddon oedd y patrwm, felly. Er hynny, fel rhagargoel o'r berthynas anodd a dyfai rhyngddynt, daliai H.R. i sôn yn gyhoeddus am y Blaid Genedlaethol ym mis Mai fel moddion i ennill 'hunan-lywodraeth' i Gymru,[28] gan ryddhau datganiadau i'r wasg, dair wythnos wedi lansio'r blaid yn ffurfiol yng ngwesty Maes-gwyn, Pwllheli, ar 5 Awst y flwyddyn honno, yn hawlio bod ganddi 2,000 o aelodau ac yn ffyddiog y codai'r nifer i 100,000.[29] Gormodiaith ewyllysgar, ond o leiaf yr oedd y Blaid bellach yn bod. Cadwodd y triwyr o'r gogledd a fuasai'n gyfrifol am sefydlu'r blaid wreiddiol eu swyddi: Lewis Valentine yn llywydd, H.R. yn ysgrifennydd a Moses Gruffydd yn is-lywydd. Ond y penderfyniad allweddol a phellgyrhaeddol a wnaed ym Mhwllheli, ar gais Lewis, oedd ffurfio pwyllgor gwaith i ofalu am bolisi, lle gwasanaethai Lewis, Fred Jones a D. J. Williams o'r de ynghyd â'r swyddogion etholedig. Dôi'r trefniant 'cabinet' hwn a olygai na allai'r llywydd weithredu heb sêl bendith mwyafrif ei gyd-aelodau yn fwrn ar Lewis pan aeth yn llywydd yn ei hawl ei hun flwyddyn yn ddiweddarach.

Yn y cyfamser, daeth trobwynt arall i ganlyn sefydlu'r Blaid fel cyfeilydd i'r swyddogaeth wareiddiol a welsai Lewis i wleidyddiaeth yn 'Cymreigio Cymru'. Cyhoeddodd yn rhifyn yr hydref o'r *Llenor* ei ymdriniaeth gyntaf â'r Oesoedd Canol.[30] Gellir yn gyfiawn ddarllen 'Dafydd Nanmor' fel ei ddatganiad cliriaf hyd hynny ar werthoedd ysbrydol ac esthetig oes aur y cywyddwyr, neu'r 'Ganrif Fawr', fel y'i bedyddiodd wedi hynny; gellir yn deg ddod ati hefyd fel testun o bwys ymhlith y testunau sy'n rhagfynegi ei dröedigaeth at Gatholigiaeth. Ceir dadl dros ei dehongli yn ogystal fel y mwyaf digamsyniol ymhlith nifer o ddatganiadau a wnaed gan Lewis rhwng hyn a dechrau'r Ail Ryfel Byd sy'n bradychu ei snobyddiaeth gynhenid.[31] Eithr arbenigrwydd arhosol yr ysgrif yw'r her sydd ynddi i ddau beth a gymerid yn ganiataol yn ôl safonau academaidd y dydd. Y cyntaf oedd y modd y trinnid testunau canoloesol fel cloddfeydd i amlygu hanes yr iaith; yr ail oedd cynsail yr arfer hwnnw mewn beirniadaeth ddyneiddiol ryddfrydig. Yn y bôn, yr un yw'r genadwri gan Lewis yn y ddau achos: i lenyddiaeth gael ei chyddestunoli. Cydnebydd swyddogaeth iachusol astudio geirfa a chystrawen y cywyddwyr er mwyn dysgu 'cyfrinion iaith ac egwyddorion cerdd dafod', ond dadleua y gellir, ac y dylid, mentro ymhellach na hynny, gan weld yng nghanu Dafydd Nanmor – ac yn holl gynnyrch yr Oesoedd Canol trwy estyniad – yr hyn a eilw'n 'weledigaeth' neu fynegiant o estheteg neilltuol a'i seiliau yng Nghymru Gatholig, aristocrataidd y cyfnod. Wrth wneud, heriai theori feirniadol mor gyffredinol ac mor ddigwestiwn ei hawdurdod fel mai prin y'i hystyrid yn theori o gwbl, sef mai ffrwyth profiad yw pob testun llenyddol, sy'n ymgorffori ei ystyr derfynol ynddo'i hun, yn annibynnol ar yr amgylchiadau hanesyddol, llenyddol, cymdeithasol a gwleidyddol a roddodd fod iddo. Yn ôl y ddysgeidiaeth hon, mae pob testun yn adlewyrchu darlun cymharol ddigyfnewid o'r ddynoliaeth ym mhob oes, a'r gwahaniaeth rhwng y da a'r drwg yw ceinder y dweud. Lladmerydd pennaf y gredo hon yng Nghymru'r cyfnod, debyg, oedd John Morris-Jones. Cyhoeddodd hwnnw ym mharagraff agoriadol pennod gyntaf ei *Cerdd Dafod* yn yr un flwyddyn â 'Dafydd Nanmor' fod gwirionedd hanes yn ymwneud â 'ffyddlondeb i ddigwyddiadau' tra bod gwirionedd barddoniaeth yn seiliedig ar 'ffyddlondeb i ddeddfau cyffredinol natur'.[32] Yr hyn a gais Lewis wrth ddal bod Beirdd yr Uchelwyr yn amgen na 'seiri campus' yw angori ei feirniadaeth mewn dieithrio'r testun. Nid yw'n ddealladwy, am fod Cymry'r ugeinfed ganrif wedi'u hysgaru oddi wrth y gwerthoedd yn 'ein gwareiddiad' a'i gwnâi felly: 'A heb ddwfn werthfawrogi'r pethau hyn, sef traddodiad mewn meddwl a chelfyddyd, Cristnogaeth Gatholig, a chymdeithas aristocrataidd, a phethau eraill hefyd, ni ellir caru llenyddiaeth Gymraeg y cyfnodau Cymreig yn ddigon llwyr i fyw arni a'i derbyn yn dref-tad ac yn faeth i'r ysbryd.'[33] Cenadwrïau cyfochrog ar gyfryngau gwareiddiad – yn iaith a llenyddiaeth – ac anallu Cymru i'w cymathu yw 'Cymreigio Cymru' a 'Dafydd Nanmor' ill dwy. Fe'u hategid gan erthyglau llenyddol a gwleidyddol yn yr un ysbryd trwy weddill y 1920au.

Ar ddiwrnod olaf 1925, ger y tân ar yr aelwyd yn Newton, ar ôl tri diwrnod o gesair a gwyntoedd di-baid, bwriodd Lewis olwg yn ôl dros 1925 fel 'blwyddyn i'w chofio'n ddiolchgar'. Buasai'n flwyddyn heb etholiadau seneddol na '[ch]werylon dibwys y pleidieuach Seisnig' i lygad-dynnu'r Cymry rhag 'egwyddorion dinasyddiaeth, problem yr iaith, cynllun addysg ein gwlad, dyfodol y gwareiddiad Cymreig'. Uchafbwynt y flwyddyn, er hynny, oedd sefydlu'r Blaid Genedlaethol. Diolchodd ei bod yn blaid heb ynddi enwogion na neb o'r 'hen arweinwyr politicaidd'. Cynrychiolai yn hytrach weledigaeth Cymry ifainc a oedd yn fodlon wynebu methiant. Testun balchder mwy na hynny oedd bod Cymru bellach yn barod i 'fwrw heibio'r niwl Celtaidd' a sefyll yn ei hawl ei hun:

> Gweithio dros Gymru yng Nghymru. Felly yn unig y deuwn yn barchus i ni'n hunain, ac felly yr enillwn barch Lloegr ac Iwerddon. Fe welir wedyn fod Cymru'n bod ynddi ei hunan, yn un gwareiddiad, ac nid yn rhan o beth, yn ddarn o beth, megis cangen o'r Prydeinwyr neu gangen o'r Celtiaid. Diolch i'r mawredd, y mae Celt a Chelteg yn marw.[34]

Dynododd yr erthygl fechan, led-chwareus hon gwblhau'r broses a gychwynnwyd yn Nulyn yr haf cynt, gan ysgaru cenedlaetholdeb Cymreig yn derfynol oddi wrth y model Gwyddelig. Erbyn y flwyddyn ganlynol, mewn llythyr diddyddiad at H. R. Jones, amlinellodd ei resymau 'dros wrthod ymladd dros annibyniaeth'. Rhestrodd dri. Y cyntaf oedd '[na] bu erioed yn egwyddor Gymreig mewn gwleidyddiaeth . . . Y mae cael ein harwain gan *Republicans* Iwerddon yn ffolineb plentynnaidd. Y gwleidyddion mawr Cymreig yn y gorffennol a'r traddodiad Cymreig a ddylai fod yn arweinwyr a symbyliad i ni.' Ar ben hynny, yr oedd ceisio annibyniaeth yn 'wrth-Gristnogol' ac yn 'gwbl anymarferol, ac yn dangos diffyg gallu i feddwl ac wynebu [*sic*] ffeithiau fel y maent'.[35]

Y ffaith fwyaf, a'r rheswm pam na allai Lewis ddilyn esiampl Iwerddon, oedd cyd-ddigwyddiad Deddf Uno 1536 â'r Diwygiad Protestannaidd. Rhyngddynt yr oedd y ddeubeth wedi codi wal ddiadlam rhwng Cymru fel y dylai fod a Chymru fel yr oedd yn 1925. Yn ei hanfod, yr hyn a wnâi annibyniaeth yn wrthun ganddo oedd yr hyn a wnâi fyd-olwg Dafydd Nanmor yn annealladwy i'r Cymro cyfoes: cyd-destun. Ofer oedd sôn am 'achub' Cymru heb wrthddiwygiad, heb seilio ei bywyd ar batrwm amgen. Gallai Iwerddon dynnu ar ei hadnoddau cyfoes ei hun; nid felly Cymru.

Ni chaed gan Lewis ddatganiad llawn ar yr hyn a lanwodd y gwagle athrawiaethol mewn cenedlaetholdeb Cymreig nes iddo roi heibio llywyddiaeth y Blaid. Mewn ymgais i egluro 'hanes datblygiad fy syniadau am gymdeithas a gwlad' rhwng 1920 a 1926, daliodd mai 'y profiad pennaf a gefais i oedd darganfod . . . bod gan Gristnogaeth gorff o athrawiaeth ac egwyddorion eang, cyffredinol, y gellid adeiladu arnynt a'u cyfaddasu at waith ymarferol diwygiad cymdeithasol ar linellau dynol a chywir'. Ei ysbrydoliaeth annhebygol yn hyn o beth oedd dau feirniad cymdeithasol o Saeson yr aeth eu henwau bellach yn angof: Arthur Joseph Penty (1875-1937), yr oedd Lewis wedi darllen ei *A Guildsman's Interpretation of History* (1920) a'i *Towards a Christian Sociology* (1923) yn fuan wedi iddynt ymddangos, a Montague Edward Fordham (1864-1948), awdur *Agriculture and the Guild System* (1923), *The Rebuilding of Agricultural England* (1924) a *The English Agricultural Labourer* (1925). Cydnabu ei ddyled hefyd, fel y gwnaeth y ddau hyn, i'r meddylwyr Catholig G. K. Chesterton a Hilaire Belloc. Yr hyn a fowldiodd yr egwyddorion moesegol-gymdeithasol hyn, y dyheadau am adfer cyfaddasiad o ysbryd 'Merrie England' yng Nghymru – 'ein pwyslais ar y teulu, y fro, cydweithrediad ac undebau llafur, amaethyddiaeth yn sylfaen, gwrthwynebiad i wladwriaeth ormesol, gwrthwynebiad i ddiwydiannaeth unochrog a phroffidiol' – yn 'gorff o ddysgeidiaeth gymdeithasol Gymreig' ac felly'n sylfaen cenedlaetholdeb gwleidyddol oedd ei 'efrydiau mewn llenyddiaeth Gymraeg'.[36] Hynny yw, y gwahaniaeth rhagor Lloegr a'r cyfiawnhad dros synio am Gymru fel gwlad ar wahân oedd yr iaith yn ei pherthynas â chelfyddyd a dyled y gelfyddyd honno yn ei thro i draddodiadau

Ewropeaidd Cristnogol. Byddai sôn am annibyniaeth yn gabledd. O dan
yr amgylchiadau, nid yw'n rhyfedd na soniodd ddim am ei ddarllen
ehangach o waith awduron ffasgaidd. Fel y ceir gweld, bu gan y rheini
eu lle yn ei arfogaeth syniadol.

Treuliodd Lewis fisoedd agoriadol 1926 ar ei ben ei hun. Arhosai
Margaret ar aelwyd ei mam yng Nghaergybi, yn gwella o salwch arall.
Dihoenai ei dad ei hun: sefyllfa a wnaed yn waeth gan afiechyd y
llawfeddyg a ofalai am ei driniaeth. Mae llythyrau cwta diddyddiad
Lewis at ei wraig yn datgelu bywyd digynnwrf, rheolaidd. Sonnir am y
tywydd, arwyddion cyntaf y briallu a'r cennin Pedr, manion bywydau
cymdogion a'i waith coleg.

Yn y tawelwch, ym mis Ebrill y flwyddyn honno, cwblhaodd y
gwaith sylweddol olaf iddo ei ysgrifennu yn Saesneg. Mae *An
Introduction to Contemporary Welsh Literature* yn cywasgu digon o
ragfarnau a dywediadau pert i'w 16 tudalen i gynnal diddordeb y
darllenydd ac i guddio'n bur effeithiol ei uniongrededd gwaelodol yn ôl
canon yr hanner canrif a ddilynai. Nid enwir ymhlith 'those poets and
prosewriters . . . whose work seems to me to add something significant
to the body of Welsh literature'[37] yr un llenor na chydnabuwyd ei waith
yn fwy cyffredinol gan eraill wedi hynny, ac ni welir bai ar yr un awdur
o'r ail reng – 'the mildew of evangelicalism' yng ngwaith Tegla Davies,
a rhoi'r enghraifft a ddyfynnir fynychaf – nad yw bellach yn rhan o'r
disgwrs arnynt hwythau. Pwysicach na'r trafodaethau unigol, serch
hynny, yw'r llinyn syniadol a red trwy'r ymdriniaeth. Unwaith eto,
cymerodd Lewis ddiffyg tybiedig yn faen clo. Ei fan cychwyn yw 1870:
blwyddyn y Ddeddf Addysg a phenllanw 'all the plebeian pompousness
of 19th century Nonconformity',[38] pan oedd yr iaith a'i llenyddiaeth
wedi colli eu disgleirdeb, eu hamgyffred o draddodiad a'u syberwyd. Y
ffigur a achubodd Gymru o 'sunless puddle' ei philistiaeth oedd Emrys
ap Iwan: 'the first Welsh European since the 16th century'.[39]

Erbyn i Lewis ychwanegu ôl-nodyn at y llyfryn cyn ei gyhoeddi ym
mis Awst, yr oedd gan y Blaid ei misolyn ei hun. Yr oedd wedi awgrymu
cychwyn papur o'r fath wrth H. R. Jones, a Bebb yn olygydd arno, yn
nechrau'r flwyddyn: 'Ni all dim drwg ddod o'r peth.'[40] Er hynny, wynebai
gyfyng-gyngor dwbl gyda lansio cyhoeddiad nad oedd ganddo unrhyw

reolaeth uniongyrchol drosto. Y perygl amlycaf oedd anghysondeb posibl y weledigaeth o genedlaetholdeb a draethid ynddo; perygl yr un mor andwyol oedd gweledigaeth a adlewyrchai bersonoliaeth rhagor polisi. Yr oedd Lewis wedi gweld bai ar Bebb yn ei *Introduction* yn nechrau'r flwyddyn am fod yn ddiffygiol o ran 'the faculty of criticism', ac yr oedd darllen datganiad cyntaf un Bebb, ar dudalen blaen rhifyn Mehefin 'fod y genedl yn santaidd, ac yn gysegredig'[41] yn fodd i gadarnhau ei ofnau. 'Dywedwch wrth Bebb am gadw crefydd allan ohono yn llwyr,' ysgrifennodd Lewis at H. R. Jones mewn llythyr diddyddiad yn sgil darllen y rhifyn cyntaf, 'nid am fy mod yn anghytuno â'i syniadau crefyddol ef ond am fy mod yn cytuno â hwy.'[42]

Y gwahaniaeth oedd gwahaniaeth pwyslais. Cynsail cenedlaetholdeb Lewis yn ei gyfraniadau cynnar i'r *Ddraig* oedd urddas dyn rhagor ordinhad Duw. Yn y cyntaf ohonynt, yn yr un rhifyn â datganiad Bebb, dewisodd roi'r flaenoriaeth i 'ymgeleddu bywyd dyn . . . bywyd llawn, gwaraidd, dedwydd, cain':

> Yr ydym yn Gristnogion mewn gwlad Gristnogol . . . ac ni all Cristion feddwl yn wleidyddol o gwbl heb gredu bod yn iawn i ddynion fyw yn ddedwydd ac yn urddasol a chyflawni posibilrwydd eu natur.

Ei genadwri oedd meithrin cenedl o 'feibion a merched beilch, dibryder, heb ynddynt na thaeogrwydd na rhagrith na digter[*sic*] cudd na brad'. Rhaid oedd, gan hynny, fynd i'r afael â chyfalafiaeth, er mynnu 'nad rhyw gydymdeimlad tosturiol â'r werin, nid rhyw sentiment o blaid y gwan' a'i cymhellai i ymwrthod â'r drefn gyfalafol, 'ond yn hytrach ein hargyhoeddiad bod cenedlaetholdeb yn anghymeradwyo'r cyflwr hwn mewn cymdeithas, a bod y cyflwr hwn yn anfoesol, ac felly yn y pen draw yn debyg o ddinistrio'r genedl Cymreig [*sic*]'. Ei ddadl oedd bod dyn 'ar unwaith yn rhydd a than ddyled' – i'w genedl, i'w hanes, i'w gyd-ddyn – a thrwy estyniad, i Dduw. 'Y dyledog yn unig a all fod yn fonheddwr.'[43]

Ymhelaethodd ar ystyr y bonheddwr o Gymro fis yn ddiweddarach mewn adolygiad estynedig o *The South Wales Squires* Herbert Vaughan. Ymunodd â'r awdur i hiraethu ar eu hôl, gan ganmol eu '[c]ymeriad, sythder, iechyd a mwynder', ond gan esbonio'u diflaniad fel peth anorfod:

. . . achos cwymp yr ysweiniaid oedd nid eu bod yn geidwadwyr mewn
oes ddemocrataidd, na'u bod yn glynu wrth draddodiad yng nghanol
oes o gyfnewid. Yn hytrach nad oeddynt ddim yn ddigon o
geidwadwyr, nad oedd ganddynt ddim digon o draddodiad, nad oedd
eu bonedd ddim yn ddigon dwfn.

Darfu amdanynt am eu bod wedi'u hysgaru oddi wrth eu gwreiddiau
Cymreig ac am nad oeddynt yn Saeson chwaith. Ar fyr, yr oeddynt wedi
colli'u swyddogaeth: 'Canys y peth hynod am yr hen uchelwyr Cymreig
gynt, y peth arbennig, y peth cyfiawnhaol a gwareiddiol, oedd eu bod yn
noddwyr llenyddiaeth.'[44]

Daeth penllanw'r flwyddyn gydag Ysgol Haf gyntaf y Blaid yn
Senedd-dŷ Owain Glyndŵr ym Machynlleth. Dewiswyd y dref nid yn
unig oherwydd ei chysylltiadau hanesyddol a symbolaidd, ond am ei
bod, tybiai Lewis, yn 'lle rhad i aros'.[45] Ar drothwy'r digwyddiad
pwysicaf yn hanes y Blaid hyd hynny ganed Mair, unig blentyn Lewis a
Margaret, ar 19 Awst. Gohiriodd y tad deithio hyd y dydd Llun dilynol,
gan gyrraedd ei lety yn y White Horse Hotel am bedwar y prynhawn,
mewn pryd i draethu ar 'Egwyddorion Cenedlaetholdeb' y noson honno.
Nid oedd yn anerchiad a luniwyd yn unswydd, ac yr oedd ei gynnwys
eisoes yn hysbys i sawl un yn y gynulleidfa, ond hwn oedd y tro cyntaf
iddo gael gwrandawiad gan gynulliad o'r blaid y'i bwriadwyd ar ei
chyfer. Ar gais y pwyllgor gwaith, fe'i cyhoeddwyd ar ffurf pamffledyn
(y cyntaf yn hanes y Blaid) yn y dref cyn diwedd yr wythnos, i'w
ddosbarthu i'r cynadleddwyr cyn iddynt ymadael.

Mewn gwirionedd, yr hyn a gyhoeddodd Lewis ym Machynlleth –
'Egwyddorion Cenedligrwydd' [sic] oedd teitl y papur yn ôl rhaglen
swyddogol yr Ysgol[46] – oedd cyrch ar y cysyniad o genedlaetholdeb ei
hun. Gwlad oedd Cymru 'a fu unwaith yn rhan o Ymerodraeth Rhufain'.
Gyda'r Ddeddf Uno a'r Diwygiad Protestannaidd, yr oedd, fel y
gweddill o wledydd Ewrop, wedi ildio ei hunaniaeth fel rhan o
gyfangorff mwy. Dioddefai Cymru bellach gan warth dwbl: cael ei
rheoli gan wlad a oedd hithau wedi rhyfygu cefnu ar ei gwreiddiau.
Dyfynnwyd y ddwy frawddeg agoriadol a ganlyn droeon, ond amlygir
eu hystyr yn y drydedd: 'Peidiwch â gofyn am annibyniaeth i Gymru.
Nid am nad yw'n ymarferol, ond oblegid nad yw'n werth ei chael . . .

Dymunwn felly, nid annibyniaeth ond rhyddid ac ystyr rhyddid yn y mater hwn yw cyfrifoldeb.' Y nod i Gymru oedd ymwybyddiaeth o'i hawl i fod yn ddyledog i awdurdod uwch nag uned cenedl a deddf brenin. Hanfod y cenedlaetholdeb a ddatblygodd yn Ewrop o'r unfed ganrif ar bymtheg ymlaen oedd materoliaeth; dyfais i hwyluso grym economaidd. Yr oedd yr ymreolaeth y galwai Lewis amdani yn wahanol: 'nid rhyddid diamod, ond llawn cymaint o ryddid ag a fyddai'n hanfodol i sefydlu a diogelu gwareiddiad yng Nghymru'.[47]

Camleoli'r feirniadaeth yw beio 'Egwyddorion Cenedlaetholdeb' am ei amhendantrwydd ynghylch moddion a goblygiadau'r symudiad o ran polisi oddi wrth 'annibyniaeth' at 'ryddid'. Hyd yn oed yn 1931, a'r Blaid wedi drafftio ei chyfansoddiad yn amlinellu ei pherthynas â gweddill Prydain, daliai un o'i benseiri i sôn am annibyniaeth fel nod.[48] Anodd credu chwaith i'r gwahaniaeth cynnil a dynnodd Lewis rhwng y ddau amcan danio'i wrandawyr i ddyblu eu hymdrechion na newid eu dulliau ymgyrchu. Prin y gellid disgwyl iddo ddenu cefnogwyr newydd. Eithr nid newid cyfansoddiad oedd ei amcan. Ei aneglurder, i raddau pell, oedd ei gamp. Yr hyn y gobeithiai Lewis ei gyflawni trwyddo, o flaen dim, oedd newid rhethreg y Blaid a'i safle ef ei hun o'i mewn. Dychwelodd o Fachynlleth yn olygydd *Y Ddraig Goch* (ar y cyd, mewn enw, â Iorwerth Peate a Prosser Rhys) yn absenoldeb Bebb, a oedd ar wyliau yn Ffrainc, ac yn llywydd, yn sgil ymddiswyddiad Lewis Valentine. Dechreuodd arfer ei awdurdod ar unwaith. O fewn pythefnos wedi'r Ysgol ysgrifennodd at H.R. yn ei gymell i dderbyn swydd trefnydd amser llawn, gan nodi ei fod 'yn bersonol, ac fel llywydd, yn ymddiried ynoch a gobeithiaf gydweithio yn y dyfodol fel y gwnaethom hyd yn hyn', gan anfon 'Cofion cu'.[49] Yr oedd wedi perswadio'r Blaid i benodi H. R. Jones ar gyflog o £300 y flwyddyn a'i sefydlu mewn swyddfa bwrpasol yn Ffordd y Môr, Aberystwyth, ymhell o gyrraedd pwyllgor y Blaid yn Sir Gaernarfon. 'Y maent yn wyllt a diddoethineb, ac yn caru pasio penderfyniadau', ysgrifennodd Lewis at Kate Roberts ar 10 Hydref am aelodau'r pwyllgor. 'Bydd yno dan ddylanwadau gwell.'[50]

Y dylanwad gorau arno fyddai'r llywydd newydd ei hun. Yn y rhifyn i groesawu penodiad H.R. ym mis Hydref, datganodd Lewis fod *Y*

Ddraig Goch am newid cyfeiriad. Caniataodd gynnwys 'Cenedlaetholdeb a Christnogaeth' E. Tudno Jones 'er mwyn cefnogi sgrifennydd newydd', ond ei uchelgais i'r cylchgrawn oedd 'ysgrifau'n trin problemau ymarferol a pholiticaidd y bo gan awdur brofiad ynddynt'. Yng nghorff y cylchgrawn cyhoeddodd ei uchelgais ehangach i'r blaid a oedd erbyn hynny dan ei ofal:

> Y mae'r Blaid Genedlaethol bellach yn ffaith. Llwyddasom fyned heibio i'r cyflwr hwnnw pan sonio dynion yn dragwyddol am ddyheadau'r Cymro, anianawd y Cymro, delfrydau'r Cymro ac felly ymlaen *ad nauseam*.[51]

Costiai'r ymgyrch 'ymarferol' i sicrhau rhyddid Cymru arian ac aberth, rhybuddiodd ei ddarllenwyr. Amcangyfrifai y cymerai £1,000 y flwyddyn i barhau, ond yr oedd yn ffyddiog y dôi llwyddiant. Daeth 1926 i ben a Lewis mewn hwyliau da. Yr oedd Iorwerth Peate eisoes wedi ymddiswyddo o fwrdd golygyddol *Y Ddraig*, a byddai ymddiswyddiad Prosser Rhys yn dilyn o fewn deunaw mis. Ysgrifennodd lythyr yn Ffrangeg at Percy Mansell Jones, yn nechrau mis Rhagfyr yn ôl pob tebyg, yn sôn am y sefydlogrwydd yn ei fywyd teuluol ac am ei fwriad i lunio cyfres o ddarlithoedd ar y cysylltiadau rhwng barddoniaeth gyfoes Gymraeg a Ffrangeg a'i awydd i gyfrannu erthygl arnynt i *Criterion* T. S. Eliot.[52]

Nid y rheswm lleiaf am y sadrwydd – yng nghanol ei ddiddordebau llenyddol a chyffro ei gyfrifoldebau newydd fel llywydd plaid wleidyddol a thad – oedd bod agwedd arall ar ei fywyd ar fin dod i drefn.

Nodiadau

1 Ceir hanes eu cyfarfod cyntaf, a disgrifiad Bebb o Lewis, ynghyd â hanes eu penwythnos ym Mhenarth, yn T. Robin Chapman, *W. Ambrose Bebb* (Caerdydd, 1997), 61-2.

2 *LMG*, 520. SL at Margaret Gilcriest, 10 Ionawr 1924.

3 LlGC, papurau Plaid Cymru M190. Cofnod diddyddiad yn llaw G. J. Williams.

4 LlGC, papurau W. Ambrose Bebb. SL at Bebb, 11 Ionawr 1924.

5 Ibid. SL at Bebb, 19 Ionawr 1924.

6 LlGC, papurau D. J. Williams, Abergwaun, P2/30 bocs 11. SL at D. J. Williams, 7 Chwefror 1924.

7 *LMG*, 522. SL at Margaret Gilcriest, 15 Chwefror 1924.

8 LlGC, papurau D. J. Williams, Abergwaun, P2/30 bocs 11. SL at D. J. Williams, 4 Medi 1924.

9 *LMG*, 531-2. SL at Margaret Gilcriest, 2 Ebrill 1924.

10 Ibid., 533-4. SL at Margaret Gilcriest, 22 Mai 1924.

11 Ibid., 536. SL at Margaret Gilcriest, diddyddiad ond rhwng 22 a 30 Mai 1924.

12 Ibid., 537. SL at Margaret Gilcriest,diddyddiad ond rhwng 22 a 30 Mai 1924.

13 Ibid., 544-5. SL at Margaret Gilcriest, diddyddiad ond Gorffennaf 1924.

14 LlGC, 23226D/5. Lodwig Lewis at SL, 21 Gorffennaf 1924.

15 LlGC, papurau D. J. Williams, Abergwaun, P2/30 blwch 11. SL at D. J. Williams, 4 Medi 1924.

16 LlGC, papurau W. Ambrose Bebb. SL at W. Ambrose Bebb, 1 Hydref 1924.

17 LlGC, papurau D. J. Williams, Abergwaun, P2/30 bocs 11. SL at D. J. Williams, diddyddiad.

18 Cyhoeddwyd hanes dienw am Hugh Robert Jones – heb ddefnyddio'i enw llawn, yn *Y Ddraig Goch*, Hydref 1926. Gan i'r gwrthrych ddarparu'r manylion ar gais Lewis, mae'n debyg mai Lewis a'i lluniodd.

19 'Y Golygydd ar Nodweddion a Neges Sylfaenydd y Blaid', *Y Ddraig Goch*, Hydref 1930.

20 LlGC, papurau Plaid Cymru, B2. SL at H. R. Jones, 1 Mawrth 1925.

21 Ibid. SL at H. R. Jones, 1 Ebrill 1925.

22 *South Wales Evening News*, 9 Awst 1938.

23 'Cymreigio Cymru', *Baner ac Amserau Cymru*, 9 Ebrill 1925.

24 LlGC, papurau E. T. John, 5563-5.

25 A. O. Roberts, 'The Celtic Congress', *Welsh Outlook*, 12 (1925), 206.

26 'Nodiadau'r Mis', *Y Ddraig Goch*, Ionawr 1927.

27 LlGC, papurau Thomas Jones CH, H1/7. Y dyddiad ar waelod yr adroddiad yw 10 Medi 1925.

28 'Cymru a'r Cenhedloedd', *Baner ac Amserau Cymru*, 21 Mai 1925.

29 *Western Mail*, 25 Awst 1925.

30 'Dafydd Nanmor', *Y Llenor*, 4 (1925), 135-48.

31 D. J. Bowen, 'Erthygl Saunders Lewis ar Ddafydd', *Barddas*, 252 (1999), 38-41.

[32] John Morris-Jones, *Cerdd Dafod* (Rhydychen, 1925), t. 4.

[33] 'Dafydd Nanmor', 136.

[34] 'Gwleidyddiaeth 1925', *Baner ac Amserau Cymru*, 7 Ionawr 1926.

[35] LlGC, papurau Plaid Cymru, B5.

[36] 'Ateb i Mr Gwilym Davies', *Baner ac Amserau Cymru*, 22 Gorffennaf 1942.

[37] *An Introduction to Contemporary Welsh Literature* (Wrexham, 1926), 15.

[38] Ibid., 3.

[39] Ibid., 4.

[40] LlGC, papurau Plaid Cymru, B6. SL at H. R. Jones, diddyddiad.

[41] Ambrose Bebb, 'Amcanion y "Ddraig Goch"', *Y Ddraig Goch*, Mehefin 1926.

[42] LlGC, papurau Plaid Cymru, B5. SL at H. R. Jones, diddyddiad.

[43] 'Cenedlaetholdeb a Chyfalaf', *Y Ddraig Goch*, Mehefin 1926.

[44] 'Trasiedi', *Y Ddraig Goch*, Gorffennaf 1926.

[45] LlGC, papurau Plaid Cymru, B6. SL at H. R. Jones, diddyddiad.

[46] Ibid., A26.

[47] Bruce Griffiths (gol.), *Egwyddorion Cenedlaetholdeb* (Caerdydd, 1975).

[48] LlGC, papurau Noëlle Davies, 99/23. J. Alun Pugh at SL, 22 Mawrth 1931.

[49] LlGC, papurau Plaid Cymru, B6. SL at H. R. Jones, 3 Medi 1926.

[50] *AKAS*, 14. SL at Kate Roberts, 10 Hydref 1926.

[51] 'Dyfodol y Blaid Genedlaethol', *Y Ddraig Goch*, Medi 1926.

[52] LlGC, ffacs 297. Percy Mansell Jones at SL, 22 Rhagfyr 1926: 'I was very much touched by your letter in French, a language which you handle with surprising ease. What struck me most was the really delightful references to family life. Though I am hemispheres away from such an amenity, I read with real (and flattering envy) of your "stabilisation".'

O BANTYCELYN I FONICA
1925-30

Cychwynnodd Lewis *Williams Pantycelyn* yn Awst 1925 a'i gwblhau yn Ebrill 1927. Tyfodd, felly, yn gyfamserol â datblygiad ei argyhoeddiadau ynghylch gwreiddiau Ewropeaidd cenedlaetholdeb Cymreig a'r traddodiad llenyddol Cymraeg, a gellir yn gyfiawn ei ddarllen hefyd fel sylwebaeth hyd-braich ar natur argyhoeddiad, ac yn neilltuol felly ar ei dröedigaeth raddol ei hun a gyrhaeddodd ei phenllanw gyda'i gyhoeddi. Yn union fel y sylfaenodd ei genedlaetholdeb ar y gwareiddiad Cymreig a welodd yng nghanu Dafydd Nanmor, yr ymarfer beirniadol-lenyddol hwn, a ddisgrifiodd yn fuan wedyn fel 'disgyblaeth . . . werthfawr imi ac yn agoriad llygad ar broblemau fy mywyd a'm hoes fy hun',[1] a'i denodd yn derfynol at yr Eglwys y bu'n chwarae mig â hi o'i ddyddiau coleg. 'Wedi ei orffen,' cyfaddefodd wrth D. J. Williams am y llyfr bron chwarter canrif yn ddiweddarach, 'mi euthum at offeiriad a gofyn am fy nerbyn i'r Eglwys Gatholig . . . Gwneuthum y cwbl mewn gwaed oer neu dymer oer, yn union megis y penderfynais losgi Penyberth'.[2]

Hawdd canfod y gyfatebiaeth arwynebol a welai Lewis rhwng ei brofiad ef ei hun fel mab y mans ac eiddo'r Pêr Ganiedydd. Ei ddadl yw fod 'athrylith grefyddol' Williams Pantycelyn wedi ei alluogi i gynnig darlun cywir o natur tröedigaeth er gwaethaf y 'diffyg yn ei etifeddiaeth'.[3] Pontiodd Pantycelyn, yn ddiarwybod iddo'i hun, y gagendor yn y sensibiledd ysbrydol a grëwyd gan Biwritaniaeth ac a atgyfnerthwyd erbyn ei ddydd ef gan Galfiniaeth, i fynegi profiad 'cwbl anghalfinaidd'[4] y ceir gwarant ddwbl o'i ddilysrwydd yng ngwaith y Santes Teresa ac Awstin yn y cyfnod Catholig ac yn narganfyddiadau seicoleg gyfoes. Mae cyfarwyddiadau Pantycelyn yn *Drws y Society Profiad* ar swyddogaeth y seiat a'r stiward, er enghraifft, yn adleisio swyddogaeth y gyffesgell a'r offeiriad a rôl y seicolegydd yn ei glinig. Y brif wers a dynnodd Lewis o waith Pantycelyn, er hynny, oedd bod tröedigaeth yn ddisgyblaeth ddadansoddol rhagor cynhyrfiad emosiynol nad oes modd ymresymu yn ei gylch, ac mai 'ymholiad' – ei gyfieithiad ef o 'introspection' – yw 'nod amgen y bywyd Cristnogol'.[5] Pantycelyn yw 'etifedd gwyddoniaeth ymholiad y cyfrinwyr Catholig',[6] ac mae'r ymdriniaeth ag ef yn tanlinellu'r awydd cyson yn holl waith cyhoeddedig Lewis hyd 1936, boed feirniadaeth lenyddol, ysgrifau ar wleidyddiaeth a materion cyfoes, ie, a hyd yn oed ei waith creadigol ei hun, i symud argyhoeddiad o fyd teimlad i fyd deall a rheswm a diffiniad, i'w gyfundrefnu a'i archwilio, i'w wneud yn wrthrych 'diagnosis cyson ac ymwybod',[7] i ddofi'r 'enaid llamsachus'.[8] Mae'n enghraifft nodedig hefyd o'i gred gyfochrog yng ngwerth y broses o ysgrifennu fel magwrfa syniadau. Yn y weithred o gyfosod geiriau ar bapur y cyfosodai'r argyhoeddiadau a gyniweiriai trwy ei feddwl. Rhan o synthesis oedd *Pantycelyn*, a'r dröedigaeth a ddaeth yn ei sgil. Ym mlwyddyn ei dderbyn yn derfynol i'r Eglwys, mewn anerchiad gerbron Cymdeithas Gatholig Dynion Ieuainc Cymru, yn Nhrelái, dan gadeiryddiaeth Archesgob Caerdydd, cydnabu ei ddyled i'r emynydd am ei benderfyniad yntau:

> . . . the story of Pantycelyn's development is the story of one who began his religious life in the most rigid Puritan other-worldliness, and who grew more and more profoundly Christian, and who ended with a view of life that was fundamentally sacramental and heroic. Pantycelyn, anti-Papist as he was and as he remained to the end is, I believe, a very great European poet who truly belonged to the soul of the Catholic Church.[9]

Nid yw Lewis yn ymhelaethu ar y rhesymau pam nas derbyniwyd yn 1927. Mae'n bosibl mai pryder ynghylch effaith ei dröedigaeth ar ei dad yn ei waeledd – o du'r Tad John Barrett Davies, yr offeiriad a enwir yn y llythyr, o du Margaret neu o'i du ei hun – a'i cadwodd rhag cymryd y cam terfynol; fe ddichon hefyd na theimlai'r Tad Davies ei fod yn barod. Hyn sy'n sicr: bod y ddadl a red fel llinyn trwy *Pantycelyn* nad oes terfyn ar dröedigaeth hyd yn oed yn y Purdan a bod pob gweithred a meddwl yn sagrafen, yn caniatáu inni synio am bopeth a wnaeth o 1927 ymlaen fel eiddo un a gredai ei fod eisoes yn Gatholig mewn popeth ond enw. Cyfeiriai colofn olygyddol *Y Darian* ato mor gynnar â 10 Hydref 1929 fel un 'sydd yn Gristion proffesedig ac yn aelod o'r Eglwys Gatholig'. Byddai galw tröedigaeth Lewis yn weithred esthetaidd yn gywir ond yn gamarweiniol. Nid oes unrhyw dystiolaeth, ac eithrio yn y llythyrau cynnar at Margaret, iddo gael blas neilltuol ar rwysg y gwasanaethau na gwefr yn y litwrgi Lladin, fel y cawsai'r anturwyr ysbrydol Gwenallt a T. Gwynn Jones, a hyd yn oed y Calfinydd Ambrose Bebb a'r Annibynnwr Cynan. Pan ddaeth Lewis i'w benderfyniad, fe'i tynnwyd lawn gymaint gan yr hyn a ddiffiniai un beirniad yng nghyswllt ei ganu fel 'this dark, corrective side of the Christian affirmation'.[10] Ymprydiai yn ystod y Grawys trwy weddill y 1920au ac ymwrthod â chig ar ddydd Gwener erbyn diwedd y flwyddyn, gan ddatgan ei gred yr hydref hwnnw fod 'tragwyddoldeb *heb uffern ynddo* . . . yn annheilwng ac yn gynnyrch gwendid breuddwydiol a sentimentalwch dynion'.[11]

Ar yr un pryd, teg dweud mai hanfod apêl Catholigiaeth – a hyn heb fwriadu cymryd yn ysgafn gymhellion Lewis na bychanu'r ffydd a arddelodd – oedd yr elfen theatrig ynddi: ffydd fel perfformiad. Yn ei unig ddatganiad cyhoeddus ar y mater, haerodd Lewis, mewn geiriau a ddyfynnwyd droeon, iddo droi'n Gatholig 'am un rheswm enbyd o syml, fy mod i'n meddwl mai yn offeren yr Eglwys Gatholig y mae Duw yn cael ei addoli fel y dylai gael ei addoli'.[12] 'Dylai' priodoldeb sydd yma yn gymaint â 'dylai' dyletswydd. *Cyfrwng* y mawl yn ogystal ag argyhoeddiad a'i denodd, yn ôl ei gyfaddefiad ei hun: sagrafen yr offeren – lle troir elfennau'r bara a'r gwin yn gnawd ac yn waed, a lle mae dwylo'r offeiriad sy'n dal yr afrlladen a'r cwpan gan adrodd geiriau Crist yn y litwrgi yn ail-greu cymundeb ac aberth y Swper Olaf yn ôl esiampl a gorchymyn dwyfol. 'Mae popeth yn yr Eglwys Gatholig yn ddiflas gennyf i ond un peth,' mynnodd dair blynedd cyn hynny, ' – fod ganddi, yn fy nghred i, yr offeren a roes ei Sylfaenydd iddi, a thrwy hynny wasanaeth sy'n rhyngu bodd Duw'.[13] Nid mewn myfyrdod unig nac wrth oleuni cydwybod na rheswm nac mewn dyletswydd deuluol na chwrdd gweddi mae addoli Duw 'fel y dylai ef gael ei addoli', eithr o flaen cynulleidfa gyda geiriau parod a symbolau. Mae'r offeren yn asio chwaeth a chredo, addurn ac argyhoeddiad, y byd hwn a'r byd a ddaw, am fod y naill yn fodd i amgyffred y llall. Mae'n atgoffa rhywun o'i osodiadau am natur y llwyfan ar dudalennau'r *Darian* ar ddechrau'r 1920au ac yn 'Cwrs y Byd' wedi hynny, fel y ceir gweld, ac mae'n creu cyd-destun hefyd i'w eiriau cyfamserol mai un o'r effeithiau colli 'ei ffydd mewn sagrafen a chrefydd sagrafennaidd' ar fywyd Cymru gyda'r Diwygiad Protestannaidd oedd 'colli ei chwaeth'.[14] Diau hefyd, fel yr awgrymwyd eisoes, fod cyswllt rhwng atyniad Lewis at yr Eglwys Gatholig a'i atyniad cyfochrog at syniadau gwrth-ddemocrataidd. Un o effeithiau colli'r 'ancient Latin mass', cwynodd yn sgil Ail Gyngor y Fatican, oedd gwneud 'the congregation, not the altar, the important thing in worship, so that the congregation naturally concludes vox populi vox Dei.'[15] O safbwynt esthetig, ysbrydol a gwleidyddol, yr allor oedd hafan anochel Lewis.

Ffrwyth yr un dröedigaeth oedd cerdd gyntaf Lewis yn Gymraeg, a'r gyntaf iddo ei chyhoeddi mewn unrhyw iaith. Try'r cywydd ugain llinell yntau, 'Llygad y Dydd yn Ebrill', a gyhoeddwyd yn rhifyn hydref 1928 o'r *Llenor*, ar gyferbyniad – troedio 'dibris' echdoe 'a doe gweld' – ond gorwedd ei arwyddocâd yn ei unplygrwydd. Cyfleir hyd a lled testun y gerdd yn ei theitl. Disgrifia Lewis y blodyn 'fel drych harddwych y wawrddydd', 'miliynau heuliau y nen', 'swllt crisialaidd', 'y Llwybr Llaethog', 'gleiniau tân gloynnod Duw'. Nid oes datblygiad ynddi na chasgliad iddi ond ailadrodd ei llinell agoriadol, fel plyg destlus wrth gau parsel. Yn wahanol i 'Clychau'r Gog' Williams Parry, dyweder, nid yw'n estyniad o ymwybyddiaeth y bardd, dim ond i'r graddau bod y cyffelybiaethau'n deillio o olygwedd ganoloesol, glasurol, Gristnogol. Mae'n *pastiche* yn codi o'r argyhoeddiad esthetig a gafodd lais yn 'Dafydd Nanmor' ac a liwiai ei feddylfryd fel gwleidydd: cynnyrch Cymru ei ddyhead.

Yr oedd cyfansoddi *Pantycelyn* yn fodd yn ogystal i ategu'r hyn a welai Lewis yn swydd ehangach y Blaid dan ei lywyddiaeth. Cyhoeddodd yn 'Nodiadau'r Mis' yn *Y Ddraig Goch* ym mis Chwefror 1927 fod polisi'r Blaid wedi'i sylfaenu 'ar ddeffiniad pendant':

Derbyn, gwir dderbyn, egwyddor y Blaid yw nid yn unig helpu i waredu dyfodol Cymru, ond helpu hefyd i ddwyn trefn a rheswm a phendantrwydd a rhesymeg yn ôl i feddwl Cymru a gwasgar niwl sentimental ein hoes . . . gwerth y Blaid i Gymru yw ei bod yn dwyn cenedlaetholdeb allan o fyd sentiment a niwlogrwydd ac ymbalfalu i mewn i fyd goleuni a phendantrwydd a gweithred. Y mae ganddi nid yn unig raglen wleidyddol, ond hefyd neges ysbrydol a disgyblaeth i'r meddwl. Bydd ei llwyddiant hefyd yn sicrhau Cymru ddeallusach a gwrolach ei meddwl.

Nodyn oedd hwn a drawai fwy nag unwaith trwy fisoedd agoriadol y flwyddyn, gan fynnu yn 'Nodiadau' mis Ebrill mai amcan y Blaid oedd 'ehangu meddwl Cymru, rhoi iddi asgwrn cefn fel y gallo sefyll yn unionsyth a neidio dros glawdd Lloegr yn ôl i'w lle yn Ewrop a'r byd' a galw gwleidyddiaeth yn yr un golofn fis wedi hynny yn 'rhan o gyfanrwydd bywyd dynol'. Yn y misoedd a ddilynai, cynigiodd gipolwg ar y cyfoeth gwâr hwnnw yr oedd Cymru wedi'i nacáu iddi'i hun cyn hynny: agwedd fwy goleuedig tuag at y sinema; yr angen am amgueddfa genedlaethol fel 'arwydd o'r unoliaeth a'r cyfanrwydd sy'n ddyhead gennym' chwedl 'Nodiadau' Mai; a hyrwyddo diet iachach a mwy cyfandirol ym mis Gorffennaf: 'Pa sawl Cymro neu Gymraes a fedr wneud omlet?'

Y cam cyntaf mewn gwneud omlet i Lewis fyddai torri wyau, ac anodd oedd gwireddu nod mor uchelgeisiol yn wyneb yr anawsterau ymarferol a wynebai'r Blaid. Yn un peth, rhaid oedd parhau i ddofi brwdfrydedd anystywallt H. R. Jones. Un cynnig ganddo oedd tarfu ar etholiadau seneddol: syniad a ddisgrifiodd Lewis fel un '[c]wbl ffôl'. Yn y dull a ddaeth yn nod amgen eu gohebiaeth, rhifodd Lewis ei resymau: yn gyntaf, '[n]i allai lwyddo ond unwaith'; yn ail, 'byddai gwybod am y cais yn ddigon i ddamnio'r Blaid yn y wlad, a phe deëllid bod Trefnydd y Blaid ynglŷn â'r peth, byddai'n ddiwedd arnom'. Yn drydydd, atgoffodd ei drefnydd am hanfod yr egwyddorion yr ymladdai'r Blaid drostynt:

> . . . y mae cenedlaetholdeb yn apêl at gydwybod cenedl, a gwell gennyf i fod yn hir a graddol yn ennill y wlad na cheisio rhwystro mynegiant gwir feddwl y wlad oblegid bod y meddwl hwnnw yn groes i'm meddwl i. A gaf i erfyn arnoch gymryd eich gwaith mewn difrif ac nid rhoi eich meddwl ar driciau llanciau.[16]

Addawodd Lewis na soniai ddim am y mater wrth neb, a thridiau'n ddiweddarach syrthiodd H.R. ar ei fai, gan gyfaddef fel y dôi 'munudau a meddylia [*sic*] gwyllt heibio ar brydiau, munudau o orffwylledd hwyrach, sydd yn peru [*sic*] i ddyn feddwl a dychmygu pethau ffôl'. Ymddiwygiai. 'Er gwaethaf ambell funud gwyllt a meddyliau cyffrous, yr wyf yn canolbwyntio fy holl egnïon ar waith y Blaid'.[17]

Yr oedd y byrbwylltra'n amlygiad o gyflwr dyfnach, wrth gwrs. Fis yn ddiweddarach, trawyd H. R. Jones yn sâl, a bu'n argyfwng gweinyddol: llythyrau heb eu hateb a negeseuon heb eu trosglwyddo. Yr oedd y *Ddraig* yn colli arian, treuliau swyddfa o £5 y mis yn bygwth llethu'r fenter, a'r Ysgol Haf, un o gyfrifoldebau neilltuol H.R., yn y fantol. Ateb y trefnydd, a deimlai fel petai ar fai am ei waeledd ei hun, oedd mynnu gostwng ei gyflog o £300 y flwyddyn i £200 a chwilio am waith arall, ond ni allai Lewis fforddio'i golli. Erbyn canol Mawrth pwysai arno i fynd ar wyliau 'i'r Aifft neu rywle tebyg' er mwyn ei iechyd,[18] gan addo gofalu am drefnu'r Ysgol ei hun. 'Arnaf i y bydd y cyfrifoldeb am hynny,' ysgrifennodd ato yn ddiweddarach yr un mis. 'Peidiwch, os gellwch, â cholli eich nerfau. Ni raid hynny o gwbl.'[19] Yn y diwedd, perswadiwyd Jones i dreulio pythefnos yn Ffrainc yr Ebrill hwnnw. Yn ei absenoldeb, derbyniwyd ei gynnig i ostwng ei gyflog 'gyda gofid' gan y Pwyllgor Gwaith, a chyhoeddwyd y byddai'n rhaid cau'r swyddfa a 'rhoi mis o notis i'r Trefnydd' oni ddôi arian o rywle.[20] Yn wyrthiol, daeth £100 o rodd gan yr hynod Mallt Williams, Plas Pant y Saeson, Llandudoch, yn ateb i apêl gan Lewis i achub y swyddfa 'cyn torri'r llinyn arian'.[21]

Yr oedd dyfodol y Blaid yn sicr – am y tro – ond yr oedd y prysurdeb a ddaethai i ran Lewis yn sgil colli H.R. yn dechrau dweud arno. Yn yr un mis, lleisiodd ei gŵyn wrth D. J. Williams:

> Yr wyf yn teimlo fwyfwy na allaf i wneud y ddau beth gyda'i gilydd, sef mynd o gwmpas i ddarlithio a siarad, a'r un pryd ysgrifennu. Y mae'r Nodiadau misol yn costio tipyn imi, a dyma fi'r dyddiau hyn yn llafurio'n frwd i orffen fy Mhantycelyn cyn y Pasg.

O'r ddau, ychwanegodd, teimlai mai ysgrifennu oedd 'yr hyn a allaf oreu . . . Canys gwn nad wyf yn siaradwr poblogaidd, er nad wyf fyth mi gredaf yn siarad nonsens'.[22]

Treuliai Lewis weddill y degawd a'r tu hwnt yn dygymod â'r cyfyng-gyngor a ddôi'n waddol i bob llenor o Bleidiwr yn ei dro: ai trwy ddulliau celfyddyd neu wleidyddiaeth y dylid rhoi'r flaenoriaeth i ddiogelu'r gwareiddiad Cymreig? Yn ei achos ef, teimlir mai craidd yr anesmwythyd, hyd yn oed yn y dyddiau cyffrous hynny cyn i'r Blaid wynebu'r un prawf etholiadol, oedd y tyndra rhwng dau ddarlun o Gymreictod: y naill yn weledigaeth gynhyrfus ond hydrin yn cwmpasu canrifoedd a chyfandiroedd; y llall yn ddibynnol ar feidrolion ffaeledig megis H. R. Jones. Gorfu i Lewis wynebu realiti gwleidyddol cyn cael cyfle i ddygymod â *Realpolitik*.

'O na buaswn innau yn y Gogledd neu ar wyliau hefyd,' ysgrifennodd at Kate Roberts, a dreuliai'r Pasg ar ei hen aelwyd yn Rhosgadfan, ar 6 Ebrill. 'Teimlaf y dyddiau hyn bod trol wedi mynd drosof a'm gadael yn fflat a sych'.[23] Dryswyd ei gynlluniau i fwrw'r gwyliau gyda'i gyfaill Percy Mansell Jones y gwanwyn hwnnw gan salwch y gŵr hwnnw. Yr oedd delwedd y drol yn od o broffwydol hefyd: ddeufis yn ddiweddarach, bwriwyd Lewis oddi ar ei feic modur ger gorsaf Bae Abertawe gan lorri, a bu'n rhaid iddo gywiro proflenni *Pantycelyn* gyda dwylo briw.

Daliai ei ddwylo'n boenus wrth iddo ysgrifennu erthygl i'r *Llenor*, a ymddangosodd yn rhifyn yr haf hwnnw. Y symbyliad uniongyrchol ymddangosiadol i'r 'Llythyr ynghylch Catholigiaeth' oedd '*extreme disgust*' Gruffydd ag 'a kind of crude neo-Catholicism' yng ngwaith Lewis a Bebb, ac yn enwedig felly (gellir bwrw, gan nad yw Gruffydd yn enwi neb yn ei lith) yn *An Introduction to Contemporary Welsh Literature*,[24] ond gellir dod at y 'Llythyr' o sawl cyfeiriad dilys a dadlennol arall: fel atodiad i *Williams Pantycelyn*; fel esiampl o'r byrbwylltra polisïol a welwyd eisoes mewn perthynas â chenedlaetholdeb a drilio milwrol yn ei anerchiad yn Llandrindod yn Awst 1923; fel dihangfa rhag gwleidyddiaeth 'ymarferol'; fel rhagymadrodd syniadol i'w *Monica* dair blynedd yn ddiweddarach; fel taro'r post i'r pared glywed am ei Gatholigiaeth gan un, yng ngeiriau clo'r 'Llythyr', a'i cyfrifai ei hun ymhlith 'y rheiny na allant eto dderbyn yr iau';[25] fel cynnig ar ysgrifennu'r math o feirniadaeth 'humane' yr oedd wedi galw amdani yn ei femorandwm ar le'r Gymraeg fel pwnc ym Mhrifysgol Cymru; a hyd yn oed fel ymgais i sefydlu idiom feirniadol dadl T. S. Eliot a Middleton Murry ynghylch traddodiad ac

awdurdod ar ddalennau'r *Criterion* a'r *Adelphi* rhwng 1923 ac 1927, ym
mhrif gyfnodolyn llenyddol Cymraeg y cyfnod. Ymarferiad diddorol, er
hynny, yw edrych yn ôl arno gyda'r pellter beirniadol a fagodd Lewis ei
hun tuag ato, a'i weld yn rhagflaenydd ysgrif fer a luniwyd saith mlynedd
ar hugain yn ddiweddarach y mae ei theitl yn ei dynodi fel cyfansoddiad
cytras, llai cynnil ond mwy cryno.

Darn peryglus o ddyfynadwy yw'r 'Llythyr'. Ei bwnc yw pechod,
'priodoledd arbennig dyn', gwrthrych ei ddirmyg yw 'drysni' moderniaeth
ddiwinyddol a'i apêl yw galwad 'dros gadw mewn llenyddiaeth y
syniadau mawr cyfoethog sydd mewn Cristnogaeth'.[26] Mae 'Nodyn
ynghylch Diwinyddiaeth' yn tynnu'r plisgyn ymorchestol. Clymir yr
argyhoeddiadau 'cydwybod, iawn, cymod, maddeuant' fel rhan o'r eirfa
'sy'n perthyn i brofiadau unigrwydd'. Yr un yw ffynhonnell ymchwil yr
enaid a'r traddodiad llenyddol Cymraeg:

> Y mae ceisio ysgrifennu hanes ein llenyddiaeth heb drafod o ddifri y
> mater crefyddol yn debyg i'r hyn a elwir gan Saeson yn gais i actio
> drama Hamlet heb fod neb yn cymryd rhan Tywysog Denmarc . . .
>
> Nid rhyw odrwydd yn tarddu o dlodi a chyfyngder amgylchiadau
> sy'n cyfri am bwysigrwydd diwinyddiaeth yn ein llenyddiaeth ni. Y
> mae hynny'n rhan o'r eglurhad pam nad oes gennym ni lenyddiaeth
> ehangach ei diddordeb; pam, er enghraifft, na chawsom nofel yn y
> ddeunawfed ganrif . . . Nid ein hysgar ni Gymry oddi wrth Ewrop y
> mae'n llenyddiaeth grefyddol ni a'n dadleuon diwinyddol. Yn gwbl
> groes i hynny, hwy sy'n ein profi ni yn rhan o'r un gwareiddiad â
> Racine a Pascal a Milton a Dante.[27]

Ni lwyddodd y 'Llythyr' i ddarbwyllo neb, mae'n debyg, ac nid oedd
disgwyl iddo wneud. Yn 1927, digon oedd bod wedi herio golygydd *Y
Llenor* ar ei domen ei hunan: '. . . ni allaf lai na barnu bod ateb W. J.
Gruffydd yn hynaws, yn ddiddichell ac yn bur gryf',[28] ysgrifennodd at
un a oedd yn eilun i Gruffydd ac yntau ill dau. Yr oedd yn ernes o
wrthdaro mwy ffyrnig i ddod.

Dychwelodd H.R. i'w swydd ym mis Mai ac yr oedd, fel Lewis
yntau, yn ddigon iach i fynychu ail Ysgol Haf y Blaid yn Llangollen yn
ail wythnos Awst, ac mae'n debyg mai yno, ar bapur Royal Hotel y dref,
yr ysgrifennodd Lewis, mewn pensel, femorandwm ar ei gyfer ynghylch

'Trefnu Cyfarfodydd'. Mae'r pwyntiau a restrir ynddo yn dangos yr agendor a fodolai rhwng y llywydd a'r sawl a ddewisasai i ledaenu ei genadwri. Y cyntaf o'r chwe phwynt oedd: 'Cael bob tro gyhoeddiad pendant ar ddydd pendant gan bob siaradwr ac mewn digon o bryd'. Aeth rhagddo i atgoffa ei drefnydd o'r angen am 'hysbysebu pob cyfarfod yn llwyr a phrydlon', i 'siarad yn gynnil ac nid adeiladu ar y tywod' mewn cyfarfodydd cyhoeddus, i yrru llythyrau 'mwy cynnil ac mewn gwell dull a threfn', i gadw cyfrifon 'yn ofalus ac yn fanwl' ac i baratoi 'rhestr o aelodau'r blaid ac ychwanegu supplement bob mis'.[29]

Dan yr amgylchiadau, aeth yr Ysgol yn well na'r disgwyl. Ailetholwyd Lewis yn llywydd yn ddiwrthwynebiad a chyflwynwyd cloc ar lechen iddo yn gydnabyddiaeth am ei flwyddyn gyntaf wrth y gwaith. Y cam mawr a gymerwyd yn Llangollen, er hynny, oedd pregethu polisi economaidd i'r Blaid – cydweithrediad yn wyneb masgynhyrchu – a blesiai'r chwith yn ei wrthwynebiad i'r diwydianwyr mawrion preifat, y dde yn ei bwyslais ar hunangynhaliaeth a diffyg ymyriad gan y wladwriaeth, a chenedlaetholwyr diwylliannol o bob stamp yn ei alwad am ddychwelyd at 'y dyddiau dirodres' pan oedd modd adnabod pob fferm wrth flas unigryw ei menyn.[30]

Erbyn i'r *Faner* ganu ei glodydd ar 22 Awst fel 'y gwleidydd mwyaf o ddigon a fedd y Blaid', wrth gyfaddef 'na fedd ef yn helaeth ar y ddawn boblogaidd', yr oedd Lewis ym Mharis, lle'r ysgrifennodd 'Nodiadau' mis Medi i'r *Ddraig Goch*. Edrychodd yn ôl ar ail wythnos Awst fel 'rhywbeth eithriadol a hynod dros ben', gan honni bod 'athroniaeth Cenedlaetholdeb Cymreig yn feddiant cyfan gennym bellach'. Daeth o Langollen, meddai, gan gredu '[na] bu yng Nghymru ers dyddiau'r pendefigion gwmni llawenach na rhadlonach'. Buasai Ysgol Haf Machynlleth yn gyrch i gipio arweinyddiaeth a threfniadaeth y Blaid; gyda Llangollen, teimlai Lewis y gellid cymryd y cam yr oedd wedi petruso ei gymryd flwyddyn ynghynt. 'Polisi economaidd?' ysgrifennodd at H. R. Jones yn haf 1926. 'Ni welaf i'r angen. Byddai mabwysiadu polisi bendant [*sic*] yn ein rhwymo cyn dechrau gwaith'. Gellid mwyach 'arwain y Blaid gyfan yn dawel ond yn sicr i ddeall athroniaeth boliticaidd cenedlaetholdeb a'r traddodiad Cymreig' a setlo 'yn derfynol bolisi politicaidd ac economaidd'.[31]

Troes Lewis ei lygaid oddi wrth y darlun cain, gwaraidd o Gymru i ymboeni ynghylch siâp, lliw a defnydd y ffrâm a'i cynhwysai. Polisi rhagor diwylliant oedd nod amgen datganiadau golygyddol Lewis yn *Y Ddraig Goch* trwy weddill 1927: adwaith y Blaid i adroddiad y Pwyllgor Adrannol, *Y Gymraeg mewn Addysg a Bywyd*, ym mis Hydref; ei pholisi tramor ac economaidd, sylwadau ar neuaddau pentref, y Brifysgol a'r Eglwys yng Nghymru a pherthynas y Blaid â'r Urdd ym mis Tachwedd; y diwydiant glo a thrydan fis wedi hynny, gyda galwad am i'r diwydiannau mawr i gyd goleddu '[h]en egwyddor Gymreig' cydweithrediad. 'Iaith genedlaethol, ie,' cyhoeddodd mewn chwaer-ysgrif; 'addysg genedlaethol, ie: a diwydiant cenedlaethol hefyd':

> Y mae ein plaid ni yn mynd i lwyddo am ei bod yn pwysleisio bod Morgannwg yn gystal rhan o Gymru â Cheredigion, a bod dinasoedd yn gystal â chefn gwlad i fod yn gestyll y bywyd cenedlaethol.[32]

Yr oedd yn gam tuag at gydnabod realiti arwain plaid genedlaethol a fynnai broffil cenedlaethol, a'r un oedd cywair ei lythyr at un a fuasai yn Llangollen. Rhaid oedd dygymod â'r cyffredin fel arwydd o aeddfedrwydd. 'Y modd y gwn i heddiw fy mod wedi bwrw fy llencyndod oddiwrthyf yw fy mod yn fodlon ar beidio â cheisio hapusrwydd ac eto yn gwybod bod bywyd yn werth ei fyw fel y mae.'[33]

Daliai cylch diddordeb gwleidyddol Lewis i gulhau trwy ddechrau 1928 wrth iddo ymhél â mân oblygiadau ymarferol ei weledigaeth ehangach. Testun 'Nodiadau'r Mis' yn Chwefror y flwyddyn honno oedd cynllunio gwlad a thref, addysg, iechyd, tai a phwysigrwydd y cynghorau lleol fel 'conglfaen gwareiddiad Cymru' a magwrfa 'cydwybod cenedl wir Gymreig'. Y cynghorau fyddai maes y gad. Byddai'r Blaid yn ymladd etholiadau San Steffan, meddai – a gobeithiai weld ymgeiswyr mewn dwy sedd 'o leiaf' yn yr etholiad cyffredinol nesaf – ond ni chymerent eu seddi o'u hennill:

> . . . petai aelodau'r Blaid yn mynd i'r Senedd, ni byddai neb o'r pleidiau eraill yn ein hofni o gwbl. Ni wnaent ond gwenu arnom a siarad yn dosturiol-garedig amdanom. Paham? Oblegid fe wyddant oll, unwaith y'n delid ni yn Nhŷ'r Cyffredin, y'n llyncid ni gan y pleidiau

eraill mewn byr amser megis y llyncid Cymru Fydd ers talm. Ond fe ŵyr y Torïaid a'r Rhyddfrydwyr a'r Sosialwyr, os llwyddwn ni mewn etholiad a gwrthod mynd i'r senedd, yna bydd y diwrnod wedi gwawrio o'r diwedd y trinir [*sic*] ymreolaeth i Gymru fel pwnc difrifol a phwnc llosg gan senedd Lloegr ei hun.

Fel polisi, yr oedd iddo rinwedd eglurder, ac yr oedd profiad hanes efallai o'i du; eithr safai led cae oddi wrth y nod yr oedd Lewis wedi ei osod i'r Blaid lai na blwyddyn cyn hynny yn 'Nodiadau' Ebrill 1927, o fod yn fudiad 'i roi terfyn ar gulni a phlwyfoldeb Cymru'. Mae'n amhosibl dychmygu na welai Lewis dyndra rhwng ei eiriau ei hun am ennill seddi ar y cynghorau (gan annog darpar ymgeiswyr i sefyll yn agored dan faner y Blaid rhagor fel annibynwyr cydymdeimladol) a'r disgrifiad ohono gan T. Gwynn Jones fel 'dim ond un o'r twrr bach o Ewropeaid sydd i'w cael yn y byd!'.[34]

Polisi ynddo'i hun oedd yr holl sôn am bolisi, wrth gwrs. Ymgais oedd i lacio'r tyndra rhwng ei uchelgais ddiwylliannol a'r dulliau gwleidyddol plwyfol yr oedd yn rhaid wrthynt oherwydd yr adnoddau prin, yn bobl ac yn arian, o fewn y Blaid ac anallu seicolegol yr etholwyr, fel y gwelai Lewis y peth, i godi eu llygaid. Syniai Lewis amdano fel amlygiad o hollt letach a dyfnach ym mywyd Cymru rhwng atyniadau cyferbyniol y cywir a'r cysurus. Yn erbyn cefndir y datganiadau yn *Y Ddraig Goch*, yn dogni gweledigaeth fesul polisi, yr ysgrifennodd am rwystredigaeth yn wyneb grym hygoeledd. Pwnc 'Llenorion a Lleygwyr' yw'r rheidrwydd sydd ar ysgolheictod Cymraeg i chwalu 'hen ddaliadau a thybiaethau' y cyhoedd am hynafiaeth yr Eisteddfod a'r Orsedd, gan gydnabod yr un pryd fod y dasg yn un anodd:

> Ond yr hyn nas deallodd y llenorion yn ddigon eglur yw bod yr hwyrfrydigrwydd i dderbyn eu goleuni newydd yn codi oddi ar ofn y lleygwyr y bydd eu hetifeddiaeth hwynt yn dlotach oblegid y torri hwn, y bydd eu traddodiadau a'r pethau a garasant ac a brisiasant yn lleihau a diflannu. Ni ddangosodd y llenorion yn ddigon pendant nad tlodi llên a sefydliadau Cymru heddiw a wnânt, ac am na ddangoswyd hynny bu'r wlad yn gyndyn i wrthod eu darganfodau.[35]

Y testun anysgrifenedig, ymhlyg yn natganiadau Lewis ar genedlaetholdeb erbyn 1928 oedd 'Boneddigion a Gwerin' a'r teyrngarwch a'r ofnau a gadwai'r naill ar wahân i'r llall. Aeth i'r afael â'r mater ym mis Gorffennaf. Gwelai ddau 'anghyflawnder' ym mywyd Cymru: 'y diwylliant dinesig bonheddig a'r diwylliant Cymraeg llenyddol'. Am y diwylliant Cymraeg, cwynai, 'y mae'n resynus o ddifater ynghylch pob dim a berthyn i harddwch natur a harddwch celfyddyd'. Anghyflawnder y 'diwylliant pendefigaidd', ar y llaw arall, oedd anwybodaeth: 'Carant Gymru; nis deallant. Ceisiant wasanaethu Cymru: o'u hanfodd bradychant hi. Nid Saeson ydynt: y maent yn Seisnig. Nid oes ganddynt y peth sy gan y werin, sef y diwylliant llenyddol Cymraeg, ac y mae ganddynt y peth na fedd y dosbarth hwnnw, sef diwylliant dinesig'. Cau'r agendor rhyngddynt oedd 'unig obaith' Cymru: 'Ein cred ni yw y bydd ymreolaeth yn gam sylweddol yng nghyfeiriad y briodas honno, ac am hynny yn bennaf yr ydym yn perthyn i'r Blaid Genedlaethol.'[36]

'Cam' i'r cyfeiriad iawn yn unig, sylwer. Argyhoeddiad cyfochrog (a sylfaenol gyferbyniol) Lewis oedd mai 'ffrwythau lludw'r Môr Coch', chwedl yr ysgrif, fyddai ymreolaeth heb y briodas orfod hon yn ben draw iddi.

Ceir yn yr ysfa hon am weld cymathu dau ddiwylliant anghymodlon – y sylwyd arni eisoes yn y tyndra rhwng ysbryd 'Cymreigio Cymru' a 'Dafydd Nanmor' – hadau dau beth nad hawdd eu trafod ar wahân gan mor agos y perthynent i'w gilydd. Yn gyntaf, ac yn ddiarwybod, efallai, i'r rhelyw o'i blaid, newidiadasai uchelgais wleidyddol waelodol Lewis i'w blaid erbyn diwedd y 1920au. Rhagamod ac unig gyfrwng dichonadwy'r briodas a daer ddymunai rhwng y ddau ddosbarth a'r ddau ddiwylliant fyddai hunanlywodraeth, ond perygl hunanlywodraeth fyddai creu Cymru i athrawiaethau eraill ffynnu ynddi. Nid digon, gan hynny, y 'rhyddid' yr oedd wedi galw amdano yn Ysgol Haf gyntaf y Blaid ym Machynlleth. Nod dros dro oedd ymreolaeth bellach, felly, i ragflaenu sefydlu gwladwriaeth Gymreig. Erbyn diwedd 1929 yr oedd wedi gofyn i gyfreithwyr cefnogol i'r Blaid yn Llundain 'ffurfio pwyllgor i dynnu allan "Gyfansoddiad" i Gymru . . . a fyddai yn fynegiant terfynol o'r cynllun llywodraeth a fyn y Blaid Genedlaethol i

Gymru ac o gysylltiadau Cymru (a Llywodraeth Cymru) â Lloegr a Llywodraeth Lloegr'.[37] Yn ail, rhan annatod o'r un uchelgais oedd y dadrithiad a'i gwnâi yn anfodlon (yn breifat o leiaf) ar ei le yn y Blaid o fewn blwyddyn, a esgorai yn ei dro ar yr athrawiaeth a'i gorfodai i gynnau'r Tân yn Llŷn erbyn canol y 1930au ac a'i gyrrai o rengoedd y Blaid i bob pwrpas ymarferol cyn pen dwy flynedd eto. Oherwydd cyfaddefiad dealledig oedd yr alwad am wladwriaeth gan Lewis nad cyfled ei awdurdod â'i weledigaeth. Gallai arwain ei blaid mewn enw ond ni allai byth obeithio llywio ei meddwl. Ceir dangoseg o'i gyfyng-gyngor yn ei bortread o John Elias yn nyddiau sefydlu'r Methodistiaid Calfinaidd, yn *Merch Gwern Hywel*, yn mynnu bod 'Rhaid i bob gosodiad fod yn gyson â'i gilydd. Heb un hollt yn yr athrawiaeth',[38] ond yn arweinydd hefyd ar fudiad nad oedd modd ei gyfeirio trwy reolau sefydlog a phwyllgorau a grym personoliaeth. Fel y tyfai'r Blaid, felly yr âi ei haelodaeth o reidrwydd yn fwy amryfath, ei rhaglen yn fwy o gyfaddawd. Âi'r goblygiadau hyd yn oed yn ddyfnach na hynny. Yr oedd yn addefiad nad o blith y werin Gymraeg y dôi rhyddid gwerth ei gael, ac yn broffes ymhlyg hefyd nad oedd modd ei wireddu o fewn cwmpas gwleidyddiaeth gyfansoddiadol. Yr alwad am briodi dau ddiwylliant oedd y gyntaf o gyfres o alwadau tebyg am gyfannu'r bywyd cenedlaethol a'i gwnâi'n gynyddol ddrwgdybus o foddion gwleidyddol yn fwy cyffredinol. Erbyn diwedd 1929 dadleuai fod democratiaeth yn ffaeledig ac 'nad mwyafrif poblogaeth sy'n cynrychioli bob amser wir feddwl a dyhead cenedl'.[39] Fis wedi hynny, mewn ymgais i synio am y teulu 'yn ôl mesur cyfundrefn gron o athrawiaeth', barnai fod y wladwriaeth les hithau, yn ei gofal am addysg a diet a dannedd plant, yn gweithredu 'yn bendant yng nghyfeiriad difa Cristnogaeth'. Effaith 'tosturi duwiol' a 'dyngarwch enbyd' y wladwriaeth oedd creu 'cenhedlaeth o beiriannau da. Nid ystyriwyd o gwbl iechyd teimladau hynaws, iechyd yr ymwybyddiaeth o ddiolch a chariad'. Hyrwyddai'r llywodraeth athrawiaeth a ddaliai fod gwŷr a gwragedd yn gydradd ac a oedd yn prysur amddifadu rhieni 'o bob cyfrifoldeb, ac o bob hawl ar ufudd-dod eu plant'. Y Blaid, meddai, oedd yr unig wrthglawdd rhag yr 'Oes Dywyll' a oedd yn sicr o ddod yn ei sgil: 'Hi yn unig heddiw yng Nghymru sy'n gweld'.[40] Hanner blwyddyn yn ddiweddarach eto, mynegodd yr un ddrwgdybiaeth o'r radicaliaeth Ryddfrydol a rhyddfrydig, 'yr egwyddor wleidyddol anghyflawn hon', a ffynnai o hyd yn y Gymru Gymraeg. Rhoddai honno bwyslais ar ennill hawliau i'r werin ar draul hawliau i'r genedl: 'Yr egwyddor a orweddai dan y cwbl oedd egwyddor tegwch a chydraddoldeb rhwng dau ddosbarth . . . Ni chodwyd egwyddor diwylliant Cymraeg, traddodiadau Cymreig, hawl cenedl i lunio ei bywyd ar linellau cydnaws â'i natur.'[41]

Pen draw anochel y galw am gyfuno bonedd a gwreng oedd y weithred ddramatig, gatastroffig a gyflawnai yn Llŷn. Dyn yn pwyso ei eiriau'n ofalus oedd Lewis pan safai ar lwyfan yr Eisteddfod Genedlaethol yn ei sgil i haeru mai 'y gwir diogel' am genedlaetholdeb yw 'fod ynddo hadau poen a dioddef a merthyrdod'.[42]

Ceir awgrym o'r ymwybyddiaeth newydd yn iaith ei ddatganiadau gwleidyddol. Am yn ail â'r pwyslais a welid yn *Egwyddorion Cenedlaetholdeb* ddwy flynedd ynghynt ar wneud yr hyn sy'n ymarferol, ar arfer pwyll ac amynedd, adeiladu ar seiliau cadarn, sicrwydd amcanion, trefn a phendantrwydd a rhesymeg ac yn y blaen, brithir ei osodiadau o ganol 1928 ymlaen â geirfa apocalyptaidd chwalu a llosgi, aberthu a dioddef. Ymffurfiai'r rhethreg a drôi'n weithred yn 1936. Y genadwri a bregethai'n gyson erbyn ail hanner 1928 oedd diymadferthedd Cymru. Nid oedd Cymru'n genedl: 'O hyn ymlaen dyna'r unig ffaith sydd i fod o bwys mewn gwleidyddiaeth Gymreig'.[43]

Er hynny, yr oedd blas mwy confensiynol wleidyddol ar drydedd Ysgol Haf y Blaid yn Ysgol y Sir, Llandeilo, yn ystod ail wythnos Awst 1928. Darllenwyd papurau gan J. E. Jones (ar ran D. J. Davies, na fedrai ddigon o Gymraeg i gyflwyno ei bapur ei hun) ar 'Ffurfiau Posibl o Hunan-lywodraeth', gan Tom Smith ar ddatblygu trydan yng Nghymru, gan Moses Gruffydd ar amaethyddiaeth, ac ar ehangu'r cyfleoedd gyrfa i raddedigion o Gymry gan Ambrose Bebb. Arweiniodd Lewis barti o bron i gant o aelodau i ymweld â chartref Pantycelyn fore Mawrth 13 Awst, gan draethu yn yr awyr agored ar berthnasedd yr emynydd yn wyneb y diddordeb mewn 'eneideg abnormal' a welwyd yng nghystadlaethau'r Goron a'r Gadair yn Eisteddfod Genedlaethol Treorci yr wythnos gynt, lle enillodd Caradog Prichard ar y bryddest am 'Penyd' a lle bu atal y wobr am awdl Gwenallt, 'Y Sant'. Y noson wedyn, mewn cyfarfod cyhoeddus ar bolisi seneddol y Blaid, soniodd Lewis am hawlio 'cyflwr iach' a 'rhyddid' i Gymru trwy beidio â derbyn seddi yn San Steffan. Ped etholid un ymgeisydd a wrthodai gymryd ei le yno, ni fyddai'n 'ddim'; fodd bynnag, byddai ethol dau neu ragor 'yn dân gwyllt' a enillai '[g]ydymdeimlad a sylw Ewrop ac America'. Byddai'r Blaid yn cynyddu 'fel fflam dân', gorfodid y Prif Weinidog i wahodd yr aelodau Cymreig i'w gwrdd, 'ac yna, deuai'r mil blynyddoedd'.[44]

Ei ddyletswydd olaf, am chwech o'r gloch nos Wener, oedd traddodi'r araith glo – 'Ein Gwaith' – lle gwrthododd wahoddiad y Rhyddfrydwyr am gydweithrediad ar ennill ysgrifennydd gwladol i Gymru. 'Ofer', meddai, oedd disgwyl dim gan San Steffan; byddai penodi ysgrifennydd yn arwain at fwy eto o ymyrraeth gan Saeson mewn materion Cymreig; byddai derbyn ysgrifennydd yn parhau â'r drefn bresennol o lywodraethu yng Nghymru; ac (i gyfeiliant cymeradwyaeth uchel) ni chredai neb yn niffuantrwydd y Rhyddfrydwyr. Ni feddai'r Blaid ar adnoddau materol, ond âi ymlaen i frwydro dros ei daliadau heb gymrodedd 'hyd y diwedd'.[45]

Dihangodd Lewis o Landeilo y noson wedyn, a chroesi o Southampton i Ffrainc ar wyliau. 'Unless any letters are marked urgent please don't forward any at all,' ysgrifennodd at Margaret o Angers. 'I don't want to have to answer invitations to lecture. At Llandeilo I did enough gassing for four months'.[46] Yn ystod y deuddydd canlynol, tra arhosai i Percy Mansell Jones ymuno ag ef fel y gallent deithio'r orielau a'r tai bwyta yn y copi o *La France Gastronomique* a gadwod Lewis ymhlith ei lyfrau hyd ddiwedd ei oes, cyfansoddodd ei 'Nodiadau' i rifyn Medi o'r *Ddraig Goch*. Am y tro cyntaf, gollyngodd y 'ni' golygyddol. Ysgrifennodd wrth wylio gwenoliaid yn gwibio ar wyneb afon Loire o flaen cefnlen y gwinllannoedd yn y pellter. Yr oedd wedi profi malwod am y tro cyntaf (a chael blas arnynt) a gwinoedd lleol, ond nid oedd y Cyfandir yn ysbrydoliaeth iddo:

> Yr wyf yma mewn gwlad lle y claddwyd miloedd o fechgyn gorau Cymru a roes eu bywydau dros Loegr yn y rhyfel mawr. Tlodwyd Cymru'n ddifrifol gan y rhyfel hwnnw. Aberthodd ei chwbl er mwyn Lloegr ac ar alwad Lloegr. Heddiw y mae dengwaith mwy o ddioddef yng Nghymru nag y sydd yn Lloegr o ganlyniad i'r rhyfel hwnnw.

Y mae caledi Cymru cynddrwg â dim a fu yn Ewrop er pan beidiodd y brwydro.

Erbyn i Lewis edrych yn ôl yr hydref hwnnw ar wyliau 'yn dyfal astudio paentiadau a gwinoedd a bwyd ac yn crwydro cryn lawer',[47] wynebai'r Blaid ei phrawf seneddol cyntaf. Penderfynwyd yn Ysgol Haf Llandeilo nad ymladdai ond un sedd yn etholiad cyffredinol 1929, sef etholaeth y Rhyddfrydwr Goronwy Owen yn Sir Gaernarfon, a Lewis Valentine yn ymgeisydd. Gyrrodd Lewis nodyn rhybuddiol at H. R. Jones ar ddechrau 1929 yn ei orchymyn i ofalu 'fod pob poster yn foneddigaidd wrth Oronwy Owen, oblegid bod Valentine yn weinidog ac yn gorfod gweithio yn y Sir ar ôl y lecsiwn',[48] a mentrodd yno ei hun rhwng 2 a 6 Ebrill. Yr oedd ei ymweliad yn hwb i'r gweithwyr ar y maes, ond magodd ddisgwylgarwch na allai Lewis ei fodloni. 'Cofied y cyfeillion yn Sir Gaernarfon,' ysgrifennodd at H.R., wedi iddo ddychwelyd i Abertawe, 'fy mod yn was cyflog ac na allaf fynd a dyfod fel y bo'r galw'.[49] Bythefnos cyn diwrnod yr etholiad ei hun ar 30 Mai, ysgrifennodd at Valentine i ymddiheuro na allai wneud mwy i hybu'r achos. 'Yr wyf yn argyhoeddedig o un peth: bod y gwaith a wneir gennych yr wythnosau hyn – ennill neu golli – am adael ei ôl ar Gymru ac yn debycach o sicrhau dyfodol ein diwylliant nag un mudiad o fewn cof neb byw.'[50] Y dystiolaeth yw nad ystyriai Lewis ennill Sir Gaernarfon yn amhosibl. Ysgrifennodd yn obeithlon iawn, yn sicr, at Ambrose Bebb bedwar diwrnod yn ddiweddarach, gan longyfarch yr ymgeisydd a'i weithwyr ar eu dyfalwch ac i 'lawenhau yn eich llwyddiant yn y cyfarfodydd ac yn eiddgarwch eich propaganda . . . Mentraf broffwydoliaeth: mewn pymtheng mlynedd neu lai ar ôl inni ennill un etholaeth seneddol yng Nghymru (os cedwir at y polisi sy gennym) bydd Prifweinidog Cymru yn dewis ei gyd-weinidogion.'[51] Ymryddhaodd Goleg Abertawe eto ar 27 Mai, a bwrw diwrnod y cyfrif – 30 Mai – yn Sir Gaernarfon, gan aros yno hyd y dydd Sul canlynol.

Ofer oedd y gobeithion, a hefyd y gwariant o dros £325, i lywydd plaid a oedd wedi gofyn i'w threfnydd ar drothwy'r ymgyrch 'dorri'r dillad yn ôl y brethyn'.[52] Daeth Valentine ar waelod y rhestr gyda 609 o bleidleisiau.

Rhwng canlyniad yr etholiad, ei ddrwgdybiaeth sylfaenol ei hun ynghylch cyfeiriad cenedlaetholdeb, a'r nodyn cynyddol bruddglwyfus yn ei lythyrau personol lle cwynai am fod 'yn ddigon ar fy mhen fy hun mewn bywyd a meddwl',[53] buasai hanner cyntaf 1929 yn bur anodd. 'Nid wyf yn ddigalon am ddyfodol Cymru,' mynnodd Lewis ddeufis yn ddiweddarach, ond yr oedd yn eglur o'i lith nad ystyriai Gymru bellach yn aeddfed i'r rhyddid a fynnai iddi:

Cofiwn gymaint o gam a gafodd ers oesoedd, ac y mae marciau ei cham yn drwm arni heddiw, yn plygu a tharfu natur orau ei phlant, yn rhoddi yn eu hysbrydoedd hadau gwendid a diffyg gwroldeb a diffyg haelfrydigrwydd. A gaf i gyfaddef i chwi – fy nghwyn fawr yn erbyn Anghydffurfiaeth Cymru yw ei fod [sic] wedi magu cenedlaethau o ddynion na feiddient ddiystyru wyneb dynion. 'Respect of persons' y gelwir y gwendid hwn gan hen ddiwinyddion, a dyna wendid y Cymro a'r rheswm am ei holl agwedd at y Sais.[54]

'Siom' hefyd, cyffesodd wrth G. J. Williams wythnos yn ddiweddarach, oedd bywyd llenyddol ehangach Cymru, ac yn enwedig *Y Llenor* yr oedd wedi disgwyl cymaint oddi wrtho. Ni theimlai fod W. J. Gruffydd wedi gwneud dim trwyddo ond parhau 'ysbryd y bedwaredd ganrif ar bymtheg, y ganrif y perthyn iddi yn llwyr, mi dybiaf i'. Yr oedd yr adolygiadau'n fympwyol, a'r 'peth digalon' yn ei gylch oedd bod 'y to ifanc, y genhedlaeth ar ôl ein cenhedlaeth ni, yn cychwyn heb fod ddim rhyddach oddiwrth yr hen draddodiad o gulni ysbryd, ac heb [sic] fwy o ddiwylliant eang, na'r to o'u blaen'. Am ei olygyddiaeth ef ei hun, yr oedd *Y Ddraig Goch* 'fel hunllef arnaf, ac ni chaf egwyl ganddi i sgrifennu dim a dâl fel llenyddiaeth. Damio'r cenedlaetholdeb yma . . .' Yr unig ymwared a welai oedd newid polisi seneddol y Blaid yn yr Ysgol Haf nesaf ym Mhwllheli yr wythnos wedyn. 'Yn ddirgel bach, – mi garwn pe pesid yn fy erbyn i dros fynd i'r Senedd. Fe laddai hynny'r Blaid wrth gwrs, ond pe'm rhyddheid innau, gallwn ymddiswyddo ac ymroi yn llwyr i lenyddiaeth. Ond nid a hoffaf a wnaf; mi ymwadaf ac yr wyf yn disgwyl curo'r amheuwyr a pharhau yn y polisi presennol.'[55]

Yr oedd ei ddarogan yn gywir. Ar drothwy pleidlais Pwllheli, ddydd Mawrth 30 Gorffennaf, honnodd Lewis na fynnai wyro barn yr aelodau:

'Y mae angen gwneud un peth yn glir iawn. Ni wnaf ymgais heddiw at roddi dedfryd y gynhadledd. Bydd yr ymdriniaeth yn agored ac heb [*sic*] ei chyffwrdd'.[56] Daeth y cynadleddwyr ynghyd nos Iau 1 Awst, ond oherwydd y nifer a ddymunai gyfrannu at y ddadl, gohiriwyd y bleidlais hyd y bore wedyn. Siaradodd Lewis yn gynnar fore Gwener am na fynnai, meddai, gael mantais annheg trwy fynnu'r gair olaf. Daliai fod anwybyddu'r senedd wedi llwyddo yn achos cenedlaetholwyr Iwerddon a Hwngari, mai annoeth fyddai mentro newid polisi ar ôl cyn lleied â thair blynedd ac nad oedd tystiolaeth bod 'unrhyw wlad wedi ennill ei rhyddid trwy wleidyddiaeth'. Efallai, meddai, y byddai'r polisi'n arwain at aberth ond nid oedd 'yn sicr a oedd tywallt gwaed yn ormod pris i ennill rhyddid ac annibyniaeth'.[57] Cariodd ei huodledd y dydd: pasiwyd i gadw at y polisi presennol o 28 pleidlais i 14.

Mewn ysbryd dig rhagor digalon, chwerw yn hytrach na chlwyfedig, y mentrodd Lewis i'r Gyngres Geltaidd yn Glasgow ym mis Medi, y tro cyntaf iddo ei mynychu oddi ar ei ymweliad â Dulyn yn 1925, i draddodi 'papur coch dros ben'[58] ar fywyd y llenor yng Nghymru ddiwedd y 1920au. 'The literary man's lot is not a happy one in Wales,' cyhoeddodd Lewis ar 26 Medi.[59] Rhwng amaturiaeth a phrysurdeb galwedigaethau eraill (newyddiaduraeth a'r byd academaidd, yn bennaf), a dan bwysau'r gyfundrefn eisteddfodol, 'the first gay promise fades into nothingness' ac fe orfodir y sawl a fyn lenydda i fyw mewn 'intellectual isolation':

> There is far too much eccentric thought in Wales, too much paradox, too much waywardness; we lack centrality. We adore originality and individualism above all other qualities, and thus applaud our very weakness.[60]

Unwaith eto, megis yn ei alwad am briodi'r ddau ddiwylliant a welai'n hanfodol i genedligrwydd Cymru, gwelodd fai ar yr amgylchfyd hyll a greodd y werin Anghydffurfiol: 'Welshmen in their chapels do not kneel in prayer. They bend down sitting as though they were vomiting. It is sadly appropriate'.[61] Canlyniad hyn i'r llenor o Gymro oedd 'artistic starvation' oddi allan ac oddi mewn: 'the unsensuality of his environment and his own lack of sensual endowment'. Ymhyfrydai

llenyddiaeth Gymraeg, meddai, yn 'the common touch. But the touch of
the artist is rarely common'.[62] Dim ond hunanlywodraeth a phrifddinas
i'w chanlyn, meddai wrth gloi, a allai obeithio carthu'r hylltra a'r 'moral
fervour' a'r cyffredinedd hunanfoddhaus o Gymru a rhoi iddi 'at least a
chance to escape from its provincialism and philistine outlook'.[63]

Cronnodd rwystredigaeth blwyddyn gron yn ei eiriau; a mwy o fustl,
efallai, nag yr awgryma hyd yn oed y geiriau ar bapur, a barnu yn ôl
adroddiadau'r newyddiadurwyr a'i clywodd. Galwodd y *Liverpool
Evening Express* ei anerchiad ar 26 Medi yn 'scathing attack on the
inartistry of Wales'. Y diwrnod wedyn ymunodd y papurau eraill: 'a
gloomy picture', meddai'r *Glasgow Herald*; 'a disturbing picture', yn ôl
y *Manchester Guardian*; '[a]n attack on Wales', chwedl y *Times*; 'an
onslaught', ym marn y *Daily News*. Fe'i galwyd yn 'sour' hyd yn oed
gan gadeirydd y sesiwn: darlun oedd un Lewis, meddai, 'that over-
accentuated the shadows'.[64] Daeth y feirniadaeth finiocaf o 'wrong-
headed speech' Lewis, er hynny, o du annisgwyl, ym mhapur mwyaf
poblogaidd yr Eglwys Gatholig yr oedd ar fin ymuno â hi. Fe'i dyfynnir
yma yn enw chwilfrydedd hanesyddol:

> Whether Mr Saunders Lewis has ever set foot in Wales we do not
> know. What we do know is that ugly Welsh Salems and Bethesdas and
> Ebenezers and other big chapels are ugly not because the builders and
> supporters have too much moral fervour, but because they have too
> little of the idea of true worship . . . The remedy suggested by Mr
> Saunders Lewis for Welsh ugliness is a Welsh Government, a Welsh
> Metropolis, and a Welsh aristocracy. He is wrong. What Wales needs is
> to return to the old religion which she shared for thousands of years
> with Ireland and with Brittany – the religion of the Mass, of Our Lady,
> of the Saints and of the Pope.[65]

Gellir darllen anerchiad Glasgow fel nodiadau ymyl y ddalen ar
Ceiriog: Yr Artist yn Philistia I, a gyhoeddwyd ym mis Mehefin 1929.
Bwriad cysefin Lewis oedd cyhoeddi ei sylwadau ar Geiriog fel traean o
gyfrol fwy ei maint ar dri o ffigurau'r bedwaredd ganrif ar bymtheg, ond
– am resymau masnachol – cyhoeddodd ei sylwadau mewn dwy gyfrol
arall: *Daniel Owen* (1936) a *Straeon Glasynys* (1943). Effaith y rhannu
oedd tynnu'r colyn o'r ddwy gyfrol ddiweddarach a'i finiogi yn y

gyntaf. Ei nod yn *Ceiriog* oedd olrhain yr 'eccentric thought' a gondemniasai yn Glasgow i'w darddle yn y bedwaredd ganrif ar bymtheg: 'cyfnod ac amgylchedd', chwedl y rhagair, na bu erioed yn hanes diwylliannol modern Ewrop eu 'creulonach i ddoniau celfyddyd'.[66] Cyfeiriwyd eisoes at y gyfrol fel drych i ddangos Lewis iddo'i hun; rhaid ei darllen hefyd fel sylwebaeth ar allu cymdeithas i ladd athrylith, ac ar wydnwch meddylfryd difaol y bedwaredd ganrif ar bymtheg 'y mae Cymru heddiw yn parhau i fyw yn ei chanol hi' ar drothwy ail chwarter yr ugeinfed ganrif.[67] Aeth Ceiriog, rhwng ei 'siopfoesgarwch' a'r philistiaeth a orfodwyd arno gan ddosbarth canol Cymreig a allai 'fyw a ffynnu heb fardd',[68] yn ysglyfaeth i safonau cymdeithas a'i dibrisiai ac a barai iddo'i ddibrisio'i hun yn y pen draw. Yn niwedd y flwyddyn ysgrifennodd am y gyfrol 20,000 o eiriau, fwy neu lai, na ellid estyn arni: 'oblegid fe ŵyr y diawl nad oes gennyf i ddim un syniad arall am Geiriog yn fy mhen'.[69] Dywedasai ddigon, debyg, i'w argyhoeddi ei hun mai rhagymadrodd yn unig fyddai ennill unrhyw ryddid i Gymru i frwydr syniadol helaethach.

Cynhelid Saunders Lewis erbyn 1930 gan hyder claear, Micawberaidd. Pendiliai yn ei ddatganiadau cyhoeddus rhwng darogan gwae a phroffwydo gwawr ogoneddus. I raddau, rheidrwydd rhethreg oedd hyn ar lywydd a fynnai galonogi ei blaid heb feithrin difaterwch hunanfodlon. Ond daethai hefyd yn nod amgen arweinydd a syniai am ei blaid fel mudiad a alwyd i greu Cymru lle byddai hunan-barch yn gyfryw â hunanaberth. Mewn dwy erthygl yn Ebrill a Mai y flwyddyn honno, ar hanes arlywydd cyntaf Tsiecoslofacia, Thomas Masaryk, soniodd am 'yr elfen annisgwyl ym mywyd dynion a chenhedloedd yn troi'n gyfle i'r anturus a'r parod a'r dewr . . . Ni wyddom ninnau ba awr y daw ein cyfle annisgwyl'.[70]

Fis yn ddiweddarach, digwyddodd yr unig beth yn hanes y Blaid y gallasai ei llywydd ei ragweld. Bu farw H. R. Jones. Methodd Lewis fynychu'r angladd oherwydd cyfarfod yn Abertawe ag arholwyr y cyrsiau gradd, ond gofynnodd i Valentine anfon torch (gwerth decswllt) yn ei enw ei hun ac i Moses Gruffydd drefnu rhywbeth tebyg yn enw'r Blaid.[71] 'Yr oedd yn gwbl anghofus a difater am ei boced ei hun,' ysgrifennodd Lewis mewn teyrnged i H.R., 'am ei ddyfodol, a hyd yn

oed am bob mater bara a chaws a swllt a phunt'.[72] Buasai Jones farw
gan adael dyledion o £100 a biliau dirifedi heb eu talu. Yn y diwedd,
awdurdododd Lewis yrru rhodd o £10 at fam a chwaer diymgeledd y
trefnydd yn Neiniolen.[73]

Pan ofynnodd Lewis i'r gynulleidfa sefyll er parch i H.R. fel
'sylfaenydd y Blaid' yn Ysgol Haf Llanwrtyd ym mis Awst, yr oedd
chwyldro o fath ar droed. 'Polisi seneddol ein plaid ni,' ysgrifenasai
Lewis ym mis Mawrth, 'polisi i genedl gref a dewr ac uchel o galon
ydyw.'[74] Ar drothwy'r Ysgol Haf, addefodd wrth Lewis Valentine y
byddai newid polisi yn golygu chwilio am lywydd newydd. Pryder mwy
oedd dewis olynydd. Nid oedd yn ymddiried yn 'sadrwydd' Bebb; yr
unig ddau 'hollol gymwys', oedd Valentine ei hun a J. E. Daniel.
Haeddai Valentine 'dymor o ddiogelwch' yn sgil ei ymdrechion yn yr
etholiad, ond am Daniel, yr oedd 'defnydd gwleidydd rhagorol' ynddo.
Gofynnodd i Valentine fynnu gair ag ef 'a gweld sut y try ei feddwl':

> Yr angen yn awr yw am arweinydd a all fynd o gwmpas y wlad i
> areithio ac i bregethu neges y blaid, nid llenor o arweinydd na all
> wneud dim ond sgrifennu fel myfi. Yr wyf yn poeni na fedrais i gadw'r
> blaid ar gynnydd y flwyddyn ddiwethaf, a rhaid cael rhywun a fedr.[75]

Yr oedd yn iawn i'r graddau bod y Blaid mewn rhigol. Nid oedd wedi
ennill yr un sedd trwy gydol 1930, ac yr oedd nifer o ganghennau lleol
wedi cau. Cynnig heb iddo unrhyw arwyddocâd ond ei symbolaeth, a'r
gobaith gwan y gallai adfer hygrededd, oedd hwnnw a basiwyd yn
Llanwrtyd ar 11 Awst – gyda 32 o blaid a 17 yn erbyn – i anfon aelodau i
San Steffan. Yr oedd hefyd, gellid dadlau, yn bleidlais ymhlyg o ddiffyg
ymddiriedaeth yn y llywydd a oedd wedi mynegi ei amharodrwydd i
weld newid y polisi mewn pedair llith i'r *Ddraig Goch* yng nghwrs y
flwyddyn a aethai heibio. Arhosodd Lewis yn y llywyddiaeth er ei
waethaf. Wedi i D. J. Williams gynnig, a Lewis Valentine eilio, iddo aros
yn y swydd am flwyddyn, 'Cytunodd y Llywydd . . . ar daer gymhelliad
y pwyllgor canol'.[76] Gwnaeth Lewis ei *volte-face* gyda hynny o
argyhoeddiad ag a allai, er i'r newid cyfeiriad olygu y byddai'n rhaid
iddo synio bellach am ei anerchiad ym Machynlleth yn 1926 a'i alwad
am ryddid fel 'ffolineb' a dal bod y canolbwyntio ar ennill yr

awdurdodau lleol 'yn groes i holl ddatblygiad y Blaid yn y pum mlynedd diwethaf':

> Y mae ein cenedlaetholdeb ni bellach yn rhaglen i genedl ac yn gofyn
> ein bod yn ymladd nid mewn un gongl o'r maes politicaidd ond ar y
> maes cyfan.[77]

Er hynny, nid arddelai'r newid o lwyrfryd calon. Fis wedi iddo gyhoeddi i bob pwrpas fod angen i'r Blaid ei hailddyfeisio'i hun, soniai am y polisi newydd fel un 'am gyfnod o leiaf' rhagor newid parhaol, a phwysleisiai'r problemau a ddôi yn ei sgil. Gosodai 'anghenraid' newydd ar unrhyw aelod seneddol i goleddu rhaglen 'i Brydain, ac nid yn unig i Gymru'. Y perygl, rhybuddiai, fyddai 'meithrin gwahaniaethau meddwl'.[78]

Yr oedd Lewis yn llai amlwg o anfodlon ar y newid arall a gafwyd ym mholisi'r Blaid yn sgil Llanwrtyd, sef ymladd dros safle dominiwn i Gymru 'o fewn yr Ymerodraeth Brydeinig'. Gallai edrych yn ôl ar y flwyddyn gyda hyder am gychwyn newydd. Ar ôl pedair blynedd a hanner o fustachu, penderfynwyd trosglwyddo'r cyfrifoldeb am gyhoeddi'r *Ddraig Goch* o wasg y *Cambrian News* i Wasg Aberystwyth gyda rhifyn Ionawr 1931, a chafwyd addewid gan ei pherchennog, Prosser Rhys, y byddai'r amserlen gyhoeddi'n fwy rheolaidd. Newid arall oedd dewis trefnydd cenedlaethol newydd, sef athro ysgol 25 oed ac ysgrifennydd cangen Llundain o'r Blaid, J. E. Jones, ar gyflog o £200 y flwyddyn. Ei ddewis rhagor ei benodi, oherwydd er bod 42 wedi cynnig am y swydd yn sgil marw H.R., ac er i Lewis farnu bod 'rhyw bump gwir dda' yn eu plith,[79] ni luniwyd rhestr fer na chynnal cyfweliadau. Trefnodd y llywydd, o'i westy yn Libourne yn ne Ffrainc yn dilyn yr Ysgol Haf, i fanylion y rhai a fynegai ddiddordeb yn y swydd ddod trwy law'r swyddfa yng Nghaernarfon i Abertawe iddo ddewis o'u plith.[80] Cadwyd enw J.E. yn gyfrinach rhag yr aelodau hyd gyfarfod y Pwyllgor Gwaith yn Amwythig yn niwedd Tachwedd, ac fe ymgymerodd â'i swydd ym mis Rhagfyr. Wrth ei groesawu, eglurodd Lewis y dyfodol a'u hwynebai ill dau:

> Ymunid ym myddin Lloegr yn y rhyfel diwethaf, yng ngeiriau
> Kitchener, *'for [the] duration'*. Yr ydym ni yn y Blaid Genedlaethol

hefyd ac yr ydym tan ei hiau hi a than ei disgyblaeth 'tan y diwedd'. 'Chwi holl ferthyron sanctaidd y genedl hon. Gweddïwch dros Gymru'.[81]

Nid oedd 1930 heb ei hagweddau mwy artistig a deallusol chwaith. Gwelodd mis Rhagfyr gyhoeddi *Monica*. Creodd Lewis yn Monica Maciwan ymgorfforiad o'r pechod gwreiddiol a welai'n anhepgor i lenyddiaeth fawr yn y 'Llythyr ynghylch Catholigiaeth' dair blynedd cyn hynny, a disgrifiodd y gwaith gorffenedig wrth Kate Roberts fel 'nofel Gatholig hollol . . . nofel am fywyd yn curo ac yn maeddu dyn'. O ddarllen ei sylwadau arni yng nghyd-destun ei gyfaddefiad yn yr un llythyr na allai ddal ei ben i fyny 'yn wyneb bywyd',[82] temtir rhywun i'w ddarllen hefyd fel rhybudd iddo'i hun rhag mewnblygrwydd: magl barod 'intellectual isolation', chwedl anerchiad Glasgow flwyddyn ynghynt, i'r sawl a gais 'ymholiad' yn yr ystyr benodol a roddodd i'r gair hwnnw yn *Pantycelyn*. Gwelir Monica yn gyntaf trwy wydr ffenestr, ei hwyneb wedi'i guddio dan len o wallt rhag ei chymdogesau busneslyd, ac â trwy'r bennod gyntaf â haen rhyngddi o hyd a'r byd o'i chwmpas: y colur tew ac anghelfydd sy'n ystumio ei phryd a'i gwedd, y dillad gwely a lapia amdani, golau'r lamp sy'n ei chuddio yn ei chysgod ei hun, y cwpan te a gyfyd fel tarian rhag llygaid ei chyd-gwsmeriaid yn y caffi, tywyllwch y sinema. Mewn teyrnged bryfoclyd, cyflwynodd y gyfrol i Williams Pantycelyn, 'unig gychwynnydd y dull hwn o sgrifennu', gan amlygu'r tebygrwydd rhyngddi nid yn unig a *Ductor Nuptiarum* Pantycelyn y rhoes ei phennod gyntaf blot *Monica* iddo 'i ryw raddau',[83] ond hefyd a'r llanc nwydus Theomemphus a ganodd 'Mae 'mhechod yn fy wyneb, ac yn fy ngwasgu lawr'. Byddai'r un ymdeimlad o bechod – o annigonolrwydd – yn llywio ei weithgarwch gwleidyddol hefyd.

Nodiadau

1   'Llythyr ynghylch Catholigiaeth', *Y Llenor*, 6 (1927), 75.
2   LlGC, papurau D. J. Williams, Abergwaun, P2/30, blwch 11. SL at D. J. Williams, 20 Mehefin 1950.
3   *Williams Pantycelyn* (Llundain, 1927), 194.
4   Ibid., 56.
5   Ibid., 61.
6   Ibid., 148.
7   Ibid., 143.
8   Ibid., 153.
9   *Western Mail*, 20 Medi 1934.
10 A. M. Allchin, *Praise Above All: Discovering the Welsh Tradition* (Cardiff, 1991), 159.
11 'Y Briodas, Dehongliad', *Y Llenor*, 6 (1927), 211-12.
12 'Dylanwadau', *Taliesin*, 2 (1961), 15.
13 LlGC, papurau D. J. Williams, Abergwaun, P2/30 blwch 11. SL at D. J. Williams, 14 Rhagfyr 1958.
14 'Pasiant neu Sagrafen', *Baner ac Amserau Cymru*, 8 Gorffennaf 1926.
15 LlGC, papurau David Jones. SL at David Jones, 31 Awst 1968.
16 LlGC, papurau Plaid Cymru, B7. SL at H. R. Jones, 13 Chwefror 1927.
17 Ibid., H. R. Jones at SL, 16 Chwefror 1927.
18 Ibid., SL at H. R. Jones, 16 Mawrth 1927.
19 Ibid., 21 Mawrth 1927.
20 Ibid., A26. Cofnodion Pwyllgor Gwaith Plaid Genedlaethol Cymru, 19 Ebrill 1927.
21 'Angen Arian ar Unwaith', *Y Ddraig Goch*, Ebrill 1927.
22 LlGC, papurau D. J. Williams, Abergwaun, P2/30 blwch 11. SL at D. J. Williams, 3 Ebrill 1927.
23 *AKAS*, 21. SL at Kate Roberts, 6 Ebrill 1927.
24 W. J. Gruffydd, 'My Literary Indiscretions', *TP's & Cassell's Weekly*, 19 Mawrth 1927.
25 'Llythyr ynghylch Catholigiaeth', 78.
26 Ibid., 76.
27 'Nodyn ynghylch Diwinyddiaeth', *Barn*, 22 (Awst 1964), 273-4.
28 LlGC, papurau T. Gwynn Jones. SL at T. Gwynn Jones, 21 Gorffennaf 1927.
29 LlGC, papurau Plaid Cymru, B7.
30 'Y Crefftau Gwledig', *Y Ddraig Goch*, Medi 1927.
31 LlGC, papurau Plaid Cymru, B4. SL at H. R. Jones, diddyddiad (ond cyn Mehefin 1926).
32 'Diwydiant yng Nghymru', *Y Ddraig Goch*, Rhagfyr 1927.
33 LlGC, papurau Kate Roberts, 3109. SL at Morris T. Williams, 5 Rhagfyr 1927.
34 LlGC, papurau T. Gwynn Jones, E45. T. Gwynn Jones at SL, 24 Ionawr 1928.

35 'Llenorion a Lleygwyr', *Yr Efrydydd*, cyfres newydd, 4 (1928), 147.
36 'Eisiau Priodi Dau Ddiwylliant', *Y Ddraig Goch*, Gorffennaf 1928.
37 LlGC, papurau Plaid Cymru, M594. SL at Alun Pugh, diddyddiad.
38 *Merch Gwern Hywel* (Llandybïe, 1964), 16.
39 'Y Polisi Seneddol', *Y Ddraig Goch*, Rhagfyr 1929.
40 'Gwanhau Rhwymau'r Teulu: Tueddiadau Gwleidyddiaeth y Dydd', *Y Ddraig Goch*, Ionawr 1930.
41 'Y Golygydd ar Lygredd Cyhoeddus Cymru', *Y Ddraig Goch*, Mehefin 1930.
42 *Cyfansoddiadau a Beirniadaethau Eisteddfod Genedlaethol Cymru, Dinbych 1939* (Eisteddfod Genedlaethol Cymru,1939), 216.
43 'Nodiadau'r Mis', *Y Ddraig Goch*, Awst 1928.
44 *Y Darian*, 30 Awst 1928.
45 *Baner ac Amserau Cymru*, 21 Awst 1928.
46 *LMG*, 561. SL at Margaret Lewis, 20 Awst 1928.
47 LlGC, papurau Kate Roberts, 3110. SL at Morris T. Williams, 26 Hydref 1928.
48 LlGC, papurau Plaid Cymru, B11. SL at H. R. Jones, diddyddiad.
49 Ibid., B12. SL at H. R. Jones, 9 Ebrill 1929.
50 LlGC, papurau Lewis Valentine, 3/8. SL at Lewis Valentine, 16 Mai 1929.
51 LlGC, papurau W. Ambrose Bebb. SL at W. Ambrose Bebb, 20 Mai 1929.
52 LlGC, papurau Plaid Cymru,, B11. SL at H. R. Jones, 6 Mawrth 1929.
53 LlGC, papurau Kate Roberts, 3112. SL at Morris T. Williams, 6 Ionawr 1929.
54 LlGC, papurau Plaid Cymru, M594. SL at Alun Pugh, 23 Gorffennaf 1929.
55 LlGC, papurau G. J. Williams. SL at G. J. Williams, 28 Gorffennaf 1929.
56 *Baner ac Amserau Cymru*, 6 Awst 1929.
57 Morris T. Williams, 'Ysgol Haf Pwllheli: Cipdrem ar y Gwaith a Wnaethpwyd Yno', *Y Ddraig Goch*, Medi 1929.
58 LlGC, papurau Kate Roberts, 3113. SL at Morris T. Williams, 17 Medi 1929.
59 'The Literary Man's Life in Wales', *Welsh Outlook*, 16 (Hydref 1929), 294.
60 Ibid., 295.
61 Ibid.
62 Ibid., 296.
63 Ibid., 297.
64 *Glasgow Herald*, 27 Medi 1929.
65 *Tablet*, 19 Hydref 1929.
66 *Ceiriog: Yr Artist yn Philistia I* (Aberystwyth, 1929), 9.
67 Ibid.
68 Ibid., 36.
69 *AKAS*, 63. SL at Kate Roberts, 7 Tachwedd 1929.
70 'Thomas Masaryk ac Adfywiad Cenedl', *Y Ddraig Goch*, Mai 1930.
71 LlGC, papurau Lewis Valentine, 3/11. SL at Lewis Valentine, diddyddiad.
72 'Y Golygydd ar Nodweddion a Neges H. R. Jones', *Y Ddraig Goch*, Gorffennaf 1930.
73 LlGC, papurau Lewis Valentine 3/12. SL at Lewis Valentine, 12 Tachwedd 1930.

[74] 'Y Golygydd ar Bolisi Seneddol y Blaid', *Y Ddraig Goch*, Mawrth 1930.

[75] LlGC, papurau Lewis Valentine, 3/13. SL at Lewis Valentine, diddyddiad, ond ar drothwy Ysgol Haf Llanwrtyd, 1930.

[76] LlGC, papurau Plaid Cymru, A26. Cofnodion Pwyllgor Gwaith Plaid Genedlaethol Cymru, 11 Awst 1930.

[77] 'Y Blaid Genedlaethol a'r Dyfodol', *Y Ddraig Goch*, Medi 1930.

[78] 'Y Saeson yn Colli Lloegr i Ennill Ymreolaeth', *Y Ddraig Goch*, Hydref 1930.

[79] LlGC, papurau Lewis Valentine, 3/14. SL at Lewis Valentine, 3 Hydref 1930.

[80] LlGC, papurau Plaid Cymru, B13. SL at Moses Gruffydd, 23 Awst 1930.

[81] 'Nodiadau'r Mis', *Y Ddraig Goch*, Rhagfyr 1930.

[82] *AKAS*, 77. SL at Kate Roberts, 14 Ionawr 1931.

[83] LlGC, papurau Kate Roberts, 3122. SL at Morris T. Williams, 26 Ebrill 1931.

'... ANYTHING MAY HAPPEN IN THE NEXT TEN YEARS'

1931-5

'Yr wyf yn paratoi ysgrif i'r Llenor: Ffarwel i Lenyddiaeth,' ysgrifennodd Lewis yng ngwanwyn 1931, 'ac araith i'r ysgol haf nesaf: Ffarwel i Wleidyddiaeth, ac mi daflaf geiniog i'r awyr i benderfynu pa un o'r ddau a gyhoeddaf.'[1] Mae'n hawdd casglu, ar sail tystiolaeth crynswth ei waith llenyddol cyhoeddedig y flwyddyn honno – un adolygiad i'r *Faner* o *Cerddi* T. H. Parry-Williams a'i gyfrol denau ar Ieuan Glan Geirionydd – fod y geiniog eisoes wedi glanio o blaid y dewis cyntaf. Gwir iddo gyfansoddi baich y gyfrol gyntaf o'r *Braslun o Hanes Llenyddiaeth Gymraeg* yn 1931 (ni bu ail gyfrol) a sôn ei fod hyd yn oed 'yn meddwl o ddifrif yn fy munudau segur' am 'nofel nesaf' i olynu *Monica*,[2] ond gwelai hanner cyntaf y 1930au orseddu Lewis yn y dychymyg cyhoeddus fel gwleidydd rhagor llenor a beirniad.

Gellir synio am y trawsffurfiad o sawl safbwynt. Yr oedd i ryw raddau, yn sicr, yn adlewyrchiad o'r sobreiddiwch newydd a lanwodd y Blaid drwyddi yn sgil marw H.R. a dewis J.E. yn olynydd. Arddelid bellach bolisi seneddol mwy cymodlon gyda llai o bwyslais ar y Gymraeg. Gellir ei briodoli yn ogystal i hinsawdd wleidyddol fwy cynhennus y 1930au wrth i'r dirwasgiad afael yng nghymoedd y de. Ond o safbwynt Lewis ei hun, nid yw mor hawdd priodoli cymhellion digymysg. Fel llywydd ei blaid, nododd un sylwedydd, dynodai gychwyn ar gyfnod o 'policy clarification' a'r angen am fabwysiadu safbwynt mwy uniongred os oedd am ennill cefnogaeth etholiadol.[3] Eithr fel golygydd – a'i gyfraniadau i'r *Ddraig Goch* oedd baich ei waith cyhoeddedig trwy'r cyfnod – mae'n anodd peidio â chasglu ei fod ar yr un pryd yn arwydd o duedd gynnil o wrthgyferbyniol. Mae datganiadau Lewis yn y cylchgrawn trwy 1931 – ac mae'n werth nodi na ddewisodd ailgyhoeddi'r un ohonynt pan gasglodd ynghyd y rhai a farnodd 'yn dystiolaeth i'r pethau y credaf ynddynt ac yn eglurhad ar egwyddorion cenedlaetholdeb Cymreig'[4] saith mlynedd yn ddiweddarach – yn taflu goleuni ar ddeuoliaeth a gydnabu am y tro cyntaf y flwyddyn honno, pan addefodd nad oedd '[y]n beth cwbl hapus' ei fod yn llywydd ei blaid ac yn olygydd ei phapur a bod y blaid o ganlyniad heb y feirniadaeth annibynnol arni 'a fyddai er mantais amlwg iddi'.[5]

Tarddle cryfder a gwendid Lewis fel arweinydd plaid oedd y swyddogaeth ddwbl, actor-reolwr yma. Rhoddai iddo afael ar ei blaid y cenfigennai llawer arweinydd wrtho, ond caniatâi iddo hefyd ryddid peryglus o ddilyffethair a bylai'r ffin rhwng polisi a barn. Camarweiniol fyddai dweud bod anghysondeb rhwng y ddeubeth, ond yr oedd tyndra pendant rhwng y meddwl cydlynus, trefnus a welid ar waith wrth gadeirio pwyllgor a'r dymer fwy eithafol, wyllt ar brydiau, a gâi lais yn ei nodiadau golygyddol. Soniodd un beirniad (yng nghyd-destun penodol y dramâu diweddar, ond gan awgrymu bod modd adnabod y nodwedd hon 'drwy gydol ei waith') am Lewis 'yn dal y gobaith eithaf gyferbyn â'r dychryn eithaf'.[6] Diau i Lewis feithrin ymwybyddiaeth gymdeithasol – ie, a hyd yn oed cydwybod gymdeithasol – gyda dechrau'r 1930au (mynnai yn 1931, er enghraifft, mai gweithwyr undebol yn unig a ddylai gael y gwaith o argraffu cyhoeddiadau'r Blaid,[7] a chroesawodd y syniad o dderbyn cyfrinfeydd undebau llafur yn aelodau cyswllt[8]), ond deilliai'r cyfnewidiad hefyd o ddiffyg amynedd mwy cyffredinol Lewis ei hun â 'natur orlenyddol y diwylliant gwledig Cymreig'.[9] Sylfaen ei weithgarwch rhwng hyn a diwrnod olaf un 1935 (a gellir pennu'r newid i'r diwrnod hwnnw'n fanwl, fel y ceir gweld) oedd cynnig i Gymru ddarlun ohoni'i hun a'i diddyfnai'n derfynol oddi wrth deithi traddodiadol tybiedig ei harwahanrwydd. Tystia huodledd Lewis dros Gyngor Datblygu Economaidd i Gymru a throsglwyddydd radio annibynnol, ei weithgarwch i agor ysgol a chlybiau cinio i'r di-waith, ei eiddgarwch dros y 'cyfansoddiad cyflawn' yn mynnu lle i Gymru yng Nghynghrair y Cenhedloedd, a gyhoeddwyd yn Hydref 1931, ei gynnig i gyhoeddi atodiad Saesneg i'r *Ddraig Goch* yng nghynhadledd y Blaid yn yr un flwyddyn a'i awydd yn sgil colli'r bleidlais am weld lansio misolyn Saesneg y Blaid, y *Welsh Nationalist*, o Ionawr 1932 ymlaen, a'i ymgais cyntaf i ymladd sedd seneddol i newid cyfeiriad mor bendant nes ymylu ar fod yn ymdrech i'w ail-greu ei hun.

Erbyn 1931, rhwng cyni diwydiannol, llywodraeth Lafur a gasâi a'i dueddfryd cynhenid i synio am hanes fel petai'n arwain yn anochel tuag at gyflafan, daethai Lewis i gredu mai achos y drwg oedd 'balchter ymerodraethol a "financial prestige"'. Nid oedd hyn yn gyfyngedig i'r adain dde wleidyddol, ond yn gyffredin i bob plaid Seisnig yn rhinwedd eu Seisnigrwydd.[10] Yn nechrau Chwefror hawliodd mewn anerchiad yng Nghaernarfon fod yr Ymerodraeth Brydeinig yn cam-drin yr Indiaid 'hyd yn oed dan lywodraeth Lafur Prydain'.[11] Gellid gweld yr un briodas rhwng cyfalafiaeth a'r ymerodraeth ar waith yng Nghymru: 'Y mae newyn a marwolaeth yn tramwy fel llewpardiaid trwy ei dyffrynnoedd hi ac yn ysu ei phlant hi'.[12] Yr oedd yn bur debygol, haerai ymhellach, y dôi Prydain dan law 'teyrn' neu 'unben'.[13] Ac ar un wedd, da oedd hynny. Os oedd 'cyfnod haearnaidd' ar wawrio a 'chwip gorthrwm' ar ddod, rhoddodd 'groeso iddo, gan mai felly'n unig y daw Cymru ati ei hunan'.[14]

Yn eironig, ffrâm y darlun du a dioddefus hwn oedd optimistiaeth waelodol. Ffynhonnell ei hyder a'i ymgysegriad i'r llwybr gwleidyddol rhagor diwylliannol oedd D. J. Davies, gŵr ifanc ansicr ei Gymraeg ond diamheuol ei allu dadansoddol. Yr oedd Davies yn meddu ar ddoethuriaeth ar gyflwr corfforol a meddyliol poblogaeth cefn gwlad Cymru er 1870 mewn perthynas ag ymfudo, ac yn briod â PhD arall, Noëlle, Gwyddeles a oedd wedi arbenigo yn hanes y Mudiad Ysgolion Gwerin yn Nenmarc. Enghreifftiau prin yw'r ddau Davies o ostyngeiddrwydd o du Saunders Lewis mewn perthynas â phwnc gwleidyddol, ac mae'n eglur iddo weld ei wyn arnynt. Yn 1929, yr oedd wedi ysgrifennu '[nad] yw iechyd economaidd yn dwyn i'w ganlyn o raid geinder gwareiddiad', gan fawr obeithio 'na ddaw cydweithrediad fyth yn gymaint teyrn yng Nghymru fel na bydd modd prynu ond oddi wrth gymdeithas neu ffatri neu hufenfa'.[15] Lai na dwy flynedd yn ddiweddarach, er hynny, fe'i henillwyd yn llwyr i'r efengyl gydweithredol. Yng nghyfraniadau D.J. i'r *Ddraig Goch* (yn Saesneg, wedi'u trosi gan Lewis ei hun),[16] credai o'r diwedd fod y Blaid yn meddu ar y polisi economaidd credadwy y buasai'n dyheu amdano oddi ar Ysgol Haf Llangollen yn 1927. Diolchodd i D. J. Davies am greu trwy ei ysgrifau 'a new and richer nationalism in Wales, a new Welsh mind which is not narrowly literary and one sided, but is fully humanistic and in close touch with reality'.[17] Geiriau oeddynt a adleisiai lythyr at Morris T. Williams, yn sôn am 'ryddid economaidd' polisi'r Blaid fel '[y] pwynt sydd yn mynd i ennill inni' gan ei alw 'yn ddigon pwysicach na phwysigrwydd iaith a diwylliant *per se*'.[18]

Â brwdfrydedd Lewis dros Gyngor Datblygu, law yn llaw â'i awydd i weithredu trwy'r awdurdodau lleol, at graidd ei genedlaetholdeb yn ystod hanner cyntaf y 1930au. Cyd-drawai hefyd, ar ddamwain bron, ag argyhoeddiad ehangach am Gymru fel cenedl gydweithredol:

> Let me admit frankly that when I first proposed the establishment of a Welsh National Development Council, what I chiefly thought about was how to prepare a remedy for the immediate economic crisis in Wales. I did not consider whether it was consistent with the theory and demands of Welsh political Nationalism, and certainly I never considered how it would correspond with the social and economic doctrines of the Welsh Nationalist Party.

Barnai yr arhosai'n 'permanent institution even under Welsh self-government'.[19] Pe gellid sicrhau cyngor o'r fath oddi ar law San Steffan, a weithredai fel 'industrial parliament' neu 'economic parliament', byddai modd agor 'the way to Welsh economic self-determination' a rhyddhau Cymru oddi mewn heb angen ennill etholiadau seneddol.[20]

Bu wrthi'n ddyfal trwy'r gwanwyn a'r haf hwnnw yn darllen proflenni pamffledyn Davies i'r Blaid, *The Economics of Welsh Self-Government* (cyhoeddiad Saesneg cyntaf y Blaid), y cyhoeddwyd 8,000 o gopïau ohono ym mis Gorffennaf ac a adolygwyd yn ganmoliaethus gan Lewis i'r *Ddraig Goch* ym mis Medi. Croesawodd 'weledigaeth glir a delfryd ysbrydol' y gwaith a thybio gweld ynddo 'fflam ffydd yn llosgi . . . iddo ef – ac yr wyf yn llwyr gytuno ag ef yn hyn – cydweithrediad yw agwedd economaidd cenedlaetholdeb', a dorrai Gymru'n rhydd oddi wrth sosialaeth ar y naill law a chyfalafiaeth *laissez-faire* ar y llall:

Amcan y blaid [*sic*] Genedlaethol yw di-broletareiddio gwerin Cymru, gwneud Cymru fel y bu hi gynt yn genedl o ddynion annibynnol a chryf eu cymeriadau oblegid eu bod yn berchnogion eiddo, yn feistri arnynt eu hunain ac nid yn weision cyflog yn unig.[21]

Cytunai â hanfod meddyginiaeth Davies, ond arall, gellir amau, oedd ffynhonnell Lewis. Er iddo alw'r polisi, flynyddoedd wedi hynny, fel un '[c]wbl gyson â'r dechneg a weithiwyd allan gan J. M. Keynes i gyfarfod â llanw a thrai masnach gydwladol',[22] nid dyna oedd yr ysbrydoliaeth. Dwg ei sôn uchod am 'ddynion annibynnol a chryf eu cymeriadau . . . yn feistri arnynt eu hunain' i gof ddelfryd James Strachey Barnes yn yr un flwyddyn. Soniasai hwnnw am 'small agricultural proprietors or half-share farmers owning their own shops, small independent business men of all kinds, artisans owning their own tools' fel 'the class which fascism honours most', ac ychwanegodd ei awydd, fel Lewis, am weld diflannu'r 'proletarian class . . . the poor who are always poor, even when they are rich'.[23] Cafodd Lewis flas ar lyfr Barnes, ysgrifennydd cyffredinol Canolfan Ryngwladol Astudiaethau Ffasgaidd yn Lausanne, gan ei argymell i aelod ifanc o'r Blaid a geisiai oleuni ar y gyfundrefn gydweithredol flwyddyn wedi hynny fel cyfrol 'ddigon agos at ein safbwynt ni iddi fod yn werth ei darllen a'i phwyso', er gofidio ohono 'fod yr enw a'r rhagfarn ffôl yn erbyn Mussolini yng Nghymru yn rheswm dros beidio â phwyso'n gyhoeddus ar hyd yn oed yr elfennau Cristnogol a rhagorol genedlaethol sydd yn ei raglen ef'.[24]

Nid hwn oedd y tro cyntaf na'r olaf i Lewis dynnu ar ideoleg ffasgaidd er mwyn dehongli Cymru. Yr oedd wedi dyfynnu – yn Eidaleg – o areithiau *Il Fascismo Al Governo Della Scuola* Giovanni Gentile (1924), gweinidog addysg Mussolini, gerbron Pwyllgor Adrannol y Gymraeg yn 1925, a gwyddys o'r llythyr uchod fod ganddo gasgliad 'helaeth' o lyfrau Eidaleg eraill ar y pwnc. Er hynny, mae cyfrol fechan, boblogaidd Barnes yng nghyfres yr Home University Library yn fodd o ddarllen cenedlaetholdeb ehangach Lewis trwy lygaid newydd, yn enwedig felly'r pwyslais sydd ynddi ar ffasgiaeth fel 'spiritual movement' ac iddo 'transcendental, dualistic outlook' sy'n cynnig 'the spiritual interpretation of history'.[25]

Y testun allweddol wrth geisio deall agwedd gythruddol o amwys
Lewis tuag at ffasgiaeth yw nodiadau golygyddol *Y Ddraig Goch* am fis
Gorffennaf 1934. Fe'u dyfynnwyd yn ddethol gan elynion ac
amddiffynwyr Lewis dros y blynyddoedd i'w gollfarnu a'i gyfiawnhau.
Yn sicr, ceir digon o faeth i'r sylwebydd ymroddedig, beth bynnag fo ei
agenda. Cychwyn Lewis drwy haeru '[nad] enbydrwydd, gormes,
creulondeb, yw unig nodweddion Ffasgiaeth. Y mae yn y ddysg
boliticaidd hon rinweddau ac ardderchowgrwydd'. Eddyf fod 'y Blaid
Genedlaethol Gymreig wedi mynd i'r un ffynhonnell ag arweinwyr
Ffasgiaeth i chwilio am ddŵr bywiol i adnewyddu diffeithwch ein
bywyd cymdeithasol' ac ychwanega na allai neb ddarllen hanes
Mussolini 'heb ymserchu yn nelfrydau'r mudiad ac yn ei ysbryd
gwlatgar'. Eto i gyd, er credu bod ffasgiaeth yn cynrychioli
'traddodiadau gorau gwledydd Ewrop cyn y chwyldro cyfalafol a
diwydiannol a ddinistriodd gymdeithas Gristnogol a thiriondeb
gwareiddiad', cyhoedda fod y Blaid 'yn elyn i Ffasgiaeth, ie, hyd yn oed
pe buasai'r fath beth yn bod â Ffasgiaeth Gymreig'. Y maen tramgwydd
yw'r 'addoliad o'r Wladwriaeth' sy'n sail i'r gredo rhagor ei bwyslais ef
ei hun ar y genedl fel cymdeithas o gymdeithasau 'megis y teulu, y fro,
yr undeb llafur, y gwaith, y capel neu'r eglwys, bob un yn deilwng o
barch'. Gan mai 'gwasgaru cyfalaf a gwasgaru galluoedd gwladwriaeth'
yn enw tegwch economaidd a heddwch yw nod amgen ei
genedlaetholdeb ef, ofna Lewis fod y berthynas rhwng ffasgiaeth a
gwladwriaeth yn gwneud y gredo yn ei chyflawnder yn annerbyniol: 'Y
mae'r wlad Ffasgaidd ei chyfundrefn wedi ei llunio'n fyddin, y mae
ynddi ei hun yn beiriant rhyfel'.[26]

Yn wyneb y fath bendantrwydd o blaid ac yn erbyn, y gamp yw
adnabod achos y tro pedol rhwng edmygedd a phetruster Lewis. Mewn
ffasgiaeth, canfu Lewis ffordd o ddarllen y gymdeithas Gymreig fel
petai'n estyniad o'i bererindod ef ei hun; cynganeddai â'i argyhoeddiad
y dylid seilio gwleidyddiaeth ar wladgarwch ac ymwybyddiaeth o'r
gorffennol a'r byd a ddaw. Fe'i hatynnid hefyd, rhaid ychwanegu, gan ei
rhagdyb bod democratiaeth yn ddiffygiol neu'n anymarferol ac mai
dyletswydd foesol yr *élite* mewn cymdeithas oedd trefnu bywydau'r rhai
na ellid ymddiried y cyfrifoldeb hwnnw iddynt. Sail ei wrthwynebiad i

ffasgiaeth oedd nid ei hathrawiaeth eithr ei chyfrwng. Rhagamod gweithredu rhaglen ffasgaidd yng nghyd-destun blynyddoedd canol yr ugeinfed ganrif oedd sefydliad y genedl-wladwriaeth. Nogiai o flaen y wedd fydol oblygedig a gâi nid mewn ffasgiaeth ond yn y gwledydd a'i mabwysiadai. Nid oedd dim yn anghyson yn agwedd Lewis tuag at ffasgiaeth, ond yr oedd yn baradocsaidd. Yn ei hanfod, yr hyn a apeliai fwyaf ato mewn ffasgiaeth oedd yr hyn a'i cadwai rhag ei choleddu: ei hawdurdod. Gallai ffasgiaeth arfer awdurdod er da, ond y llyffethair arni yng nghyswllt y tridegau oedd na allai ond gwneud hynny trwy foddion a gyfunai rym ysbrydol o raid â grym cyfalafol, ymerodrol.

Bwriodd iddi, er hynny, i fabwysiadu hynny y caniatâi ei ddrwgdybiaeth gynhenid o wladwriaeth iddo ei wneud. Yn ei adolygiad ar bamffledyn Davies, awgrymodd sefydlu 'undebau credyd' yn ôl cynllun tebyg y darllenasai amdano yn yr Iseldiroedd, ac ym mis Mehefin mynnodd gyfarfod gyda phrifathro Abertawe i wyntyllu'r syniad o agor 'Prifysgol i'r Di-waith' ar dir y coleg, ar sail cynllun tebyg yng Nghwlen,[27] gan ysgrifennu at D. J. Davies i ofyn iddo ef a'i briod Dr Noëlle Davies ystyried dysgu ynddi.[28]

Erbyn mis Medi yr oedd y cynllun prifysgol, ysgrifennodd Lewis at G. J. Williams, 'yn ysu fy nyddiau oll . . . Y mae ceisio symud dynion i ymgymryd â rhywbeth newydd yn anos lawer na datrys problemau yn hanes llenyddiaeth, ac yn y diwedd nid yw'r cynnyrch mor foddhaol'.[29] Bu bron iawn iddo roi'r cyfan heibio, cyfaddefodd wythnos wedi hynny, yn sgil ysgrifennu at lywydd y Bwrdd Addysg, Percy Watkins, a chael ar ddeall na ellid cynnal menter o'r fath am resymau cyfansoddiadol. Daliai, fodd bynnag, yn nodedig o hwyliog: 'Things are moving rapidly these days,' ysgrifennodd yn yr un mis at D. J. Davies am y cynllun yn benodol ac am ei ymdrechion i bennu cyfeiriad economaidd i'r Blaid yn gyffredinol, 'and many of these 19th century surviving radicals will live to be violently upset'.[30]

Cyrch pendant ar radicaliaeth ddiwylliannol o fewn rhengoedd ei blaid ei hun a'r tu allan iddi oedd galwad Lewis fis yn ddiweddarach am 'ysbryd newydd a dull newydd o feddwl am broblemau economaidd a gwleidyddol' Cymru pan safodd dros y Blaid Genedlaethol yn isetholiad Prifysgol Cymru. Y peth mwyaf nodedig am ei anerchiad yw nad oes ynddo sôn o fath yn y byd am ddiogelu gwareiddiad na'r iaith. Ei genadwri, yn hytrach, yw fod ymadael â'r Safon Aur yn arwydd bod 'arferion gwleidyddol ac economaidd y bedwaredd ganrif ar bymtheg' wedi methu. Mae'r consensws gwleidyddol rhwng pleidiau Lloegr wedi chwalu a'r tair plaid fel ei gilydd ar fai. Daeth yr alanas dan lywodraeth y Blaid Lafur; mae'r Blaid Ryddfrydol wedi 'dryllio'n derfynol', ac mae'r Torïaid 'yn ddiniwed ac annysgadwy, eu holl fryd ar edfryd eu rhwysg ymerodrol, a heb ddeall o gwbl mai hwy yw'r sicraf o gynorthwywyr Bolsefiaeth, gan mor union yr arwain eu ffyrdd at ryfel rhwng dosbarthau [sic] cymdeithasol ac at chwyldro'.[31]

Trefnodd bythefnos o'r gwaith heb dâl a thalodd ei gostau etholiadol ei hun, gan annerch yn y pedwar coleg a ffurfiai gnewyllyn ei etholaeth wasgarog ac ansicr ei hysbryd, ond ni thyciodd 'cenedlaetholdeb cymedrol' Lewis. Collodd yr ornest ddwy-ffordd yn erbyn y Rhyddfrydwr Ernest Evans o 2,229 o bleidleisiau i 914. Daliai'n ffyddiog, er hynny, gan gyhoeddi mewn llythyr at 'F'Annwyl Agent', Mai Roberts, nad oedd 'yn siomedig o gwbl':

> Dengys ffigurau Lloegr yn eglur fod chwyldro yn agosach nag erioed, gan nad oes obaith i werin Lloegr mewn mudiad politicaidd cyfansoddiadol. Felly dyma'r funud i ni ail-ddechrau gwaith y gaeaf gyda brwdfrydedd mawr.
>
> Peidio â digalonni, dyna'r prawf terfynol o Blaid sy'n credu yn ei chenadwri, ac yr wyf yn credu heddiw yn gryfach nag erioed fod y dyfodol yn dal addewid fawr inni.[32]

Daeth 1931 i ben yn yr un modd ag y cychwynnodd, wrth i Lewis rybuddio cyfarfod yn y Barri ar 24 Tachwedd rhag y perygl o beidio â thrin Cymru 'fel un cyfanwaith' trwy esgeuluso'r ardaloedd gweithfaol:

> Ni thâl inni mwyach fynd ymlaen yn ein dallineb, ac edrych ar ddiwylliant ac iaith y wlad fel rhyw ddihangfa rhag realiti bywyd o'n cwmpas. Y mae pob agwedd ar fywyd yng Nghymru yn fater o ddiddordeb i'r cenedlaetholwr o Gymro, neu fe ddylai fod.

Wynebai cymoedd y de ddewis moel rhwng Comiwnyddiaeth a chenedlaetholdeb, meddai: 'Y naill yn gredo beryglus ar sylfeini materoliaeth ronc, a'r llall wedi ei seilio ar bethau'r ysbryd a'r meddwl, ac yn uno pobl o bob dosbarth yn yr un wlad mewn cydweithrediad er lles y genedl, a lles gwareiddiad yn gyffredinol'.[33]

Hyd yn oed ar drothwy ei benderfyniad tyngedfennol i arddel Catholigiaeth yn ffurfiol a chyhoeddus, glynai o hyd wrth un o ddiddordebau ei ddyddiau coleg. Pan ddarllenwyd llaw Lewis ar 29 Chwefror 1932, synnodd yr adroddwr dienw at y darlun a ddatguddiwyd. 'There are two islands in the heartline under Apollo in both hands,' ysgrifennodd hwnnw, 'which caused me much anxiety. Usually they mean inconstancy, caprice, flirtation and intrigue. But on such a hand as that of the subject now concerned – this cannot be. It is wise therefore to leave them for consideration'.[34] Doeth, yn sicr. Mater o ddehongliad yw ai mympwy a yrrai raglen wleidyddol Lewis trwy'r flwyddyn honno wrth iddo droi ei olygon fwyfwy oddi wrth gefnogwyr naturiol ei blaid at y Cymry hynny y teimlai iddi eu hesgeuluso. Yr oedd gwedd newydd ar *Y Ddraig Goch* gyda chyhoeddi rhifyn Ionawr 1932 (diolch i rodd o floc teitl newydd modernaidd yr olwg o waith yr arlunydd R. Ll. Hughes) ac egni newydd yng ngweithgarwch Lewis ei hun. Amddiffynnodd benderfyniad y Blaid – eto dan ddylanwad D. J. Davies ac yn nannedd gwrthwynebiad rhai fel W. J. Gruffydd, Iorwerth Peate a Kate Roberts – i lansio cymar misol Saesneg i'r *Ddraig*: y *Welsh Nationalist*. Unwaith yn rhagor apeliodd at eiriau hud cyfanrwydd ac undod. Maes y Blaid Genedlaethol, meddai oedd 'y genedl gyfan, y genedl unedig':

> Os rhannwn ni Gymru yn ddwy genedl, y Cymry Cymraeg a'r Cymry di-Gymraeg, a gweithio er mwyn y cyntaf yn unig, yna yn bendifaddau yr ydym yn conffyrmio, yn sefydlogi'n dragywydd warth llywodraeth Lloegr a'n rhannodd ni felly a thrwy ein rhannu a'n ceidw dan ei sang . . . Ein budd ninnau, ein swydd ninnau yw difodi'r rhaniad hwnnw ac uno'r genedl yn un bobl gyfan.[35]

Treuliwyd misoedd agoriadol y flwyddyn yn annerch cyfarfodydd i'r di-waith yn Abertawe, Cwm Tawe a'r Tymbl, a Lewis 'yn mwynhau llygru moesau sosialaidd dynion diwaith' trwy ddosbarthu copïau o'r *Welsh Nationalist* newydd.[36] 'Pe buaswn yn rhydd,' ysgrifennodd ymhen yr wythnos, 'rhoddwn lawer o'm hamser i'r di-waith – y mae gennyf gred y gellir eu goleuo lawer iawn a'u troi hefyd gydag amynedd a dyfalbarhad'.[37]

Rhyfedd, gan hynny, mai pur ychydig o sôn a gaed gan Lewis am ddiweithdra pan aeth ati i annerch ei gynulleidfa ddi-Gymraeg. Ar dudalennau'r *Nationalist* – llai ei fformat, glanach ei brint, mwy minimalaidd ei ddiwyg a mwy unffurf ei gynnwys na'r *Ddraig Goch* – canfu Lewis gyfrwng i D. J. Davies gael traethu yn ei famiaith o fis i fis am gydweithrediad a 'The Insufficiency of "Cultural Nationalism"', fel y gwnaeth yn yr ail rifyn, er enghraifft. Bu'n foddion hefyd i Lewis yntau ysgrifennu am genedlaetholdeb ar gyfer cynulleidfa newydd. Yn ei erthygl agoriadol, ar dudalen blaen y rhifyn cyntaf un, aeth ati i ddilorni hen ystyr cenedlaetholdeb Cymreig. Hon, meddai, oedd 'the wretched and poor and rather despicable meaning' a dybiai fod cenedlaetholdeb yn estyniad ar wladgarwch y Cymmrodorion a'r Eisteddfod Genedlaethol, 'the spare-time hobby of corpulent and successful men'. Fe'i cyferbynnodd â'r weledigaeth o Gymreictod a arddelid yn rhengoedd y Blaid:

> A Welsh Nationalist is one who believes that Wales is a nation and that the Welsh Nation should manfully and delightedly take again the responsibility of building a Welsh civilisation . . . [It is] our absolute duty to ourselves as adult men and women to demand and insist on the responsibility of self-government. This great thing is not a luxury. It is not a caprice. To refuse it is to betray the Christian conception of Society. It is to repudiate the whole development of European history.[38]

Hawdd camgymryd y brawddegau prysur hyn, ar wib igam-ogam rhwng rhethreg cyfrifoldeb, dyletswydd a gwareiddiad, brad, Cristnogaeth a hanes Ewrop, am ansicrwydd cyfeiriad neu am ebychiadau diddrwg-didda. Nid oeddynt yn ddim o'r fath. Sonia beirniadaeth lenyddol am gysyniad y darllenydd delfrydol: y darllenydd dychmygol sydd, boed yn ymwybodol neu'n anymwybodol, yn pennu naws a chynnwys yr hyn a ysgrifennir. Yn ei ddatganiadau Cymraeg i'r *Ddraig Goch*, gallai Lewis uniaethu â'i ddarllenwyr trwy sôn am Gymry di-Gymraeg y de diwydiannol fel defaid crwydr y dylid eu dwyn yn ôl i'r gorlan. Seilid popeth ar y rhagdyb bod ei ddarllenwyr eisoes wedi'u hachub, eu Cymreictod yn ddigwestiwn. Yn y *Nationalist*, a fwriedid bron yn gyfan gwbl fel offeryn cenhadu i rai a oedd eto y tu allan i'r gorlan honno, nid oedd y berthynas mor esmwyth. Cyfarchai gynulleidfa a ystyriai, er pob ewyllys da diamheuol tuag ati, fel Cymry diffygiol, anghyflawn, amddifad. Pa un ai a amcanai hynny ai peidio, ceir hollt yn y rhethreg rhwng llithiau Lewis i'r *Ddraig Goch* a'r *Nationalist*. Yn achos y naill, rhaid newid cyflwr Cymru fel yr ymdebyga fwy i'r bobl sy'n byw ynddi eisoes; yn y llall, rhaid nid yn unig newid amgylchiadau eu byw, rhaid hefyd drawsnewid y bobl eu hunain i'w cymhwyso i fyw yng ngwlad yr addewid, eu dad-ddiwydiannu, eu hailgysylltu â'u gorffennol, eu diddyfnu oddi wrth eu mamiaith fenthyg a'u dibyniaeth ar drugaredd masnach ryngwladol a'r ciw dôl. Fe'u cyferchir, felly, fel petaent yn oddefol a heb gyfran yn eu gwaredigaeth.

Tarddai'r agwedd meddwl hon yn rhannol o ddicräwch a ffieidd-dod personol. Adroddodd Lewis ym Mai 1932 am y 'frightening, unnerving experience' o yrru trwy Gwm Rhondda – 'the worst hell in Europe today' – gan alw heibio yn ddirybudd i gartref Kate Roberts a Morris T. Williams yn Nhonypandy er mwyn ceisio lloches rhag 'the insane horror of the elongated bedlam of the industrial valley . . . bestiality where there was once decency'.[39] Deilliai hefyd o athrawiaeth, sy'n cael llais yn y *Ddraig* os nad yn y *Nationalist*, yr oedd seiliau economaidd a iaith y de diwydiannol yn atalfa ddwbl ar ei gwireddu. Ymarferiad diddorol yw darllen y sylwadau Cymraeg ochr yn ochr â'r rhai Saesneg. O ran ei ddiagnosis, ni allasai'r Marcsydd mwyaf uniongred ddweud yn amgen: y di-waith oedd '[y] darlun goleuaf, egluraf o'r drwg sydd mewn cyfalafiaeth ymerodrol a di-ddynoliaeth'.[40] Gwahanol iawn, er hynny, oedd dull arfaethedig Lewis o wared y drwg hwnnw: ni fynnai ladd cyfalafiaeth (er mor ddymunol fyddai hynny) rhagor cefnu arni. I'r graddau hynny, 'peth da, ac edrych arno â llygaid di-genfigen . . . peth da a naturiol' oedd bod y diwydiant glo yng Nghymru yn colli ei farchnadoedd rhyngwladol, gan y gobeithiai yr arweiniai at arwahanrwydd hunangynhaliol, cydweithredol. Gorfodid Cymreictod ar Gymru. '"Yn ôl at y tir", dyna un o amodau gwaredigaeth Cymru. Y mae cannoedd o ddynion tawel, deallus yng Nghymru yn gwybod hynny'. Byddai cydweithrediad amaethyddol nid yn unig yn achubiaeth economaidd; byddai 'yn wers mewn ymostyngiad, yn wers mewn gwyleidd-dra hefyd'.[41] Conglfaen y mewnblygrwydd polisïol, dihangol hwn fyddai creu Cymru uniaith Gymraeg fel 'moddion diogel i godi gwlad na fedr cyfalafiaeth gydwladol drigo o'i mewn'.[42] Cam bychan wedyn, yn enw gloywach dyfodol, oedd galw am ddileu moddion cynhaliaeth y demos dimai:

> ... os gofynnir inni beth ddylai fod bwriadau'r Blaid Genedlaethol ynglŷn â diwydiannau trymion a chanolog Deheudir Cymru ein hateb ni ydyw: eu chwalu hwynt. Dyna'r peth cyntaf a sicraf, a dyna'r peth hanfodol os dymunwn ni ryddhau dynoliaeth yng Nghymru oddi wrth gadwyni creulon cyfalafiaeth ddiwydiannol ac ymerodrol.[43]

Ni chafodd y darllenwyr di-Gymraeg wybod am oblygiadau ieithyddol ac economaidd 'the responsibility of building a Welsh civilisation', chwedl y llith agoriadol honno yn y *Nationalist*, na'r gosodiad ddwy flynedd wedi hynny mai cenedlaetholdeb oedd 'the greatest foe of industrial capitalism'. Hallt fyddai dweud bod y darlun a gynigiwyd iddynt gan Lewis yn un twyllodrus; tecach, o bosibl, fyddai ei alw'n gamarweiniol. Yr oedd yn bendant yn anghyflawn, fel petai Lewis yn credu bod ymddiriedaeth ddigwestiwn y bobl y cyfeiriai ei genadwri atynt yn y nod anniffiniol o ysgwyddo cyfrifoldeb yn ddigon o gyfiawnhad dros weithio ar eu rhan. Nodweddwyd rhaglen y Blaid o'r cychwyn, cyhoeddodd Lewis ddwy flynedd a hanner ar ôl gwneud ei ddatganiad cyntaf, gan ddau beth. Ef biau'r italeiddio:

> The first is that it has been making from the beginning a series of demands, rather than promises, in Wales. *We have come to give the Welsh people responsibility, not promises. We have come to demand something of the Welsh people, not to offer them something. We have come to call the poor of Wales to a duty, not to make things easy for them.* [44]

Nid oedd pethau'n hawdd, plaid neu beidio. Y ffigur diweithdra yng Nghymru erbyn canol 1932 oedd 35.5% o'i chymharu â 19.9% yn

Lloegr, gyda lefelau cyfuwch â 50.3% ym Mrycheiniog, 40.2% ym Môn a thua 39% ar gyfartaledd ym Morgannwg a Mynwy. Proffwydai Lewis '[dd]yddiau gwaeth i ddyfod' gan annog Cymru i '[b]aratoi ar gyfer newyn, neu ar gyfer prinder a fydd yn agos at newyn'.[45]

Yr oedd rhywbeth agos at newyn i'w weld ar strydoedd Bryn-mawr, Sir Fynwy, rhwng 8 a 12 Awst y flwyddyn honno wrth i'r Blaid ymgynnull ar gyfer ei Hysgol Haf gyntaf y tu allan i'r Gymru Gymraeg. Nos Fawrth 9 Awst, traddododd Lewis fersiwn diwygiedig o'i araith gyntaf ym Machynlleth saith mlynedd cyn hynny ar 'Egwyddorion Cenedlaetholdeb'. Canmolodd 'sancteiddrwydd y teulu' a galwodd genedlaetholdeb yn enw arall ar 'Gymwynasgarwch'. Ar noson olaf yr Ysgol, mewn anerchiad Saesneg, 'Cafodd y Comiwnistiaid hi "straight from the shoulder", ys dywed y Sais', pan geisiodd ddarbwyllo ei wrandawyr nad proletariat mohonynt, 'a sut yr oedd "gwaed yr uchelwyr" yn eu gwythiennau'.[46]

Daeth Bryn-mawr ar ddiwedd haf a brofai'n dyngedfennol o safbwynt arall. Cwblhaodd Lewis *Braslun o Hanes Llenyddiaeth Gymraeg* ar 29 Mehefin 1932 – ysgrifennwyd y ddwy bennod glo yn yr un mis – a chyhoeddi'r gyfrol ym mis Hydref. 'Ni bydd yn llyfr hawdd ei ddarllen,' addefodd wrth Kate Roberts, 'oblegid bydd yn rhy newydd a rhy athronyddol'.[47] Gwir y gair: athroniaeth yw ei faen clo. 'Ar wahân i hanes yr Oesoedd Canol,' chwedl y rhagair, 'ni ellir dychmygu am ysgrifennu hanes ein llenyddiaeth'.[48] Mae'n debyg mai taro ar drosiad cynhaliol y gwaith a wnaeth – addurniadau 'mor fwriadol undonog'[49] y seiri yn Chartres a gyffelybwyd ganddo i'r ysblander amhersonol, gostyngedig, cydymffurfiol a welai'n nod amgen y traddodiad llenyddol clasurol Cymraeg. Cyhoeddasai ei fwriad yn y rhagair i *Pantycelyn* bum mlynedd ynghynt i gyhoeddi tri llyfr cyffredinol ar lenyddiaeth Gymraeg a wnâi'r cyswllt annatod rhwng profiad y bardd a'i ddeunydd yn ganolbwynt, ac a gonsuriai *Bildungsroman* neu fabinogi seicolegol ac ysbrydol o'r canu. Eithr, o gyfosod y ddwy astudiaeth, daw'n eglur nid yn unig fel y syniai Lewis am ramantiaeth a chlasuraeth fel agweddau meddwl rhagor mudiadau; amlygir hefyd ragdyb fwy cyffredinol eu hawdur bod llenyddiaeth yn 'gyfrinach', a'r beirniad wedi'i ddonio â'r weledigaeth i'w chanfod.

Ar un wedd, bu'n ysgol haf ysgubol o lwyddiannus i Lewis. Cynigiodd D. J. Davies sefydlu 'gwladwriaeth yn seiliedig ar gydweithrediad' yn bolisi i'r Blaid, ac fe'i mabwysiadwyd gan y Pwyllgor Gwaith dan gadeiryddiaeth Lewis ym mis Rhagfyr y flwyddyn honno. Ar y llaw arall, bu penderfyniad arall Ysgol Haf Bryn-mawr i ategu ysgolion haf y dyfodol â chynadleddau lle câi cynrychiolwyr y canghennau a sefydlid o fis i fis bron trwy weithgarwch J. E. Jones bleidleisio ar bolisi – gan amddifadu'r Pwyllgor Gwaith o beth o'i rym – yn fodd i ddatganoli awdurdod dealledig y llywydd ei hun. I bob golwg allanol, ni wnaeth fawr o wahaniaeth. Daliai'r un swyddogion wrth y llyw. Mwy arwyddocaol oedd yr ergyd seicolegol a deimlai Lewis. Ac yntau ar drothwy'r deugain oed, yn y flwyddyn y byddai farw ei dad, gwelai'r Pwyllgor Gwaith 'yn anorfod yn newid ei gymeriad'. Er bod ei safle ei hun o hyd yn ddigwestiwn o ddiogel, nid oedd hynny'n gysur:

> Y canghennau piau ef bellach ac nid yr hen gyfeillion neu'r hen 'griw' fel y'n gelwid ni gan rai. Fe synnech pe gwelsech y ffigurau a gwybod mai wrth groen eu danedd yr etholwyd rhai a fu ac y sydd yn swyddogion y Blaid. Y mae un peth mewn gwaith politicaidd y rhaid peidio â'i ddisgwyl, sef diolch.[50]

Yn anterth ei afael ar ei blaid, wynebai'r posibilrwydd y gallai hi gilio oddi wrtho. Seiniai ei anniddigrwydd fel cnul trwy weddill y 1930au.

Tra adeiladai Lewis ei weledigaeth wleidyddol â'r naill law trwy ddechrau 1933, felly, ceisiai chwalu ei gysylltiad personol â'i blaid â'r llaw arall. Yr oedd y flwyddyn yn llawn i'r ymylon. Aeth yr ymgyrch dros sefydlu Cyngor Datblygu Cymreig rhagddi trwy Ionawr a Chwefror, a chyhoeddwyd y pamffledyn 12-tudalen 'cymedrol a thorcalonnus o gymedrol',[51] *The Case for a Welsh Development Council* o'i waith ym mis Mai, yn dadlau dros sefydlu corff i ddenu diwydiannau i Gymru, i greu ffordd fawr i gysylltu'r de a'r gogledd ac i ailboblogi cefn gwlad. Ceisiodd arian gan elusennau i gyllido'r Ysgol Werin, a agorwyd gan D. J. a Noëlle Davies yn ffermdy Pantybeilïau yn nechrau 1934, gan gyfrannu llyfrau i'r llyfrgell a rhodd o £5; darparodd i olygydd newydd y *Welsh Nationalist*, Morris T. Williams, baragraffau i'w cyhoeddi dan ei enw ei hun; ac ailwampiodd ddiwyg *Y Ddraig Goch* ym mis Mawrth yr un flwyddyn, gan addasu ei nodiadau ei hun i gynnwys 'paragraffau byrrach, amlycach, ysgafnach . . . yn gymorth i'r gwerthu – yn enwedig i'r gwerthu ar y strydoedd'.[52] Yn yr un mis cyhoeddodd apêl i'r Rhyddfrydwyr gydweithredu â'r Blaid ar ymreolaeth gan ddatgan wrth J. E. Jones ei fod 'yn ddedwydd iawn' bod William George, brawd Lloyd George ac aelod blaenllaw o'r Blaid Ryddfrydol Gymreig, mor gefnogol. 'Unwaith y ceir arweinwyr i eistedd ynghyd i ystyried Cymru fel uned economaidd, bydd ein dydd ni yn agosach o lawer iawn'.

Eto i gyd, ni fynnai barhau'n arweinydd ar ôl sefydlu'r glymblaid. Yn yr un llythyr, soniodd am ei obaith i '[g]ael riteirio yr ysgol haf nesaf a gofyn i'r gynhadledd awdurdodol newydd gychwyn gyda llywydd newydd':

> . . . byddai'r cyd-ddigwyddiad yn gyfleus a hapus. Felly os daw cynnig enw arall i'r llywyddiaeth oddi wrth un o'r canghennau byddaf yn falch dros ben.[53]

Cydredai'r ymroi a'r ymwrthod, y cynllunio hirdymor a'r awydd i ymddeol ar unwaith, am y ddwy flynedd nesaf. Yn rhifyn Ebrill o'r *Ddraig Goch*, mewn nodiadau a gyfansoddwyd ar 22 Mawrth, ddeuddydd cyn ei lythyr at J. E. Jones uchod, cyhoeddodd ei bod yn bryd i bob aelod ddysgu'r 'wers', a italeiddiodd er mwyn ei phwysleisio: *'Os na wnaf fy rhan yn ddi-siom, os na ellir dibynnu arnaf, bydd rhyddid ac iachawdwriaeth Cymru gymaint â hynny'n hwyrach ac ansicrach'*.[54] Ym Mai 1933 cynghorodd Morris T. Williams fod angen symud 'gyda rhyw sicrwydd a gwybodaeth' ar lunio polisi economaidd, gan beidio â chyhoeddi 'dim a fyddai'n amrwd a'i alw'n bolisi economaidd pendant y Blaid Genedlaethol'.[55] Fis yn ddiweddarach, ysgrifennodd at J. E. Jones eto, gan ofyn iddo ystyried 'yn ddifrifol . . . yn unig o safbwynt lles y Blaid', geisio llywydd newydd:

> Gofynnaf hyn yn unig am fy mod i'n llwyr anfodlon ar y gwaith a wnaf fel arweinydd, a theimlo ar fy nghalon pe dewisid un arall yn fy lle a'i amser yn fwy rhydd, a'i egni yn fwy, (yn arbennig), y symbylai'r blaid i fwy o waith a rhoi cyffro newydd ynddi. Deallwch nad dymuno dianc sy'n fy nghymell, ond gwir ymdeimlad y byddai newid yn awr yn lles i'r blaid. Nid yw hyn yn gyfrinachol o gwbl.[56]

Oedodd Jones am wythnos cyn ateb. Anghytunodd, fel y disgwyliai'r llywydd iddo wneud, yn ddiau. Ni allai'r Blaid fforddio colli 'meddyliwr miniog a thrwyadl' fel Lewis, meddai, ac fe'i sicrhaodd fod Lewis 'yn llawer uwch na phawb fel nad oes sialens i chwi'.[57]

Ni soniodd Lewis am ei gymhwyster personol i'r swydd pan atebodd gyda'r troad. Cwynodd yn hytrach fod ganddo 'ormod o heyrn yn tân [*sic*]', na theimlai iddo allu gwneud dim 'yn drwyadl' a bod ei gysylltiadau crefyddol a'i waith llenyddol 'hefyd yn rhwystr i'r Blaid'. Ar ben hynny, yr oedd ei dad 'yn tynnu at ei derfyn drwy salwch hir a gwendid mawr' a dyletswydd Lewis oedd ei wylio bob yn ail noson â'i fodryb. Ofnai y collai'r Ysgol Haf y flwyddyn honno.[58]

Ddydd Mawrth 1 Awst, ar ei waethaf bron, mynychodd Lewis Ysgol Haf Blaenau Ffestiniog: y gyntaf i'w chynnal dan y drefn newydd, gyda chynhadledd ynghlwm. Cadeiriodd sesiwn y diwrnod wedyn lle pasiwyd saith o benderfyniadau digon merfaidd yn ymwneud â lle'r Gymraeg yn y gyfundrefn addysg, â mabwysiadu cyngor datblygu 'yn ôl cynllun Mr Saunders Lewis' yn bolisi ac â sefydlu canghennau y tu allan i Gymru. Er hynny, i rai, ymddangosai fod yr hwyliogrwydd a'r agosatrwydd a nodweddai ysgolion y gorffennol wedi pallu. 'Yr oedd y cwmni yn fwy ar wasgar nag arfer,' nododd un, 'a gresyni [*sic*] oedd ymadael â'r ysgol heb gyfle i adnabod amryw'. Ni farnai i Lewis serennu ynddi chwaith. Yn ei anerchiad ar fethiant masnach ryngwladol creodd 'awyrgylch cyfarfod pregethu dwys' a adawodd y gynulleidfa yn rhy swil i godi cwestiynau.[59] Sylwodd un arall a fu yno – gyda chryn foddhad, gellir casglu – fod to newydd ymhlith cynadleddwyr y Blaenau 'sy'n edrych ar sylfaenwyr ac arweinwyr y Blaid fel hen ddwylo pur geidwadol, a chyn bo hir y genhedlaeth newydd a fydd meistri'r Blaid'.[60]

Am sylwedd yr anerchiad ei hun, dadleuodd Lewis fod dyddiau masnach rydd rhwng y gwledydd wedi'u rhifo, a bod Cymru, a oedd 'wedi ei threfnu yn unig ar gyfer ymgais gydwladol', ar fin difodiant oni ddysgai fod yn hunangynhaliol. Rhaid, meddai, oedd 'dysgu caru Cymru â'r pen, ac nid â'r galon yn unig'.[61]

Wythnos yn ddiweddarach, er hynny, gwahanol iawn oedd tôn ei ohebiaeth â Kate Roberts. Yr oedd, meddai Lewis, yn 'lled-hyderu' cael ailafael yn ei waith creadigol yr haf nesaf. Cenfigennai wrthi yng nghanol ei nofel ddiweddaraf: 'yr oeddwn innau gynt yn nofelydd – *et in arcadia fui*, – fel y gwn sut brofiad yw hynny'.[62] *Et in arcadia fui*: cystal rhydd-gyfieithiad ohono â dim fyddai, 'Mi fûm innau unwaith yn y cyflwr dedwydd hwnnw.'

Croesawodd Lewis 1934 yn yr un cywair, gan addunedu y Calan hwnnw y rhoddai'r gorau i werthu'r *Ddraig Goch*.[63] Torrodd adduned gynharach hefyd. Er ei fod wedi addo peidio â chrybwyll y mater 'am flwyddyn' yn ei lythyr at J. E. Jones ym Mehefin 1933, daeth cynnig arall ar ymddiswyddo yn ddiweddarach ym mis Ionawr. Ar bapur swyddogol y Blaid, a'i enw ef ei hun ar ei frig fel llywydd, datganodd ei fwriad ffurfiol i ymneilltuo fel llywydd 'ar unwaith . . . er mwyn diogelwch y Blaid Genedlaethol'. Ei gyfiawnhad oedd bod yr amgylchiadau wedi newid:

> Erfyniaf arnoch beidio â gwrthod hyn, oblegid ni allaf feddwl am well ffordd o ddiogelu'r blaid rhag ei chymysgu â'm hargyhoeddiadau crefyddol i. Yn ymarferol ni chollwch chi drwy fy ymddiswyddiad, a bydd y blaid yn ddiogel rhag perygl rhagfarn yn ei herbyn.[64]

Yn sgil marw ei dad ar 19 Gorffennaf 1933, o'r hir ddiwedd, yr oedd Lewis wedi cael ei dderbyn yn ffurfiol i'r Eglwys Gatholig. Yr oedd y prawf i'w gael yn yr angladd a gynhaliwyd yn Anfield, pan welwyd Lewis yn gwneud arwydd y groes yn ystod y weddi.[65]

Dychwelodd Jones y llythyr at Lewis toc wedi ei dderbyn, gan egluro ei fod yn 'rhy bersonol' ei naws i'w gyflwyno i'r Pwyllgor Gwaith. Dadleuodd hefyd na ddylid ei gyhoeddi yn y wasg: 'Cystal iddo beidio ymddangos'. Gofynnodd am lythyr arall mwy 'ffurfiol'.[66] Ddeuddydd yn ddiweddarach, ar yr un diwrnod ag y mynychodd gyfarfod i sefydlu cangen newydd o'r Blaid yn y Glais, Clydach, a diolch i'r aelodau yno am eu hymroddiad, lluniodd Lewis ei ail gynnig. Er i hwnnw beri 'cryn gyffro' ymhlith yr aelodau (yr oedd sïon ar led bod y Blaid wedi gofyn i Lewis ymddiswyddo), credai J. E. iddo dawelu pawb trwy egluro mai 'problem grefyddol' oedd y cymhelliad ac y byddai'r llywydd yn fodlon cael ei ailddewis.[67]

Ei gŵyn, meddai Lewis mewn llythyr at J. Alun Pugh o'r Pwyllgor Gwaith yn yr un mis, oedd bod un o bapurau newydd yr Eglwys, *The*

Universe, wedi cyhoeddi'r newydd, er gwaethaf ymrwymiad (ac adduned wrth Archesgob Caerdydd) na wnâi. Ofnai, meddai, y gallai 'gelynion y Blaid' ddefnyddio'r cyhoeddiad i'w niweidio. Dymunai fynd ar unwaith '[e]r mwyn achub y blaen a rhwystro hynny . . . rhag ennyn y rhagfarn Brotestannaidd'. Cydnabyddai y golygai 'ofn ac anesmwythyd' yn rhengoedd y Blaid, eithr mynd oedd raid.[68]

Wedi i'r sïon cyntaf ymddangos yn y wasg, daeth llythyrau gyda phob post bron yn pwyso arno i aros. 'Wn i ddim beth a wnaf ynghylch arweiniad y Blaid,' ysgrifennodd at un o'i ohebwyr yn y cyfnod ansicr rhwng gyrru ei ymddiswyddiad a'r cyfarfod o'r Pwyllgor Gwaith a benderfynai ei dynged. 'Cawn weld o hyn i'r Pasg. Ond y mae caredigrwydd aelodau'r Blaid tuag ataf yn anghyffredin, ac mi geisiaf ei haeddu rywbryd neu'i gilydd'.[69] Erbyn Sul y Blodau 1934, sef 25 Mawrth, mynegodd ei awydd eto 'mewn difrif', wrth J. E. Jones eto, i roi'r gorau i'r llywyddiaeth. Byddai ei ymadawiad, meddai, 'yn brofiad gwerthfawr i'r Blaid yn awr ac yn ddisgyblaeth mewn cyfrifoldeb. Os bydd angen ymhen amser, dyweder dwy flynedd neu dair, gallwn gael fy ail-ddewis, – ond erbyn hynny ni bydd angen'. Pe na cheid neb i lenwi ei le bryd hynny, byddai'n rhaid wrth 'gais unfryd' iddo ailafael: 'Ond nid dibwys fydd hynny i'm gyrfa a'm teulu, a thebyg y bydd yn golygu rywbryd ymddiswyddo o'm swydd gysurus yn y coleg yma'.[70]

O gymryd ei gymhellion cymysg dros fynnu ymddiswyddo – bywyd teuluol, amhoblogrwydd ei Gatholigiaeth, gofynion ei yrfa academaidd, rhyddid i lenydda, ei ymdeimlad o fethiant, ei anfodlonrwydd ar y strwythur cyfansoddiadol newydd, ei ofn bod annerch cyfarfodydd wedi '[t]yfu'n ddefod' arno y dymunai ei thorri[71] – hawdd casglu na wyddai Lewis ei hun mewn gwirionedd beth oedd y symbyliad gwaelodol. Mae rhywun yn amau nad y rheswm lleiaf yn ei olwg oedd yr ymdeimlad bod y Blaid yn troi yn ei hunfan. Nid oedd wedi dod ag ymgeiswyr i'r maes yn isetholiadau Pontypridd ac Ogwr yn 1931, Sir Aberteifi yn 1932, Dwyrain y Rhondda yn 1933 na Merthyr Tudful flwyddyn wedi hynny. Yr oedd ei dyled i'r banc ar ddiwedd y flwyddyn ariannol 1933-4 yn £254.

Am y tro cyntaf yn ei hanes, cadwodd Lewis draw o gyfarfod y Pwyllgor Gwaith yn Aberystwyth y Pasg hwnnw. 'O'm rhan innau,' sicrhaodd yr aelodau mewn llythyr trwy law J. E. Jones, 'ni pheidiaf â'm gwaith yn y Blaid, ond byddaf yn rhyddach nag y bûm ers blynyddoedd i roi amser i'm gwaith llenyddol sy'n perthyn i'm crefft.'[72] Cynhaliwyd pedair pleidlais unfrydol yn Aberystwyth. Yn y gyntaf, a gynigiwyd gan J. P. Davies, Porthmadog, a'i heilio gan Lewis Valentine, gwrthodwyd yr ymddiswyddiad; yn yr ail (cynnig Valentine ac Ambrose Bebb yn eilio), mynegwyd ymddiriedaeth y pwyllgor yn Lewis; yn y drydedd (Moses Gruffydd a D. J. Williams, Llanbedr), ailetholwyd Lewis yn llywydd; a chyda'r bedwaredd (Bebb a D. J. Williams, Abergwaun), penderfynwyd y byddai ei dymor yn parhau am bedair blynedd cyn y gellid ystyried ethol llywydd newydd.[73] 'We measure our words,' cyhoeddodd Morris Williams am y llywydd anfodlon, 'when we declare that he is the greatest figure that Wales has ever seen.'[74]

Ailgydiodd Lewis yn yr awenau 'with mixed feelings of pleasure and reluctance' yng nghanol mis Ebrill: 'I've no notion where it may lead to, and I'm pretty sure that, as we used to say in the English Army, "the first ten years will be the worst" will not be true in this case.' Yr oedd y swydd, dywedodd mewn ymgais i'w berswadio ei hun, yn 'plain sailing – we have to develop our social doctrine and continue our propaganda and keep the unity of the party'. Eto i gyd, ychwanegodd:

> What is extraordinary is that while opposition to us is so feeble, yet our progress is still slow enough. It shows the condition that Wales has sunk into, a miserable apathy that cannot defend itself or excuse itself. However I believe that our day is coming and I sometimes believe that we shall be young enough to have a part in its pain and its brightness – because anything may happen in the next ten years.[75]

Daeth y rhywbeth hwnnw, i bob golwg, gwta bythefnos yn ddiweddarach, ar ffurf penderfyniad Cyngor Tref Castell-nedd i wahodd sioe amaethyddol y Bath and West i godi ei phabell yn Sir Forgannwg yn 1936, a hynny yn yr un flwyddyn â chynnal yr Eisteddfod Genedlaethol yno. Ar yr wyneb, yr oedd yn benderfyniad di-nod. Buasai'r sioe yng Nghymru ddeg o weithiau er ei chychwyn yn 1858, ac aeth ei hymweliad diwethaf ag Abertawe, yn 1928, heibio heb sylw arno o gwbl gan y Blaid Genedlaethol. Eto, mewn llythyr i'r *Western Mail* ar

28 Ebrill, cyfeiriodd Lewis ato fel digwyddiad 'of national importance to Wales', gan alw am 'the most strenuous opposition to the proposal . . . throughout the Principality'. Wythnos wedi hynny, ysgrifennodd at J. E. Jones: 'Yr wyf yn benderfynol na chaiff y Bath & West ddyfod yn ddianaf i Gymru'.[76] Ymhen pythefnos, ysgrifennodd eto: 'Y mae hwn [*sic*] yn mynd i fod yn frwydr go fawr a go bwysig i ni' ac yn 'argyfwng go bwysig' i Gymru gyfan.[77]

Byddai'r pwnc ymddangosiadol bitw a diflanedig hwn ym mlaen meddwl gwleidyddol Lewis trwy weddill 1934. 'Y mae mater y Bath & West yn fy marn i,' ysgrifennodd at J. E. Jones fis yn ddiweddarach, 'yn sialens i hanfod ein hegwyddor fel Plaid, a dylem – eto, yn fy marn i – ei wneud yn bennaf mater ein gwaith'. Am fod y mater 'yn greisis i'r Blaid', galwodd am i'r Pwyllgor Gwaith, a oedd wedi gwrthod ei gais i ymddiswyddo ddeufis cyn hynny, ailymgynnull yn unswydd i'w drafod. 'Nid er mwyn i'r Pwyllgor Gwaith roi awgrymiadau y dymunaf iddo gyfarfod. Nid wyf yn cofio'r Pwyllgor Gwaith yn esgor ar ddim'. Ei fwriad yn hytrach oedd ceisio ei gydsyniad ar ddulliau gweithredu a oedd eisoes, meddai, 'yn aeddfedu' yn ei feddwl. 'Ond a ydyw'r Pwyllgor yn fodlon imi "gomitio"'r blaid mor drwyadl ag y dymunaf? Ni allaf lwyddo heb hynny'.[78] O fewn wythnos, yr oedd wedi llunio memorandwm 'cyfrinachol – drafft o fethod' ar y mater at J. E. Jones, 'i chwi a J. E. Daniel [is-lywydd y Blaid] yn unig' – dan wyth pen. Y cyntaf oedd cysylltu â Lloyd George, yr archdderwydd, Gwili, a'r corau, yn gofyn iddynt foicotio'r Eisteddfod pe dôi'r sioe. Yn ail, bwriadai gysylltu â llywyddion a beirniaid y gwahanol adrannau yn gofyn iddynt wneud yr un peth. Gofynnodd i J. E. Jones gwrdd yn ogystal ag ysgrifennydd y Sioe Frenhinol Gymreig, Thomas Howson, i geisio ei gydweithrediad (a £30 o gyfraniad tuag at gostau'r ymgyrch) ynghyd â rhestr o arddangoswyr y gellid pwyso arnynt i beidio â mynychu'r sioe wadd. Gofynnodd i J.E. geisio hefyd restr o'r cwmnïau a fwriadai arddangos eu nwyddau yng Nghastell-nedd gan drefnwyr y Bath and West a gyrru llythyr atynt 'yn cyhoeddi ein gwrthwynebiad i'w dyfod hwy i Gymru a'n bwriad i'w rhwystro yn ôl ein gallu'. Bwriedid canfasio'r arddangoswyr a'r masnachwyr a oedd yn gysylltiedig â'r ddau ddigwyddiad, argraffu pamffledi i'w dosbarthu i drigolion y cylch,

papurau i'w rhannu ar faes y sioe ei hun ym Mai 1936 a threfnu piced y
tu allan i'r maes i berswadio'r cyhoedd i beidio â mynd.[79] Cyhoeddodd
lythyr agored at y corau yn gofyn iddynt gadw draw, 'er mwyn Cymru
yn nydd ei thrueni',[80] a llythyr arall, llai ymbilgar, at Watcyn Evans,
ysgrifennydd cyffredinol Eisteddfod Castell-nedd ar 17 Mehefin 1934,
yn cyhuddo ei dref o '[d]dwyn gwarth ar brifwyl y genedl, a chywilydd
arni ei hun'.[81] Yn y *Ddraig Goch* ym mis Mehefin galwodd y
penderfyniad i wahodd y sioe unwaith eto yn fater o bwys cenedlaethol.
Fe'i cyffelybodd i chwedl gwahodd Horsa a Hengist i Brydain. 'Yn ôl
fel y gwelaf i bethau,' ysgrifennodd Lewis, 'mae hwn yn argyfwng
moesol ym mywyd Cymru'.[82]

Mae'n anodd cysoni'r sôn am argyfwng moesol â'r ddelwedd o
ddynion mewn cotiau gwyn yn arwain ceffylau a gwartheg mewn cylch
ac yn arddangos dofednod hynod yr olwg. Ond i Lewis, meddai'r
digwyddiad ar arwyddocâd triphlyg. Yn gyntaf, fe'i hystyriai'n brawf
pellach ar ei gred – megis yn achos ei ddadl dros sefydlu Cyngor
Datblygu – mai trwy'r awdurdodau lleol y gellid datganoli grym i
Gymru. I Lewis, dangosai penderfyniad Cyngor Castell-nedd waseidd-
dra ac anallu cynhenid llywodraeth leol yn ei pherthynas â sefydliadau
Seisnig; yr oedd yn arwydd o'r 'diseased individualism' a'r 'complete
lack of tradition and corporate loyalty' a oedd wedi gafael ym mywyd
cyhoeddus Cymru, chwedl ei lythyr i'r *Western Mail*. Amcan
anuniongyrchol yr ymgyrch oedd ymgais i 'light up the moral ruin of
Welsh democracy'.[83]

Yn ail, yr oedd i 1936 arwyddocâd symbolaidd fel pedwar
canmlwyddiant Deddf Uno 1536. Nid yn unig yr oedd gwahodd y sioe i
Gymru yn 'mortal blow' i'r sioe Gymreig, yr oedd yn 'one more
supreme humiliation' ar ben y Cymry yn eu darostyngiad: 'This realm of
England, and the Dominion of Wales, abolished in 1536, rediscovers the
diabolic force of that abolition most appropriately in 1936'.[84]

Yn drydydd, ac yn bwysicaf, o bosibl, yr oedd yn brawf ar
deyrngarwch y Blaid ac ar benderfynoldeb Lewis ei hun: 'The real point
in Mr Lewis's protest,' nododd gohebydd dienw (E. Morgan
Humphreys, yn ôl pob tebyg) yn y *Liverpool Daily Post* ar 7 Mai, 'is
that Welsh nationalism needs to do something uncompromising – with

which I agree. If we are to have nationalism at all it must be uncompromising. We have been sweetly reasonable for so long that nobody listens to us now'.

Caed cychwyn anaddawol i'r brotest. Ni ddaeth ateb i'r 'llythyr Cymraeg' a yrrodd Lewis at Lloyd George yn niwedd Mai, ac nid oedd yn obeithiol chwaith am ateb y corau i'r alwad am gadw draw o'r Eisteddfod. Am Gwili, ni welai hwnnw gysylltiad o gwbl rhwng y sioe a'r Orsedd a'r eglwysi, a danododd i Lewis, mewn llythyr preifat, ei ddifrawder yntau ynghylch yr Orsedd yn benodol a'i safle fel gweinidog yn fwy cyffredinol. 'Bûm, mewn difrif, bron ag wylo wedi ei ddarllen,' ysgrifennodd Lewis at J. E. Jones am ateb Gwili: 'Yr oedd y dyn mor llwyr y tu allan i fyd o deimladau y gallwn i effeithio arno o gwbl. Y mae bod arweinwyr crefyddol Cymru yn fyddar hollol i apêl at nobiliti o unrhyw fath yn torri fy nghalon i'.[85] Halen ar y briw oedd gwahoddiad cyhoeddus, herfeiddiol Gwili bythefnos wedi hynny i Lewis a 'dysgedigion' eraill y Blaid ymuno â'r Orsedd yn y dref yn 1936.[86]

Unig obaith gwan Lewis a'i blaid erbyn mis Gorffennaf oedd nad oedd trefnwyr y sioe eu hunain wedi datgan barn ar y mater. Ond daeth y cadarnhad disgwyliedig yn ddiweddarach y mis hwnnw. Nid yn unig yr oedd y sioe yn benderfynol o dderbyn y gwahoddiad, dymunai hefyd ofyn i Dywysog Cymru ei hun fynychu'r sesiwn agoriadol.[87]

Meddai protest y Bath and West ar hyn o rinwedd i Lewis, fan leiaf: bu ei ddicter cyfiawn yn fodd i dawelu ei ofnau mwy cyffredinol am ei safle ei hun. Pasiodd y gynhadledd yn Ysgol Haf Llandysul ar 16 Awst benderfyniad yn cefnogi safiad y llywydd, ac aeth Lewis ar wyliau i Wlad Belg yr haf hwnnw mewn hwyliau pur dda.

Cadarnhawyd y sibrydion a glywyd am Gatholigiaeth Lewis ym mis Medi. Ar y nawfed o'r mis, gorymdeithiodd trwy Gaerdydd gyda 300 o Gatholigion ifainc, o dras Wyddelig yn bennaf, i ddathlu hanner canmlwyddiant Archesgob y ddinas yn yr offeiriadaeth, gan eu hannerch y noson honno yn neuadd Eglwys Sant Ffransis. 'I want you to adopt Wales, to make it your own', meddai wrthynt.[88] Cwestiwn arall oedd a ddymunai Cymru fabwysiadu Lewis. Galwyd ei dröedigaeth gan Meirion Lloyd Jones yn *Y Brython* ar 27 Medi 'yn sgŵp aruthrol i elynion y blaid', ac er i golofn olygyddol y *Western Mail* ddeuddydd wedi hynny gydnabod nad oedd neb 'so fervid in his Cymric patriotism or so erudite in the native literature' â llywydd Plaid Cymru, rhybuddiodd y papur y byddai ei ffydd gyhoeddus newydd yn arwain at wrthdaro teyrngarwch rhwng ei genedlaetholdeb a'i grefydd. Mynegodd hyd yn oed un o gefnogwyr mwyaf brwd Lewis, W. J. Gruffydd, ei amheuon: '. . . his ideal of political life must thus be fundamentally different from that of his Protestant evangelical followers'.[89] Safai Lewis, am y tro, uwchlaw'r ymgecru. Ei angor oedd cyffro gohiriedig yr hyn a ddigwyddai yng Nghastell-nedd ar 27 Mai 1936. Bu cais gan y Blaid i gynnal cyfarfod protest yn erbyn y sioe yn neuadd y dref ym mis Hydref, a wrthodwyd gan brif gwnstabl yr heddlu lleol. Cwynodd Lewis am 'political bias in the police forces' yn y *Western Mail* ar 19 Hydref, a phan gefnogwyd yr heddlu gan faer y dref, gyrrwyd ail lythyr. 'The hypocrisy of the Socialist championing of democracy is now finally exposed,' ysgrifennodd Lewis. 'They will and do use the police against Welsh Nationalists. If they had the power the Socialists would readily use the Army'.[90]

Ddiwedd y flwyddyn dychwelodd at y syniad o 'gychwyn ymosodiad penderfynol o bropaganda ymhlith y di-waith':

> . . . yr wyf yn anfodlon enbyd arnaf fy hun ac yn fy meio fy hun yn arw na lwyddais eto i droi'r dirwasgiad a'r iselder ysbryd yn y di-waith yn bŵer dros y mudiad cenedlaethol. Dyma fydd fy amcan pendant i bellach – mae polisi'r blaid yn ddigon pendant yn awr, ei droi'n nerth yn y werin yw'r angen o hyn allan.[91]

Fis yn ddiweddarach, broliai iddo annerch mwy o gyfarfodydd yn ystod y tair wythnos flaenorol nag erioed, 'hyd yn oed yng ngholeg Abertawe'.[92] Teimlai Lewis ryw dyndra tebyg ynddo'i hun. Ysgrifennodd yn hwyliog at J. Alun Pugh ar yr un diwrnod, i'w hysbysu ei fod wedi bod yn gweithio 'very diligently' yn y de yn ystod yr wythnosau blaenorol, gan gynnal deg cyfarfod yno mewn pythefnos, 'carrying the attack on Socialism right home, with the gloves off'.[93]

'Ni ddisgwyliaf am ddigwydd dim chwyldroadol nac aruthrol i Blaid Genedlaethol Cymru', proffwydodd Lewis am 1935. Rhagwelai o'i flaen yn hytrach flwyddyn o 'ymdrechu yn erbyn ein cenedl ein hunain, yn erbyn syrthni a difaterwch Cymru, yn erbyn materoliaeth Cymru'.[94] Ni feddai'r Blaid, meddai, ar yr adnoddau i wneud fel arall. Profodd ei ddarogan yn wir. Megis yn 1931, ni welodd Lewis yn dda ailgyhoeddi'r un o nodiadau golygyddol 1935 yn *Canlyn Arthur*. Bu'n flwyddyn o ailymweld â'r brwydrau cyfarwydd: darlledu, diweithdra, y cyngor datblygu arfaethedig, addysg uniaith i wrthweithio effeithiau andwyol y wasg felen Saesneg, statws dominiwn, Cymraeg yn y llysoedd, ysgrifennydd gwladol, prifddinas, cydnabod Sir Fynwy yn rhan gyflawn o Gymru, y rhagolygon am yr etholiad cyffredinol. Ymroes i gyfnod o 'waith cyson, undonog, lluddedig . . . arwriaeth sy'n arwach am ei bod yn feunyddiol ddiramant'.[95] Bu digwyddiadau eraill i lefeinio'r toes: gwasg argraffu i'r Blaid ym mis Chwefror, penodi clerc swyddfa yng Nghaernarfon ym mis Mai, ac – o'r hir ddiwedd, wedi pwyso cyson gan J. E. Jones – cytunodd Lewis i gael tynnu ei lun gan ffotograffydd proffesiynol, er protestio y 'byddai'n well gennyf ddiwrnod o garchar'.[96] Gwelodd mis Ebrill y cyfarfod ffurfiol cyntaf rhwng swyddogion y Blaid a Phlaid Genedlaethol yr Alban, yng ngwesty'r Adelphi yn Lerpwl. Ni fynychodd Lewis ond awgrymodd raglen: y Jiwbilî, y BBC ac amaeth yn bynciau trafod, gan ychwanegu y dylai'r ddwy blaid 'ystyried priodoldeb' cyfarfod blynyddol gydag agenda reolaidd.[97]

Fe'i cynhelid gan addewid yr hyn a ddigwyddai ar faes y sioe yng Nghastell-nedd ymhen blwyddyn a hanner eto, ond yr effaith oedd tynnu colyn 1935. 'Mi rown i lawer iawn am gael ymryddhau o faich arweinyddiaeth y Blaid,' ysgrifennodd Lewis at gyfaill. 'Nid oes gennyf ddim diddanwch yn y swydd; dyletswydd yn unig, onid wyf yn fy nhwyllo fy hun yn enbyd, sy'n fy nghadw ynddi.'[98]

Daeth penllanw dadrithiad Saunders ar drothwy Nadolig 1935. Yn 'Nodiadau' Ionawr 1936 – a ysgrifennwyd cyn 19 Rhagfyr y flwyddyn gynt, yn ôl y dystiolaeth fewnol sydd ynddynt – bwriodd olwg yn ôl dros y deng mlynedd blaenorol ers sefydlu'r Blaid. 'Yn fras,' meddai, 'fe ellir dweud mai deng mlynedd o bropaganda fu'r deng mlynedd hyn.' Fe gydnabu fod y Blaid wedi gwneud cynnydd. Yr oedd wedi ennill aelodau'n gyson o flwyddyn i flwyddyn, wedi sefydlu canghennau, wedi dyblu ei phleidlais yn Sir Gaernarfon, a ystyriai'n brif faes ei gweithgarwch. Yr oedd Lewis yntau wedi annerch rhai cannoedd o gyfarfodydd. 'Gwaith blin a chaled ac undonog' oedd hyn oll, ac yr oedd twf y Blaid 'i bob golwg yn ddigalon o araf'. Siop siarad oedd hi, yn cynnig 'penderfyniadau amrwd a dihalen' i'r Gynhadledd Flynyddol, ac yn byw ar areithiau, yn apelio at y deall pan oedd hi'n amlwg nad oedd yr apêl yn tycio. 'Arswydwn ac ymgroeswn rhag i'r Blaid fynd yn blaid o areithwyr huawdl yn unig.' Yn syml iawn, roedd angen *gwneud* rhywbeth. 'Parhawn i brotestio. Parhawn i geisio perswadio. Ond y mae'n hwyr glas bellach inni fynd rhagom o brotest i weithred.' Cyfeiriodd, ymhlith pethau eraill, at y bygythiad i droi 'broydd Cymreig Llŷn yn faes i ymarfer bomiau uffernol y Sais' (y tro cyntaf i Lewis grybwyll yr Ysgol Fomio ar bapur fel bygythiad y gellid gwneud dim yn ei gylch, yn gyhoeddus o leiaf) ac yna'r alwad hon i gloi:

> Dechreuwn yr ail ddeng mlynedd drwy ddangos nad ein tafodau yn unig a gysegrwn ni i amddiffyn ein gwlad eithr ein cyrff hefyd. Fechgyn Cymru, chwithau enethod Cymru, yr ydym yn galw arnoch i wynebu gwawd a chas a dirmyg a chrechwen – a blwyddyn newydd dda a chyfnod newydd yn hanes y Blaid Genedlaethol Gymreig.[99]

Mae'n sicr i Lewis ymglywed ag eironi ei eiriau ef ei hun: rhethreg oedd hon yn galw am roi terfyn ar rethreg. Ond daliwyd arnynt erbyn diwedd Rhagfyr 1935 a'u cynysgaeddu ag ystyr nad oedd Lewis wedi ei ddychmygu. Yr oedd ei fywyd ar fin cael ei chwyldroi.

Nodiadau

[1] LlGC, papurau Kate Roberts, 3121. SL at Morris T. Williams, 5 Mawrth 1931.

[2] *AKAS*, 77. SL at Kate Roberts, 14 Ionawr 1931.

[3] D. Hywel Davies, *The Welsh Nationalist Party 1925-1945: a Call to Nationhood* (Cardiff, 1983), 130.

[4] *Canlyn Arthur* (Aberystwyth, 1938), 9.

[5] 'Adroddiad, Nofel a Phapur Newydd', *Y Ddraig Goch*, Ionawr 1931.

[6] Bobi Jones, 'Triawd y Gymru Gyfoes', *Barn*, 88 (1970), 99.

[7] LlGC, papurau Plaid Cymru, A26. Cofnodion Pwyllgor Gwaith y Blaid Genedlaethol Gymreig, 10-13 Awst 1931.

[8] Ibid. Cofnodion Pwyllgor Gwaith y Blaid Genedlaethol Gymreig, 1 Ionawr 1932.

[9] 'Adroddiad, Nofel a Phapur Newydd'.

[10] 'Y Ffeithiau am Argyfwng y De', *Y Ddraig Goch*, Ebrill 1931.

[11] *Yr Herald Cymraeg*, 3 Chwefror 1931.

[12] 'Cymru mewn Argyfwng', *Y Ddraig Goch*, Chwefror 1931.

[13] 'A Ddaw Chwyldro i Brydain?', *Y Ddraig Goch*, Mai 1931.

[14] 'Nodiadau'r Mis', *Y Ddraig Goch*, Tachwedd 1931.

[15] 'A. E. a Chymru', *Y Ddraig Goch*, Ebrill 1929.

[16] D. J. Davies, 'Llywodraeth Gymreig: Paham y Mae yn Rheidrwydd Economaidd', *Y Ddraig Goch*, Chwefror a Mawrth 1931; 'Polisi Economaidd i Gymru', ibid, Ebrill a Mai 1931.

[17] LlGC, papurau Noëlle Davies, 99/19. SL at D. J. Davies, 9 Chwefror 1931.

[18] LlGC, papurau Kate Roberts, 3118. SL at Morris T. Williams, 11 Rhagfyr 1930.

[19] 'The First Step towards Recovery', *Welsh Nationalist*, Tachwedd 1933.

[20] 'Towards a National Industrial Council', *Welsh Nationalist*, Awst 1934.

[21] 'Economeg Hunan-lywodraeth', *Y Ddraig Goch*, Medi 1931.

[22] 'Cwrs y Byd', *Baner ac Amserau Cymru*, 15 Chwefror 1950.

[23] *Fascism* (London, 1931), 161-2, 170.

[24] LlGC 23047C. SL at O. M. Roberts, 24 Hydref 1932.

[25] *Fascism*, 27, 47, 43.

[26] 'Ffasgiaeth a Chymru', *Y Ddraig Goch*, Gorffennaf 1934.

[27] Gweler 'Prifysgol i'r Di Waith [*sic*]', *Y Ddraig Goch*, Mai 1931.

[28] LlGC, papurau Noëlle Davies, 99/35. SL at D. J. Davies, 16 Mehefin 1931.

[29] LlGC, papurau G. J. Williams. SL at G. J. Williams, 18 Medi 1931.

[30] LlGC, papurau Noëlle Davies, 99/37. SL at D. J. Davies, 10 Medi 1931.

[31] 'Anerchiad at Etholwyr Prifysgol Cymru', *Y Ddraig Goch*, Tachwedd 1931.

[32] Llawysgrifau Prifysgol Cymru Bangor, 20443. SL at Mai Roberts, diddyddiad.

[33] *Y Darian*, 3 Rhagfyr 1931.

[34] LlGC, 23233C/48.

[35] 'Nodiadau'r Mis', *Y Ddraig Goch*, Ionawr 1932.

[36] *AKAS*, 86. SL at Kate Roberts, 31 Ionawr 1932.

[37] LlGC, papurau Plaid Cymru, B1132. SL at J. E. Jones, 7 Chwefror 1932.

38 'The New Nationalism in Wales. What it Means', *Welsh Nationalist*, Ionawr 1932.
39 'Revolutionary Aims of the Welsh Nationalists', *Welsh Nationalist*, Mai 1932.
40 'Dyletswydd y Blaid', *Y Ddraig Goch*, Ebrill 1933.
41 'Geni Cymru Newydd Trwy Dân', *Y Ddraig Goch*, Mai 1933.
42 'Un Iaith i Gymru', *Y Ddraig Goch*, Awst 1933.
43 'Chwalwn y Diwydiannau Mawr', *Y Ddraig Goch*, Awst 1933.
44 'The Bankers and the Socialists', *Welsh Nationalist*, Mawrth 1934.
45 'Nodiadau'r Mis', *Y Ddraig Goch*, Mai 1932.
46 Aneirin ap Talfan, 'Ysgol Haf y Blaid Genedlaethol', *Y Darian*, 18 Awst 1932.
47 *AKAS*, 91. SL at Kate Roberts, 1 Mehefin 1932.
48 *Braslun o Hanes Llenyddiaeth Gymraeg* (ailargraffiad, Caerdydd, 1986), viii.
49 Ibid., 4.
50 LlGC, papurau Kate Roberts, 3134-3134(i). SL at Morris T. Williams, 12 Ionawr 1933.
51 Ibid 3139. SL at Morris T. Williams, 31 Ebrill [*sic*] 1933.
52 LlGC, papurau Plaid Cymru, B71. SL at J. E. Jones, 15 Mawrth 1934.
53 Ibid., B46. SL at J. E. Jones, 24 Mawrth 1933.
54 'Dyletswydd y Blaid'.
55 LlGC, papurau Kate Roberts, 3140. SL at Morris T. Williams, 29 Mai 1933.
56 LlGC, papurau Plaid Cymru, B46. SL at J. E. Jones, 27 Mehefin 1933.
57 Ibid., J. E. Jones at SL, 2 Gorffennaf 1933.
58 Ibid., B47. SL at J. E. Jones, 3 Gorffennaf, 1933.
59 Lewis Valentine, 'Tameidiau o'r Ysgol Haf', *Y Ddraig Goch*, Medi 1933.
60 Euroswydd [Prosser Rhys], 'Led-Led Cymru', *Baner ac Amserau Cymru*, 22 Awst 1933.
61 D. Myrddin Lloyd, 'O Ddydd i Ddydd yn yr Ysgol Haf', *Y Ddraig Goch*, Medi 1933.
62 *AKAS*, 104. SL at Kate Roberts, 17 Rhagfyr 1934.
63 LlGC, papurau Plaid Cymru B61. SL at J. E. Jones, 1 Ionawr 1934.
64 Ibid., B63. SL at J. E. Jones, 13 Ionawr 1934.
65 Gwilym R. Jones, 'Y Cawr Mawr Bychan', *Y Faner*, 13 Medi 1985.
66 LlGC, papurau Plaid Cymru, B62. J. E. Jones at SL, 15 Ionawr 1934.
67 Ibid., B63. J. E. Jones at SL, 18 Ionawr 1934.
68 Ibid., M594. SL at J. Alun Pugh, 23 Ionawr 1934.
69 LlGC, 23047. SL at O. M. Roberts, 20 Chwefror 1934.
70 LlGC, papurau Plaid Cymru, B72. SL at J. E. Jones, 25 Mawrth 1934.
71 Ibid., B75. SL at J. E. Jones, 8 Mai 1934.
72 Ibid., A28. SL at J. E. Jones, diddyddiad ond cyn 2 Ebrill 1934.
73 Ibid.
74 'Notes and Comments', *Welsh Nationalist*, May 1934.
75 LlGC, papurau Plaid Cymru, M594. SL at J. Alun Pugh, 15 Ebrill 1934.
76 Ibid., B75. SL at J. E. Jones, 4 Mai 1934.
77 Ibid., B76. SL at J. E. Jones, 17 Mai 1934.

[78] Ibid., B78. SL at J. E. Jones, 8 Mehefin 1934.
[79] Ibid., diddyddiad ond rhwng 8 a 13 Mehefin 1934.
[80] *Y Brython*, 7 Mehefin 1934.
[81] *Y Ddraig Goch*, Gorffennaf 1934.
[82] 'Y "Bath and West" yng Nghymru', *Y Ddraig Goch*, Mehefin 1934.
[83] 'Responsibility and Democracy', *Welsh Nationalist*, Gorffennaf 1934.
[84] '1536-1936', *Welsh Nationalist*, Mehefin 1934.
[85] LlGC, papurau Plaid Cymru, B80. SL at J. E. Jones, 4 Mehefin 1934.
[86] *News Chronicle*, 18 Mehefin 1934.
[87] LlGC, papurau Plaid Cymru, B81. J. E. Jones at SL, 23 Gorffennaf 1934.
[88] *Welsh Catholic Times*, 14 Medi 1934.
[89] *News Chronicle*, 17 Hydref 1934.
[90] *Western Mail*, 22 Hydref 1934.
[91] LlGC, papurau Plaid Cymru, B88. SL at J. E. Jones, 8 Tachwedd 1934.
[92] Ibid., B90. SL at J. E. Jones, 9 Rhagfyr 1934.
[93] Ibid., M594. SL at J. Alun Pugh, 9 Rhagfyr 1934.
[94] *Baner ac Amserau Cymru*, 8 Ionawr 1935.
[95] 'Ymreolaeth ar Fater y Radio', *Y Ddraig Goch*, Ionawr 1935.
[96] LlGC, papurau Plaid Cymru, B97. SL at J. E. Jones, 17 Mawrth 1935.
[97] Ibid., B98. SL at J. E. Jones, 24 Mawrth 1935.
[98] LlGC, papurau G. J. Williams. SL at G. J. Williams, 11 Gorffennaf 1935.
[99] 'Llywydd y Blaid yn Trafod ei Gorffennol a'i Dyfodol', *Y Ddraig Goch*, Ionawr 1936.

Y FLWYDDYN HONNO
1936

Cychwynnodd hanes ymwneud Lewis â Phenyberth trwy rywbeth tebyg i amryfusedd, aeth rhagddo trwy ryfyg a diweddodd mewn cyflafan ogoneddus. Daeth yr ysgol fomio yn etifedd i'r angerdd a grëwyd gan fygythiad tybiedig y Bath and West, gan ei drawsnewid yn drobwynt personol. Bu'n fodd i osod ei genedlaetholdeb mewn amser a lle a'i gynysgaeddu â'r arwyddocâd ysbrydol na allasai sioe amaethyddol erioed obeithio ei wneud. Fe'i gwnaeth hefyd, gellid dadlau, yn llenor mewn ystyr letach, sadach a mwy cydlynus. Yn bwysicach na dim, gwaddol y llosgi oedd esgor ar absoliwtiaeth yn ymwneud Lewis â Chymru a'i gwnâi'n amhosibl iddo byth oddi ar hynny dderbyn bod yr un weithred drosti yn gymeradwy oni bai fod aberth a dioddefaint a her ynglŷn â hi. Fe'i hamddifadodd o'r gallu i oddef y diogel a'r graddol a'r pragmataidd – ganddo ef ei hun ac eraill. Gwnaeth 1936 Lewis yn eilun cenedlaetholdeb, gan ei anghymhwyso yr un pryd i fod byth wedyn yn arweinydd na chyd-dynnu ag arweiniad neb arall. Ac wrth i'r weithred a'r gosb gael eu 'darostwng i lefel "darlith ddiddorol ar brofiadau carchar" mewn cymdeithasau diwylliadol parchus ... yn union fel petai'r tri wedi mynd am drip i Istanbwl neu Nepal'[1], cyn diwedd y degawd, llawn mor anodd i Lewis oedd byw yng nghroen ei fyth ei hun.

Pan gyhoeddwyd yn y *Manchester Guardian* ar 1 Mehefin 1935 fod 'proposals ... under consideration' gan y Weinyddiaeth Awyr i godi maes ymarfer i awyrennau bomio ym Mhorth Neigwl, Pen Llŷn, prin y sylwyd arnynt. Gwir i gangen Sir Gaernarfon o'r Blaid Genedlaethol gyhoeddi gwrthwynebiad drannoeth, a gwir hefyd i Lewis yntau gyhoeddi yng nghyfarfod Pwyllgor Gwaith y Blaid yn Aberystwyth ym mis Awst y flwyddyn honno, dan y ddeuddegfed eitem ar yr agenda, 'fod y mater yn un pwysig iawn' gan alw am i'r gangen yn Sir Gaernarfon 'wneud propaganda' yn ei gylch;[2] ond ni tharfodd ddim ar y Blaid yn ehangach. Yr unig gorff a gododd ei lais o ddifrif trwy weddill y flwyddyn oedd Cyngor Cadw Harddwch Cymru fel y galwai Lewis ef – Cyngor Diogelu Cymru Wledig erbyn hyn. Wedi'r cyfan, pedwerydd cynnig digon petrus ac amodol oedd y safle yng Nghymru, ar ôl i ymgyrchoedd yn Abbotsbury, Dorset (lle'r oedd elyrch yn nythu), Holy Island, Northumberland (hwyaid prin) a Friskney yn nwyrain Lloegr (pysgodfeydd) ddrysu cynlluniau cynharach. Mudferwodd yr anniddigrwydd trwy weddill y flwyddyn.

Ar ddiwrnod olaf 1935, er hynny, cyhoeddwyd adroddiad dienw yn y *Western Mail*, dan y pennawd 'Welsh Nationalists Become Passive Resisters', a newidiodd y cyfan. Ar ôl deng mlynedd o 'ineffectual begging for Home Rule', meddai'r gohebydd mewn brawddeg amheus ei gramadeg ond digamsyniol ei hergyd, 'the principle of protest has already been ousted by the principle of action'. Ffynhonnell y stori oedd 'one prominent member of the Welsh Nationalist Party' – 'Mr X', chwedl y papur – ac fe'i dyfynnwyd yn helaeth yn cynnig ei ddehongliad ef o eiriau llywydd ei blaid am gysegru cyrff yn ogystal â thafodau, yng nghyd-destun penodol y maes awyr milwrol arfaethedig:

> The time has come to do something, and if our bodies are broken or our lives forfeit what will it matter if the end is achieved? . . . I am urging Nationalists to go to Porth Neigwl and lay themselves across the road in front of the lorries taking building materials to the Air Station. They will challenge the drivers to take the lorries over their bodies.
>
> There may be deaths. There will certainly be imprisonment. But it is only by martyring ourselves that we can arouse Wales to a sense of nationhood.[3]

Pan ddarllenodd Lewis y darn, wynebai gyfyng-gyngor. Yn un peth, ni wyddai ddim am y cyfweliad ymlaen llaw na phwy oedd 'Mr X' na'i statws – nid oedd sicrwydd, yn wir, fod 'Mr X' yn bod; ac nid oedd modd iddo wrth-ddweud y galw dienw am ferthyrdod heb ddangos gwendid neu anwybodaeth neu ddiffyg arweiniad. Ysgrifennodd at J. E. Jones yr un diwrnod, yn methu â deall sut y bu i'w alw am gysegru cyrff gael ei ddehongli yn y fath fodd: '. . . meddyliais fy mod wedi bod yn ddigon cwestiynnol [*sic*] fy arddull a heb addo dim'.⁴ Ysgrifennodd J.E. yn ôl gyda'r troad i ddweud ei fod yn credu mai Lewis Valentine, islywydd y Blaid ar y pryd, oedd 'Mr X', ond nad oedd eto'n gwbl sicr.⁵

Y naratif a arddelwyd gan y Blaid am ddigwyddiadau'r flwyddyn, ac a borthwyd gan Lewis ei hun erbyn yr ail brawf yng Nghaernarfon, oedd i'r llosgi ddigwydd ar ôl i'r brotest ddihysbyddu pob moddion perswâd democrataidd. Eto, y peth nodedig o hynny allan yw pendantrwydd pendramwnwgl Lewis bod angen gweithred. Ar ddechrau 1936, a gâi ei dathlu, yng ngeiriau italeiddiedig taflen Cronfa Gŵyl Dewi'r Blaid, fel '*blwyddyn i ddad-wneud drwg-effeithiau 1536*', daliodd ar y cyfle. Ar yr un diwrnod ag y derbyniodd ohebiaeth J. E. Jones, mae'n rhaid – ac erbyn hyn yr oedd geiriau'r aelod anhysbys wedi cael sylw yn y *Guardian* a'r *Dispatch* – ysgrifennodd eto: 'Nid wyf mewn un modd yn condemnio dim o awgrymiadau "Mr X" yn y *Western Mail*.' Os mai Valentine oedd yr awdur, croesawodd y newydd 'os arwydd yw hyn ei fod yn cymryd arweiniad pendant yn y Blaid yn y Gogledd'. Y camgymeriad, yn ôl Lewis, oedd nid y weithred arfaethedig ei hun, ond iddi gael ei chyhoeddi ymlaen llaw: '. . . *ar ôl* gweithredu y dylid siarad yn gyhoeddus'. Yr angen bellach oedd 'mynd ymlaen yn ofalus a phenderfynol i baratoi'. Awgrymodd y dylai J.E. drefnu i ddau neu dri aelod o'r Blaid ymweld â'r safle a llunio adroddiad ar y cynnydd a oedd wedi bod yn digwydd yno. Awgrymodd ymhellach ddosbarthu propaganda 'o dŷ i dŷ yn Lleyn i ddeffro cydwybod yr ardal'. Fe ofalai Saunders ei hun am roi 'amlygrwydd i'r mater' yn y rhifyn nesaf o'r *Ddraig Goch*. Yn y cyfamser, awgrymodd 'gynnal cyfarfodydd, nid i brotestio i'r llywodraeth, ond i aeddfedu'r wlad ar gyfer yr act o ymyrraeth . . . *peidied neb ohonom â thynnu yn ôl*'. Caeodd gyda gair o anogaeth i un a oedd yn pryderu bod ei fyrbwylltra wedi rhoi ei blaid mewn lle anodd. 'Pwysed Valentine ymlaen bellach . . . Ac os bydd rhai aelodau yn ofnus ac am dynnu'n ôl, rhowch wybod i Valentine y gall ef ddweud bod fy Nodiadau i yn bennaf yn gyfrifol am y bwriad a'i bod yn rhy hwyr yn awr i dynnu'n ôl heb ddwyn dirmyg ar y Blaid . . . y mae ymddiddan "Mr X" yn y *Western Mail* wedi achub fy mlaen, ac ni ellir yn awr beidio â gwneud Porth Neigwl yn brif wrthrych ymosodiad a'r *Bath & West* yn ail beth.' Y cam nesaf fyddai 'y gamp anos lawer o ymosod ar Borth Neigwl a chodi'r ysbryd rheidiol i hynny yn y Blaid'.⁶

Cyfarfu pwyllgor gwaith cangen Sir Gaernarfon o'r Blaid ar 4 Ionawr. Y cynnig gerbron, yn llaw Lewis ei hun ar ddarn o bapur ynghlwm â'r llythyr uchod, oedd 'Ein bod yn symud ymlaen i baratoi ar gyfer llesteirio, hyd eithaf ein gallu[,] adeiladu maes bomio yn Llŷn, ac yn galw ar Gymru gyfan, ac ar arweinwyr crefydd a chymdeithas i gynnal ein dwylo yn yr achos hwn.' Ar noson y cyfarfod adroddodd J. E. Jones wrth ei lywydd am gyfarfod 'hwylus'. Derbyniwyd y cynnig yn unfryd, a dewiswyd tri aelod – Jones ei hun, J. P. Davies, Porthmadog, a J. E. Daniel – 'i chwilio i mewn i ddulliau gweithredu'. Daeth cadarnhad yn yr un llythyr mai Valentine oedd y sawl a holwyd gan ohebydd y *Western Mail* ond i'w sylwadau gael eu gwneud 'ar y ddealltwriaeth pendant [*sic*] nad oeddynt i'w defnyddio'.[7]

Ychydig dros wythnos yn ddiweddarach, yr oedd rhyw lun ar ymgyrch ar droed, gydag isbwyllgor cyfrinachol wedi'i enwi gan Lewis, a gynhwysai Valentine, J. E. Daniel, Ambrose Bebb, O. M. Roberts, J. P. Davies a J. E. Jones ei hun. Aeth llythyrau at weinidogion y cylch oddi wrth yr olaf ar 13 Ionawr a chafwyd ymweliad â Phen Llŷn yn niwedd yr un wythnos. Wedi'r cyffro cychwynnol, gwrth-gleimacs oedd y newydd a adroddwyd wrth Lewis: '. . . nid oes waith o gwbl wedi ei ddechrau eto; prin y dechreuir am fis neu ddau'. Wrth siarad gyda'r trigolion, daethai J.E. i'r casgliad hefyd 'fod y bobl a ddisgwyliai waith ac elw oddiwrth y gwersyll yn dechrau a ddaw dim iddynt bellach'.[8] Yr oedd yn eglur wrth ateb diddyddiad Lewis, fodd bynnag, na ddymunai aros nes cael cadarnhad bod y gwersyll yn dod: 'Bydd y sŵn bygwth yn codi cyn bo hir, mi obeithiaf – a'r taro . . . Ni thâl dull Gandhi yno. Bydd yn rhaid llosgi'r tai awyrblan.'[9]

Nid yn unig y mae angen dehongli popeth a ddigwyddodd rhwng diwedd Ionawr a noson y weithred ei hun ar 8 Medi yn erbyn cefndir yr awydd dirgel ond eglur hwn i losgi Penyberth; rhaid ei ddarllen hefyd fel buddugoliaeth derfynol yr ysbrydol dros yr ymarferol, yr anghyfansoddiadol dros y cyfansoddiadol, yn hanes ehangach Lewis ei hun. Gwelir dau ddatblygiad cyfochrog trwy 1936. Ar y naill law, rhoes Penyberth daw ar y rhethreg a fynegwyd lai na hanner blwyddyn cyn hynny fod y Blaid Genedlaethol yn arddel 'a sane, practical policy that will stand the test of any examination';[10] ar y llall, cydnabyddiaeth ymhlyg oedd 1936 – ymhell cyn cynnau'r tân a wynebu'r canlyniadau – o annigonolrwydd y degawd a'i rhagflaenodd yn fwy cyffredinol. Trwy Benyberth, canfu Lewis fwy nag ymgyrch gyfleus i ddisodli'r Bath and West. O ystyried ei daerineb di-ildio dros y misoedd i ddod a'r ymchwydd o lenydda a ddaeth yn ei sgil, hwyrach nad y lleiaf o'r cymhellion a'i gyrrodd oedd dyhead i chwarae rôl drasig yn ei ddrama ef ei hun.

Chwaraewyd yr act gyntaf yn y cyfarfod helbulus yn festri capel Penmount, Pwllheli, ddydd Sadwrn 29 Chwefror. Awgrym Lewis oedd y dyddiad (fel y gallai fynychu cynhadledd Sir Gaernarfon o'r Blaid yr un noson), a'r cywair hefyd. 'Os anerchaf ym Mhwllheli ddiwedd y mis nesaf,' addawodd, 'mi geisiaf weld a allaf ddweud pethau fydd yn gorfodi'r plismyn i gymryd fy anerchiad i lys barn. Ar hyn o bryd, ymddengys hynny imi yn ddull y gellir deffro'r wlad drwyddo.'[11] Cyngor J. E. Jones oedd i'w lywydd gadw draw ar ddydd Sadwrn gan mai ar y diwrnod hwnnw 'y daw'r llanciau yn bennaf, i fwynhau eu hunain'.[12] Cynigiodd yn hytrach awgrym y Blaid yn lleol y dylai wneud yr anerchiad ar y dydd Mercher cyn hynny, sef diwrnod y farchnad, pryd yr oedd yn fwy tebygol o gael gwrandawiad mwy ystyriol. Wfftiodd Lewis yr awgrym: 'Chwarddais ar gais Pwyllgor Sir Gaernarfon imi ddyfod i Bwllheli nos Fercher. Rhaid bod y Pwyllgor yn meddwl mai gŵr bonheddig yn byw ar fy arian ydwyf. Gydag anhawster y llwyddaf i ddyfod i fyny ddydd Sadwrn a dydd Gwener i'r Gogledd.'[13]

Wythnos cyn y cyfarfod yr oedd 'degau o bosteri mawr a miloedd o ddalennau' wedi cael eu trefnu trwy'r ardal.[14] Am y tro cyntaf yn hanes y cylchgrawn dan ei olygyddiaeth, ni chafwyd nodiadau gan Lewis i'r *Ddraig Goch*. Fe'u disodlwyd gan anerchiad ar Borth Neigwl. Cyrhaeddodd Lewis Gaernarfon nos Wener 28 Chwefror, dan y ffliw, ac aros dros nos yng ngwesty'r Royal. Pe cawsai wneud ei ddatganiad arfaethedig yn galw am losgi'r safle, gallai hanes fod wedi troi i gyfeiriad tra gwahanol, ond methiant oedd y cyfarfod. Ychydig gannoedd (rhwng 400 a 600, yn ôl adroddiad *Y Ddraig Goch* ym mis Mawrth) a ddaeth ynghyd ac, yn unol â darogan J. E. Jones, cafodd llanciau Pwllheli eu hwyl. Rhwng bloeddio canu 'Sosban Fach' (gan mai un o'r de oedd y prif siaradwr) ac 'It's a Long Way to Tipperary', ni chafodd y cyfarfod gychwyn am chwarter awr. Bu 'storm o weiddi' mor groch pan gododd J. E. Daniel i annerch fel yr aileisteddodd heb ddweud gair, a bu 'ffyrnicach derbyniad' i Lewis ei hun. Edliwiwyd iddo ei ddieithrwch a'i ymyrraeth. 'Dos adre, yr wyt ti wedi cael cyflog mawr, ond y mae ein bolia ni'n wag.'[15] 'Safai Mr Lewis yn wynebu'r dorf, ond yn fud.' Ar osteg, cafodd ddweud 'Yn awr', cyn i'r hwtian a'r gweiddi ailddyblu. Gafaelodd eto. 'Gadewch imi ddweud wrthych, fechgyn Llŷn, fel un sydd wedi bod yn y rhyfel a than y bomiau', cyn i'w lais gael ei foddi eto.[16] Parhaodd y ffars o gwrdd am awr gron.

Yr oedd y gwrandawiad yn y gynhadledd yng Nghaernarfon y noson honno yn fwy astud, a'r neges yn wahanol i'r hyn a fwriadasai ym Mhwllheli: 'Apeliodd iddynt weithio hyd eithaf eu gallu yn dangnefeddus,' adroddwyd am ei anerchiad i gynrychiolwyr y canghennau, 'a bod mor berswadiol ag oedd bosibl.'[17] Daethai Penyberth y dydd Sadwrn hwnnw i grisialu'r ddeuoliaeth y buasai Lewis yn ymwybodol ohoni erioed. O fewn ei blaid ei hun, fe'i derbynnid fel proffwyd; y tu allan iddi, fe'i trinnid fel cyff gwawd. Byddai'r llosgi ei hun, pan ddaeth, yn sefydlogi'r ddwy garfan yn eu cred.

Am y tro, propaganda mwy arhosol, os nad mwy ymarferol lwyddiannus, oedd y gair ysgrifenedig. Gwelodd yr un mis gyhoeddi 20,000 o gopïau o *Paham y Gwrthwynebwn yr Ysgol Fomio* o waith Lewis, a'r pamffledyn ceiniog hwn a bennodd gywair yr ymgyrch ar ei hyd. Ar un ystyr, saif y pamffledyn yn llinach *Braslun* yr oedd ei awdur wedi dyheu am gael cyhoeddi'r ail gyfrol ohono lai na chwe mis ynghynt,[18] yn emyn i'r gwareiddiad pendefigaidd, Cristnogol, Cymraeg a fygythid gan y Weinyddiaeth Awyr. Yn y flwyddyn a fedyddiwyd ganddo ddeunaw mis ynghynt fel 'an especial year of affirmation',[19] gwnaeth yr anerchiad hwn, na chafodd mo'r cyfle i'w draddodi ym Mhwllheli, yn ddadl dros ragoriaeth y tragwyddol ar y tymhorol. Ei echel a'i egni cynhaliol yw'r ffocws deuol dealledig a gaed yn *Monica*, ac a gyrhaeddodd ei gyflawnder yn y dramâu aeddfed. Nid gormodiaith gan Lewis yw'r sôn am yr Ysgol Fomio fel 'distryw gwareiddiad . . . yr anfadwaith pennaf yn hanes creadigaeth Duw',[20] ond iaith sagrafennol, yr un mor ystyrlon neu ddiystyr â geiriau'r actor a gymer arno am awr a hanner fod yn frenin yn y ddeuddegfed ganrif neu'r offeiriad sy'n honni dal corff y Crist croeshoeliedig yn ei ddwylo mewn eglwys ddi-raen ar fore glawog o Chwefror. Nid enghraifft benodol o anfadwaith yn unig yw bwriad y llywodraeth eithr hefyd symbol, lle mae'r rhan yn bwysig am ei bod yn allwedd i ddeall y cyfan. Yn y cyferbyniad rhwng 'Sancteiddrwydd Llŷn'[21] a '[ph]lant Moloch a Beelsebub, dynion a feddiannwyd gan y Diafol, sy'n adeiladu gwersyll bomio Porth Neigwl'[22] ac 'yn bygwth marwolaeth a dinistr i wareiddiad Cristnogol Ewrop',[23] ei ymgais yw dyrchafu'r gwrthwynebiad – a'r weithred a ddôi ar ei ôl – yn rhywbeth y mae ei arwyddocâd ar yr un pryd ynghlwm wrth dir cysegredig Llŷn ac yn ymestyn y tu hwnt iddo. Llwyfan neu allor yw Porth Neigwl yn 1936: amlygiad gweladwy ond cyflawn o rywbeth mwy.

Parhaodd yr ymgyrch trwy'r gwanwyn 'fel gwaith etholiad'.[24] Gwyliai Lewis o bell, gan lawenhau ar y naill law 'fod gwaith ar gerdded i godi'r wlad o blaid Porth Neigwl' a gofidio ar y llaw arall fod y cyfan yn rhy ddof. 'Rhaid dygnu arni a'i wneud yn brif fater y Blaid y flwyddyn hon, ac os na lwyddwn felly i rwystro'r ffieiddbeth bydd y wlad yn barod pan awn ymlaen i geisio dinistrio'r gwersyll.'[25] Ar 10 Mawrth aeth llythyr gan Jones at bob cangen yn awgrymu esiampl llythyr protest at y Prif Weinidog, Stanley Baldwin, i'w ddilyn gan un arall ddeuddydd yn ddiweddarach yn gofyn i aelodau unigol fynegi eu gwrthwynebiad yn y wasg. Erbyn canol y mis yr oedd 'minteioedd' y Blaid, 'deg ar hugain mewn nifer (deugain i'r wasg)' wedi dychwelyd o'u hymweliad â'r ardal i geisio barn y trigolion, 'ac adroddiad pob un ohonynt oedd siomiant mawr ar yr ochr orau'. Bernid bod 95% ar fras amcan yn erbyn dyfodiad y gwersyll.[26]

Dilynwyd yr ymweliadau gan gyfarfodydd yn Aber-soch ar 30 Mawrth a Mynytho ar 3 Ebrill (gyda mynediad trwy docyn y tro hwn, er mwyn cadw'r hogiau terfysglyd draw), a llythyrau dan enw J. E. Jones at Lloyd George, Attlee, Stanley Baldwin a'r aelod seneddol lleol, Goronwy Owen. Ysgrifennodd Lewis yntau at Baldwin hefyd, fel 'an obscure unknown', ar 31 Mawrth, i fynnu cyfarfod. Galwodd y penderfyniad i barhau â'r ysgol yn fater 'of the greatest gravity . . . terrible threat to the Welsh Nation', a mynnodd ei fod yn 'proposal . . . to prevent which even liberty, even life itself might properly be thrown away'.[27] Llythyr oedd hwn yn rhoi llais cyhoeddus i ddymuniad a oedd eisoes yn gyfarwydd i gyd-aelodau'r Blaid, er mai W. J. Gruffydd oedd

yr unig un i weld yn dda rhoi sylw ehangach i'r mater a cheisio
dadansoddi cymhellion Lewis:

> I am absolutely convinced of his sincerity. I will go so far as to say that
> he is one of the few in Wales who have the makings of a saint; he is –
> if I may use the expression – pathetically disinterested and single-
> minded in all his motives . . .
>   I may pray that he will not find it necessary to sacrifice his life, as
> he threatens to do, in a cause which seems to concern his fellow-
> Welshmen so little. That he would not hesitate to do so if he felt that it
> was his duty no one who knows him will doubt.[28]

Broliodd Lewis ar goedd – yn wyneb difrawder yr ASau, Cyngor Sir
Gaernarfon a'r cynghorau tref a dosbarth – fod 'arweiniad moesol
Cymru bellach yn nwylo Plaid Genedlaethol Cymru',[29] ond daliai'n
anfodlon ar gyflymder y brotest yn y gornel fechan ddiarffordd o'r wlad
a ddaethai bellach i gynrychioli'r genedl gyfan. Ysgrifennodd at J. E.
Jones fel un a welai'r cyfle eisoes yn cilio:

> Cadwn yr arweiniad mwyach . . . Hyn sy'n corddi fy mhen i: – y
> dylwn alw cynhadledd y Blaid i gyfarfod yn Llŷn, cyfarfod arbennig a
> chymryd llw cyhoeddus yn null Carson a'r Ulster Volunteers yn 1914
> na adewir i'r gwersyll ymsefydlu'n dawel. Os gwneir hyn, gorau po
> gyntaf, onidê?[30]

Er bod Jones yn argyhoeddedig mor gynnar â Chwefror 1936 y
byddai 'raid dinistrio'r Ysgol Fomio . . . a wynebu gwyliau ym
mhlasau'r brenin',[31] oedodd cyn ymateb i'r awgrym. Daeth ail lythyr,
taerach, oddi wrth Lewis: '. . . fy ofn i yw, er eich llafur gwych, eich bod
yn rhy hamddenol'. Awdurdododd wario £25 'ar unwaith' i gyflogi rhai
'i roi eu holl amser at y ddeiseb'. Galwodd hefyd am drefnu cynhadledd
frys o'r Blaid 'o fewn deg diwrnod neu bythefnos':

> Nid heb daro'n eithriadol ac yn gyflym y llwyddwn ni yn Llŷn. Yn y
> mater hwn nid yw propaganda yn nod er ei fwyn ei hun; y mae'n
> dynged arnom ni i rwystro hyn yn Llŷn. Bydd y Sulgwyn yn llawer rhy
> ddiweddar i ddim ond cyhoeddi rhyfel.[32]

Cafodd Lewis ei ddymuniad. Cychwynnwyd ar y ddeiseb ar 7 Ebrill, ac erbyn i'r Pwyllgor Gwaith ddod at ei gilydd yn Aberystwyth ddeng niwrnod wedi hynny, gallai J. E. Jones adrodd wrth yr aelodau fod 3,000 o enwau arni, gyda rhyw 86% i 93% o'r rhai y ceisiwyd eu cydsyniad yn fodlon arwyddo.[33] Dan gadeiryddiaeth Lewis, trefnwyd gweithgarwch y mis i ddod: llythyr at is-ysgrifennydd y Weinyddiaeth Awyr i'w yrru ar 20 Ebrill, telegram at Goronwy Owen ddeuddydd yn ddiweddarach ac ail gyfarfod cyhoeddus – un awyr agored y tro hwn – ar 16 Mai, i'w drefnu gan y pwyllgor protest.

Yn y diwedd, gohiriwyd y cyfarfod tan 23 Mai. Y bwriad o'r cychwyn oedd cadw 'Cyfarfod Mawr Pwllheli', fel y'i galwyd yn y cyhoeddusrwydd, mor amhleidiol â phosibl, yn y wedd gyhoeddus arno, o leiaf. '*Un* aelod o'r Blaid i siarad yn unig,' nododd J. E. Jones yn ei adroddiad diddyddiad ar y paratoadau, ' – Saunders',[34] a gofalwyd rhoi iddo'r lle mwyaf disylw yn y rhestr o siaradwyr, yn olaf ond un. Gwariwyd dros £23 ar y paratoadau: llwyfan ar ben chwe chasgen gwrw ar y Maes, corn siarad, llogi seindorf Nantlle i orymdeithio o dafarn y Crown dan ganu 'Cwm Rhondda', 'Wele'n Sefyll' a 'Beth sydd imi mwy a wnelwyf', bws i gludo myfyrwyr o Fangor yno fel stiwardiaid a hysbysebion yn y papurau lleol (heb enw'r Blaid wrthynt) yn annog y cyhoedd i ddod ynghyd 'i atal y Bwystfil'. Aeth agoriad swyddogol sioe'r Bath and West heibio ar 18 Mai heb air o brotest. Yr oedd Porth Neigwl 'yn anhraethol bwysicach'.[35]

Adlewyrchiad oedd y trefniadau manwl o drefnusrwydd mwy cyffredinol J. E. Jones a'i is-bwyllgor. Yr oedd yr ymgyrch ffurfiol yn ei hanterth erbyn y dydd Sadwrn hwnnw. Mewn memorandwm ar ei chynnydd ar 11 Mai, amcangyfrifodd Jones fod 130 o eglwysi Môn, 240 o rai Sir Gaernarfon a 110 o eglwysi eraill yng Nghymru wedi datgan eu gwrthwynebiad i'r ysgol fomio. Yr un oedd hanes cynghorau Bethesda a Betws-y-Coed, Urdd Gobaith Cymru, Urdd Graddedigion y Brifysgol a Phlaid Lafur Sir Gaernarfon. Rhwng popeth gyrrwyd dros gant o wrthdystiadau yn cynrychioli 160,000 o bobl. Casglwyd 2,500 o enwau i'r ddeiseb ar strydoedd Lerpwl, a'r cyfanswm a oedd wedi ei llofnodi o'r 4,500 a holwyd, hysbysodd Lewis ddiwrnod wedi hynny, oedd 4,200.[36] Gellid dweud yr un peth am yr amseriad. Er bod gwaith wedi cychwyn ar y safle ym Mhorth Neigwl ar 18 Ebrill, yn ôl datganiad i'r wasg wythnos cyn y brotest nid oedd ragor na 25 o bobl yn gweithio yno, gyda dau dractor a phedwar peiriant 'diawl Americanaidd' i glirio'r baw.[37]

Fodd bynnag, yr oedd agweddau ar y paratoadau gogyfer y cyfarfod ei hun na ellid mo'u rheoli mor hawdd. Lai na thair wythnos cyn y cyfarfod, nid oedd sicrwydd y ceid rhagor na phedwar i annerch: Lewis ei hun, Moses Gruffydd, Elwyn Jones, yr ymgeisydd Llafur yn Arfon y flwyddyn gynt, a W. J. Gruffydd yn y gadair – ac yr oedd yntau hyd yn oed 'ychydig yn amheus a all ddyfod, er ei fod yn awyddus iawn i gyrraedd yno'.[38] Tynnodd Peter Hughes Griffiths ei enw yn ôl mor hwyr â 20 Mai, a chafwyd ymddiheuriadau gan J. Dyfnallt Owen, yr archdderwydd J. J. Williams, Tecwyn Evans, Cynan, George M. Ll. Davies, y cyfreithiwr ifanc David Hughes Parry a'r aelodau seneddol Robert Richards a William John. Ni wyddai Lewis hyd nes iddo gychwyn am y gogledd pwy a fyddai ar y llwyfan gydag ef nac am ba hyd y disgwylid iddo siarad.[39] Problem arall oedd y posibilrwydd – y tebygolrwydd, yn wir – y gwelid ailadrodd helyntion cyfarfod mis Chwefror. Yr oedd Lewis wedi ysgrifennu at Jones ar ddechrau'r mis yn gofyn iddo 'gynnull digon o stiwardiaid cryfion i sicrhau na therfysgir gan fechgyn Pwllheli';[40] ond mor dew oedd y sïon am drwbl ddeuddydd cyn y cyfarfod fel yr ysgrifennodd Jones at uwcharolygydd heddlu Caernarfon i'w rybuddio ac i ofyn am gymorth.[41]

Ymgynullodd chwe siaradwr mewn siop ar gwr y Maes am ddau o'r gloch y prynhawn Sadwrn hwnnw: Lewis, D. R. Hughes, W. J. Gruffydd, Elwyn Jones, Thomas Levi a Tom Nefyn. Gwireddwyd ofnau J. E. Jones. Wrth i'r seindorf gyrraedd y Maes am dri, adroddodd *Y Rhedegydd* ar 28 Mai, rhuthrodd rhyw ddeugain o 'giwaid' o dafarn y Mitre gerllaw a symud trwy'r dorf (amrywiai'r amcangyfrif o faint y dorf o 5,000 i 7,000), gan wthio heibio i'r pedwar plismon a ddirprwywyd i warchod. 'Yr oedd eu llygaid yn dangos gorffwylledd melltigedig cynhyrchir gan gwrw a gwirodydd. Eu safnau yn glafoeri, eu dillad yn strempian diod, eu tafodau bloesg yn methu ynganu hyd yn oed eu hiaith reglyd.' Am rai munudau aeth yn gystadleuaeth am y mwyaf swnllyd rhwng 'Wele'n sefyll' a 'God Save the King'. Edrychodd Huw Evans, golygydd *Y Brython*, yn ôl ar yr un diwrnod ar 27 Mai 'gydag ymdeimlad cymysg o falchder a chywilydd'.

Wedi i'r seindorf dewi ac i W. J. Gruffydd godi i annerch, gweithred gyntaf y terfysgwyr oedd torri gwifrau'r corn siarad, ac yna trodd yn 'ymladdfa boeth'. Bwriwyd Bebb i'r llawr, collodd y nofelydd W. J. Davies ddau ddant a gafaelodd D. J. Williams yng ngwddf un o'r protestwyr cyn iddo gael ei lyncu i ganol y dorf, lle y'i dilynwyd gan griw o stiwardiaid. Nid adferwyd trefn am yn agos i awr. Wedi ailgysylltu'r offer, cododd Lewis i annerch, a'r dorf o gwmpas y llwyfan 'yn ymdroi, yn ymhyrddio i bob cyfeiriad'.[42] 'Mae cydwybod Cymru yn protestio yn erbyn yr anfadwaith hwn a fwriedir yn ein herbyn.' Ceisiwyd cydio yn y corn eto, ond daliodd Lewis ef o afael eu dwylo, gan ei chwifio wrth siarad: 'Mae Cymru heddiw'n ymladd i ryddhau ein gwlad o afaelion fandaliaeth estron . . . Fydd dim Ysgol Fomio yn Llŷn. Mae digon o wroldeb o hyd yn y genedl Gymreig, a bendithiwyd ein mudiad â thân heddiw.'[43] Ar ddiwedd ei araith, rhwng cymeradwyaeth a hwtian, gofynnodd i'r dorf dair gwaith, 'A ydych chwi hefo ni?' Atebodd y gynulleidfa yn gadarnhaol bob tro. 'Cymru am byth,' bloeddiodd Lewis wrth gloi; 'yr iaith Gymraeg am byth – dyna ein neges o hyn allan. Bu'r cyfarfod hwn yn llwyddiant.' Soniodd y *Daily Post* ar 25 Mai am ei 'drawn face'. 'He looked,' nododd Caradog Prichard amdano yn y *News Chronicle* yr un diwrnod, 'deathly pale and tired'. Caewyd y cyfarfod, ar nodyn eironig ddigon, trwy ganu 'Dyma gariad fel y moroedd'.

Buasai'n gyfarfod llwyddiannus i'r sawl a fynnai ei ddehongli felly. Gwir fod rhai o'r penawdau yn y papurau fore Llun yn agored o wawdlyd: 'Apostles of Peace Fight at Meeting', chwedl y *Daily Dispatch*, 'Free Fights at Peace Meeting', yn ôl adroddiad y *Daily Sketch*, a'r anfarwol 'Professors and Pastors in Barefist Fights' yn y *Western Mail*, lle gwnaed hwyl am ben 'the assembled group of belligerent professors, schoolteachers and ministers of the gospel'; ond ni ellid gwadu bod stori Porth Neigwl bellach yn hysbys. Ar 29 Mai, cofiodd Lewis yr 'olygfa ogoneddus' o'i flaen pan safai ar y llwyfan. 'I ni, a fu megis rhai'n aredig y tywod am ddeng mlynedd yr oedd yn olygfa i ddiolch i'r nef amdani. O'r diwedd y mae calon y genedl Gymreig yn curo megis o newydd; y mae bywyd ynddi.' Er gwaethaf ei anniddigrwydd ynghylch 'syrthni dygymorth' yr heddlu (amheuai fod 'cytundeb o flaen llaw nad oedd y plismyn i wneud dim i amddiffyn y

cyfarfod'), talodd deyrnged neilltuol i'r academydd arall a oedd wedi
wynebu'r hwliganiaid, a chael torri ei ffon yn y fargen: 'Gwnaeth yr
Athro Gruffydd ym Mhwllheli gymwynas fawr â Phrifysgol Cymru . . .
dangosodd y gellir bod yn athro cadeiriog ym Mhrifysgol Cymru a bod,
er hynny, yn Ddyn.' Dynodai'r cyfarfod, gellir casglu, chwyldro
ehangach hefyd. Yr oedd Lewis eisoes yn ensynio ar goedd na
ddisgwyliai (yn wir, na obeithiai) y dôi'r ymgyrch i ben yn ddigynnwrf:

> Popeth y medr perswâd a rhesymu ac argyhoeddi ei wneud hyd at y
> funud olaf, fe'i gwnawn . . . Ond os methu a wna'r cwbl, yna fe gaiff
> yr ewyllys dawel a llon ac ysgafngalon a di-sôn-am-arwriaeth sy'n tyfu
> ymhlith ieuenctid Plaid Genedlaethol Cymru ei chyfle mawr.[44]

Aeth yr haf rhagddo heb ragolygon cymod. Yr oedd cyfarfod Pwllheli
wedi pleidleisio dros anfon dirprwyaeth at Baldwin, ond fe'i gwrthodwyd
mewn nodyn swta gan was sifil. Ym Mehefin hefyd, chwalwyd plasty
hynafol Penyberth er mwyn ehangu'r safle. Yng Nghaernarfon, daliai J.
E. Jones i dorri cwys perswâd. Aeth dwy ddeiseb at Baldwin yn nechrau
Gorffennaf, yn cynnwys 5,293 o enwau a gasglwyd yn Llŷn a 5,313 o
ardaloedd eraill, ynghyd â llythyr yn honni bod hanner miliwn o bobl yn
erbyn yr 'affront to the Welsh people' a fwriedid ym Mhorth Neigwl.[45] Y
casgliad mor gynnar â dechrau Mehefin, er hynny, oedd bod methiant yr
ymgyrch – a'r llosgi a'i dilynai – yn anochel. Rhagwelai Jones 'dri chwrs
posibl' i'r brotest o hynny allan: 'Cyfarfod mawr arall' ym Mhwllheli neu
yn y Pafiliwn yng Nghaernarfon; 'ystyried dulliau eithafol o weithredu';
neu ffurfio pwyllgor cenedlaethol 'i symud ymhellach'.[46] Coleddai Lewis
yr ail opsiwn: 'Nid wyf o blaid cynnal cyfarfod arall. Dulliau eithafol yn
unig a fydd o fudd wedyn . . . Tueddaf i farnu y dylem weithredu cyn yr
ail wythnos o Awst. Ond nid yw'r post yn gyfrwng diogel i sôn am
bethau eithafol.'[47] Erbyn nodiadau Gorffennaf, soniai Lewis am
rwystro'r gwersyll fel *fait accompli*. 'Rhaid gwneud hynny, ie, a'i wneud
costied a gostio. Ond wedi gwneud hynny rhaid mynd ymlaen i achub
dynoliaeth ym Mhwllheli ac yn Llŷn.'[48]

Oedwyd cyn gweithredu trwy fis Gorffennaf a mis Awst am fod cyn
lleied o adeiladau ar y safle i'w llosgi, ond aeth y paratoadau rhagddynt. Ni
chadwyd cofnod ffurfiol – am resymau dealladwy – o'r camau a

arweiniodd at y llosgi ei hun. Gwyddys i Lewis ymweld â'r safle ymlaen llaw – ddwywaith liw dydd a ddwywaith liw nos – ac iddo brynu'r offer at y weithred yma a thraw drwy Gymru, rhag ofn codi drwgdybiaeth, yn ystod yr wythnosau olaf.[49] Yr oedd J. E. Jones wedi ysgrifennu at Valentine yng nghanol Mehefin i 'ystyried beth i'w wneud nesaf', gan addo ymgymryd â throsglwyddo'r neges i Lewis. 'Hoffwn eich cyfarfod rywbryd i drafod hyn. Ni ellir ei wneud mewn llythyr.'[50] Cyfarfu'r ddau yn Hen Golwyn wythnos yn ddiweddarach. Bedwar diwrnod wedi hynny, ddydd Sadwrn 27 Mehefin, aeth Jones i Abertawe a bwrw'r Sul ar aelwyd St Peter's Road. Mae'n debyg mai yno y penderfynwyd yn derfynol ar natur y weithred, oherwydd ar 24 Gorffennaf cychwynnodd Lewis am y gogledd i gwrdd â'r is-bwyllgor a sefydlwyd i gydlynu'r ymgyrch er na wyddai eto '(heb ystyried) a ddylid dweud wrthynt fy mwriad'.[51]

Yr hyn a benderfynwyd ynglŷn â'r Ysgol Fomio, yn ôl cofnod amhendant Bebb, a fynychodd y cyfarfod yn swyddfa'r Blaid gyda Lewis, Valentine, J. P. Davies a J. E. Jones, gan wahodd Lewis i swper y noson honno, oedd 'r[h]yw fodd i'w ddinistrio [sic]'.[52]

Y peth trawiadol am yr Ysgol Haf a gynhaliwyd yng Nghaerfyrddin rhwng dydd Llun 10 a dydd Iau 13 Awst y flwyddyn honno, ar effeithiau'r Ddeddf Uno, oedd na bu gair ynddi gan neb, yn gyhoeddus o leiaf, am Borth Neigwl – neu Benyberth fel y daethpwyd i adnabod y lle erbyn diwedd yr haf. Cyfyngwyd y drafodaeth yn y gynhadledd i statws y ddwy iaith ym Mhrifysgol Cymru, enwau Cymraeg ar fusnesau, cyllid, diweithdra, gorfodaeth filwrol, a phrynu tir gan y llywodraeth at ddibenion codi gwersylloedd i filwyr ym Mhen-y-bont ar Ogwr a Phen-bre. Siomwyd gohebydd y *Liverpool Daily Post* ar 14 Awst gan 'peevish, suspicious spirit' Lewis yn ei araith glo ar ddyfodol y Blaid ddeuddydd ynghynt. Yr oedd yn well gan y llywydd a'i blaid anwybyddu 'humble, useful local affairs', meddai, a phregethu chwyldro: 'Their aim, apparently, is to turn Britain and the Empire upside down; nothing less seems to interest them.' Ni welodd Lewis yn dda hyd yn oed i gyhoeddi crynodeb o'i sylwadau yn *Y Ddraig Goch*. Atgynhyrchwyd ei eiriau – yn yr iaith wreiddiol – mewn papur Saesneg: 'Y mae gennym y gallu fel cenedl i weithio, ond ofnaf ein bod yn diogi yn rhy fynych, ac yn gadael i bobl gydag ymennydd isel fynd o'n blaenau.'[53] Ni ddywedwyd dim o'r newydd, ac fe ddichon nad oedd angen. Yr oedd fel petai'r Blaid yn dal ei hanadl. Un y crëwyd argraff ddofn arno oedd Lewis Valentine. Mynnodd yn sgil ei wrando 'nad oes dim mymryn o amheuaeth am ddoethineb a dewrder ei arweiniad, ac ar derfyn ei araith rymus i'r Ysgol bron na chlywyd pob calon yn sibrwd, "ni a'th ganlynom i ba le bynnag yr elych."'[54] O'r golwg, cyfarfu'r is-bwyllgor eto ar y nos Fawrth neu'r nos Fercher, lle dewiswyd y gweithredwyr – 'S. L., J. E. D[aniel] a D. J. Williams – ac efallai un neu ddau arall'.[55] Cynhaliwyd 'y Pwyllgor olaf un' yng Nghaernarfon ddydd Sadwrn, 5 Medi,[56] ac oddi yno teithiodd Lewis ar ei ben ei hun i safle'r ysgol, gan aros yno hyd wedi hanner nos, heb weld gwyliwr. Yn oriau mân 6 Medi teithiodd Lewis yn ôl i'r gogledd a thros Bont Menai i Gaergybi. Cludai gydag ef ddeg galwyn o betrol mewn tri thun, a thair chwistrell bres (wedi'u prynu mewn siopau gwahanol yn ystod y dyddiau blaenorol rhag tynnu sylw), chwe phecyn o ddeunydd cynnau tân a dyrnaid o garpiau wedi'u pacio mewn tuniau bisgedi, y cyfan wedi'i glymu mewn sach y tu ôl i sedd y gyrrwr. Bwriodd y noson olynol ar aelwyd ei fam-yng-nghyfraith.[57]

Cyfarfu Lewis, Valentine a D. J. Williams yng ngwesty'r Victoria ym Mhorthaethwy am hanner awr wedi naw nos Lun 7 Medi, ac yno, uwchben swper, y lluniodd Lewis lythyr i brif gwnstabl Sir Gaernarfon yn cyffesu i'r weithred, a lofnodwyd gan y tri. Amharwyd ar eu cynlluniau pan agorodd Williams ben bys blaen ei law chwith ar rasel ym mhoced ei wasgod a bu'n rhaid chwilio am feddyg i'w bwytho. Am 11 o'r gloch trowyd am Ben Llŷn, gan aros yng Nghaernarfon lle postiodd Lewis lythyr at y trefnydd trwy flwch swyddfa'r Blaid: cyfuniad o bropaganda ac ymgais (llwyddiannus) i dynnu sylw oddi ar ran J. E. Jones ac eraill yn y cynllwyn. Ynddo, esboniodd Lewis iddo ef a'r ddau arall gadw'r cyfan yn gyfrinach rhag peryglu'r Blaid yn ganolog: 'Yr wyf yn berffaith sicr ein bod yn ein hymgyrch heno yn gwneud yr hyn sy'n ddyletswydd ac yn rheidrwydd arnom er mwyn y wlad y rhoisom ein dyddiau gorau i geisio ei hamddiffyn a'i chodi a'i rhyddhau. Gan fod yn rhaid i rywun ddioddef dros Gymru mynasom yr anrhydedd o gael bod ymhlith y rhai cyntaf.'[58]

Cyraeddasant Rydyclafdy am tua hanner awr wedi dau fore Mawrth, gan barcio'r car wrth dafarn Tu-hwnt-i'r-afon a chroesi'r tir agored i gyfeiriad y gwersyll. Yn unol â'r trefniadau, gwahanodd y tri wrth gyrraedd: Valentine i'r dwyrain, Lewis i'r gorllewin a D. J. Williams, a'i law chwith wedi'i rhwymo mewn cadach, i gyfeiriad stordy offer. Am ryw hanner awr hyd hanner wedi un, buont yn paratoi, gan dywallt y petrol ychydig ar y tro i dun bisgedi bob un er mwyn ei sugno i'r chwistrelli. Yna dechreuwyd cynnau'r tanau. Am bum munud i ddau, clywyd cyfarthiad ci, a bu'n rhaid rhoi'r gorau i'r weithred gan adael yr offer ar ôl. Nid oedd Williams wedi llwyddo i danio'r un fatsien, ond llwyddwyd i achosi gwerth £2,671 o ddifrod i swyddfa'r goruchwyliwr, y swyddfa cadw amser, cwt y peiriannau, y garej, y cwt lle cedwid y sment a'r adeilad lle cadwai'r gweithwyr eu hoffer – y cyfan yn ymestyn dros ryw hanner canllath sgwâr. Yr oedd eu pedwar cynorthwy-ydd yn y fenter – J. E. Jones, O. M. Roberts, Robin Richards a Victor Hampson-Jones – wedi cael ugain munud o rybudd i ddianc cyn i'r tân gydio. Fel y cofiodd Lewis wedi hynny: 'We reached the car. We smoked a final cigarette, and then, under a reddening sky, we drove to report the fire to the Pwllheli Police Station and to surrender ourselves, in accordance with our programme, to English Law.'[59]

Oddi yno, gyrrodd y tri i Bwllheli, gan gyrraedd swyddfa'r heddlu am 2.30 y bore. Gofynasant i'r cwnstabl wrth y ddesg am gael gweld yr Uwcharolygydd Moses Hughes, cydnabod i Valentine ers deng mlynedd. Cyflwynwyd llythyr iddo at sylw'r Prif Gwnstabl dan eu henwau ill tri yn cyfaddef eu rhan yn y weithred 'er mwyn gorfodi sylw i'r trais anfoesol hwn ar hawliau sicr a naturiol y Genedl Gymreig'.[60] Am dri o'r gloch y prynhawn, ac aroglau petrol yn dal ar eu dillad, ymddangosasant gerbron llys ynadon y dref. Fe'u cyhuddwyd yn ffurfiol o niwed maleisus i eiddo'r contractwyr, Cowieson Cyf., Glasgow, cyn eu rhyddhau ar fechnïaeth o £100 yr un, i ymddangos eto ymhen wythnos. Y tu allan, yr oedd torf o ryw gant wedi ymgasglu, a'r mwyafrif yn elyniaethus. 'They raised a loud cheer on one occasion,' ysgrifennodd gohebydd y *Caernarvon and Denbigh Herald* ar 11 Medi, 'when a lorry laden with timber for the aerodrome passed through their ranks.' Cymerodd awr i'r tri allu gadael y llys yng nghar Lewis, gyda phlismon wrth y llyw a hanner dwsin o heddlu eraill o boptu iddo dan arweiniad yr Uwcharolygydd Hughes. Fe'u hebryngwyd i gyrion y dref a diogelwch. Yr oedd, adroddodd un a fu yno, 'olwg gwelw a chrynedig' ar lywydd y Blaid.[61]

Yng Nghaernarfon, drannoeth y llosgi, aeth J. E. Jones ati i ledaenu'r
stori. Postiwyd copi teipiedig o'r ddau lythyr i bob papur newydd yng
Nghymru, ynghyd â chyfieithiadau o'i waith ef ei hun. Gyrrodd
ffurflenni gwag Cronfa Gŵyl Dewi y flwyddyn honno, a'r geiriau
'Cronfa Amddiffyn' wedi'u hargraffu ar eu traws, at ysgrifennydd pob
cangen gan eu hannog i wneud 'ein dyletswydd fach ni' yn wyneb
'digwyddiad mwyaf y ganrif'.[62] Sefydlodd hefyd gronfa i ddigolledu'r
gweithwyr. Un a gyfrannodd i'r gyntaf oedd modryb Ellen, a yrrodd siec
am £10, er cyfaddef ohoni nad oedd yn aelod o'r Blaid.[63] Daeth siec
arall ynghyd â nodyn trwy law modryb Mary a arhosai ar aelwyd Ellen
yng Nghastell-nedd: 'Pob llwyddiant i'r tri gwron a gobeithio y caent
[sic] bob tegwch a gofal ar eu ffordd i'r llys. Yr ydym yma yn eithaf
pryderus.'[64] O fewn wythnos casglwyd cyfanswm o dros £200, a
gododd i £550 erbyn diwedd y mis. Daeth D. J. Williams a Valentine yn
ymwelwyr cyson â swyddfa'r Blaid yn ystod y dyddiau canlynol, ond
dychwelodd Lewis i'r de, gan ymweld ar 14 Medi â'r Clwb Cinio Difiau
a sefydlwyd i'r di-waith yn Nowlais: '. . . we were delighted to see him
looking so well,' adroddodd y trefnwyr.[65]

Ymhlith y cannoedd o deyrngedau a gafwyd, rhaid nodi un yn
neilltuol, a'i dyfynnu'n llawn:

> Annwyl gyfaill,
> Gair byr i'ch llongyfarch. Gwelsoch eich ffordd yn mynd i un cyfeiriad
> a dilynasoch hi heb gyfrif y draul. Nid rhaid imi ddweud mwy; ond yr
> wyf yn gobeithio y cewch gysur yn eich trallod gan eich cydwybod
> eich hunan. Dyma'r tro cyntaf ers llawer o amser i ni gael arwriaeth
> yng Nghymru.
> Bendith Duw drosoch.
> Byth yr eiddoch yn edmygus.
>
> W. J. Gruffydd
>
> P. S.   Unrhyw beth a allaf ei wneud wrth gwrs fe'i gwnaf.
>
> P. S.   *To the Police*
> I suppose the Police will have read this letter by now – you are
> welcome! But I don't envy the state of mind of your translator.[66]

Mwy perthnasol oedd cyflwr meddwl Lewis ei hun. Megis yn achos ei dröedigaeth at Gatholigiaeth dair blynedd cyn hynny, eglurhad parod ond anfoddhaol Lewis oedd anocheledd. 'Yr oedd yn rhaid i hyn ddyfod,' ysgrifennodd at aelod o'r Pwyllgor Gwaith, 'a bûm yn paratoi amdano ers deng mlynedd gan wybod y deuai'r awr. Cefais ddau gydymaith annwyl gyda mi, a rhown ein penyd-wasanaeth yn siriol dros Gymru.'[67] Fe'i cyfunwyd y tro hwn, er hynny, ag elfen arall a ddôi'n nodyn llywodraethol yn ei ddramâu wedi hynny: grym achubol dioddefaint. Rhwng hynny a diwedd y flwyddyn, yr oedd â'i fryd ar gosb.

Gwelwyd y tri o flaen ynadon Pwllheli eto ar 16 Medi, a newid yn y cyhuddiad y tro hwn. Nid difrodi eiddo'r contractwyr oedd y cyhuddiad mwyach ond eiddo'r brenin, o dan adran 5 o Ddeddf Difrod Maleisus 1861. Mae'n amhosibl dweud ai ystryw ynteu cam gwag ar ran yr erlyniad oedd y cyhuddiad mwy difrifol hwn, a allasai olygu cymaint â deng mlynedd o garchar, yn ôl cyfreithiwr Lewis, E. V. Stanley Jones. Cynigiai yn sicr ffordd ymwared i'r tri diffynnydd oherwydd o safbwynt technegol manwl yr oedd modd dadlau nad eiddo'r Goron oedd yr adeiladau a losgwyd. Eto, mewn cyfarfod rhwng y tri a bargyfreithiwr D. J. Williams, Herbert Edmund Davies, yn y Dean Hotel, Oxford Street yn Llundain ar 26 Medi, dewiswyd ymwrthod â'r cyfle. Yng ngeiriau nodyn mewn pensel yn llaw J. E. Jones ar bapur y gwesty, 'Penderfynu – peidio pledio nad eiddo'r brenin yw'.[68] 'My recollection,' ysgrifennodd Lewis at Davies ar ddeugeinfed pen-blwydd y llosgi, 'is that we were afraid you might get us off, which would have been very awkward.'[69]

Pan ddaeth yr achos gerbron brawdlys Caernarfon ar 13 Hydref, gosodwyd rhwystrau ar y ffordd rhwng yr Anglesey Arms yn y naill ben i'r llys a'r fynedfa i'r castell yn y pen arall i gadw trefn ar y torfeydd, tra ymdrôi awyren ryfel uwchben, gan beri i ryw wág yn y dorf weiddi 'Take cover'.[70] Cychwynnodd y gwrandawiad am 11.10 y bore dan y Barnwr Wilfred Hubert Poyer Lewis. Wedi i'r diffynyddion wrthod pum aelod o'r rheithgor am na fedrent Gymraeg, agorodd W. N. Cable ar ran y Goron trwy holi'r gwyliwr nos unfraich David William Davies am y 'terrible conflagration'. Honnodd Davies i ddau o'r tri yn y doc ymosod arno o'r tu ôl: 'I thought it was a bit of fun, but I was held down, and in a short time I could see fire and, soon after, another fire.'[71] Aed ymlaen i holi tystion yr heddlu, y frigâd dân ac eraill o'r gweithwyr a alwyd i'r safle.

Yr oedd Lewis a Valentine wedi dewis eu hamddiffyn eu hunain. Valentine a siaradodd gyntaf, gan ddweud ei fod, fel gweinidog yr Efengyl, wedi gweithredu yn unol â'i gydwybod. Yr oedd anerchiad Lewis a'i dilynodd yn ddi-os yn *tour de force*, ond nid oedd yn amddiffyniad o fath yn y byd. Er mwyn hwylustod a dilyniant, siaradodd yn Saesneg, ond ceir sylwedd ei lith yn y llyfryn tair ceiniog yn cynnwys geiriau Valentine a Lewis a werthwyd ar strydoedd Caernarfon y diwrnod hwnnw: *Paham y Llosgasom yr Ysgol Fomio*.

Cydia yr anerchiad yn llinynnau sagrafennol yr araith a'i rhagflaenodd yn nechrau'r flwyddyn, *Paham y Gwrthwynebwn*. Darn ydyw i'w ddarllen am yr hyn nas dywed. Nid amddiffynna'r weithred, fel y gwnâi yn ystod yr ymgyrch ei hun, am fod yr ysgol fomio'n fygythiad i'r amgylchedd, nac am ei bod yn offeryn rhyfel ac yn peryglu heddwch. Nis gwrthwyneba chwaith am fod bomio o'r awyr yn hanfodol anfoesol, nac am fod ei sefydlu'n ddianghenraid neu'n wastraff arian. Nid oes dim yn ei eiriau i awgrymu na ddylid ei chodi mewn man arall. Ni sonia am ei heffeithiau cymdeithasol na'r straen a rôi ar adnoddau lleol nac ar gymeriad y cymunedau o'i hamgylch. Ni ddywed Lewis air hyd yn oed am degwch. Rhoddodd yr ysgol ar dân oherwydd yr hyn yr oedd hi a Phenyberth yn ei *gynrychioli*. Y mae'r cyfan – a barodd am hanner awr – yn druth ar natur gwareiddiad ac yn ymarferiad mewn metaffiseg Gristnogol Aristotelaidd.

Nid yn y campau rhethregol y mae grym araith Lewis yn gymaint ag yn ei hadeiladwaith – a phriodol y gair. Mae'n dehongli'r llosgi fel cyfres o wrthgyferbyniadau a chyfatebiaethau. Fel Aristoteliad da, gwna'r rhain yn rhai empeiraidd (penodol i Ben Llŷn 1936) a throsgynnol (dros amser a'r tu hwnt i amser). Gan ddilyn yr ymgyrch trwy 1936, mae'n cyferbynnu 'apêl at reswm . . . y bobl fwyaf diwylliedig yng Nghymru'[72] yn eu gwrthwynebiad i'r ysgol â difaterwch y Weinyddiaeth Awyr. Â rhaddo wedyn i sôn am y ddolen gydiol rhwng y digwyddiad unigol hwn a'i arwyddocâd ehangach: plasty Penyberth. Cyn ei chwalu ar 1 Medi, safai fel 'un o'r tai mwyaf cysegredig yn Llŷn' yn rhinwedd ei safle ar ffordd y pererinion i Ynys Enlli, 'yn gysegredig ac yn barchedig ers oesoedd meithion'. Ei gyswllt deuol â'r gorffennol ac â Christnogaeth a rydd iddo ei werth symbolaidd: safai yn 1936, ond cynrychiola rywbeth anhraethol hŷn a phwysicach. Yr oedd dymchwel Penyberth 'yn arwydd ac yn broffwydoliaeth'.[73] Daw geiriau'r fersiwn Saesneg – 'typical and symbolic'[74] – yn nes at bontio'r penodol a'r trosgynnol sydd gan Lewis yma. Yr oedd yn 'typical' i'r graddau ei fod yn arwydd o fwriadau penodol y llywodraeth Seisnig yn ei hymwneud â'r rhan Gymreiciaf hon o Gymru, ond yr oedd yn 'symbolic' hefyd gan fod trais y llywodraeth ar y tir cysegredig hwn yn broffwydoliaeth o'r frwydr oesol rhwng deddf gwlad a deddf foesol Duw. Mae llosgi'r ysgol a saif yn lle Penyberth yn weithred sagrafennol, yn ddrych i 'amddiffyn y pethau gwir gysegredig yng nghreadigaeth Duw, sef cenedl, ei hiaith, ei llenyddiaeth, ei thraddodiadau oesol a'r bywyd gwledig Cristnogol'.[75] Trwy chwyddwydr gwyrdro Aristoteliaeth, gwelir yr agos yn bell yn y perorasiwn: 'Dyma'r Butain fawr a welodd Ioan yn feddw gan waed y saint a gwaed merthyron. Dyma wadu Duw, a gwadu deddf foesol Duw. Dyma ddymchwel holl draddodiad Cristnogaeth yn Ewrop a dechrau cyfnod tywyllwch.'[76]

Atseinia llais cynharach trwy'r anerchiad hefyd, llais a fuasai'n dawedog i bob pwrpas oddi ar ddechrau'r degawd. Yn y rhagymadrodd rhoddodd beth o'i hanes ei hun: 'Sylweddoli'r cysylltiad hanfodol hwn rhwng llenyddiaeth a bywyd cymdeithas draddodiadol yng Nghymru a'm tynnodd i gyntaf oddi wrth waith llenyddol yn unig i ymroi hefyd i waith cyhoeddus ac i sefydlu gydag eraill Blaid Genedlaethol Cymru.'[77] Trwy Benyberth, a ddisodlodd Borth Neigwl a Phenrhos fel llaw-fer am yr ymgyrch gyfan, dychwelodd Lewis i'r byd llenyddol yr oedd wedi ymbellhau oddi wrtho dan bwysau pwyllgorau, propaganda a phapurau polisi. Cymerodd afael o'r newydd yng Nghhristnogaeth a pherchentyaeth y gwareiddiad Cymreig a ganfuasai yng nghywyddau Dafydd Nanmor a'r 'elfennau synhwyrus a sacramentaidd' a wnâi wledd 'yn gymundeb iddo'.[78]

Ymneilltuodd y rheithgor am dri chwarter awr. Ai oherwydd llwfrdra yn wyneb y dorf a ganai y tu allan ynteu dewrder gerbron barnwr digydymdeimlad, neu rym rhethreg Lewis neu deyrngarwch llwythol neu gred mewn cyfiawnder naturiol neu'r ddeddf foesol, enillodd y fforman, un Harlech Jones, ei gyfran fechan o anfarwoldeb yn hanes cenedlaetholdeb Cymreig pan adroddodd na ellid cytuno ar ddedfryd unfrydol ac nad oedd rhagolwg gwneud chwaith.

'Rarely have I seen a look of thoughtful gravity upon a man's face as fell upon the features of Mr Justice Lewis,' ysgrifennodd George Pollard yn y *News Chronicle* y diwrnod wedyn. Pan ledaenodd y newydd i'r stryd, clywyd 'crash after crash of cheers' ar lawr y llys: 'The judge looked, if possible, a little more thoughtful still.' Byddai'n rhaid wrth ail brawf. Yr oedd yr erlyniad yn holi am amodau mechnïaeth, ond yr oedd yn amhosibl ei glywed. Ac yng nghanol y mwstwr, daliai Lewis gyda'r ddau arall i sefyll a'i ddwylo wedi'u plethu o'i flaen, 'white faced, hair dishevelled with emotion', dan baentiad olew o'r Brenin Edward I yn gofyn llw gwrogaeth gan bendefigion y Cymry.

'When the three men left the court,' sylwodd yr *Herald of Wales* ar 17 Hydref, 'Saunders Lewis and Williams were carried shoulder-high into the streets, but Valentine proved too heavy for his supporters.' Llanwyd y stryd gan fyfyrwyr Bangor yn canu 'Saunders Lewis ydyw'r gorau' ar alaw 'Rhyfelgyrch Gwŷr Harlech'.

'Y mae ein calonnau ni'n llosgi o ddiolchgarwch a syndod,' ysgrifennodd Lewis yn sgil yr achos. Profwyd 'un ffaith', meddai, sef bod y Blaid Gendlaethol 'yn blaid boliticaidd Gristnogol':

> Y mae gweddi a gwroldeb, gweddi ynghyd ag ewyllys i weithredu'n eofn yn erbyn gelynion treisgar, yn gyfuniad ac yn gynghrair a achubodd wareiddiad Ewrop fwy nag unwaith . . .
>
> Y mae Plaid Genedlaethol Cymru wedi adfer gwroldeb i fywyd politicaidd Cymru ac wedi adfer gweddi. Y cam nesaf fydd magu dyfalbarhad.[79]

Erbyn i Bwyllgor Gwaith y Blaid alw cyfarfod arbennig yn y Belle Vue, Aberystwyth, ddiwedd y mis i basio 'gyda brwdfrydedd' gynnig yn mynegi ei edmygedd o 'wroldeb' y tri, 'ein dyled iddynt am eu hesiampl, a'n rhwymedigaeth ninnau i ofalu na ddadwneir eu gwaith arwrol',[80] yr oedd un ofn ar fin cael ei wireddu ac ofn arall eisoes yn ffaith. Yr oedd J. E. Jones wedi rhybuddio Lewis o fewn tridiau i'r achos y gallai 'gormod o gymeradwyaeth' i'r tri arwain at symud yr ail brawf i Lundain gan fod y llywodraeth 'yn gwylio teimladau yng Nghymru y dyddiau hyn yn fanwl',[81] a chywir oedd y darogan. Gwnaeth y Twrnai Cyffredinol, Syr Donald Somervill, gais i'r Uchel Lys dan Ddeddf y Llys Troseddau Canolog 1856 ar 23 Tachwedd, gan ddadlau nad oedd y prawf cyntaf yn deg ac na fyddai ail brawf dan yr un amgylchiadau yn 'expedient in the interests of justice'. Fe'i caniatawyd gan yr Arglwydd Brif Ustus, yr Arglwydd Hewart, ar 7 Rhagfyr – y tro cyntaf i brawf gael ei symud o Gymru i Loegr ers canrifoedd.[82]

Yr ail ddatblygiad, mwy pellgyrhaeddol, oedd yr hyn a ofnai Lewis hanner blwyddyn ynghynt.[83] Ar ôl wythnos fer yn ôl yn Abertawe, fe'i hataliwyd o'i ddarlithyddiaeth, ar gyflog llawn am y tro. Ar 23 Hydref daeth 128 o fyfyrwyr ynghyd yn Abertawe, a'r 'mwyafrif llethol o blaid' ei adfer i'w swydd.[84] Fel y cafodd Lewis wybod dridiau'n ddiweddarach, bu cyfarfod tebyg ym Mangor, ac ysgogwyd hyd yn oed yr anwleidyddol T. H. Parry-Williams i gysylltu â W. J. Gruffydd er mwyn ceisio trefnu gwrthdystiadau yn Aberystwyth a Chaerdydd.[85] Tra berwai Cymru o'i gwmpas, tawodd Lewis, gan wrthod gwahoddiadau i fod yn gyfrannog yn y protestiadau: 'Ar hyn o bryd y mae dal ar y cyfle i gael yn [*sic*] iach cyn y dichon ein carchar effeithio arnaf yn beth pwysig.'[86] Gellir priodoli ei amharodrwydd yn rhannol i afiechyd: fe'i llethwyd yn niwedd 1936 gan anhwylderau 'gwarthus a chwerthinllyd ... megis *piles* a chornwydydd ac ecsema a phetheuach tebyg na ellir sôn amdanynt ond (yn llythrennol) dan din ... Y maent yn boenus yn achlysurol, ond ni chlywais am neb yn darfod drwyddynt.'[87] Gellir ei ddeall i raddau hefyd fel amrywiad ar yr awydd mwy hirbarhaol i ddianc o fywyd cyhoeddus. Yn ei gynlluniau at y dyfodol yn sgil y carcharu a dybiai'n anorfod soniodd ym mis Tachwedd ei fod 'yn meddwl reit sobr am brynu tyddyn yn y Gogledd a mynd gyntaf am chwe mis i ddysgu elfennau ffarmio'.[88] Eto, mae modd ymglywed yn y misoedd rhwng y ddau brawf hefyd â newid dyfnach: esblygiad anniddordeb ynghylch yr amgylchiadau yr oedd wedi'u creu iddo'i hun a'i deulu a'i blaid, fel petai catharsis y tanio wedi ei buro, ei droi'n symbol megis Penyberth ei hun, a'i godi uwchlaw gofalon pitw carchar, diweithdra ac ansicrwydd.[89] Gwir iddo ddarllen drafft llythyr 'yn gyfrinachol hollol' at yr Arglwydd Swinton, arolygydd cyffredinol yr

Awyrlu, yng nghyfarfod y Pwyllgor Gwaith ar 31 Hydref 'yn awgrymu sail
cytundeb': addewid na fyddai'r garsiwn yn Llŷn yn fwy na 200 mewn nifer
ac y câi'r gwersyll ei gau ym mhen tair blynedd a'i droi'n faes awyr sifil,
ond prin ei fod mewn safle i fynnu cyfaddawd gan neb.[90] Pan ddaeth si bod
R. Williams Parry am drefnu i holl ddarlithwyr adrannau Cymraeg y
Brifysgol ymddiswyddo, gan gychwyn gyda Gruffydd, ysgrifennodd Lewis
at G. J. Williams yn 'crefu' arno beidio â chymryd rhan: 'Yr wyf yn gwbl
ddiddan a digynnwrf yn edrych ar bethau'n datblygu: y mae Cymru yn
deffro o'r diwedd, a dyna'r peth gwych.'[91] Ysgrifennodd at O. M. Roberts
yn yr un ysbryd y diwrnod wedyn:

> Rhywsut ni allaf gymryd y Coleg o ddifrif, ac ni allaf fy argyhoeddi fy
> hun nad oes gennyf ffortun breifat i fyw arni pan elont i'r pen a'm taflu
> allan yn llwyr, fel y gwnânt yn ddiau. Y mae cymaint o bethau rhyfedd
> yn digwydd y dyddiau hyn fel mai ffol [*sic*] fyddai cymryd gofal am
> yfory. Ar hyn o bryd y mae bod eto'n ddyn rhydd yn ddigon o firagl
> tan y Nadolig.[92]

Gwelir y sirioldeb tywyll, asgetig hwn ar ei amlycaf yn ei lythyrau at
D. J. Williams, lle ymhyfryda yn ei 'hamdden gorfod' a'r cyfle i'w droi
'yn ennill bythol i lenyddiaeth Cymru'.[93] Ac eto, bythefnos yn
ddiweddarach:

> . . . cofiwch eich bod wedi ennill eich lle bellach nid yn unig fel cynt
> ymhlith clasuron llên Cymru ond ymhlith teulu Owain y Glyn ar
> ddalennau hanes Cymru. Y mae hynny yn help i minnau godi fy
> nhrwyn o glywed drewdod Cyngor Coleg Abertawe. Yr wyf yn weddol
> sicr na ddarlithiaf yno fyth mwy, ac ni'm dawr chwaith.[94]

Ac unwaith eto, ym mis Rhagfyr, yn ôl pob tebyg:

> Wrth gwrs, yr wyf yn meddwl ein bod ni'n iawn yn ein llwybr. Hyd yn
> hyn nid oes gan neb ohonom ddim mewn golwg ond lles Cymru,
> dyna'n man cryf ni. Pan ddaw llwyddiant fe ddaw gobeithion personol
> hefyd yn ddiau, a llygru ar y mudiad. Dyna hanes mudiadau, ni raid
> wylo am hynny, ond ei dderbyn yn ddiolchgar fel arwydd o lwyddiant.
> Ond yr awr hon, yr wyf i a chwi a phawb ohonom mi dybiaf yn
> amhersonol ffyddlon i ddelfryd Cymru . . . Dewisasom y ffordd anodd,

wrth gwrs, ond yr unig ffordd, (mi gredaf) na arweinia [sic] ddim i ddistryw.[95]

Yr hyn a lanwai ei segurdod – am wyth awr y dydd dros gyfnod o ddeufis[96] – oedd ei ddrama radio gyntaf, Buchedd Garmon, a gomisiynwyd gan y BBC wythnos wedi'r prawf ac a gwblhawyd ar 4 Ionawr. Mae araith adnabyddus Emrys Wledig ('Gwinllan a roddwyd ...') yn tueddu i gymylu ei chyd-destun ei hun, sef ei hymosodiad ar heresi Pelagiws fod gan ddyn reolaeth dros ei dynged dragwyddol ei hun. Yr un yn ei hanfod yw cywair Buchedd Garmon hithau ag eiddo'r ohebiaeth â D.J.. Drama yw hi, fel y ddrama a gyfansoddodd Lewis trwy dân ar dir Penyberth a thrwy eiriau yng Nghaernarfon bum wythnos wedi hynny, am warchod gwareiddiad trwy ffyddlondeb amhersonol. Rhaid derbyn yr iau.

Bu Lewis yn gaeth i'w wely dan annwyd dros y Nadolig, ond cryfhaodd ddigon i fynychu Pwyllgor Gwaith y Blaid yn Aberystwyth ar 1 Ionawr. Dan y pennawd 'Os carcherir y tri' pleidleisiwyd dewis J. E. Daniel yn ddirprwy lywydd a W. J. Gruffydd ac Ambrose Bebb yn ddirprwy is-lywyddion. Ar wahân i'r hyn a oedd yn ofynnol iddo fel cadeirydd, nid ymddengys i Lewis siarad ond unwaith: 'Mewn ateb i gwestiwn, mynegodd y Llywydd ei farn ar un mater o bwys: – na ddylid ail-adrodd stori Llŷn.'[97]

Drannoeth cyhoeddi'r penderfyniad yn y flwyddyn newydd fod yr ail brawf i'w gynnal yn yr Old Bailey, un yn unig o blith cydnabod Lewis, mae'n debyg, a ddaliai i led-obeithio am y gorau. 'Ei hofni hi y mae pawb,' ysgrifennodd Robert Williams Parry ato; 'ond 'wn i ddim! Un rhyfedd yw'r Sais: y mae ymhlith y Saeson lawer iawn mwy o individualists (o grancod os mynnwch chwi) nag sydd ymysg y Cymry: a phwy a ŵyr na bydd un neu ddau ymysg y deuddeg yn yr Old Bailey? Os bydd – bydd yr holl heldrin drosodd. Y mae pethau rhyfeddach wedi digwydd.'[98]

O safbwynt dramatig, gellid dadlau ai cam gwag ynteu coup de théâtre oedd prawf mis Hydref; ond i Lewis, digwyddodd y rhyfeddod eisoes. Carchar oedd y diweddglo anorfod. Cychwynnodd o orsaf Abertawe i Paddington i wynebu'r ail brawf yn yr Old Bailey ar 11

Ionawr 1937. Y diwrnod cynt, ysgrifennodd at D.J. eto: 'Nid yw'r wraig yn dyfod gyda mi'r tro hwn, gan nad wyf yn disgwyl dychwelyd na'm cario ar ysgwyddau o'r llys megis y bu o'r geol ar heol Arfon. Ond cawn gwmni ein gilydd yn Wormwood Scrubs!'[99]

Nodiadau

[1] D. Tecwyn Lloyd, 'Golygyddol', *Taliesin*, 10 (Gorffennaf 1965), 7.
[2] LlGC, papurau Plaid Cymru, A27. Cofnodion Pwyllgor Gwaith Plaid Genedlaethol Cymru, 27 Awst 1935.
[3] *Western Mail*, 31 Rhagfyr 1935.
[4] LlGC, papurau Plaid Cymru, B121. SL at J. E. Jones, 31 Rhagfyr 1935.
[5] Ibid. J. E. Jones at SL, 1 Ionawr 1936.
[6] LlGC, papurau Plaid Cymru, B121. SL at J. E. Jones, 2 Ionawr 1936.
[7] Ibid., J. E. Jones at SL, 4 Ionawr 1936. Dosbarthwyd copi teipiedig o lythyr 2 Ionawr 1936 yn y cyfarfod, dan y gair 'cyfrinachol'. LlGC, papurau Plaid Cymru, M588.
[8] Ibid., J. E. Jones at SL, 18 Ionawr 1936.
[9] Ibid., SL at J. E. Jones, dim dyddiad, ond cyn 22 Ionawr, yn ôl tystiolaeth llythyr gan J. E. Jones at Lewis Valentine, ibid., ar y diwrnod hwnnw, yn dyfynnu geiriau Lewis a ddaeth i law 'un o'r dyddiau diwetha'.
[10] 'Welsh Nationalist Policy Restated', *Welsh Nationalist*, Awst 1935.
[11] LlGC, papurau Plaid Cymru, B124. SL at J. E. Jones, 28 Ionawr 1936. Ailadroddodd Lewis yr un nod bythefnos wedi hynny, LlGC, papurau Lewis Valentine 3/20, SL at Lewis Valentine, 11 Chwefror 1936, gan grybwyll goblygiadau ehangach i'r penderfyniad: 'Fy mwriad yw dadlau a chymell fel dyletswydd ar y Blaid y priodoldeb o roi tân i awyrlongau, hangar a barics y llynges awyr os codant hwy ym Mhorth Neigwl. Fy ngobaith yw y cymer y plismyn wedyn achos yn fy erbyn gerbron ynadon. A ydych chwi fel is-lywydd yn fodlon imi ddweud hyn, ac yn barod i dderbyn y canlyniadau, – sef fy mod wedyn yn rhoi pob help a allaf i gario'r peth allan?'
[12] Ibid. J. E. Jones at SL, 2 Chwefror 1936.
[13] Ibid. SL at J. E. Jones, 7 Chwefror 1936.
[14] Ibid. J. E. Jones at SL, 23 Chwefror 1936.
[15] *Baner ac Amserau Cymru*, 3 Mawrth 1936.
[16] *Y Cloriannydd*, 3 Mawrth 1936.
[17] *Baner ac Amserau Cymru*, 3 Mawrth 1936.
[18] LlGC, papurau G. J. Williams. SL at G. J. Williams, 11 Gorffennaf 1935: 'Bwriadaf geisio cychwyn o ddifri ar ail gyfrol y braslun ym mis Medi.'

19 '1536-1936', *The Welsh Nationalist*, Mehefin 1934.
20 *Paham y Llosgasom yr Ysgol Fomio* (Caernarfon, 1936), 5.
21 Ibid. 1.
22 Ibid. 7.
23 Ibid. 8.
24 LlGC, papurau Plaid Cymru, B127. J. E. Jones at Elisabeth Williams (gwraig G. J. Williams), 10 Mawrth 1936.
25 Ibid. SL at J. E. Jones, diddyddiad ond rhwng 9 a 14 Mawrth 1936.
26 Ibid., B129. J. E. Jones at SL, 14 Mawrth 1936.
27 Atgynhyrchwyd y llythyr yn 'Letter to the Prime Minister', *Welsh Nationalist*, Mai 1936.
28 *Western Mail*, 31 Mawrth 1936.
29 'Perygl Gorfodaeth Filwrol', *Y Ddraig Goch*, Ebrill 1936.
30 LlGC, papurau Plaid Cymru, B132. SL at J. E. Jones, 1 Ebrill 1936.
31 J. E. Jones, *Tros Gymru* (Abertawe, 1970), 174.
32 LlGC, papurau Plaid Cymru, B132. SL at J. E. Jones, 6 Ebrill 1936.
33 Ibid., A27. Cofnodion Pwyllgor Gwaith y Blaid Genedlaethol Gymreig, 17 Ebrill 1936.
34 Ibid., M588.
35 Llawysgrifau Prifysgol Cymru, Bangor 20448. SL at Mai Roberts, 1 Mai 1936.
36 LlGC, papurau Plaid Cymru, B137. J. E. Jones at SL, 12 Mai 1936.
37 *Baner ac Amserau Cymru*, 18 Mai 1936.
38 LlGC, papurau Plaid Cymru, B137. J. E. Jones at SL, 6 Mai 1936.
39 Ibid., B139. J. E. Jones at SL, 20 Mai 1936.
40 Ibid., B136. SL at J. E. Jones, diddyddiad ond rhwng 2 a 5 Mai 1936.
41 Ibid., B139. J. E. Jones at 'Superintendent Hughes', 21 Mai 1936.
42 *Baner ac Amserau Cymru*, 26 Mai 1936.
43 Mae'n ddiddorol cymharu'r cyfeiriad hwn at dân â rhai a gaed yn yr un mis gan y ddau arall a gymerai ran yn y llosgi maes o law. Gweler Lewis Valentine, 'Islywydd y Blaid yn Adrodd Hanes Cyfarfod Pwllheli', *Y Ddraig Goch*, Mehefin 1936: 'Ni chânt godi Ysgol Fomio yn Llŷn . . . Yr ydym yma heddiw i ddywedyd na chodir moni. Fe'i rhwystrir. Y mae digon o wroldeb yn y genedl hon, a heddiw bendithir ein hachos â thân.' Gweler hefyd lythyr D. J. Williams i'r *Cardigan and Tivyside Advertiser*, 22 Mai 1936: 'To think of a war to end war is logically (and psychologically) as absurd as to think of a fire to put out a fire. Neither will cease until all the elements, human and material, within its reach are consumed in the conflagration.'
44 'Y Golygydd yn Ystyried Pwllheli', *Y Ddraig Goch*, Mehefin 1936. Mewn nodyn diddyddiad ynghlwm wrth lawysgrif y nodiadau, ysgrifennodd Lewis ei fod 'wedi ymboeni â hwynt ac yn ofer-dybio y gallant fod o ryw werth'. LlGC, papurau Plaid Cymru, B140. SL at J. E. Jones.
45 LlGC, papurau Plaid Cymru, M588. J. E. Jones at Stanley Baldwin, 8 Gorffennaf 1936.

[46] Ibid., B140. J. E. Jones at SL, 6 Mehefin 1936.

[47] Ibid., B141. SL at J. E. Jones, 9 Mehefin 1936.

[48] '"Impasse"', *Y Ddraig Goch*, Gorffennaf 1936.

[49] O. M. Roberts, 'Saunders Lewis a'r Ysgol Fomio', *Y Faner*, 13 Medi 1985.

[50] LlGC, papurau Plaid Cymru, B141. J. E. Jones at Lewis Valentine, 16 Mehefin 1936.

[51] Ibid., B143. SL at J. E. Jones, 8 Gorffennaf 1936.

[52] LlGC, papurau W. Ambrose Bebb, heb eu catalogio. Ysgrifennwyd y cofnod ar draws tudalen yr hanner wythnos yn cychwyn 30 Gorffennaf, ond mae'n glir o'r cwestiwn, 'Ai'r wythnos hon ai'r nesaf . . .?' nad cofnod cyfamserol sydd yma. Gweler T. Robin Chapman, *W. Ambrose Bebb* (Caerdydd, 1997), 103, am y cofnod llawn.

[53] *North Wales Times*, 22 Awst 1936.

[54] Lewis Valentine, 'Fy Argraffiadau o'r Ysgol Haf', *Y Ddraig Goch*, Medi 1936.

[55] Dyfynnwyd yn T. Robin Chapman, *W. Ambrose Bebb*, op. cit., 104.

[56] Ibid.

[57] LlGC, 22725E./234. SL at Marion Griffith Williams [Marion Eames], 16 Chwefror 1976: 'Myfi fy hun a brynodd bopeth a'u dwyn i dŷ fy mam-yng-nghyfraith yng Nghaergybi, a hi a'm gwraig a baciodd gefn fy nghar modur ar gyfer y noson . . . Nid wyf yn meddwl fod yng Nghymru ar y pryd ddwy wraig arall a wnai [*sic*] yr hyn a wnaeth hon a'i mam, ac ni chlywodd neb ddim amdani.'

[58] LlGC, papurau Plaid Cymru, M2. SL at J. E. Jones, 7 Medi 1936. Atgynhyrchwyd y llythyr yn J. E. Jones, *Tros Gymru*, 176-7.

[59] 'The Story of the Burning', teipysgrif ddiddyddiad o waith SL yn LlGC, papurau D. J. Williams, C1/3.

[60] LlGC, papurau Plaid Cymru, M2. Ceir copi o'r llythyr cyflawn yn *Yr Herald Cymraeg*, 14 Medi 1936.

[61] *Yr Herald Cymraeg*, 14 Medi 1936.

[62] LlGC, papurau Plaid Cymru, M2. Cylchlythyr dyddiedig 10 Medi 1936.

[63] Ibid., B149. Ellen Thomas at J. E. Jones, 10 Medi 1936.

[64] Ibid., B150. Mary Thomas at J. E. Jones, diddyddiad ond 12 Medi 1936.

[65] Ibid., J. Williams ac Evelyn Hodges at J. E. Jones, 14 Medi 1936.

[66] LlGC, papurau T. Gwynn Jones, E46 [*sic*]. W. J. Gruffydd at SL, 14 Medi 1936.

[67] LlGC, papurau Plaid Cymru, B1120. SL at Ellis D. Jones, 22 Medi 1936.

[68] Ibid., M2.

[69] LlGC, papurau'r Arglwydd Edmund-Davies, blwch 1. SL at Edmund Davies, 8 Medi 1976. Cadarnhaodd Davies y stori wrth Ivor Wynne Jones ychydig cyn marw Lewis, yn y *Liverpool Daily Post*, 16 Ebrill 1983: 'Saunders Lewis would not hear of it [yr amddiffyniad], making it very clear that none of the three wanted to be found not guilty on a legal technicality.'

[70] *Holyhead Mail*, 16 Hydref 1936.

[71] *The Times*, 14 Hydref 1936.

[72] *Paham y Llosgasom yr Ysgol Fomio* (Caernarfon, 1936), 7.

73 Ibid., 9.
74 *Why We Burnt the Bombing School* (Caernarfon 1936), 13.
75 *Paham y Llosgasom . . .*, 13.
76 Ibid., 18.
77 Ibid., 5.
78 'Dafydd Nanmor', *Y Llenor*, 4 (1925), 39.
79 'Ymweliad y Brenin â Chymru', *Y Ddraig Goch*, Tachwedd 1937.
80 LlGC, papurau Plaid Cymru, M30. Cofnodion Pwyllgor Gwaith y Blaid Genedlaethol Gymreig, 31 Hydref 1936.
81 Ibid., B157. J. E. Jones at SL, 16 Hydref 1936.
82 *The Times*, 8 Rhagfyr 1936.
83 LlGC, papurau Cassie Davies, 69. SL at Cassie Davies, 5 Mawrth 1936: '[ac eithrio Stephen J. Williams] gelynion i'r Blaid yw holl athrawon a darlithwyr y staff, ac nid ydynt ond yn aros cyfle efallai i droi arnaf'.
84 LlGC, papurau Plaid Cymru, B156. Dewi Samuel at J. E. Jones, 25 Hydref 1936.
85 Ibid., J. E. Jones at SL, 26 Hydref 1926.
86 Ibid., B157. SL at J. E. Jones, 29 Hydref 1936.
87 LlGC, 23047C. SL at O. M. Roberts, 25 Tachwedd 1936.
88 LlGC, papurau Kate Roberts, 3151. SL at Morris T. Williams, 8 Tachwedd 1936.
89 Gwelwyd arwydd o hyn cyn prawf Caernarfon, pan wrthododd Lewis arian o'r gronfa amddiffyn i ymgeleddu ei deulu yn ystod ei gyfnod yng ngharchar: 'O'm rhan fy hun, fy marn yw na bydd angen o gwbl i mi fod ar ofyn neb o gwbl dros fy nheulu, ac ni chyffyrddaf â'r swm fydd yn weddill ar ôl talu costau'r prawf . . . byddai llun fy nheulu yn y Ddraig yn ddolur byw imi, ac yn glwyf i Margaret sy fel finnau (ond yn fwy felly) yn gas ganddi ddim tebyg.' LlGC, papurau Plaid Cymru, B154. SL at J. E. Jones, 10 Hydref 1936.
90 LlGC, papurau Plaid Cymru, A27. Cofnodion Pwyllgor Gwaith Plaid Genedlaethol Cymru, 31 Hydref 1936.
91 LlGC, papurau G. J. Williams. SL at Griffith John Williams, 26 Hydref 1936.
92 LlGC 23047C/6. SL at O. M. Roberts, 27 Hydref 1936.
93 LlGC, papurau D. J. Williams, Abergwaun, P2/30, blwch 11. SL at D. J. Williams, 8 Tachwedd 1936.
94 Ibid., SL at D. J. Williams, 21 Tachwedd 1936.
95 Ibid., diddyddiad.
96 *AKAS*, 117. SL at Kate Roberts, 11 Rhagfyr 1936.
97 LlGC, papurau Plaid Cymru, M30. Cofnodion Pwyllgor Gwaith Plaid Genedlaethol Cymru, 1 Ionawr 1937.
98 LlGC, 22725E/134. R. Williams Parry at SL, 8 Ionawr 1937.
99 LlGC, papurau D. J. Williams, Abergwaun, P2/30, blwch 11. SL at D. J. Williams, 10 Ionawr 1937.

Y FLWYDDYN WEDYN

1937

Yr oedd Lewis wedi cychwyn am Lundain wythnos yn gynt nag oedd raid. Gohiriwyd y prawf gan y Barnwr Charles o 13 hyd 19 Ionawr. Galwodd yng nghaffi Chequers yn Essex Street ger y Strand – cyrchfan boblogaidd gan Gymry Llundain – am ychydig funudau ar noson y 12fed, a mynegi'r gobaith 'y daw'r dydd yn fuan . . . pan fydd y Saeson yn eich hel oddi yma ac y deuwch yn ôl i Gymru. Y pryd hwnnw bydd gennym Lywodraeth Gymreig i'ch croesawu i'r Hen Wlad'.[1]

Arhosodd yn ei westy am y ddwy noson i ddod. Ar fore'r pymthegfed, gerbron y barnwr, fe'i rhyddhawyd, heb fechnïaeth y tro hwn, ond gan ymrwymo 'to owe your sovereign Lord the King the sum of one hundred pounds'[2] a daliodd y trên yn ôl i Abertawe gyda thocyn dwyffordd. Pan ofynnwyd i'r tri gan *Y Cymro* yn ystod yr wythnos fer cyn y gwrandawiad am neges i'r darllenwyr, yr oedd pedwar paragraff Lewis yn gynnil, yn wirebol bron:

> Nid oes gennyf yr un neges o bwys ar yr achlysur hwn. Ni cheisiais erioed wenieithio i'm pobl fy hun.
>
> Ceisiwch neges i 'werin' Cymru – erioed yn fy myw ni feddyliais amdanynt fel 'gwerin' yn yr ystyr o fod yn bobl isel.
>
> Gwn eu bod yn dlawd, ond gwn mai pendefigaidd yw tras mwyafrif mawr tlodion Cymru, ac ni roddaf i foneddigion fy ngwlad 'neges' nawddogol.
>
> Trostynt hwy a'u hetifeddiaeth, y traddodiad Cymreig, yr â Valentine a D. J. Williams a minnau i afael eu gelyn – llywodraeth Loegr – a dyna fy unig neges.[3]

Boed fel y bo am ei gyfiawnder, canlyniad ymarferol symud achos y tri i'r Old Bailey oedd newid holl bersbectif yr hanes. Caed arwyr

Caernarfon dri mis cyn hynny yn greaduriaid ecsentrig, gwrthnysig gan wasg a chyhoedd diddeall a nawddoglyd. Yr oedd y papurau'n llawn hanes bomio Madrid, ymddiorseddiad Edward VIII, ysgarmesoedd sosialwyr, comiwnyddion a dilynwyr Oswald Moseley yn nwyrain Llundain a hyd yn oed campau Bradman dros Awstralia yn y gemau prawf yn erbyn Lloegr; prin fod disgwyl iddynt gymryd tri Chymro o ddifrif. Er bod rhai cefnogwyr wrth borth y llys yn Newgate Street am bump y bore, a thua 200 erbyn 10 y bore, rhai ohonynt yn gwisgo rhubanau gwyrdd yn arwydd teyrngarwch, nid oedd dim o'r cynnwrf a welwyd yng Nghaernarfon: 'calm and desultory' oedd disgrifiad y *North Wales Chronicle* ar 22 Ionawr, heb 'any semblance of the dramatic'. Synnodd gohebydd yr *Evening Express* yr un diwrnod glywed 'the melodious language of Wales' ar strydoedd ei brifddinas a chael ar ddeall mai 'bankers, stockbrokers, ministers and schoolmasters' oedd cynifer o'r dorf. Credai fod y rhan fwyaf wedi dod yno gyda'r bwriad o fynd ymlaen i Twickenham ar y dydd Sadwrn i wylio'r gêm ryngwladol rhwng Cymru a Lloegr.

Ar ddiwrnod cyhoeddi cerdd o'r enw 'Dydd y Farn' gan John Lewis arall yng ngholofn farddol *Y Faner*, ar 26 Ionawr, adroddodd Aneirin ap Talfan fel y safai'r tri dan gronglwyd gwydr crwm yn llys rhif un yr Old Bailey mewn doc 'rhywbeth yn debyg yn ei lymder coediog i bulpud Cymreig eang', y tu ôl i dri phanel gwydr. Y bore hwnnw, cyn cychwyn am y llys, ar ddarn o bapur gwesty'r Norfolk ar y Strand lle'r arhosai, ysgrifennodd Lewis 'a little note . . . in English so that Mami can read it to you' at ei ferch Mair. 'We are all three ready and quite happy, and I trust that you will help to make Mami happy too for the little time that I am away'.[4]

Parhaodd y gwrandawiad o ychydig cyn hanner awr wedi tri hyd fymryn ar ôl ugain munud wedi pedwar. Gwrthododd Lewis gydnabod hawl llys yn Lloegr i'w farnu, a'r tro hwn cadwodd at ei fwriad na fyddai'n 'siarad gair o Saesneg yma'.[5] Buasai'r amddiffyniad yn gyfrinach, ond siomwyd y rhai a ddisgwyliai anerchiad a drôi'r fantol eto: ni ddywedodd fawr ddim yn Gymraeg chwaith. Ni roddodd (mwy na'r ddau arall) dystiolaeth na chyfarch y rheithwyr na galw tystion na'u croesholi na chynnig datganiad rhwng cyhoeddi'r ddedfryd a'r gosb. Ni adawodd aelodau'r rheithgor eu meinciau cyn cael y tri yn euog. Soniodd y barnwr am y llosgi fel 'an unlawful, wicked, violent thing',[6] a'u dedfrydu i naw mis o garchar yr un yn yr ail ddosbarth. Yr oedd yn gosb ysgafnach na'r ofnau gwaethaf. Golygai na fyddent yn wynebu llafur caled, y byddai ganddynt fatras i gysgu arni o'r cychwyn ac y caent bleidleisio a dal pasport adeg eu rhyddhau yn hytrach na gorfod aros am ddwy flynedd. Hebryngwyd Lewis a Valentine i lawr y grisiau i'r celloedd gan y tri cheidwad a fuasai'n sefyll o boptu iddynt a'r tu ôl iddynt yn y doc gydol y gwrandawiad. Troes Valentine i godi ei law ar ei ddwy chwaer yn yr oriel, ond syllai Lewis yn syth yn ei flaen. Mewn golygfa a ddaeth yn rhan o chwedloniaeth y Blaid, arhosodd D. J. Williams ennyd yn hwy i glywed ei ddedfryd yn Gymraeg, ac ymddiheuriad gan y barnwr am ei anghofrwydd yn y fargen. Am nad oedd tystiolaeth y medrai Saesneg, caniatawyd iddo'r hawl a nacawyd i'r ddau arall.

Ni bu apêl. Yr wythnos wedyn, gosodwyd llifoleuadau ar safle Penyberth rhag ofn ymosodiadau pellach, ond ni ddaethant.

Erbyn i'r tri adael y llys ddwy awr yn ddiweddarach, tra anerchai J. E. Daniel rali gyhoeddus drostynt yn Hyde Park, yr oedd wedi nosi. Fe'u cyrchwyd o'u celloedd a'u harwain, heb efynnau am y tro, i fodur du â barrau ar ei ffenestri yng nghefn y llys. Ni ddywedwyd wrthynt i ble'r aent. Bu sïon am Brixton, ond yr oedd y dyfaliadau cynharach yn gywir. Gwelsant 'amlinelliad egwan y muriau llwydion a'r adeilad castellog'[7] yn Wormwood Scrubs rhwng saith ac wyth o'r gloch.

Dilynasant y drefn arferol: eu pwyso, eu harchwilio am faco, cymryd hynny o eiddo a feddent oddi arnynt a bath oer cyn mynd at y meddyg. Rhoddwyd dillad isaf o wlanen las drwchus iddynt, crysau cotwm gwyn ac arnynt streipiau gwyrdd, tei llwyd o'r un defnydd a gwasgod, siaced a thrywsus o wlanen lwyd. Gwisgwyd hosanau brown tywyll ac esgidiau trwm am eu traed. Eu swper y noson honno – wedi iddynt bwyta mewn bwyty Ffrengig yn Soho o ddewis Lewis y noson gynt – oedd coco a bara margarîn. Cyn diffodd y goleuadau am naw, pob un yn ei gell ei hun, bedair llathen wrth dair gyda'i chadair, ei bwrdd, ci gwely, jwg ddŵr a dwy silff lyfrau, rhoddwyd cas gobennydd, llieiniau gwely, tywel, brws gwallt, brws dannedd a phowdr dannedd mewn tun crwn iddynt. Gofynasant am Feiblau Cymraeg a'u cael. Cartref Lewis am y mis i ddod fyddai Neuadd C, adeilad hirsgwar ganolog gyda thri chant o gelloedd ar bedwar llawr o'i chwmpas, rhwng gweithdy'r crydd, y saer, y popty a'r baddonau yn y naill ben, a'r gweithdy gwneud ysgubau, y stordy dillad, y capel Catholig a'r synagog yn y pen arall. Nythai adar yn y nenfwd, ac yr oedd llawr y man ymgynnull a dillad y carcharorion yn frith o smotiau baw.

Drannoeth, ysgrifennodd ei lythyr pythefnosol cyntaf at Margaret, Mair a'i Fodryb Ellen. Yr oedd ei dôn yn galonnog. 'The life promises to be a bit spartan,' addefodd am drefn a ofynnai ddeffro am chwech, gwneud awr o ymarfer corff a phwytho bagiau post, ond fe'i cyffelybodd i fywyd mynach neu daeog yn yr Oesoedd Canol: 'There is no lack of food, there is company of every sort, and the life is most curious – not at all unlike the life of a private in the army in 1914-15.'[8]

Gartref yn Abertawe gyda Mair ddeg oed, gwelai Margaret hithau'r tebygrwydd. 'Quite like wartime, isn't it?' ysgrifennodd at Elisbeth Williams, gwraig G.J. o fewn dyddiau i'r carchariad:

> . . . I have met with such kindness in these last days that a lot of the sting has been taken out of this pain & I feel it is all worth while [*sic*]. I used to ask S, rather bitterly, were the Welsh people worth it. I can answer it myself now. And it used to hurt him too.
> . . . M is well. She cries a little in her sleep, but at any sign of fretting I say – 'Well, crying won't help them. We must pray hard instead.' And so we keep at it in sets of three & ask the help of all the old saints for them & by the time we finish all fret has gone & we are light again.[9]

Bwriwyd cysgod ansicrwydd dros fywyd Margaret, ond yr oedd y rhwyg i Mair, os rhywbeth, yn ddyfnach. Cawsai fagwraeth bur ryddfrydig, yn eistedd ar lin ei thad tra cyfansoddai ei lithiau i'r *Ddraig Goch* ac yn rhan o'r cwmni pan alwai oedolion heibio i'r cartref. Dywed iddi yfed ei gwydraid llawn cyntaf o win yn chwech neu'n saith oed a dysgu chwarae *bridge* a chwist tua'r un pryd. Fin nos, safai gyda Lewis ar falconi'r tŷ i ddysgu enwau'r sêr neu eisteddai o flaen y tân i wrando ar storïau o'r Mabinogi: 'Byddai'n anodd mynd i'r gwely ac i gysgu gan feddwl am Rhiannon yn mynd trwy'r niwl trwchus llwynogaidd.'[10]

Gymaint yn anos oedd dygmod â chael ei galw yn 'daughter of a jailbird' ar strydoedd Newton. Treuliodd y ddwy y misoedd i ddod gyda theulu Margaret yng Nghaergybi.

Ymddangosai, er hynny, i'r weddi gael effaith. Ysgrifennodd Lewis at Margaret ar 2 Chwefror i lawenhau bod 'the saints have been doing wonders for me and I am exceptionally blest'.[11] Wythnos ar ôl cyrraedd ymddangosodd o flaen bwrdd derbyn a chael gwaith fel glanhawr yn y capel Catholig lle bu'n gyfrifol hefyd am drefnu dillad y caplan Catholig, y Tad McMenemy, a chynorthwyo mewn gwasanaethau. Er gwaethaf ei gymhwyster yn yr iaith, ymaelododd â dosbarth Ffrangeg hefyd, lle câi gwrdd â Valentine a D. J. mewn awyrgylch lled anffurfiol.

Yn y cyfamser, dechreuodd yr ymgyrch seithug i'w rhyddhau. Mynnodd Timothy Rees, Esgob Llandaf, yn y *Times* ar 3 Chwefror, nad oedd y tri 'neither criminals nor political propagandists' ond rhai a gymhellwyd gan 'passionate patriotism', a bod y cyfan a ddigwyddodd yn debyg i blot troellog *Alis yng Ngwlad Hud*: 'The whole affair as we examine it becomes "curiouser and curiouser". The canons of law and logic produce a March Hare to run for nine months . . . We recognise that to release them would be again an illogical act. But life is larger than logic.' Mewn brawddeg glo a ddwg i gof wanobaith Williams Parry fis cyn hynny y gallai'r 'crancod' o Saeson gael y tri'n ddieuog, apeliodd at y Sais, 'his sense of fair play, and his contempt of logic'.

Erbyn iddo gael ysgrifennu at Margaret eto yn niwedd y mis, amddifadwyd Lewis o ddau beth. Ymylai'r cyntaf ar y chwerthinllyd. Ar 17 Chwefror, fe'i hysbyswyd bod Cyngor y Fyddin am wahardd ei reng fel lefftenant oherwydd ei weithred.[12] Yr oedd y llythyr yn anghywir yn ei fanylion: soniodd am iddo gael ei ddedfrydu ar 12 Ionawr i naw mis o lafur caled, ond ysgogodd ymateb. Gwrthododd Lewis ymddiheuro, gan ddal ar y cyfle i dynnu sylw'r Cyngor at ei anerchiad yng Nghaernarfon fel ei 'vindication':

> The action for which I was sentenced was undertaken simply and only for the defence of the natural and essential rights of my nation, Wales.
>
> It entailed for me nothing but the most serious sacrifice, yet I judged it to be my duty, at whatever cost, as leader of the Nationalist Movement of Wales, so to act.[13]

Cyflwynwyd memorandwm i'r brenin George ar 16 Mawrth yn argymell 'that your Majesty may be pleased to direct that Lieutenant Lewis, having been convicted by the Civil Power, be deprived of the rank of Lieutenant'. Fe'i cymeradwywyd yn llaw'r brenin ei hun.[14]

Yr oedd yr ail ergyd, ar 15 Chwefror, yn drymach. Cyfarfu Cyngor Coleg Abertawe a dod â'i gytundeb i ben o ddyddiad ei garcharu. Y bleidlais oedd 12 o blaid ac 11 yn erbyn. Mewn adroddiad dienw o'r Coleg – yn Saesneg fel na ellid adnabod y ffynhonnell wrth deithi ei Gymraeg – derbyniodd G. J. Williams hanes y digwyddiadau gan un a fu'n dyst. Cefnogwyd y penderfyniad i ddiswyddo Lewis, meddid, gan yr aelod seneddol lleol, Lewis Jones, a ddywedodd 'that if the motion was defeated he would be surprised if certain contributions to the College fund which his steel confederation gave would be continued'. Galwyd cyfarfod o'r pwyllgor penodiadau ar 27 Chwefror i ddewis olynydd, ond ni chafwyd cworwm. Erbyn 6 Mawrth llwyddwyd i ddod â phwyllgor *ad hoc* at ei gilydd a gynhwysai bennaeth Lewis, Henry Lewis, yr Athro Mary Williams o'r Adran Ffrangeg a'r Prifathro Edwards. O'r ddau ymgeisydd ifanc, na wyddent fod eu henwau gerbron, gwrthodwyd Stephen J. Williams yn ffafr Melville Richards, ieithegydd a weithiai ar ei MA dan gyfarwyddyd yr Athro Henry Lewis. 'Henry Lewis said that Melville Richards was a better man than Stephen Williams and Saunders Lewis for that matter too.' Yr oedd cyfarfod y Senedd bedwar diwrnod wedi hynny yn 'stormy', ond cadarnhawyd y penodiad ar 15 Mawrth.[15] Fe'i gwysiwyd a'i benodi yn y fan a'r lle a daeth y newydd yn hysbys yn *Y Cymro* bum niwrnod wedi hynny.

I ddwylo G. J. Williams hefyd – a fwriadai olygu'r anerchiadau'n gyfrol – y daeth y papurau yn ymwneud â'r cyfarfod protest a gynhaliwyd yn y Neuadd Ganol, Abertawe, ar 22 Mai. Denodd drawsdoriad diddorol o undebwyr llafur, a gwynai am lenwi'r swydd yn y fath fodd annemocrataidd, a chenedlaetholwyr a edmygai'r safiad a oedd wedi arwain at yr amgylchiadau anffodus. Daethant ynghyd mewn ymateb i boster uniaith Saesneg ond am y gair 'anghyfiawnder' mewn llythrennau breision a ofynnai iddynt 'demonstrate your DISAPPROVAL of FASCIST METHODS and DEMAND JUSTICE'. Yn ôl un a fu yno, 'Dywedwyd pethau plaen a hallt, ac yr oedd yn

amlwg fod dilysrwydd a gonestrwydd Henry Lewis ac eraill o'r staff yn
y fantol.'[16] Siaradodd pedwar ar ddeg o gefnogwyr, ac yn eu plith Siân,
gwraig D. J. Williams. Taranodd y cadeirydd, y cynghorydd Llafur o
Gastell-nedd, J. Walter Jones, yn erbyn 'cold menace and determination'
y Cyngor: 'They are a mixture of ignoramuses and traitors, a
contemptible lot of ruffians.' Darllenwyd teligram gan Compton
Mackenzie, y cenedlatholwr Albanaidd yr oedd Lewis wedi edmygu ei
Sinister Street yn ystod ei ddyddiau cynnar yn y fyddin, yn condemnio
'abominable justice which blackens a black period of English political
jobbery even more deeply if that be possible' ac yn canmol 'glorious
example' Lewis: '. . . with God's help Wales will not let him down'. Yr
oedd tôn cyn-fyfyrwyr i Lewis, D. Myrddin Lloyd a Gwilym Evans, yn
fwy cymedrol. Canmolodd y cyntaf 'organic presentation of Welsh
literature' a safonau unplygrwydd 'ruthless' ei gyn-ddarlithydd, er addef
y gallai fod 'somewhat subjective'; honnodd yr ail, yn annisgwyl braidd,
'intellectually, he mothered us', gan gyfeirio at 'his modesty, his delicate
reserve, and his quiet but acute sense of humour. Perhaps there was
something quaint about him, but this quaintness was not assumed'.
Dafydd Jenkins, awdur y llyfr safonol ar Benyberth, *Tân yn Llŷn*, a
gyhoeddwyd y flwyddyn honno, oedd â'r llygaid cliriaf a'r neges fwyaf
digalon. Yn yr un modd ag na ellid cwyno am symud yr ail brawf i
Lundain ar dir cyfreithiol, felly hefyd nid oedd dadl ddichonadwy yn
erbyn y diswyddiad – 'I say nothing of its justice' – na llenwi'r swydd.
Yr unig ateb fyddai diddymu siartr y Coleg neu ddwyn achos personol:

> . . . and even supposing that those irregularities amounted to illegalities
> which would entitle Mr Lewis to bring an action for wrongful
> dismissal against the college authorities, how could one who is now a
> poor man afford a fight against a corporation, which even thought to be
> poor among corporations, is still rich compared to an individual?

Cyffyrddwyd R. Williams Parry'n neilltuol gan ymddygiad Henry
Lewis. 'A ydyw'r dyn yn *llwyr* o'i go? Dyma ddyn na ollyngwn
ddeigryn, na chysgod ochenaid ar ei ôl pe clywwn [*sic*] am ei farw.'[17] Ei
gasgliad erbyn Mehefin oedd mai'r unig ateb oedd 'saethu Harry
Lewis'.[18]

Byddai Melville Richards yn byw gyda gwaddol ei gydsyniad i lenwi lle Lewis hyd ei hunanladdiad ddeugain mlynedd wedi hynny, yn athro cadeiriol ym Mangor, pan ysgrifennodd ei weddw at Lewis 'Yn gywir ac mewn gobaith', gan grefu arno 'i ddodi busnes Abertawe yn iawn':

> Ni c[h]afodd Mel eich swydd, ond y mae wedi cael ei gosbi a'i deulu yr holl amser hyn o achos y camsyniad hyn. Dim ond y chi sy'n gallu ddodi [*sic*] y peth yn iawn.[19]

Er nad oes sicrwydd iddo gael ei anfon, cadwyd drafft o ateb gofalus, gonest ond digysur Lewis, lle'r ofnai na fedrai 'helpu o gwbl':

> Ni chlywais pwy a gafodd fy swydd, ond gan mai llenyddiaeth Gymraeg oedd fy maes i ac mai ysgolhaig arbennig ddisglair ar ochr ieitheg oedd Melville Richards, ni thybiaf mai fy swydd i na'm gwaith i a roed iddo. Ond tybio hynny yr wyf, ac nid oes gennyf ddim gwybodaeth.[20]

'Mi ymddiswyddwn fory nesaf petai Saunders yn cael fy lle', taerodd Williams Parry. 'Ond *what hopes!*' Mynegodd ei anniddigrwydd gyda'r unig arf di-siom a feddai. Lluniodd y soned chwerw-ddeifiol 'J. S. L.', yn cyferbynnu difrawder y byd academaidd sych-fel-tost yn wyneb aberth. Fe'i cyfansoddodd ym mis Mai, a'i dangos i'w gefnder T. H. Parry-Williams, a oedd 'yn *tickled to death*' ganddi. Barnai hwnnw, fodd bynnag, y gallai awdurdodau Bangor ei defnyddio os oedd arnynt 'isio esgus i dy sacio'. Yr oedd cefnder arall, Thomas Parry, darlithydd ar staff Adran y Gymraeg Bangor, yn llai gochelgar; ei ymateb oedd 'pwpwio'r syniad' y gwnâi'r coleg ddim. Gyrrodd Williams Parry hi at W. J. Gruffydd i'w chynnwys yn *Y Llenor*, ar 7 Mehefin. Pan glywodd ei wraig, 'yr oedd o'i cho' . . . Y diwedd fu imi ofyn i Gruffydd beidio â'i chyhoeddi!'[21]

Fe'i cyhoeddwyd, er hynny, dan y teitl 'Y Dieithryn' ar dudalen agoriadol *Y Llenor*, rhifyn hydref 1937, gan ddisodli 'Nodiadau'r Golygydd' Gruffydd ei hun. A'r tri yng ngharchar, daliai Gruffydd er 1 Ionawr swydd dirprwy is-lywydd y Blaid dan ddirprwy lywyddiaeth J. E. Daniel, a cham pellach oedd y soned mewn ymgyrch bersonol

ganddo a fygythiai wyntyllu'r fflamau'n goelcerth. Yn rhinwedd
golygyddiaeth *Y Llenor*, yr oedd gan Gruffydd fwy o ddylanwad ac o
afael ar farn Cymry Gymraeg ddarllengar canol y tridegau nag a feddai
Lewis ei hun, a'r argoel bendant oedd y dymunai ddefnyddio'r dylanwad
hwnnw i ddibenion nad oedd gan Lewis unrhyw reolaeth drostynt.
Rhwng y ddau brawf, bytheiriodd Gruffydd yn erbyn yr anghyfiawnder
a ddangoswyd i'r 'Tri Llanc' trwy symud yr achos i'r Old Bailey a'r
diswyddiad amodol yn ei sgil.[22] Yn y *Manchester Guardian* ar 27
Ionawr galwodd y ddedfryd yn 'supreme folly . . . which makes political
life impossible'. Gellid yn gyfiawn bellach ystyried 'all Englishmen in
Wales as enemies'. Arweiniodd gyrch deublyg trwy'r gwanwyn, gan alw
am foicotio'r ymweliad brenhinol â Chymru a'r Eisteddfod
Genedlaethol ym Machynlleth, lle'r oedd aelodau o'r llywodraeth
wedi'u dewis yn llywyddion y dydd. Ym Mawrth, mewn anerchiad i
gynhadledd Sir Gaernarfon o'r Blaid Genedlaethol, daliai y byddai Dewi
Sant ei hun wedi llosgi'r Ysgol Fomio, 'ac y mae'n bosibl mai nid â
phetrol ond â thân o'r nef y gwnelsai hynny'.[23] Yn y cyfamser, galwai
Griffith John Williams mewn llythyr agored am adfer Lewis i'w swydd
ym Mhrifysgol Cymru, gan ddadlau mai 'methiant hollol' oedd hi fel
sefydliad cenedlaethol oni allai wneud hynny 'a gorau po gyntaf y caiff
ei ddileu'.[24]

Yn ei gell, heb bapur newydd Cymraeg, a Margaret yn unig ohebydd,
derbyniodd Lewis y newyddion ail-law a'r sibrydion gyda'r stoiciaeth
dawel a nodweddai ei holl lythyrau ati trwy 1937. Sicrhaodd Margaret ar
2 Mawrth y câi waith arall 'and earn enough to keep our heads up' a bod
ei iechyd yn 'satisfactory'.[25] Parhâi mewn iechyd da, os gellir rhoi coel
ar ei lythyr nesaf, ar 15 Mawrth hefyd, ac edrychai ymlaen at gael ei
symud gyda'r ddau arall o Neuadd C i Neuadd D, lle'r oedd y bwyd, yn
ôl y sôn, yn llawer gwell a'r rhyddid a'r hamdden yn fwy. 'So you see,'
ysgrifennodd yn ei nodyn at Mair ar waelod y llythyr, 'we are going to
have a very happy time over the Easter holiday.'[26]

Bu Mawrth yn fis mor ddifyr ag y gellid disgwyl iddo fod i Lewis a'i
gymdeithion. Agorodd gyda chaniatâd gan y llywodraethwr i'r tri
wrando ar ddarlledu *Buchedd Garmon* o Gaerdydd ar noson yr ail, ac
fe'i dilynwyd gan yr hawl i sgwrsio yn Gymraeg ag ymwelwyr ac â'i

gilydd ac i ohebu yn Gymraeg, er na fanteisiodd Lewis ar hyn. Mynychai ddarlithoedd darluniadol, cynorthwyai gyda'r offeren dair gwaith yr wythnos a ddwywaith ar y Sul a darllenodd eto *Y Brodyr Karamazov* Dostoieffsci: 'prison makes the final parts more vivid and real than before'.[27] Daeth y bath wythnosol ar fore dydd Iau yn beth amheuthun. Gwelodd Mawrth hefyd gyhoeddi *Buchedd Garmon*, ynghyd â'r ddrama-gerdd 'Mair Fadlen', yn gyfrol. Fe'i llywiwyd trwy'r wasg ar ei ran gan Stephen J. Williams, wedi'i chyflwyno, heb air wrth ei wraig, 'I M. L.'.

Ym Mawrth hefyd, unwaith yn rhagor, gwnaeth gynnig gwangalon ar ymddiswyddo o'r llywyddiaeth, gan ofyn i Margaret gopïo darn o lythyr at sylw'r Pwyllgor Gwaith a gyfarfu dros wythnos y Pasg. Rhoddodd y rhesymau arferol: diffyg amser a'r draul. Ond y tro hwn, ychwanegodd drydydd rheswm: 'I have held the Presidency for eleven years and it has led me with unswerving logic and as its necessary consequence to this prison. It is a proper terminus.'[28] Gwrthodwyd y cais ar sail y cyfansoddiad: yr oedd Lewis wedi ymrwymo i wasanaethu am bedair blynedd ym Mhasg 1935, ac ni bu trafodaeth, heblaw pleidleisio'n unfrydol dros ganiatáu £50 y flwyddyn i'w ddigolledu.

Mae'n rhaid mai yn y cyfnod hwn o ddygymod digwyno â'r drefn yr ymwelodd yr ynad heddwch o ardal Blaenau Ffestiniog, Rolly Williams, â'r Scrubs fel aelod o ddirprwyaeth gan y Swyddfa Gartref. Barnodd fod y 1,050 o breswylwyr – mewn sefydliad a godwyd i ddal 1,400 – yn cael pob cyfle rhesymol i ymarfer a chymdeithasu, ynghyd â chinio maethlon, 28 owns y dydd o gig, tatws, bresych a ffa a pheint o goco neu uwd fin nos. Gwelodd D.J. yn y llyfrgell a Valentine yn tŷ golchi, 'yn plygu dilladau ac yn eu gosod yn drefnus ar yr astell', a chafodd gwrdd â Lewis hefyd yn yr ystafell hir a redai wrth ystlys y capel Catholig, 'mewn cadair freichiau o flaen y tân. Cododd ar unwaith a chyfarchodd ni yn foneddigaidd a moesgar. Gwenais arno, syllai arnaf yn bur graff.' Barnai fod y tri'n edrych 'yn reit iach a siriol, ac wrth gwrs yn edrych ymlaen am gael mynd adref'.[29]

Yr oedd yr ymwelydd o Gymro dan gamargraff. Os oedd Lewis yn ŵr tlawd, fel y sylwasai Dafydd Jenkins yng nghyfarfod protest Abertawe – ac erbyn mis Chwefror derbyniai Margaret £20 y mis o goffrau'r Blaid

i'w chynnal – yr oedd hefyd yn ŵr sâl. Torrodd ei iechyd ddydd Sul y
Pasg, 28 Mawrth, ar derfyn gwasanaethau'r ŵyl, ac fe'i symudwyd i
ysbyty'r carchar. Yr oedd wedi cuddio'i wendid cyn hynny, meddai
wedyn, er mwyn cael cadw'r swydd. Bu sôn am lawdriniaeth ar glwy'r
marchogion a gwaedu. Er i Stanley Jones, a ymwelodd â'r tri ar 2 Ebrill,
adrodd 'eu bod yn edrych yn dda ac yn ymddangos mor llawen fyth ag y
gellid disgwyl i neb fod yn y lle hwnnw',[30] yr oeddynt wedi colli pwysau
– saith yn achos Lewis. 'He had the "Times" and a French book by
him',[31] adroddodd J. E. Jones wrth Margaret am Lewis yn ei wely, mewn
ymgais, yn ddiau, i'w sicrhau bod ei gŵr yn dal ar dir y byw yn
ddeallusol. Y llyfr Ffrangeg oedd *L'Europe Tragique* Gonzague de
Reynold: trafodaeth ar ddyletswydd Catholigion i fod yn foddion 'trefn a
thangnefedd yn eu gwledydd eu hunain' yn wyneb rhyfel.[32] Câi Lewis
gyfle helaethach i ddarllen, o leiaf. Daeth llif cyson o lyfrau a
chylchgronau Cymraeg trwy law J. E. Jones tra gorffwysai'r llywydd,
dan orchymyn gan y meddyg i yfed dau beint o laeth y dydd.
Cyrhaeddodd geiriadur Spurrell a nofel D. William Morgan, *Eleri*.
Galwai D. J. Williams, a gawsai waith yn y llyfrgell, unwaith yr wythnos
gyda chyflenwad pellach: cofiant i Parnell a bywyd Siarl II gan yr
hanesydd poblogaidd ac arch-freningarol hwnnw, Arthur Bryant.
Penllanw'r arhosiad, er hynny, oedd ymweliad gan Esgob Mynyw,
Michael Joseph McGrath, ar 8 Ebrill, yn ei lawn rwysg. 'He . . . was
altogether delightful', adroddodd Lewis wrth Margaret yn ei lythyr bum
niwrnod wedi hynny; 'approved definitely of the Porth Neigwl action and
had let his clergy know so'.[33] Erbyn canol Ebrill gallai llywodraethwr y
carchar hysbysu Margaret fod ei gŵr 'definitely better . . . and that he is
pressing the doctor to let him get back to work again'.[34]

Daeth o'r ysbyty o'r diwedd ar 5 Mai, gyda gorchymyn i yfed
paraffin er lles ei ymysgaroedd. Osgowyd y llawdriniaeth a ofnid, a
medrai Valentine adrodd amdano erbyn canol Mehefin ei fod 'yn wych
bellach – yn rhyfedd ei egni fel arfer', a bod y tri erbyn hynny 'wedi
ennill pob gradd y gallo carcharor ei hennill . . . cyd-gerdded, cyd-lefaru,
a chyfnewid llawer cyfrinach, a thrafod y Blaid a'i dyfodol'.[35] Caent
bellach gymdeithasu bob nos rhwng chwech a saith o'r gloch, a hyd
chwarter i wyth ar nos Sadwrn a nos Sul. Difyrrwyd wythnos gyntaf

Mehefin yn darllen *Cerddi Digrif Newydd* Idwal Jones,[36] a daeth galw
am ragor o lyfrau erbyn diwedd y mis: 'Daniel Owen, Llywelyn
Williams, Tegla, Storïau J. J. Williams neu Berry, neu o blith y beirdd un
o gyfrolau Gwynn Jones neu Williams Parry neu Crwys'.[37] Ar ben
hynny, penodwyd Lewis yn 'arweinydd', sef negesydd a thywysydd
carcharorion eraill. Yn gyfnewid am y dyletswyddau hyn, câi dderbyn
llythyr yr wythnos, darllen papurau dyddiol a pharhau i ddarllen hyd
ddeg o'r gloch y nos. Pan ymwelodd y meddyg Gwent Jones ag ef yng
nghwmni Margaret yn niwedd Mehefin, fe'i cafodd 'yn well o lawer na
ddisgwyliais [*sic*] . . . yn ei wyneb mae'n edrych yn rhyfedd o dda – ei
liw etc. Gallwn feddwl hefyd ei fod yn drymach . . . Nid yw'n edrych yn
hapus o bell ffordd – roedd yn amlwg yn ceisio gwneud "brave show" er
mwyn Mrs Lewis.'[38]

Yn y cyfamser, yr oedd y sïon am ddyfodol Mr Lewis yn dew. A
gâi ei ryddhau cyn pryd oherwydd y coroni? A ddiddymwyd cadair
T. Gwynn Jones mewn llenyddiaeth Gymraeg yn Aberystwyth yn
unswydd fel na châi gynnig amdani? Lledaenwyd achlust yn y *Western
Mail* ar 23 Mehefin fod Lewis wedi derbyn cadair mewn Saesneg yng
Nghanada. Effaith carcharu Lewis fu ei osod dan wydr panopticon a
chwyddai ac a grebachai ei ddelwedd yr un pryd. Byddai naw mis o
garchar yn amlygu'r gwahaniaeth rhwng bod yn gatalydd a bod yn
ddylanwad. Nid oedd y Blaid wedi ennill tir i'r graddau a ddisgwylid,
efallai, ond yr oedd wedi llwyddo i oroesi, a ffynnu, hebddo. Am Lewis
ei hun, er bod ei ymroddiad a'i barodrwydd i aberthu yn waddol moesol
diymwad iddo, ac o werth diamheuol fel propaganda i'w blaid, yr oedd
yr ymdrechion ar ei ran, ynddynt eu hunain, wedi ei amddifadu o'r
rheolaeth a feddai yn 1936. Gwrthwynebodd y cyfarfod cefnogaeth yn
Abertawe,[39] ac ymgais seithug G. J. Williams i wyntyllu'r mater yn Llys
y Brifysgol ym mis Gorffennaf.[40] Gwnaed y penderfyniad i wrthod pob
cais i'w ryddhau'n gynnar ar sail ei iechyd tra oedd yn orweddiog yn
ysbyty'r carchar heb ymgynghori â Margaret.[41] Aeth y Blaid yn groes
i'w gyngor ar foicotio'r coroni a mynegi cydymdeimlad yn ei
chynhadledd flynyddol yn y Bala â'r Basgiaid dan Franco. Daeth yr unig
anniddigrwydd cyhoeddus o du Margaret. Yn sgil gwahoddiad gan
Gymdeithas Ymreolaeth yr Alban iddo deithio i Gaeredin, wedi ei

ryddhau, i annerch, gwelwyd ganddi fflach o'r ymgeledd pryderus a oedd wedi nodweddu ei pherthynas â'i gŵr o ddyddiau Lerpwl: 'Saunders is an invalid and I take no notice of frivolous engagements and I consider this to be one of them. There are many just anxious for the thrill and they don't care a toss for their country or the three who have been locked up these months, and for these I have no time.'[42]

Teithiodd J. E. Jones, J. E. Daniel, G. J. Williams a Robert Williams Parry i Wormwood Scrubs i groesawu'r tri o garchar ddydd Gwener 27 Awst. Fe'u rhyddhawyd toc wedi wyth o'r gloch y noson honno, trwy drefniant arbennig rhwng J. E. Jones a'r llywodraethwr, ddiwrnod cyn y dyddiad penodedig, 'before they could be molested by press agents'.[43] Fe'u cludwyd mewn cerbyd o'r tu mewn i furiau'r carchar i orsaf Victoria, lle daliasant dacsi i westy. Cofia J. E. Jones fel yr arhosodd y saith ar eu traed hyd ddau o'r gloch y bore yn sgwrsio, ond fel y codasant erbyn amser brecwast a threulio awr yn prynu llyfrau yn Tottenham Court Road. Mewn swyddfa bost yn Oxford Street y prynhawn hwnnw gyrrwyd teligram i Gymdeithas y Wasg i'w hysbysu eu bod yn rhydd. Ar ôl noson arall yn Llundain – pan ddarganfu'r staff pwy oedd y gwesteion – cychwynnodd D.J. a Lewis am Forgannwg gyda J. E. Daniel.[44] Ar ei ddiwrnod cyntaf gartref, ar 30 Awst, lluniodd Lewis neges i'w gyd-Bleidwyr: geiriau graslon yn ystyr fanylaf y gair gan un a'i teimlai ei hun uwchlaw'r frwydr. 'Nid oes un chwerwedd yn bosibl bellach. I'n gelynion dymunwn hir oed, iechyd a gwell ymennydd, ac i'n cyfeillion dymunwn gynnydd mewn nerth a phenderfyniad a hir-barhad.'[45] 'Y mae fy iechyd yn iawn', datganodd wythnos yn ddiweddarach, 'a'm calon fel afal gron [*sic*]'.[46]

Bu trefniadau er dechrau mis Mehefin y byddai croeso i'r tri yn y Pafiliwn, Caernarfon, yn sgil eu rhyddhau, ac fe gynhaliwyd y 'Pentecost o gwrdd'[47] am chwech o'r gloch ar 11 Medi, gyda 12,000 yn bresennol a 7,000 yn aros y tu allan. Buasai rhai yno er dau o'r gloch. Eisteddai rhai o'r gwylwyr mwyaf anturus yn y trawstiau. Barnodd y *News Chronicle* ar y 13eg mai hwn oedd y cynulliad mwyaf o bobl dan do erioed yn hanes Cymru, ac yn *Y Faner* y diwrnod wedyn daliodd Llew Owain fod 'yr olygfa yn rhy fawr i'w disgrifio – y teimlad yn rhy angerddol ddwfn i eiriau ei ddangos allan'. Treuliodd y tri yr hanner awr gyntaf yn llofnodi rhaglenni ac ysgwyd dwylo â'r dorf, cyn cael eu cyflwyno gan y cadeirydd, J. E. Daniel, fel 'tri Chymro sydd wedi dioddef'. Gwgodd colofn olygyddol y *Western Mail* yr un diwrnod ar yr eilunaddoliaeth y tybiai ei gweld, gyda Lewis a'i gymdeithion, 'literally lathered with saponaceous compliments'; ond nid oedd amheuaeth am ei didwylledd. 'Bûm yn dyfalu weithiau tebyg i beth oedd rhai o oedfaon y diwygiadau crefyddol yng Nghymru,' ysgrifennodd un o'r rhai a swynwyd gan yr achlysur. 'Nid oes angen dyfalu mwyach.' Rhyfeddai yn hytrach 'eu gweld yn fyw, yn cerdded, yn edrych yn annisgwyliadwy o debyg iddynt eu hunain'.[48]

Lewis, a siaradodd olaf, oedd canolbwynt y sylw. Cymerodd ganlyniadau'r weithred yn destun. Nododd dri: bu'r ymateb i'r weithred 'yn dyst amlwg i'r byd o ormes y Llywodraeth yng Nghymru'; goleuodd yr anghyfiawnder yn y gyfundrefn gyfreithiol; ond yn fwy na dim – fel y weithred o wagio'r blychau te i'r harbwr yn Boston, a arweiniodd at annibyniaeth yr Unol Daleithiau – dynodai hefyd 'atgyfodiad cenedl':

> Am ddeng mlynedd bûm yn dweud wrth fy ffrindiau a'm dilynwyr yn y Blaid Genedlaethol fod y gwaith o achub a rhyddhau cenedl yn wahanol o ran ei natur i bob gwaith gwleidyddol arall. Ni ellwch achub cenedl trwy siarad a huodledd yn unig. Ni ellwch achub cenedl a'r un pryd wneud gyrfa boliticaidd lwyddiannus. Ni ellwch achub cenedl heb dorri cyfreithiau anghyfiawn y gormeswr. Ni ellwch achub cenedl oni byddo gennych arweinwyr fydd yn barod i dderbyn ac i wynebu dirmyg, poen, afiechyd, tlodi a charchar.[49]

Yn ymhlyg yn y tri chanlyniad, caed pedwerydd: y paradocs bod llwyddiant y genadwri genedlaethol ynghlwm wrth fethiant bydol ei hyrwyddwyr, a thrwy estyniad fod tlodi a dioddefaint Lewis ei hun yn warant ei fod wedi cyrraedd ei nod. Ar drothwy'r cyfarfod cytunodd i barhau yn y llywyddiaeth 'am ysbaid o leiaf'.[50]

Dridiau cyn cyfarfod Caernarfon, ar 8 Medi, union flwyddyn i ddiwrnod y llosgi, cafodd D. J. Williams ei swydd yn ôl yn Ysgol y Sir, Abergwaun. Cychwynnodd gyda'r tymor newydd ar y 14eg. Yr oedd Valentine bellach yn ôl yng ngofal ei eglwys yn Llandudno, lle y cadwyd ei le iddo. Wynebai Lewis wagle. Ei obaith 'taer', ysgrifennodd yn ei sgil, oedd 'yr erys effaith y cyfarfod yng Nghaernarfon yn hir, ac y bydd y Blaid yn mynd rhagddi ar unwaith i ddwyn yr ysgub i mewn',[51] ond anodd oedd aros. 'A ydyw'r byd yn ddieithr i chwi?' gofynnodd i D. J. Williams tua diwedd y mis. 'Ni allaf gredu eto nad yw popeth fel y bu gynt ac na ddechreuaf ddarlithio ym mis Hydref'. Teimlai '[b]eth euogrwydd', meddai, wrth edrych ar Margaret ac Ellen 'a meddwl gymaint y boen a roddais iddynt'. Arhosai degau o lythyrau i'w hateb hefyd, 'megis penyd wasanaeth gwaeth na gwnïo bagiau coch y post'.[52]

Peth arall a roddai bangau cydwybod iddo oedd ei sefyllfa ariannol. Yr oedd cynhadledd y Blaid, yn ei Hysgol Haf yn y Bala y flwyddyn honno, wedi gofyn i'r Pwyllgor Gwaith sefydlu cronfa er mwyn sicrhau 'gwasanaeth amhrisiadwy Mr Saunders Lewis', a'i gadw, chwedl cylchlythyr at yr aelodau, 'yn ddyn cwbl rydd ac annibynnol'.[53] I bob pwrpas, cynigiwyd ei wneud yn was cyflog i'r blaid yr oedd ef wedi'i sefydlu. O fewn mis, addawyd cyfanswm o £350 y flwyddyn (sef tua thri chwarter ei gyflog yn Abertawe) o wahanol ffynonellau, gan gynnwys £25 gan y tirfeddiannwr o genedlaetholwr di-Gymraeg a aethai'n feichiau drosto ym Mhwllheli flwyddyn yn gynt, Robert Wynne, Garthewin. Caed symiau llai ond sylweddol gan hen gydnabod megis Morris Williams a Kate Roberts, G. J. Williams, R. Williams Parry, W. J. Gruffydd a J. E. Daniel. Drannoeth ei lythyr at D.J., ildiodd Lewis, o'i anfodd:

> Mae arnaf ddau ofn.
> Un yw ofni mynd yn faich ar gyfeillion caredig a cholli hefyd fy annibyniaeth, – ond yn arbennig ofn mynd yn flinder ar rai na allant fod yn or-gefnog eu hunain.
> Fy ofn arall yw ofn eu brifo hwy drwy falchter [sic] ystyfnig, a bod drwy hynny yn y diwedd yn boen iddynt.
> Felly yr wyf am ofyn i chwi ganiatáu hyn i mi – caniatáu imi dderbyn y cynnig am gyfnod pendant o un flwyddyn gan gychwyn o'r dydd cyntaf o fis Rhagfyr?
> Wedyn, ymhen blwyddyn, os na egyr ffordd o'm blaen, mi drefnaf i chwilio am fywoliaeth a rhoi heibio pob gwaith cyhoeddus nes ei sicrhau.[54]

Mewn anerchiad awr a chwarter o hyd yn y Neuadd Ganol, Abertawe, nos Sadwrn 16 Hydref – heb Williams a Valentine yn gwmni iddo y tro hwn – ymhelaethodd ar ei gyflwr. Siaradodd yn Saesneg, meddai, am fod llys Caernarfon wedi profi y gallai; ei destun oedd diwylliant, a'i argyhoeddiad oedd bod 'more culture in the hideousness of Morriston than in the trimness of Sketty'.[55] A'i ragolygon ei hun yn ddiobaith, dysgai glosio at y dosbarth gweithiol yr oedd wedi ffoi rhagddo yn 'elongated bedlam' Cwm Rhondda bum mlynedd cyn hynny. Ar 20 Hydref cyd-fwytaodd ef a Margaret yng nghwmni'r di-waith yn y Clwb Cinio Difiau yn Nyfnant, gan adrodd bod 'graen anghyffredin ar y cinio, a'r gymdeithas yn hyfryd'.[56]

Cydredai'r goddefoldeb newydd hwn ag awydd arall. Ar ddiwrnod ei ben-blwydd yn 44 oed, mynegodd ei fwriad i adael Abertawe a symud i Aberystwyth 'er mwyn cael y llyfrgell i weithio ynddi'.[57] Mae'n rhaid nad oedd J.E. wedi ymateb, oherwydd dywedwyd yr un peth ar ffurf cwestiwn ymhen mis eto: 'Dywedwch eich barn wrthyf ar hyn – a fyddai'n dda neu'n ddrwg i waith cyffredinol y Blaid imi symud i Aberystwyth i fyw?'[58] Daeth ateb J.E. gyda'r troad, yn datgan 'y byddai'n ddrwg i chwi symud o gyrraedd eich gweithwyr gorau ym Morgannwg . . . Heboch chwi ym Morgannwg, ofnaf mai treio a wnâi'r gwaith; gyda chwi, fe gedwir y Blaid rhag bod yn fudiad Gogledd Cymru yn unig. Nid yn unig yn ddaearyddol, eithr mewn diddordeb a pholisi hefyd.'[59]

Erbyn iddo dderbyn y cyngor, roedd y penderfyniad wedi'i wneud a'r tŷ yn Abertawe eisoes ar werth.

Wrth i fis Rhagfyr wawrio, setlodd Lewis i batrwm newydd o fyw. 'I'm going to "live like a gent" on the alms of my friends for a twelvemonth, writing and propaganding [sic] for the Blaid.'[60] Ar yr union ddiwrnod ag yr ysgrifennodd y geiriau daeth newydd o safle'r ysgol ym Mhenrhos. O'r deunaw awyren a gychwynnodd ar daith i Ben Llŷn o orsaf yr Awyrlu yn Brize Norton y bore niwlog hwnnw, pedair yn unig a gyrhaeddodd ben eu taith. Daeth un i lawr ger y Ffôr ac un arall yng nghyffiniau Pen-y-groes. Gorfodwyd un i lanio ym Mhwllheli, a suddodd un arall yn y môr ger Conwy gan ladd y tri a oedd ynddi. Chwe mis cyn i'r ysgol agor yn swyddogol hyd yn oed, synhwyrid eisoes nad ewin o dir a safai yn nannedd gwynt a glaw'r gorllewin a mynyddoedd ysgithrog o'i gwmpas oedd y lle delfrydol i hyfforddi peilotiaid dibrofiad.

Nodiadau

1 *Y Brython*, 21 Ionawr 1937.
2 *Baner ac Amserau Cymru*, 19 Ionawr 1937.
3 *Y Cymro*, 23 Ionawr 1937.
4 *LMG*, 577.
5 Ibid.
6 *North Wales Chronicle*, 22 Ionawr 1937.
7 Lewis Valentine, 'Beddau'r Byw', *Y Ddraig Goch*, Ionawr 1937.
8 *LMG*, 578.
9 LlGC, papurau G. J. Williams. Margaret Lewis at Elisabeth Williams, 22 Ionawr 1937.
10 'Ar ôl 1936', atgofion personol gan Mair Saunders Jones, meddiant preifat.
11 *LMG*, 579.
12 PRO, WO 339/33109. A. E. Widdows at SL, 17 Chwefror 1937.
13 Ibid. SL at A. E. Widdows, diddyddiad ond cyn 24 Chwefror 1937.
14 Ibid.
15 LlGC, papurau G. J. Williams.
16 LlGC, 2335B/12. Dyddiadur Geraint Dyfnallt Owen, cofnod 22 Mai 1937.
17 LlGC, papurau G. J. Williams. R. Williams Parry at G. J. Williams, Llun y Pasg [29 Mawrth] 1937.
18 Ibid. R. Williams Parry at G. J. Williams, 13 Mehefin 1937.
19 LlGC, 22725E/196. Eilyn Bowen Richards at SL, 30 Mawrth 1977.
20 Ibid., 22725E/197. SL at Eilyn Bowen Richards, diddyddiad.
21 Ibid. Ceir trafodaeth ar amgylchiadau ehangach y cyfansoddi ac anniddigrwydd Williams Parry ynghylch diswyddo Lewis yn Bedwyr Lewis Jones, *Dawn Dweud: R. Williams Parry* (Caerdydd, 1997), 135-6. Am y soned dan ei theitl mwy adnabyddus, gweler R. Williams Parry, *Cerddi'r Gaeaf* (Dinbych, 1952), 76.
22 W. J. Gruffydd, 'Nodiadau'r Golygydd', *Y Llenor*, 15 (1936), 193-6.
23 *Y Cymro*, 6 Mawrth 1937.
24 Ibid., 27 Chwefror 1937.
25 *LMG*, 584.
26 Ibid., 587
27 Ibid., 584. SL at Margaret Lewis, 2 Mawrth 1937.
28 Ibid., 586. SL at Margaret Lewis, 15 Mawrth 1937. Cadwyd copi Margaret o'r dyfyniad uchod yn LlGC, papurau Plaid Cymru, M30.
29 Rolly Williams, 'Yn Wormwood Scrubs', *Y Rhedegydd*, 15 Ebrill 1937. Barn Lewis am Williams, petai ots am hynny, oedd nad oedd 'A more consummate buffoon never visited Wormwood Scrubs. I was ashamed that he was a Welshman.' *LMG*, 599.
30 LlGC, papurau Plaid Cymru, B175. J. E. Jones at Mrs Valentine, 3 Ebrill 1937.
31 Ibid. J. E. Jones at Margaret Lewis, 7 Ebrill 1937.
32 Gonzague de Reynold, *L'Europe Tragique* (Paris, 1934), 128: 'Les catholiques se doivent à eux-mêmes d'être des agents d'ordre et de paix dans chacune de leurs patries.'

33 *LMG*, 594.

34 LlGC, papurau Plaid Cymru, B184. Margaret Lewis at J. E. Jones, 19 Ebrill 1937.

35 LlGC, 23047C. Lewis Valentine at O. M. Roberts, 14 Mehefin 1937.

36 LlGC, papurau Plaid Cymru, B182. Siân Williams (gwraig D.J.) at J. E. Jones, 7 Mehefin 1937.

37 Ibid., 20 Mehefin 1937.

38 Ibid., B184. Gwent Jones at J. E. Jones, 29 Mehefin 1937.

39 *LMG*, 603. SL at Ellen Thomas, 19 Mai 1937: 'It's too late to stop it now, but I wish they wouldn't. I could never go back to Swansea College in any case now.'

40 *Y Brython*, 22 Gorffennaf 1937. Cyfarfu'r Llys yng Nghaerdydd ar 16 Gorffennaf, lle dadleuodd G. J. Williams '[na] allai Cymru fforddio colli gwasanaeth un fel ef'. Collwyd y bleidlais o 59 i 13.

41 LlGC, papurau Plaid Cymru, B177. J. E. Jones at Mai Roberts, 28 Ebrill 1937. Barn y trefnydd oedd mai rhyddhau Lewis ar sail iechyd fyddai '[y] peth diwaethaf a ddymunai ef ei hun': 'Rhyddhau oherwydd anghyfiawnder eu carchariad – dyna'r unig ryddhau y dylai'r Blaid ei geisio, mi greda i; dyna'n unig a wnaed hyd yn hyn; a deallaf fod holl agwedd y tri cyn y carcharu, ac yn eu llythyrau, wedi bod na ddylid gofyn am ddim mymryn o drugaredd.'

42 Ibid., B184. Margaret Lewis at J. E. Jones, 6 Gorffennaf 1937.

43 Ibid., B189. J. E. Jones at lywodraethwr Wormwood Scrubs, 24 Awst 1937.

44 J. E. Jones, 'O Garchar Ofn Daeth yn Rhydd', *Y Ddraig Goch*, Medi 1937.

45 'Negeseuau Arbennig y Tri', *Y Ddraig Goch*, Medi 1937.

46 LlGC, papurau Plaid Cymru, M594. SL at Alun Pugh, 5 Medi 1937.

47 Ibid., B191. D. J. Williams at J. E. Jones, 18 Medi 1937.

48 Cassie Davies, *Y Ddraig Goch*, Hydref 1937.

49 *Y Ddraig Goch*, Hydref 1937.

50 LlGC, papurau Plaid Cymru, B189. SL at J. E. Jones, 5 Medi 1937.

51 Llawysgrifau Prifysgol Cymru, Bangor 20449. SL at Mai Roberts, 27 Medi 1937.

52 LlGC, papurau D. J. Williams, Abergwaun, P2/30 blwch 11. SL at D. J. Williams, 20 Medi 1937.

53 LlGC, 23048C/1. Llythyr agored yn enw O. M. Roberts, 15 Awst 1937.

54 LlGC, 23048C/6. SL at O. M. Roberts, 21 Medi 1937.

55 *Western Mail*, 18 Hydref 1937.

56 LlGC, papurau Plaid Cymru, B195. SL at J. E. Jones, 20 Hydref 1937.

57 Ibid., B194. SL at J. E. Jones, 15 Hydref 1937.

58 Ibid., B197. SL at J. E. Jones, 12 Tachwedd 1937.

59 Ibid. J. E. Jones at SL, 13 Tachwedd 1937.

60 LlGC, papurau Plaid Cymru, M594. SL at J. Alun Pugh, 29 Tachwedd 1937.

CYFEIRIAD NEWYDD
1938-9

Gafaelodd Lewis yn ei waith propaganda ddiwedd 1937, gan annerch tri chyfarfod mewn cynifer o ddyddiau, yn Llandudno, Rhosllannerchrugog a Dinbych, rhwng 2 a 4 Rhagfyr. Cyrhaeddodd £15 gyntaf ei lwfans wythnosol ar 14 Rhagfyr, ac er iddo resynu wrth gydnabod y siec na allai dderbyn y gwahoddiad i gynhadledd flynyddol cangen Sir Gaernarfon y mis hwnnw, anogodd yr aelodau yno i gadw brwydr Penyberth 'fel cannwyll ei llygad; costiodd Llŷn fy iechyd a'm bywoliaeth i mi, ac ni byddaf yn fodlon nes ennill Llŷn i'r Blaid a gyrru'r bomwyr o'r fro am byth'.[1] Erbyn dechrau'r flwyddyn ganlynol, edrychai ymlaen yn gyhoeddus at weld y Blaid yn ennill seddi yn San Steffan ac yn 'atgyfodi traddodiad Parnell' yno, 'os gellir hynny dan amgylchiadau heddiw'.[2] Fis wedi hynny, cyhoeddai J. E. Jones yn hyderus yn ei golofn wythnosol, 'Cornel y Blaid' yn *Y Cymro*, mai Lewis fyddai ymgeisydd sedd y Brifysgol, ac y byddai ei ethol i'r Senedd 'yn agor cyfnod cyn bwysiced yng ngwleidyddiaeth Cymru â'r dydd yr aeth Parnell i mewn'.[3]

Mwy perthnasol na breuddwydion seneddol erbyn Calan 1938 oedd amgylchiadau materol Lewis ei hun. Daeth dau awgrym at ei gilydd mewn ffordd ymddangosiadol hwylus i gynnig ymwared iddo. Yr oedd Gwent Jones wedi gwyntyllu'r syniad, mor gynnar â 28 Awst y flwyddyn gynt, ar ddiwrnod rhyddhau'r tri o'r carchar, y gellid troi'r *Ddraig Goch* yn wythnosolyn dan reolaeth cymdeithas gydweithredol a gwneud Lewis yn olygydd cyflogedig arno, ond yr oedd costau menter o'r fath yn ormod. Fodd bynnag, pan brynodd Morris T. Williams a Kate Roberts Wasg Gee, ym mis Rhagfyr 1937, a datgan eu bod yn awyddus i Lewis 'fod yn aelod, am gyflog, o'r staff, a'i gyflog i'w benderfynu

rhwng Mr Saunders Lewis a ninnau', ymddangosai'n gyfle i lywydd y
Blaid ennill bywoliaeth a gwneud ei briod waith yr un pryd. Yr oedd
Williams yn fodlon i Lewis barhau i ysgrifennu ei nodiadau wythnosol
i'r *Ddraig Goch* ac erthyglau blaen ar bynciau o'i ddewis ei hun, i
eistedd ar fwrdd y cyfarwyddwyr ac 'i fyw lle y myn'.[4] Y maen
tramgwydd oedd cadw Lewis yn olygydd. Mynnai Morris T. Williams
benodi Prosser Rhys, a fuasai'n gyd-olygydd ar y cylchgrawn gyda
Lewis yn 1926, yn ei le. Drwgdybiai Lewis y cynnig. Ofnai y byddai dal
swydd a'i gwnâi'n iswasanaethgar i aelod cyffredin o'i blaid ei hun yn
tanseilio'i lywyddiaeth, a pheryglu'r papur yn y fargen. Gofynnodd i'r
Pwyllgor Gwaith anwybyddu'r cynnig '*ar hyn o bryd* . . . rhag cymysgu
dau fater a pheri i'r naill effeithio'n ormodol ar y llall',[5] gan alw'r
syniad o godi'r mater gerbron y Pwyllgor Gwaith llawn 'yn wastraffus a
ffôl'.[6] Cydsyniodd, fodd bynnag, i ffurfio is-bwyllgor, yn ei gynnwys ef
ei hun, J. E. Daniel, J. E. Jones, Moses Gruffydd a H. Francis Jones
(trysorydd y Blaid), a gyfarfu yn Aberystwyth brynhawn Sadwrn, 22
Ionawr, i drafod y mater ymhellach. Penderfynwyd na allai'r Blaid, yn
gyfansoddiadol nac yn ariannol, ymffurfio'n gwmni masnachol
cydweithredol i gyhoeddi'r *Ddraig Goch* bob wythnos a'i bod yn fodlon
trosglwyddo'r papur i ofal Gee 'neu wasg arall' dros dro a mentro
cyhoeddi'n annibynnol maes o law pe bai'r rhagolygon yn ffafriol. Y
fantais fyddai sicrhau cyfrwng propaganda wythnosol, a rhyddhau
gweithwyr y Blaid i wneud gwaith arall. Daliai'n gwbl bendant, er
hynny, fod rhaid i Lewis aros yn y gadair.[7] Gwrthododd Williams:
'Dymunaf ei wneud yn hollol glir', eglurodd yn sgil clywed amod y
cyfarfod, 'mai fel papur newydd y mae'n rhaid i'r *Ddraig Goch* lwyddo,
ac nid fel argraffiad wythnosol o'r *Ddraig Goch* bresennol.'[8] Eglurodd
ei resymau wrth Moses Gruffydd ar 2 Chwefror, a'r pennaf, meddai,
oedd mai newyddiadurwr wrth reddf oedd Rhys, a bod Lewis yn haeddu
gwell. Ysgrifennodd at J. E. Jones dridiau yn ddiweddarach: '. . . ni
fuaswn yn di-raddio dyn o safle Mr Saunders Lewis drwy ofyn iddo
dderbyn Golygyddiaeth am gyflog o lai na £300 – a rhoi'r ffigiwr [*sic*]
yn bur isel'.[9] Diau y gwyddai swyddogion y Blaid mai'r rheswm
gwaelodol dros ddewis Prosser Rhys oedd y berthynas rywiol ddirgel
(ond hysbys i arweinyddiaeth y Blaid) rhyngddo a Williams, ond nid

gwiw oedd sôn. Ysgrifennodd Lewis ei hun at Morris Williams yn amlinellu 'penderfyniad swyddogol' yr is-bwyllgor. Nododd dri rheswm. Yr oedd, meddai, yn anfodlon gollwng 'y cyfrifoldeb terfynol am naws y papur' o ddwylo Lewis; yr oedd y swm a gynigiai Williams am y teitl, £175, yn 'swm rhy fach'; a byddai dibynnu ar hysbysebion i wneud elw yn llesteirio 'rhyddid y nodiadau golygyddol a'r ysgrifau i fod mor blaen a phendant â phropaganda'r Blaid . . . rhaid i mi a swyddogion y Blaid sicrhau y tu hwnt i bob amheuaeth na newidiai papur Cymraeg y Blaid – unig bapur Cymraeg y Blaid – ei naws a'i liw. Onidê, dyma fwrw ein blynyddoedd o waith a'r cwbl y rhoisom ein cwbl drosto, ar y domen.' Er gwaethaf 'sgwrs gyfeillgar' rhyngddo a Prosser Rhys, yn egluro nad oedd de a chwith yn ystyrlon yng nghyd-destun cenedlaetholdeb, meddai, 'methais yn llwyr wneud fy safle yn ddealladwy iddo'. Yr oedd, er hynny, am gynnig ei wasanaeth mewn cyfeiriad arall:

> Mi hoffwn i yn fawr iawn gael profi fy llaw ar bapur wythnosol Cymraeg, a fyddai nid yn unig yn bapur propaganda llwyr fel y Ddraig, ond yn bapur cyffredinol ei ddiddordeb, yn 'Bleidiwr' mewn gwleidyddiaeth, ond yn cynnwys hefyd ysgrifau llenyddol, erthyglau a storïau, ynghyd â newyddion. Efallai y gallwn roi ychydig o arian i mewn i bapur felly ymhellach ymlaen.[10]

Gwnaeth Williams gais pellach i Lewis yng nghanol Chwefror, yn cynnig £3 yr wythnos iddo am ysgrifennu i'r *Ddraig* yr hyn a wnâi cyn hynny'n ddi-dâl, ar amod ildio'r olygyddiaeth, ond gwrthododd Lewis unwaith yn rhagor.[11] Derbyniodd Williams resymau Lewis yn raslon, ond mudferwai'r drwgdeimlad rhwng Prosser Rhys a'r Blaid Genedlaethol trwy weddill y flwyddyn.

Llwyfan Rhys oedd papur Rhyddfrydol a rhyddfrydig *Y Faner*, y bu'n golofnydd rheolaidd iddo er pymtheng mlynedd. Buasai ei gyfraniadau dan y ffugenw Euroswydd yn garcus-gefnogol i'r Blaid o'r cychwyn, ac yn neilltuol felly adeg y llosgi. Er hynny, yn sgil penderfyniad y Blaid i gadw Lewis yn olygydd *Y Ddraig Goch* newidiodd y dôn.

A'r olygyddiaeth yn y fantol ar ddechrau'r flwyddyn, yr oedd Rhys wedi canmol 'propaganda digon medrus' *Y Ddraig Goch*, ac yn enwedig felly nodiadau misol Lewis, 'sy'n anghyffredin o graffus ac yn rhoddi arweiniad ar lawer problem genedlaethol'. Teimlai, serch hynny, fod y papur yn ddiffygiol yn ei ymwneud â gwleidyddiaeth ryngwladol: '. . . metha'n lân â gweled mai'r un yw'r ecsploetwyr yn yr Eidal a'r Almaen ac ym Mhrydain, ac y mae'n condemnio'r naill ac yn clodfori'r llall o'r giwed hyn yn wrthuni'.[12] Fis wedi hynny, a'r cyfle wedi mynd, dychwelodd at 'gastiau'r ecsploetwyr' a chondemnio'r Blaid yn fwy agored: 'Doniol yw gweled rhai pobl yng Nghymru yn siarad yn barchus iawn am Hitler a Mussolini ond yn dilorni Llywodraeth Loegr yn ddi drugaredd [*sic*]. Oni allant hwy weled mai aelodau o'r un gang felltigedig ydynt . . .?' Argymhellodd *Spanish Testament* Arthur Koestler i'w ddarllenwyr, a ddangosai mai 'Aristocratiaid a Phabyddion Sbaen' oedd Franco a'i ddilynwyr, 'pobl am gadw'r werin i lawr'. 'Beth bynnag yw maint gwasanaeth Pabyddion i wareiddiad yn yr oesoedd a fu, – nid oes dim cysgod amheuaeth am eu hanwasanaeth yn y ganrif hon . . . rhyfedded mor amyneddgar yw'r Pab hefo Hitler!' Yn wyneb hyn, dyletswydd cenedlaetholwyr, meddai, oedd 'dal i oleuo'r bobl, dal i ddysgu iddynt egwyddorion cenedlaetholdeb, a hwnnw'n genedlaetholdeb gwerinol'. Gyda deheurwydd rhethregol, galwodd 'y Tri Chenedlaetholwr' yn dystion:

> . . . ystum oedd llosgi'r Ysgol Fomio yn erbyn gormes imperialaeth . . . Os ceidw'r mudiad cenedlaethol y nodyn hwn yn amlwg yn eu propaganda llafar, ac yn ysgrifenedig hefyd, y nodyn gwerinol, gwrth-ymherodrol, gwrth-ecsploetyddol yma, – ac ymhob rhan o'r byd, ac i ddal mai'r gwerinwr sydd â'r hawl i awdurdod, – yna y mae Cymru'n sicr o wrando. Ond na chymysger beirniadaeth ar imperialaeth Lloegr hefo rhyw hanner cyfiawnhad o imperialaeth gwledydd eraill. Ni wna hyn byth mo'r tro.[13]

Daeth Rhys yn ôl at y pwnc bythefnos yn ddiweddarach: 'Gellid barnu wrth rai ysgrifenwyr yn *Y Ddraig Goch* bod llawn mwy o obaith o gyfeiriad y dictatoriaid nag o un cyfeiriad arall – oddi wrth y rhai a fynn lawio tân o'r awyr ar y diniwed i achub y ffydd . . . Rhaid gwylio na dderbyn y Blaid syniadau cyfeiliornus am dueddiadau'r dydd heddiw, heb sylweddoli ymlaen llaw y cwbl a olyga derbyn y syniadau hynny . . . y mae teyrngarwch i'r Blaid yn beth canmoladwy yn ei le, ond y mae teyrngarwch ar draul aberthu egwyddor yn beth ynfyd a pheryglus.'[14]

Bedwar diwrnod wedi i eiriau Euroswydd ymddangos, daeth y math o ymateb gan Lewis a oedd yn nodweddiadol ohono. Fel y gwnaethai yn llys ynadon Caernarfon ac fel y gwnâi eto yng nghanol y rhyfel pan oedd yr ymosodiadau arno ar eu chwerwaf, dewisodd ddarostwng a dofi'r feirniadaeth trwy ei gosod yn ei chyd-destun ehangach. Lluniodd ei *summa politica*, 'Y Blaid Genedlaethol a Marxiaeth', fel darlith awr ac ugain munud o hyd gerbron cynhadledd cangen Sir Gaernarfon o'r Blaid ar 26 Chwefror, cyn ei chyhoeddi mewn tair rhan yn asgwrn y gynnen wreiddiol, *Y Ddraig Goch*, rhwng Mawrth a Mai. Ymddangosodd crynodeb ohoni ar ddudalen blaen *Y Faner* ar Ddygwyl Dewi, dan y teitl 'Chwyldroad Cristnogol'.

Mae hon yn ysgrif dwyllodrus ei chynllun, oherwydd yn ei rhagymadrodd y ceir ei sylwedd. Newydd-deb y llith rhagor dim o'i blaen yw nid yn gymaint y dadansoddiad o Farcsiaeth fel athrawiaeth faterol, na'r clyfrwch a geisiai ddangos 'undod hanfodol Marcsiaeth a chyfalafiaeth ddiwydiannol' na hyd yn oed y gosodiad mai 'Cymdeithas Gristnogol – cymdeithas o grefftwyr ac artistiaid yw hi'.[15] Caed pob un o'r rhain ar goedd gan Lewis ddegau o weithiau o'r blaen ar lafar ac ar bapur. Gorwedd y gwreiddioldeb yn hytrach yn y gosodiad mai 'yng Nghristnogaeth Cymru y mae egwyddorion cymdeithasol y Blaid yn hanu'.[16]

Ni ddaw Lewis yn nes yn unman at greu dilechdid ag yn y gwaith sylweddol cyntaf hwn o'i eiddo yn sgil gadael Wormwood Scrubs. Cocyn hitio o beth, esgus bron, yw Marxiaeth ynddo. Ei swyddogaeth yw sefyll yn wrthbwynt i wneud cenedlaetholdeb, a pholisi'r Blaid Genedlaethol trwy estyniad – cydweithrediad, undebau credyd ac undebau llafur, sefydliad y teulu, amaethyddiaeth a dad-ddiwydiannu, y cyfrifoldeb sy'n rhan annatod o berchnogaeth, yr iaith a'r traddodiad llenyddol – yn iswasanaethgar i berthynas dyn a Duw. Ddeuddeng mlynedd ar ôl beirniadu Bebb am wneud Cristnogaeth yn ganolbwynt cenedlaetholdeb wrth olygu'r *Ddraig Goch*, ildiasai yntau. Daeth y gwerthoedd ysbrydol a nodweddai ei agwedd at lenyddiaeth yn rhan gyffesedig o'i gredo wleidyddol.

Yn yr un rhifyn â'r adroddiad, ymgymerodd Euroswydd â 'rhyw sgrifennu o gwmpas' *Canlyn Arthur*, a gyhoeddwyd ym mis Ionawr gan ei wasg ef ei hun, Gwasg Aberystwyth. Cydnabu fod Lewis yn 'un o ddynion mwyaf ein cenhedlaeth ni' ac am y llyfr fod 'ynddo her bendant i lawer o syniadau a goleddwyd yng Nghymru drwy'r blynyddoedd . . . [a]'r her a'r heriwr yn gyfryw fel na ellir eu hanwybyddu', ond ni wnaeth fawr mwy na phetruso ar ymyl y pwll. 'Gwyddoch am f'edmygedd o arweinydd y Blaid cyn imi sgrifennu heddiw, ac ni'm cam-ddeellir, mi obeithiaf, yn yr hyn a sgrifennaf yr wythnos nesaf.'[17]

Ar 8 Mawrth, plymiodd. 'Gyda phob parch', yr oedd y lladd ar Farcsiaeth gan Lewis, meddai Euroswydd, yn amherthnasol. Ei bryder oedd agwedd arweinyddiaeth y Blaid, a'r *Ddraig Goch* yn fwyaf penodol, tuag at 'y mwyafrif' o aelodau'r Blaid a oedd, fel ef ei hun, 'o dueddiadau gwerinol a Radicalaidd'. Yr oedd y *Ddraig* a'r *Welsh Nationalist* wedi magu 'agwedd y "Daily Mail"' tuag at gwestiynau tramor. Rhestrodd 'ffafrio Franco', difaterwch ynghylch cyni'r Basgiaid ac imperialaeth Siapan yn Tsieina yn eu 'rhannau golygyddol a hanner golygyddol':

> Y mae aelodau['r] Blaid, laweroedd ohonynt, yn anesmwyth ar gyfrif hyn, ond yn rhy deyrngar, ac yn enwedig felly, yn rhy deyrngar yn bersonol i Mr Saunders Lewis, i ddywedyd na sgrifennu rhyw lawer ar y mater . . .
>
> Fe gydnebydd Mr Lewis a'i ddilynwyr nad oes dim tebyg i ymosodiadau personol yn y nodiadau hyn . . . A chredaf fy mod drwy golofnau'r Faner ers [*sic*] 1923, cyn ffurfio'r Blaid Genedlaethol, wedi rhoddi'r fath gefnogaeth i'r mudiad cenedlaethol, a ymffurfiodd wedi hynny'n Blaid, ac i bob mudiad a dueddo at ryddid Cymru, fel nad amheuir fy amcanion ac nad adlewyrchir ar fy nidwylledd.[18]

Mynnodd Euroswydd 'ddatganiad gan yr arweinydd', ac ysgrifennodd Lewis dri llythyr at J. E. Jones o fewn tri diwrnod cyn diwedd yr wythnos. 'Un peth da', ysgrifennodd am Rhys yn y cyntaf, 'yw ei fod yn cyfiawnhau'n helaeth ein penderfyniad ni i wrthod rhoi'r Ddraig Goch i'w ofal'. Ni theimlai, gan hynny, y dylid ei ddiarddel. 'Yr wyf yn awyddus i rwystro unrhyw erlid ar y rhai beirniadus hyn yn y Blaid tra na bônt yn torri dim ar y cyfansoddiad.' Ymfalchïai, meddai, fod yn y Blaid 'lawer llai o ymraniadau mewn deuddeng mlynedd nag unrhyw fudiad cenedlaetholdeb tebyg'.[19] Drannoeth, fel pe na bai dim o'i le, ysgrifennodd heb air am y rhwyg, yn awgrymu 'Rhaglen y pum mlynedd nesaf' i'w thrafod yn yr Ysgol Haf ym mis Awst, a oedd yn batrwm o ddifrawder: perthynas y Blaid â'r aelodau seneddol Cymreig, ei safbwynt ar ddiarfogi a rhyfel, ei rhaglen economaidd, ei rhagolygon etholiadol, ei gweithgarwch yn yr awdurdodau lleol a'i pholisi ar addysg a diwylliant.[20] Y diwrnod wedyn, er hynny, ysgrifennodd Lewis eto, yn gofyn a oedd beirniadaeth Euroswydd yn rhan o anesmwythyd mwy cyffredinol ymhlith yr aelodau, gan ofyn am gael gweld 'pob un llythyr' a ddôi i'r swyddfa ar y mater a newyddion am 'unrhyw gangen yn trafod polisi'r Blaid neu yn beirniadu erthyglau'r *Ddraig Goch*'.[21]

Ymddangosodd ymateb uniongyrchol Lewis yn Ebrill 1938, yn dadlau bod 'agwedd a pholisi'r Blaid tuag at Ffasgiaeth yn gwbl ddiamwys er 1934 ac yn ddealledig er 1926'. Rhoddodd bennod ac adnod erthyglau yn *Y Ddraig Goch* a phapurau yn yr ysgolion haf, a chaeodd gyda chyfeiriad at y cenedlaetholdeb gwladwriaethol annibynnol yr oedd wedi'i gondemnio yn *Egwyddorion Cenedlaeth-oldeb* ddeuddeng mlynedd ynghynt.[22]

Rhwng ysgrifennu'r amddiffyniad a'i gyhoeddi, yr oedd Lewis wedi newid aelwyd a ffordd o fyw. Ar gais Moses Gruffydd, ac yn groes i gyngor J. E. Jones, cefnodd ar Abertawe ac ymgartrefu, ar 1 Ebrill, yn Hen Dŷ Aber-mad, Llanfarian, ar gyrion Aberystwyth. Yr oedd, meddai, wrth ffrind, yn 'dŷ hardd . . . ond y mae llygod mawr ddegau ohonynt yn byw yno eisoes. Bydd ein hwythnosau cyntaf yn eu herbyn hwy. Os enillwn ni'r rhyfel bydd byw yno wedyn reit hwylus odid fawr.'[23] O fewn llai nag wythnos, cafodd J.E. wybod unwaith eto fyth am ddymuniad llywydd ei blaid i ofyn caniatâd y Pwyllgor Gwaith i 'daflu'r baich' oddi arno trwy adael iddo ymddiswyddo, am 'fod yn rhaid i'r Blaid wrth Brotestant neu anffyddiwr gwrth-babyddol yn arweinydd'.[24] Unwaith yn rhagor, hefyd, daeth yr ateb disgwyliedig, ychydig yn fwy piwis y tro hwn. Am y Cymry a ddanodai ei Babyddiaeth iddo, ysgrifennodd Jones, 'bydd ganddynt esgus arall pe baech yn ymddiswyddo'; ac am yr aelodau anfodlon, 'fe gollant sêl yr un ffunud dan ddylanwad yr esgus newydd a gyfyd. Ac ni waeth inni ymladd y frwydr yn awr – rhagfarnau crefyddol – nac [*sic*] eto; bydd raid ei hymladd rywbryd cyn y cawn ryddid i Gymru.'[25] Tacteg Lewis y tro hwn oedd ceisio dal rhaglen yr Ysgol Haf yn wystl, gan ddadlau mewn llythyr ar Sul y Pasg na ddylid trefnu cyfarfodydd nes bod mater y llywyddiaeth 'wedi ei bennu': 'Yr wyf mewn difrif yn dymuno ymryddhau. Gwnes fy siâr; mae'n bryd i eraill wneud eu rhan yn awr. Y mae fy nyfodol yn rhy ansicr imi fedru cario ymlaen gydag iechyd ansicr a baich amhoblogrwydd fy nghrefydd i yn y Blaid a'r tu allan iddi. Dyheaf am gael gorffwys . . .'26 Yr oedd ateb Jones yn fwy llariaidd erbyn hyn, ond yr un mor waelodol gyndyn. Dywedodd ei fod yn 'cydymdeimlo'n llwyr', ond dadleuodd 'o safbwynt y Blaid a Chymru' nad oedd neb arall a allai '[g]adw'r Blaid heb falurio'. Hebddo, ychwanegodd, 'mi synnwn yn fawr pe llwyddem i gadw'r Blaid heb fynd yn benben, gan fân gynennau [sic] personol, cyn pen blwyddyn'. Lewis yn unig a safai 'uwchlaw llid personol a dilorni personol'.27

Diau fod J.E. yn iawn mai Lewis oedd yr unig un a feddai ar yr awdurdod moesol a deallusol – y 'teyrngarwch personol', chwedl Euroswydd – i ddal y Blaid at ei gilydd. Y paradocs, wrth gwrs, oedd mai Lewis oedd achos ei hymddatod poenus hefyd, a gwyddai Lewis hynny'n burion: '. . . o dan yr ymosod ar Ffasgiaeth y Blaid', ysgrifennodd at D. J. Williams yn yr un mis, 'yr hyn sydd yno mewn gwirionedd yw drwgdybiaeth sydd ar gynnydd mawr, o'm pabyddiaeth i'.28 Byddai aros yn y swydd yn niweidiol; gwaeth, os rhywbeth, fyddai gadael. Bythefnos yn ddiweddarach – ac mae rhywun bron â chlywed yr ochenaid – ufuddhaodd Lewis i'w dynged:

Yr wyf yn bodloni, o'm hanfodd – maddeuwch y croesddywediad – i aros yn y llywyddiaeth tan 1939. Mi wn yn y bôn nas dylswn, oblegid ni chaf fyth eto gyflog yng Nghymru, ac mi ddylwn er mwyn fy nheulu fynd i rywle lle y gallwn ennill bywoliaeth.

Mewn un peth, cydsyniai â J.E.:

Y mae diffyg arweinwyr derbyniol yn y Blaid yn parhau i'm blino ac i'm poeni, oblegid er mor anferth yw'r chwydd sydd ar fy mhen nid oes gennyf awydd cryf i fod yn Hitler na hyd yn oed yn Dolfuss i Gymru, a byddai'n hyfryd gennyf roi'r swydd i arall ac ymgilio i lenyddiaeth. Angen y Blaid ac angen Cymru yw arweinydd sy'n nes atynt ac yn haws ganddynt ei ddeall. Pes caffent, neu pes cawsent, ni byddai ein carchariad ni a'n treialon yng Nghaernarfon a Llundain wedi mynd yn ofer-wastraff. Dylasent fod wedi cynnau tân yng Nghymru nas diffoddid mwy; eithr nid felly y bu. Y mae hyd yn oed y

Blaid eisoes wedi anghofio'r cwbl, ac yn dadlau am Sosialaeth a
Franco a Phabyddiaeth, ac yn cael hwyl a gwres yn trafod pethau'r
papurach dyddiol. Yr wyf innau yn fy nghlywed fy hun yn y blaid
bellach yn bur debyg i'r cyfaill Jonah yn y llong, ac yn sbïo dros ymyl
y bwrdd i edrych ar y morfilyn caredig a rydd imi lety.

I ychwanegu at ei anfodlonrwydd, daethai cerdyn post oddi wrth G. J.
Williams y bore hwnnw o'r Cyfandir, lle'r oedd yn treulio rhan o gyfnod
sabothol, yn rhydd am y tro o hualau ei swydd yng Nghaerdydd:

> Cenfigennaf yn bechadurus wrtho; byddai blwyddyn yn yr Eidal yn fy
> nharo i yn awr gystal â deng mlynedd yn y nefoedd. Yr Eidal a Ffrainc,
> a'r bobl lawen, a'r lliw a'r gwin a'r bwydydd – caraf hwynt, Dai,
> gwledydd yr haul a'r olewydd.[29]

Aros yng Nghymru fu raid, er hynny, ac erbyn canol Mai adroddai
J. E. Jones '[f]od yr ymosodiadau wedi colli eu gwynt'.[30] Bu si bod
Lewis am sefyll fel ymgeisydd yn Sir Feirionnydd, ond ni ddaeth dim
o'r bwriad, ac erbyn diwedd y mis daeth diwedd saga'r Ysgol Fomio, a
agorodd yn swyddogol ar 28 Mai, Diwrnod yr Ymerodraeth. Bu'n fodd i
adfywhau Lewis. Ysgrifennodd at J. E. Jones bythefnos cyn yr agoriad
gan hyderu 'y gwneir propaganda arbennig' ar y safle, ond taflenni oedd
eithaf y brotest y tro hwn: 'Byddai'n dda pe ceid merched i wneud
hynny mor agos i'r cae awyrblaniau ag y gallant fynd, ac arno os gallant,
a gorau oll os rhwystrir hwy gan yr heddlu. Dylai efrydwyr Bangor
helpu, – na choller y cyfle i wneud iawn am hir esgeulustra.'[31] Trefnwyd
chwe char at y gwaith o osod posteri yn oriau mân y bore a daeth hanner
cant o Bleidwyr ynghyd. Drannoeth y brotest, gallai J.E. ymfalchïo
mewn 'diwrnod lled lwyddiannus'. Dosbarthwyd 10,000 o daflenni 'o
fewn ychydig amser' wrth y clwydi er mai 'dyrnaid' yn unig a gafodd
fynd i mewn.[32] Gwell na hynny gan Lewis oedd y newydd bod rhai wedi
cael eu gwysio gan yr heddlu am osod posteri ar arwyddion cyhoeddus.
'Y mae'n galondid anghyffredin', ysgrifennodd at Jones. 'Y maent yn
rhoi calon newydd ynom oll, ac yn dangos fod ganddynt hwythau galon
i fentro ar bethau amhoblogaidd yn erbyn torf fawr. Dyna'r ysbryd a
sicrha ddyfodol ein mudiad.'[33]

Addawai fod yn haf prysur ond digon difyr i Lewis, a adawyd ar ei ben ei hun yn bur gyson yng nghanol 1938 tra ymwelai Margaret, yng nghwmni Mair â'i mam, a oedd yn wael yng Nghaergybi. Cawsai waith fel tiwtor yng Ngholeg y Santes Fair yn Aberystwyth, yn dysgu cyfrinion y Gymraeg i'r darpar offeiriaid, a gofalodd – am gyfnod – am *Y Faner*, yn ystod salwch Prosser Rhys. Parhaodd y brwdfrydedd am gwta bythefnos. Erbyn canol Mehefin, a'r cynigion yn dod i law ar gyfer y gynhadledd yn Abertawe ym mis Awst, wynebai Lewis gynnig gan Harri Gwynn Jones, myfyriwr ym Mangor ar y pryd, i wneud sosialaeth yn bolisi swyddogol y Blaid. Gwnâi'r cyfan iddo deimlo, cyffesodd wrth J.E., 'yn anesmwyth iawn . . . Y mae bod Cangen o efrydwyr yn cynnig penderfyniad i newid polisi y Blaid yn troi'r cwbl yn ffars – ryw gymdeithas ddadlau golegol anghyfrifol'. Ystyriai yrru cylchlythyr at y canghennau cyn yr ymweliad ag Abertawe 'yn galw eu sylw at angen sobrwydd a phwyll anghyffredin ar ein hymweliad â thref fawr boblog'.[34] 'Y mae'n hen bryd dwrdio bechgyn y colegau yma', ysgrifennodd eto am y myfyrwyr yr oedd wedi canmol eu dewrder y tu allan i byrth Penyberth yn niwedd Mai, 'sy'n ceisio llunio polisi yn amrwd anwybodus ac yn gwrthod gwaith prentis y gallant ei wneud, ac y dylent ei wneud cyn codi eu lleisiau'.[35] Ymddangosai'r cyfan mor bell oddi wrth y sefyllfa lai na dwy flynedd ynghynt. 'Yr oeddwn i wedi gobeithio yn sicr y byddai tân Llŷn wedi newid ysbryd y Blaid ac ysbryd Cymru yn llwyr', ysgrifennodd ar drothwy'r gynhadledd at un lle y gwyddai y câi gydymdeimlad. 'Fe'm siomwyd yn ddwys':

> Yr wyf yn dyheu bellach am gael riteirio o fywyd cyhoeddus gan fy mod i'n arg'oeddedig fod fy ngwaith i wedi ei wneud a bod angen yn awr am arweinydd a all ennill poblogrwydd a dilynwyr, heb fod amheuaeth am ei fwriad i werthu Cymru i'r Pab.[36]

Unwaith eto, bu sïon yn y wasg y gorfodid Lewis i ymddiswyddo. Soniodd y *Western Mail* am 'Nationalist Split' ar 7 Gorffennaf, a gwnaeth J. E. Jones ddatganiad ar y mater yn *Yr Herald Cymraeg* ar yr 21ain. Bythefnos yn ddiweddarach eto wynebodd Lewis y gynhadledd a'r embaras potensial ynghlwm wrthi. 'Cas gennyf y dref a chas gennyf fod yr Ysgol Haf yn mynd yno',[37] ysgrifennodd. Mewn derbyniad swyddogol ar drothwy'r ysgol yng nghwmni maer a chorfforaeth Abertawe ar 8 Awst, yn ei ymweliad cyntaf â'r dref ers iddo symud bedwar mis cyn hynny, gwnaeth yn ysgafn o'i 'very august position in Wales . . . I am a sacked ex-convict. It is a position I always expected to hold ever since I became president of this party.' Llongyfarchodd y maer am groesawu 'a revolutionary party' i'w dref.[38] Yr oedd yr awyrgylch ar lawr y gynhadledd yn Neuadd Brangwyn fore trannoeth yn llai hwyliog, ond llwyddwyd i drechu uchelgais myfyrwyr Bangor. Y cynnig cyntaf gerbron oedd un ymddangosiadol ddiniwed gan gangen Gorllewin Morgannwg, yn mynegi ymddiriedaeth ym mholisi presennol y Blaid a ffyddlondeb iddo; fe'i dilynwyd gan benderfyniad arall gan gangen Rhydychen yn mynegi gofid na chafwyd swydd i Lewis. Siaradwyd o'i blaid gan Lewis Valentine a D. J. Williams, a ddywedodd ei fod yn gwingo o hyd wrth feddwl am yr anghyfiawnder. Erbyn i gangen Marian-glas, Môn, gynnig penderfyniad yn datgan mai plaid wir ddemocrataidd oedd y Blaid Genedlaethol, yr oedd ffawd bechgyn Coleg Bangor wedi'i selio. Pan gododd Harri Gwynn i gynnig ei welliant, dim ond ef ac Eirwen St John Williams (a ddaeth yn wraig iddo maes o law) a siaradodd o'i blaid. Fel y nododd un gohebydd, yn wyneb y '[p]osibilrwydd cynnwrf' a ragwelwyd, 'yr oedd tynged y penderfyniad hwn braidd yn chwerthinllyd'.[39]

Yn Neuadd y Dref y noson wedyn, gallai Lewis sôn yn eofn am 'undod llwyr ac anwadadwy' y blaid y byddai'n llywydd arni am flwyddyn eto. Barnai iddi fod yn gynhadledd lwyddiannus yn fwy cyffredinol hefyd. Yr oedd y ddeiseb genedlaethol amhleidiol i sicrhau cydraddoldeb i'r ddwy iaith ar droed, a 'holl adnoddau'r Blaid Genedlaethol' y tu cefn iddi, ac yr oedd gwrthfilitariaeth bellach yn rhan o'i pholisi. Nid meddalwch oedd 'method Mahatma Gandhi' bellach – dull yr oedd wedi ei wrthod ar drothwy llosgi'r Ysgol Fomio, fe gofir – eithr '[y]r unig ddull effeithiol ac ymarferol y geill gwlad wan a diganllaw ennill rhyddid oddi wrth wladwriaeth estron a gormesol'. Hanfod y dull oedd gwrthod cydnabod cyfraith a llywodraeth Lloegr, dioddef 'eithaf carchar a llid a gerwindeb, a cholli bywoliaeth ac ymgynefino â thlodi' nes ei gwneud yn amhosibl i Loegr 'wynebu barn gyhoeddus y byd':

Gwn nad ydym yn barod eto. Ni ddaeth ein hawr eto, er colli cyfle mawr ym Mhorth Neigwl. Ond y mae'n rhaid i ninnau feithrin ynom yr ewyllys yma, canys hebddo chwarae plant yw holl raglen ac amcanion y Blaid Genedlaethol Gymreig. Un llwybr yn unig sydd yn arwain i borth y Senedd Gymreig. Y mae'r llwybr hwnnw yn rhedeg yn union drwy garcharau Lloegr.[40]

Siaradai gyda'r argyhoeddiad bod rhyfel y buasai'n ei ddarogan er 1935 ar dorri. Erbyn canol Medi, mynegodd ei bryder wrth D. J. Williams y gallai ddigwydd 'o fewn wythnos', a bod rhaid darparu ar ei gyfer. Lluniodd fraslun datganiad dan bedwar pen: nad oedd achos dros ryfel; nad oedd gan Loegr hawl i gonsgriptio Cymry; mai'r ffiniau anghyfiawn a luniwyd yn Versailles oedd achos y gynnen; ac na ddylid disgwyl i aelodau'r Blaid ymuno 'o wirfodd nac o orfod mewn byddin na gweithiau arfau'. Yr oedd eisoes yn ymwybodol o'r hyn a ofynnid ganddo: 'Oblegid golyga hynny roi holl swyddfa a pheirianwaith a swyddogion y Blaid ar unwaith yn nwylo'r plismyn a golyga hefyd orchymyn i aelodau ifainc y Blaid ddioddef heb ein bod yn abl i estyn unrhyw gymorth iddynt na'u hamddiffyn o gwbl'.[41] Ar dudalen blaen rhifyn Hydref 1938 o'r *Ddraig Goch*, er hynny, cyhoeddodd y Blaid ei niwtraliaeth, ac yn ei nodiadau i'r un rhifyn, pan dybiai fod 'efallai o'n blaenau bedwar diwrnod eto o heddwch', amlinellodd ei resymau dros beidio â chefnogi'r ymladd. 'Nid Hitler yw achos yr argyfwng hwn', daliodd; yn hytrach, 'Lloegr a heuodd hâd [*sic*] y rhyfel sy'n ein bygwth yn awr'.[42] Asgwrn penodol y gynnen yn niwedd 1938 oedd bygythiad yr Almaen i gipio'r rhan honno o Tsiecoslofacia lle siaradai'r brodorion Almaeneg. Syniai Lewis am wrthwynebiad Lloegr fel cais 'to compel an outraged minority to remain under supression'.[43] Âi ei wrthwynebiad i ryfel, fodd bynnag, yn ddyfnach nag anfodlonrwydd ar delerau heddwch Versailles. I Lewis, rhyfel oedd canlyniad anorfod cyfosod ymerodraethau cyfalafol, diwydiannol dan lywodraethau gormesol – a'r hyn a ddioddefai fwyaf trwy ryfel oedd 'annibyniaeth y teulu'.[44] Ffrwyth anochel rhyfel oedd totalitariaeth, o du'r gelyn neu'r llywodraeth a honnai amddiffyn y bobl. Pan gyhoeddwyd y rhyfel yn ffurfiol flwyddyn yn ddiweddarach, bu bron iddo ei groesawu fel cadarnhad ei fod wedi darllen tueddiadau hanes yn gywir.

Yn y cyfamser, cysur tila oedd credu bod hanes wedi cyfiawnhau ei ofnau. Yr oedd Cymru ar fin cael ei gweddnewid. Trwy wrthwynebu unrhyw ymwneud â'r paratoadau gogyfer y rhyfel disgwyliedig – gorfodaeth filwrol, rhagofalon rhag cyrchoedd o'r awyr ac, yn enwedig felly, derbyn noddedigion o ddinasoedd a threfi mawr Lloegr – heriai'r Blaid nid yn unig lywodraeth Llundain; tynnai'n groes hefyd i farn y 'sentimental Welsh public' ac arweinwyr y farn honno. 'I feel more than ever that we are fighting with our backs to a collapsing wall', ysgrifennodd fel y tynnai'r flwyddyn tua'i therfyn, a'i gystrawen drwsgl yn ddrych i'w feddyliau. 'It's the cowards who are the prominent "public men" of Wales whom I feel furious with. There's not one will say a word to defend Wales against England when war and the armed state threaten. The Welsh nation would make its own ancestors vomit to see it.'[45] Eisoes, daethai'r ymateb. Yn sgil anerchiad gan Lewis yn Wrecsam ar 13 Hydref, lle'r oedd wedi disgrifio ffoaduriaid fel 'a mass transfer of an alien population',[46] cyhoeddodd *Y Cymro* gartŵn naw niwrnod yn ddiweddarach yn dangos Cymru fel Nazi, rhyfedd o debyg o ran pryd a gwedd i lywydd y Blaid, yn dal swastica, ac ar y llawr o'i flaen groes yn dwyn y geiriau 'lletygarwch a Christnogaeth'. Ei deitl oedd 'Y Gymru Newydd!'. Erbyn diwedd Tachwedd, er gwaethaf yr elw a wnaed yn Abertawe, yr oedd y Blaid o fewn £20 i derfyn ei dyled i'r banc, a Lewis yntau o fewn mis i dderbyn ei ddaliad olaf o'r gronfa.

Daeth 1939 â diweddglo ei lywyddiaeth ac â dechrau newydd. Wedi blwyddyn o drafod, prynodd Morris Williams a Kate Roberts deitl *Y Faner*, gan benodi Prosser Rhys ac I. D. Hooson yn gyfarwyddwyr, a Lewis yn 'olygydd llenyddol' dan olygyddiaeth Prosser Rhys, ar gyflog o £150 y flwyddyn. Gwelai'r blynyddoedd rhwng hynny a Gorffennaf 1951 gyhoeddi o wythnos i wythnos, ar dudalen blaen y papur bron yn ddieithriad erbyn i'r rhyfel gychwyn, y clytwaith hwnnw o newyddion ail-law, sythwelediad, rhagfarn, dyfeisgarwch a dychymyg ewyllysgar a elwid 'Cwrs y Byd'. Ond dichon mai yn y cyfraniadau cynnar, yng nghyfnod y rhyfel ffug rhwng Ionawr a Medi 1939, y gwelir Lewis ar ei fwyaf dadlennol. Rhoes y golofn hon gyfle iddo ddychwelyd i 'efrydiau tawel cyson llenyddiaeth'[47] a chwenychai yng nghanol helbulon y cyhuddiadau o ffasgiaeth, ac mae'r rhyddhad i'w weld yn y cyffredinoli barus, hollgofleidiol, prysur sy'n llenwi'r golofn. Dyma ddyn yn ôl yn ei gynefin, yn llygadrwth o flaen dieithrwch hen gynefindra.

Yn y colofnau cynharaf hyn canfu Lewis lais newydd ar draw hanner ffordd rhwng clochdar propaganda'r *Ddraig Goch* a chywair tawelach ei feirniadaeth estynedig yn *Pantycelyn* a'r *Braslun* a *Ceiriog*. Deillia yn rhannol, bid sicr, o'r cyfrwng ac amgylchiadau ei ysgrifennu, ond cyfyd hefyd o gymhwyso at lenyddiaeth y dechneg a welir yn gyffredin yn y nodiadau gwleidyddol o osod sylw cyffredinol o flaen enghraifft neu enghreifftiau penodol. Y canlyniad, yn ôl disgrifiad un llenor a ddaeth i oed yn ei chlyw, yw beirniadaeth 'beryglus wâr . . . beryglus ddiwylliedig',[48] fel petai llenyddiaeth, fel gwleidyddiaeth, yn egwyddor ddiffiniol, derfynol. Yr oedd wedi traethu'n bendant cyn hynny, wrth gwrs, ar natur celfyddyd; yn wir, pendantrwydd lled ddiamynedd oedd nod amgen ei feirniadaeth o ddyddiau'r *Darian* a'r *Welsh Outlook* ymlaen. Ond erbyn 1939 mae'r pendantrwydd wedi bwrw ei ddiffyg amynedd a throi'n argyhoeddiad cyhuddgar na wêl yr angen i'w amddiffyn ei hun, na hyd yn oed argyhoeddi eraill. Dwg i gof y sicrwydd a welai Anghrist ar waith yng nghynlluniau'r Weinyddiaeth Awyr ac a edliwiodd i reithgor brawdlys Caernarfon ei wendid moesol pe digwyddai ei gael yn euog. Ceir esiampl gystal â'r un yn ei ysgrif gyntaf, lle cyhuddir geiriau o allu cyfeiliorni:

> . . . natur barddoniaeth yw cyrchu'n union at galon a sylwedd pethau. A natur athroniaeth yw gweled 'pethau' drwy gategorïau a haniaethau ac nid fel y maent ynddynt eu hunain yn gyfain. Ond pan fo barddoniaeth ar ddidro oddi wrth ei gwrthrychau a geiriau wedi ymbellhau oddi wrth bethau, yna'n sicr mae barddoniaeth wedi colli ei swydd ac wedi mynd yn degan chwarae.[49]

Ar fyr, yn y feirniadaeth wibiog hon, maga llenyddiaeth gymeriad moesol. Felly'r llawenydd a fynega Lewis bod 'dychymyg a nerth meddwl' yn llyfrau'r Nadolig (11 Ionawr), ei ddisgrifiad o ysgrif David Williams i'r *Llenor* ar 'Y Dadeni Dysg yn Ewrop' fel un 'ddiymhongar' (25 Ionawr) a 'dwyster a synwyrusrwydd' dramâu Yeats (8 Chwefror).

A thra tywysai ei ddarllenwyr trwy lenyddiaeth, gwyliai hynt Ewrop a'r byd ehangach fel y llithrai tua gwrthdaro. Mewn rhyfel rhwng dau fath o fateroliaeth, 'materoliaeth arian' Ffrainc, Lloegr a'r Unol Daleithiau a 'materoliaeth y Wladwriaeth' yn yr Almaen a'r Eidal,[50] neu

ryfel rhwng ymerodraethau hen a newydd, rhybuddiodd ei ddarllenydd,
'. . . nac ymddirieded yr un Cymro yn y pleidiau Seisnig heddiw'.[51]
Llochesi oedd y llenorion hyn, rhan annatod o'r gragen y byddai'n rhaid
i Gymru ei thyfu amdani os oedd i adeiladu heddwch yn y byd:
hunangynhaliaeth a chyfnewid nwyddau yn hytrach na chystadlu ar y
farchnad.[52] Galwodd, i bob pwrpas, am ddifaterwch yn wyneb
bygythiad na allai Cymru wneud dim i'w osgoi. Yn Llanberis ym mis
Ionawr dadleuodd fod ansawdd byw yng Nghymru wedi gostwng byth
oddi ar y bymthegfed ganrif wrth i'w chysylltiad â Lloegr gryfhau. 'Un
fantais yn unig a allai ddyfod i Gymru o ryfel, sef i Loegr golli'r rhyfel
hwnnw ac i'w hymerodraeth gael ei chwalu.'[53] Yng Nghemaes,
Maldwyn, ym mis Chwefror daliodd mai '[d]yletswydd gyntaf pob
cenedl, fel pob dyn, yw meindio ei fusnes ei hun yn gyntaf', ac mai
ymwneud y cenhedloedd â'i gilydd a oedd wedi dod ag Ewrop i drothwy
cyflafan,[54] ac ym mis Mawrth, wrth amlinellu 'Traddodiad Gwleidyddol
y Blaid', gofynnodd i'w gynulleidfa 'feddwl mwy am Gymru a llai am
Hitler'.[55] Nid Hitler oedd y drwg, ac nid 'rhyw fwganod erchyll – rhyw
ellyllon o ddynion', chwedl ei araith yng Nghorwen ar 25 Mawrth, oedd
y perygl: 'Ymladd yn erbyn boicot ariannol y gwledydd eraill y mae'r
Almaen. Gwedd ar y rhyfel economaidd yw ei gweithredoedd.'
Propaganda oedd yr 'unfrydedd casineb' tuag at Hitler, ac 'os daw'r
dinistr a ofnwn, dylem ofalu bod bywyd gwaraidd Cymraeg yn aros'.[56]
Rhoddodd y rhyfel iddo – yn y paragraffau rhibidirês am Tientsin a
Thwrci a Mongolia, Serbia, Norwy a Seland Newydd – y llwyfan yr
oedd wedi ceisio ei droedio ym Mhenyberth i ddangos mor ogoneddus
ond breued gwareiddiad Ewrop. O flaen rheithwyr Caernarfon yr oedd
wedi sôn am 'y ddeddf foesol'; yn ei golofn, ceisiodd roi cyfrif am 'y
delfryd moesol' a oedd yn ei dro yn sail i honno. Fe'i holrheiniodd o'i
grud yng Ngroeg, trwy Rufain glasurol a'r Ymerodraeth Lân Rufeinig
a'r Eglwys Gatholig i wledydd cred. Hwn yw 'tynged' pob gwlad, 'a
benderfyna ei rhan hi yn etifeddiaeth Ewrop':

> . . . heddiw y mae parhad gwareiddiad yn ansicr. Nid am fod gwybodaeth
> yn pallu nac ysgolheictod yn darfod. Yr hyn sy'n colli yw canfyddiad clir
> o werthoedd gwareiddiad, ac yn ail ewyllys gadarn i frwydro dros
> werthoedd ysbrydol, dros rodd Zeus, yn erbyn materolwyr yr oes.[57]

Mae'r darn yn taflu goleuni ar gryfder a gwendid mwy cyffredinol Lewis yn ei golofn wythnosol – ac yn y bywyd cyhoeddus a'i rhagflaenodd. Ni ellir darllen cwmpas epig ac egni ysgubol yr uchod heb brofi dau deimlad tebyg eu heffaith ond gwahanol iawn eu cymhelliad: rhyfeddod at hyder y dehongliad ar y naill law, ac ar y llall betrustod y bydd cwestiynu ei ddilysrwydd yn bradychu gwamalrwydd, diffyg chwaeth neu naïfrwydd ar ran y sawl a feiddiai wneud. Rhoes ei arddull ddiofryd ymhlyg ar ddefnyddio'r gair 'tybed'. A yw'n wir mai 'ystyr diwylliant . . . yw bod dynion yn dilyn delfryd ac yn ymroi i lunio unigolion a chymdeithas yn ôl patrwm', fel y mynnir yma? A yw diwylliant mor gydymffurfiol ac amhersonol? Onid gallu dynion i lunio'r byd materol yw nod amgen diwylliant? Beth yw lle dyfeisgarwch a dychymyg a'r ysgogiad i dynnu'n groes, i ddychanu a bychanu? Mae'r cwestiynau'n swnio gymaint yn llai diddorol, yn llai trawiadol, yn llai celfydd na'r testun sy'n eu hysgogi. Erfyn cryfaf Lewis fel newyddiadurwr a gwleidydd oedd ei allu i beri i amheuon swnio'n gecrus-groch, fel hwtian ar ganol pregeth. Dibynnai ei huodledd ar dawedogrwydd deuol ei gynulleidfa, o barchedig ofn ac o ofn ymddangos yn amharchus o un a wybu ddioddefaint. Ni cheir yn ei waith ofyn barn na lleisio amheuaeth na chyfaddef anwybodaeth. Ac wrth i'w ymwneud â'r lleisiau hynny a allai dymheru ei farn brinhau ar aelwyd unig trwy fisoedd cyntaf 1939, ac wrth i'r penrhyddid golygyddol y gwelsai botensial perygl ynddo yn anterth ei frwdfrydedd dros bennu polisi'r Blaid Genedlaethol yn nechrau'r degawd droi'n ymson, mae lle i amau nad oedd y canlyniadau bob amser yn gwbl iach. Eto i gyd, dichon i'r ymarferiad wythnosol hwn gynnig moddion therapi iddo yn ogystal. Ceir yng ngwaith Lewis am y tro cyntaf trwy'r colofnau hyn agor cil y drws ar brofiadau personol: argraff syfrdanol cofiant T. Gwynn Jones i Emrys ap Iwan arno yn filwr ifanc (8 Mawrth), yr unig sôn cyhoeddus sydd ar glawr ganddo am fywyd y carchar ('na ddygymydd y dyn normal cyffredin fyth ag ef', 17 Mai), ei ymserchu diniwed mewn myfyrwraig ddawnus a fu farw cyn pryd (31 Mai) a hanes ei ymweliad â Fflorens (2 Awst).

Ffarweliodd yn raddol â gwleidyddiaeth uniongyrchol. Y drefn y cytunwyd arni wedi i'w lwfans o gronfa'r Blaid ddod i ben yn nechrau'r flwyddyn oedd talu 'cydnabyddiaeth' o £50 iddo, ond cyfrannodd Lewis ei hanner i Gronfa Gŵyl Dewi. Ni theimlai ei fod yn haeddu cymaint. Yr oedd ei weithgarwch dros y Blaid yn prinhau trwy gyfuniad o brysurdeb, salwch difrifol ei fam-yng-nghyfraith erbyn dechrau Chwefror ac anobaith cynyddol a allai'r Blaid oroesi'r 'rhyfel heb frwydrau' o gwbl.[58] Gwnaeth J. E. Jones hynny a allai i ysgafnhau'r baich, gan ofyn i Lewis anfon pob cais i annerch cyfarfodydd mewn amlen yn dwyn y gair 'amhosibl' fel y gallai'r swyddfa eu hateb yn unigol,[59] ac awgrymodd i 'un o'r gweithwyr ifainc' yn y Blaid fynd yn ei le i gwrdd â dirprwyaeth o Blaid Genedlaethol yr Alban.[60] Yn nechrau Mawrth, trawyd Prosser Rhys yn wael eto, a syrthiodd baich golygyddol *Y Faner* ar ysgwyddau Lewis am bythefnos, a Margaret i ffwrdd trwy gydol y mis. Erbyn hyn, ar ben ei waith yng Ngholeg y Santes Fair (a ddôi â £100 y flwyddyn iddo), treuliai ddwy noson yr wythnos yn dysgu dosbarthiadau allanol yng nghefn gwlad Ceredigion (am dâl o £10 y flwyddyn) ac yr oedd prinder petrol, wrth i ddogni gael ei gyflwyno y gwanwyn hwnnw, yn atalfa arall. Ym mis Mai cyflwynodd y llywodraeth orfodaeth filwrol, cyhoeddodd y Blaid ei bod yn gwrthwynebu'r polisi, a chydnabu Lewis yr anochel. Nid oedd diben mewn anfon memorandwm at y Prif Weinidog yn gofyn iddo dderbyn dirprwyaeth i drafod lle arbennig Cymru, penderfynodd: 'Grym sy'n cyfrif mewn gwleidyddiaeth, nid egwyddorion'. Yr 'un peth yn unig amdani' fyddai i aelodau'r Blaid gofrestru fel gwrthwynebwyr cydwybodol. Dibynnai llwyddiant wedyn nid ar rym y ddadl eithr ar 'nifer a dycnwch y gwrthwynebwyr'.[61] Ar Sadwrn y Sulgwyn, 27 Mai, dychwelodd i'r Pafiliwn yng Nghaernarfon i gyhoeddi na ellid parchu cenedl na feddai ar y 'grym i ddioddef': 'Dywedwch wrth y Llywodraeth . . . nad Saeson mohonoch, ond cenedl arall'.[62] Dridiau yn ddiweddarach, ym Mlaenau Ffestiniog, cyhoeddodd amrywiad ar yr un neges. Yr unig wir wrthwynebiad cydwybodol cywir oedd 'datgan nad oes gan yr un genedl hawl i roi gorfodaeth ar genedl arall'.[63]

Yn y cyfamser, anfonodd Lewis ei lythyr ffurfiol olaf yn datgan na allai dderbyn cael ei ethol yn llywydd y Blaid ar ddiwedd ei dymor o bedair blynedd. Er nas enwodd, credai fod y Blaid bellach 'yn gweld yn glir' pwy fyddai'n olynydd, ac addawodd ei 'wasanaeth ffyddlon' iddo, gan ddarogan y byddai'r newid 'yn deffro holl ganghennau'r Blaid i weithgarwch newydd'.[64] Derbyniodd J. E. Jones y cais a'i ymddiswyddiad o fod yn olygydd *Y Ddraig Goch*, ond nid felly'r canghennau. Pan ddosbarthwyd rhaglen y gynhadledd bythefnos yn ddiweddarach, torrodd storm o brotest. Ar 17 Mehefin, ysgrifennodd Jones ddau lythyr at Lewis, y naill i'w hysbysu na fynnai llu o aelodau mo'i golli ac y gallai ddisgwyl derbyn ceisiadau personol oddi wrthynt, a'r llall i ddweud bod pwyllgor gwaith Sir Gaernarfon wedi trafod y mater 'a phasiwyd i bwyso arnoch i sefyll eto'. Gofynnwyd iddo gwrdd â phedwar aelod i drafod y mater – Ellis Roberts, Ben Owen, J. P. Davies ac Ambrose Bebb – 'yr wythnos nesaf'.[65] Mewn trefniant a ymylai ar ffars, cytunodd Lewis, o'i anfodd, i gwrdd â'r pedwar wrth y bont yn Nolgellau, a phennwyd pedwar o'r gloch brynhawn Gwener 23 Mehefin yn ddyddiad. Ond ni chydsyniodd Lewis heb wltimatwm ymlaen llaw, a'r tro hwn enwodd ei olynydd tebygol: 'Os af allan ar derfyn pedair blynedd eto, riteirio'n llwyr a therfynol o fywyd cyhoeddus a wnawn; gan fy mod yn tybio felly, arhosaf i helpu Daniel yn awr a pharhaf i sgrifennu a gweithio.'[66]

Trwy amryfusedd, teilwng o blot gan Thomas Hardy, collodd Lewis y cyfarfod. Nid oedd wedi sylwi ar y trefniadau manwl ar ochr arall llythyr Jones, eglurodd wedyn, a chredai nad oedd wedi gwneud mwy na chytuno mewn egwyddor wrth ddisgwyl cadarnhad pellach. 'Y mae'n ofid mawr imi, oblegid nid oedd dim yn rhwystro imi ddod a minnau wedi rhoi pethau eraill heibio er ei fwyn.'[67] Deallai Jones yn burion: ' . . . ofnwn mai'r "ochr arall y ddalen" oedd yn gyfrifol,' atebodd, 'ar waethaf y "Trosodd" a osodais ar y gwaelod'.[68] Fe'i sicrhaodd yn yr un llythyr fod rhaglen y gynhadledd ar glawr yn derfynol erbyn hynny – a'i enw heb fod ymhlith yr ymgeiswyr am y llywyddiaeth. Ym Mangor, ar 5 Awst, bedair blynedd ar ddeg i'r diwrnod pan lansiwyd y Blaid Genedlaethol ym Mhwllheli, ymddihatrodd Lewis o'r swydd y buasai mor annedwydd ynddi. Mewn 'apologia hirfaith' ychydig dros wythnos wedi'r llythyru uchod, pan oedd yn eglur y byddai J. E. Daniel yn llenwi ei le, hyderai na fyddai newid llywydd yn golygu 'dim newid polisi na dulliau gweithio', y byddai ar gael 'os bydd angen penderfyniadau pwysig', ac y câi'r Blaid bellach 'siawns i ddysgu byw heb ddibynnu ar enw un dyn . . . Gwelwch fel yr wyf yn ymhoywi! . . . Yr wyf mor hy â meddwl fod fy ngwaith ar y Faner . . . yn mynd i fod mor werthfawr i'r Blaid â phe buaswn yn aros yn enw o lywydd iddi'.[69] Gwrthododd anrheg, ond derbyniodd siec am ugain gini yn gydnabyddiaeth. Cyn pen blwyddyn arall byddai wedi rhoi cymaint â hynny'n ôl i'w blaid yn gyfraniadau i'w hapêl flynyddol.

Nid oes tystiolaeth i Lewis edifarhau byth am ymryddhau o'r llywyddiaeth, na lle i amau ei ddiffuantrwydd tadol braidd – wrth yrru ei £5 flynyddol i gronfa'r Blaid mor ddiweddar â Mawrth 1944 – ei fod 'yn llawen iawn . . . fod yr arweinwyr newydd yn cael eu traed danynt ac yn ymgryfhau'.[70] Dôi J. E. Jones ar ei ofyn yn niwedd yr un flwyddyn hefyd i gael 'eich barn a'ch cyngor' ar faterion mor amrywiol ag agwedd y Blaid tuag at y diwydiant llechi ac addasrwydd y llywydd newydd fel darpar ymgeisydd ym Meirion lle'r oedd 'yr anfodlonrwydd yn fawr iawn a chyffredinol, ac yn tarfu ar frwdfrydedd yr aelodau'.[71] Da oedd dianc. Agorodd ei ymddiswyddiad, er hynny, agendor na allai 'Cwrs y Byd' mo'i lenwi. Ni siaradai bellach dros eraill gyda'u cydsyniad a'u cefnogaeth. Collodd awdurdod; yn bwysicach fyth, collodd yr ymwybyddiaeth o awdurdod. Hanes y 1940au, i raddau helaeth, fyddai'r ymchwil am lwyfan newydd.

Nid *Y Faner* oedd ei unig gyfrwng erbyn mis Gorffennaf. Daeth tasg arall i lenwi'r bwlch, ar ffurf comisiwn am ddrama radio fydryddol gan T. Rowland Hughes o'r BBC. Cychwynnodd ar *Amlyn ac Amig* ar unwaith, gan lunio dwy o'r tair act cyn diwedd Awst. Y bwriad oedd ei chwblhau i'w ddarlledu y Nadolig hwnnw, ond difethwyd pob cynllun gan y rhyfel, oherwydd defnyddid tonfedd Cymru ar gyfer darllediadau gwleidyddol, gan gyfyngu radio yn Gymraeg i 20 awr y mis yn lle'r 20 awr yr wythnos cyn hynny. Ni ddaeth y ddrama i drefn tan y Calan, ac fe'i cyhoeddwyd ym Mai 1940.[72]

Priodol, serch hynny, ei thrafod yng nghyd-destun ei blodeuad. Deunydd crai Lewis oedd cyfieithiad Cymraeg Canol o hen chwedl am ddau gyfaill mor agos i'w gilydd â dau efell a dyngodd lw o deyrngarwch i'w gilydd o flaen y Pab ci hun yn Rhufain. Â'r blynyddoedd heibio ac mae'r ddau'n gwahanu. Trewir Amig gan y gwahanglwyf, ac ar ymweliad â llys ei gyfaill datguddir iddo gan yr

Archangel Raffael mai'r unig feddyginiaeth i'w wella yw ymolchi yng ngwaed dau fab Amlyn. Ar ôl hir wewyr meddwl ac anghrediniaeth, ildia Amlyn i'r cais. Mae'n torri pennau ei ddau fab ac yn golchi corff ei gyfaill â'u gwaed. Fore trannoeth, mae Amig wedi ei wella, a'r ddau fab eto'n fyw. Yr unig dystiolaeth i'r weithred yw craith am eu gyddfau, yng ngeiriau'r cyfieithiad gwreiddiol, 'fel edau sidan coch'.

Yn y cyfieithiad a olygwyd gan J. Gwenogvryn Evans ac a ddefnyddiodd Lewis yn ffynhonnell, teimladau gwrthgyferbyniol y claf sy'n cael y lle amlycaf: gwrthdrawiad ei awydd naturiol i wella ac i ufuddhau i genadwri'r Archangel ag amheuon ai geirwir y genadwri ac euogrwydd bod ildio yn golygu aberthu meibion ei gyfaill a throi ei gyfaill yn llofrudd. Yn nwylo Lewis, teyrngarwch hollt Amlyn – gŵr, tad, cyfaill, Cristion – yw'r canolbwynt dychmygus a moesol. Sut mae dewis? Daw ateb Amlyn ar gefn gwadu pob rheswm arall:

Nid am im' gredu dy air na thrydar gweddi,
Nid er anrhydedd cyfeillgarwch clodfawr,
Nid o ufudd-dod i'th angel,
Y rhodiais y ffordd oedd o'm blaen,
Ond yn unig fod llw yn fy nal, llaw marchog a'i law ar y creiriau,
Yn fy nal yn gaeth wrth fy nhynged, ie petai anwir y nef,
Am hynny, heb Dduw, heb ffydd, na gobaith na chariad,
Y tynnais fy nghleddyf o'r wain.[73]

Neges *Amlyn ac Amig* yw fod y cymhelliad yn amgen na'r weithred ac nad oes cysur mewn anrhydedd. Ym mlwyddyn ymddiswyddo Lewis o'r llywyddiaeth, ond nid cyn rhwymo ei blaid i niwtraliaeth gostus, amhoblogaidd ac ansicr ei chanlyniadau, fe â geiriau Amlyn â ni'n ôl i aelwyd G. J. Williams ym Mhenarth yn Ionawr 1924 a'r llwon diffuant ond dall a dyngwyd yno.

Tra gweithiai ar ddwy act gyntaf ei ddrama, gwnâi hynny a allai i ddarllen arwyddion yr amserau. Daethai i sawl casgliad pendant: rhyfel i orseddu totalitariaeth a fyddai, wedi'i yrru gan gasineb at Hitler rhagor unrhyw awydd i warchod democratiaeth, ac ategwyd ei bryderon gan yr ymarferion milwrol a welai yng nghyffiniau ei gartref. 'Y mae'r sefyllfa yn un beryglus,' dywedodd wrth ei ddarllenwyr am ryfel a allai dorri ar ddamwain ddall yn hytrach nag o fwriad, 'megis fel petai llwyth o bowdr yn aros i wynt chwythu tân tuag ato'.[74] Wythnos yn ddiweddarach, cyhoeddodd fod '[y] rhyfel (heb waed) eisoes yn bod'. Byddai o fudd, meddai, i newyddiaduron, i ffatrïoedd arfau ac i lywodraethau ar y ddau du.[75] O fewn ychydig dros wythnos, ar 3 Medi, daeth y ffrwydrad.

Oedodd Lewis hyd iddo glywed cadarnhad ar y radio brynhawn y dydd Sul hwnnw cyn rhoi ei adwaith ar bapur. Nid 'rhyfel cyflym a byr' fyddai, am fod y ddwy ochr am ymladd hyd fuddugoliaeth. Ni ddylid disgwyl cymrodedd:

> Ni bydd gwirionedd am 'Gwrs y Byd' yn bosibl eto hyd oni ddelo cadoediad; bydd yn ddigon o dasg dal dogn ansicr o wirionedd hyd yn oed y pryd hynny. Cofier hefyd hyn: fel y pery'r rhyfel fe chwerwa ysbrydoedd pob cenedl fwyfwy fe balla pwyll a doethineb fwyfwy, eir yn fwy hygoelus ac yn fwy hysterig a drwgdymherus ym mhob gwlad. Ein nod yn y tudalen hwn fydd ymdrin â digwyddiadau, neu ymdrin â honiadau am ddigwyddiadau mor bwyllog ac oer ag y gellir, gan ddal mewn cof mai i Gymru [sic] Cymraeg, a ŵyr mai drwy wasanaethu Cymru y gwasanaethir y ddynoliaeth orau, iddynt hwy yr ysgrifennwn. Duw a gadwo Gymru yn awr a hyd byth.[76]

Nodiadau

1 LlGC, papurau Plaid Cymru, B205. SL at J. E. Jones, diddyddiad ond ar ôl 14 Rhagfyr 1937.
2 'Nodiadau'r Mis', *Y Ddraig Goch*, Ionawr 1938.
3 *Y Cymro*, 26 Chwefror 1938.
4 LlGC, papurau Plaid Cymru, B220. Morris T. Williams at J. E. Jones, 4 Ionawr 1938.
5 Ibid., SL at J. E. Jones, 6 Ionawr 1938.
6 Ibid., B211. SL at J. E. Jones, 31 Ionawr 1938.
7 Ibid., B220. Cofnodion y pwyllgor brys, 22 Ionawr 1938.
8 Ibid. Morris T. Williams at J. E. Jones, 28 Ionawr 1938.
9 Ibid., B220. Morris T. Williams at J. E. Jones, 5 Chwefror 1938.
10 LlGC, papurau Kate Roberts, 3152. SL at Morris T. Williams, 12 Chwefror 1938.
11 Ibid., 3153. SL at Morris T. Williams, 17 Chwefror 1938.

12 *Baner ac Amserau Cymru*, 4 Ionawr 1938.
13 Ibid., 8 Chwefror 1938.
14 Ibid., 22 Chwefror 1938.
15 'Y Blaid Genedlaethol a Marxiaeth', *Y Ddraig Goch*, Mai 1938.
16 Ibid., Mawrth 1938.
17 *Baner ac Amserau Cymru*, 1 Mawrth 1938.
18 Ibid., 8 Mawrth 1938.
19 LlGC, papurau Plaid Cymru, B214. SL at J. E. Jones, 13 Mawrth 1938.
20 Ibid. SL at J. E. Jones, 13 Mawrth 1938.
21 Ibid. SL at J. E. Jones, 14 Mawrth 1938.
22 'Yr Ymosod ar y Blaid', *Y Ddraig Goch*, Ebrill 1938.
23 Llawysgrifau Prifysgol Cymru, Bangor, 20450. SL at Mai Roberts, 14 Mawrth 1938.
24 LlGC, papurau Plaid Cymru, B218. SL at J. E. Jones, 7 Ebrill 1938.
25 Ibid. J. E. Jones at SL, 8 Ebrill 1938.
26 Ibid. SL at J. E. Jones, [17 Ebrill 1938].
27 Ibid. J. E. Jones at SL, 19 Ebrill 1938.
28 LlGC, papurau D. J. Williams, Abergwaun, P2/30 blwch 11. SL at D. J. Williams, 10 Ebrill 1938.
29 Ibid., 24 Ebrill 1938.
30 LlGC, papurau Plaid Cymru, B221. J. E. Jones at Gwynfor Evans, 14 Mai 1938.
31 Ibid. SL at J. E. Jones, 16 Mai 1938.
32 Ibid., B222. J. E. Jones at SL, 29 Mai 1938.
33 Ibid. SL at J. E. Jones, 30 Mai 1938.
34 Ibid., B230. SL at J. E. Jones, 9 Mehefin 1938.
35 Ibid. SL at J. E. Jones, 13 Mehefin 1938.
36 Llawysgrifau Prifysgol Cymru, Bangor, 20450. SL at Mai Roberts, 14 Gorffennaf 1938.
37 LlGC, papurau Plaid Cymru, B225. SL at J. E. Jones, 17 Gorffennaf 1938.
38 *South Wales Evening News*, 9 Awst 1938.
39 *Y Brython*, 18 Awst 1938.
40 'Anerchiad y Llywydd yn Abertawe', *Y Ddraig Goch*, Medi 1938.
41 LlGC, papurau D. J. Williams, Abergwaun, P2/30 blwch 11. SL at D. J. Williams, 14 Medi 1938.
42 'Anufuddhawn', *Y Ddraig Goch*, Hydref 1938.
43 'Where We Stand', *Welsh Nation*, Hydref 1938.
44 LlGC, papurau Plaid Cymru, B225. SL at J. E. Jones, 17 Gorffennaf 1938.
45 Ibid., M594. SL at J. Alun Pugh, 22 Tachwedd 1938. Cymharer ei sylwadau am noddedigion yn 'Nodiadau'r Mis', *Y Ddraig Goch*, Tachwedd 1938, fel 'un ormes gyda'r atgasaf y gall gwerin gwlad wybod oddi wrthi' a'i eiriau ar y pwnc yn sgil eu cyhoeddi: LlGC, papurau Plaid Cymru, B235. SL at J. E. Jones, 11 Tachwedd 1938: 'Yr wyf mor benderfynol â Hitler ar y mater hwn, a byddai'n well gennyf fy nghrogi na chymrodeddu dim ar y pwnc.'

[46] *Liverpool Daily Post*, 14 Hydref 1938.

[47] LlGC, papurau Plaid Cymru, B223. SL at J. E. Jones, 22 Mai 1938.

[48] Islwyn Ffowc Elis, 'Baneri Doe', *Y Faner*, 23 Chwefror 1979.

[49] 'Saunders Lewis yn Trafod Rhyddiaith Gain', *Baner ac Amserau Cymru*, 4 Ionawr 1939.

[50] 'Cwrs y Byd', *Baner ac Amserau Cymru*, 12 Ebrill 1939.

[51] Ibid., 5 Ebrill 1939.

[52] Ibid., 29 Mawrth 1939.

[53] Ibid., 25 Ionawr 1939.

[54] *Y Cymro*, 11 Chwefror 1939.

[55] *Baner ac Amserau Cymru*, 22 Mawrth 1939.

[56] Ibid., 29 Mawrth 1939.

[57] 'Lle Pyncid Cerddi Homer', *Baner ac Amserau Cymru*, 19 Gorffennaf 1939.

[58] 'Machiavelli', *Baner ac Amserau Cymru*, 4 Ionawr 1939.

[59] LlGC, papurau Plaid Cymru, B245. J. E. Jones at SL, 24 Chwefror 1939.

[60] Ibid., B247. J. E. Jones at SL, diddyddiad ond ar ôl 26 Chwefror 1939.

[61] Ibid., B287. SL at J. E. Jones, 8 Mai 1939.

[62] *Y Seren*, 3 Mehefin 1939.

[63] *Y Rhedegydd*, 1 Mehefin 1939.

[64] LlGC, papurau Plaid Cymru, B225. SL at J. E. Jones, 30 Mai 1939.

[65] Ibid., B291. J. E. Jones at SL, 17 Mehefin 1939.

[66] Ibid. SL at J. E. Jones, diddyddiad ond 19 Mehefin 1939.

[67] Ibid., B292. SL at J. E. Jones, diddyddiad ond 26 Mehefin 1939.

[68] Ibid. J. E. Jones at SL, 27 Mehefin 1939.

[69] LlGC, 23047C. SL at O. M. Roberts, 8 Gorffennaf 1939.

[70] LlGC, papurau Plaid Cymru, B425. SL at J. E. Jones, 15 Mawrth 1944.

[71] Ibid., 442. J. E. Jones at SL, 25 Hydref 1944.

[72] LlGC, papurau D. J. Williams, Abergwaun, P2/30 blwch 11. SL at D. J. Williams, 27 Rhagfyr 1939: 'Mae'r *deunydd* yn odidog, ac mi wn fod rhannau o'r ddrama yn dda, yn well na *Buchedd Garmon*, ond mae'r act olaf yr wyf arni'n awr yn rhoi poen enbyd imi; yn araf iawn y tyf hi o gwbl, ac nid yw'n magu adenydd.'

[73] *Amlyn ac Amig* (Aberystwyth, 1940), 54.

[74] 'Cwrs y Byd', *Baner ac Amserau Cymru*, 16 Awst 1939.

[75] Ibid., 23 Awst 1939.

[76] Ibid., 6 Medi 1939.

DAN WARCHAE
1939-42

Gellid bod yn sicr o un peth. Gweddnewidiwyd y Gymru a welai Lewis trwy ei ffenestr yn Hen Dŷ Aber-mad dros nos gan y rhyfel. Rhwng 1 a 4 Medi, yr oedd 1,647 o blant a mamau wedi cyrraedd Aberystwyth o Lerpwl, gyda chwe nyrs i ofalu amdanynt. Cadwyd cyfran helaeth ohonynt, a ddioddefai gan y clefyd coch, brech yr ieir, y ffliw, y crafu, impetigo a'r pâs, ym Mhlas Tan-y-bwlch, gyda golwg allan dros y tir gwastad i gyfeiriad Llanfarian ei hun. Lletywyd y gweddill yn y dref a'r pentrefi cyfagos. Y disgwyl oedd y byddai'r nifer yn cyrraedd 3,000 erbyn diwedd y flwyddyn. Oer oedd croeso Lewis i drigolion ei hen gartref. Ysgrifennodd lythyr agored am yr 'invasion' i'r *Manchester Guardian*, a ymddangosodd ar 8 Medi, ac ar dudalen blaen *Y Faner* – lle'r ymddangosodd 'Cwrs y Byd' am y tro cyntaf ar 13 Medi, a lle'r arhosai trwy weddill y drin – mynegodd ei bryder bod 'miloedd o ddieithriaid yn goresgyn aelwydydd y bobl Gymraeg ac yn taflu bywyd ardaloedd yn bendramwnwgl ac yn difetha cartrefi am byth. A raid i ddinistr gwareiddiad dalu hefyd am "ddinistrio Hitleriaeth"?'[1] Yn yr un mis, awgrymodd dasg i J. E. Jones dan bedwar pen, yn gofyn i'r Blaid gasglu 'ffeithiau am aflendid ac afiechydon' ymhlith y newydd-ddyfodiaid, 'ffeithiau am gamymddygiad', y costau i deuluoedd lleol o ran defnyddiau, dillad ac atgyweiriadau a 'gwybodaeth gyffredinol' am eu heffaith 'ar fywyd yr aelwyd a disgyblaeth y cartref, ar iechyd ac arferion y plant Cymreig, ar fywyd yr ysgolion a'r capeli a'r eglwysi'.[2]

Cydredodd ei waredu at 'enbydrwydd' y noddedigion, chwedl colofn 20 Medi, ag ymboeni am y Cymry oddi cartref a alwyd i'r lluoedd, ac yn groes i'w reddf, wedi sicrhau chwe galwyn o betrol gan y Blaid, teithiodd i Gaernarfon i 'gynhadledd arbennig' o'r Blaid i rannu llwyfan

gyda J. E. Daniel, gan annerch ar orfodaeth filwrol ar 21 Hydref: 'Hyd
yn hyn', sicrhaodd ei wrandawyr, 'y mae bod yn aelod o'r Blaid
Genedlaethol wedi bod yn beth hawdd iawn. Nid yw'n golygu fawr iawn
o aberth hyd yn hyn . . . Nid yw carchar o ddwy flynedd, fwy neu lai, yn
ormod [e]i ofyn ar fechgyn ieuainc sy'n caru Cymru.'³ Am yr aelodau
hynny o'r Blaid Genedlaethol a bleidiai 'anfilwriaeth grefyddol' yn
rheswm dros wrthod y drafft, ychwanegodd fis wedi hynny, câi
seicolegydd eu rhesymeg 'yn ddiddorol, ac nid hwyrach yn frathog', ond
hefyd yn arwydd o wendid. 'Efallai mai'r farn y deuir iddi am gyflwr
Cymru heddiw gan estron deallgar fyddai fod yr ymwybod a'r
argyhoeddiad ei bod yn genedl ar gynnydd mawr yng Nghymru, ond bod
y dewrder i gyffesu a phroffesu hynny eto ar ôl. Yr uchaf a'r harddaf o
rinweddau yw gwroldeb.'⁴ Nid yn enw heddychiaeth y dylid gwrthod
ond yn enw arwahanrwydd Cymru, oherwydd byddai'r 'heddwch a
osodir arnom' yn sgil buddugoliaeth y naill ochr a'r llall 'y fath heddwch
fel yr edrychir yn ôl ar Gytundeb erchyll Versailles fel arwydd o oes well
a thirionach gwareiddiad'. Boed fel y bo am y canlyniad, ni fyddai
'dychwelyd at safonau rheswm a chyfiawnder'.⁵

Blaenoriaeth strategol Lewis yn wyneb 'yr ornest fawr ymerodrol',⁶
'ymgiprys arswydus yr ymerodraethau'⁷ a'r 'gyfundrefn dotalitaraidd
Seisnig'⁸ a gâi dragwyddol heol yn ei sgil oedd gwarchod rhagor
gwrthwynebu. Yr oedd yn anochel, efallai, y câi ei ddenu i fudiad
amhleidiol a goleddai'r un nod.

Erys stori lawn, wrthrychol Undeb Cymru Fydd heb ei hysgrifennu.
Anodd, felly, yw mesur dylanwad yr Undeb a'i weithgarwch yn ystod yr
Ail Ryfel Byd, ond prin fod amheuaeth am ei arwyddocâd fel y corff a
ddenodd ato'i hun y croestoriad ehangaf o gyrff diwylliannol, academaidd,
gwleidyddiaeth leol ac eglwysig yn hanes Cymru. Awgrymodd Lewis ei
hun ei ragoriaeth ar y Blaid Genedlaethol pan gyfeiriodd ato fel 'y
weithred genedlaethol Gymreig noblaf ond odid yn ystod blynyddoedd y
rhyfel'.⁹ Hwn, gellid dadlau, oedd y cynulliad cenedlaethol cyntaf.
Cynigiwyd cychwyn ymgyrch i ddiogelu buddiannau'r ardaloedd
Cymraeg 'yn wyneb y dylif diweddar iddynt o ddyl[an]wadau gwrth-
ddiwylliannol' gan Cassie Davies yng Nghyngor yr Eisteddfod ar 22
Medi,¹⁰ yn dilyn awgrym Lewis a J. E. Daniel yn eu llythyr i'r

Manchester Guardian bythefnos ynghynt, a chynhaliodd y Pwyllgor Cenedlaethol er Diogelu Diwylliant Cymru, fel y'i hadwaenid cyn lansio'r Undeb yn ffurfiol yn Awst 1941, ei gynhadledd gyntaf yn Amwythig ar 1 Rhagfyr. Daeth 93 o bobl ynghyd yn Eglwys yr Annibynwyr, Dogpole, yn cynrychioli'r enwadau a'r Eglwys yng Nghymru, y Bwrdd Canol, Undeb y Cymdeithasau Cymraeg, Cymdeithas Addysg y Gweithwyr, Urdd y Graddedigion, y Cymmrodorion, Cymdeithas Awdurdodau Lleol Cymru, yr Urdd, Cyngor Myfyrwyr y Brifysgol a'r undebau athrawon. Etholwyd W. J. Gruffydd (eilydd cynnig gwreiddiol Cassie Davies) yn gadeirydd, D. R. Hughes (a oedd wedi cydweithio gyda Gruffydd i ddiwygio'r Eisteddfod Genedlaethol cyn hynny) yn drysorydd a T. I. Ellis yn ysgrifennydd, a chyfetholwyd Lewis i'w bwyllgor gwaith, gan ddirprwyo iddo'r dasg o lunio'i ddatganiad cyntaf ar y perygl amlycaf i ddiwylliant Cymru, sef memorandwm ar y noddedigion.

Yn y bwlch rhwng y cais a'r ymateb, ar 10 Rhagfyr, traddododd Lewis ddarlith gerbron cangen Caerdydd o Urdd Graddedigion Prifysgol Cymru ar destun annisgwyl braidd, gan ofyn a oedd y fath beth â llenyddiaeth Eingl-Gymreig. Datguddia lawn gymaint am yr hyn a ddeallai wrth genedligrwydd â'r un golofn wythnosol. 'Every separate literature', haerodd, 'implies the existence of a moral person, an organic community. Such a community possessing its own common traditions and its own literature, we call a nation.'[11] A dilyn y diffiniad hwnnw, daw i'r casgliad na ellir llenyddiaeth Eingl-Gymreig am nad yw'r Eingl-Gymry hwythau'n genedl, ac mewn amrywiad gogleisiol ar y ddadl gylchog 'no true Briton', ychwanega: 'He would be a white-livered man indeed who would wish to call himself British or Anglo-Welsh. Proper men in these islands are English or Welsh or Scots or Irish – or merely naturalised.'[12] Ar ben hynny, am mai'r nofel ddiwydiannol yw baich cynnyrch y Cymry sy'n ysgrifennu yn Saesneg, a diwydiannaeth hithau yn 'destroyer of all nationhood', gellir ei chorlannu gyda 'the proletarian or sociological novel in England and elsewhere'.[13] Diau fod gan yr awduron hyn, fe eddyf, 'abundant intellectual ability', ond fe'u nodweddir gan 'a catastrophic lack of moral courage and decision'.[14]

Os hepgorir y camau yn y rhesymeg, a sylwi hefyd ar yr hyn nas dywedir, rhydd ddarlun diddorol o'r Gymru y mynnai Lewis ei diogelu.

Y berthynas rhwng 'separate' a 'common' yw'r cysyniad allweddol yma.
A rhoi'r peth ar ei fwyaf amrwd a chryno, honna Lewis mai
neilltuolrwydd ei llenyddiaeth dros amser sy'n diffinio undod cenedl.
Wrth wneud, ensynia mai eilbeth, os hynny, yw ei sefydliadau a'i thir ac
ethnigrwydd ei thrigolion. Ym misoedd cyntaf y rhyfel, ymwelodd
Lewis eto, fel y gwnaethai yn 1932, â'r Gymru ddiwydiannol ddi-
Gymraeg, a'i chael o hyd yn 'elongated bedlam'.

Erbyn i Lewis lunio ei femorandwm ar 16 Rhagfyr, yn dwyn y gair
'Cyfrinachol', dechreuai niferoedd y noddedigion, neu'r 'plant cadw',
ddod yn hysbys: 4,000 ym Môn, 3,600 ym Meirion, 600 yn ysgolion
cynradd Sir Gaerfyrddin, 8,882 yn Sir Gaernarfon, 7,500 yn Sir
Ddinbych ac 8,079 yn Sir y Fflint. Nid oedd, wrth gwrs, ffigurau am yr
ymogelwyr answyddogol a ddaethai i Gymru i aros ar aelwydydd
cyfeillion a pherthnasau. Soniodd yn y memorandwm am ymddygiad
'[t]ra amhriodol a barbaraidd' y mewnfudwyr, y dwyn a'r difrodi, eu
'llau a drewbryfed'. Tynnodd ar dystiolaeth o 'ysgol ganol' ddienw yng
Nghaergybi (ysgol ei chwaer-yng-nghyfraith Grace, mae'n debyg) i
gasglu bod y cynllun yn gwneud 'niwed anadferadwy i fywyd y genedl'
gan arwain at 'hafog moesol'.[15] Awgrymodd atal noddedigion pellach,
symud y rhai a oedd eisoes ar aelwydydd i wersylloedd pwrpasol a
phenodi pwyllgor ymgynghorol dros Gymru i ymdrin â'r mater o
safbwynt Cymreig.

Ystyriwyd adroddiad Lewis yn rhy ddof yng ngolygyddol *Y Cymro* ar
13 Ionawr 1940: 'Disgwyliasom am lais clir utgorn, ond cawsom
wichiadau ar chwibanogl ddimai'; ond yn eithafol gan eraill. Pan
ddaethpwyd i gylchlythyru'r Cymry amlwg hynny a allai ddwyn
perswâd ar y llywodraeth i adolygu ei pholisi, gwrthododd Emrys Evans,
prifathro Coleg Bangor, gyd-fynd, gan leisio ei ofn mai papur 'yn gosod
allan ei farn bersonol' a gaed gan Lewis.[16] 'Ofnaf mai Lewis ydyw'r
bwgan', ysgrifennodd Hughes at ysgrifennydd y mudiad, 'ac y mae'n
resyn meddwl bod rhai pobl yn drwgdybio popeth a ddaw o'r Hen Dŷ,
Abèr-mad.'[17] Rhaid oedd llunio ail adroddiad, dan enw Ellis, i gael
cydsyniad.

Yn y cyfamser daliai Lewis i chwarae ei ran i'r Blaid. Ar 17 Ionawr
ymddangosodd fel tyst dros Dafydd Williams, myfyriwr yn Aberystwyth

ac ysgrifennydd cangen y coleg, o flaen tribiwnlys gwrthwynebwyr cydwybodol yn y dref lle dadleuodd – mewn achos prawf digynsail – y dylid trin cenedlaetholdeb fel mater o gydwybod. Perswadiwyd Williams i ymwrthod â'i apêl gysefin fel heddychwr a seilio'i achos yn hytrach, fel y gwnaethai Lewis ei hun gerbron brawdlys Caernarfon yn Hydref 1936, ar 'the moral law' a gwrthod yr alwad i ymuno â'r lluoedd fel 'an immoral betrayal of the rights of the Welsh nation upon me'.[18] Collwyd yr achos, ond rhoddwyd cymeradwyaeth mor wresog i dystiolaeth Lewis fel y bu'n rhaid clirio'r llys.[19] Talodd ei dâl aelodaeth i'r Blaid yn brydlon ym mis Ionawr a mynd yn feichiau am £100 dros ei chyfrif gyda'r banc a chyfrannu £5 i'r Gronfa Gŵyl Dewi ar 7 Chwefror – y pedwerydd swm uchaf a dderbyniwyd y flwyddyn honno – a chyfrannodd £10 eto ar 26 Gorffennaf, pan ymddangosai na fyddai'r gronfa'n cyrraedd y £1,200 a osodwyd yn nod. Anerchodd gynhadledd 'wych, er nad lluosog' o'r Pwyllgor Amddiffyn yn Aberteifi ar 24 Chwefror, gan siarad 'yn odidog', yn ôl hen gyfaill,[20] ac eto yn Abergwaun ar 3 Mawrth. Chwe diwrnod yn ddiweddarach, mynychodd y cyfarfod cyhoeddus a alwyd yn Aberhonddu i wrthwynebu meddiannu tir ar Fynydd Epynt a gwagio 70 o dai, gan atal hawliau tir comin i 280 o ffermwyr. Ar 29 Mawrth lluniodd femorandwm ar y sefyllfa i'r Blaid, gan argymell 'gwrthwynebiad goddefol' a honni y gallai 'nifer bychan o rai dewr' atal y cynllun trwy herio'r awdurdodau i'w troi o'u tai: '. . . buan iawn y dychrynid y llywodraeth ac y codid cydymdeimlad y wlad gyfan nes i'r swyddfa ryfel chwilio am le arall i'w ddifetha'.[21] Yn gynharach yn yr un wythnos, ym Mhwyllgor Gwaith y Blaid, a barnu yn ôl y drafft yn ei lawysgrifen, aeth yn gyfrifol hefyd am lunio llythyr at Oliver Stanley, yr Ysgrifennydd Gwladol dros Ryfel, a'r prif weinidog, Neville Chamberlain, ar ran J. E. Daniel a J. E. Jones yn gofyn i'r llywodraeth roi'r gorau i'w bwriadau yn Sir Frycheiniog 'and so justify its claim to respect the rights of small nations'.[22]

Ar un wedd, caffaeliad i weithgarwch yr Undeb a'r Blaid fel ei gilydd oedd 'Cwrs y Byd'. Dadleuodd Lewis yn rhesymol argyhoeddiadol dros gadw milwyr o Gymry gyda'i gilydd yn yr un catrodau er mwyn cynnal 'effaith foesol y bywyd cynefin Cymreig'.[23] Er gwaethaf diffyg chwaeth y gosodiad bod dyfodiad y noddedigion i Gymru yn cymharu'n anffafriol â'r 'dyddiau hapus hynny pan nad arferwyd ond bomio o'r awyr ar ddinasoedd', yr oedd rhywbeth tebyg i wirionedd symbolaidd yn ei haeriad mai 'ond lleiafrif bychan' fyddai'r Cymry yn eu gwlad eu hunain trwy'r rhyfel. Yn ogystal, roedd ymarferoldeb didramgwydd, adeiladol yn yr awgrym y dylid cronni bwyd, olew a glo a phenodi Cymro Cymraeg 'o egni a gwelediad' yn drefnydd ar y paratoadau.[24] Yr oedd gosodiadau eraill yn llai ffodus. Prin y gallai'r Undeb geisio cydsyniad y llywodraeth tra mynnai un aelod o'i bwyllgor gwaith sôn am Churchill fel 'unben cyntaf Prydain Fawr ar ôl Oliver Cromwell' ac am y llywodraeth ryfel dan ei arweiniad fel 'unbennaeth dotalitaraidd' am gadw Oswald Mosley, arweinydd y Blaid Ffasgaidd, yn y ddalfa.[25] Annoeth hefyd oedd datgan bod 'rhai o briod nodweddion yr Ogpw Rwsiadd a'r Gestapo Almaenaidd ar gerdded bron yng Nghymru'.[26] Yr oedd gwaeth i ddod. Ymddangosai fod eithafiaeth dybiedig Lewis yn bygwth dyfodol y papur ei hun, ac erbyn haf 1940 dechreuai rhai a fuasai'n gefnogol i Lewis ymgilio. Yr oedd Prosser Rhys wedi cwestiynu amharodrwydd 'Cwrs y Byd' i gondemnio'r Almaen mor gynnar â throad y flwyddyn, a chael ateb llym am ei drafferth.[27] Pryderai Bebb am y Ffrainc a garai dan draed y Natsïaid, yr oedd Peate yn hen elyn a gadarnhawyd yn ei wrthwynebiad, ac yn goron ar y cyfan, ar ôl ei frwdfrydedd adeg Penyberth, tynnodd W. J. Gruffydd yn groes.

Yn eironig, bu cytundeb gwaelodol y ddau ar symptomau'r clefyd cenedlaethol a'u hanallu i'w newid yn fodd i ddwysáu'r gwrthdaro pan ddaeth. Credai Gruffydd lawn gymaint â Lewis fod bywyd Cymru 'wedi mynd i ddwylo'r Mawrion', chwedl ei nodiadau yn *Y Llenor* y gwanwyn hwnnw, ond gwelai'r bai nid ar ymerodraethau a buddiannau economaidd eithr ar 'y gwrthdaro terfynol rhwng dau allu a fu'n ymladd, ar hyd y canrifoedd – yr Eglwys Gatholig a'r Wladwriaeth Eithafol, rhwng dau allu yn ymladd am arglwyddiaeth ar ddyn a'i weithredoedd a'i feddyliau a'i fuddiannau'. Yn wyneb bygythiad 'Mussolini lwfr' a 'Franco grefyddus', rhaid oedd llyncu egwyddor a chefnogi'r rhyfel 'fel cyfraniad bychan at ymdrech Prydain i geisio cyflawni ei gwyrth'.[28]

Er na soniodd Gruffydd yn benodol am Lewis yma, nac yn ei ymosodiad mwy cyffredinol ar y meddwl adweithiol yn 'Mae'r Gwylliaid ar y Ffordd' yn yr un cylchgrawn ym mis Hydref, mae ei eiriau, yn anorfod, yn dwyn i gof y sioe o ddadl rhwng y ddau yn nyddiau diniweitiach 1927, ac mae edrych yn ôl ar y 'Llythyr' a'r 'Atebiad' trwy niwl 1940 yn dangos y pellter a deithiodd Lewis – a Gruffydd yntau. Yng nghyd-destun y rhyfel o leiaf, gwelai'r Protestant bechod yn ffactor lle ni welai'r Pabydd ddim. 'Ni chredasom erioed fod y rhyfel hwn yn rhyfel rhwng da a drwg, rhwng Crist ac Anghrist,' maentumiodd Lewis. 'Ni chredwn hynny'n awr.'[29] Mae'n ddiamau y buasai Gruffydd yn cytuno, ond am resymau tra gwahanol.

Erbyn i Lewis roi'r geiriau uchod ar glawr, yr oedd y papurau tramor yr oedd wedi dibynnu arnynt i ffurfio barn annibynnol ar y rhyfel wedi'u hatal ers pythefnos: '. . . y mae rhoi barn safadwy am feddwl unrhyw wlad agos at fod yn annichon bellach',[30] addefodd. Megis o'r blaen, yn ystod ymgyrch Penyberth, brigai'r meddylfryd drwgdybus, merthyrol i'r golwg. Pan ofynnwyd iddo gymryd rhan yn yr arolwg 'Mass Observation' i greu darlun o fywyd Prydain yn y 1940au, gwrthododd, gan hawlio mai 'adran propaganda' papur newydd gwrth-Gymreig y *News Chronicle* oedd y cyfan.[31] Y gamp, sicrhaodd ei ddarllenwyr yn *Y Faner* fel y tynnai'r rhyfel tua diwedd ei flwyddyn gyntaf, oedd mygu 'greddf ymachub, y reddf fwyaf elfennol ym mhob dyn':

> Os myn dyn gadw ei feddwl yn iach drwy gyfnod rhyfel rhaid iddo ddal ei feddiannau yn ysgafnach nag y sy'n gyffredin, ac mae hynny'n haws po leiaf o feddiannau a fo ganddo. Gellir cymryd golwg drwyadl feddygol y seicolegydd ar y mater a dweud mai'r unig ddyn iach mewn rhyfel yw'r dyn sy'n llawen o fod yn fyw ond yn barnu er hynny mai elwach a fyddai marw.[32]

Ar 26 Rhagfyr, wrth ysgrifennu ei nodiadau i rifyn Calan 1941 o'r *Faner*, daliodd Lewis mai gwell oedd 'cymrodedd anfoddhaol' â Hitler na buddugoliaeth gostus.[33] Buasai 1940 yn flwyddyn anfoddhaol iddo ar ei hyd. Yr oedd ei bocedi'n wacach a chylch ei gydnabod yn brinnach. Collwyd y gyfathrach a'i cynhaliai yn ystod ei lywyddiaeth ar ei blaid, a disodlwyd ei awdurdod a'i arweiniad o'i mewn gan gyfrwng a roddai iddo gynulleidfa ehangach, yn ôl pob tebyg, ond a fygythiai ei droi yn unben cadair freichiau, yn ailadrodd hyd syrffed yr un neges. 'Nid wyf yn cynhyrchu dim a ffrwyth ynddo i hyfforddi a diddanu gwŷr fy ngwlad y dyddiau hyn,' ysgrifennodd at D. J. Williams, 'ac ymglywaf yn boenus â'm diffrwythdra.'[34]

Daeth Ionawr 1941 â newydd am fomio Abertawe, y cyrch cyntaf ar dir Cymru. Yn Llanfarian a'r cylch, ymdaflodd y pentrefwyr i ymdrech y rhyfel gydag awch. Ar 4 Chwefror, yn neuadd y pentref, ffarweliwyd â Mr Shortman, arweinydd yr Hôm Gard lleol, a alwyd i'r lluoedd. Wythnos yn ddiweddarach cafwyd sgwrs yn y neuadd gan Mrs Silburn, Rhydyfelin, ar 'War-time Cookery', yn dangos ryseitiau gyda cheirch a chyfrinion 'the cooking of rice in an appetising manner'.[35] Dathlodd Sefydliad y Merched Ŵyl Dewi drwy gynnal cystadlaethau a darlleniadau, a phythefnos wedi hynny hysbysebwyd Wythnos Arfau Rhyfel Sir Aberteifi dan y slogan 'England Expects . . .': 'On the eve of the great battle for which the opposing forces are now preparing Nelson's inspiring call comes ringing down through the years . . . A trembling world waits hopefully to see what the response will be'.[36] Yr oedd yr ymateb yn y sir yn galonogol iawn o safbwynt y trefnwyr: codwyd y £250,000 a osodwyd yn nod o fewn chwe diwrnod. Uchafbwynt yr wythnos oedd 15 Mawrth. Addurnwyd siopau Aberystwyth â rhubanau a baneri Jac yr Undeb a thyrrodd y torfeydd i weld gweddillion Messerschmitt 109 wedi'u harddangos ar y prom.

Bellach, oherwydd prinder petrol, yr oedd Lewis wedi prynu merlyn, Llwyn, a chert i deithio rhwng Aber-mad a'r fferm gyfagos, Llwynwnwch, lle cynorthwyai Moses Gruffydd i wyna. Gobaith Lewis oedd prynu'r fferm, ond gwrthododd y perchennog, un Mr Meredith, ei gwerthu, ac yn Rhagfyr y flwyddyn honno symudodd y teulu o'r tŷ hynafol yng ngwar y goedwig i dŷ brics Fictoraidd, Llygad-y-glyn, yn y pentref ei hun.

Cyfleir ysbryd y rhyfel mewn tair cerdd a gyhoeddwyd gyda'i gilydd yn y gyfrol denau gyntaf o'i gerddi, *Byd a Betws*, yn niwedd 1941. Amhriodol fyddai eu galw'n gyfres neu'n ddilyniant, ond gellir canfod symudiad graddol ond digamsyniol ynddynt o sicrwydd i ansicrwydd, o afael ar amgylchiadau i golli gafael. Fe'u hystyrir yma yn nhrefn eu cyfansoddi.

Cydblethir yr un tair cainc yn y tair cerdd: anwybodaeth, dieithrwch a defnydd dyrys o'r rhagenw 'ni'. Perthyn 'Y Dilyw 1939' i fisoedd olaf yr heddwch.[37] Ymdrinia ag achosion y drin sydd i ddod gyda phendantrwydd dadansoddol. Cerdd yw hi sy'n troi ar echel ei sythwelediad dadrithiedig ei hun. Yn y ddau ganiad cyntaf cyferbynnir y traethydd a gofia, a sylweddola ac a ŵyr â'r 'carthion' di-waith, anwybodus, anghofus ac anghofiedig yng nghymoedd Morgannwg a yfodd 'laeth o Lethe' mor ddwfn nes colli eu hiaith a'u tafodiaith, eu hunan-barch a'u hymwybyddiaeth o sarhad. Y darlleniad greddfol yw cymryd mai dyfais gorig yw'r 'ni' sy'n llefaru yn niwedd y caniad cyntaf – 'Dryllier ein traed gan godwm' – ond nid yw'n derfynol eglur. A yw'r traethydd yn uniaethu â gwrthrych ei chwerwder? Yn y trydydd caniad, troir o effeithiau'r dirwasgiad at ei achosion gyda'r llinell leiaf awenyddol o gryn bellter yn holl farddoniaeth Gymraeg yr ugeinfed ganrif: 'Ar y cychwyn, nid felly y gwelsom ni'r peth'. Credir yn ddiniwed mai rhan oedd diweithdra o'r 'llanw a thrai gwaredol, yr ansefydlogi darbodus' y mae'n rhaid i farchnadoedd y byd wrtho i weithredu dan gyfalafiaeth. Methodd y bancwyr yn eu hanwybodaeth a'u gwanc, wrth leihau credyd i'w benthycwyr, â rhagweld y canlyniadau. Agorwyd 'fflodiardau ola'r byd': cwymp Wall Street a chyfodiad totalitariaeth. 'Pallodd' pwyll y gwleidyddion hwythau. Daeth yr anochel: 'sŵn tanciau'n crynhoi'.

Dadrithiad a dogn go dda o snobeiddiwch sy'n cynnal breichiau 'Golygfa mewn Caffe' hefyd.[38] Yma eto, a'r rhyfel wedi torri, saif y traethydd uwchlaw'r budreddi o'i gwmpas – '[y] dyrfa drist a gollasai ddaioni'r deall' – ond maent yn annifyr o agos y tro hwn fel y gellir gweld 'eu hwynebau gorila', a champ yw ymwthio rhyngddynt i gipio cornel o fwrdd gyda ffrind neu ffrindiau dienw. Pan ymgroga'r 'hen wrach' – a adwaenir fel Cymraes wrth ei menyg gwynion – yn y stryd y tu allan, pwy yw'r 'ni' sy'n ei hadnabod, sy'n gweld 'ei heglau'n troi dan y glaw'? Ai'r traethydd a'i gydymaith neu a yw'r fintai chwilfrydig yn cynnwys dieithriaid grotésg 'Blonegesau Whitechapel, Ethiopiaid Golder's Green'? Mae'r gystrawen herciog yn fwriadol dywyll.

Er mai anwybodaeth a dieithrwch yn yr un modd yw themâu 'Haf Bach Mihangel', a gyfansoddwyd yng nghanol 1941,[39] saif y traethydd yn gyfysgwydd â'i bobl y tro hwn 'yn ein pentref ni', a'i glywed ei hun yn ildio dan bwysau'r rhagenw amwys:

Nid oes neb yn dweud ei feddwl, nid oes neb
Yn meddwl; brolia'r llais yn y blwch
Ein llynges *ni*, ein llu awyr *ni*,
A ninnau'n amheus gredu mai ni yw ni . . .

'Ni' sy'n agor yr awdl 'Garthewin' hefyd,[40] ond arall hollol yw'r
cywair. Yma, y Cymry Cymraeg a hanes adfer 'ein tir . . . ein cenedl
frau' ar aelwyd bonheddwr a adroddir. Mae lletygarwch Garthewin yn
cyfannu cof ac yn erlid dieithrwch. Dyma ailddarganfod Tywyn Dafydd
Nanmor, yn idiom Dafydd Nanmor, gan ffeirio 'tefyrn tatws' y cymoedd
am winoedd Oporto a Bordeaux a chyfnewid 'ulw simneiau' am
ganhwyllau'r allor.

Gwrthrych y moliant oedd Robert Wynne, perchennog Garthewin yn
Llanfair Talhaearn, Dyffryn Conwy. Yr oedd R. O. F. Wynne wedi
etifeddu ystâd y teulu yn 1933, gan goleddu cenedlaetholdeb a'r ffydd
Gatholig a chychwyn ei gyfeillgarwch â Lewis yn fuan wedyn. Oddi ar
1939 yr oedd garddwest flynyddol Garthewin ym mis Mehefin i godi arian
i'r Blaid, gyda stondinau cacennau a llyfrau, pibwyr Gwyddelig a sipsi'n
dweud ffortiwn a noson lawen, wedi dod yn rhan sefydlog o'i chalendr
cymdeithasol – calendr a oedd fel arall yn ddigon llwm. Yn Wynne canfu
Lewis batrwm o'r noddwr uchelwrol Cymreig, Catholig ym mhopeth ond
ei iaith, ac mae'n debyg mai'r berthynas rhwng y ddau ddyn oedd y
dylanwad llenyddol anuniongyrchol pennaf arno trwy weddill ei oes.
Ymhen amser, yn hen ysgubor Garthewin, a drowyd yn theatr, y gwelwyd
llwyfannu rhai o ddramâu Lewis am y tro cyntaf; ond llawn cyn bwysiced
â'r nawdd ymarferol oedd rhoi i Lewis yn nyddiau mwyaf digalon ei
ymwneud â Chymru synnwyr hunaniaeth a phwrpas. Ysgrifennodd ei
awdl, eglurodd wrth Wynne, yn null beirdd y bymthegfed ganrif, 'but with
a contemporary intention, the kind the aristocratic poets used to write at
Christmas or Easter or Whitsun to the "uchelwyr".'[41]

Yng ngarddwest 1941 anerchodd Lewis ar 'Dyfodol Cymru', gan
gymryd y plas yn symbol o obaith am 'greu cymdeithas lawen, obeithiol
. . . Rhaid inni ddysgu edrych ar ein mudiad, nid fel peth sydd yn erbyn
pethau eraill, ond fel peth sydd dros Gymru. Nid gwrth-Seisnig yw'r
blaid, ond pro-Cymreig.'[42] Anodd, er hynny, oedd cysoni'r hyder â'r
Gymru a welai o ddydd i ddydd. Yn niwedd Gorffennaf lluniodd Lewis

ei 'mantolen' fel gwlad o safbwynt cenedlaetholwr. Yng ngholofn y
colledion rhestrodd y ffaith na roddai'r wladwriaeth unrhyw
gydnabyddiaeth neilltuol i'r wlad: yr oedd y fyddin 'fel goresgyniad
Seisnig enfawr' ac 'addysg Cymru yn mynd dan y llif' yn wyneb y
noddedigion. Llawn mor frawychus ag effeithiolrwydd gafael y
llywodraeth ar y cyfryngau oedd difrawder y werin: 'Buom gan mwyaf
yn ysglyfaeth bodlon i bropaganda'r Wladwriaeth ac i'r trawsffurfiad a
ddug hi arnom ac i'r ysbeilio a fu ar ein rhyddid a'n hawliau'. Er hynny,
profai'r ymosod cyson ar genedlaetholdeb fod y mudiad yn cyfrif, a
gwell na hynny oedd safiad y gwrthwynebwyr cydwybodol a'u
cyhoeddai eu hunain felly ar sail eu Cymreictod.[43]

Daeth 1941 i ben ar nodyn apocalyptaidd. Cyhoeddai Lewis bellach
mai 'buddugoliaeth i Natzïaeth' fyddai canlyniad buddugoliaeth y naill
ochr neu'r llall, ac unwaith eto, dioddefaint oedd y nodyn llywodraethol:
' . . . y mae'r dydd yn dyfod mewn gwledydd nes na'r Almaen y bydd yn
hawdd adnabod y Cristnogion, oblegid byddant yn ychydig ac fe'u
casheir hwynt. Bydd marc y carchar arnynt, ac yn eu dwylo hwy y bydd
allweddau rhyddid y byd.'[44] Ofer hefyd oedd sôn am ad-drefnu
economaidd a heddwch: 'Ein barn a'n hargyhoeddiad ni yw na welwn ni
mo'r cyfryw adeg.'[45]

Pendiliai rhwng calondid a digalondid fel y gwawriodd 1942. Arwydd
o oroesi oedd y cymysgedd o blant lleol a phlant cadw wrth y drws yn
Llygad-y-glyn yn gofyn calennig yn Gymraeg, ac am y tro daliodd ar y
gobaith a oedd yn ymhlyg yn yr ymdrech i gredu bod gwaredigaeth.
'Trwy feddwl, trwy waith y deall a'r ewyllys, y mae achub gwareiddiad.
Gallwn gyfeiliorni wrth geisio, ond y bai anodd ei faddau yw edrych
mewn diymadferthwch ar fyd yn llithro i ddinistr heb ymegnïo i chwilio
am ffordd obeithiol.'[46]

Rhan o'r hyder newydd, yn eironig ddigon, oedd cais gan y Blaid
iddo fynd yn ymgeisydd dros Sir Feirionnydd. Er bod pwyllgor gwaith y
sir yn 'unfryd',[47] bu gwrthod yn fodd i'w ddarbwyllo bod y gwaith a
wnâi yn gyfraniad ac i'w atgoffa am y byd yr oedd wedi cefnu arno yn
Awst 1939. 'Yn y Faner y gallaf wasanaethu orau o hyn ymlaen . . . ac
nid yw ail-gychwyn ar fywyd cyhoeddus yn denu dim arnaf'.[48] Fe'i
hystyriai ei hun, ysgrifennodd at un a oedd wedi gwrthod y cynnig

hefyd, 'yn ŵr sâl, yn *invalid* o ryw fath', na allai sefyll ar ei draed i annerch cyfarfodydd am oriau bwygilydd: 'y mae hanner awr weithiau'n ormod ac yn fy mwrw i lawr yn llwyr'.[49] Eironi mwy oedd y byddai Lewis cyn pen y flwyddyn yn ymgeisydd seneddol yn yr etholiad mwyaf nodedig yn hanes cenedlaetholdeb Cymreig am genhedlaeth.

Aeth trwy wanwyn 1942 gan gyd-ddioddef, meddai, â'r Rwsiaid dan warchae yn Leningrad,[50] ond wedi'i argyhoeddi nad oedd gwahaniaeth rhwng Comiwnyddiaeth a Natsïaeth o ran 'athroniaeth gymdeithasol ac athroniaeth wrth-fetaffisegol'.[51] Rhyfel cartref oedd y gwrthdaro rhwng y ddwy. Ym mis Ebrill, mewn anerchiad i gynhadledd Cymdeithas Addysg y Gweithwyr yng Nghaernarfon ar 'Cymru a'r Ad-drefnu wedi'r Rhyfel', mentrai ddarogan 'y mil-blynyddoedd' i Brydain ar ôl yr heddwch, fel gwlad mewn dyled am y tro cyntaf yn ei hanes. Arweiniai at sefydlu 'Llywodraeth Dotalitaraidd' a dileu'r pleidiau gwleidyddol.[52] Gwyntyllodd yr un ofn am weld 'cyfundrefn dotalitaraidd Seisnig barhaol' yn ei golofn fis yn ddiweddarach. Byddai'n 'fawr ryfeddod' petai Cymru'n goroesi, meddai, heb dri pheth: ysgogi'r 'ewyllys genedlaethol', aelod seneddol gan y Blaid Genedlaethol yn Nhŷ'r Cyffredin a chynrychiolaeth ar y cynghorau er mwyn ennill 'mwy o awdurdod gwir leol . . . Canys peth lleol yw rhyddid; yn ei gartref y mae pawb yn rhydd. Meithrin cartrefi yw busnes cenedlaetholdeb.'[53]

Daeth cyrch ar y cartref hwnnw yn yr haf, o du Gwilym Davies, sylfaenydd Neges Ewyllys Da Urdd Gobaith Cymru ac un o bleidwyr cynnar ymreolaeth.[54] Mewn erthygl hir a chrwydrol, galwodd Lewis yn Gymro 'athrylithgar . . . mor ddiwylliedig ei feddwl ac unplyg ei fwriad', ond casglodd mai nod ei ysgrifau o wythnos i wythnos yn *Y Faner* – ac yn *Y Ddraig Goch* cyn hynny – oedd creu Cymru annibynnol, dotalitaraidd, ffasgaidd a phabyddol na chaniatâi ond 'un blaid, un eglwys ac un iaith'.[55] Ysgrifennai Lewis, haerodd, dan ddylanwad cylchlythyrau'r Fatican ac awduron Action Française, ac effaith y cyfan oedd troi'r Blaid Genedlaethol i fod 'y Blaid Ffasgaidd yng Nghymru'.[56]

Croesawodd *Y Cymro* 'ysgrif ymchwilgar . . . hollol ddiduedd' Davies ar ei dudalen blaen ar 4 Gorffennaf, gan alw yn ei golofn olygyddol wythnos wedi hynny am 'ateb cyflawn' naill ai gan Lewis neu J. E.

Daniel. Ar 18 Gorffennaf, mentrodd Daniel i ffau'r llewod, gan ateb cyhuddiadau Gwilym Davies yn eu trefn. Rhannai ei gyfraniad y tudalen blaen â chartŵn o waith Lloyd Hughes. Dangosai ddraig gyda phedwar pen: Hitler, Mussolini, y Pab a Chymraes a'i het draddodiadol mor dynn am ei phen nes cuddio'i llygaid. Atebwyd ateb Daniel gan Davies ar 1 Awst, a suddodd y ddadl o'r golwg dan lanw Eisteddfod Aberteifi.

Nid oedd cyhuddiadau Davies yn eu hanfod yn wahanol iawn i'r degau o lythyrau a gyrhaeddai swyddfa'r Blaid yng Nghaernarfon trwy flynyddoedd y rhyfel, gan elynion digymrodedd ac aelodau dadrithiedig fel ei gilydd, yn lleisio ofn am negyddiaeth y Blaid ar adeg o argyfwng. Yn breifat, wfftiodd Lewis yr erthygl fel peth 'mor hapus o ddi-sail fel nad oedd yn cythryblu dim arnaf'.[57] Derbyniodd, er hynny, y gallai wneud niwed. Y gwahaniaeth mawr oedd mai ymosodiad cyhoeddus ac *ad hominem* oedd hwn (ar werth ar ffurf pamffledyn dan argraffnod y Methodistiaid Calfinaidd yng Nghaernarfon erbyn diwedd Gorffennaf) gan ffigur lled adnabyddus a fynnai synio am y Blaid fel creadur ewyllys ei chyn-lywydd. Ymateb Lewis oedd atal ei golofn yn *Y Faner* am bythefnos a chyhoeddi 'Ateb' mewn dwy ran yn ei lle, i'w amddiffyn ei hun rhag yr 'ymosodiad ar fy anrhydedd ac ar fy ngonestrwydd i' a'r hyn a ddehonglai fel '[c]ais pendant i'm gyrru allan o fywyd cyhoeddus Cymru'.[58]

Cydnabu ddylanwad y Fatican ar ffurfiant y Blaid – 'Byddai dal athrawiaeth groes i'r athrawiaeth honno yn achos gofid dwys imi' – ond hawliodd nad oedd y dylanwad hwnnw 'ond sicrwydd fod ein datblygiad, – ein pwyslais ar y teulu, y fro, cydweithrediad ac undebau llafur, amaethyddiaeth yn sylfaen, gwrthwynebiad i reolaeth arian ar fywyd cymdeithas, gwrthwynebiad i wladwriaeth ormesol, gwrthwynebiad i ddiwydiannaeth unochrog a phroffidiol – fod y cwbl yn gyson ag egwyddorion y Ffydd Gristnogol'. Yn wir, gwnaeth yn fawr, fel y gwnaethai adeg Penyberth, o seiliau Cristnogol y Blaid fel 'yr unig fudiad politicaidd ym Mhrydain a chanddi raglen gymdeithasol gwbl gyson â dysgeidiaeth Gristnogol gyffredinol am drefn iawn mewn cymdeithas'. Ei amddiffyniad terfynol, er hynny, oedd ysbryd digychwyn, bwrdais y wlad y mynnai ei thrawsnewid, fel petai angerdd ynddo'i hun yn gyfiawnhad: 'Ein nod fel cenedl yw goddef pob dim er mwyn aros bob un mor gysurus a di-helbul ag y gallo. Nid oes gennym syniad beth a olygir wrth "ddigofaint sanctaidd". Ac y mae arwriaeth y tu draw i'n dychymyg.'[59]

Nid oedd y drwg wedi'i lwyr ddadwneud chwaith. Sgil-gynnyrch cyhuddiadau Davies oedd lledaenu stori bod Lewis wedi cyfaddef wrth W. J. Gruffydd ei fod yn ffasgydd. Ceisiodd J. E. Jones gyngor cyfreithiwr, Emyr Thomas yng Nghaernarfon, i gael gwybod sut y dylid ymateb, ac awgrym hwnnw oedd y dylid cysylltu â Gruffydd yn uniongyrchol.[60] Daeth ateb Gruffydd mewn nodyn diddyddiad, yn cadarnhau nad oedd y stori'n wir 'o gwbl' ac nad oedd ganddo 'un cof o gwbl' am sgwrs o'r fath.[61]

Am y tro, gallai'r Blaid – a Lewis – fwynhau gosteg wedi storm a oedd wedi bygwth difrod gwaeth nag a gyflawnodd, a'r rhyddid amheuthun sy'n dod i ran rhai nad oes ganddynt reolaeth dros eu hamgylchiadau. Bu'r cynhaeaf ar y fferm fynydd yr oedd yn ei rhentu gan Moses Gruffydd, sef Llwynwnwch, Trisant, ger Pontarfynach, yn drychinebus o wlyb, ond llwyddodd i wneud elw bychan. Dechreuodd hefyd ei ymchwil ar gyfer *Straeon Glasynys*. 'Yr ydym ar gychwyn pedwaredd flwyddyn y rhyfel', ysgrifennodd ym Medi 1942, 'mor bell oddi wrth sobrwydd a phwyll ag yr oeddwn [*sic*] ar gychwyn y rhyfel ei hun. Efallai mai ar derfyn y gaeaf sy'n dyfod y bydd cyfnewid er doethach a dwysach yn ysbryd y gwledydd.'[62]

Bu cyfnewid, yn ddiau. Fis yn ddiweddarach, a Lewis yn ddigalon ynghylch tynged Deiseb yr Iaith yn sgil pasio Deddf Llysoedd Cymru,[63] ymddiswyddodd y Rhyddfrydwr Ernest Evans, aelod seneddol Prifysgol Cymru, o'r sedd yr oedd wedi'i dal er 1924 i fynd yn farnwr llys sirol ar gylchdaith Gogledd Cymru. Byddai'n rhaid wrth isetholiad.

Cyhoeddwyd y newydd yn y *Times* ar 29 Hydref, a'r un diwrnod, yn ôl pob tebyg, cysylltodd J. E. Daniel â Lewis i ofyn iddo sefyll.[64] Mae'n rhaid bod Lewis wedi derbyn y gwahoddiad gyda'r troad, oherwydd ddeuddydd yn ddiweddarach mynegodd J. E. Jones 'lawenydd mawr' ar ran y Blaid am iddo gydsynio,[65] a'r un diwrnod aeth llythyr i Gofrestrfa'r Brifysgol yn gofyn am y gwaith papur angenrheidiol.

'Gall hyn achub bywyd Cymru', gorfoleddodd Gwynfor Evans drannoeth cadarnhau'r ymgeisyddiaeth, ' – nid gormod dweud hynny os aiff i mewn; ac y mae ganddo gyfle godidog.'[66] Yr oedd gan Evans le da i fod yn ffyddiog ar sawl cyfrif: yr oedd Lewis yn adnabyddus; yr oedd natur arbennig yr etholaeth (dim ond graddedigion y Brifysgol a gâi bleidleisio) o'i du; a'r tebyg oedd y byddai nifer helaeth o gefnogwyr ymgeisydd y Blaid Ryddfrydol – gan fod cytundeb anffurfiol na safai'r prif bleidiau yn erbyn ei gilydd dan y llywodraeth goalisiwn – ar wasgar yn y lluoedd arfog. Ffactor pwysicach na dim oedd anallu'r Rhyddfrydwyr i ddod ag ymgeisydd i'r maes. Bythefnos wedi iddo gyhoeddi ei ymgeisyddiaeth, daliai Lewis heb wrthwynebydd. Ar 11 Tachwedd rhestrodd *Y Faner* naw o enwau posibl – a Gwilym Davies yn eu plith. Yr oedd, meddai'r papur, yn 'sefyllfa chwerthinllyd'.

Parhaodd yr ansicrwydd hyd ail wythnos Rhagfyr. Anhawster hanfodol y Blaid Ryddfrydol oedd nad ennill y sedd oedd ei blaenoriaeth eithr atal Lewis. Rhaid oedd taro ar ymgeisydd a oedd yn dderbyniol i'r blaid ei hun, a oedd â'r dymer academaidd i gynrychioli'r Brifysgol ac a oedd yn ogystal yn Gymro digon amlwg i fod yn wrthwynebydd credadwy i'r 'dyn bychan, tawel, crychwallt hwnnw' a ystyrient 'yn berygl gwirioneddol i'w calonnau simsan'.[67] Y ceffyl blaen oedd W. J. Gruffydd, ond nid oedd yn fodlon sefyll heb amodau pendant.

O'r hir ddiwedd, yn yr un wythnos ag y cychwynnodd yr Wythfed Fyddin ei chyrch ar filwyr Rommell yng Ngogledd Affrica, ac wedi 'cryn banig',[68] cydsyniodd Gruffydd – ar y ddealltwriaeth y câi wneud hynny heb ymrwymo i chwip y Blaid Ryddfrydol yn Nhŷ'r Cyffredin. Ni safai fel Rhyddfrydwr ond derbyniai gymorth y blaid honno. Yr oedd yr eironi'n gliriach i J. E. Jones nag i Lewis ei hun, o bosibl. Buasai Gruffydd ymhlith y 80 fwy neu lai o ffigurau amlwg ym mywyd cyhoeddus Cymru yr oedd Jones wedi ceisio eu cefnogaeth i ymgeisyddiaeth Lewis ar ddechrau'r ymgyrch er mwyn dangos 'undeb y genedl Gymreig yn y dyddiau du hyn – ei hundeb yn yr ymdrech i'w hamddiffyn ei hun rhag ei threchu gan y peryglon sydd ar bob llaw'.[69] Fel y mynnai pethau fod, bygythiai Gruffydd a Lewis rhyngddynt dynnu'r undeb bregus hwnnw'n gareiau.

Yn rhyfedd ddigon, i Lewis, a oedd wedi ei gyhoeddi ei hun 'mor fflat ynof fy hun â ffroisen' a 'heb awydd i ennill y sedd o gwbl'[70] fis cyn hynny, bu dewis Gruffydd yn sbardun. Fe'i cafodd yn 'some

consolation' fod ofn cenedlaetholdeb wedi cymell Gruffydd i'r fath
'treachery', ac er ei fod yn 'horribly frightened and nervous'[71] wrth
feddwl am ennill, bwriodd Lewis iddi yn egnïol. 'Mae'r etholiad yn un
pur ddigrif o leiaf', ysgrifennodd at D. J. Williams ar drothwy'r Nadolig:

> Mae'r cŵn mawr yn cyfarth ac [yn] fy nychryn yn ofnatsan. Ond 'does
> mo'r help. Y peth gwych yw bod y Blaid yn awr yn cyfrif mor enbyd
> yn y cylchoedd pwysicaf yng Nghymru. Ac mae hi wedi gorfodi i
> Ryddfrydiaeth fwrw'r ysbryd i fyny a mabwysiadu W.J.! Y mae
> hynny'n fuddugoliaeth. Ac yn gwymp enbyd i W.J. druan.[72]

Daliai'r Blaid yn obeithiol. Yr oedd gŵr a oedd wedi gadael ei wraig
– fel y gwnaethai Gruffydd ddegawd ynghynt – dadleuodd J. E. Jones,
yn fwy tebygol o adael ei blaid hefyd, a byddai'r wasg yn sicr o edliw
iddo ei fywyd preifat a'i gefnogaeth i Lewis adeg Penyberth unwaith y
dechreuai'r ymgyrch o ddifrif.[73] Hyd yn oed ar ôl dewis Gruffydd, nid
oedd yn gwbl amhosibl y byddai'r Rhyddfrydwyr yn mynnu ymgeisydd
swyddogol a rannai'r bleidlais yn erbyn Lewis. Hyd yn oed pe na wnâi,
amcangyfrifai J. E. Jones y byddai '60% ar y mwyaf' o'r 11,000 o
etholwyr cofrestredig yn hon, yr etholaeth leiaf ei maint trwy Brydain,
yn bwrw pleidlais. A thybio y dôi ymgeiswyr ymylol i ddarnio'r
bleidlais ymhellach, rhagwelai y byddai gofyn '2,000 i 3,000' o
bleidleisiau ar Lewis i ennill: 'Nid yw hynny'n amhosibl o gwbl'.[74] At
hynny, fel yr adroddodd wrth Lewis ei hun ddeuddydd wedyn, yr oedd
'barn gyhoeddus' Sir Gaernarfon, ei sir enedigol, wedi ei siomi yn
Gruffydd – 'cyfeirir at ei chwit-chwatrwydd; dywedir y bydd yn
ddiwedd ei barch yng Nghymru, etc'[75] – ond cwestiwn arall oedd a
adlewyrchid hynny gan etholwyr mwy dethol y Brifysgol.

Effaith ddiamheuol ymgeisyddiaeth Gruffydd oedd tynnu sylw oddi
ar bolisi a'i ganoli ar bersonoliaeth. Yn ei ffordd gynnil ei hun, ni bu
Lewis yn rhydd oddi wrth y demtasiwn i bersonoli'r ornest chwaith.
Gwnaeth yn fawr yn ei anerchiad dyddiedig 28 Tachwedd, er enghraifft,
o gysylltiadau Gruffydd â'r Blaid Genedlaethol, gan ddal fod '[rh]aid i
ymgeisydd annibynnol fod yn un a chryn hyder ynddo'i hun ac yn ei
bwysigrwydd'. Craidd ei neges oedd bod 'rhaid wrth gymdeithas i achub
cymdeithas' ac mai trwy'r Blaid Genedlaethol yn unig y gellid gwneud

hynny. Yr anerchiad hwn hefyd oedd y tro cyntaf i Lewis arfer yr enw y
daeth y Blaid ei hun i'w arddel cyn diwedd y rhyfel, sef Plaid Cymru –
'canys dyna ydyw'.[76]

Daeth diwrnodau'r etholiad ei hun – yn ystod yr wythnos 25-9 Ionawr
1943 – yn hysbys ar drothwy'r Nadolig, newydd a gyrhaeddodd
swyddfa'r Blaid, yn rhyfedd ddigon, trwy law Gruffydd ei hun.[77]
Gweithiodd J. E. Jones hyd 24 Rhagfyr ac yr oedd yn ôl wrth ei ddesg
bum niwrnod wedyn. Yn y cyfamser, mygodd Lewis ei ddisgwylgarwch,
gan ddal na allai broffwydo'r canlyniad ac mai 'y cwbl yr wyf yn
hyderus-bryderus amdano yw achub y deposit yn weddol anrhydeddus'.[78]

Y tyndra rhwng hyder a phryder oedd nod amgen diwedd 1942 i
Lewis. Fis cyn bwrw na chyfrif yr un bleidlais yr oedd yr etholiad eisoes
wedi cael effaith er lles arno. Mewn cyfweliad (gyda Prosser Rhys, yn ôl
pob tebyg) ar aelwyd Llygad-y-glyn wythnos cyn y Nadolig, clywir
adlais o'r hen Lewis afieithus, direidus, hwyliog bron yr oedd pedair
blynedd fel colofnydd wedi bygwth ei fygu. Prin y ceir trwy ei holl
feirniadaeth wleidyddol gollfarn mor gofiadwy ar Brydeindod â'r
gosodiad mai amhosibl fyddai dychmygu Rupert Brooke yn canu am
'some corner of a foreign field that is forever Britain' neu ei addefiad y
gellir priodoli rhyfel i genedlaetholdeb: '. . . mae bodolaeth cenhedloedd
wedi bod yn aml yn achos rhyfel, yn union megis y mae bodolaeth
dannedd wedi bod yn aml yn achos y ddannoedd, a bodolaeth merched
wedi bod yn fynych yn achos ffrae'. Amheuthun hefyd ei genadwri ar
swyddogaeth gwleidyddiaeth: 'Nid tuedd at yr hyn sy'n dda ac yn iawn
yw tuedd y byd. Y mae tuedd y byd at farwolaeth, at ryfel, at ddrwg.
Penderfynu beth sy'n iawn yw dyletswydd gwleidydd, ac yna ceisio troi
tuedd y byd at hynny.'[79]

Drysu disgwyliadau yw tynnu'r bennod hon i'w therfyn yma. Fe'i
gwneir, serch hynny, mewn ymgais, cydnabyddedig artiffisial, i ymestyn
rywfaint ar Lewis yn ei afiaith wedi hirlwm hir. Bwytaodd ymgeisydd y
Blaid Genedlaethol dwrci yn ginio Nadolig – yr unig un yn
Aberystwyth, barnai – gyda Montrachet 1937, y botelaid olaf o win
gwyn yn ei seler, i'w ganlyn. Rhodd oedd oddi wrth Robert Wynne.
Cyrhaeddodd y ffowlyn o Garthewin wedi ei lapio mewn dail bresych
i'w gadw'n ffres. Tra ciniawai Lewis, gwyddai y gallai gyflawni gwyrth.

Nodiadau

1 'Cwrs y Byd', *Baner ac Amserau Cymru*, 13 Medi 1939.
2 LlGC, papurau Plaid Cymru, B295. SL at J. E. Jones, diddyddiad ond Medi 1939.
3 *Yr Herald Cymraeg*, 23 Hydref 1939.
4 'Cwrs y Byd', *Baner ac Amserau Cymru*, 29 Tachwedd 1939.
5 Ibid., 6 Rhagfyr 1939.
6 Ibid.
7 Ibid., 15 Mai 1940.
8 Ibid., 3 Ionawr 1940.
9 Ibid., 28 Tachwedd 1945.
10 LlGC, papurau Undeb Cymru Fydd, A7.
11 *Is There an Anglo-Welsh Literature?* (Caerdydd [*sic*], 1939), 3.
12 Ibid., 4.
13 Ibid., 9.
14 Ibid., 13.
15 LlGC, papurau Undeb Cymru Fydd, A5.
16 Ibid., A1. Emrys Evans at D. R. Hughes, 9 Ionawr 1940.
17 Ibid. D. R. Hughes at T. I. Ellis, 10 Ionawr 1940.
18 Ceir copi o ran o araith Dafydd Williams yn LlGC, papurau Plaid Cymru, B298. J. E. Jones at A. O. H. Jarman, 20 Ionawr 1940.
19 *Baner ac Amserau Cymru*, 24 Ionawr 1940.
20 LlGC, papurau Plaid Cymru, B309. D. J. Williams at J. E. Jones, 29 Chwefror 1940.
21 Ibid., B313. SL at J. E. Jones, 29 Mawrth 1940.
22 Ibid., B316. J. E. Daniel a J. E. Jones at Neville Chamberlain ac Oliver Stanley, 29 Mawrth 1940.
23 'Cwrs y Byd', *Baner ac Amserau Cymru*, 14 Chwefror 1940.
24 'Dylifiad Noddedigion i Gymru', ibid., 5 Mehefin 1940.
25 'Cwrs y Byd', ibid., 29 Mawrth 1940.
26 Ibid., 10 Gorffennaf 1940.
27 Dau ateb Lewis oedd 'oblegid bod pob papur arall yng Nghymru yn ei wneud yn gyson' ac am fod 'condemnio gelyn mewn amser o ryfel yn wastraff papur'. Amddiffynnodd ei safbwynt ymhellach nad ysgrifennai 'yn dda nac yn onest o newid'. SL at Prosser Rhys, 24 Ionawr 1940. Dyfynnwyd yn D. Tecwyn Lloyd, 'Fel yr Oedd Cwrs y Byd', *Barn*, 273 (Hydref 1985), 371.
28 'Nodiadau'r Golygydd', *Y Llenor*, XX.2 (Haf 1940), 58.
29 'Cwrs y Byd', *Baner ac Amserau Cymru*, 31 Gorffennaf 1940.
30 Ibid., 10 Gorffennaf 1940.
31 LlGC, papurau Plaid Cymru, B308. SL at J. E. Jones, 19 Mawrth 1940.
32 'Cwrs y Byd', *Baner ac Amserau Cymru*, 14 Awst 1940.
33 Ibid., 1 Ionawr 1941.
34 LlGC, papurau D. J. Williams, Abergwaun, P2/30 blwch 11. SL at D. J. Williams, 12 Rhagfyr 1940.

35 *Cambrian News (South)*, 14 Chwefror 1941.
36 Ibid., 14 Mawrth 1941.
37 *Byd a Betws* (Aberystwyth, 1941), 9-11.
38 Ibid., 12. Fe'i cyhoeddwyd yn wreiddiol yn *Y Ddraig Goch*, Rhagfyr 1940, yn dwyn y dyddiad 28 Chwefror 1940.
39 Ibid., 26-7.
40 Ibid., 13. Fe'i cyhoeddwyd yn wreiddiol yn *Y Faner*, 22 Ionawr 1941.
41 *SLThG*, 267. SL at Robert Wynne, 17 Ionawr 1941.
42 *Baner ac Amserau Cymru*, 23 Gorffennaf 1941.
43 'Cwrs y Byd', ibid., 31 Gorffennaf 1941.
44 Ibid., 5 Tachwedd 1941.
45 Ibid., 31 Rhagfyr 1941.
46 Ibid., 25 Mawrth 1942.
47 LlGC, papurau Plaid Cymru, B359. J. E. Jones at SL, 3 Chwefror 1942.
48 Ibid. SL at J. E. Jones, 4 Chwefror 1942.
49 Ibid., B1120. SL at Ellis D. Jones, 15 Chwefror 1942.
50 'Cwrs y Byd', *Baner ac Amserau Cymru*, 25 Mawrth 1942.
51 Ibid., 8 Ebrill 1942.
52 *Baner ac Amserau Cymru*, 22 Ebrill 1942.
53 'Cwrs y Byd', ibid., 27 Mai 1942.
54 Cyhoeddodd bamffledyn yn ystyried yr achos o blaid mesur o hunanlywodraeth i Gymru yn *40 Points on Welsh Nationalism* (Carmarthen, 1910).
55 'Cymru Gyfan a'r Blaid Genedlaethol', *Y Traethodydd*, y drydedd gyfres, 11 (1942), 107.
56 Ibid., 111.
57 LlGC, papurau Kate Roberts, 3163. SL at Morris T. Williams, 19 Gorffennaf 1942.
58 'Ateb i Mr Gwilym Davies', *Baner ac Amserau Cymru*, 15 Gorffennaf 1942.
59 Ibid., *Baner ac Amserau Cymru*, 22 Gorffennaf 1942.
60 LlGC, papurau Plaid Cymru, B369 J. E. Jones at SL, 25 Gorffennaf 1942.
61 Ibid., B378. W. J. Gruffydd at J. E. Jones, diddyddiad.
62 'Cwrs y Byd', *Baner ac Amserau Cymru*, 9 Medi 1942.
63 Ar ôl pedair blynedd o ddeisebu, casglu bron hanner miliwn o enwau a gwario £1,000 ar fras gyfrif gan yr ymgyrch gyda'r nod o sicrhau cydraddoldeb y ddwy iaith, y cyfan a ganiataodd y Ddeddf oedd cymryd llw yn Gymraeg a chael cyfieithu tystiolaeth ar gost y llys. Barn Lewis oedd mai 'gwawd a dirmyg' oedd y ddeddfwriaeth. 'Cwrs y Byd', *Baner ac Amserau Cymru*, 14 Hydref 1942.
64 LlGC, papurau Plaid Cymru, B374. J. E. Jones at Prosser Rhys, 29 Hydref 1942: 'Wrth gwrs, pwysir ar Saunders Lewis i fod yn ymgeisydd; bydd Daniel yn ysgrifennu ato heddiw, meddai.'
65 Ibid., B377. J. E. Jones at SL, 4 Tachwedd 1942.
66 Ibid. Gwynfor Evans at J. E. Jones, 1 Tachwedd 1942.
67 *Baner ac Amserau Cymru*, 2 Rhagfyr 1942.

68 Ibid., 9 Rhagfyr 1942.

69 LlGC, papurau Plaid Cymru, B374. J. E. Jones at W. J. Gruffydd, 6 Tachwedd
1942.

70 LlGC, papurau D. J. Williams, Abergwaun, P2/30 blwch 11. SL at D. J. Williams,
3 Tachwedd 1942. Gweler hefyd LlGC, papurau Plaid Cymru, M69. J. E. Jones at
Wynne Samuel, 20 Hydref 1942, am amharodrwydd Lewis i annerch cyfarfodydd:
'. . . nid wyf yn anobeithio am ei gael. Bydd raid i'r etholiad boethi. Bydd raid
iddo yntau gynhesu ynddi [sic]. A bydd raid iddo weled bwysiced y cyfarfodydd
hyn.'

71 SLThG, 282-3. SL at R. O. F. Wynne, 29 Tachwedd 1942.

72 LlGC, papurau D. J. Williams, Abergwaun, P2/30 blwch 11. SL at D. J. Williams,
diddyddiad [Rhagfyr 1942].

73 LlGC, papurau Plaid Cymru, B380. J. E. Jones at Cassie Davies, 7 Rhagfyr 1942.

74 Ibid. J. E. Jones at M. J. Jones, 7 Rhagfyr 1942.

75 Ibid. J. E. Jones at SL, 9 Rhagfyr 1942.

76 Anerchiad Cymraeg i Etholwyr Prifysgol Cymru (1942), 1. Fe'i hatgynhyrchwyd
yn Baner ac Amserau Cymru, 20 Ionawr 1943.

77 Ar 29 Rhagfyr diolchodd J. E. Jones iddo am 'yr hwylustod mawr' a dymuno'n
dda iddo yn ei ymgyrch. LlGC, papurau Plaid Cymru, B381. J. E. Jones at W. J.
Gruffydd.

78 Ibid. SL at J. E. Jones, 20 Rhagfyr 1942.

79 Baner ac Amserau Cymru, 23 Rhagfyr 1942.

Havrincourt – lle clwyfwyd Saunders Lewis yn Ebrill 1917.

Bu Saunders Lewis yn destun gwawdluniau yn y *Western Mail* gydol y 1930au.

J. Glyn Davies ar ei aelwyd.

Saunders Lewis a Mair, ei ferch.

9 St. Peter's Rd
Newton, Mumbles, nr Swansea
20.9.36.

Annwyl S.L.,

1. ...

2. ...

3. ...

4. ...

Saunders Lewis

Dengys y llythyr hwn, a ysgrifennwyd gan Saunders Lewis o fewn pythefnos wedi'i llosgi, ei fod yn awyddus i gadw'r fân ynghyn.

Y darlun eiconig: bu cynllun gan rai i atgynhyrchu'r ddelwedd hon ar hancesi.

Yn union wedi'r prawf: Saunders a Margaret Lewis a'r Parchedig a Mrs Valentine.

Y Barnwr Herbert Poyner Lewis yn cyrraedd y llys, 13 Hydref 1936. Derbyniodd gymun yn eglwys Llanbeblig y bore hwnnw.

Saunders Lewis, Lewis Valentine, D. J. Williams a'u cyfreithiwr, E. V. Stanley Jones, yn cerdded i Frawdlys Caernarfon, 13 Hydref 1936.

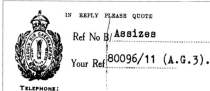

Police Station,

Pwllheli.

20th OCTOBER, 1936.

The Under Secretary of State,
The War Office,
LONDON. SW.1.

Sir,

<u>John Saunders LEWIS.</u>

I beg to acknowledge receipt of your letter
dated the 19th instant reference № as above relative
to the record of John Saunders Lewis supplied for
Court information.

Saunders Lewis, with two others, who are
prominent members of the Welsh Nationalist Party, were
charged with Arson and Malicious Damage to King's
property. The charges were heard at the Caernarvon
Assizes on the 13th instant when the Jury disagreed
and it was directed that the case stand over until
the next Caernarvonshire Assizes which will be held
in January or early in February next.

The final result of the case will be
communicated to you.

I am,

Sir,
Your obedient Servant,

Wm. Hughes.

Superintendent.

Bwriad gwreiddiol y Goron oedd cynnal yr ail achos yng Nghaernarfon.
Fis yn ddiweddarach, bu newid meddwl.

Lewis Valentine, Saunders Lewis a J. E. Jones ar yr Embankment yn Llundain drannoeth rhyddhau'r Tri o Wormwood Scrubs.

Daeth deuddeng mil o bobl ynghyd yng Nghaernarfon ym mis Medi 1937 i groesawu Saunders Lewis, Lewis Valentine a D. J. Williams.

Anghyfiawnder ! ! !

Saturday, May 22nd

At 6 p.m.

Central Hall, Swansea

(Seating 1200)

GREAT PROTEST MEETING

For

Mr. Saunders Lewis

*Now in prison for his principles, previously lecturer
in Welsh Literature at Swansea University College,
whose post has been filled in his absence, in
circumstances demanding fullest public examination.*

SPEAKERS:

Ald. PERCY MORRIS, Swansea
Prof. J. OLIVER STEPHENS
Mrs. D. J. WILLIAMS, B.A., Fishguard
Dr. ELFED THOMAS. Swansea
Mr. J. WALTER JONES, M.A., Neath
Mr. ANDREW DAVIES, B.A.,
President Swansea Students Union Council.
Dr. IORWERTH JONES, Swansea
Coun. J. L. REES, Pontardawe
Mr. KITCHENER DAVIES, M.A., Rhondda
Rev. DYFNALLT OWEN, M.A.
Mr. D. MYRDDIN LLOYD, M.A.,
National Library, Aberystwyth
County Coun. D. B. LEWIS, Cross Hands
Mr. DAFYDD JENKINS, Barrister-at-law

Community Singing at 5.30 p.m. Harpist : Miss Rhiannon James.

Demonstrate your DISAPPROVAL of FASCIST METHODS and DEMAND JUSTICE.

Printed in Wales by Frank C. Jones, Mansel Press, rear of 7, Mansel Street, Swansea.

'Demand Justice' oedd y gri yn y cyfarfod protest a gynhaliwyd yn Abertawe,
22 Mai 1937.

Cyfarfod o'r Cylch Catholig Cymreig yn Ninbych, 1941. Rhes flaen: Y Canon David Crowley, Y Tad John Brennan, Cathrin Daniel, Mrs Wynne (mam R. O. F. Wynne), Edna Hampson-Jones, Y Deon Pat Crowley, Y Tad Maher. Rhes gefn: Y Tad Fenton, Tom Shannon, Y Tad John Ryan, Y Canon Barrett Davies, R. O. F. Wynne, Y Tad Pat Shannon, Thomas Charles Edwards, Y Tad James Reardon, Saunders Lewis.

Y Parch. G. O. Williams, S. L., yr Athro Brinley Thomas ac Aneirin Talfan Davies yn darlledu o stiwdio'r BBC yn Abertawe yn nyddiau cynnar y Gorfforaeth.

Dwy Siwan, dau Llywelyn: chwith Gwenyth Petty a Conrad Evans;
dde, Siân Phillips a Clifford Evans

Chwaraewyr Garthewin yn y perfformiad cyntaf o *Blodeuwedd* yn 1948.

Darlledwyd *Treason*, cyfieithiad Elwyn Jones o *Brad*, yn 1959,
gyda Donald Houston, Siân Phillips a Clifford Evans

Saunders Lewis adeg cyfansoddi *Tynged yr Iaith*, ar yr aelwyd ym Mhenarth, 1962.

Cyflwyno *Presenting Saunders Lewis*
iddo gan Syr Ben Bowen Thomas,
1973.

Aduniad olaf y Tri, Abergwaun 1968.

'Yr wyf wedi dysgu'n derfynol na fyn Cymru ddim ohonof
ond fel ysgrifennwr od a difyrrus.'

'YN RHY FALCH I FEDRU DIODDEF'

1943-7

Gyda'r Calan, ymaflodd Lewis o ddifrif yn yr ymgyrch etholiadol. Bellach, yr oedd ganddo swyddfa, uwchben siop lyfrau Morgan and Higgs yn Union Street, Abertawe ac ychydig dros £100 yn y gronfa. Mynnai o hyd yr hawl i ddweud yr annisgwyl. Ac yntau wedi collfarnu nofel *Gŵr Penybryn* Tegla Davies am 'the mildew of Evangelicalism' ynddi, galwodd mewn cyfarfod etholiadol yn Aberdâr ar 7 Ionawr am 'ddiwygiad Efengylaidd Ymneilltuol', gan ddal fod gan Gymru lawer mwy i'w hofni oddi wrth baganiaeth nag o du Pabyddiaeth. Rhwng hynny ac wythnos y bleidlais ei hun anerchodd Lewis sawl gwaith eto: Caerfyrddin ar y 9fed, Bargoed a Phontypridd ar y 14eg a'r 15fed, Caerdydd ar y 18fed, y Conway Hall, Holborn yn Llundain ar yr 20fed, Wrecsam ar yr 21ain a Bangor a Chaernarfon ar yr 22ain a'r 23ain.

Yn y cyfamser, er iddo ymatal rhag defnyddio 'Cwrs y Byd' fel erfyn propaganda agored, mentrodd sylwadau ar gyflwr Cymru. Wrth adolygu *Cymry Patagonia* R. Bryn Williams, er enghraifft, cyffelybodd Gymru wedi'r Ddeddf Uno i hil dan gaethwasiaeth:

> Wynebwn y gwir amdanom ein hunain: yr oeddem ni, nyni ein tadau ni, nyni'r genedl Gymreig, yr oeddem ni yn union yn yr un cyflwr â Negroaid yr Affrig wedi eu trosglwyddo i'r America. Yr oeddem yn cyfrif cyn lleied â hwythau. Nid oedd inni gyfle o gwbl i ymgynefino â dim a berthynai i lywio na gweinyddu bywyd cymdeithasol. Yr oeddem hefyd wedi colli pob hanes am ein gorffennol ein hunain. Ni wyddem – ni wyddom heddiw – am ein gwareiddiad gynt. Yr oedd ein hanes ni'n dechrau inni gyda diwygiad crefyddol a gwerinol y ddeunawfed ganrif; ein llenyddiaeth ni'n dechrau yr un pryd. Cawsom drefnu'r bywyd crefyddol hwnnw, a'r profiad gweinyddol a threfniadol

hwnnw oedd unig brofiad gwleidyddol ein cenedl. Hymnau'r diwygiad
hwnnw oedd unig alawon ein cenedl. Pregethwyr y diwygiad hwnnw
oedd unig ddelfryd cymeriad a bywyd yn addysg ein cenedl.[1]

Pan ofynnwyd iddo mewn holiadur gan Undeb Cymru Fydd yn yr un
mis sut yr oedd ennill 'cydnabyddiaeth o hunaniaeth cenedl y Cymry' yn
y Senedd, atebodd mai'r cyfrwng fyddai 'ennill Cymru i'w pharchu ei
hun . . . a thrwy i Gymru fucheddu fel gwlad yn ei pharchu ei hun'.[2]
Ymgadwodd, gan hynny, rhag pardduo'i wrthwynebydd fel mater o
bolisi. Mewn brwydr etholiadol a drôi'n bur chwyrn ymysg pleidwyr y
ddwy garfan – bu sôn i Gruffydd ddyfynnu geiriau llai na charedig
Lewis am 'y demos dimai' o gyfrol *Byd a Betws* yn ei gyfarfodydd i
ddangos pa mor anghymwys oedd Lewis i gynrychioli neb[3] – yr oedd yn
benderfyniad egwyddorol a chanmoladwy, ond yn un pur aneffeithiol.

Ni fynychodd na Lewis na Gruffydd y cyfrif na chyhoeddi'r
canlyniad am hanner awr wedi pedwar brynhawn Sadwrn 30 Ionawr yng
Nghofrestrfa'r Brifysgol. Etholwyd Gruffydd gyda 3,098 o bleidleisiau;
daeth Lewis yn ail gyda 1,330. Nid enillodd y tri ymgeisydd annibynnol
1,500 rhyngddynt. Cyhoeddodd J. E. Jones, a oedd yno ar ran Lewis, ei
fod 'yn fodlon ar y canlyniad oherwydd er bod yr hen frigâd yng
Nghymru wedi ennill y frwydr yr oedd y genhedlaeth ieuengaf y tu ôl i
Mr Lewis',[4] a chlywyd y gwae a'r gorfoledd disgwyliedig ymhlith y
cefnogwyr. 'Onid ydym ni'n genedl ddi-weledigaeth a di-asgwrn-cefn
wedi'r cyfan',[5] galarodd D. J. Williams. Gollyngodd pleidwyr Gruffydd
ochenaid o ryddhad. 'Syndod i mi oedd i W.J. gael cystal
buddugoliaeth', addefodd Williams arall wrth Lewis arall; 'pur ansicr
oedd pawb ym Mangor ond gobeithiem am y gorau. Cafodd y Blaid
andros o siom, a gwna les iddynt.'[6] Nid yw'n amhosibl y buasai Lewis
wedi cyd-weld â'r ddau sylw. Cafodd y gŵr a oedd wedi datgan yn ei
anerchiad etholiadol yr edrychai ar ei waith yn y senedd 'megis parhad
ar fy ngwaith presennol, nid fel rhywbeth newydd a di-berthynas'
ddychwelyd i'w golofn yn *Y Faner*. 'Yr wyf wedi dysgu'n derfynol',
ysgrifennodd fel y daeth y gwanwyn, 'na fyn Cymru ddim ohonof ond
fel ysgrifennwr od a difyrrus.'[7] Dynododd derfyn ar hynny o uchelgais
wleidyddol a feddai.

Gêm ddifyr, ac nid cwbl ddi-fudd chwaith, yw dychmygu sut y gallai pethau fod wedi bod yn wahanol. Pe bai Ernest Evans wedi ymddeol union bum mlynedd cyn hynny, cyn i'r rhyfel yrru Gruffydd o rengoedd y Blaid Genedlaethol, pan oedd yn bosibl y byddai'r prif bleidiau wedi cystadlu gan rannu'r bleidlais, a thra oedd y don o gydymdeimlad â'r driniaeth a gawsai Lewis ar law Coleg Abertawe yn dal i gyffroi gwladgarwch Cymry na alwent eu hunain byth yn genedlaetholwyr, dichon y gwnaethai Lewis yn well. Ond tybed a fuasai wedi sefyll? Mae'n gwestiwn a ddymunai ennill o gwbl. 'Y mae'r Blaid yn gweithio'n odidog – fel un mudiad mawr', ysgrifennodd at J. E. Jones wythnos cyn bwrw pleidlais. 'Ni bu erioed ddim mwy addawol. Na falier ddim onid enillom – y mae'r gwaith wedi ei wneud a'r Blaid yn rym yn awr yng Nghymru.'[8] Wythnos yn ddiweddarach, ar lwyfan y cyfarfod cyhoeddus yng Nghaernarfon, cyfaddefodd nad oedd yn 'hidio dim' a gâi ei ethol neu beidio. Digon ganddo oedd bod yr etholwyr wedi pleidleisio – ar eu gwaethaf bron – fel 'cynrychiolwyr y genedl'.[9] Symbol oedd yr isetholiad, fel Penyberth o'i flaen; eilbeth oedd y canlyniad. Yn y pen draw – rhwng y cyhuddiadau o niwtraliaeth, 'mediaeval conceptions of so-called nobility and obscurantist authoritarianism',[10] chwedl llofnodwyr un llythyr cefnogaeth i Gruffydd, a disgrifio athrawiaeth y Blaid gan Thomas Artemus Jones fel 'clytwaith o Ffasgiaeth a Nasiaeth [sic] penchwiban'[11] – y gwahaniaeth sylfaenol rhwng y ddau brif ymgeisydd oedd eu safbwynt parthed hanes Cymru. 'Oni all cenedl wneud yn amgen na chofio'i gorffennol', meddai Gruffydd yn ei anerchiad Gŵyl Dewi cyntaf ar ôl cyrraedd Tŷ'r Cyffredin, 'nid oes iddi ddyfodol.'[12] Arall hollol oedd nod ymgyrch Lewis. Dymunai adfer ei chof iddi, ac i'w dyb ei hun, llwyddasai yn ei amcan. Yn ei anerchiad cyntaf ar wersi'r etholiad, yn Aberystwyth ar 6 Mawrth, diolchodd i'w gefnogwyr am yr 'ysbryd' a godwyd. Yr oedd dychryn y gelyn 'yn deyrnged' i bawb a oedd wedi cymryd rhan am mai ofn a oedd wedi cymell y bleidlais yn ei erbyn.[13]

Coleddai'r cysur oer, fel y gwnaethai yn nyddiau'r Dirwasgiad ddegawd cyn hynny, mai dioddefaint oedd moddion sicraf achub Cymru: 'Ie, dyweder y gwir plaen, fe ddyry rhyfel hir a rhyfel drud a chreulonach nag a brofasom eto amser inni ddioddef a newid ein meddwl. Ceir arwyddion beunyddiol bod angen hynny arnom.'[14] Anodd, yn wir, oedd ymgadw rhag chwerwedd. Wrth i'r haf agor gyda dadwreiddio Cymry i weithio yn Lloegr a dim pall ar fewnfudo, bu galw hyd yn oed gan y *Western Mail* am benodi ysgrifennydd gwladol. Ym marn Lewis, rhaid oedd i'r 'wlad adwythig, anghyfrifol, ddibendefigaeth a diegwyddor; y gramen sâl' ddwyn y cyfrifoldeb. Anghofiodd, mae'n rhaid, ei eiriau calonogol y gwanwyn hwnnw am yr etholwyr fel 'cynrychiolwyr' eu cenedl:

> Rhaid i Gymru ddioddef canlyniadau ei dewis ei hun. Heddiw y mae Cymru mewn ing oblegid nad oes ganddi neb i'w harwain nac i lefaru'n annibynnol ar ei rhan. Pedwar mis yn ôl yr oedd mwyafrif yng Nghymru mewn gwewyr rhag ofn i etholaeth y Brifysgol anfon cenedlaetholwr Cymreig i'r senedd. A ellir gan hynny ymddiried o gwbl yn nhymer bresennol Cymru? . . . Mae'n anodd cymryd mewn difrif hyd yn oed boen a dioddefaint gwerin gwlad fel hon. Nis cymerir mewn difrif gan yr aelodau seneddol Cymreig, ac y mae eu byd da a'u helaethrwydd beunydd yn ddiogel o'r herwydd. Ar y domen yng Nghymru y ceir y sawl a gymero boen Cymru o ddifrif.[15]

Nid Cymru yn unig a ddioddefai. Fel y daeth yr hydref, mewn adolygiad o *Adfeilion* Alwyn D. Rees, daroganodd dri newid sylfaenol a oddiweddai'r byd, ni waeth ai Natsïaeth yr Almaen ynteu 'Diwydiannaeth Lloegr' a gariai'r dydd. Gwelai'n gyntaf 'arweiniad bywyd y dyn gwyn' yn symud o Ewrop i Ogledd America, 'lle y deellir leiaf ar draddodiad hanesyddol y dyn gwyn'; y byddai Ewrop hithau 'yn ymddatod oddi wrth ei gwreiddiau Helenistaidd; oddi wrth lygad ei gwareiddiad'; ac y codai Asia yn erbyn y dyn gwyn a 'gweld ei ddarostwng ef i'r llwch mewn rhyfel'. Wedi'r rhyfel, rhagwelai'r 'dyn gwyn yn mynd yn brinnach drwy'r byd'.[16]

Dwg geiriau Lewis ni i faes dyrys na chaiff cofiant yn gyfiawn ei anwybyddu. I'r sawl a fynno eu dehongli felly, mae'r edifarhau am 'y dyn gwyn' yn ildio ei hegemoni, a'r ensyniad bod gwareiddiad ar ei golled wrth i'w ddylanwad leihau, yn ddigon i gollfarnu Lewis fel lladmerydd hiliaeth – a gwrthsemitiaeth yn fwyaf penodol. Diau fod tystiolaeth i ategu casgliad o'r fath. Cymerer, er enghraifft, ei eiriau sarhaus am 'yr Iddewon napoleonaidd' fel y diwydiannwr a'r aelod seneddol Alfred Mond sy'n gwadu hawliau cenhedloedd ac nad yw'n ddim ganddynt 'ddiorseddu'n llwyr egwyddorion Cristnogol' yn eu sêl dros fasnach gydwladol.[17] Ychwaneger ei haeriad yn sgil ethol Hitler yn ganghellor yr Almaen yn 1933 mai 'arian Iddewig a dalwyd i swyddfeydd Fleet St' a oedd i gyfrif am yr ymosod arno yn y wasg Seisnig[18] a'i gyfeiriad agored o ddilornus at 'ryw Iddew' (Harold Laski) a glywodd yn annerch cyfarfod yn ystod ymgyrch etholiad 1945.[19] Hyd yn oed a bwrw mai cellwair sydd wrth wraidd y gosodiad, anghynnes a dweud y lleiaf oedd dal yn nechrau'r 1960au, boed mewn llythyr preifat, 'Really there was nothing wrong with Dachau and Auschwitz. They were a little before their time.'[20]

Hawdd anwybyddu; haws condemnio; haws fyth, efallai, yw damnio 'malltod' a 'ffiloreg adfydus' Lewis cyn eu rhoi o'r neilltu 'a throi at agweddau eraill ar ei syniadau cymdeithasol'.[21] Nid chwiw anffodus, neilltuedig ar ei 'syniadau' oedd ei agwedd tuag at hil eithr rhan annatod o'i athrawiaeth. Hon oedd yr ochr dywyll, anorfod, ar ei Ewropeaeth a'i ddirnadaeth o Gymru fel rhan o brif ffrwd gwareiddiad Ewrop. Anachronistaidd yw ei gyhuddo o wfftio amrywioldeb ac o beidio â dathlu amlddiwylliannaeth. Prin y deallai ergyd y cyhuddiad pes clywsai. I Lewis, peth i'w ddraddodi oedd diwylliant gan bobl o gyffelyb fryd a chyffelyb gefndir yn byw yn yr un lle: 'gwinllan a roddwyd' i'w diogelu a'i hanwylo. Hanfod gwareiddiad iddo oedd cadw ac nid cymysgu. Yr oedd yn burydd – ceidwadol a chul, yn sicr, ie, a snobyddlyd hefyd – ond ni allai feddwl y tu hwnt i feddylfryd dosbarthol, paradigmatig ei oes. Cydnabu wrth drafod Mond mai 'peth gwael a thaeogaidd yw ceisio maeddu dyn drwy ei alw yn Iddew', ond yr oedd yn ffaith ddigwestiwn ganddo fod Iddewon, yn rhinwedd eu hanes fel 'cenedl a fu'n ffoadur drwy'r byd', heb gydymdeimlad â dyheadau cenhedloedd sefydlog. Os derbynnir yn ddiffiniad o wrthsemitiaeth ragdyb yn erbyn Iddewon ar sail nodweddion cyffredinol tybiedig, yna fe ddilyn o'r tipyn tystiolaeth uchod yn unig a'r croen gŵydd a godir gan y sôn am 'ffroenau Hebreig' y bancwyr yn yr ystadegau chwarter yn 'Y Dilyw' a'r cyfeiriadau anhyfryd at 'Blonegesau Whitechapel, Ethiopiaid Golder's Green' yn 'Golygfa mewn Caffe' mai gwrthsemitydd oedd Lewis. Eto i gyd, ni ellir llai nag amau bod y cyhuddiad yn codi o gymhelliad deuol sy'n tywyllu cyngor. Yn gyntaf, mae'n anodd osgoi'r casgliad mai rhan o'r gwaredu at wrthsemitiaeth ymddangosiadol Lewis yw dieithrwch y gwrthrychau i'r cyhuddwyr eu hunain a digofaint dirprwyol ar eu rhan. Yn ail, a chan ddal mewn cof yr un diffiniad, diddorol yw cymharu gwrthsemitiaeth dybiedig Lewis â'r cyffredinoli difrïol ar Saeson sy'n britho ei waith: gwedir iddynt eu lle ym mhrif ffrwd meddwl Ewrop, ac yn wir yn eu gwlad eu hunain;[22] fe'u portreadir, yn enwedig felly yn 'Cwrs y Byd', fel jingoyddion difeddwl sy'n fodlon cyd-dynnu â llywodraeth ormesol; gwarafunir lloches i'w plant; a gelwir am ddileu Saesneg fel iaith lafar o dir Cymru: '*delenda est Carthago*'.[23] Cyd-destun diwylliannol y disgwrs, gellir bwrw, sy'n pennu'r dehongliad a roddir arno ac mae rhywun yn nogio rhag galw'r peth yn hiliaeth. Amddiffyniad cryfaf Lewis rhag y cyhuddiad, debyg, yw ei ymwybyddiaeth ei hun o'i wendid: galwai wrthsemitiaeth yn 'ysbryd dieflig . . . sy'n un o heintiau hanes ac yn hadu ym mhob un ohonom ond iddo gael cyfle'.[24] Ond gellir mentro dweud cymaint â hyn am yr Iddewon a'r Saeson fel ei gilydd yn athrawiaeth gymdeithasol Lewis: fe'u trinnir nid fel is-ddynion eithr fel pobl na wiw ganddo briodoli iddynt ddiffuantrwydd nac ewyllys da yn eu perthynas â Chymru. Yn wir, un o nodweddion mwyaf anffodus Lewis yn ei ymwneud fel cenedlaetholwr â phobloedd a mudiadau ac unigolion y digwyddai anghytuno â hwy yw annhuedd mor ddiysgog nes ymylu ar anallu patholegol i ganiatáu iddynt gymhellion di-feddwl-drwg. Drwgdybiai Iddewon fel y drwgdybiai heddychwyr a Lloyd George a sosialwyr y de: nid ei bobl ef oeddynt.[25]

Cadwodd Lewis draw o gynhadledd ac Ysgol Haf y Blaid Genedlaethol yn niwedd Gorffennaf a dechrau Awst 1943, er gwaethaf cymell taer J. E. Jones 'y gwnâi eich absenoldeb neu eich presenoldeb, wahaniaeth pur fawr nid i'r Ysgol Haf yn unig ond i waith y Blaid yn y misoedd wedyn hefyd',[26] ac er bod penderfyniad gerbron – wedi'i gynnig gan Lewis Valentine a'i eilio gan D. J. Williams – i'w wneud yn llywydd er anrhydedd. Gwrthododd deithio i Gaernarfon, meddai, 'nid o ddiffyg ewyllys na diddordeb' ond am na allai oddef teithio yng nghanol prysurdeb gŵyl y banc: 'ni fedraf sefyll oriau mewn trên oblegid fy afiechyd'. Yn ogystal â hynny, yr oedd salwch Prosser Rhys ers pum wythnos wedi ei orfodi i lunio erthygl flaen *Y Faner* ar ben ei golofn wythnosol a rhaid oedd dal ar hynny o hamdden a gâi i ymweld â'i fodryb Ellen yng Nghastell-nedd.[27] Collodd, felly, y bleidlais a welodd ethol Abi Williams yn llywydd i olynu J. E. Daniel. Dymuniad Lewis oedd perswadio Moses Gruffydd i sefyll neu fel ail ddewis Gwynfor Evans: 'un sy'n sefyll allan fel arweinydd . . . ef yw'r gorau os gellir ei gael i gytuno i sefyll'.[28] Etholwyd Gwynfor yn is-lywydd, ac yr oedd yn ddealledig nad dyna fyddai diwedd ei rawd. Câi Lewis wireddu ei ddelfryd o weld Gwynfor yn llywydd, a'i chwalu, o fewn dwy flynedd. Yr un fu hanes Ysgol Haf Caerffili yn Awst 1944. Lluniodd Lewis bapur, ond cadwodd draw, ar ôl petruso hyd wythnos cyn y digwyddiad. Darllenwyd ei sylwadau ar ad-drefnu Cymru wedi'r rhyfel ar ei ran gan Moses Gruffydd. Ni fynnai Lewis weld eu cyhoeddi am na chredai eu bod yn ddigon gwreiddiol.[29]

Daeth diwedd 1943 a Lewis yn 'llwyr argyhoeddedig' bod yr Almaen 'ar fin cwympo ac ildio', ond nid oedd yn achos llawenydd iddo. Gwawriai 'cyfnod argyfyngus, peryglus, simsan, chwyldroadol, terfysglyd' ar Ewrop, meddai. 'Ni all buddugoliaeth arwain i ddim arall'. Dioddefai 'am genhedlaeth' gan derfysg ar y cyfandir ei hun, rhyfel yn Siapan a'r Undeb Sofietaidd yn ennill grym.[30] Trôi Lewis mewn rhigol: geiriau oeddynt gan un a oedd wedi dihysbyddu ei adnoddau. Nid yw'n gyd-ddigwyddiad, efallai, mai 'Rhyddid' oedd teitl yr unig ddarn a gyhoeddodd Lewis y tu allan i golofnau'r *Faner* y flwyddyn honno, hanes dilladu lleian yn urdd y Carmeliaid yn Nolgellau. Try'r stori ar baradocs yr ymryddhau sydd mewn ymroddi: yr encilio sy'n gwneud i'r ferch flodeuo 'fel gardd gaeëdig'.[31] Dymunai yntau wneud peth tebyg. Erbyn gwanwyn 1944 soniai am ei barodrwydd i gefnu ar fywyd cyhoeddus 'o fwriad ac o awydd . . . gyda'm llyfrau y dymunaf fod mwyach, gyda Fyrsil ac À Kempis a'r hen lenorion Cymraeg hefyd, a throi at y Tir Coch a'r Hen Wynebau i ddysgu sut i sgrifennu Cymraeg ar ôl cwrsio'r byd . . . Mae'r spring wedi torri'.[32]

Gallai Lewis edrych o'i gwmpas ar ddechrau 1944 a sylweddoli cymaint – ac eto cyn lleied – a gyflawnwyd ganddo trwy'r pum mlynedd blaenorol. Fesul dwy neu dair mil o eiriau bob wythnos yr oedd wedi ysgrifennu tua hanner miliwn o eiriau ar gyfer 'Cwrs y Byd'; yr oedd wedi arwain plaid a rhoi heibio'r arweinyddiaeth o'i wirfodd; buasai'n ymgeisydd seneddol; ond prin oedd y cynnyrch arhosol. Pan ysgrifennodd y mis Ionawr hwnnw fod '[y] meddwl creadigol yng Nghymru heddiw yn brinnach nag ers llawer dydd', disgrifiai ei gyfyngder ei hun. 'Byddwn yn amau weithiau a fedr Cymry'r oes hon ddilyn ymresymiad na deall egwyddor; a mawr yw'r demtasiwn i roi'r ffidil yn y to a thewi am Gymru.'[33]

Ni thawodd, eithr bu newid digamsyniol yng nghywair ei lais. Megis yn nechrau'r 1920au, pan gynlluniai ei ddyfodol ei hun, edrychodd tuag i mewn. Trwy 1944 a 1945 ymyrraeth â'i fyfyrdod oedd y rheidrwydd arno i ddilyn hynt y rhyfel. Collasai materion cyfoes eu blas, ac ymbalfalodd tuag at estheteg newydd. Wrth adolygu *Ebyrth a Cherddi Eraill* Hywel Lewis, daliodd '[nad] â syniadau nac esboniadau y gwneir barddoniaeth ragorol. Geiriau, geiriau ffrwydrol, geiriau datguddiol, geiriau creadigol, geiriau a rhithmau sy'n ysgwyd, dyna stwff barddoniaeth campus [*sic*]':

> Gellir gwneud barddoniaeth o syniad cyn i'r syniad gwbl esgor, pan fo'r syniad eto'n dywyll, eto'n gynhyrfus ac yn gymysg â syndod a phetruster; pan fyddo'r syniad yn ei gryndod newydd esgor, gyffroi geiriau annisgwyl a rhithmau dieithr yn y meddwl. Gellir hefyd wneud barddoniaeth o syniad a fu unwaith yn glir yn y meddwl, a fyfyriwyd yn aml ac a anghofiwyd yn aml, ac yna'n y diwedd a ddaeth yn ôl i'r cof gyda'r cyfoeth a grynhoesai o'i gylch yn ystod tywyllwch creadigol ei angof. Yr ail, gellir tybio, yw'r dull y llunnir y campweithiau pennaf. Yn y seler dywyll y mae gwin yr awen yn aeddfedu.[34]

Cynhaeaf 1944 oedd 'Mair Fadlen', cerdd am 'y grym sy'n Air', a alwyd hithau'n gampwaith Lewis ac yn gerdd fwyaf yr ugeinfed ganrif.[35] Cymer orchymyn Iesu wrth Fair ar fore'r Pasg cyntaf, 'Na chyffwrdd â mi', yn is-deitl, a myfyrdod ydyw ar ildio ymlyniad wrth y sylweddol a'r cyffyrddadwy ym mhrofiad Mair – 'Cnawdolrwydd olaf' Crist – a choleddu'r Crist atgyfodedig, anghyffwrdd 'a'i cipia hi allan o'r cnawd i'w choroni'.[36]

Neges ymhlyg 'Mair Fadlen' i awdur 'Cwrs y Byd' oedd efallai nad colofn papur newydd, gyda'r nod o fod yn 'ymgais i ddeall digwyddiadau'r dydd, ymgais i weld pethau'n glir, ac ymgais i gynnal safonnau [*sic*] gwareiddiad ac amddiffyn etifeddiaeth diwylliant',[37] oedd y cyfrwng mwyaf addas i ymchwilio i'r gwrthdaro gwaelodol hwn rhwng ffydd yn y materol a'r ysbrydol. 'O na chawn wared o'r *Faner* a newyddiaduraeth ac ymroi i lenyddiaeth', cwynodd wrth gyfaill. 'Y mae Cyrsio'r Byd yn codi cyfog arnaf.'[38] Yr oedd ei sylwadau wythnosol yn ffon fara iddo ond yn atalfa ar bethau mwy gwerthfawr yn ei olwg. Wrth geisio ymateb i ddigwyddiadau'r dydd a'u dehongli yn y goleuni hwnnw, yr oedd bron yn anochel yr ymddangosai Lewis ar y gorau yn ailadroddus a diletantaidd, ac ar y gwaethaf yn broffwyd gwae. Soniodd Emyr Humphreys yn y 1970au am y 'lengthy letters, ungainly and fortunately unposted, unpublished polemics against his "Catholic" social and economic policies' a ysgogwyd ganddo yn filwr ifanc gan 'Cwrs y Byd'.[39] Goroesodd un o'r llythyrau hyn, er hynny, wedi'i bostio at J. E. Jones o wersyll yn Sussex yn haf 1944, sy'n dangos cystal â dim y rhwyg a agorai rhwng Lewis a'r blaid a sefydlodd. Ynddo, galara Humphreys am agwedd Lewis at hanes sy'n 'neidio dros tair [*sic*] canrif' ac am ei 'obscurantiaeth aesthetig-Pabyddol-llenyddol', a geilw am i'r Blaid Genedlaethol 'fabwysiadu mesur helaeth o Sosialaeth . . . Wfft i deimladau ein aelodau [*sic*] Pabyddol – y mae ennill Cymru'n fater pwysicach o lawer . . . "Pan ddaw'r bechgyn adref" ni fyddant yn fodlon ar athronyddu llenyddol. Maent wedi clywed am Beveridge a Full Employment.'[40]

Gwyddai Lewis am y feirniadaeth arno o'r tu mewn i'r Blaid, ond ei heffaith, fe ymddengys, oedd ei ystyfnigo. Aeth trwy 1944 a dechrau 1945 – fel yr aethai trwy'r blynyddoedd o'u blaen – yn galw ar i'r Blaid Genedlaethol 'ail-adeiladu gwareiddiad Cristnogol Ewrop',[41] yn beirniadu Cymru am ei 'bydolrwydd . . . ei materoliaeth ronc'[42] ac yn cyhoeddi 'argyfwng ar ein holl wareiddiad ni . . . Drylliodd safonau ym mhob gwlad a phob cylch, safonau moes a safonau moesoldeb, safonau gwerth, safonau trefn, hyd yn oed y syniad am urddas dyn – nid ydym yn trafod y broblem grefyddol er mai hyhi yw'r broblem sylfaenol – dyna'r pethau sy'n ein hwynebu ni heddiw.'[43]

Yr hyn sy'n cadw'r datganiadau ymddangosiadol biwis hyn rhag bod yn wag siarad, ac a rydd gyd-destun a chyfeiriad iddynt, yw awydd paradocsaidd y sawl a'u hysgrifennai i ddianc rhag bod yn sylwebydd ar faterion y dydd. Pan welai Lewis wareiddiad yn dymchwel, y cwestiwn blaenaf yn ei feddwl, gellir bwrw, oedd nid perthynas y gwledydd â'i gilydd ond perthynas y llenor â'i ddeunydd. Bellach, gwelai dyllu olion y gymdeithas normal honno o'r tu mewn. Yr oedd Lewis wedi gorfoleddu uwchben 'dychymyg a nerth meddwl' llyfrau Cymraeg y Nadolig yn Ionawr 1939, a dod â'r flwyddyn honno i ben, fe gofir, trwy wadu bod y fath beth yn bod â llenyddiaeth Eingl-Gymreig. Dathlodd ddechrau 1945 trwy groesawu blodeugerdd Keidrych Rhys, *Modern Welsh Poetry*, fel '[c]yfrol odiaeth bwysig', a chyhoeddi mai '[y] llenyddiaeth Saesneg hon yw'r peth pwysicaf a gynhyrchwyd yng Nghymru yn ystod y rhyfel . . . yn fwy mewn difrif, yn dangos gwell ymenyddiaeth a dyfnach cydwybod, na llenyddiaeth Gymraeg Cymru yn yr un cyfnod'. Ei phwysigrwydd oedd y wers a gynhwysai i lenorion Cymraeg. Meddai'r llenorion Saesneg ar '[g]yfoethocach iaith' a 'gwell gwybodaeth o'u hiaith' tra aethai llenyddiaeth Gymraeg yn 'llên babanod'. Rhaid oedd i lenorion Cymraeg ymaddasu er mwyn goroesi, a dysgu trin 'offer gwareiddiad' drostynt eu hunain:

> Y dasg hanfodol, anhepgor i fardd yw meddiannu ei iaith ei hun. Ni ellir bardd o gwbl mwyach heb hynny – canys darfu am gyfoeth y tafodieithoedd a'u purdeb. Dylai ymdrwytho mewn Cymraeg; holl Gymraeg y canrifoedd. Ac os myn ef ddarllen y tu allan i'r Gymraeg, dysged iaith dramor neu iaith glasurol. Tlodi iaith y beirdd ifainc Cymraeg yw eu nodwedd amlycaf.[44]

Er na oddefai mo'i alw'n genedlaetholwr diwylliannol, ei amcan fel gwleidydd o'r cychwyn oedd diogelu yng Nghymru gymdeithas y gallai celfyddyd ffynnu ynddi fel crefft naturiol rhagor gweithgarwch neilltuedig. A diwedd y rhyfel yn nesáu, câi fod hynny'n amhosibl. Rhaid i lenor Cymraeg 'mwyach' ymddisgyblu, ymagweddu yn annormal, chwilio amodau ei iachawdwriaeth ei hun yn 'holl Gymraeg y canrifoedd' a 'gwybod iaith a meddiannu ei chyfoeth' trwy ymdrech ymwybodol.

Dychwelodd at amrywiad ar yr un pwnc fis yn ddiweddarach. Wrth adolygu *Cymru Ddoe* A. H. Williams, daliodd mai 'Bychan i ryfeddu ac i resynu yw'n diddordeb ni yn ein hanes . . . Y mae'n barddoniaeth ni'n denau ac yn ansylweddol oherwydd hynny a'n dychymyg yn dlotach a'n bywyd meddyliol ni'n ddiwrtaith.'[45]

Gall dychymyg ewyllysiol fod yn beth peryglus, a rhaid ymatal rhag canfod nodweddion ym marddoniaeth Lewis ei hun o 1945 hyd ddiwedd y degawd y gellir eu priodoli i'r ymwybyddiaeth newydd hon. Yn wir, mae'n anodd gwybod a ellid eu hadnabod pe deuid ar eu traws. Eto, gellir dweud yn hyderus i Lewis droi ym mlynyddoedd olaf y rhyfel oddi wrth chwerwder cyfoes 'Y Dilyw' a 'Golygfa mewn Caffe'. Am y canu a gasglwyd yn ei gyfrol olaf, *Siwan a Cherddi Eraill* (1956), ei thema lywodraethol – lethol o lywodraethol – yw adfer ar bapur yr hyn a gollwyd i'r byd ond a gadwyd yn y cof. Fe'i gwelir yn y gân i'r pentref '[na] ddaw neb o hyd iddo'n awr' lle'r arhosodd yr Iesu atgyfodedig gyda'i gyd-deithwyr, yn 'Emmäws' (1946) ac yn 'Mabon' (1946), lle anfarwolir y carcharor yn chwedlau Arthur cyn ei ddwyn i'w '[d]rydydd carchar' yn y bedd. Ac fe'i ceir ar ei heithaf ym mhennill clo'r farwnad fawreddog ei chwmpas a'i harddull ond lled chwerthinllyd ei gwrthrych, yn null Dante, i'r hanesydd Syr John Edward Lloyd (1948), lle saif yr iaith Gymraeg hithau ar ddibyn y tywyllwch sydd yn cau am 'hen ddewin Bangor':

> Fel hwnnw a ddringodd sblennydd gwlad anobaith,
> Trois innau at fy mlaenor, 'A all dy fryd
> Esgyn i glogwyn tymp a chanfod gobaith?
> *Eu hiaith a gadwant*, a oes coel ar frud?
> A gedwir olaf crair
> Cunedda o drafael cur ei feibion oll?'
> Ond ef, lusernwr y canrifoedd coll,
> Nid oedd ef yno mwy, na'i lamp na'i air.[46]

Tymor y marwnadau rhyddiaith oedd gwanwyn 1945. Ar 6 Chwefror, wedi salwch hir, bu farw Prosser Rhys, golygydd 'eclectig' *Y Faner*.[47] Fe'i holynwyd ar 26 Mawrth gan Lloyd George, 'athrylith a phersonoliaeth megis Cesar Borgia, eithriadol hollol yn ei swyn a'i hudoliaeth a'i egni blaengar a'i ddiffyg argyhoeddiad . . . Un o bwerau natur oedd ef, yn anystyriol fel pwerau natur. Nid oedd ganddo athroniaeth boliticaidd. Nid oedd ganddo egwyddorion.'[48] Fis yn ddiweddarach, collwyd Roosevelt, a farnai Lewis, ar y llaw arall, yn '[d]eip clasurol': 'Yr oedd moeth a diwylliant yn rhan o'i amgylchfyd, ond gyda hynny, ac yn rhan hanfodol o'r un etifeddiaeth, y cynefindra â chyfrifoldeb cyhoeddus a'r parodrwydd i ddwyn baich yn gydwybodol a rhwydd.'[49] Cyn pen mis eto, yr oedd Mussolini a Hitler hwythau'n farw, a'r rhyfel yn Ewrop ar ben. Am Mussolini, barnai Lewis yn swta mai 'brith yw ei gronigl ef, nid du'. Ofnai na allai ddweud dim 'yn hyderus' am Hitler: 'Mae'r dyn yn enigma imi, fel y mae ymerodron Rhufain a ddisgrifir gan Tacitus yn mynnu eu trin fel duwiau ac efallai'n credu yn eu dwyfoldeb.' Troes Lewis ei olygon tuag adref. Yr oedd baneri ar werth yn y siopau, y tafarnau'n llenwi eu seleri, yr eglwysi'n trefnu cyrddau diolchgarwch a'r ffatrïoedd a'r ysgolion yn paratoi am wyliau. Fel ffantom yn y ffair, seiniodd rybudd rhag cymryd yn ganiataol fod gwell i ddod: '. . . mae pawb yn paratoi i adael y theatr a gweld diffodd y goleuadau a'r ffaglau, gan farnu bod y ddrama ar ben. Nid felly y mae. Act II sydd ar ben.'[50]

Fel yr agorodd y drydedd act yn hanes Ewrop, arhosodd Lewis yn ei unfan. Ni ddôi terfyn ar ddyddiau Llanfarian am weddill y degawd a'r tu hwnt. Dilynodd ei fywyd yntau ei rawd gyfarwydd: dysgu, ffermio a newyddiadura. Pan alwyd yr etholiad cyffredinol ym Mehefin, cafodd fwynhau, meddai, y 'rhyddid' o sefyll ar gyrion y frwydr newydd. Safai chwe ymgeisydd dan faner Plaid Cymru, fel y'i hadwaenid yn gyffredinol bellach, y nifer uchaf yn ei hanes, a manteisiodd ar ei golofn i 'bregethu dipyn' wrthynt: 'Dyma ddywedwn wrthynt pes gwrandawent. Peidiwch â bod ar frys yn unig er ennill pleidleisiau. Cymerwch yr etholiad yn anad dim yn gyfle i ddysgu a hyfforddi'r werin Gymreig.' Y wers oedd bod 'caos' ar ddod ac mai hwn fyddai 'y cyfle etholiadol olaf i rybuddio a pharatoi'r werin Gymreig, gan ddweud wrthi fod blynyddoedd dreng o'n blaen ni ac mai'n unig drwy fagu ysbryd o ymddiried yn ein gilydd ac o helpu'r naill y llall a chydweithio lleol y gellir cadw cymdeithas heb ymchwalu – os gellir o gwbl.'[51]

Ni fwriodd Lewis bleidlais ar 5 Gorffennaf am nad oedd ymgeisydd gan Blaid Cymru yn Sir Aberteifi, ac ysgrifennodd ar y diwrnod ei hun am 'wamalrwydd' y cyfarfodydd a fynychodd yn Aberystwyth, 'yn rhoi'r argraff arnom fod pethau pwysig yn mynd ymlaen yn y byd ond braidd yn bell oddi wrthym'.[52] Ni soniodd yn benodol am y canlyniad am bedair wythnos. Addefodd fod y canlyniadau yn siroedd y gogledd yn siom – collodd Ambrose Bebb, J. E. Daniel a Gwynfor Evans ill tri eu hernes yn Sir Gaernarfon, Bwrdeistrefi Arfon a Sir Feirionnydd – ond fe'i calonogwyd gan berfformiad y Blaid yng nghymoedd y de, ac er gwaethaf ei sôn am 1945 fel 'y cyfle etholiadol olaf', dathlodd fuddugoliaeth lwyr ac annisgwyl y Blaid Lafur. 'Caiff y Cymry wybod yn awr a oes iachawdwriaeth iddynt mewn Sosialaeth Seisnig.'[53] Yr oedd ar ei wyliau pan etholwyd Gwynfor Evans i olynu Abi Williams yn llywydd y Blaid yng nghynhadledd Llangollen. Aeth yr achlysur heibio heb sylw.

Bu diwedd y rhyfel, er hynny, yn achos dathlu mewn un ystyr arwyddocaol. Hwylusodd y ffordd i Lewis fynd yn olygydd ei gyfnodolyn ei hun i'r Cylch Catholig y daethai'n gyd-sylfaenydd arno ym Medi 1941. Amcan y Cylch oedd bod yn ganolbwynt i fywyd Catholig Cymreig, a dewiswyd yn arwyddair iddo eiriau Paul yn ei epistol i'r Effesiaid: 'veritatem facientes in caritate' (gan gyflawni'r gwir mewn cariad), yn galw am i'r Eglwys Fore fagu aeddfedrwydd. 'Dychweledigion', chwedl y cylchgrawn ei hun, oedd y rhan helaethaf o'i aelodau – gan gynnwys Robert Wynne, gwraig J. E. Daniel, Catrin, a Lewis a Margaret hwythau – a gofynnid i rai a ymunai adrodd bob dydd weddi benodedig dros Gymru a gweddi neilltuol i'r Ysbryd Glân. Ym Medi 1942 cynhaliodd y Cylch y cyntaf o'i encilion blynyddol, yn Eglwys Ein Harglwyddes o Fynydd Carmel yn Llanbedr Pont Steffan, lle treuliodd yr aelodau dair noson a rhan o bedwar diwrnod yn addoli, yn myfyrio, yn parchu distawrwydd ac yn ymgysegru i fyw bywydau gwell. Ar 8 Medi 1944, mewn gwasanaeth dan ofal Esgob Mynyw, cysegrwyd gwaith y Cylch i'r Forwyn Fair. O 1942, dibynnai'r Cylch am ei gyhoeddusrwydd ar gylchlythyr teipiedig o waith y Tad John Barrett Davies a chadeirydd y Cylch, Robert Wynne, ond erbyn Medi 1945, mentrodd Lewis geisio prisiau gan argraffwyr am gylchgrawn mwy graenus ei ddiwyg. Ei fwriad cysefin oedd perswadio'r Catholic Truth Society i'w noddi a'i gyhoeddi, ond ni ddaeth dim o'r cynllun. Yn dilyn dau ddiwrnod o drafod y mis Hydref hwnnw ar aelwyd Llygad-y-glyn gyda Dr Barrett Davies, penderfynwyd y byddai'n rhaid i Lewis ddod â chylchgrawn allan dan ei argraffnod ei hun. Dewisodd Wasg

Sulien yn enw, ar ôl Esgob Tyddewi yn niwedd yr unfed ganrif ar ddeg a thad cofiannydd cyntaf Dewi Sant, Rhygyfarch: y gŵr mwyaf dysgedig yng Nghymru yn ôl y croniclau cyfoes.

Yn ddiau, yr oedd *Efrydiau Catholig*, y daeth rhediad o 750 o'i rifyn cyntaf o'r wasg ddechrau Chwefror 1946, wedi oedi mawr yn yr argraffdy, yn gyhoeddiad digyfaddawd o ddeallusol. I Lewis, cyflawnai dri nod cyd-ddibynnol. Yn un peth, amcanai fod yn estyniad neu'n ymhelaethiad mwy agored o ysbrydol ar 'Cwrs y Byd'. Y tu mewn i gloriau blaen y ddau rifyn cyntaf, soniodd Lewis am 'gyfrifoldeb' Catholigion Cymraeg – 'er mai ychydig ydym heddiw' – i sicrhau 'parhad gwareiddiad Cristnogol . . . yn yr argyfwng hwn' ar ôl y rhyfel. Ar yr un pryd, edrychai arno fel 'an attempt to reach university students and others of that class'. Meddyliai yn neilltuol am Gwenallt, a dderbyniwyd i'r Eglwys yng Nghymru ar ôl blynyddoedd o chwarae mig â'r Eglwys Gatholig, ar gyfrif diffyg Cymreictod ei hoffeiriaid: '. . . *that* was the only Church that presented to him a Welsh Catholicism. The Catholic Church just has not enough contact with Welsh people of education and culture; its clergy cannot converse with them, do not know their literature or any history or background.'[54] Yn drydydd, gellir dehongli'r penderfyniad fel agwedd ar y boicotio mwy cyffredinol a fu ar *Y Llenor* ymhlith cefnogwyr Lewis ar ôl yr isetholiad 'cyhyd ag y byddai enw Gruffydd ar y clawr'.[55] Ni chyfrannodd Ambrose Bebb ddim ar ôl rhifyn Hydref-Gaeaf 1943, er enghraifft, a thebyg oedd hanes R. Williams Parry (dim ar ôl Gaeaf 1941), Thomas Parry (Haf 1942) a J. Gwyn Griffiths (Hydref-Gaeaf 1944). Ni welwyd dim gan D. J. Williams na Lewis yntau ar ôl Gwanwyn 1939, a thawodd cydweithiwr Gruffydd, G. J. Williams, yn 1942. Cafodd yr olaf hwn groeso ar ddudalennau'r *Efrydiau*, ac felly hefyd eraill nad oedd ganddynt unrhyw gysylltiad ffurfiol â'r Eglwys, yn eu plith Geraint Bowen a D. J. Bowen. Rhwng 1946 a 1955 ymddangosodd saith rhifyn, a deunydd sylweddol gan Lewis ym mhob un. Yn wir, y cylchgrawn hwn oedd unig gyfrwng academaidd Lewis trwy weddill y degawd.

Gellir synio am gyfraniadau Lewis – 'Tudur Aled' (1946), 'Damcaniaeth Eglwys Brotestannaidd' (1947), 'Arddull Charles Edwards' a 'Thomas à Kempis yn Gymraeg' (ill dwy dan y teitl cyffredinol 'Yr Ail Ganrif ar Bymtheg' yn 1949) a 'Morgan Llwyd' (1955) – fel amlinelliad o ail gyfrol anysgrifenedig Braslun 1932. Ei amcan yn yr ysgrifau oedd dangos yr elfennau a fu rhyngddynt yn fodd i danseilio'r traddodiad Cymraeg di-dor a ymestynnai o gyfnod Taliesin hyd ddiwedd yr Oesoedd Canol: Deddf Uno 1536, y Dadeni Dysg a'r Diwygiad Protestannaidd. Drych oedd ei ysgrif agoriadol, yn ogystal, i'r oes a roddodd fod iddi. Fel y gwnaethai ugain mlynedd ynghynt gyda Dafydd Nanmor, edrychodd tua chyfnod y cywyddwyr,[56] ond yr oedd y darlun yn dduach y tro hwn. Gyda gwawr yr unfed ganrif ar bymtheg gwelai ym marddoniaeth Tudur Aled 'argyfwng moesol ac ysbrydol ei genedl a'i gyfnod': y noddwyr wedi mynd yn anturwyr masnachol gan gefnu ar eu hachau a'r 'hen undod teuluol Cymreig' yn ffafr meddylfryd y Dadeni – 'ac unigoliaeth oes y Dadeni a orfu'. Darlunnir Tudur fel Tom Sawyer yn dyst i'w angladd ei hun.

Yr hyn a rôi fin ar ei ymchwil i hanes y canrifoedd modern cynnar oedd bod drwg-effeithiau tybiedig y cyfnewidiau a ddaeth â'r Oesoedd Canol i ben i'w canfod o hyd ym mywyd Cymru: seciwlariaeth neu ryddfrydiaeth mewn crefydd, deol y bardd oddi wrth gymdeithas, colli pendefigaeth gynhenid, materoldeb mewn addysg a diwydiannaeth. Ddeng mlynedd ynghynt, barnai, gellid gwrthweithio'r effeithiau hyn trwy ddulliau gwleidyddol; bellach amheuai hynny. Mewn 'Pregeth i'r Calan' ar ddechrau 1946, cynigiodd feddyginiaeth yn seiliedig ar fewnblygrwydd a choleddu'r 'pethau atgofus, traddodiadol [sy'n] cyfoethogi bywyd dynion a thyfu personoliaeth lawn':

> Mae'n debyg mai dyna'r pam y dywedir gan lawer mai un o bobl yr 'adwaith' wyf i. Nid wyf yn sicr o ystyr y gair hwn 'adwaith'. Ond yr wyf yn sicr fod diwylliant yn bwysicach nag addysg, bod bro a chartref yn well magwrfa i'r mwyafrif o ddynion nag ysgol a choleg o'r math a geir heddiw yng Nghymru . . . Ac os adwaith yw hynny, yna'n wir i'r adwaith yn erbyn tueddiadau'r dydd hwn yr wyf yn perthyn.[57]

Y tueddiadau y milwriai yn eu herbyn trwy 1946 oedd rhaglen y llywodraeth Lafur a oedd yn prysur weddnewid Prydain. Gwelodd y flwyddyn gamau i wladoli'r fasnach lo, trafnidiaeth ac amaeth, parhad gorfodaeth filwrol, sefydlu'r gwasanaeth iechyd, gweithredu argymhellion

Deddf Addysg 1944 (gan gau ysgolion bychain gwledig yn y fargen), y
Ddeddf Yswiriant Gwladol a gymhellai weithwyr i'w hyswirio'u hunain
rhag salwch a diweithdra, denu diwydiannau ysgafn i'r ardaloedd
gweithfaol traddodiadol, y Papur Gwyn cyntaf ar faterion Cymreig, y
camau petrus tuag at ddatod yr Ymerodraeth, sefydlu diwrnod ar gyfer
materion Cymreig yn y senedd a dwyn Prydain i mewn i'r Cenhedloedd
Unedig.[58] Croesawai arweinyddiaeth y Blaid ysbryd y rhaglen, ac yn
enwedig felly'r sôn yn y Papur Gwyn am bosibilrwydd ymreolaeth i
Gymru, gan ymrwymo'r flwyddyn honno nad ymladdai yn erbyn aelodau
seneddol Llafur a oedd yn gefnogol iddi. Anobeithiai Lewis. I'w dyb ef, yr
oedd hadau dibyniaeth wasaidd yn y wladwriaeth les ac ysbryd ymyrraeth
yn y rhaglen gymdeithasol a'i cynhaliai, 'O wythnos i wythnos nid oes
dim i'w groniglo am Gymru ond gorchfygiad buddiannau ysbrydol Cymru
ac ildio cyson i'r llanw Seisnig a materol.' Yr oedd yn agwedd meddwl a'i
symbylai i arddel syniadau sy'n taro rhywun heddiw fel rhai blaengar
ddigon: ei gefnogaeth i ysgolion cyfun, 'technegol-fodern', chwedl yntau,
cymdeithasau rhieni-athrawon a chwricwlwm 'yn rhydd oddi wrth chwip
arholiadau estron a chystadleuaeth' a'i ddadleuon dros addysg blentyn-
ganolog.[59] Eto, nid ysfa am ddemocratiaeth a chydraddoldeb a'i gyrrai.
Moddion oeddynt i wrthsefyll ymyrraeth. Anobeithiai fwy fyth am y Blaid
dan ei llywydd newydd, a oedd fel petai'n barod i gydweithio â'r
llywodraeth. 'Rhaid iddynt', meddai am Gwynfor a'i gyd-swyddogion,
'godi eu caer a'i hamddiffyn hi, pa le bynnag yr ymosodir arni, a pharhau
i'w hamddiffyn hi, a cheisio troi'r bradwyr oddi mewn yn ddeiliaid
cariadus . . . Mae'n well bod ar ddifancoll gydag Owain Glyn Dŵr [sic]
nag eistedd gyda James Griffiths [y gweinidog yswiriant gwladol ar y
pryd] yn Whitehall a Westminster.' Cynigiodd yn lle'r ysbryd cymodlon
hwn '[un] awgrym yn unig':

> Ni wn am unrhyw genedl gaeth, cenedl o daeogion fel nyni'r Cymry, a
> achubwyd erioed nac a enillodd ryddid na diogelwch i'w bywyd drwy
> anerchiadau a chyfarfodydd cyhoeddus yn unig. Y mae gwir angen am
> y cyfarfodydd a'r anerchiadau. Ni lwyddir i wneud dim hebddynt. Ond
> y mae gan y Blaid Genedlaethol ei hysgolion haf a'i chynadleddau.
> Yno fe ddylid ceisio magu ym mhobl ifainc y Blaid yr argyhoeddiad
> fod yn rhaid iddynt baratoi eu hysbryd ar gyfer profion caletach nag

wynebu [*sic*] cyfarfodydd hwyliog . . . Dylai'r cenedlaetholwyr Cymreig geisio magu ysbryd teilwng o'u gorffennol.[60]

Yr oedd rhagor i ddod yn yr un cywair lleddf ond taer fel y daeth yr hydref:

Y mae'n bwysicach addysgu'r genhedlaeth sy'n codi'n awr i'w hoed mewn egwyddorion cedyrn nag ennill llwyddiannau presennol. Y mae gan y Blaid Genedlaethol Gymreig athroniaeth wleidyddol sy'n sylfaenedig ar draddodiadau hanesyddol Cymreig ac sy'n gwbl groes i athroniaeth Sosialaeth Seisnig a Sosialaeth Marx. Athrawiaeth rhyddid ac undeb teuluoedd a chymdeithasau cydweithredol yng ngwaith cymdeithas yw honno. Byddaf yn ofni bod pwyslais rhai o'r Cenedlaetholwyr Cymreig heddiw yn rhy debyg i'r Sosialwyr a'r Comiwnyddion Seisnig – galw ar y Llywodraeth neu'r Wladwriaeth i ad-drefnu bywyd Cymru. Nid dyna bwyslais traddodiadol y Blaid Genedlaethol. Trwy gydol cyfnod yr iseldra rhwng y ddau ryfel, galw ar y Cymry eu hunain, drwy gyrff gwirfoddol a thrwy eu hawdurdodau lleol, i weithio allan eu hiechydwriaeth eu hunain drwy gynlluniau cydweithredol a thrwy ddeffro'r ymwybod o undod ysbrydol a diwylliadol cenedl hanesyddol – dyna fu athrawiaeth cenedlaetholdeb Cymreig . . . Y mae'n bwysicach lawer i'r dyfodol fod cenedlaetholwyr ifainc Cymru heddiw yn eu meithrin eu hunain ar glasuron cymdeithaseg Gristnogol nag ar wythnosolion Sosialaidd Saesneg. Mae'n rhaid gosod sylfeini'n ddwfn a chadarn er mwyn adeiladu cenedl yn yr ugeinfed ganrif.[61]

Y dyddiad ar frig y geiriau hyn, gyda'u sôn am reidrwydd a gosod sylfeini, yw 7 Medi: trothwy dengmlwyddiant Penyberth; a diau mai yng nghysgod y weithred ddarfodedig honno, lawn gymaint ag yng nghyd-destun trawsnewidiad polisi Plaid Cymru, y dylid eu darllen. Gwaith gŵr oeddynt a oedd wedi mynegi awydd yr haf hwnnw 'y gwelir Gwynfor ryw ddydd yn Wormwood Scrubs – dyna'r un peth sy'n angen arno i'w wneud yn arweinydd grymus. Rhy ychydig o ysbryd 1936 sydd yn y Blaid yn 1946'.[62]

Arhosodd Gwynfor Evans nes claddu Lewis cyn ymateb yn gyhoeddus i'r her a daflwyd i'w wyneb yn 1946 ac a glywid yn gyson gan ei ragflaenydd wedi hynny. 'Pe bawn i'n bersonol wedi gweithredu mewn ffordd a'm cymerai i garchar am sbel hir, dim ond unwaith y

byddai hynny'n ymarferol bosibl', meddai. Ar ben hynny, 'Nid oedd y
sefyllfa chwyldroadol a gynhaliai bolisi Saunders Lewis yn bod'.[63]
Mewn gwirionedd, er gwrthuned polisi cymodlon, cyfansoddiadol y
Blaid gan Lewis, gwedd oedd yr ymfflamychu ar ei ymglywed â'i
wendid ei hun. Boed fel y bo am iawnder y ddadl rhwng pwyll a
phrotest, yr oedd realiti gwleidyddol y dydd wedi newid, cenhedlaeth
newydd wedi codi, a'r galw am aberth a chadw'r gaer wedi colli eu
gafael. Mewn gair, nid oedd awdur 'Cwrs y Byd' yn ffasiynol bellach.

   Amdano'i hun, daliai Lewis i fyw gyda chanlyniadau ei garchariad.
Cafodd G. J. Williams ei ddyrchafu'n Athro'r Gymraeg yng Nghaerdydd
yn sgil ymddeoliad W. J. Gruffydd, a chynigiodd Lewis gymorth gyda'r
cais, gan eirio'r llythyr ac awgrymu pa fanylion personol y byddai'n
weddus eu cynnwys.[64] O fewn mis, daeth gwahoddiad gan ei gyfaill i
gynnig am ddarlithyddiaeth yno. Tybiai Lewis mai 'ffôl' fyddai gwneud:
'fe edrychid ar y peth fel plot neu gynllwyn':

> Os ystyriwch y peth yn bwyllog mi dybiaf y deuwch chwithau i'r un
> farn, er fy mod yn gwybod yn dda am eich awydd i'm helpu. Ond
> rhyngoch chwi a minnau – tra gallwyf fforddio hynny bydd yn fwy
> urddasol hefyd imi beidio â cheisio dychwelyd i'r brifysgol, canys,
> pe'm derbynnid fi, byddent oll yn eu canmol eu hunain am eu
> maddeugarwch a'u mawrfrydigrwydd tuag ataf! Ac yr wyf yn rhy falch
> i fedru dioddef y syniad.[65]

Megis yn achos ei dröedigaeth i'r Eglwys Gatholig, ei benderfyniad
cyson ond hyblyg i ymddeol o lywyddiaeth y Blaid ac i gefnu ar
weithgarwch gwleidyddol yn gyfan gwbl wedi hynny, mae'r rhesymau
dros wrthod y cynnig yn rhai cymhleth. Yr oedd a wnelo balchder ac
embaras â'r peth, yn ddiamau. Teimlai, ac yn ddealladwy ddigon, nad
oedd cynnig am ddarlithyddiaeth gyffredin a gweithio dan gyfarwyddyd
cyfaill cyfoed yn briodol i ŵr dros ei hanner cant a chanddo restr mor
anrhydeddus o gyhoeddiadau wrth ei enw. Yr oedd wedi gwrthod cynnig
swydd darlithydd allanol mewn llenyddiaeth ym Mangor gan R. T.
Jenkins fis cyn hynny, gan gwyno 'fod yn ddiflas gennyf ddosbarthiadau
allanol a bod teithio nos dair neu bedair gwaith yr wythnos yn Arfon yn
ormod', ond gan brysuro i ychwanegu y derbyniai'r gadair addysg

yno.[66] Tebyg oedd yr atalfa yn achos Caerdydd; chwedl llythyr at gyfaill: 'Ni wnaf fyth eto gais am swydd ym Mhrifysgol Cymru. Pe digwyddai gwyrth a bod cynnig swydd imi – peth gwahanol fyddai hynny.'[67]

Eto i gyd, mae rhywun yn synhwyro ofn dan y balchder – ofn yn deillio o'r balchder, o bosibl – fod camu'n ôl ac ailafael yn llinyn yr yrfa y gorfodwyd ef i gefnu arni ddegawd cyn hynny yn golygu methiant llwyrach na'r darostyngiad y bu'n byw ag ef ers gadael Wormwood Scrubs. Byddai yn anghyson â phersonoliaeth a oedd wedi ymgynefino â symud ymlaen, er mor ansicr y cyfeiriad.

Er gwaethaf ambell ergyd annheilwng, daeth awdur anhysbys proffil o Lewis – 'our modern Glendower . . . the would-be De Valera of Wales' – yn nes na neb at gyfleu naws 1946, gwawr cyfnod newydd a machlud cyfnod cynharach:

> It may be that the political mission of Saunders Lewis has been completed. For all his sincerity and singleness of purpose, his personality forbids that he shall ever be a leader of the people. His intellectual pride, his icy contempt for those who do not walk beside, or behind him, his lack of the common touch, and the authoritarian taint in politics and religion now associated with his name, these have set him aside from modern democratic Wales. The personal tragedy of the man is that while earnestly desiring to unite Welshmen, he succeeds only in exacerbating and sundering them. He would give his life for Wales, but cannot give Wales his charity: he has become the single greatest obstacle to his party's chances of becoming a party of the Welsh people. Yet history will find for him a place, as a pioneer spirit and a patriot who never flinched from private hurt or public odium. Rejected by his people as their political leader, he may be after all the apostle of their new awaking.[68]

Galwyd yr ysgrif gan un o edmygwyr Lewis yn 'enllib dienw' a farnai'n 'waelach' hyd yn oed nag ymosodiad Gwilym Davies arno yn 1942.[69] Cynhwysai yn y frawddeg glo, er hynny, awgrym y byddai'r blynyddoedd i ddod yn ei wireddu – i raddau o leiaf.

Nodiadau

1   'Cwrs y Byd', *Baner ac Amserau Cymru*, 13 Ionawr 1943. Gweler hefyd 'Before the Election', *Welsh Nationalist*, Ionawr 1943: 'Nationhood is the spiritual inheritance of the common people of Wales. To defend that nationhood, to uphold its rights in the midst of war, is to defend the common people, to defend them as persons, and as children of God.'

2   LlGC, papurau Undeb Cymru Fydd, A17. SL at T. I. Ellis, 18 Ionawr 1943.

3   LlGC, papurau Plaid Cymru, B384. J. E. Jones at SL, 18 Ionawr 1943. Amddiffyniad Lewis o'r gerdd yn *Y Cymro*, 30 Ionawr 1943, oedd '[nad] ymosodiad ar y werin ydoedd, ond cri o ddigofaint yn erbyn yr hyn a wnaethai diwydiannaeth o'r genedl'.

4   *Y Cymro*, 6 Chwefror 1943.

5   LlGC, papurau Griffith John Williams. D. J. Williams at G. J. Williams, 5 Ebrill 1943.

6   LlGC, papurau Henry Lewis. Ifor Williams at Henry Lewis, 27 Chwefror 1943.

7   LlGC, papurau D. J. Williams, Abergwaun, P2/30 blwch 11. SL at D. J. Williams, 18 Mai 1943.

8   LlGC, papurau Plaid Cymru, B384. SL at J. E. Jones, 17 Ionawr 1943.

9   *Yr Herald Cymraeg*, 25 Ionawr 1943.

10 *Caernarvon and Denbigh Herald*, 29 Ionawr 1943.

11 *Y Cymro*, 16 Ionawr 1943.

12 Ibid., 6 Mawrth 1943.

13 *Baner ac Amserau Cymru*, 10 Mawrth 1943.

14 Ibid., 11 Ebrill 1943.

15 Ibid., 2 Mehefin 1943.

16 Ibid., 15 Medi 1943.

17 'Nodiadau'r Mis', *Y Ddraig Goch*, Rhagfyr 1926.

18 Ibid., Mehefin 1933.

19 'Cwrs y Byd', *Baner ac Amserau Cymru*, 11 Gorffennaf 1945.

20 LlGC, papurau David Jones, grŵp C, blwch 5. SL at David Jones, 27 Mai 1962.

21 D. Tecwyn Lloyd, *John Saunders Lewis: y Gyfrol Gyntaf* (Dinbych, 1988), 263-4.

22 'Lloegr ac Ewrop a Chymru', *Y Ddraig Goch*, Tachwedd 1927: 'Nid Ewropead yw'r Sais, nid o'r Gorllewin y daeth ei hynafiaid, ac y mae marc y dyn dyfod arno hyd heddyw yn Ewrop.'

23 'Un Iaith i Gymru', *Y Ddraig Goch*, Awst 1933.

24 'Cwrs y Byd', *Baner ac Amserau Cymru*, 21 Ebrill 1948.

25 Ceir amddiffyniad cynhwysfawr o SL ar bwnc gwrthsemitiaeth yn 'Meredydd Evans, Saunders Lewis, Tim Williams and *The Jewish Chronicle*', *Planet*, 96 (Rhag-Ion 1992-3), 73-9.

26 LlGC, papurau Plaid Cymru, B402. J. E. Jones at SL, 14 Gorffennaf 1943.

27 Ibid. B407. SL at J. E. Jones, 19 Gorffennaf 1943.

28 Ibid., 12 Mai 1943.

29 Ibid., B434. SL at J. E. Jones, 8 Gorffennaf 1944.
30 'Cwrs y Byd', *Baner ac Amserau Cymru*, 1 Rhagfyr 1943.
31 *Yr Efrydydd*, cyfres newydd, 10 (1943-4), 17.
32 LlGC, papurau D. J. Williams, Abergwaun, P2/30 blwch 11. SL at D. J. Williams, 18 Ebrill 1944.
33 'Cwrs y Byd', *Baner ac Amserau Cymru*, 19 Ionawr 1944.
34 Ibid., 9 Chwefror 1944.
35 Bobi Jones, 'Cerdd fwya'r ganrif?', *Barddas*, 142 (1989), 8-12.
36 'Mair Fadlen II', *Yr Efrydydd*, cyfres newydd, 10 (1944), 2-3.
37 'Cwrs y Byd', *Baner ac Amserau Cymru*, 6 Rhagfyr 1944.
38 LlGC, papurau Griffith John Williams. SL at G. J. Williams, 11 Ebrill 1944.
39 Emyr Humphreys. 'Outline of a Necessary Figure', yn Alun R. Jones a Gwyn Thomas (goln), *Presenting Saunders Lewis* (Cardiff, ailargraffiad, 1983), 9.
40 LlGC, papurau Plaid Cymru, B447. Emyr Humphreys at J. E. Jones, 17 Gorffennaf 1944.
41 'Cwrs y Byd', *Baner ac Amserau Cymru*, 12 Gorffennaf 1944.
42 Ibid., 20 Medi 1944.
43 Ibid., 10 Ionawr 1945.
44 Ibid.
45 'Darlun o'n Hanes', *Baner ac Amserau Cymru*, 21 Chwefror 1945.
46 'Marwnad Syr John Edward Lloyd', *Efrydiau Catholig*, 3 (1948), 5.
47 'Cwrs y Byd', *Baner ac Amserau Cymru*, 14 Chwefror 1945.
48 Ibid., 4 Ebrill 1945.
49 Ibid., 25 Ebrill 1945.
50 Ibid., 9 Mai 1945.
51 Ibid., 27 Mehefin 1945.
52 Ibid., 11 Gorffennaf 1945.
53 Ibid., 1 Awst 1945.
54 *SLThG*, 296. SL at Robert Wynne, 19 Medi 1945.
55 T. J. Morgan, 'Machlud "Y Llenor"', *Y Traethodydd*, 137 (1982), 4.
56 'Tudur Aled', *Efrydiau Catholig*, 1 (1946), 32-46.
57 'Cwrs y Byd', *Baner ac Amserau Cymru*, 2 Ionawr 1946.
58 Ibid., 23 Ionawr 1946. Cwynodd am gynhadledd gyntaf y Cenhedloedd Unedig mai trwy areithiau y'i hagorwyd, 'nid drwy addoliad nac offeren na gweddi. Dengys hyn ei gwendid hi ac na ddylid disgwyl gormod ganddi.'
59 Ibid., 17 Gorffennaf 1946.
60 Ibid., 17 Ebrill 1946.
61 Ibid., 11 Medi 1946.
62 LlGC, papurau D. J. Williams, Abergwaun, P2/30 blwch 11. SL at D. J. Williams, 15 Gorffennaf 1946.
63 'Cofio Saunders Lewis', *Barn*, 273 (1985), 377.
64 LlGC, papurau Griffith John Williams. SL at G. J. Williams, 9 Mai 1946.
65 Ibid. SL at G. J. Williams, 23 Gorffennaf 1946.

[66] Ceir yr hanes yn ibid. SL at G. J. Williams, 22 Mehefin 1946.

[67] LlGC, papurau D. J. Williams, Abergwaun, P2/30 blwch 11. SL at D. J. Williams, 15 Gorffennaf 1946.

[68] Dienw, 'Welsh Profile: Saunders Lewis', *Welsh Review*, 5 (1946), 263. Mae Meic Stephens yn priodoli'r 'particularly piquant profile' hwn i Gwyn Jones, golygydd y *Welsh Review*, yn ei deyrnged iddo yn yr *Independent*, 10 Rhagfyr 1999.

[69] Pennar Davies, 'Yr Ewropead Mwyaf yn Ein Llên', *Y Ddraig Goch*, Medi 1951, sef crynodeb o'i ddarlith i Ysgol Haf Plaid Cymru yn Abergele yn Awst 1951: 'Cenedl yn Gymdeithas o Gymdeithasau: Saunders Lewis'.

'EDRYCH HEB DDYMUNO DIM'

1947-50

Yn y cyfamser, rhaid oedd byw gyda'r ymwybyddiaeth gynyddol bod y blynyddoedd wedi ysu pob tebygolrwydd y câi swydd gyfaddas. Ar drothwy Nadolig 1946 gwnaeth gais am y gadair Gelteg yn Rhydychen, gan enwi G. J. Williams, Percy Mansell Jones a'r athronydd R. I. Aaron yn ganolwyr, gorchwyl a gafodd '[y]n dasg ffiaidd! Y peth sy'n ddrwg yw fy mod, er fy ngwaethaf, yn mynd i obeithio a dymuno a dyheu, a hynny er gwybod nad yw fy ngobaith ond gwan'.[1] Y dyddiad cau oedd 29 Ionawr, a chyfarfu pwyllgor dewis yn cynnwys Goronwy Edwards, Ifor Williams ac Idris Bell ar 26 Chwefror i ystyried pedwar cais heb gyfweliadau – Lewis, Idris Foster, Melville Richards a Thomas Jones – am swydd yn cynnig y swm anrhydeddus iawn o £1,000 y flwyddyn. Clywodd ym mis Mawrth 1947 mai Idris Foster a benodwyd: dewis a gafodd 'yn annisgwyl'.[2] 'Ni ddywedaf air am gadair Rhydychen,' ychwanegodd mewn llythyr at gyfaill arall a oedd wedi gwneud hynny a allai i'w gynorthwyo, 'ond bod yn ddrwg gennyf ei cholli.'[3] Arhosodd, yn wir, hyd 1961 cyn datgelu i'w gyfaill agosaf y stori a glywodd am Ifor Williams a Bell yn dadlau 'am bedair awr gyfan â Saeson Rhydychen' yn erbyn rhoi'r gadair iddo. 'Dyna ail gyfle tynghedus Saunders wedi mynd', casglodd hwnnw: brad academaidd ar ben 'brad' wleidyddol W. J. Gruffydd adeg isetholiad y Brifysgol bedair blynedd ynghynt.[4]

Nid cynt y daeth y newydd o Rydychen nag y cododd cyfle newydd gyda'r gadair Gelteg yn ei hen brifysgol yn Lerpwl. Hyd yn oed cyn iddi gael ei hysbysebu, daeth criw o gyfeillion Lewis ynghyd ar aelwyd Moses Gruffydd – J. O. Williams, R. Williams Parry – yn ddiarwybod i Lewis ei hun, i wneud hynny a ellid i sicrhau'r swydd i'w gyfaill. I J. O. Williams y rhoddwyd y dasg o geisio cymorth cyn-gyfarwyddwr ymchwil Lewis, J. Glyn Davies, i wneud 'rhywbeth yn ei ffafr':

Pa beth bynnag yw Saunders Lewis, gresyn o beth ydyw clywed amdano yn dioddef a hynny'n ddistaw, yn ôl a glywwn [*sic*]. Oni ddioddefodd ddigon yn barod? Dyna fel y teimlwn. Y mae'r 'vendetta' arno yng Nghymru yn para'n rhy hir o lawer, a cheir dynion, fel y gwyddoch, â dynoliaeth ddigon salw ganddynt er mor hysbys a phoblogaidd ydynt (yn arwynebol felly, mewn cysylltiadau eraill).[5]

Yr oedd ymateb Davies i'r cais am gymorth yn gyfuniad nodweddiadol ecsentrig o'r cymwynasgar a'r cas. Ysgrifennodd at Moses Gruffydd yng nghanol Ebrill, yn cynghori Lewis i wneud cais am fanylion i ddeon cyfadran y celfyddydau 'heb golli amser', rhag ofn i'r swydd gael ei llenwi'n fewnol. Ni farnai y byddai 'tysteb agored' oddi wrtho 'yn werth dim', ond addawodd ysgrifennu at yr is-ganghellor 'yn bersonol' petai Lewis yn dymuno hynny. Nid hawdd fyddai dwyn y maen i'r wal: 'yn sicr ichwi bydd lluchio baw ato yn y dirgel, a['] i amddiffyn rhag baw ydyw'r anhawster'.[6]

Nid un i daflu baw yn y dirgel oedd Davies; gwnaeth hynny'n gwbl agored. Ar yr un diwrnod â'i lythyr at Moses Gruffydd, atebodd gais J. O. Williams yn uniongyrchol. Ni allai gymeradwyo Lewis ar gyfer y gadair, meddai, am nad oedd 'yn byw yn yr un byd ag ef'. Câi ei farn ar y rhyfel yn 'wrthun': 'Gwnaeth pob [*sic*] un dim a allai i grogi ei hun yng Nghymru a Lloegr . . . Fel dywedais [*sic*] wrthych droion [*sic*], Nazi Cymraeg ydyw', a daliodd fod ei Gatholigiaeth 'yn ei anghymwyso [*sic*] tu hwnt i obaith'. Yna, gan wneud tro crwn, trodd at yr 'ochr ysgolheigaidd', lle credai ei fod 'yn alluocach dyn yn feddyliol nag Ifor Williams mewn llenyddiaeth', ac, yn annisgwyl braidd, canmolodd *A School of Welsh Augustans* Lewis, yn seiliedig ar y gwaith MA na welodd fawr o werth ynddo ar y pryd, fe gofir, fel astudiaeth na allai'r un athro Cymraeg trwy Brifysgol Cymru ysgrifennu ei gwell. 'Gallwch fod yn dawel y gwnaf fy ngorau drosto . . . Nid gwaith hawdd fydd dweyd y gwir ac eto gosod cais Saunders yn gryf.'[7]

Bron fis wedi hynny, ac wythnos ar ôl i Lewis gyflwyno'i gais ar 4 Mai, ysgrifennodd Davies at Lewis ei hun. Dymunodd yn dda iddo, ond yr oedd yn hei lwc oeraidd ddigon: 'It would be easy to give a straightforward reference, but I know my blasted countrymen, and I should have the not easy task of warding off injurious tittle tattle, without seeming to spike the enemies' guns.'[8]

Synnodd G. J. Williams gael Lewis 'mewn hwyl go dda' pan ymwelodd â Llygad-y-glyn ym mis Gorffennaf. 'Petawn i yn ei le, byddwn wedi hen suro, a gadael i Gymru a'i phethau fynd i'r diawl!'[9] I'r gwrthwyneb, ymddengys i'r cyfle diweddaraf hwn i ddianc rhag tlodi ac undonedd ei waith i'r *Faner* a'i swydd ran-amser fel arolygwr ysgolion i'r Cyngor Addysg gael effaith adfywiol ar Lewis yn ystod misoedd yr haf, tra arhosai i awdurdodau Lerpwl gynnull pwyllgor i'w gyfweld. Am y tro cyntaf ers amser, cafodd wyliau oddi cartref (wythnos yn Stratford gyda'r teulu a phedwar diwrnod arall yn y Gyngres Geltaidd yn Nulyn yn nechrau Awst, 'llawer o giniawa llon, llawer iawn o siarad . . . dyddiau hapus iawn',[10] lle gwelodd De Valera eto ac ysgwyd ei law) a chydnabu – am y tro cyntaf mewn print ers i'r rhyfel ddod i ben – fod 'profiad Cymru heddiw yn brofiad normal, cyffredin i'r rhan fwyaf o bobl Ewrop ac i'r mwyafrif o gymdeithasau neu genhedloedd traddodiadol Ewrop. Yng Nghymru yr ydym ni yn profi argyfwng a gwae Ewrop.' Yr oedd bron iawn yn achos cyfrif bendithion. Mewn ysgrif helaeth, bersonol ei naws a dolennog ei chystrawen, a oedd bob amser yn arwydd go sicr fod ei hawdur mewn hwyliau gobeithiol, aeth rhagddo:

> Ystyriwn ein braint yn yr oes hon: byddaf yn diolch lawer iawn am fy ngeni mewn cyfnod [pryd] yr ail-ddatguddiwyd ysblander yr iaith Gymraeg a llenyddiaeth Gymraeg, fy ngeni i fynd i mewn i'r etifeddiaeth fawr a chwynnwyd ac a burwyd gan John Morris-Jones, a ogoneddwyd o'r newydd gan Gwynn Jones a Williams Parry, ac sydd eto'n tarddu ac yn ffrwytho.

Am y Gymraeg ei hun, yr oedd 'yn iaith abl i fywyd cyfoes ac i holl amcanion cymdeithas gyfoes, a'i thafodieithoedd eto'n llawn perlau cudd'. Peth i'w groesawu oedd byw a chreu ynddi, a'r ansicrwydd am ei dyfodol yn ddrych i gyffro ei ansicrwydd penodol ei hun yr haf hwnnw:

> Llawenhewch eich bod yn eich iaith, yng nghyfrwng mynegiant eich enaid, yn cael rhan yn ing a pherygl eich oes a'ch cyfnod. Ni wyddom

ni o gwbl a fydd na chân na chelfyddyd gain na phris ar ddim ysbrydol yn yr unfed ganrif ar hugain yn Ewrop. Ond yr ansicrwydd hwnnw, y benbleth honno, y dryswch a'r argyfwng hwnnw, dyna'r prawf a osododd bywyd i ni yn ein cenhedlaeth. Wynebu hynny yw byw i ni; wynebu hynny yw cyfranogi yn argyfwng ein holl wareiddiad yn ein dydd ni. Ni thâl gofidio o'r herwydd na thorri calon, canys ni bu dwthwn fel y dwthwn hwn. Mae'n dda bod yn fyw heddiw i amddiffyn gwareiddiad a gwneud diwrnod o waith yng ngwinllan Cymru.[11]

Esgorodd haf 1947 ar rywbeth mwy arhosol hefyd. Yn yr ymchwydd hwn o ansicrwydd cyffrous ymgymerodd Lewis o'r newydd â'r ddrama yr oedd wedi cyhoeddi ei dwy act gyntaf bron chwarter canrif cyn hynny, a'i ddrama fwyaf, gellid dadlau. Tynnodd *Blodeuwedd* o'r seler dywyll ym mis Mai, gan gwblhau drafft y drydedd act a baich yr olaf ym mis Awst, ar drothwy cyfweliad Lerpwl.

Y rheswm ymddangosiadol am ailymaflyd yn y ddrama oedd cais gan Morris Jones, cynhyrchydd Chwaraewyr Garthewin, am waith addas i'w berfformio yn y Theatr Fach yno.[12] Ond tystia hanes y cynhyrchiad – awydd Lewis i weld actores bryd tywyll yn chwarae'r brif ran, er enghraifft, ei amharodrwydd i ryddhau'r fersiwn terfynol nes cael sicrwydd bod y darn yn sicr o gael ei chwarae a'i nerfusrwydd, 'yn cyson blethu ei goes dde o amgylch ei goes chwith fel rhyw acrobat',[13] yn ystod yr ymarferion yn Hydref 1948 – mai gweld gwireddu'r gwaith ar lwyfan rhagor ar y tudalen a'i gyrrai.

Ceir awgrym o'r hyn y gobeithiai ei gyflawni yn *Blodeuwedd* mewn darn a ysgrifennodd yn ystod haf 1947, sy'n dwyn i gof ei ysgrifau cynnar yn y *Welsh Outlook* a'r *Darian* ar '*Volkspoesie*' wrthrealaidd. Mae rhediad meddwl Lewis yn gymhleth, a haws crynhoi cyn cynnig sylwadau. Yr hyn a wna ddrama Gymraeg yn wahanol i waith Saesneg i'r llwyfan, meddai, yw y gall y gyntaf dynnu ar symbolau cyffredin y traddodiad Cristnogol:

> Nid ydym yn byw yn yr un byd â byd y ddrama Saesneg. Y mae'n byd ni'n fwy cyntefig, yn fwy barbaraidd, os mynnwch. Ond dyna'n lwc ni a dylem wneud yn fawr ohono. Nid oes gan gynulleidfa Seisnig ddim i'w huno heddiw ond apêl analytic-feirniadol y meddwl. Nid oes ganddi gyfundrefn o symbolau na chefndir o deimlad cyffredin.

Gan y gall y ddrama Gymraeg dynnu ar 'undod teimladol', mae'n dibynnu am ei heffaith ar 'gynulleidfa o addolwyr. Oni bo addoli ym mywyd cymdeithas ni welaf sut y gellir cyflwyno drama symbolaidd iddi. A symbolig yw hanfod y ddrama farddonol'.[14]

Ymgais yw *Blodeuwedd* i gynnig ar y llwyfan brofiad esthetig tebyg i'r offeren Gatholig, yn meddu ar 'unoliaeth', fel y disgrifiodd Lewis hi, gan led-ddyfynnu W. B. Yeats, 'sy'n gwbl wahanol i amrywiaeth annisgwyl digwyddiadau bywyd naturiol'. Nod amgen y gwaith yw'r annaturioldeb cyndyn a fedyddiodd yn 'rhesymeg', peth sy'n 'hanfodol i ddrama glasurol ac yn elfen fawr ym mhob barddoniaeth bwysig'.[15] Barnodd Lewis, yn wir, o fewn llai na phythefnos wedi iddo ei chwblhau, fod 'digwyddiad newydd, annisgwyl' mewn drama yn '[b]rawf . . . o dlodi meddwl yr awdur, prawf nad yw ei gymeriadau ddim yn tyfu nac yn datblygu yn ei fyfyrdod ef, nac yn gweithio allan eu tynged'.[16] Yn *Blodeuwedd* – er gwell neu er gwaeth – gwelir cysgod dwylo'r pypedwr a phob plwc yn y llinynnau wrth i Llew a Blodeuwedd ddilyn eu tynghedau cyferbyniol ond cyfochrog. A chenfydd y symbolau eu swyddogaeth yn rheolaeth haearnaidd eu crëwr dros ei greadigaethau. Byw a dioddef y maent mewn byd sy'n ymestyniad o'r tyndra rhwng rhyddid a threfn. Symbolaidd yw hyd yn oed eu henwau: Llew a'i ddwylo medrus, ei allu i drywanu gewyn dryw gyda nodwydd, ei ysfa i reoli tynged; a Blodeuwedd hithau: cwlwm o flodau prydferth ond caeth, naturiol ond anffurfiedig. Eu trasiedi gyffredin, fel y datgela Blodeuwedd yn ei hymddiddan olaf â Gwydion, y dewin a'i consuriodd, yw fod eu tynged ynghlwm wrth eu hymgais i ymryddhau:

> 'Roedd tynged ar fab Arianrhod
> Na châi ef wraig fyth o blith merched dynion
> Na magu mab. Ildiai ef ddim i'w dynged,
> Nac ef na thithau; daliwyd fi yn arf,
> Yn declyn yn eich dwylo i dwyllo ffawd.
> Ai mi a fu'n annaturiol? Ai cam i mi
> Wneuthur yn ôl fy anian?

'Blodeuwedd sy'n *ennill* yn yr act olaf ac ar bob pwynt yn ei dadl derfynol gyda Gwydion a chyda Llew', ysgrifennodd Lewis wrth un a'i holodd am ei waith. 'Y mae hi'n sefyll dros werthoedd sy'n anhepgor ond eu gosod *gyda* gwerthoedd Llew. Eu trasiedi hwynt yw eu bod ill dau, Llew a hithau, yn anghyflawn.'[17] Megis yn achos *Gwaed yr Uchelwyr* a *Monica*, priodolodd Lewis ei ddrama i amryw o ddylanwadau: *Andromaque* Racine,[18] *Medea* Euripedes[19] a'i awydd cyson er dechrau'r 1920au i ddiddyfnu'r ddrama Gymraeg oddi wrth ei gwreiddiau eisteddfodol. Cyn bwysiced â dim, fodd bynnag, oedd y boddhad gwirioneddol a roddodd y cyfansoddi, a'r perfformiad yn ei sgil, i'w hawdur. Mewn geiriau sy'n atgoffa rhywun o'i sylw yn 1945 am lenyddiaeth Gymraeg fel 'llên babanod', credai iddo greu gwaith arloesol o ran techneg, mynegiant a chwmpas ac iddo swyddogaeth y tu draw iddo'i hun:

> Dyma'r hyn a deimlaf i, os caf fod yn ddigywilydd o hunanol am dro – nid yw llenyddiaeth greadigol Gymraeg y dyddiau hyn yn cynhyrchu gweithiau a dim uchelgais na mawredd ynddynt. A rhaid wrth weithiau felly os yw llenyddiaeth i fyw. Y mae hynny'n fwy angenrheidiol yn awr hyd yn oed na beirniadaeth lenyddol. Wel, y mae Blodeuwedd yn uchelgeisiol o leiaf, ac y mae'r arddull yn gais i ddwyn yr iaith lenyddol i swnio fel iaith siarad naturiol ar y llwyfan.[20]

Fe'i disgrifiodd fis yn ddiweddarach fel 'fy nghampwaith i':

> – bu'n byw gyda mi chwarter canrif rhwng Act II ac Act III gan ddweud gan bob ail [*sic*] flwyddyn i'm hatgoffa ei bod yn tyfu. A chyn i'r beirniaid oll ddweud mai T. S. Eliot yw fy mhatrwm i, bardd na wn i ond ychydig yn gymharol amdano, mi ddywedaf mai Sophocles a Corneille yw'r ddau ddylanwad cryfaf o lawer iawn ar Amlyn ac Amig ac ar Flodeuwedd, a bod Blodeuwedd yn farddonol Roegaidd ei thechneg. Gweld Sybil Thorndyke [*sic*] yn actio *Medea* Euripides a'm hysbrydolodd gyntaf i gychwyn ar Flodeuwedd. Ond nid Euripides a borthodd y ddrama yn ei thwf, ond ei frawd mwy.[21]

Nododd Lewis yr hydref hwnnw mai '[y] ddrama oedd fy niddordeb cyntaf i, cyn imi ei rhoi heibio er mwyn gwaith cenedlaetholdeb. Difyr dychwelyd.'[22] Nid seicolegu rhad yn hollol yw dweud i *Blodeuwedd* a'r dramâu a ddaeth yn ei sgil gyflawni ym mywyd Lewis yr hyn na allasai gwleidyddiaeth na newyddiaduraeth mo'i wneud. Cafodd boblogi ei Gymru ei hun a phennu tynged ei thrigolion. Bu llwyddiant *Blodeuwedd*, yn rhannol o leiaf, yn foddion hefyd i leddfu siom yr hyn a ddilynodd. Cynhaliwyd y cyfweliadau am gadair Gelteg Lerpwl ar 29 Medi, gyda dau ymgeisydd gerbron. Yn ei adroddiad disgrifiwyd Lewis gan gadeirydd y pwyllgor dewis, William Collinson, yr athro Almaeneg, fel un 'well-known to members of the Committee' a feddai ar 'thorough literary training' gydag 'interesting personality and great literary sensitivity':

> During a long interview he greatly impressed the Committee with his views on the comparative study of Welsh Literature in its European setting, on its cultural value as revealed in form and content, and with his ideas for the study of Welsh Literature and civilisation in a University like our own.

Yr oedd ei gais, barnai'r pwyllgor, yn 'admirable', ond ofnai 'with regret ... that Mr Lewis's lack of a wider outlook on Celtic Studies as a whole and of the necessary linguistic equipment rendered him less suitable for the present post'. 'After a very long discussion', penodwyd y sawl a'i holynodd yn Abertawe ddegawd ynghynt: Melville Richards, ar gyflog o £800 y flwyddyn. Unwaith eto, chwaraeodd Ifor Williams ei ran. Yn ei dystlythyr, dywedodd am bennaeth Richards, Henry Lewis, 'who is an old friend of mine', ei fod yn 'lyrical in his praise' gan ddisgrifio'r ymgeisydd 36 oed fel 'one of our Welsh "hopes" for Celtic Scholarship in this generation'. Fe'i cymeradwyai, meddai, 'without qualification'.[23] Erbyn 1 Hydref yr oedd Lewis gartref yn Llygad-y-glyn, 'not too disheartened' am fod wedi colli Lerpwl, chwedl llythyr at Robert Wynne yn amgáu act olaf *Blodeuwedd*, 'for I didn't relish the idea of returning there. They said they wanted a Celtic philologist and I said I wasn't that.'[24] Fis yn ddiweddarach, nododd D. J. Williams fel y teithiodd yn yr un trên â Lewis. Aeth Williams i'r cerbyd ail ddosbarth; mynnodd Lewis docyn dosbarth cyntaf: 'ei falchder yn cuddio ei dlodi'. Cafodd y ddau gyfaill ddigon o sgwrs, er hynny, i Lewis ddatgan ei 'feddwl uchel iawn o Gwynfor fel Cristion a dyn o egwyddor' ac i roi'r caead ar unrhyw si ei fod am ddychwelyd i'r llywyddiaeth ei hun, hyd yn oed am resymau ariannol: 'Yr wyf yn rhy gas iddynt dderbyn fy arweiniad i.'[25]

A drysau dwbl y byd academaidd a gwleidyddiaeth wedi'u cau arno, troes yn ôl at ei golofn wythnosol ac arfer eto y llais cystwyol cyfarwydd: gwelai 'Philistia ar ddisgyn'[26] a Chymru fel 'gwlad yr arholiadau' wedi troi'r ysgolion a'r brifysgol 'yn feddrodau diwylliant a moes';[27] ond arall bellach oedd ei ddiddordeb. Daliai i ddilyn cwrs y byd, ond yr oedd momentwm ei ddychymyg creadigol tua'r gorffennol.

Yr oedd y cais ofer i Lerpwl wedi tarfu ar weithgarwch arall a ddaeth at ei gilydd bob yn ail â *Blodeuwedd*, sef y pum sgwrs radio yn y gyfres 'Cornel y Llenor' gydag awduron straeon byrion – Kate Roberts, D. J. Williams, J. O. Williams, Islwyn Williams a John Gwilym Jones – a ddarlledwyd o Fangor gan y BBC yng ngaeaf 1947-8 (y gyntaf ohonynt gyda Kate Roberts ar 15 Hydref) ac a gyhoeddwyd yn gyfrol, *Crefft y Stori Fer*, yn Ionawr 1949. Tyfodd sgript pob un trwy'r broses lafurus o lythyru â'r pump. 'Mewn gwlad fel Cymru', fel y nododd Lewis ar ddiwedd ei ddau baragraff o gyflwyniad, 'nid oes modd trefnu ond felly.'[28]

Diau mai'r tâl a'i symbylodd i dderbyn gwahoddiad y cynhyrchydd, Alun Llywelyn-Williams, ond mae'n gyfrol ddadlennol a chrefftus yn ei hawl ei hun hefyd. Mae blas sgyrsiau go-iawn ar yr ymddiddanion, ni waeth am eu datblygiad artiffisial, a daw meddwl Lewis ei hun i'r amlwg trwyddynt. Rhoddir y pwyslais yn gyson ar y llenor fel cynnyrch ac etifedd ei gymdeithas ac nid fel gweledydd, ac fel un sy'n tynnu ar gynhysgaeth ei atgofion. Y geiriau hyn o eiddo Lewis, er enghraifft, yn y cyfweliad â Kate Roberts am yr ysgogiad cyffredinol y tu ôl i'w storïau, sy'n cynnig cystal esboniad â dim ar gymhelliad gwaelodol *Blodeuwedd* a'r dramâu a'i dilynodd a'r creadigrwydd sy'n codi o'r gorffennol:

> Mae'r cyffro, neu'r symbyliad cyntaf, y peth sy'n rhoi cychwyn i'r gwaith, yn dyfod o rywbeth, rhyw air neu ddigwyddiad, sy'n ei wthio ei hun ar y meddwl ac yn gafael ynddo. Ond wrth gnoi cil arno, wrth fyfyrio arno, daw llu o brofiadau, atgofion o bob math i gydio ynddo yntau a mynd yn un ag ef. Yn wir, dyna yw myfyrdod y bardd, nid rhesymu rhywbeth newydd i mewn i'r digwyddiad, na gweithio allan resymeg o ganlyniadau neu achosion, ond bachu a chodi o'i stôr o orffennol yr hen brofiadau a'r hen gynyrfiadau y mae'r profiad hwn yn eu deffro a'u cydio yn ei gilydd. Rhyw fath o bysgota yw'r peth.[29]

Y Lewis amwys, cyfansawdd hwn yw testun y casgliad o ysgrifau 'ar ei gymeriad a'i athrylith a'i weithgarwch' dan olygyddiaeth Pennar Davies a gyhoeddwyd, yn groes i ddymuniad Lewis ei hun, os oes rhoi coel ar y rhagair, yn Awst 1950,[30] er y dengys gohebiaeth Lewis â Kate Roberts, un o'r cyfranwyr,[31] fod y gwaith ar droed mor gynnar â Thachwedd 1947.[32]

Er gwaethaf haelioni cynnes eu hysbryd ac er nad ydynt yn sicr yn anfeirniadol o barchus, mae blas lleddf cwrdd coffa neu *memento mori* ar y pymtheg cyfraniad i'r gyfrol, fel petai gyrfa eu gwrthrych eisoes ar ben. Yn sicr, cyfrwng oedd y casgliad i borthi'r ddelwedd o Lewis fel enaid prin, arteithiedig neu fel pos i'w ddatrys. Y canlyniad oedd ei amddifadu o'i hiwmor – a'r hunanadnabyddiaeth sydd ynghlwm â hwnnw. Gwaddol pellach yr ysgrifau, ar ei syniadau gwleidyddol gan D. Myrddin Lloyd, ei farddoniaeth gan Gwenallt, ei ffydd gan John Barrett Davies, ei ddramâu gan Kitchener Davies, ei feirniadaeth gan G. J. Williams a'i newyddiaduraeth gan Gwilym R. Jones, oedd tanseilio'r undod yr oedd eu gwrthrych wedi ei geisio trwy ei fywyd a'r ddeinameg a'i gyrrai erbyn i'r gyfrol ddod o'r wasg. Darllenodd Lewis y casgliad 'heb adnabod o gwbl y gŵr y disgrifir ei waith ynddo'.[33]

Gŵr oedd hwnnw a fyddai'n cynhyrchu mwy o ran swmp o waith creadigol yn ystod y pymtheng mlynedd i ddilyn nag a wnaethai trwy ei oes cyn hynny. Ar yr wyneb, mae gweithgarwch y blynyddoedd yn gwrthdaro'n od â *persona* 'Cwrs y Byd', ac yn wir â'r gohebydd a ysgrifennodd at gyfaill yng ngwanwyn 1948 mai 'brwydro yn erbyn digalondid a syrffed ar fywyd yr wyf ers talwm'.[34] Buasai 1947 yn flwyddyn a oedd wedi cadarnhau ei ofnau gwaethaf: rhyfeloedd cartref yn Tsieina, India, Bwrma, Indonesia a Gwlad Groeg, yr Almaen wedi'i rhannu a dyfodol Palestina yn y fantol wrth i ddyfodol gwlad newydd Israel gael ei drafod. Soniodd yn bruddaidd eisoes am drydydd rhyfel byd.[35] Hyn ar ben salwch Mair, mewn sanatoriwm yn Llanybydder rhwng Ionawr a Mehefin, a gwaeledd ei fodryb Ellen dros yr un cyfnod. Gwaeth na'r dyddiau a dreuliodd Lewis ar yr aelwyd yng Nghastell-nedd – yn coginio a golchi – oedd y daith wythnosol o Lanfarian, heibio i'r ffatrïoedd a'r ystadau tai newydd: 'Deillion yn unig a fedrai fyw yma', ysgrifennodd am y trigolion ar '[y] milltiroedd hyn o flew

llwydwyn, di-borfa, fel chwydfa wedi sychu yn yr haul . . . Disgwyliwn
eu gweld yn baglu allan o'r tai bach a'u hwynebau'n glawr a'u dwylo'n
estyn tua'r nefoedd mewn ystum anweddaidd megis lladron Malebolge
yn Uffern Dante . . . y mae'r gwareiddiad hwn yn sgrechian ei gabledd
wrth y Creawdwr.'[36]

'Nid yw pobl Cymru heddiw yn credu mewn dim, yn Nuw nac mewn
dyn', ysgrifennodd fel y tynnodd 1948 tua'i therfyn:

> Nid oes ganddynt mwyach argyhoeddiad ymneilltuaeth y bedwaredd
> ganrif ar bymtheg i'w cadw yn genedl nac ychwaith gred ynddynt eu
> hunain fel cymdeithas hanesyddol, canys ni wyddant ddim am eu
> hanes eu hunain.[37]

I Lewis nid oedd anghysondeb rhwng egni ac anniddigrwydd; tynnodd
faeth paradocsaidd o'i gred mewn Cymru ddifater a materol. Ac yn
bendant iawn, nid diddanu oedd swyddogaeth llenydda iddo na
chenhadu yn yr ystyr arferol a chyfyngedig o fod yn rhywbeth a wnâi
'dros yr iaith'. Hytrach i'r gwrthwyneb. Moddion yw dramâu hanes
hanner cyntaf y 1950au – *Eisteddfod Bodran, Gan Bwyll* a *Siwan* – sy'n
edliw i'r Cymry eu hanwybodaeth o'u hanes eu hunain: cyfansoddiadau
tebyg eu hergyd ddwbl glodforus a dychanol i 'Wedi'r Canrifoedd
Mudan' Waldo Williams am y merthyron Catholig a fyddai'n fawr ac
ardderchog yn chwedl Cymru pe bai hi'n genedl. Cyfraniadau
ymwybodol ac eironig ydynt i ganon theatr genedlaethol nad yw'n bod.

Addefiad oedd pwl creadigol Lewis o ddiwedd y 1940au ymlaen, yn
ogystal, nad trwy sefydliadau allanol a gweithgarwch torfol y gwelai
wireddu Cymru ei ddyhead. Yn sgil Eisteddfod Pen-y-bont ar Ogwr
1948, lle'r oedd wedi beirniadu'r bryddest, rhybuddiodd ei ddarllenwyr
rhag synio am yr ŵyl fel rhywbeth amgen na chyfrwng i '[dd]atblygu
chwaeth y gymdeithas Gymraeg er mwyn harddu ei bywyd hi': 'Nid
sefydliad i ddiogelu'r iaith mo'r Eisteddfod Genedlaethol . . . Ac fe ŵyr
pawb hynny'.[38] Yn yr un modd, gwyddai pawb na welid cydnabod
Cymru fel cenedl trwy wleidyddiaeth y pleidiau:

> Ni ddwg dim ond chwyldro o ryw fath neu'i gilydd hunan-lywodraeth i
> Gymru. Anonestrwydd celwyddog neu dwpdra niweidiol yw meddwl

yn amgen. Nid wyf yn dweud bod yn rhaid i chwyldro olygu tywallt gwaed. Ond yr wyf yn dweud y bydd yn rhaid i bobl Cymru, arweinwyr Cymru gyntaf, gymryd mesurau o anghydweithredu â Llywodraeth Loegr mor eithafol a chostus ag a gymerth y Mahatma Gandhi a'i ddilynwyr yn yr India cyn yr ystyria unrhyw lywodraeth Seisnig ganiatáu hawliau a statws cenedl i Gymru.[39]

Golygodd ei weithgarwch fel dramodydd a cholofnydd goleddu credo y mae'n anodd bathu enw cymhwysach arni na chenedlaetholdeb dirfodol. Cred oedd y gwelwyd rhagargoel ohoni yng ngweithred gyfrinachol a hunanaberthol Penyberth ac a oedd, gellid dadlau, wrth wraidd ei agwedd anfoddog tuag at y Blaid Genedlaethol wedi iddo adael y llywyddiaeth, sef mai mater i unigolion rhagor pleidiau a phwyllgorau oedd achub Cymru. Pan ofynnwyd iddo ddarogan hynt y wlad, troes y cwestiwn ar ei ben: 'Sut ddyfodol sydd i Gymru? Gan mai nyni heddiw sy'n gyfrifol am lunio Cymru yfory, mae'n debyg mai ystyr y cwestiwn yw: Sut Gymry ydym ni heddiw?'[40] Ymhelaethodd ar y mater yn ei golofn 'Cwrs y Byd' olaf yn 1948, gan gyhoeddi mai 'Brwydr unigolion yw'r frwydr dros safonau yn y wlad Gymreig heddiw ... Yr ydym yn parhau i frwydro oblegid mai hynny sy'n deilwng o'n hetifeddiaeth, ac oblegid gwybod gydag Antigone, pan elem at y cysgodion, na bydd na gostwng pen na gwrido wrth eu cyfarch.'[41]

Un wedd ar fynegi'r gred honno oedd y sioe o eiriau uchod; gwedd arall oedd 'Gwamalrwydd mewn Tair Golygfa' *Eisteddfod Bodran* y gweithiodd arni rhwng haf 1949 a gwanwyn 1950 ac a lwyfannwyd yng Ngŵyl Garthewin – unwaith eto dan gyfarwyddyd Morris Jones – yn Awst 1950. Temtir rhywun i'w bedyddio y ddrama ôl-fodernaidd gyntaf yn y Gymraeg. Ei sylfaen yw drysu'r gorffennol: stori 'Er cof am y bardd Talhaiarn', fel y noda ei his-deitl, lle mae cymeriadau yn dwyn enwau o Drydedd Gainc y Mabinogi yn sôn am leisens radio a leisens ci yn erbyn cefndir derwyddol ffug-hynafol o waith dychymyg troellog Iolo Morganwg yn y ddeunawfed ganrif. Nid oes ryfedd i *Eisteddfod Bodran* aeddfedu trwy 1949 law yn llaw â sylw yn 'Cwrs y Byd' i Gymru fel gwlad a gollodd adnabod arni ei hun, droi'n 'gymdeithas werinol' oddi ar y ddeunawfed ganrif, 'heb orffennol na thraddodiadau'.[42] Canfu Lewis sylfeini pellach i'r anghofrwydd yn 'ein

cyflwr' dri mis yn ddiweddarach mewn ymneilltuaeth, sosialaeth a'r
gyfundrefn addysg. Ar ddechrau'r bedwaredd ganrif ar bymtheg,
daliodd, 'y capel fu canolfan yr iaith Gymraeg a'r genedl Gymreig, sef y
genedl a siaradai'r iaith'. Erbyn diwedd y ganrif, y farn dderbyniedig
oedd mai 'cyfnod o dywyllwch ac anwybodaeth ac anfoesoldeb' oedd
popeth a'i rhagflaenai: 'Lluniwyd cenedl newydd sbon ar sail capeli a
seiat a chyfeillach. Y capel oedd hendref y genedl; ac nid cenedl
mohoni, nid oedd hi'n ymwybod â'i bod o gwbl fel cymdeithas unol, ar
wahân i'r capel. Aeth hynny'n rheol bywyd iddi.' Dyna a oedd i gyfrif
am fethiant Cymru Fydd: 'Ni fynnai'r Cymry fod yn Gymry politicaidd,
ond yn anghydffurfwyr politicaidd. Ni fynnent wleidyddiaeth namyn
gwleidyddiaeth y capel.' Aeth yr angof yn llwyrach ar ddechrau'r
ugeinfed ganrif gyda chynnydd 'y mudiad Llafur', disodli'r ysgol Sul
gan addysg orfodol Saesneg a thwf unigolyddiaeth. Y canlyniad oedd
colli 'canolbwynt mawr' mewn bywyd cymdeithasol a '[ph]aratoi'r
ffordd i'r fuddugoliaeth Gomiwnyddol'.[43]

Tyfodd y ddrama a'r golofn yng nghanol yr helbulon cyffredin trwy'r
gwanwyn. 'Byw o gopi i gopi o'r *Faner* yr wyf gan wastraffu'r
blynyddoedd ar newyddiaduraeth ddiwerth',[44] ysgrifennodd at gyfaill
ym mis Mawrth. 'Enbyd o waith yw cadw tŷ a ffarm a nyrsio plant yr un
pryd',[45] cyfaddefodd wrth un arall fis wedi hynny. 'Does gen i ddim
diddordeb yn y dyfodol,' addefodd wrth drydydd gohebydd, 'mae
heddiw yn fwy na llond fy mhlât.'[46] Mae'n arwyddocaol, efallai, mai y
gwanwyn hwnnw a welodd cydnabod ar goedd ganddo am y tro cyntaf y
cwyn gan ei ddarllenwyr 'fod fy nodiadau a'm daroganau yn dra digalon
ac nad ydynt yn gymorth yn y byd i neb fwynhau byw'. Addawodd
geisio diwygio. 'Canys yn wir, peth cywilydd [*sic*] yw bod yn ddigalon,
hyd yn oed ar ganol oed dyn'. Nid digalonni ei ddarllenwyr oedd ei nod,
meddai, ond eu hannog i weithredu. Yr oedd yn well ganddo gredu,
gydag athro ffôl o obeithlon *Candide* Voltaire, Pangloss, fod popeth er y
gorau yn y byd gorau posibl:

> Ystum yw anobeithio. Ystum y bardd rhamantaidd sy'n gosod osgo
> arno'i hun, yn tynnu mantell dros ei fynwes, ac yn ymglywed â gwae
> ei oes – y bardd actor . . . Peth drwg yn wir, mi goeliaf i, yw teimlo'n
> rhy ddwys dros eich gwlad, ond ewyllys, dyna yw'r gwladgarwch iach

a chryf. Ac fe ddylai'r ewyllys honno ymdroi'n weithredoedd, nid yn deimladau.[47]

Bu 1949 o leiaf yn flwyddyn fwy amrywiol na'r un ers symud i Lanfarian. Bwriodd Sadwrn a Sul 5 a 6 Mawrth yn westai i'r PEN Club a'r Saltire Society yng Nghaeredin, y tro cyntaf iddo weld y ddinas ers dyddiau ei swydd fyrhoedlog fel llyfrgellydd. Swperodd gyda Sorley MacLean a chafodd flas ar y 'bywyd ac awyrgylch prifddinesig',[48] gan ymweld â'r strydoedd a'r adeiladau Sioraidd a oedd wedi ysbrydoli ei daid, Owen Thomas, dros ganrif ynghynt. Ym Medi, am y tro cyntaf ers degawd, ymwelodd â Ffrainc, ar daith i ymweld â mentrau amaethyddol yng nghwmni Moses Gruffydd. Arhosodd y ddau yn Bernay, a mynd ar wibdeithiau i Deauville a Pharis. Gorfoleddodd fod 'y bwyd a'r gwin gystal ag erioed, yn helaeth megis cynt, a safon y coginio cyfuwch ag erioed' ac nad oedd chwiwiau ffasiwn wedi gafael i'r graddau a ofnai: 'Y ffaith foel yw bod y merched ar y promenâd unrhyw brynhawn Sul yn Aberystwyth yn llawn mor ffasiynol eu golwg'. Arall oedd yr hyn y dymunai ei weld: gwlad 'iach', amaethyddol, 'yn llawn o bobl gryfion, bwytawyr llawen, gweithwyr cedyrn, addolwyr lawer' a 'bywyd cymdeithasol teuluaidd'. Ar ddiwrnod olaf ei arhosiad aeth i weld beddrod y Santes Thérèse de Lisieux, a theimlo bod 'bywyd ysbrydol ac addoliad' ar ddychwelyd i'r wlad a anrheithiwyd gan y rhyfel. Yn anochel, edrychodd ar y gornel hon o Ffrainc trwy wydrau Cymru a thybio mai 'dyma'r math o fywyd a greodd gynt gywyddau telynegol Guto'r Glyn a Gutyn Owain . . . Petawn innau'n byw yn Normandi odid na thyfwn hefyd yn fardd moliant a lliw croen wynwyn ar fy nghynghanedd.'[49]

Yr hyn a roddodd flas arbennig ar Ffrainc oedd y Gymru y cefnodd arni, ac nid oedd blas na lliw moliant ar y golofn pan soniai amdani. Gofynnodd ar drothwy'r ymweliad gorfoleddus pam y parhâi i'w hysgrifennu:

Nid o unrhyw obaith am fedru dylanwadu ar gwrs y byd. Ond er mwyn ceisio meddwl yn glir yn Gymraeg am y byd yr ydym yn byw ynddo a cheisio helpu eraill, lleiafrif o Gymry Cymraeg, i feddwl yn gywir ac yn annibynnol ac o safbwynt Cymreig. Y mae meddwl yn iawn, hyd y gallom, yn act foesol ac yn ddyletswydd. Y mae bod Cymry Cymraeg

yn sôn am 'fyw ar wahân' fel nod cenedlaetholdeb naill ai'n dwyll
neu'n gamgymeriad meddyliol, sy'n gwneud drwg i'r genedl Gymreig
oll. Arwydd ydyw fod arweinwyr Cymreig yn parhau'n gaethweision
i'r Saeson a fu am ganrifoedd yn feistri arnynt. Un o'r pethau a
ddysgais i wrth graffu ar fy nghyfoeswyr llwyddiannus yw mai wrth
ddyfod ymlaen yn y byd, ac wedi dyfod i swyddi o ddylanwad a
phwys, y bydd gwerinwyr Cymraeg yn dangos nodau'r caethiwed.
Dyna ei deyrnged ef i'w feistri Seisnig am 'ddyrchafiad arall i
Gymro'.[50]

Gwrthrych uniongyrchol ergyd y frawddeg glo, mae'n debyg, oedd W. J.
Gruffydd, awdur drama ddychanol dan y teitl hwnnw; ond taro'r post i
Blaid Cymru glywed oedd amcan ehangach Lewis. Ar 1 Hydref
mynychodd rali'r Blaid ym Machynlleth i lansio'r ymgyrch Senedd i
Gymru (seithug, fel deiseb yr iaith o'i blaen), lle clywodd D. J. Williams
yn datgan bod yr ysbryd a lanwodd yr ychydig yn Ysgol Haf gyntaf y
Blaid yn y dref yn 1926 'erbyn hyn wedi meddiannu mwyafrif o
eneidiau gorau Cymru' a Gwynfor Evans yn cyhoeddi bod 'ysbryd
rhyddid eto'n fyw'.[51] Cafodd eiriau Gwynfor yn 'anerchiad teilwng o
arweinydd cenedl', a'r amcan o ennill senedd o fewn pum mlynedd yn
un '[p]eryglus bendant' ac '[y]n brawf o undod cenedl ac yn gychwyn
adferiad', ond amheuai a sylweddolai'r llywydd oblygiadau ei ymgais:
'Y mae "Senedd i Gymru o fewn pum mlynedd" drwy ddeddfwriaeth
dau Dŷ a Brenin Prydain Fawr yn freuddwyd heb gysylltiad â
gwleidyddiaeth ymarferol. Cymeraf fod arweinwyr Plaid Cymru yn
deall hynny.' Mae'n anodd dweud beth yn union a olygai Lewis wrth
'wleidyddiaeth ymarferol'. Megis yn y dyfyniad uchod am barhau'n
golofnydd 'Cwrs y Byd', y casgliad anochel weithiau yw mai aneglurder
y dweud yn hytrach na diffyg crebwyll y darllen yw'r rheswm am y
tywyllwch. Ond yr oedd a wnelo'n rhannol – ac yn gynyddol felly erbyn
diwedd y 1940au – â'r argyhoeddiad (sy'n rhedeg fel llinyn trwy
Eisteddfod Bodran hefyd, gyda llaw) fod statws materol yn tanseilio
awdurdod moesol. Barnai Lewis fod yr ymgyrch Senedd i Gymru yn
dangos gwendid: yn gyntaf ar gyfrif ei hamhendantrwydd (i'w dyb ef, y
cam rhesymegol nesaf yn sgil ennill senedd fyddai hunanlywodraeth,
ond ni fynnai Gwynfor gydnabod na dweud hynny) ac yn ail am fod

cyplysu'r ymgyrch â'r penderfyniad i ymladd saith sedd yn yr etholiad cyffredinol nesaf yn ffôl o uchelgeisiol ac yn arwydd o hunanbwysigrwydd. 'Cryfder Plaid Cymru o'i chychwyn yw nad oes ynddi gyfle o gwbl i uchelgais personol.'[52]

Yr oedd tair gwedd arall ar gymhlethdod perthynas Lewis â llywydd Plaid Cymru, a chafodd pob un lais wrth i'r ymgyrch Senedd i Gymru gael ei thraed dani trwy ddiwedd 1949 a dechrau 1950. Y gyntaf oedd yr hen gân, yn dyddio'n ôl i ddechrau cyfnod llywyddiaeth Gwynfor, fod y dulliau cyfansoddiadol, diogel y mynnai'r Blaid eu dilyn yn aneffeithiol. Cyn hynny, cyfyngwyd y sylwadau am 'lastwreiddiwch' y blaid y buasai'n arweinydd arni i lythyrau personol;[53] bellach, a'r ymgyrch yn ffocws, caent sylw cyhoeddus. 'Er pan ddechreuais gyntaf oll ymhél â phroblem wleidyddol Cymru,' datganodd Lewis, 'fe'm llwyr argyhoeddwyd mai chwarae plant anghyfrifol a difudd [*sic*] yw ceisio achub einioes y genedl Gymreig a diwylliant Cymreig heb "unconstitutional action", hynny yw heb herio cyfraith a thrais a gorthrwm y Wladwriaeth Seisnig.'[54] Yr ail gymhlethdod oedd argyhoeddiad Lewis bod 'gofyn am Senedd o unrhyw fath i Gymru yn ofyn chwyldroadol',[55] a bod Gwynfor naill ai'n ddall i'r goblygiadau neu'n amharod i'w hwynebu. Ac yn drydydd, yn ei alltudiaeth oddi wrth wleidyddiaeth feunyddiol yn ffafr llenydda, daeth Lewis i gredu, yn wahanol i Gwynfor, ac yn groes i'w gredo ei hun yn nyddiau ei frwdfrydedd tanbeitiaf dros seilio cenedlaetholdeb ar economeg, y dylid rhoi blaenoriaeth i'r iaith. Yr oedd Gwynfor wedi dal yn rali Machynlleth mai 'Diwerth . . . yw cefnogi'r iaith Gymraeg os bydd y gweithwyr sy'n ei siarad yn cael eu gyrru o'u gwlad.'[56] Arall oedd pwyslais ei ragflaenydd. 'Brwydr yr iaith a'r traddodiad diwylliannol Cymreig, brwydr llenyddiaeth fawr sy'n drysor gan genedl fach, yw'r frwydr Gymreig', mynnodd. 'Y mae'r ddadl Gymreig yn rhagdybio tröedigaeth foesol y genedl Gymreig a phenderfyniad i roi blaenoriaeth i'r ffactorau ysbrydol mewn bywyd cymdeithasol ac i aberthu er eu mwyn.' Er iddo alw Gwynfor Evans a J. E. Jones yn 'weithwyr rhagorol yn y winllan Gymreig', pan alwodd genedlaetholdeb y dydd 'yn grwsâd dros ryddid ac iechyd ysbrydol i Loegr ac i Ewrop yn ogystal' pleidio delfryd yr oedd yn hytrach na disgrifio'r hyn a welai yn rhengoedd y

Blaid, a oedd wedi cefnu ar 'esiampl Gandhi yn yr India, hyd yn oed esiampl Mrs Pankhurst yn Lloegr':

> Pan ddywedo'r Gweriniaethwyr Cymreig fod Plaid Cymru wedi colli ysbryd ei blynyddoedd cyntaf, wedi troi ei chefn ar Benyberth, ymddengys i mi fod y cyhuddiad yn deg. Trwy holl fywyd Cymru heddiw y mae diffyg antur yn amlwg. Heb antur ni ddaw bywyd cenedl i flodeuo.[57]

Yng ngoleuni'r un delfryd y mae deall brwdfrydedd annisgwyl Lewis dros gefnogwyr ifainc gweriniaeth annibynnol a sosialaidd i Gymru, megis Harri Webb, Cliff Bere, Tom a Joyce Williams, Ifor Wilks a Haydn Jones (a ddaeth maes o law yn fab-yng-nghyfraith iddo).[58] Cofia un aelod – 24 oed ar y pryd – fel y bu mor 'hy' (a naïf, rhaid ychwanegu) â mentro galw yn Llygad-y-glyn yng ngwanwyn 1947 yn y gobaith bod Lewis wedi cefnu ar ei alwad yn *Egwyddorion Cenedlaetholdeb* am Gymru rydd rhagor Cymru annibynnol, a dod oddi yno 'ymhell o fod yn hapus' ar ôl cael nad oedd 'wedi newid dim ar brif osodiadau'r ddarlith'.[59] Eto, gwta dair blynedd wedi hynny nid yn unig fe ddefnyddiai'r gweriniaethwyr fel pastwn i gystwyo'r Blaid ond mynegai hefyd ei 'gydymdeimlad' â'u dulliau a lleisiai ei gred '[na] ddaw dim o werth o barchusrwydd J. E. Jones'.[60]

Geiriau oedd yr uchod gan ddyn a oedd, ar ôl deng mlynedd o lunio 'Cwrs y Byd', ar ddiffygio. Soniodd yn yr un mis am 'ymddeol' o'r *Faner*, ac 'yn hollol gyfrinachol' am lawdriniaeth – 'dim byd difrifol enbyd' – yr oedd wedi'i gohirio er mwyn parhau i gyfrannu. Bellach daeth y rheidrwydd â chyfle yn ei sgil: 'Os na wnaf, bydd fy ngobaith am sgrifennu rhai o'r llyfrau yr wyf yn awyddus am eu sgrifennu cyn fy marw yn siwr o fethu'.[61]

Derbyniodd Lewis lawdriniaeth mewn cartref nyrsio o fewn tafliad carreg i'w gartref cyntaf yng Nghymru ym maestrefi Abertawe ar 17 Mawrth. Llenwyd ei le yn y papur rhwng hynny a 17 Mai gan amryw o gyfranwyr: Pennar Davies, J. Gwyn Griffiths, W. Eilian Roberts, A. O. H. Jarman, Gwenallt a Gwynfor Evans ei hun. Ei fwriad gwreiddiol oedd rhoi'r gorau i'r golofn yn llwyr, ond pwyswyd arno gan y golygydd, Gwilym R. Jones (a Kate Roberts), i aros, a'r cyfaddawd erbyn diwedd

Ebrill oedd colofn lai ei hyd bob pythefnos 'am flwyddyn o leiaf, heb ragor o ffwdan'.[62]

Ac yntau yn ôl yn Llygad-y-glyn yn nechrau Mai, cafodd Lewis – er cryn ryddhad iddo, o bosibl – fod gwres gwleidyddol misoedd agoriadol y flwyddyn wedi claearu. Llenyddiaeth, a llenyddiaeth y bedwaredd ganrif ar bymtheg yn fwyaf arbennig, a âi â'i fryd bellach. Ar 20 Mai traddododd Ddarlith Goffa Islwyn dan nawdd Coleg y Brifysgol Caerdydd, a thrwy wahoddiad G. J. Williams, ar 'Islwyn a'r Bryddest Arwrol'.[63] Yn gwmni i'r ddarlith cafwyd ysgrif i'r *Faner* ganddo ar Robert ap Gwilym Ddu ar 5 Gorffennaf, dwy ar Giuseppe Ungaretti ar 2 ac 16 Awst a thair ar Twm o'r Nant rhwng 27 Awst a 25 Medi. Pan draethodd ar faterion y dydd, gellid clywed eisoes grygni hen ŵr yn llais y 'sgriblwr pythefnosol'. Yr oedd diwylliant cyfoes poblogaidd yn achos digofaint iddo, yn enwedig y sinema: '[o]piwm y proletariat' a weithiai ei 'hupnosis cyson . . . fel breuddwydio di-hun, yn bodloni'r is-ymwybod [*sic*] fel nad rhaid newid dim ar fywyd fel y mae'. Barnodd *Hamlet* Laurence Olivier 'y ffilm truenusaf [*sic*] yn fy mhrofiad i' a gwaredodd at y mynd ar bêl-droed, comics a'r *Daily Mirror* a hoffter y cyhoedd o *Family Favourites* ar y radio, er canmol ohono grefft Walt Disney. 'Byddaf yn meddwl yn fynych', casglodd am ddiwydiant y sinema yn gyffredinol, 'mai ef sydd yn cadw'r gweithwyr diwydiannol yng Nghymru a Lloegr rhag codi mewn gwrthryfel.'[64]

Yn Awst 1950 teithiodd Lewis i Garthewin i wylio chwarae *Eisteddfod Bodran* yn yr Ŵyl Ddrama yno, ar yr un rhaglen â chyfieithiadau o gasbeth Lewis, *Tŷ Dol* Ibsen, a'r *Cybydd* Molière. Mwynhaodd y dramodydd 'wythnos hapus' o 'hwyl a sgwrsio llawen' yng nghwmni Lewis Valentine, ynghyd ag 'offeren bob bore a gwin bob cinio . . . holl anhepgorion wythnos hyfryd'. Dychwelodd wedi'i ysbrydoli i ddechrau 'myfyrio drama newydd i'r flwyddyn nesaf, un fawr ac anodd'.[65]

Arwydd oedd o egni newydd, digyfeiriad. Prin mai'r gomedi *Gan Bwyll* – ei ddrama nesaf – oedd yr 'un fawr ac anodd' y cyfeiriodd ati, ac nid oes tystiolaeth ei fod yn meddwl cyfansoddi *Siwan* ar y pryd, er iddo adrodd hanes y dywysoges gydag arddeliad wrth ddarllenwyr 'Cwrs y Byd' mor gynnar â 26 Tachwedd 1947. Daeth dechrau Rhagfyr heb air ar bapur.[66] Beth bynnag oedd ym meddwl Lewis wrth i'r haf dynnu tua'i derfyn, yr oedd addewid creadigrwydd fel gwrthglawdd rhag peryglon annelwig y dyfodol yn prysur ddisodli dulliau eraill. Ym mis Tachwedd 1950 ysgrifennodd at D. J. Williams, gan ei annog yntau i 'ymryddhau' o wleidyddiaeth:

> Fy marn i yw nad yw gwaith politicaidd ddim yn bwysig dros ben am y pum mlynedd neu ddeng mlynedd nesaf; wrth gwrs, rhaid i'r Blaid gadw ati; ond mae'r chwyldro a'r ymchwalu yng ngwareiddiad diwydiannol gwledydd Prydain yn ymddangos i mi yn agos; ac nid yw elecsiynau'n mynd i fod yn bwysig wedyn.[67]

Ar ddydd Nadolig ei hun, ysgrifennodd golofn gyntaf 'Cwrs y Byd' i'r flwyddyn newydd. Ei destun penodol oedd amddiffyn dysgeidiaeth newydd yr Eglwys Gatholig ar ddyrchafael corfforol y Forwyn Fair, ond gosodai gywair i'r blynyddoedd i ddilyn. Ein dyletswydd ni oll, meddai, a'i adduned yntau i'r flwyddyn newydd a oedd ar wawrio, fyddai 'edrych, edrych ac addoli, edrych heb ddymuno dim – y profiad a'r egni esthetig sy'n hanfod crefydd ac yn bennaf amcan creadur rhesymol'.[68]

Nodiadau

1 *SLThG*, 306. SL at Robert Wynne, 4ydd Sul yr Adfent [22 Rhagfyr] 1946. Cymharer 'Bwriadaf geisio, er gwaeled fy siawns'. LlGC, papurau G. J. Williams. SL at G. J. Williams, 13 Rhagfyr 1946.

2 LlGC, papurau G. J. Williams. SL at G. J. Williams, 16 Mawrth 1947. Gweler hefyd LlGC, papurau D. J. Williams, Abergwaun, P2/30 blwch 11. SL at D. J. Williams, 28 Mawrth 1947: 'Ie, Ifor Williams a sicrhaodd gadair Rhydychen a rhoes ei ddisgybl ei hun i mewn. Ni bu rhestr fer nac ymddiddan na dim ond cyhoeddi'r dewis.'

3 *SLThG*, 307. SL at Robert Wynne, Sul y Pasg [6 Ebrill] 1947.

4 LlGC, papurau D. J. Williams, P3/26. Dyddiadur D. J. Williams, cofnod 17-25 Mawrth 1961.

5 LlGC, papurau J. Glyn Davies, 12,647 (ii). J. O. Williams at J. Glyn Davies, 12 Ebrill 1947.

6 Ibid., 15,872. J. Glyn Davies at Moses Gruffydd, 15 Ebrill 1947.

7 Ibid., 15,871. J. Glyn Davies at J. O. Williams, 15 Ebrill 1947.

8 Ibid., 15,876. J. Glyn Davies at SL, 11 Mai 1947.

9 LlGC, papurau R. Williams Parry. G. J. Williams at R. Williams Parry, 1 Awst 1947.

10 *SLThG*, 312. SL at Robert Wynne, 6 Awst 1947.

11 'Cwrs y Byd', *Baner ac Amserau Cymru*, 2 Gorffennaf 1947.

12 Gweler trafodaeth lawn Hazel Walford Davies ar hanes cyfansoddi, cynhyrchu a chwarae *Blodeuwedd* yn *SLThG*, 109-42.

13 Ibid., 118.

14 'Cwrs y Byd', *Baner ac Amserau Cymru*, 17 Medi 1947.

15 Ibid., 15 Hydref 1947.

16 Ibid., 1 Hydref 1947.

17 LlGC, papurau Pennar Davies. SL at Pennar Davies, 11 Medi 1950.

18 Dyfynnwyd mewn llythyr oddi wrth SL at Gwenan Jones, 'Golwg Newydd ar *Blodeuwedd*', *Taliesin*, 65 (1988), 82-3. Cyfeiriodd Lewis at y dddrama ymhellach fel cynnig ar 'a Racinian kind of tragedy', *SLThG*, 325. SL at Robert Wynne, 21 Awst 1949.

19 LlGC, papurau Garthewin, 23/7. SL at Morris Jones, 21 Awst 1949.

20 LlGC, papurau G. J. Williams. SL at G. J. Williams, 25 Mehefin 1948.

21 LlGC, papurau D. J. Williams, Abergwaun, P2/30 blwch 11. SL at D. J. Williams, 7 Gorffennaf 1948. Am ddylanwad tybiedig Eliot ar SL ac amharodrwydd yr olaf i'w gydnabod, gweler hefyd LlGC, papurau G. J. Williams. SL at G. J. Williams, diddyddiad ond yn sgil cyhoeddi *Y Tir Diffaith* Aneirin Talfan Davies (1946) lle dadleuwyd bod elfennau o waith y llenor Saesneg i'w canfod yng nghynnyrch y llenor Cymraeg: '. . . y ffaith yw nad astudiais erioed farddoniaeth Eliot, a hynny o fwriad, yn union *oblegid* bod pawb ers pymtheng mlynedd yn dweud bod tebygrwydd rhyngom. Yr wyf yn gorfod darllen llawer o economeg a

gwleidyddiaeth Saesneg ac o hanes llenyddol Saesneg er mwyn deall gorffennol llenyddiaeth Gymraeg, ond o fwriad nid wyf yn darllen ond ychydig iawn o lenyddiaeth gyfoes Saesneg'.

22 'Cwrs y Byd', *Baner ac Amserau Cymru*, 15 Hydref 1947.
23 Archifau Prifysgol Lerpwl, S140/364. Mae'r adroddiad yn dwyn y dyddiad 'October 1947'.
24 *SLThG*, 314. SL at Robert Wynne, 1 Hydref 1947.
25 LlGC, papurau D. J. Williams, P3/11. Dyddiadur D. J. Williams, cofnod 7 Tachwedd 1947.
26 'Cwrs y Byd', *Baner ac Amserau Cymru*, 12 Tachwedd 1947.
27 Ibid., 19 Tachwedd 1947.
28 *Crefft y Stori Fer* (Aberystwyth, 1949), 5.
29 Ibid., 15.
30 Pennar Davies (gol.), *Saunders Lewis, Ei Feddwl a'i Waith* (Dinbych, 1950).
31 'Rhyddiaith Saunders Lewis', ibid., 52-64.
32 *AKAS*, 137-8. SL at Kate Roberts, 21 Tachwedd 1947. Tynnodd Kate Roberts yn bur helaeth ar y llythyr lle sonia Lewis am iaith ei aelwyd yn fachgen, cefndir ei rieni, llyfrgell ei dad a'i ddarllen: '[C]ymraeg a ddarllenaf innau fwyaf . . . ail-ddarllen o hyd ac o hyd, a Ffrangeg yn ail, a rhyw hanner awr o Ladin bob dydd rhag imi ei golli, byddaf felly'n mynd drwy Fyrsil bob blwyddyn. Ond clod mewn Saesneg a gymerais yn y brifysgol. Ar ddau awdur Saesneg yn unig erbyn hyn yr wyf yn barod i sefyll prawf arholiad, Shakespeare a Coleridge'.
33 LlGC, papurau Pennar Davies. SL at Pennar Davies, 11 Medi 1950.
34 LlGC, papurau D. J. Williams, Abergwaun, P2/30 blwch 11. SL at D. J. Williams, 9 Mai 1948.
35 'Cwrs y Byd', *Baner ac Amserau Cymru*, 10 Rhagfyr 1947.
36 Ibid., 7 Ebrill 1948.
37 Ibid., 1 Rhagfyr 1948.
38 Ibid., 8 Medi 1948.
39 Ibid., 8 Rhagfyr 1948.
40 'Sut Ddyfodol i Gymru', *Y Ddraig Goch*, Mawrth 1948.
41 'Cwrs y Byd', *Baner ac Amserau Cymru*, 29 Rhagfyr 1948.
42 Ibid., 2 Mawrth 1949.
43 Ibid., 8 Mehefin 1949.
44 LlGC, papurau G. J. Williams. SL at G. J. Williams, 17 Mawrth 1949.
45 LlGC, papurau Gwynfor Evans, G1/18. SL at Gwynfor Evans, 3 Ebrill 1949.
46 LlGC, papurau D. J. Williams, Abergwaun, P2/30 blwch 11. SL at D. J. Williams, 3 Mai 1949.
47 'Cwrs y Byd', *Baner ac Amserau Cymru*, 23 Mawrth 1949.
48 Ibid., 16 Mawrth 1949.
49 Ibid., 28 Medi 1949.
50 Ibid., 7 Medi 1949.
51 *Y Ddraig Goch*, Tachwedd 1949.

[52] 'Cwrs y Byd', *Baner ac Amserau Cymru*, 12 Hydref 1949.

[53] *AKAS*, 152. SL at Kate Roberts, 9 Mai 1949: 'Cytunaf â chwi am lastwreiddiwch Plaid Cymru . . . ond dyna'r unig fudiad sydd gennym a rhaid glynu wrtho; byddai'n dywyll ar Gymru hebddo er mor ofalus barchus yw ei bropaganda.'

[54] 'Cwrs y Byd', *Baner ac Amserau Cymru*, 30 Tachwedd 1949.

[55] Ibid., 11 Ionawr 1950.

[56] *Y Ddraig Goch*, Tachwedd 1949.

[57] 'Cwrs y Byd', *Baner ac Amserau Cymru*, 11 Ionawr 1950.

[58] Ceir adroddiad difyr ar hanes sefydlu'r Gweriniaethwyr Cymreig yn Harri Webb, *No Half-Way House* (Talybont, 1997), 25-48.

[59] Gwilym Prys Davies, *Llafur y Blynyddoedd* (Dinbych, 1991), 40.

[60] LlGC, papurau D. J. Williams, Abergwaun, P2/30 blwch 11. SL at D. J. Williams, 30 Tachwedd 1950.

[61] *AKAS*, 154. SL at Kate Roberts, 5 Ionawr 1950.

[62] Ibid., 160. SL at Kate Roberts, 28 Ebrill 1950.

[63] Cyhoeddwyd sylwedd y ddarlith fel 'Thema Storm Islwyn' yn *Llên Cymru*, 6 (1957), 183-93.

[64] 'Cwrs y Byd', *Baner ac Amserau Cymru*, 13 Medi 1950.

[65] LlGC, papurau D. J. Williams, Abergwaun, P2/30 blwch 11. SL at D. J. Williams, 27 Awst 1950.

[66] *AKAS*, 165. SL at Kate Roberts, 1 Rhagfyr 1950: 'Mi addewais innau sgrifennu drama i fod yn barod fis Mai; ond ni fedraf gael amser hyd yn oed i'w dechrau; mae'n annhebygol y gorffennir hi!'

[67] LlGC, papurau D. J. Williams, Abergwaun, P2/30 blwch 11. SL at D. J. Williams, 30 Tachwedd 1950.

[68] 'Cwrs y Byd', *Baner ac Amserau Cymru*, 3 Ionawr 1951.

GWAREDIGAETH O FATH
1951-7

Er na wyddai mo hynny, safai Lewis yn nechrau 1951 ar drothwy bywyd newydd, a gellir darllen ei weithgarwch trwy hanner cyntaf y flwyddyn fel rhagbaratoad anymwybodol ar ei gyfer. Gweithiodd ar *Gan Bwyll* trwy'r gwanwyn oer hwnnw. Yr oedd yn fwy o her na'r disgwyl. Daeth Mai a'r ail act heb ei gorffen, bu 'bustachu' ac ailwampio ar y drydedd act yn niwedd Mehefin a Lewis yn cyfaddef bod y ddrama 'wedi costio llawer o lafur a chur pen imi . . . wedi digalonni nes crïo neu regi wrth ddarllen y cais newydd'[1] ac ni ddaeth y ddrama at ei gilydd yn ei ffurf derfynol tan fis Awst. 'Mae gen i syniad ei bod hi'n dda! Dweud go beryglus hefyd',[2] ysgrifennodd Lewis amdani.

Daliodd ati hefyd gyda 'Cwrs y Byd', neu ag amrywiad arno. Aethai'r golofn ei hun i ddwylo eraill ym mis Chwefror ac ymddangosai ei gyfraniadau bob pythefnos bellach – nes iddynt ddod i ben heb ffanffer na ffarwel ar 4 Gorffennaf – dan y teitl 'Saunders Lewis yn Trafod Llên, Celfyddyd, Pynciau'r Dydd'. Rhoddai'r brîff penagored dragwyddol heol i Lewis ymateb i'r Gymru ansefydlog y safai bellach ar ei chyrion: protest Trawsfynydd, etholiad cyffredinol eto fyth, cyfarfodydd tymhestlog y gweriniaethwyr yn y de a pharhad yr ymgyrch Senedd i Gymru; ond er gwaethaf y galw ar i Gwynfor Evans ddangos 'ymroddiad enbyd o egnïol ac arweiniad anturus',[3] ymddangosai'r cyfan yn bell oddi wrtho, fel rhywbeth y tu ôl i haen o wydr. Gwrthododd wahoddiad gan J. E. Jones i draddodi darlith ganmlwyddiant ar Emrys ap Iwan yn Ysgol Haf y Blaid yn Abergele yr haf hwnnw,[4] a chadwodd draw o'r ddarlith arno ef ei hun gan Pennar Davies a gyflwynwyd fel rhan o gyfres ar 'neges ac ysbrydoliaeth arwyr cenedlaethol' yn trafod Padraig Pearse, Gandhi a Mazaryk yn ogystal â Lewis.[5] Ymdrôi fwyfwy yn y gorffennol. Pan ddyfarnwyd bathodyn y Cymmrodorion iddo yng nghapel Horeb, Llanrwst, ar 7 Awst dewisodd Ben Bowen Thomas ei eiriau'n ofalus wrth ei ddisgrifio fel un 'a adnabu ei etifeddiaeth, a'i parchodd, a'i hamddiffynnodd, a'i cyfoethogodd'. Yn ei anerchiad byr yntau, dywedodd Lewis na theimlai'n gyfforddus ar lawr capel Calfinaidd yng ngŵydd cynifer o'i hynafiaid, ond diolchodd i G. J. Williams, Moses Gruffydd, D. J. Williams a John Barrett Davies am eu hymgyrch drosto, i'r BBC, i'r Cylch Catholig, i Gwmni Theatr Garthewin ac i'r Blaid 'a roes iddo gyfeillion a chwmni'.[6] Rhoddwyd y rhuban am ei wddf gan Idris Foster.

Yr wythnos ganlynol gwyliodd Lewis berfformio *Eisteddfod Bodran* mewn neuadd fechan orlawn yn Llanrwst 'mor boeth nes bod amryw o'r gynulleidfa ar fin llewygu'. Yn wir, bu'n rhaid i rywun godi i dorri ffenestr ar ganol y chwarae, er gollyngdod i bawb.[7] Yno, mae'n debyg, y gwyntyllwyd gyntaf gan G. J. Williams y syniad a weddnewidiai fywyd Lewis. Gofynnwyd iddo gynnig am y ddarlithyddiaeth yng Nghaerdydd a adawyd yn wag gyda symud T. J. Morgan i gadair y Gymraeg yn Abertawe. Erbyn canol Medi, ar ôl gwyliau adferol yn Killarney gyda Margaret, yr oedd yn fodlon mentro, heb ots am ailadrodd siom Lerpwl a Rhydychen: '. . . ni bydd y methiant yn ddim ergyd imi o gwbl, oblegid yr wyf yn lled ofni, pe dychwelwn i'r Brifysgol yn awr, mai rhyw fath o Rip Van Winkle a fyddwn'.[8] Lai na phythefnos yn ddiweddarach, petrusodd, wedi'i argyhoeddi bod prifathro Caerdydd yn ei erbyn. Gwell oedd peidio â chynnig o gwbl. 'Yr wyf yn siŵr mai hynny sy'n urddasol ac yn weddus', ysgrifennodd mewn llawysgrifen fawr, aflêr a fradychai ei deimladau.[9] Cyn pen pythefnos eto, ildiodd i bwysau ei gyfaill, gan gadw hyd braich rhyngddo ef ei hun a'r penderfyniad: '. . . os digwydd i'ch ymdrech i'm dwyn yn ôl i'r Brifysgol fethu, peidiwch â sorri dim – nid wyf yn siŵr o gwbl mai peth doeth fyddai fy nyfod'.[10]

Yr oedd y tystlythyr a fyddai'n troi'r fantol eisoes ar glawr. Ysgrifennodd Thomas Parry at y Prifathro ac aelodau'r pwyllgor penodi ar 31 Awst i dystio am Lewis ar ran pob aelod o holl adrannau Cymraeg Prifysgol Cymru 'that his cultural background is far wider and richer than that possessed by any one amongst us', a chlodd ei gymeradwyaeth gyda geiriau a ragwelai'n deg y gwrthwynebiad a godai:

Everyone in Wales does not see eye to eye with Mr Lewis in all
matters, but I am sure that his appointment to a lectureship at Cardiff
would be acclaimed by all, not only as a tribute due to a great scholar,
but also as an opportunity for students and staff to associate with a rare
personality.[11]

Cyfwelwyd Lewis am un o'r gloch ddydd Llun 22 Hydref, wythnos
yn union ar ôl ei ben blwydd yn 58 oed ac ar drothwy'r etholiad
cyffredinol ar y dydd Iau Fe'i hysbyswyd am ei lwyddiant yr un
diwrnod: yr ymgeisydd hynaf erioed i gael ei benodi i adran Gymraeg yn
hanes y Brifysgol. Yr oedd, yn ddiau, fel y nododd olynydd iddo yn yr
un adran, yn 'bold step'[12] ar ran y Coleg, ac un ffactor posibl a
sicrhaodd y swydd iddo, er gwaethaf ofnau Lewis, oedd prifathro
Caerdydd, Anthony B. Steel, hanesydd o Gaergrawnt. Steel oedd y Sais
cyntaf i fod yn bennaeth ar un o golegau'r Brifysgol, a gŵr a
gyfaddefodd nad oedd hyd yn oed wedi clywed am Goleg Caerdydd pan
wahoddwyd ef i'w arwain yn 1949.[13] Mae'n anodd dychmygu Lewis yn
cael y fath dderbyniad yn yr un coleg arall ar unrhyw adeg ar ôl 1936.

Cyhoeddodd *Y Faner* y newydd mewn dau baragraff byr ddeuddydd
yn ddiweddarach, a gellir synhwyro llaw ataliol Lewis ei hun yn y diffyg
gorfoleddu. Ni synnodd neb yn fwy na Thomas Parry ei hun. 'Wel, wel,'
ysgrifennodd at G. J. Williams yn niwedd yr un mis. 'Ardderchog iawn.
A dweud y gwir ichwi, nid oeddwn i'n teimlo'n ffyddiog o gwbl':

Y mae'n rhyfedd meddwl am S.L. yn dychwelyd wedi pymtheng
mlynedd yn yr anialwch. Fe fyddai rhai cyfeillion yn teimlo'n
chwithig, ond mae'n debyg mai dangos eu hunain yn fawrfrydig a
thrugarog a wnânt. Y peth a edmygais fwyaf yn S.L. drwy'r 15
mlynedd oedd ei fod wedi dal i ysgrifennu a pheidio â suro na siarad
yn ddilornus erioed hyd y sylwais i, am y sawl a fu'n ei erlid. Ac yn
awr, dyma awr ei fuddugoliaeth.[14]

Ysgrifennodd Lewis ei hun at yr un gohebydd ar yr un diwrnod, gan sôn
am fuddugoliaeth hefyd, ond gwahanol oedd ei ddehongliad yntau:

Wel, fe gawsoch eich buddugoliaeth, a chwi piau hi, yn llwyr – oblegid
ar ochr y gelynion yr oeddwn i yn fy nghalon ac yn rhyw gudd gredu

mai camgymeriad fyddai fy nyfod atoch. Wel, mae'n debyg y dof mwyach; gweddïwch chwithau rhag imi'ch siomi!

Ofer imi ddiolch i chi; bûm yn eich dyled drwy f'oes ac fe dyfodd yn arfer arnaf; bûm byw fel paraseit arnoch chwi a Mos[es Gruffydd], fel y dywedais yn Llanrwst.[15]

Gwaddol y ddyled hon i gyfaill oes sydd i gyfrif am anesmwythyd Lewis trwy ei bum mlynedd yng Nghaerdydd. Hynny yn gymysg â'r ymdeimlad o ofn (soniodd gyda braw wrth G.J. ychydig ddyddiau'n ddiweddarach am 'y disgyblion yr wyf eisoes yn crynu wrth feddwl am eu cyfarfod')[16] a'r argyhoeddiad ei fod wedi gorfod derbyn swydd darlithydd pan haeddai gadair, mewn sefydliad yr oedd wedi'i ddisgrifio'n gyson yn nyddiau 'Cwrs y Byd' fel caer Seisnigrwydd. Yn ei deyrnged i G.J. yn 1963 dewisodd Lewis beidio â chrybwyll eu perthynas broffesiynol o gwbl.[17] Honnodd ddeng mlynedd yn ddiweddarach eto fod Williams 'yn bennaeth adran echrydus' a'i triniai 'fel prifathro ysgol ramadeg'. Bychander meddwl, ym marn y darlithydd, oedd bod ei athro'n mynnu gweld cofnodion myfyrwyr a maes llafur y cyrsiau a goruchwylio ei waith. Bu'n destun 'tipyn o anghydfod' rhyngddynt, a gwrthryfelodd: '. . . roedd pob darlith a roddais yn ddarlith *ad hoc*. Mi fyddwn i'n paratoi'n arbennig ar gyfer pob darlith, ond yn sgrifennu dim ar ei chyfer. Roedd hyn, felly, yn waith caled, ond yn fwy diddorol o'r herwydd. Mi fyddwn i'n cynghori pob darlithydd i beidio sgrifennu darlithiau.'[18] Ni ddygymododd am weddill ei gyfnod yno â'r gofynion arno, gan ysgrifennu at D. J. Williams 'yn gyfrinachol iawn' mor ddiweddar â hydref 1954 ei bod '[y]n wir ddrwg imi ddychwelyd i'r brifysgol ac yr wyf yn gobeithio medru ymddeol yn fuan'.[19] Buasai, ychwanegodd, 'yn rhy hir y tu allan i'r brifysgol i fedru dodi ei harnais amdanaf eto yn drigain oed – fe'm ganed yn "free lance"'.[20]

Nid oes tystiolaeth iddo esgeuluso'i ddyletswyddau mwy cyffredinol, ac yn ôl un o'i fyfyrwyr enwocaf nid oedd sail i'r 'fytholeg hedegog' a gyniweiriai o'i gwmpas o'i ddyddiau cyntaf yno ym mis Ionawr 1952 y byddai'n 'cyrraedd 20 munud yn hwyr (os deuai o gwbl) a gadael 10 munud yn gynnar'. Eto i gyd, nid ymroddodd i'w waith gyda'r brwdfrydedd a'r awydd i blesio a chreu argraff dda a ddisgwylid gan weithiwr ifanc yn ei swydd gyfrifol gyntaf. Ymddangosai fel 'actor bychan main ond tra manwl, nas adnabûm mewn gwirionedd ond o bell megis mewn theatr'.[21] 'Roedd yn rhaid iddo fedru teimlo bod ganddo rywbeth i'w ddweud a bod yn yr hwyl i'w ddweud o', cofiodd un arall. 'Ac felly, weithiau, byddai'r llif yn sychu'n swta, y llyfr yn cael ei gau'n glep ac yntau'n troi ar ei sawdl ac allan. Ni fu raid dioddef y diflastod o rygnu ymlaen yn ddeddfol at ddiwedd awr.'[22]

Baich ymarferol ar ben teimladau cymysg Lewis ynghylch ei swydd newydd oedd ei drefniadau domestig. Wedi salwch hir, bu farw ei fodryb Ellen yng Ngorffennaf 1951, ac i ran y nai y daeth y cyfrifoldeb o glirio'r cartref yng Nghastell-nedd a rhoi trefn ar yr ystâd. Treuliodd ei dymor cyntaf yn cymudo ar y bws rhwng Castell-nedd a Chaerdydd, gan adael Margaret ar yr aelwyd yn Llanfarian. Ni ddaeth y ddau at ei gilydd eto, ar yr aelwyd newydd, 158 Westbourne Road, Penarth, hyd Basg 1952.

Cyd-drawodd ei benodiad hefyd â diwedd blêr a thrist ar bennod yn hanes diwylliannol Cymru. Rhwng y boicotio a fu ar *Y Llenor* gan gefnogwyr Lewis oddi ar isetholiad Prifysgol Cymru, lansio *Llên Cymru* gan G. J. Williams yn 1950, ymddeoliad W. J. Gruffydd o fywyd academaidd yn 1946 a'i symud i Gaernarfon yn fuan wedyn ynghyd â gostyngiad mwy cyffredinol yng ngwerthiant cyfnodolion Cymraeg, wynebai'r cylchgrawn argyfwng erbyn diwedd 1951. Ar ddiwrnod olaf y flwyddyn ildiodd Gruffydd yr awenau gan fynnu mewn llythyr ffarwel wrth y cyhoeddwyr fod 'ffasgistaeth [*sic*] S. Lewis a [J. E.] Daniel' wedi lladd yr ysbryd rhyddfrydig y safai'r *Llenor* drosto.[23] Mewn nodiad yn rhifyn y gaeaf dywedodd T. J. Morgan – cydolygydd y cylchgrawn yn ôl y clawr ond ei unig olygydd i bob pwrpas erbyn hynny – mai hwn 'efallai' fyddai'r rhifyn olaf.[24] Addawodd, er hynny, y gwneid popeth a ellid i'w achub. Yn Ionawr 1952 daeth cynrychiolwyr Cymdeithasau Cymraeg y Colegau Cenedlaethol (rheolwyr y cylchgrawn, mewn enw o leiaf) at ei gilydd dan eira mawr yn Amwythig, ac yno y cynigiodd A. O. H. Jarman enw Lewis yn olygydd newydd, a dyna a gariwyd.

Cythruddwyd Gruffydd pan glywodd, a gyrrodd deligram at T. J. Morgan yr un noson yn dweud wrtho am 'roi stop ar hyn'.[25] Eto, er gwaethaf cyhoeddi'r newydd fel petai'n *fait accompli* yn *Y Cymro* a'r *Faner* fel ei gilydd yng ngwanwyn 1952, a chais gan Lewis i D. J. Williams yn Chwefror yr un flwyddyn am i'w gyfaill gyhoeddi ei hunangofiant arfaethedig yn y cylchgrawn o chwarter i chwarter gan gychwyn gyda rhifyn yr haf,[26] aeth y cynllun i'r gwellt pan wrthododd Hughes a'i Fab ollwng eu gafael ar y teitl.[27] Daeth y cyfan i ben yng nghanol 'the strangest confusion', ac erbyn dechrau Mawrth yr oedd Lewis wedi ymryddhau 'entirely' o'r fenter.[28]

Prif arwyddocâd yr hanes cymhleth ac anffodus, debyg, oedd rhoi sêl am ddegawd ar unrhyw beth y gellid ei ddehongli fel gweithgarwch dadleuol yn hanes Lewis. Dynododd arddel hen ddiddordebau gyda sêl newydd. Mynychodd y perfformiad cyntaf o *Gan Bwyll* nos Fawrth 3 Mehefin, a'r prynhawn dilynol traddododd bapur ar 'Y Dramaydd a'i Gwmni' yng Ngarthewin yn trafod yr agweddau 'ymarferol' ar grefft y ddrama ac ar y symbyliad angenrheidiol i ddramodwyr Cymraeg. Fe'u hanogodd i ymuno â chwmnïau lleol a dod i adnabod nodweddion neilltuol yr actorion, y llwyfan a'r gynulleidfa. Plediodd gynildeb. 'Ni ddylai'r ddrama i bobl yn eistedd ar gadeiriau caled fod yn fwy na dwy awr,' barnodd. 'Hawdd i gynulleidfaoedd Llundain ar gadeiriau plwsh allu dal drama o deirawr.' Yr oedd llwyfan cul, dwfn, isel Garthewin, ychwanegodd, yn addas iawn i berfformio dramâu mydryddol a'r gynulleidfa wedi arfer â gwrando ar farddoniaeth: cynneddf a gollwyd yn Lloegr yn yr ail ganrif ar bymtheg ac yn Ffrainc yn y ddeunawfed. 'Gwastraff amser' hefyd oedd 'creu' cymeriadau i'r llwyfan; dylent darddu'n uniongyrchol o'r actorion a oedd ar gael. Megis yn ei ddarnau i'r *Darian* yn 1921, pwysleisiodd fod lliw gwisgoedd 'yn ddysg i'r llygad', ac yn ei gyfarwyddiadau i'r actorion eu hunain trawodd dant sy'n dwyn i gof ei awgrymiadau yn 1923 am ddrilio heb arfau dan awdurdod swyddog o Gymro yn y dyddiau cynhyrfus cyn esgor ar y Blaid Genedlaethol:

> Y mae'n rhaid gweithio ac ymboeni, a derbyn disgyblaeth galed. Rhaid i actor ddysgu ufuddhau a chydweithio; rhaid i gwmni fod yn ffyddlon, ymlafnio ac ymboeni, a thrin y gwaith fel peth i'w fwynhau er ei fwyn ei hun . . . Dylai'r crefftwr fod yn ffyddlon hyd farw, fel y bu Molière.

Yr un noson, dan gadeiryddiaeth Syr Wynn Wheldon, rhannodd y llwyfan gyda T. I. Ellis, Raymond Edwards a J. Ifor Davies (prifathro Ysgol Ramadeg Caernarfon) i ateb cwestiynau ar 'Ddyfodol y Ddrama

yng Nghymru', lle anghytunodd â'r tri arall ar y panel ynghylch
swyddogaeth y ddrama fel rhywbeth 'er lles y wlad'. Nid peth tebyg i'r
Mesur Iechyd Gwladol oedd y theatr, daliodd, ond 'difyrrwch . . . peth
cwbl ddiwerth i fantais ysbrydol'. Nid oedd diben ei dysgu yn yr ysgol
na'i lledaenu ymysg y bobl, am fod 'cariad at y ddrama ymysg yr
ychydig yn ddigon'.[29]

Ymddangosodd *Eisteddfod Bodran* a *Gan Bwyll* dan y teitl *Dwy
Gomedi* o Wasg Gee, Dinbych, ym mis Awst, ond am y tro cyntaf mewn
deugain mlynedd ni chyhoeddodd Lewis ddim a oedd yn newydd y
flwyddyn honno. Bu bwlch hyd yn oed yn rhediad *Efrydiau Catholig*
rhwng 1951 ac 1954. Ddeuddydd cyn y Nadolig cafodd dynnu ei
ddannedd mewn gweithred y temtir rhywun i'w dehongli'n symbolaidd.
Chwedl yntau, 'ni frathaf fyth mwy'.[30]

Parhaodd 1953 mewn ysbryd tebyg, fel petai swydd sefydlog nid yn
unig wedi llyncu'r amser ond wedi dofi o'r diwedd hefyd yr awydd i fyw
bywyd cyhoeddus. Perthynai bellach, meddai fel cyfrannwr gwadd i
golofn gyntaf 'Cwrs y Byd' y flwyddyn honno, i '[l]eiafrif di-gownt' yr
hen bobl a boenai am safonau traddodiadol megis cywirdeb iaith, crefydd
ac ymwybyddiaeth o hanes ond na wrandawai'r byd arnynt.[31] Bu eithriad
prin, storm mewn tebot o lythyr, ym mis Mehefin, yn dychanu adwaith
'trwynsur ac annifyr a diystyrllyd' y wasg Gymraeg, a Phlaid Cymru yn
fwyaf arbennig, tuag at y coroni, a gymharodd ag agwedd ddilornus,
negyddol Malvolio yn ei ymwneud â Syr Toby Belch. Pam, gofynnodd, y
teimlai cenedlaetholwyr yr angen i fod 'mor Phariseaidd hirwynebog'?
'Nid yw coroni brenhines yn bechod. Nid yw cadw gŵyl yn annaturiol.
Nid yw llawenydd cyhoeddus yn ddrwg.' Yr oedd wedi cerdded trwy
Butetown a Grangetown yn sgil y coroni, meddai, a gweld Cymru
wahanol iawn i honno yr honnai'r cenedlaetholwyr siarad drosti, lle'r
oedd y strydoedd o dai teras tlodaidd 'fel darnau o Napoli'r Eidal':

> . . . a phrennau megis prennau Nadolig yn llwythog gan deganau a
> chanhwyllau ger pob drws, doliau brenhinol yn y ffenestri, baneri o
> bob lliw fel pebyll uwchben babanod o Negroaid yn gweiddi a chanu
> Saesneg gydag acen Cymry uniaith, morwyr o Sbaenwyr a Gwyddyl ac
> Eidalwyr ac ambell Gymro a Sais yn gwmnïau gyda'u gwragedd a'u
> cariadon yn dawnsio i gainc consertina, rhialtwch hyfryd hoffus.

Am y tro cyntaf, gwelodd y Ddraig Goch yn chwifio ochr yn ochr â Jac yr Undeb (newyddbeth a groesawai), ac ymhyfrydodd yn yr oes Elisabethaidd newydd a wawriai gan edrych ymlaen yn eiddgar at yr ymweliad brenhinol â Chymru a oedd ar ddigwydd:

> ... gall gwrthwynebiad cyndyn a ffyrnig i lywodraeth Seisnig ar Gymru fod yn gyson â chroeso siriol i'r frenhines ei hunan pan ddaw hi i'n gwlad, a gallwn hyderu mai yn ystod ei theyrnasiad hi yr enillir hunan-lywodraeth ac y daw Brenhines Cymru yn rhan o'i theitl ... Petaem yn ddewrach, efallai y byddem hefyd yn haelach ac yn fwy llawen.[32]

Ni ddywedai Lewis ddim nad oedd yn uniongred hollol yn niwedd y 1920au pan oedd yn arfer gan aelodau'r Blaid Genedlaethol gymryd enw'r brenin yn llwncdestun. Ond yr oedd ysbryd yr amserau wedi newid. Esgorodd y llythyr ar ymateb ffyrnig, ac ymgais pellach gan Lewis bythefnos yn ddiweddarach i ddehongli teyrngarwch i'r orsedd fel ystryw os am ennill statws dominiwn: 'Sefydliad politicaidd yw'r Goron. Y ddawn i ddefnyddio sefydliadau politicaidd fel y maent i'w ddiben ei hun yw'r maen prawf ar fudiad cenedlaethol, a dylid gwneud hynny gyda'r Cyngor Sir a chyda'r Goron.'[33] Y gamp oedd '[t]roi'r brwdfrydedd poblogaidd i ffrwd ein melin ein hunain'. Os ymddangosai cywair y llythyr cyntaf yn naïf, ymddangosai'r ail, os rhywbeth, yn sinigaidd. Nid oedd yn syndod i un a oedd wedi ceisio dadelfennu Lewis fwy nag unwaith o'r blaen roi cynnig eto fyth ar ei gategoreiddio. Ymrannai'r Cymry yn dair carfan, eglurodd Pennar Davies: y 'Cymry Dof', difater na falient ddim am eu gwlad, y 'Cymry Gwyllt' a arddelai radicaliaeth a chenedlaetholdeb a'r 'Cymry Od' annosbarthus. Yr oedd Lewis yn 'enghraifft hollol arbennig' o'r trydydd teip:

> Troes yn erbyn Ymneilltuaeth ac eto ymwrthod â hynt y Cymry Dof. Beirniadodd yn llym 'ramantiaeth' ac 'unigolyddiaeth'; ac wrth fychanu 'Philistia' Cymru'r ganrif ddiwethaf aeth i fawrygu'r Oesoedd Canol. Ni laddwyd y rhamantydd ynddo, er hynny, a dialodd hwnnw arno trwy ramanteiddio brenhiniaeth, pendefigaeth a militariaeth. Bwriodd Lanbryn-mair heibio a chofleidio Rhufain. Cadwai ei le yn hir fel arweinydd i lawer o'r Cymry Gwyllt; ond er deifio ohono

fateroldeb y Cymry Dof daeth yn fwyfwy amlwg ei fod i'w restru ymhlith y Cymry Od. Anochel ar ryw ystyr oedd bod Saunders Lewis yn ymwrthod o'r diwedd ag arweinyddiaeth wleidyddol.[34]

Mynnai Lewis fod, serch hynny, yn arweinydd diwylliant. Bu'n feirniad ar dair cystadleuaeth yn Eisteddfod Genedlaethol y Rhyl yr Awst hwnnw, gan gynnwys y Bryddest a'r Fedal Ryddiaith, ond y peth mwyaf nodedig am y ddwy feirniadaeth oedd eu hyd: cwta gant o eiriau'r un. Digon, er hynny, i dynnu'n groes i'w gydfeirniaid J. M. Edwards a T. H. Parry Williams ar goroni Dilys Cadwaladr am 'Y Llen': ('darn o areithio hwyliog'[35] ym marn Lewis)[36] ac i anghydweld â'r pwyllgor llên bod ystyr i'r categori 'rhyddiaith greadigol'.[37]

Y feirniadaeth hwyaf o gryn lawer a'r fwyaf defnyddiol o ran deall teithi meddwl Lewis erbyn canol y 1950au oedd honno ar gystadleuaeth y Ddrama Hir. Gellir ei darllen fel sylwebaeth ar y ddwy ddrama o'i eiddo'i hun a gyfansoddwyd o boptu iddi, sef *Gan Bwyll* a *Siwan*, am ei fod yn cyfeirio at y naill yn y feirniadaeth ac yn gweithio ar y llall adeg ei thraddodi. Ymhelaethiad ydyw, yn y bôn, ar yr agweddau 'ymarferol' ar swyddogaeth y dramodydd a drafododd Lewis yr haf cynt yng Ngarthewin, eithr rhoddir y pwyslais yma ar gynulleidfa a chynnyrch rhagor sbardun creadigrwydd. Ei nod yw 'drama lafaradwy' sydd eto'n gelfyddyd, a yrrir gan ddau 'raid' sydd ar yr olwg gyntaf fel petaent yn gwrth-ddweud ei gilydd. Y cyntaf yw cydnabod, fel y gwnaethai yn seiat holi Garthewin, mai crefft elitaidd yw llenydda Cymraeg, fod 'rhaid i fardd a dramäydd sgrifennu ar gyfer lleiafrif bychan sy'n darllen' a bod 'geirfa'r bobl na ddarllenant ddim yn y Gymraeg ond yr emynau a ganant unwaith y Sul, yn rhy druenus i ddrama ac ynddi rywfaint o ymenyddwaith'. Yr ail yw arddel iaith yr union bobl hynny na fwriedir y ddrama ar eu cyfer:

> Rhaid i farddoniaeth drama glosio at ddulliau'r iaith fyw. Mi fûm i fy hun yn ymgodymu â'r broblem hon drwy fy mywyd, ac nid wyf yn fodlon ar ddim o'm holl ddramâu – o safbwynt ieithwedd – ond yn unig yr olaf a gyhoeddais. Mae iaith pryddest a soned yn merwino'r ddwy glust yn y theatr, a dylai'r dramäydd wrth gyfansoddi siarad ei linellau, eu siarad ac nid eu hadrodd.[38]

Daeth Lewis at y 'broblem' o ddau gyfeiriad. Ar un ystyr, pos ieithyddol a dramayddol oedd taro ar Gymraeg theatrig a oedd yn gyfrwng addas i 'ymenyddwaith' heb fod yn farddonllyd, yn naturiol heb fod yn sathredig na bratiog, yn ystwyth ond aruchel ac yn argyhoeddiadol yng ngenau cymeriadau ond heb nodau tafodiaith benodol. Gellir dyddio ei ymboeni ar y cyfrif hwn yn ôl i ddyddiau *Doctor ar ei Waethaf*. O'r safbwynt cyfyngedig o dechnegol hwnnw, ymddengys arbrawf *Gan Bwyll*, yn enwedig, yn fympwyol. Llac yw'r cysylltiad rhwng blas llafar ffurfiau megis 'be' 'dd'wedodd' a 'Feiddiais i ddim' ar y naill law a chystrawen startslyd, glyfar a hunanymwybodol y brawddegau y gweir hwy iddynt. Eto, yr oedd cynodiadau eraill i'r broblem. Ymgais oedd yn olyniaeth uniongyrchol ei addefiad chwarter canrif cyn hynny mai'r hyn a'i denodd i sefydlu'r Blaid Genedlaethol oedd dymuniad i gau'r agendor rhwng 'y diwylliant dinesig bonheddig a'r diwylliant Cymraeg llenyddol'.[39] Fel y cydnabu Lewis mor ddiweddar ag 1968, problem hanesyddol-ddiwylliannol oedd problem iaith y theatr. Rhwng 1914 a 1938, a thranc Cymry uniaith, meddai, collwyd cysylltiad â'r 'iaith lenyddol Gymraeg' fyw, gyffredin yr oedd modd ei holrhain trwy'r ysgolion barddol a'r Beibl i'r pulpud a'r areithfa wleidyddol i'r eisteddfod ac adrannau Cymraeg y Brifysgol.[40] Mewn gair, er nad addefodd y ddyled, ymchwil oedd am amrywiad ar 'common style' T. S. Eliot, sef ieithwedd yn adlewyrchu, chwedl yr ail, 'a community of taste'.[41] Drych oedd iaith y llwyfan i chwaeth y gymdeithas y'i lluniwyd ar ei chyfer.

Pan soniodd am ei fwriad yn *Siwan*, felly, 'to make my verse as natural and talkable and contemporary as possible', er ofni bod llinellau ynddi a oedd 'to my mind, hopelessly literary', ymgymerai ag ymarferiad mewn meithrin sensibiledd yn ogystal â chynnig ar ddrama i foddio'r glust. 'I want poetry naked and yet unobserved!'[42] Gellir bwrw bod dwy wedd ar yr agweddau 'hopelessly literary' y ceisiai Lewis eu hosgoi. Un amcan oedd cadw pellter beirniadol oddi wrth ieithwedd a dynnai sylw oddi ar y dweud; amcan cysylltiedig oedd osgoi deunydd hunanymwybodol o gyfeiriadol. I'r graddau hynny, dewis ffodus oedd cymryd stori gymharol anadnabyddus Siwan, merch y Brenin John, yn destun ei ddrama. Ffrwyth cymhwyso meddwl creadigol at fymryn o hanes oedd hi yn hytrach na'r ddawn i addasu chwedl barod a welwyd yn *Blodeuwedd*. Lewis a gonsuriodd y dywysoges ddoeth ond angerddol yr aberthodd Gwilym Brewys ei fywyd er ei mwyn ond a oedd mor hanfodol i'w gŵr Llywelyn nes ei orfodi yntau i ofyn am ei maddeuant. Soniodd un beirniad yn gyfiawn am y ddrama yn 'agor cyfnod newydd o aeddfedrwydd yng ngyrfa Saunders Lewis'.[43] Darlledwyd *Siwan* am y tro cyntaf gan y BBC ar Ŵyl Dewi 1954, a'i pherfformio ar 23 Awst yr un flwyddyn yng Ngarthewin dan gyfarwyddyd John Gwilym Jones.

Chwithig meddwl mai awdur yr epig ddeallusol *Siwan*, a ddisgrifiwyd y flwyddyn honno fel 'a man of all the talents but that for compromise' yn byw 'among the decaying Gothic Palaces, the Rhine Castles and the Chateaux of the long-dead coal millionaires – a lonely eminence in Welsh life',[44] a luniodd hefyd y golofn fyrhoedlog, ddisylw a disylwedd i bapur Sul yr *Empire News* rhwng 31 Hydref 1954 a 26 Mehefin y flwyddyn ganlynol. Yr oedd yn briodas ryfedd. Mae'n debyg mai cymhelliad y papur, a ddaeth o'r wasg am y tro cyntaf ar 3 Hydref, oedd creu delwedd Gymraeg syber, briodol yng nghanol storïau am Harry Secombe a John Charles a phenawdau megis 'Sausages will soon have birth certificates' a 'Bronwen is TV's Welsh Charmer'. Ar wahân i'r cildwrn wythnosol a'r awydd anniffodd i gyfathrebu, mae'n anos fyth dirnad cymhelliad Lewis, oherwydd ni chaniatâi 300 o eiriau iddo wneud fawr mwy na chynnig cipolwg ar ei hoffterau a'i ragfarnau: teyrnged i W. J. Gruffydd yn ei gyfraniad cyntaf, gair o blaid cadw dociau'r de ar waith yng nghanol y streic ddociau ar 7 Tachwedd, pwysigrwydd radio leol yr wythnos wedyn a disgrifiad o noson yn gwrando ar berfformiad Cwmni Opera Cymru o Verdi ymhen wythnos eto. Ar achlysur pen blwydd Winston Churchill yn 80 oed cafwyd 'teyrnged Cymro i Sais a theyrnged methiant i lwyddiant' gan Lewis, a mynegodd y farn 'mai galwedigaeth milwr yw'r alwad noblaf o bob un'. Traethodd ar gadw rhannau o Gymru yn uniaith Gymraeg ar 5 Rhagfyr, ac wythnos wedi hynny, ar y deuddegfed o'r mis, yn wyneb 'Adfent y Bom Atomig' a'r Rhyfel Oer, gofynnodd i'r 'Cymro cyffredin . . . i'r tad neu'r fam a fo'n magu plant, i'r teulu bach yn y cwm diwydiannol neu'r tŷ ffarm' beidio ag ofni. 'Ni all ond lladd a difa megis pob rhyfel, megis damwain hefyd, megis tân yn y pwll, megis tarw wedi gwylltio, megis bywyd.' Ar 19 Rhagfyr dug i gof wrando yn ei blentyndod ar John

Williams Brynsiencyn, a hiraethu bod y dull pregethwrol a fodolai cyn 1918 'wedi darfod ac ni ddaeth dim yn ei le . . . Llifodd darn o fôr rhwng dwy genhedlaeth ac ni fedrwn siarad â'n gilydd ar draws yr agendor.'

Erbyn Ionawr, anesmwythai a oedd yn gwneud y peth iawn yn ennill £10 yr wythnos am gynnyrch mor ddarfodedig. 'On'd gwych mai fel yna y mae'r Gymraeg yn marw', ysgrifennodd at D. J. Williams,

– gan dalu rhagor i'w llenorion gwancus nag erioed pan oedd hi'n iaith fyw? Yn wir i chi, yr ydw i wedi hen alaru ar y bobl o'm cwmpas yn y brifysgol sy'n gwisgo du ar eu hwynebau oblegid tranc y Gymraeg. Yr wyf i fy hun yn rhoi f'ymddiried yn dawel hyderus yn y bom hydrogen a rhyfel 1964. Ar ôl hynny bydd siawns y Gymraeg gystal â siawns unrhyw iaith yn Ewrop, ac mi af innau ymlaen i sgrifennu ar gyfer y myneich [sic] Cymraeg yn Nhyddewi a fydd yn hel hanes y cyfnod cyn diflannu Llundain a Chaerdydd. I mi achos gobaith i wareiddiad a darfod diwydiannaeth yw'r bom hydrogen, a mawr fy nghroeso iddo.[45]

Cafodd yr un ysbryd pruddglwyfus lais ar dudalennau'r papur. 'Nid oes dim a wn am ddynion ac am lywodraethwyr', ysgrifennodd ar 23 Ionawr, 'a bair imi amau na ddefnyddir y bom.' Erbyn mis Mai, gan ymglywed, efallai, â'r digalondid a'i llethai yn nyddiau 'Cwrs y Byd', cysylltodd â D.J. eto gan ofyn iddo ddweud 'yn blaen' a gredai fod ysgrifennu i'r papur 'yn gwneud rhyw ddrwg moesol'.[46] Lai na mis yn ddiweddarach, ar gyngor ei gyfaill, cydsyniodd i ddwyn y gyfres i ben gyda diwedd Mehefin. 'Mae'n ddrwg gennyf ganu'n iach i £10 yr wythnos fel yna! Ond dyna fo. Gweithiais reit ofalus ar yr ysgrifau a bwriadaf wneud llyfr ohonynt. Fe'i cyflwynaf i chi!'[47] Daeth ei ymwneud â'r papur i ben yn derfynol ar 26 Mehefin.

Yr oedd rheswm arall, mwy cadarnhaol, dros ei benderfyniad. Erbyn diwedd Mai 1955 yr oedd drama arall ar y gweill ganddo, ar gais Chwaryddion Cyngor y Celfyddydau yng Ngŵyl Ddrama Llangefni, tra câi ysgubor Garthewin ei defnyddio i ddibenion mwy amaethyddol fel ffald wyna ac ystordy taclau ceffylau. Yr unig beth ysgafn ynghylch y ddrama, nododd Lewis yn sgil cwblhau *Gymerwch Chi Sigaret?*, oedd ei theitl:

Mae hi'n gyfoglyd o grefyddol. On'd ydy'r peth yn od? Yr hyn a garwn i ei fod [sic] yw dramodydd sinical a chlyfar a fflipant fel

Anouilh gyda'i farddoniaeth ddofn ef, neu fel Noel Coward ar ei orau
prin – neu fel fy hoffusaf dramäydd o bawb, sef Marivaux. Ond,
ysywaeth, y mae pob drama a ysgrifennaf yn mynd yn fwy
ysgolsulaidd o hyd, ac y mae'n ffiaidd gennyf fel y mae cenedlaethau o
bregethwyr yn dal eu gafael ynof ac yn mynnu er fy ngwaethaf fy
nghadw yn eu rhych . . .

Mae hi mor ddagreuol â chawl cartre. Fe fydd môr hallt o gwmpas
Sir Fôn i gyd ar ôl ei chwarae hi gan gymaint y deigr.[48]

Rhwng y cyfansoddi a'r llwyfannu cyntaf cafwyd '[h]af llawn o
bethau da'. Teithiodd i Wlad Belg gyda Margaret am bythefnos yn Awst,
gan ymweld ag Ardennes, Brwsel a Bruges. Aeth rhagddo wedi hynny i
Baris lle treuliodd wythnos yng nghwmni Moses Gruffydd. Mwynhaodd
ddwy noson yn y *Comédie Française* a chwech o'r prydau bwyd gyda'r
'godidocaf a drutaf yn fy myw. Deuthum adref dan ganu a'm pwrs yn
wag'. Yr oedd amser yn weddill hefyd yn niwedd Medi i fynychu'r Ŵyl
Ddrama yn Llangefni ac i olygu *Efrydiau Catholig* i'r wasg cyn troi'n ôl
unwaith eto 'i geisio gwneud yr hyn sy'n deg' â'r myfyrwyr.[49]

At fyfyrwyr 'yn amgylchiadau'r byd sydd ohoni' yr anelodd ei
gyfraniad i *Efrydiau Catholig*, a ymddangosodd ym mis Tachwedd.
Haedda ei ddyfynnu'n bur helaeth oherwydd cynigia gystal allwedd â
dim i'r meddylfryd sagrafennaidd y ceisiai ei bortreadu yn *Gymerwch
Chi Sigaret?*. Man cychwyn yr ysgrif yw paradocs Saundersaidd clasurol:

Mae'r trydydd rhyfel byd yn ddigon tebyg o ddyfod arnom cyn mynd
o'r canol oed yn hen. Pan ddaw, fe ddefnyddir bomiau hydrogen neu
waeth gan y ddau elyn. Gall hynny ddigwydd unrhyw flwyddyn o hyn
ymlaen. Yn ôl pob gwybodaeth a roddir inni gan arbenigwyr, bydd
hynny'n ddiwedd y byd. Er hynny, wele ferched a bechgyn tua'r
deunaw oed yn cylchwyn [*sic*] cyrsiau prifysgol. A'r darlithiau trefnus,
hamddenol!

Hawdd oedd deall y difrawder ymddangosiadol yn achos myfyrwyr y
gwyddorau, daliodd, am fod 'rhyw falchter [*sic*] meddwl, narcotig, yn y
deall, yn y syndod, yn y feistrolaeth ar egwyddorion pwerau sydd mor
syfrdanol ffrwydrol';[50] ond am efrydwyr y celfyddydau, anos oedd
cyfiawnhau parhau i fyw a dysgu am wareiddiad ar drengi:

Nid digon na da ddigon mynd ymlaen yn yr hen rigolau oblegid mai hen rigolau ydynt a bod mynd ymlaen yn haws na thorri ymaith, neu am fod ysgolheictod dros dro eto yn ddihangfa rhag byw a rhag ystyried marw. Y mae diwedd y byd neu ddiwedd ein byd ni yn agos. Ofer sôn am drosglwyddo dysg a thraddodiad i'r oes a ddêl. Siawns na ddaw hi ddim . . .

Ni thâl hen atebion Dyneiddiaeth chwaith mwyach. Na'r ateb ysgafala modern: ni all dyn tra bo beidio â'i ddifyrru ei hun, a hwyrach fod cywyddau'r bedwaredd ganrif ar ddeg yn wagedd mwy snob na llenwi cwponau Littlewood. Wel, os dyna'n hunig amddiffyniad ni i'n galwedigaeth, erys un peth y gallwn ei wneud a fyddai'n fwy o gymwynas ag efrydwyr: gallwn ein saethu'n hunain neu yrru car modur i ddŵr y dociau.[51]

Neu, ychwanega Lewis, 'Y mae'n bosibl fod Duw' a rydd 'ystyr a phwrpas a gwerth i holl oriau hanes'. Os felly, 'Ni byddai diwedd y byd drwy'r bom hydrogen yn difa na diddymu dim. Byddai dysgu sut y daeth yr elfen Ladin i'r iaith Gymraeg a pha gyfnewid a fu ar lafariaid hir a byr yr un mor ystyrlon bum munud cyn ffrwydro'r bom hydrogen uwchben Caerdydd ag ydoedd pan wawriodd y peth gyntaf ar feddwl Gruffydd Robert ym Milan.' Ym meddwl y credadun, addoliad yw popeth – 'raison d'être ysgolheictod' a phob gweithgarwch dynol arall – ac i'r Catholig canolbwynt yr addoliad hwnnw yw 'cyfrwng normal, sagrafennaidd' yr offeren: 'Trwy'r offeren hefyd, trwy'r offeren yn unig, y gellir cysylltu darlithiau coleg ac efrydwyr Catholig, eu horiau darllen yn y llyfrgell a'u horiau ymddiddan ac yfed a chwarae a dawnsio, ag Aberth y Groes'.[52]

A darllen *Gymerwch Chi Sigaret?*, y gwyliodd Lewis ei pherfformiad cyntaf nos Wener 23 Medi, ochr yn ochr â'i eiriau yma, gellir canfod ei Chatholigiaeth nid yn unig yn arwriaeth hunanaberthol ac ystyfnigrwydd egwyddorol Iris a dyfais amrwd braidd y llaswyr a guddia ym mlwch sigarennau Marc, ond hefyd yn y pethau bychain, ymddangosiadol ddibwys, yn ei bywyd a hydreiddir ag arwyddocâd sagrafennol: ei dawns i dôn 'Der Rosenkavalier' yng ngolwg icon o'r Madonna a'r Baban i ddathlu 'gwyrth' ei beichiogi fel ail Magnificat, y gwin rhad o Awstria a yf yn llwncdestun, ei ffraethineb. Mae'r oll yn addoliad.

Cyhoeddwyd *Gymerwch Chi Sigaret?* ym mis Awst, yn groes i ddymuniad ei hawdur, a fynegodd ei farn yn y Rhagair na chredai 'fod fy nramâu i yn briodol i'r cwmnïau Cymraeg cyffredin'.[53] Penderfynodd gadw draw pan berfformiwyd hi nos Iau 9 Awst a *Siwan* y noson ganlynol yn Eisteddfod Aberdâr, gan beri i'r colofnydd 'Sguborwen ryfeddu at ei ymatalgarwch. 'Pe'r etifeddai rhan [*sic*] fach o'r cefnfor cyhoeddusrwydd difesur sy'n cronni ym mronnau rhai awduron ymbranciai fel paun yng ngŵydd ei gydwladwyr. Yn yr encil y mae ei fyd.'[54] Cynnyrch yr un flwyddyn oedd *Siwan a Cherddi Eraill*, pedair ar ddeg o gerddi (gan gynnwys rhai cyfieithiadau), y ddrama ei hun ac ysgrif fer ar y gŵr a fu'n bennaf cyfrifol am greu'r ddelwedd o Gymru lonydd, werinol yr oedd Lewis wedi treulio ei fywyd gwleidyddol a llenyddol yn ceisio'i thanseilio: O. M. Edwards, 'gwir gychwynnydd newyddiaduraeth fodern Gymraeg, y math hwnnw o sgrifennu cyfoes a eilw'r Ffrancwyr yn *reportage*'.[55]

Ar wahân i hynny, ni chyhoeddodd ddim. Yn wir, y peth trawiadol am 1956 o safbwynt Lewis oedd y cyferbyniad rhwng cynnwrf digwyddiadau'r flwyddyn a'i dawedogrwydd cyhoeddus yn eu cylch. Ar 4 Ionawr bu farw R. Williams Parry. Yn yr un mis datganolwyd sefydliadau i Gaerdydd gan achosi i rai cenedlaetholwyr broffwydo bod gwaredigaeth genedlaethol gerllaw, a gwelwyd sefydlu Undeb Amaethwyr Cymru. Ym mis Chwefror ymddangosodd Waldo Williams o flaen ei well am wrthod talu cyfran o'i dreth incwm yn enw heddychiaeth a bu dadlau ffyrnig yn y wasg ynghylch gorfodaeth filwrol, y gosb eithaf ac agor tafarnau ar y Sul. Cyflwynwyd y Ddeiseb Senedd i Gymru ym mis Ebrill, wedi'i harwyddo gan chwarter miliwn o bobl, ac agorwyd drysau Ysgol Glan Clwyd, y Rhyl – yr ysgol uwchradd Gymraeg gyntaf. Ym mis Mehefin dadorchuddiwyd cofeb i Llywelyn yng Nghilmeri o flaen torf o fil. Yr haf hwnnw hefyd y cafwyd y trafodaethau cyntaf ar ffigurau Cyfrifiad 1951, a ddangosai fod yr iaith yn dal i golli tir a bod tri chwarter miliwn o Gymry'n alltudion, a thrwy'r flwyddyn llifodd y newydd i mewn am ddatodiad yr Ymerodraeth Brydeinig – yn Suez, yng Nghyprus, yn y Traeth Aur a Malta – ac am fwriadau Corfforaeth Lerpwl yng Nghapel Celyn. Ffurfiwyd Pwyllgor Amddiffyn Tryweryn yng ngwanwyn 1956, cynhaliwyd rali yn y Bala ym Medi a chyfarfod cyhoeddus yng Nghaerdydd a fynychwyd gan gynrychiolwyr 300 o gyrff cyhoeddus a gwirfoddol ym mis Hydref ac ym mis Tachwedd gorymdeithiodd y trigolion trwy strydoedd Lerpwl. Blwyddyn arwyddocaol oedd 1956 hefyd o safbwynt llenyddol. Cyhoeddwyd *Dail Pren* Waldo, *Yn Ôl i Leifior* Islwyn Ffowc Elis, *Y Byw Sy'n Cysgu* Kate Roberts a chyfrol gyntaf hirddisgwyliedig G. J. Williams ar Iolo Morganwg. Nid ymatebodd Lewis i'r un ohonynt ar goedd.

Yr oedd yn gychwyn cyfnod o dawedogrwydd cymharol ar bynciau cyfoes, gellid dadlau, a barhâi hyd nes darlledu darlith *Tynged yr Iaith* yn 1962. Nid heb reswm y cyfeiriodd Alun Llywelyn-Williams yng ngwanwyn 1956 at '[y]r agwedd meddwl amwys sydd ganddo tuag at Gymru a'r gymdeithas y mae'n trigo ynddi; neu'n hytrach ar ei godreon. Y mae'n wladgarwr sy'n caru Cymru: ar yr un pryd y mae'n ei chasáu [*sic*] ac yn ei dirmygu. Y pwynt yw mai Cymru heddiw sy'n gas ganddo.'[56] Diau fod a wnelo treigl y blynyddoedd â'r peth lawn gymaint ag unrhyw annhuedd athrawiaethol o ran Lewis. Pan edrychai tua'r presennol, ni welai ond llymder: ofnau y gorfodid ef i ymddeol heb bensiwn digonol mewn gwlad a oedd wedi mynd yn gynyddol ddieithr. Ni ddarllenodd *Yn Ôl i Leifior*, cyfaddefodd yn nechrau 1957. 'Ysywaeth,' ysgrifennodd am Islwyn Ffowc Elis mewn llythyr maith a chrwydrol at hen gyfaill, 'ni fedrwn i oddef ei ddwy nofel gyntaf ef, er fy mod yn meddwl mai da iawn yw ei fod ef, a da iawn yw cael nofelydd poblogaidd a mynd arno. Yr wyf yn dymuno ei lwyddiant a'i ffyniant – ond gwell gennyf beidio â'i ddarllen'. Yr un oedd ei ymateb i *Dail Pren*. Câi Waldo 'yn fardd enbyd o anwastad, yn fardd mawr ar ambell gân, ac yn fardd rhwydd, bas ac aflêr ac yn feddyliwr sâl mewn llawer cân'. Am wleidyddiaeth, yr oedd wedi diflasu, meddai, ar '[g]enedl syber y Cymry' a fynnai ethol aelodau Llafur 'fel stampiau post i gyd . . . Nid oes gennyf eich duwioldeb a'ch dynoliaeth lydan garedig chi, Dai: mae'n gas gennyf fy nghenedl.' Nid oedd wedi ysgrifennu dim, ond câi ei hun 'yn gywilyddus o dda fy iechyd; ni bûm erioed yn well'. Yr oedd am 'ymryddhau' o'i swydd rhag 'efrydwyr Cymraeg dymunol a hoffus o'u gyddfau i lawr; ond nid oes dim uwchlaw sy'n arbennig'.[57]

Gwireddodd Lewis ei ddymuniad yr haf hwnnw. Cyhoeddwyd ei ymddeoliad yn *Y Faner* ar 11 Gorffennaf, yr un pryd â'i athro, Griffith John Williams. Yr oedd y ddau, a oedd wedi cychwyn ar eu rhawd ymchwil gyda'i gilydd yn y Llyfrgell Genedlaethol bron ddeugain mlynedd cyn hynny, wedi penderfynu cefnu ar eu gyrfaoedd academaidd ffurfiol yn yr un modd. Gallai Williams fod wedi aros yn ei swydd, yn ôl ei gytundeb, hyd 1959, a Lewis am flwyddyn ar ben hynny, ond ni wynebai'r naill na'r llall segurdod. Ymfwriodd Williams i ail gyfrol ei *magnum opus* ar Iolo Morganwg; troes Lewis ei olygon eto tua'r theatr.

Nododd awdur dienw 'portread' ar ddechrau 1957, bron er syndod iddo'i hun, fe ddichon, fod cenhedlaeth wedi codi oddi ar y rhyfel a wyddai am Lewis fel dramodydd ond na feddai yr un cof amdano fel gwleidydd.[58] Ar drothwy ei 65 oed, ar ei waethaf bron, yr oedd hen ŵr Penarth wedi gwireddu breuddwyd y llanc o Lerpwl.

Nodiadau

1 *AKAS*, 166. SL at Kate Roberts, 20 Mehefin 1951.
2 LlGC, papurau G. J. Williams. SL at G. J. Williams, 25 Mai 1951.
3 *Baner ac Amserau Cymru*, 28 Mawrth 1951.
4 LlGC, papurau Plaid Cymru, B580. J. E. Jones at SL, 3 Mai 1951.
5 Cyhoeddwyd talfyriad o'r ddarlith yn Pennar Davies, 'Cenedl yn gymdeithas o gymdeithasau: Saunders Lewis', *Y Ddraig Goch*, Medi 1951.
6 *Baner ac Amserau Cymru*, 7 Awst 1951.
7 J. Ellis Williams, *Tri Dramaydd Cyfoes* (Dinbych, 1961), 31.
8 LlGC, papurau G. J. Williams. SL at G. J. Williams, 15 Medi 1951.
9 Ibid., 27 Medi 1951.
10 Ibid., 7 Hydref 1951.
11 Copi yn LlGC, papurau G. J. Williams.
12 Aneirin Lewis, 'Welsh', yn S. B. Chrimes (gol.), *University College, Cardiff; a Centenary History* (gwaith anghyhoeddedig), 273.
13 'No more unsuitable candidate for a Welsh principalship could be found', meddai Steel amdano'i hun. Yn Prys Morgan, *The University of Wales, 1939-1993* (Cardiff, 1997), 60.
14 LlGC, papurau G. J. Williams. Thomas Parry at G. J. Williams, 31 Hydref 1951.
15 Ibid. SL at G. J. Williams, 31 Hydref 1951.
16 Ibid. SL at G. J. Williams, 3 Tachwedd 1951.
17 'Griffith John. Williams (1892-1963)', *Morgannwg*, 7 (1963). Ailgyhoeddwyd yn Gwynn ap Gwilym (gol.), *Meistri a'u Crefft: Ysgrifau Llenyddol gan Saunders Lewis* (Caerdydd, 1981), 44-8.
18 LlGC, papurau Aneirin Talfan Davies, blwch 8. Nodiadau yn llaw Aneirin Talfan Davies ar sgwrs rhyngddo a SL, dyddiedig 23 Mawrth 1973.

[19] LlGC, D. J. Williams, Abergwaun, P2/30 blwch 11. SL at D. J. Williams, 12 Medi 1954.

[20] Ibid., 17 Hydref 1954.

[21] Bobi Jones, 'Portread', *Barn*, 273 (1985), 369-70.

[22] Marion Arthur, 'Saunders Lewis: Dyn Anorfod', yn D. Tecwyn Lloyd a Gwilym Rees Hughes, *Saunders Lewis* (Abertawe, 1975), 203.

[23] Dyfynnwyd yn T. Robin Chapman, *W. J. Gruffydd* (Caerdydd, 1993), 196.

[24] 'Nodiad y Golygydd', *Y Llenor*, 30 (1951), 157.

[25] T. J. Morgan, 'Machlud "Y Llenor"', *Y Traethodydd*, 137 (1982), 4.

[26] LlGC, D. J. Williams, Abergwaun, P2/30 bocs 11. SL at D. J. Williams, Sul y Grawys 1952. Sonia Lewis yn yr un llythyr am Hugh Bevan fel cydolygydd ac am Lyfrau'r Dryw fel cyhoeddwyr.

[27] Ysgrifennodd Hughes a'i Fab at Lewis i'r perwyl hwn ar 27 Chwefror 1952. Ni chadwyd mo'r llythyr, ond fe'i dyfynnir yn *Baner ac Amserau Cymru*, 5 Mawrth 1952.

[28] *SLThG*, 333. SL at Robert Wynne, 2 Mawrth 1952.

[29] *Baner ac Amserau Cymru*, 11 Mehefin 1952.

[30] *AKAS*, 174. SL at Kate Roberts, 31 Rhagfyr 1952.

[31] *Baner ac Amserau Cymru*, 7 Ionawr 1953.

[32] Ibid., 1 Gorffennaf 1953.

[33] Ibid., 15 Gorffennaf 1953.

[34] A. D. [Pennar Davies], 'Cwrs y Byd', ibid., 8 Gorffennaf 1953.

[35] *Cyfansoddiadau a Beirniadaethau Eisteddfod Genedlaethol y Rhyl 1953* (Eisteddfod Genedlaethol Cymru, 1953), 73.

[36] Dymunai Lewis ddyfarnu'r Goron i 'Gwrandäwr', sef Dyfnallt Morgan. Am hanes y feirniadaeth a'r ohebiaeth rhwng Lewis a Dyfnallt Morgan, gweler Tomos Morgan (gol.), *Rhywbeth i'w Ddweud: Detholiad o Waith Dyfnallt Morgan* (Llandysul, 2003), 86-98.

[37] *Cyfansoddiadau a Beirniadaethau Eisteddfod Genedlaethol y Rhyl 1953*, 116.

[38] Ibid., 170-1.

[39] 'Eisiau Priodi Dau Ddiwylliant', *Y Ddraig Goch*, Gorffennaf 1928.

[40] 'Rhagair', *Problemau Prifysgol* (Llandybïe, 1968), 8.

[41] *What is a Classic?* (London, 1945), 13.

[42] *SLThG*, 344. SL at Robert Wynne, 5 Mawrth 1954.

[43] Ioan M. Williams (gol.), *Dramâu Saunders Lewis: y Casgliad Cyflawn: Cyfrol I* (Caerdydd, 1996), 521.

[44] 'Profile – Saunders Lewis', *The Observer*, 8 Awst 1954.

[45] LlGC, papurau D. J. Williams, Abergwaun, P2/30, blwch 11. SL at D. J. Williams, 10 Ionawr 1955.

[46] Ibid., 23 Mai 1955.

[47] Ibid., SL at D. J. Williams, 20 Mehefin 1955.

[48] Ibid., 10 Gorffennaf 1955.

[49] Ibid., 9 Hydref 1955.

50 'Efrydwyr a'r Offeren', *Efrydiau Catholig*, 7 (1955), 3.

51 Ibid., 3-4.

52 Ibid., 4.

53 *Gymerwch Chi Sigaret?* (Llandybïe, 1956), 4.

54 *Y Cymro*, 16 Awst 1956.

55 'Owen M. Edwards', yn Gwynedd Pierce (gol.), *Triwyr Penllyn* (Caerdydd, 1956), 33.

56 '"Rhodd Enbyd yw Bywyd i Bawb"', *Y Traethodydd*, y drydedd gyfres, 24 (1956), 74.

57 LlGC, papurau D. J. Williams, Abergwaun, blwch 8. SL at D. J. Williams, 6 Mawrth 1957.

58 'Portread – Saunders Lewis', *Baner ac Amserau Cymru*, 16 Ionawr 1957.

LLWYFANNAU NEWYDD
1958-63

Fe all, yn wir, mai drama a droes y fantol o blaid ymddeol cyn pryd. Ym mis Ebrill 1957 cydsyniodd Lewis â chais i ysgrifennu drama gomisiwn i Eisteddfod Genedlaethol Glynebwy y flwyddyn ganlynol – heb awgrym nac addewid am ei thestun na'i thymer. Erbyn y Sulgwyn 1958 yr oedd wrthi gyda'r proflenni, tasg na roddai unrhyw bleser iddo. 'Mae'n debyg', cwynodd, 'mai'r ffaith yw fod yn ddiflas gennyf ddarllen fy nramâu, maen' nhw'n fy siomi i ac yn fy nadrithio, ac oblegid hynny ni fedraf eu cywiro gyda dim argyhoeddiad fod y gwaith yn werth ei wneud.'[1]

Y ddrama oedd *Brad*. Pan gyflwynodd y testun i Cecil Smith, cadeirydd pwyllgor gwaith Glynebwy, mewn cyfarfod arbennig yng Nghaerdydd ym mis Mawrth, dywedodd Lewis air o blaid comisiynu dramodwyr yn hytrach na dibynnu ar gystadlaethau, a daliodd fod dimensiwn Ewropeaidd y gwaith – y cynllwyn aflwyddiannus i ladd Hitler yn 1944 – 'yn rhywbeth priodol i'w ystyried ar achlysur yr eisteddfod genedlaethol oherwydd yn ystod wythnos yr eisteddfod, yn anad un arall, y daw Cymru yn rhywbeth tebyg i genedl yn Ewrob'.[2] Fe'i cyhoeddwyd ym mis Mehefin, cyn ei pherfformio – penderfyniad na phlesiai ei hawdur am y barnai fod cael drama ar glawr cyn ei chwarae ar lwyfan yn 'annoeth' o safbwynt deall ei rhediad. Megis yn achos *Gymerwch Chi Sigaret?*, clytwaith ydoedd o elfennau hanesyddol, dychmygol a dychmygus i greu 'Trasiedi hanes',[3] ac unwaith eto golygai ymchwil wedi'i himpio ar ragdybiaethau am y natur ddynol, am ffyddlondeb ac anrhydedd a'r tyndra rhwng nodau a moddion. Daeth hefyd, fel y tyfodd, yn ymdriniaeth â hanfod gwirionedd ei hun. Pan ysgrifennodd yn y Rhagair fod 'darganfod y ffeithiau gwir hyd yn oed

am bobl sy'n fyw ac am ddigwyddiadau enwog iawn yn ein hoes ni'n
hunain yn rhyfedd o anodd',[4] yr addefiad ymhlyg oedd mai ofer oedd
chwilio am ddarlleniad gwrthrychol o'r gorffennol o gwbl.

Fel y bu gyda *Gymerwch Chi Sigaret?*, cynigir allwedd i ddrama gan
Lewis mewn testun cyfamserol pur wahanol: y tro hwn, ei gyfraniad i
symposiwm Cristnogol a gynhaliwyd yn 1957 yn ysgol Downside, pan
ddaeth rhyw ugain o academyddion ac artistiaid o bob math ynghyd – ac
yn eu plith olygydd y *Times Literary Supplement*, Alan Pryce-Jones, a'r
nofelydd Antonia White – i drafod y wedd ysbrydol ar gelfyddyd.

Ymgymerodd Lewis, 'a Welsh poet honoured in his own land',[5]
chwedl trafodion y cynulliad, ag ateb dau gwestiwn cysylltiedig sydd ill
dau'n berthnasol i'r gorchwyl a osododd iddo'i hun yn *Brad*. Y cyntaf
oedd 'how . . . art mediates truth, both to the artist himself and to those
who listen to his work' a'r ail oedd disgrifio 'the experience of artistic
creation'.[6]

Dewisodd Lewis ateb y ddau gwestiwn o chwith, ac ar yr wyneb
mae'r atebion eu hunain fel petaent yn gwrth-ddweud ei gilydd. O ran y
broses greadigol, awgryma nad 'the completion of anything foreseen or
preconceived' yw cerdd na 'the carrying out of a previous intention'.[7]
Mae cerdd – a phob creu llenyddol trwy estyniad – yn digwydd yn
annibynnol ar unrhyw fwriad neu amcan parod. Ar yr un pryd, a dod at
yr ail gwestiwn, 'the truth of a poem is the recognition of the poet's
critical control'.[8] Y ddolen gydiol rhwng y ddeubeth yw *'technique'*, ac
mae'r gair mor bwysig fel bod Lewis yn ei italeiddio. Hynny yw,
rheolaeth yr artist, trwy 'rules, relations, semantic and phonetic
relations, formal constructions, both rhythmic and metric',[9] dros droeon
annisgwyl y broses greadigol sy'n rhoi i lenyddiaeth ei gwirionedd. 'The
truth of a poem depends on no reference outside itself. Its validity is its
one-ness, and its truth is its being.'[10] A chymhwyso'r meddwl hwn at
Brad, gallai Lewis gyfiawnhau iddo'i hun y cymysgu ar y ffeithiol a'r
ffantasïol yn enw unoliaeth: bod angen creu cymeriad benywaidd am
'fod drama heb ferch ynddi yn feichus i gynulleidfa', mai 'dychmygol
yn y pen draw yw'r holl gymeriadau' ac 'mai trwy'r cymysgu hwn yn
unig y gellid awgrymu neu symboleiddio effaith digwyddiadau
politicaidd a gweithgarwch politicaidd ar fywyd preifat a phersonol'.[11]

Llwyfannwyd *Brad* dair gwaith yng Nglynebwy, ar nos Iau 7 Awst a ddwywaith y diwrnod canlynol. O'r perfformiadau hynny y gellir dyddio'r gydnabyddiaeth gyhoeddus a chyffredinol i Lewis fel dramodydd o faintioli 'Ewropeaidd'. Y dydd Iau hwnnw oedd y diwrnod pwysicaf yn hanes ymwneud Lewis â'r Eisteddfod Genedlaethol am reswm arall yn ogystal. Yn union cyn seremoni gadeirio T. Llew Jones am ei awdl 'Caerllion ar Wysg', traddododd Lewis, yn rhinwedd ei swydd fel llywydd y dydd, anerchiad anghonfensiynol o ddadleuol yn condemnio gwrthdystiad pobl Trawsfynydd dros wahodd yr atomfa niwclear i'r fro dan y slogan 'Bread Before Beauty'. Yn Sir Fynwy, y sir yr oedd y Blaid Genedlaethol gynt wedi ymgyrchu dros ei chydnabod yn rhan o Gymru, daliodd Lewis fod y ddaear yn gysegredig ac awgrymodd arwyddair arall: 'gwell tlodi na chywilydd'. Fel y nododd un gohebydd, 'some of the audience were perhaps relieved to come to the chairing, and to be assured, in answer to the Druidic [*sic*] question, "Is there peace?", that there was peace'.[12] Eglurhad Lewis ar ei eiriau oedd rheidrwydd: 'I made myself a little more unpopular than usual at the Eisteddfod, but I felt that I just had to say what I did.'[13] Ond gellir canfod cymhellion eraill hefyd. Er gwaethaf ei haeriad yn niwedd y flwyddyn mai 'Tewi yw'r gymwynas y mae Cymru yn ei gofyn gennyf fi ers talwm',[14] o gael cynulleidfa ac achlysur, meddai Lewis o hyd ar y ddawn i synnu. Nid anodd casglu chwaith mai targed anuniongyrchol Lewis yng Nglynebwy oedd Plaid Cymru ei hun. Cyfrannodd Lewis ei £5 yn ddeddfol i'w Chronfa Gŵyl Dewi yng ngwanwyn 1958, ond gwrthododd y gwahoddiad i gael ei enwebu'n llywydd anrhydeddus: 'Nid wyf yn dymuno dal y fath swydd mewn na changen na dim oll, a hynny am resymau digon pendant.'[15] Ni nododd y rhesymau pendant hynny ond o'i ohebiaeth breifat ar y pryd a'i ddatganiadau cyhoeddus wedyn yr oedd yn glir ei fod yn dannod i'r Blaid ei hymddygiad llai nag arwrol i'w dyb ef adeg brwydr Tryweryn, ei safiad yn erbyn arfau niwclear a'i chred fwy cyffredinol mewn dulliau cyfansoddiadol. '. . . cowardice remains the favourite Welsh vice', ysgrifennodd o fewn ychydig flynyddoedd wedyn. 'We call it pacifism.'[16] Parhaodd yr anniddigrwydd trwy 1959, cyflwr na wnaeth yr angen am waith sylweddol ar y tŷ ym Mhenarth y gwanwyn hwnnw i atal pydredd yn y lloriau (gan gynnwys tynnu'r plastr o'r waliau a gosod cegin newydd) ddim i'w liniaru.

Un o nodweddion amlycaf 1959, er hynny, oedd y sylw a gâi Lewis y tu hwnt i'r Gymru Gymraeg. Darlledwyd cyfieithiad Saesneg Elwyn Jones o *Brad* ar radio genedlaethol y BBC ar 10 Mawrth, i'w ddilyn gan fersiwn i'r teledu dridiau'n ddiweddarach, y ddau 'directed with precision by Mr Emyr Humphreys'.[17] Ni welodd Lewis yr olaf gan na feddai ar set deledu. Ar y 25ain o'r mis, perfformiwyd cyfieithiad Emyr Humphreys, *Siwan: The King's Daughter*, yn y New Hampstead Theatre Club gyda Siân Phillips yn y brif ran. Nid oedd ball chwaith ar weithgarwch newydd. 'I am at this time writing a play on the very hackneyed theme of Esther', ysgrifennodd Lewis, eto ym Mawrth 1959, am ei ddrama newydd i radio'r BBC. 'But I write or I build up a play painfully slowly and I envy the fertile facility of successful playwriters [*sic*]. All my plays are myths, even when they seem (like *Brad*) realistic. I am really very old-fashioned and have a nasty suspicion that I'll be found a fraud!'[18]

Os oes twyll yn *Esther* – a berfformiwyd gyntaf yng Ngŵyl Ddrama Llangefni yn Hydref 1959 ac a gyhoeddwyd yn 1960 ynghyd â *libretto* Lewis i gerddoriaeth opera Arwel Hughes, *Serch yw'r Doctor* – fe'i ceir mewn ysgrifennu drama am un cyfnod dan gochl sôn am gyfnod arall. 'Stori *Esther* o'r Beibl yw hi,' cyffesodd wedi ei chwblhau yn haf 1959, 'ond Iddewon yr Almaen a Hitler yw ei gwir gymeriadau hi'.[19] Efallai mai ei pherthnasedd cyfoes bwriadus yw gwendid sylfaenol y ddrama. Ynddi, gwelir Lewis yn torri am y tro cyntaf, ond nid am y tro olaf, y rheol a osododd iddo'i hun o beidio â phregethu ar lwyfan. Trwy gynysgaeddu ei gymeriadau ag ymwybyddiaeth canol yr ugeinfed ganrif, gorfoda Lewis ei gynulleidfa i ddehongli'r naill naratif trwy'r llall. Mae'n amhosibl gwrando ar Haman – lladmerydd 'Hitleriaeth', chwedl y llythyr a ddyfynnwyd uchod – yn dychmygu 'y daw dydd rywbryd y gall rhyw un dyn, prif weinidog neu gadfridog, gymryd pelen o dân yn ei ddwylo ac yna, o'i thaflu hi, ddifa'r ddynoliaeth i gyd, rhoi'r byd ar dân'[20] heb i'r geiriau foddi, am ennyd o leiaf, lais Haman, prif weinidog Ahasferus, brenin Persia. Drama orlawn, orbrysur ac ansicr ei hamcan artistig yw *Esther*, 'a biblical drama', fel y disgrifiodd Lewis hi wedi hynny, 'which began as an attempt to translate Racine but soon took flight on its own'.[21] Y mae fel petai ei hawdur, wrth ymdrechu i gynnwys ynddi elfennau llwyddiannus pob drama o'i blaen, wedi esgeuluso'r cyfanwaith. Trwy gywasgu ffraethineb *Eisteddfod Bodran*, arwriaeth egwyddorol *Buchedd Garmon* a *Gymerwch Chi Sigaret?*, deugorn dilema *Amlyn ac Amig*, cadernid benywaidd *Siwan* a *Blodeuwedd*, pwyslais *Gwaed yr Uchelwyr* ar dras ac obsesiwn *Brad* ag *esprit de corps*, fe'i hamddifada o'i neilltuolrwydd cymen ei hun. Pan lwyfannwyd y ddrama gan Gwmni Drama Coleg y Gogledd yng Ngarthewin ar 1 Gorffennaf 1960, dewisodd y cynhyrchydd, John Gwilym Jones, wisg fodern i'r cast: arwydd o ddryswch ynglŷn ag ergyd y gwaith, mae rhywun yn amau, lawn gymaint ag o unrhyw feiddgarwch neu ddymuniad i arbed costau.

Yn niwedd yr un mis ag y gwelwyd drama gan Lewis ar lwyfan Garthewin am y tro cyntaf ers tair blynedd, aeth Lewis a Margaret am bythefnos o wyliau i Siena: ei ymweliad cyntaf â'r Eidal ers bron deugain mlynedd. Gwnaed yr holl drefniadau mewn deng munud trwy gwmni Thomas Cook yng Nghaerdydd, fel yr ysgrifennodd at David Jones cyn cychwyn, er mwyn osgoi'r Eisteddfod Genedlaethol yn y ddinas, lle perfformiwyd *Serch yw'r Doctor* nos Lun 1 Awst yn y pafiliwn yng Ngerddi Soffia. Cymhelliad arall oedd ysbrydoliaeth am ddrama ar ffigur amlycaf y ddinas honno. 'I've been thinking of a play on Saint Catherine for a long time, and I want to see the city and get some experience of it.'[22]

Mae'n bosibl mai yn sgil yr ymweliad hwnnw y lluniodd Lewis fraslun anorffenedig *Y Santes Catrin yn Avignon*, a gaed yn ei bapurau wedi ei farw, 'ar yr hen thema o'r enaid yn cael ei dynnu rhwng y da a'r drwg'.[23] Gwelodd yr un flwyddyn ddechrau ymgais arall ar ddrama, *Gosber yn Sisilia*, ffrwyth darllen *The Sicilian Vespers* o waith Steven Runciman (Cambridge, 1958), am ddigwyddiadau 1282 – 'a year . . . for some time on my mind very much', yng ngeiriau trwsgl Lewis ei hun – y bwriadai eu troi yn 'verse play, or two plays, one on the Sicily triumph and one on the Welsh defeat . . . it won't be a bit like the libretto of Verdi's opera'.[24]

Ni ddaeth y nodiadau gwasgarog a'r darnau o ddialog ynghyd fel cyfanwaith ac mae'n arwyddocaol na roddodd Lewis gynnig eto ar ddrama fydryddol. Erbyn diwedd 1959 a dechrau 1960 yr oedd yr awydd i bortreadu'r Gymru gyfoes yn iaith y Gymru honno yn daerach:

> Nid af yn ôl at waith ym Mhlaid Cymru. 'Ddaru chi feddwl am funud beth fyddai'r canlyniad pes gwnawn? Fe fyddai'n draed moch – a heblaw hynny, yr wyf yn rhy hen ac wedi pellhau ormod, a'r Blaid hithau wedi symud ymhell oddi wrth yr egwyddorion a osodais i iddi. Fe'm syrffedwyd gan agwedd arweinwyr y Blaid tuag at orsaf atomig Trawsfynydd. Nid af yn ôl at waith politicaidd . . .
>
> Gobeithio i'r nefoedd nad oes chwerwi yn fy ngeiriau. Nid wyf yn chwerw. Ond yr wyf yn gwbl argyhoeddedig nad oes dim lle i mi o gwbl i wneud dim mwyach yng Nghymru. Trwy lwc gallaf ddarllen llyfrau newydd a hen, gallaf ymhyfrydu yn llwyddiant Emyr Humphreys a John Gwilym Jones a'r bechgyn ifanc a'r Chwech ar Hugain Oed, ac y mae gennyf lawer o ffrindiau ymhlith peintwyr Caerdydd a'r cylch, ac y mae'r BBC yn gofyn am ddrama.[25]

Ar ôl 'ffiasgo' Tryweryn, ychwanegodd o fewn blwyddyn eto, ni welai 'unrhyw reswm da iawn dros barhad Plaid Cymru. Gwell darfod a diflannu na mynd ymlaen fel y mae hi yn destun chwerthin . . . mae'r Blaid agos â chodi cyfog arnaf.'[26] Yn 1961, gwrthododd hyd yn oed wahoddiad i ginio Gŵyl Dewi cangen Caerdydd o'r Blaid ar gyfrif y 'cowardice' a ddangoswyd yng nghyd-destun Tryweryn:

> It was a gross and degrading betrayal of all that the Party was established to defend. It was the great test, the chance to return to the policy of 1936. The chance was refused. In these circumstances I have nothing to say to Plaid Cymru.

O'r gwrthdaro rhwng yr awydd i dewi a'r ysfa i greu y tarddodd tri pheth a ddygai Lewis yn ôl at weithgarwch gwleidyddol yn ystyr letaf y gair: ei gyfweliad ag Aneirin Talfan Davies, darlith radio *Tynged yr Iaith* a ddarlledwyd gan y BBC ar 13 Chwefror 1962 ac *Excelsior* – ei ddrama gyntaf am y Gymru gyfoes – a deledwyd ar Ŵyl Dewi yr un flwyddyn.

Mae'r cyfweliad, a ddarlledwyd gan y BBC ar 19 Chwefror 1960, wedi ennill statws awdurdod yn hanes Lewis, ac yn ddealladwy ddigon. Wedi'r cyfan, hwn yw'r datganiad llawnaf ar ei fywyd o'i enau ei hun, ac fe'i dyfynnwyd yn helaeth fel ffynhonnell y farn uniongred amdano; eithr ni ddylid diystyru safbwynt yr holwr, Aneirin Talfan Davies, a fynnai liwio ei wrthrych fel alltud triphlyg o Ewropead Catholig a droes yn ddramodydd am na ddygymai bywyd cyhoeddus ag ef. Egyr trwy godi'r honiad bod Lewis 'rywfodd neu'i gilydd, yn ŵr diwreiddiau',[27] ac â rhagddo i grybwyll ei addysg mewn Saesneg, ei uchelgais gynnar i fod yn llenor Saesneg, ei atyniad at Yeats a'i fachgendod heb fod 'yn ymwybodol o gwbl o draddodiad llenyddol y Gymraeg'.[28] Yn yr un modd, awgryma mai ei fethiant fel 'gwleidydd ymarferol'[29] a'i gwnaeth yn ddramodydd, gan gymell Lewis i addef ei fod 'yn rhoi yn eich ysgrifennu yr hyn yr ydych wedi methu ynddo yn eich bywyd',[30] cyn dweud bod ei Gatholigiaeth 'wedi peri rhyw fath o alltudiaeth ichi'.[31] Effaith y cyfan yw creu'r argraff mai gŵr oedd Lewis erbyn troad y degawd a oedd wedi'i ddidoli oddi wrth ei orffennol personol, crefyddol, gwleidyddol a diwylliannol ehangach. Eto, nid trawsysgrif union o'r sgwrs wreiddiol yw'r hyn a geir ar glawr chwaith. Efallai y tâl dyfynnu dau gwestiwn a dau ateb, fel y'u darlledwyd, am Lewis yn arddel Catholigiaeth yn nhrawsysgrif Gwilym O. Roberts, a gyhuddodd olygydd *Taliesin* ar y pryd, Gwenallt, o 'anonestrwydd ofnadwy' am eu cyhoeddi fel y gwnaeth:

ATD: 'Ie, ond 'roedd e'n rhyw fath ar alltudiaeth, ond oedd e? Oedd na ryw rinwedde arbennig yn perthyn i'r ffaith eich bod chi'n byw megis ar ffiniau y bywyd Cymreig, yn hytrach na thu mewn i'r Gymdeithas Gymreig?'

SL: ''Alla-i ddim ateb yn sicr. Mi ddywedwn-i hyn: 'ydw [*sic*] ddim yn sicr mai fi oedd ar y ffiniau gymaint, 'dach chi'n gweld. 'Rydw-i'n meddwl bod y traddodiad radicalaidd Cymreig y mae rhai o arweinwyr Plaid Cymru yn gosod cymaint o bwys arno y dyddiau yma – 'd ydw i ddim yn meddwl fod hynny yn *ddigon* i adfywiad cenedlaethol. 'Dach chi'n gweld, 'dydi o ddim ond peth byr, 'dydi-o ddim ar y mwyaf ond ryw ganrif-a-chwarter oed. Y mae hanes Cymru yn fwy lawer na hynny. Ac y mae yna draddodiad Cymreig sy'n mynd yn ôl ymhellach, hyd yn oed at gyfnod annibyniaeth Cymru. Y mae'n rhaid i'r cwbl yna ddod i mewn. Yn awr, *trwy* fod yn Gatholig y mae'ch cydymdeimlad chi â'r *holl* gyfnodau yn fwy nac [*sic*] wrth gadw yn unig at y traddodiad Anghydffurfiol radicalaidd. Ond, er hynny, ga'-i ddweud un peth? – nid unryw [*sic*] beth yn y gymdeithaseg Gatholig, nid unrhyw athrawiaeth am gymdeithas, nid unrhyw drefn ar gymdeithas y mae Catholiciaeth yn ffafriol iddi sy'n arwain dyn i fod yn Gatholig. 'D oedd a wnelo hynny ddim oll â'n [*sic*] nhroedigaeth i i Gatholigiaeth.'

ATD: 'Beth oedd yn gyfrifol am eich troedigaeth chi?'

SL: 'Well [*sic*], yn y pen draw, dim ond un peth. Os ydach-chi'n dod yn argoeddedig [*sic*] o ran *rheswm* – dim arall – fod Duw yn bod, a bod yn rhaid i ddyn addoli Duw, yna 'dach chi'n chwilio am y ffordd iawn i' [*sic*] addoli o. A'r ffaith fod yr offeren yn addoliad llwyr, cyfan[,] cymwys, wedi ei ordeinio gan yr Arglwydd, hynny ydi yn y pen draw yr *unig* reswm dros droi'n Gatholig. 'D oes dim rheswm arall.'[32]

Ymgais i ddadlennu traddodiad amgen na radicaliaeth Anghydffurfiol oedd darlith *Tynged yr Iaith*, a alwodd Lewis yn 'araith boliticaidd i Blaid Genedlaethol Cymru'.[33] Fe'i disgrifiwyd fel 'ymyriad mawr olaf Saunders Lewis mewn bywyd cyhoeddus',[34] ac yn sicr rhaid ei ddarllen yn rhannol am ei hagenda ymhlyg o danseilio polisïau gofalus, derbyniol Plaid Cymru yn sgil Tryweryn. Ond mae'n ddefnyddiol synio amdani hefyd fel man cychwyn, a dehongli ei nod yng ngoleuni ei chanlyniadau, fel y gwnaeth Lewis yntau yn y Rhagair i'r ailargraffiad ym Mehefin 1972. Ddeng mlynedd wedi'r ddarlith mynnai mai hanes Cymdeithas yr Iaith, a sefydlwyd yn ei sgil, oedd 'hanes cenedlaetholdeb Cymreig',[35] mai arweinydd y cenedlaetholdeb hwnnw oedd yr athronydd J. R. Jones yn hytrach na Gwynfor Evans a bod yn llwyddiannau etholiadol Plaid Cymru (gan gynnwys buddugoliaeth Gwynfor yng Nghaerfyrddin yn 1966, debyg, er na sonia air amdani) 'wir berygl i . . . frysio lladd cenedlaetholdeb Cymreig'.[36] Hynny yw, ymgais ar ran Lewis oedd y ddarlith, o edrych arni o bell, nid yn unig i wneud yn fach o'r blaid a sefydlodd ond i ailadrodd naratif llywodraethol cenedlaetholdeb a '[d]effro Cymreictod politicaidd ymarferol'[37] ar sail brwydr ddioddefus dros yr iaith, a honno'n unig, gan wneud y Gymraeg 'yn dramgwydd politicaidd'.[38] Er i Lewis ysgrifennu at T. I. Ellis i geisio gwybodaeth am Ddeiseb yr Iaith rhwng 1937 a 1941 ac am Ddeddf Llysoedd Cymru 1942, wrth baratoi'r ddarlith,[39] nis defnyddiodd yn y gwaith gorffenedig. Yn wir, y peth trawiadol yw cyn

lleied o sôn am ymwneud uniongyrchol Lewis â hynt yr iaith sydd ynddi.
Anwybyddir hanes hanner cyntaf yr ugeinfed ganrif bron yn llwyr. Un
frawddeg yn unig sydd am gyfnod Lewis fel llywydd ar Blaid Cymru
'rhwng y ddau ryfel byd', pan 'nad oedd yn amhosibl' gwneud y Gymraeg
yn iaith Prifysgol Cymru, y cynghorau sir a diwydiant.[40]

Mae elfen o synnwyr trannoeth ewyllysiol – bron na ddywedid
hunan-dwyll – yn y dehongliad o eiddo Lewis uchod a fynnai gredu mai
pegynu Cymdeithas yr Iaith a Phlaid Cymru oedd amcan cudd y
ddarlith. Yn wir, yn ei ffordd baradocsaidd, wrthnysig ei hun, cadw
undod y Blaid oedd uchaf yn ei feddwl. Trwy ei thanseilio a chreu
chwyldro oddi mewn iddi ei obaith oedd gorfodi'r arweinyddiaeth i
newid cyfeiriad. Mewn llythyr, dyddiedig 14 Mawrth 1962, at olygydd *Y
Faner* am y 'cam-ddehongli' a fu ar y ddarlith, ymbellhaodd oddi wrth y
syniad o herio'r Blaid oddi allan iddi. 'Ni soniais air am gychwyn
mudiad newydd yng Nghymru. Malltod yw'r mudiadau Cymreig a'u
cynadleddau a'u penderfyniadau.' Yr hyn a fwriadai, meddai, oedd
'cenadwri uniongyrchol i Blaid Cymru'. Eto i gyd, awgrymai ei eiriau
clo na wgai chwaith ar weithredu heb ei hawdurdod: 'A oes yn aros
rywbeth o ysbryd chwyldro ym Mhlaid Cymru? Os nad oes:
diflanned.'[41] Ailadroddodd yr un neges wrth aelod blaenllaw ond ymylol
o'r Blaid chwe mis yn ddiweddarach, pan ddaliodd mai plaid 'chwarae
plant . . . yn ei thwyllo ei hun' oedd hi os credai y gallai hi lwyddo trwy
ennill pleidleisiau mewn etholiad cyffredinol.[42] Flwyddyn wedi
traddodi'r ddarlith, yng ngwanwyn 1963, a Chymdeithas yr Iaith eisoes
yn bod, fel 'pobl ifanc Plaid Cymru' y cyfeiriai at ymgyrchwyr yr
iaith,[43] ac ymhen deufis eto ysgrifennodd yn yr un ysbryd at Kate
Roberts, gan fynnu eto 'nad mudiad politicaidd sy'n rhaid wrtho':

> Mater politicaidd yw status [*sic*] a dyfodol yr iaith a Phlaid Cymru a
> ddylai fod yn ymladd y frwydr hon drwy ei changhennau, a thrwy bolisi
> ymosodol di-ball i orfodi'r iaith ar yr awdurdodau lleol a swyddfeydd y
> llywodraeth yn yr ardaloedd Cymraeg. Ysywaeth, ymgeisio mewn
> etholiadau seneddol yw unig neu agos unig bolisi Plaid Cymru, a rhaglen
> sosialaidd o fyrddau llywodraethol yw ei rhaglen hi. Gyda'r bechgyn
> sy'n torri'r gyfraith ac yn wynebu ar garchar y mae fy holl
> gydymdeimlad i, ac ynddynt hwy a'u dilynwyr yn unig y mae gobaith.[44]

Yn y bôn, ni ddywedodd Lewis fawr ddim yn y ddarlith nad oedd eisoes wedi'i ddweud ddeuddeng mlynedd cyn hynny, pan ddewisodd ymuniaethu (ond heb ymuno) â'r gweriniaethwyr o fewn rhengoedd y Blaid am eu bod yn agored i 'ysbryd antur'. Cynigiai bodolaeth y Gymdeithas – nes iddi fagu ei rhaglen ehangach ei hun, fel y gwelir – fodd i Lewis, ei thad bedydd damweiniol, a'i llywydd er anrhydedd er 1963, ei harddel fel ymgorfforiad o'r ysbryd sy'n rhodio'r ddarlith fel drychiolaeth na feiddir ei henwi: ysbryd Penyberth. Dug i gof iddo gyfnod ei anterth gwleidyddol ei hun pan weithredodd yr ychydig dethol heb sêl bendith plaid ac yn ddiarwybod iddi nes ei gorfodi i'w dilyn. Galwad debyg oedd yn y ddarlith i'r 'fraint' a fynnodd y tri gwron: arwriaeth annelwig ei hamcan a'i holl ganlyniadau ar wahân i sicrwydd dioddefaint. Cymdeithas yr Iaith Gymraeg oedd y moddion dirprwyol i Lewis ail-fyw dyddiau gwell. 'We would have ceased to be a political party if we had followed his advice', meddai Gwynfor Evans am alwad Lewis.[45] Yn bendant, gellir gwneud yn rhy fawr o'r gwahaniaeth barn rhwng Lewis a Gwynfor Evans ar bwnc yr iaith ac ar ragolygon cenedlaetholdeb yn fwy cyffredinol. Yng ngeiriau un sylwebydd craff, ni welodd llawer o genedlaetholwyr hyd yn oed yn nechrau'r 1970au anghysondeb rhwng gobeithio gyda Gwynfor y gellid dwyn y maen i'r wal trwy ddulliau cyfansoddiadol ac amau gyda Saunders a fyddai mor syml â hynny.[46]

Yr eironi mawr oedd i *Tynged yr Iaith* fwrw ei chysgod dros ymgais arall i ddiogelu a hybu'r iaith a ymddangosodd yn yr un mis â hi. Mewn pamffledyn o waith Gwynfor Evans, a gyhoeddwyd o fwriad gan wasg annibynnol John Penry yn hytrach nag o dan argraffnod y Blaid yr oedd yn llywydd arni, amlinellwyd rhaglen am y pegwn â'r ddarlith: Cymreigio'r ysgolion trwy ewyllys rhieni a sefydlu corfforaeth ddarlledu, dosbarthiadau i ddysgwyr a choleg Cymraeg dan adain Prifysgol Cymru. 'Gallai ymgyrch nerthol a deallus newid y sefyllfa mewn un flwyddyn. Ymhen pum mlynedd, gallai sicrhau gweddnewidiad llwyr.'[47] Gwell gan Gymdeithas yr Iaith – y mudiad na ddymunai Lewis weld ei sefydlu ond yr ymhyfrydai yn ei ddulliau pan ddaeth – oedd chwyldro na chynnydd graddol.

Wedi iddo ei chwblhau ar ddydd Calan 1962, yr oedd Lewis wedi disgrifio'r ddarlith fel 'urgent',[48] a phythefnos yn ddiweddarach teimlai y gallai 'moral effect' ei 'political swan song [*sic*]' a'r sôn ynddi am anufudd-dod sifil fod yn 'delightfully annoying', gan roi i'r iaith ac i'w siaradwyr 'a new burst of life'. Rhagwelai 'a lovely shindy and the Welsh nation would come alive'.[49] Erbyn y Pasg, er hynny, yr oedd Lewis, 'in a dry period, fed-up and angry and wasting time and no good for anything. My radio lecture made a five-minute stir and that was that.' Yr oedd y Blaid 'that I partly founded' wedi troi'n 'nest of Aldermaston Anglo-Welsh socialists, and I loathe them'. Ei ddymuniad taeraf oedd cael dychwelyd i'r Eidal 'and hear no more ever of Wales'. Ymddiheurodd nad oedd ei eiriau 'exactly Paschal meditations' a chyfaddefodd ei fod yn 'bad Christian'.[50]

Nid y rheswm lleiaf am ei ddiflastod y gwanwyn hwnnw oedd y derbyniad a roddwyd i drydydd ffrwyth dechrau'r 1960au, ei 'ddrama boliticaidd gyfoes Gymraeg', *Excelsior*. Yr oedd Lewis wedi rhagweld yr effaith a gâi yn fuan wedi iddo orffen ei chyfansoddi: 'Ar ôl hynny,' meddai am y cynhyrchiad, ''rwy'n credu mai rhoi'r ffidil yn y to fydd orau imi. Ie, a ffoi o Gymru!'[51] Megis *Tynged yr Iaith*, gwaith comisiwn gan y BBC oedd hwn hefyd, a ddarlledwyd yn fyw ar 1 Mawrth ond a ataliwyd yn ddisymwth cyn ei ail ddarllediad arfaethedig ar 2 Ebrill oherwydd cyhuddiad o enllib gan yr AS dros Abertyleri, Llywelyn Williams. Credai hwnnw iddo weld portread ohono'i hun yng nghymeriad Huw Huws, y Llafurwr a fu unwaith yn genedlaetholwr. Am i Llywelyn Williams fod yn fyfyriwr yn Abertawe yn nyddiau Lewis yno – ac, yn wir, yn aelod o'r Blaid Genedlaethol am gyfnod dan ddylanwad uniongyrchol Lewis ei hun (a'i cofiai 'yn ŵr ifanc llawen a'i fryd ar y weinidogaeth a blas Llanelli ar ei sgwrs')[52] – yr oedd digon o sail i'r cyhuddiad nes peri i'r BBC dalu £750 o iawndal yn niwedd y flwyddyn. Bu cynlluniau i lwyfannu fersiwn diwygiedig o'r ddrama gan Gwmni Theatr Cymru yn ystod Mawrth ac Ebrill 1980 ond, hyd yn oed chwarter canrif wedi marw Williams a phymtheng mlynedd wedi marw ei wraig, barnodd bwrdd rheolwyr y cwmni mai doethach oedd peidio. Cyhoeddwyd y sgript yn yr un flwyddyn, ond bu'n rhaid aros hyd 1992 cyn gweld ei pherfformio ar lwyfan.[53]

Y tebyg yw na fwriadwyd mo'r enllib, ond y canlyniad oedd tywyllu cyngor ynghylch arwyddocâd y gwaith. Rhybudd ymhlyg sydd yn *Excelsior* ynghylch yr adwaith i *Tynged yr Iaith*. Drama yw hi am wendid: boed frad Crismas Jones, difrawder Huw Huws neu benchwibandod Dot, ei ferch – yn ei siwmper sidan 'gostus fohemaidd' – a yrrir i gyflwr hanner ffordd rhwng gweledigaeth ysbrydol a chynnwrf rhywiol gan araith danllyd y gweinidog ifanc, 'Cris'. Yr unig gymeriad egwyddorol ynddi yw mam Dot, Magi Huws, rhyw Maggie Tulliver wedi'i thrawsblannu, yr erfyniodd Lewis yn ei ragair anffurfiol i'r *Radio Times* ar 22 Chwefror 1962 ar i'w gynulleidfa 'faddau iddi am fod mor gul, mor hen-ffasiwn, mor anystwyth'. Hyhi, ar ddiwedd y ddrama (yn y fersiwn teledu), yw'r unig un sy'n troi am Gymru, yr unig un 'sy'n cofio', chwedl Huw yn yr olygfa glo.

I 1962 hefyd y perthynai yr ail ddrama gomisiwn, *Problemau Prifysgol*, a ataliwyd gan y BBC yn sgil helynt y gyntaf. 'Ni fynnai neb mohoni', ysgrifennodd wedi hynny; 'nis llwyfannwyd, nis teledwyd, nis cyhoeddwyd, druan fach'.[54] Pan ymddangosodd o'r hir ddiwedd chwe blynedd wedi hynny, barnodd Lewis, 'efallai', fod y penderfyniad i beidio yn un doeth. Ond erbyn i hanes Gwen a Harri weld golau dydd yn 1968, yr oedd myfyrwyr Cymru, diolch i raddau helaeth i ddylanwad *Tynged yr Iaith* Lewis ei hun, yn bobl lai cymodlon a llai dof, y Brifysgol hithau'n sefydliad llai sefydliadol a byd y ddrama Gymraeg wedi cefnu ar y '[d]igrifwch ysgafn' a welai Lewis yn ei greadigaeth.[55]

Y wythïen arall a redai drwy'r cyfweliad, y ddarlith a'r ddwy ddrama fel ei gilydd oedd y tyndra rhwng dyheadau ehedog ieuenctid a realaeth siomedig henaint. Gwaith ydoedd gan ŵr a oedd wedi hen groesi'r ffin rhwng y ddau gyflwr. Lladdwyd J. E. Daniel mewn damwain car ar 11 Chwefror 1962, fis yn ddiweddarach bu farw ei ymwelydd ffyddlonaf yn Wormwood Scrubs, Gwent Jones, a chyn pen mis arall cyhoeddwyd y newydd am ymddeoliad J. E. Jones, y gŵr ifanc addawol a benodwyd yn drefnydd y Blaid ar gais taer Lewis ei hun dros ddeng mlynedd ar hugain ynghynt. Agorodd 1963 hithau gyda *memento mori*: colli ei olynydd byrhoedlog fel llywydd y Blaid, Abi Williams, a salwch a marw disymwth Griffith John Williams, amddiffynnydd croywaf *Tynged yr Iaith* yn ei ddarlith yntau i gynhadledd flynyddol UCAC ym mis Ebrill y flwyddyn gynt. Dug y newydd am anhwylder yr olaf i gof hanes

Michelangelo, a weithiai ar ei *pietà* yn ystod ei ddyddiau olaf yn eglwys gadeiriol Fflorens. Dymunai Lewis ysgrifennu stori amdano, 'but he was mentally such a giant I'm afraid of tackling it':

> He too had seen all his contemporaries die; he only had disciples. It's horrible and heroic, Titanic . . .
>
> People who talk about 'ripeness is all', 'nothing is here for tears', etc are just averting their gaze. Death, even at Michael [*sic*] Angelo's 85 is a cutting off, a mutilation, and every friend's death is a kick in the stomach and unbearable, a foul dirty trick.[56]

Nid oedd tywydd gerwin y gaeaf hwnnw yn help chwaith i leddfu'r ymdeimlad o ddiflastod. Ym mis Chwefror cwympodd wal gerrig yr ardd – tua hanner canllath o hyd – dan bwysau'r eira a'r rhew difaol. Wynebai Plaid Cymru hithau chwalfa debyg. Ar 22 Medi 1962, aeth dau Gymro di-Gymraeg, David Glyn Pritchard a David Walters, ati i ddifetha cyflenwad olew mewn is-orsaf drydan o eiddo Corfforaeth Lerpwl ar safle Tryweryn. Er i Gwynfor Evans gyhoeddi mewn anerchiad yn Llanymddyfri wythnos wedi hynny 'y bydd eu henwau'n cael anrhydedd am byth gan wladgarwyr Cymru',[57] a goddef cael tynnu ei lun yn ysgwyd llaw â'r ddau y tu allan i'r llys yn y Bala ar dudalen blaen *Y Faner* ar 18 Tachwedd, gofalodd ddweud yr un pryd nad oedd cysylltiad rhwng y weithred a'r blaid, er bod y ddau'n aelodau a Pritchard ar y Pwyllgor Gwaith. Ym mis Hydref 1962, diarddelodd yr un Pwyllgor Gwaith Neil Jenkins am ei sylwadau ar glaearwch y blaid yn wyneb y cynnwrf anghyfansoddiadol hwn a'i ganmoliaeth – ymhlith pethau eraill – i 'aberth' Lewis adeg Penyberth: gweithred, daliodd, na feiddiai'r un arweinydd cenedlaethol mo'i hefelychu. Ar 19 Rhagfyr bu ail ymosodiad ar Dryweryn, pan gyneuwyd tân yng ngweithdy'r peirianwyr ac, unwaith yn rhagor, gwrthododd y Blaid gymeradwyo'r brotest. Ar 10 Chwefror 1963 gosodwyd ffrwydron ar y safle gan Owain Williams a John Albert Jones fel gwrthdystiad yn erbyn dedfryd Emyr Llewelyn a garcharwyd am flwyddyn ym Mawrth 1963 – a charcharwyd Williams am flwyddyn. Ymbellhaodd y Blaid oddi wrth y weithred hon ac felly hefyd y cynnwrf llai treisgar ond llawn mor arwyddocaol o du Cymdeithas yr Iaith a lanwai fisoedd agoriadol 1963. Ym Mawrth 1963, collodd y blaid dir yn yr isetholiad yn Nwyrain Abertawe a gwelodd etholiadau llywodraeth leol mis Mai golledion pellach.

Yn ei ffordd dawel ei hun, ychwanegodd Lewis at y gofidiau. Ym Mawrth 1963, fel y nodwyd, ysgrifennodd ar ei ddarlith flwyddyn ynghynt, gan edliw i Blaid Cymru ei diffyg sêl: 'Y mae arwyddion y dyddiau diwethaf hyn fod pobl ifanc Plaid Cymru yn dechrau amgyffred pwysigrwydd politicaidd yr iaith Gymraeg. Y mae hi'n hwyr bryd. Nid yn Westminster ac nid drwy'r senedd yno y daw fyth hunan-lywodraeth i Gymru.'[58] Ar 11 Mai lluniodd lythyr yn enw Robert Wynne, John Daniel, Huw T. Edwards, Moses Gruffydd ac yn ei enw ei hun yn galw am gyfraniadau i 'Gronfa Gwŷr Tryweryn', ynghyd â thystiolaeth bellach mai ennill y Blaid i'w safbwynt ef rhagor gweithio'n annibynnol arni oedd y nod: '. . . and if Gwynfor will sign, then the Blaid will be practically committed – without any split'.[59] Gwyddai, bid sicr, na allai Gwynfor arwyddo, ac felly y bu.[60]

Erbyn i'r llythyr ymddangos yn *Y Faner* ar 30 Mai, yr oedd Lewis a Margaret ar eu gwyliau yn Donegal a Connemara. Galwasant yng nghartref D. J. a Siân Williams yn Abergwaun ar eu ffordd adref. Cafodd D.J. hwy 'yn llon fel dau frithyll' a siarsiodd Lewis i gefnu ar wleidyddiaeth ymaferol yn derfynol yn ffafr llenydda. 'Ni all cadfridog sydd wedi ymneilltuo i'w dŵr ifori arwain cad,' meddai wrtho.[61] Dychwelodd Lewis i Benarth ar 10 Mehefin, ac yng nghanol helbulon yr haf hwnnw ymddangosai ei fod am ddilyn cyngor ei gyfaill. Trodd i'r gorffennol a chyfrwng y nofel, ei gyntaf ers cyhoeddi *Monica* yn 1930.

Nodiadau

1 *AKAS*, 187. SL at Kate Roberts, 27 Mai 1958.
2 *Baner ac Amserau Cymru*, 20 Mawrth 1958.
3 *Brad* (Llandybïe, 1958), 5.
4 Ibid., 7.
5 John M. Todd, *The Arts, Artists and Thinkers: an Inquiry into the Place of the Arts in Human Life* (London, New York, Toronto, 1958), 77. Ailgyhoeddwyd anerchiad Lewis yn Alun R. Jones a Gwyn Thomas (goln), *Presenting Saunders Lewis* (Cardiff, 1973), 171-6.
6 Ibid, 77.
7 Ibid., 78.
8 Ibid., 82.
9 Ibid., 79.
10 Ibid., 82.
11 *Brad*, 6.
12 *The Times*, 8 Awst 1958.
13 *SLThG*, 359. SL at Robert Wynne, 17 Awst 1958.
14 LlGC, papurau D. J. Williams, Abergwaun, P2/30 bocs 11. SL at D. J. Williams, 14 Rhagfyr 1958.
15 LlGC, papurau Plaid Cymru, B727. SL at J. E. Jones, 25 Ebrill 1958.
16 'The Prose Poet of Patagonia', *Western Mail*, 10 Gorffennaf 1965.
17 *The Times*, 13 Mawrth 1959.
18 LlGC, papurau David Jones, grŵp C, blwch 5. SL at David Jones, 20 Mawrth 1959.
19 LlGC, papurau D. J. Williams, Abergwaun, P2/30 bocs 11. SL at D. J. Williams, 29 Gorffennaf 1959.
20 *Esther a Serch yw'r Doctor* (Llandybïe, 1960), 19.
21 *The Times*, 27 Chwefror 1961.
22 LlGC, papurau David Jones, grŵp C, blwch 5. SL at David Jones, 25 Gorffennaf 1960.
23 Ioan M. Williams (gol.), *Dramâu Saunders Lewis: y Casgliad Cyflawn Cyfrol II* (Caerdydd, 2000), 967.
24 LlGC, papurau David Jones, grŵp C, blwch 5. SL at David Jones, 18 Rhagfyr 1960.
25 LlGC, papurau D. J. Williams, Abergwaun, P2/30 bocs 11. SL at D. J. Williams, 21 Tachwedd 1959.
26 Ibid., Sulgwyn 1960.
27 'Dylanwadau: Saunders Lewis', *Taliesin*, 2 (1961), 5.
28 Ibid., 8.
29 Ibid., 13.
30 Ibid., 14.
31 Ibid., 15.

[32] Gwilym O. Roberts, 'Y Sgwrs â Saunders fel y Teledwyd Hi – ac Fel y Rhoddir Hi yn "Taliesin"', *Y Cymro*, 27 Ionawr 1962.

[33] LlGC, papurau D. J. Williams, Abergwaun, P2/30 bocs 11. SL at D. J. Williams, 15 Ionawr 1962.

[34] Rhys Evans, *Gwynfor: Rhag Pob Brad* (Talybont, 2005), 227.

[35] *Tynged yr Iaith* (ailargraffiad, Talybont, 1972), 2.

[36] Ibid., 3.

[37] Ibid., 4.

[38] Ibid., 23.

[39] LlGC, papurau T. I. Ellis, B3935. SL at T. I. Ellis, 13 Rhagfyr 1961. Diolchwyd am y wybodaeth yn ibid., 13 Rhagfyr 1962.

[40] *Tynged yr Iaith*, 22.

[41] *Baner ac Amserau Cymru*, 22 Mawrth 1962.

[42] LlGC, papurau Huw T. Edwards, A1/714. SL at Huw T. Edwards, 9 Medi 1962.

[43] 'Tynged Darlith', *Barn*, 5 (Mawrth 1963), 143.

[44] *AKAS*, 193. SL at Kate Roberts, 8 Mai 1963.

[45] Dyfynnwyd gan Steve Dubé, *Western Mail*, 31 Awst 2002.

[46] Ned Thomas, *The Welsh Extremist* (London, 1971), 62.

[47] *Cyfle Olaf y Gymraeg* (Abertawe, 1962), 16.

[48] LlGC, papurau David Jones, grŵp C, blwch 5. SL at David Jones, 2 Ionawr 1962.

[49] Ibid., 17 Ionawr 1962.

[50] Ibid., Sul y Pasg [22 Ebrill] 1962.

[51] LlGC, papurau D. J. Williams, Abergwaun, P2/30 blwch 11. SL at D. J. Williams, 15 Ionawr 1962.

[52] 'Rhagair', *Excelsior* (Abertawe, 1980), 7.

[53] Ceir crynodeb o hanes yr achos yn Ioan M. Williams (gol.), *Dramâu Saunders Lewis*, 275-8.

[54] 'Rhagair', *Cymru Fydd* (Llandybïe, 1967), 6.

[55] 'Rhagair', *Problemau Prifysgol* (Llandybïe, 1968), 8.

[56] LlGC, papurau David Jones, grŵp C, blwch 5. SL at David Jones, 8 a 9 Ionawr 1963.

[57] *Baner ac Amserau Cymru*, 11 Hydref 1962.

[58] 'Tynged Darlith', 143.

[59] *SLThG*, 366. SL at Robert Wynne, 11 Mai 1963.

[60] Ibid., 367. Gwynfor Evans at Robert Wynne, 24 Mai 1963.

[61] LlGC, papurau D. J. Williams, Abergwaun, P3/28. Dyddiadur D. J. Williams, cofnod 11 Mehefin 1963.

'. . . DIM RHAGOR AM WLEIDYDDIAETH'

1964-9

Bûm yn syrffedu o ddarllen disgrifiadau'r nofelwyr a'r dramawyr Cymraeg o Fethodistiaeth Cymru, a thybiais fod yn bryd i rywun roi darlun cywir o Fethodistiaeth cyn iddi fynd yn rhy hwyr.[1]

Er gwaethaf ei bendantrwydd ac, yn wir, ei bedantri ar brydiau, gair prin yng ngeirfa Lewis yw 'cywir'. Eto, wrth iddo lunio ei nofelig, y 'rhamant hanesiol' *Merch Gwern Hywel* (1964), canfu rywbeth yn stori carwriaeth Sara Jones a William Roberts, yn erbyn cefndir y rhwygiadau a'r ymrafael ymhlith Methodistiaid yr ail genhedlaeth, a'i tynnodd, am y tro, oddi wrth ei briod waith fel dramodydd. Rhan o'r symbyliad, fel yr awgryma siaced lwch y gyfrol, oedd diddordeb y disgynnydd yn ei dras. Rhan arall oedd ei awydd – o ddyddiau llunio ei *Williams Pantycelyn* bron ddeugain mlynedd ynghynt – i ddadelfennu natur tröedigaeth. Daeth y stori i fod rhwng ei gynnig anorffenedig ar ymdriniaeth estynedig ag Ann Griffiths yn 1962 a'i ddarlith arni yn Eisteddfod y Drenewydd, fel y gwelir, yn 1965. Cynnig ydoedd yn ogystal ar adfer llenyddiaeth ddiwinyddol yn fwy cyffredinol mewn gwlad seciwlar a gredai 'sibolethau'r seicolegwyr a'r seiciatryddion' ac a gollasai adnabod ar bwysigrwydd crefydd mewn celfyddyd, barnai, oddi ar 1939.[2] Da y'i disgrifiwyd gan un sylwebydd cyfoes fel 'adwaith yn erbyn y math o *ectoplasm* ysbrydlyd a gorddir gan rai llenorion pan ânt ati i drafod pynciau crefyddol'.[3] Ond elfen oblygedig yn y cymhelliad hefyd, p'un ai a oedd hyn yn fwriad ganddo neu beidio, oedd y gyfatebiaeth rhwng digwyddiadau'r dyddiau hynny a'r ymrannu o fewn

Plaid Cymru hithau erbyn cyfnod y cyfansoddi. Nofel yw hi – rhwng y
caru a'r snobeiddiwch cymdeithasol – am sut mae cadw'n driw i ffydd
wedi i'r cyffro cynnar garegu'n barchusrwydd. Yr oedd Lewis wedi
tynnu sylw at y gymhariaeth rhwng plaid ac enwad yng nghyswllt Ann
Griffiths yn 1962: 'Yr oedd troi'n Fethodist yn 1796 yn fwy
chwyldroadol na throi'n genedlatholwr yn 1937; yr oedd yn rhwyg
gymdeithasol [*sic*] ac yn ddull newydd o fyw beunyddiol, yn sen ar holl
sefydliadau'r werin Gymreig.'[4] Mater *Merch Gwern Hywel* yw cyflwr
Methodistiaeth ugain mlynedd yn ddiweddarach, yn 1816. Mae Thomas
Charles bellach yn ei fedd a'r gred chwyldroadol a ledaenodd – megis
cenedlatholdeb adeg Penyberth – wedi dechrau bwrw gwreiddiau. Er
mai '[p]laid fechan'[5] yw'r Methodistiaid o hyd, mae'r ffydd bellach yn
ddigon mawr i fod wedi esgor ar sectydda a chyhuddiadau o
hereticiaeth. Ar y naill du ceir cynrychiolydd yr ail genhedlaeth, yr
uchel-galfinydd John Elias, 'fel Napoleon yn y pulpud', yn pregethu
Etholedigaeth; ar y llall, Thomas Jones, Dinbych, yn ceisio gwarchod
seiliau Anglicanaidd y mudiad yn enw undod. Ac â'r ail garfan, yng
ngeiriau dagreuol Thomas Jones, y mae cydymdeimlad greddfol yr
awdur:

> Mae rhwyg arall a gwaeth . . . rhyngon ni a'r Tadau. Rhwyg mewn
> olyniaeth a hanes. Rhwyg rhyngon ni a Mr Williams, Pantycelyn, er
> enghraifft. Nid rhoi llafar a chân i deimladau gwresog y diwygiad a
> wnaeth Williams, welwch chi, nid hynny'n unig: ond rhoi inni
> ddiwinyddiaeth y diwygiad. Mae'r emynau'n addysg i Gymru gyfan,
> yn athrawiaeth yr Eglwys: maen' nhw'n dysgu i'r soseiadau gynnwys
> yr Homilïau a'r Erthyglau a'r Tadau Protestannaidd a'r Testament
> Newydd. Mae holl oesoedd cred y tu cefn i'w miwsig nhw.[6]

Gwyddai Thomas Jones yn y nofel fod ymraniad rhwng y
Methodistiaid ac Eglwys Loegr yn anochel; ofnai Lewis, 'an epitome of
lost causes',[7] chwedl yntau amdano'i hun ym mlwyddyn cyhoeddi'r
nofel, fod ei ymgais yntau i dywys Plaid Cymru'n ôl hyd lwybrau
digofaint a dioddefaint Penyberth wedi methu yn yr un modd. Bu 1964
yn flwyddyn anodd i Lewis a Margaret ar lefel bersonol hefyd.
Dioddefodd chwaer Margaret, Grace, strôc ym mis Ebrill, ac yn yr haf

daeth i fyw atynt o Gaergybi i Benarth. Treuliodd flwyddyn bron ar yr aelwyd cyn cael ei symud, yn hen wraig ddall, i gartref nyrsio ym Mhorthaethwy. Cafodd Lewis ryddhad o fath (ac arian ar ben ei bensiwn) yn y cyfrwng a fuasai'n gymorth hawdd ei gael iddo byth oddi ar ei ddyddiau coleg: colofn mewn papur newydd. Y tro hwn, gan gychwyn ar 10 Hydref, ei hafan annisgwyl braidd, megis y buasai yn 1938 a 1939, oedd y *Western Mail*, a'i gynulleidfa un dydd Sadwrn yn y mis, chwedl y golofn agoriadol, oedd 'the worthy Welshless Welsh'.

Yr oedd y golofn, a redodd, yn unol â'r trefniant,[8] am flwyddyn gron – cyfnod hwy o dipyn nag yn achos ei sylwadau i'r *Empire News* ddegawd cyn hynny – yn fwy sylweddol o ran maint a meddwl na'i golofn flaenorol. Er gwaethaf gorfod prynu geiriadur Saesneg 'er mwyn sicrhau fy sbelio',[9] clywir llais dilys Lewis ynddi i raddau mwy o lawer nag yn ei fenter Gymraeg gynharach. Dwg i gof beth o afiaith ei *Introduction* yn 1926. Cymerodd arno fod yn dywysydd i ddirgelion diwylliant caeedig. Yn ei golofn gyntaf, yn dathlu canmlwyddiant geni John Morris-Jones, rhoddodd sylw i 'the aristotelean quality of his mind'.[10] Yn yr ail, soniodd amdano'i hun. Perthynai, meddai, i 'cranky minority' o 'papist converts' yn y Gymru Gymraeg a ymhyfrydai mewn cythruddo eu cydwladwyr. 'The result is delightful . . . the usual Catholic dark age mentality'.[11] Ei destun y mis dilynol oedd Alun Cilie fel cynrychiolydd 'beirdd gwlad' Cymru: 'I think the best rendering would be "local poets", using "local" in the sense in which posh brewers' advertisements call a suburban pub the "local".' Peth ar wahân i briffordd barddoniaeth gyfoes yn y prif ieithoedd oedd canu'r bardd gwlad, meddai, o safbwynt y bardd – 'He sanely ignores the existentialist dilemma. He needs no marijuana' – a'i gynulleidfa: 'People actually like it.'[12]

Parhaodd i egluro'r Gymru Gymraeg wrth i 1965 agor, ond nid oedd y dôn bob amser mor ysgafn. Yr anallu i ledaenu geirfa wyddonol a thechnegol Gymraeg a fyddai'n gymorth i lenyddiaeth oedd dan sylw ganddo yn ei golofn gyntaf y flwyddyn honno, a rhoddodd y bai ar ddiffyg sêl dros goleg Cymraeg o fewn Prifysgol Cymru. 'Welsh people, as we all know,' cwynodd, 'are slightly subnormal, masochistic and white-livered.' Ar bwnc yr iaith, mynnai Cymru fod yn 'psychopathic exception' i'r arfer trwy weddill Ewrop, 'grimly dedicated to the hopeful extinction of its own language, anxious to end its schitzophrenic bilingualism'. Llithrai'r iaith tuag at 'Belsenisation'.[13] Ymhelaethodd ar gyflwr patholegol yr iaith ddeufis yn ddiweddarach, pan droes at y cysylltiad rhwng cenedlaetholdeb, Anghydffurfiaeth a llenyddiaeth Gymraeg. 'Today, Nonconformity is in sad and sullen retreat and Calvinism is almost a dirty word', ysgrifennodd. Eto, yn ei gwawr, creodd Ymneilltuaeth 'a new idiom' i lenorion; i'r Cymry, Williams Pantycelyn ac Ann Griffiths oedd 'what Blake and Wordsworth are for the English', ac nid oedd yn gyd-ddigwyddiad i brif lenorion y Gymraeg, a fagwyd yn sŵn yr emynau, arddel cenedlaetholdeb. Bellach, ofnai weld 'a destruction of civilisation through apathy' a thorri'r cysylltiad byw rhwng meddylfryd Calfiniaeth heriol a chenedlaetholdeb yn ei ddyddiau ifanc yntau. 'Alas,' terfynodd, mewn geiriau yn adleisio'r 'darlun cywir' o Fethodistiaeth y ceisiasai ei dynnu yn *Merch Gwern Hywel*, 'there is one sad difference between the Welsh Nationalist Party of the 1960s and the Welsh Methodists of the 1760s. The Methodists in their day roused hate, violence, persecution, prison. That is why they triumphed.'[14]

Yn yr un mis, cyfarchodd Lewis y blaid ddifater, ddiogel honno yn ei hiaith ei hun mewn llythyr agored at y canghennau yn yr ardaloedd Cymraeg. Gwnaeth hynny 'gyda pheth swildod', meddai, fel un nad ocdd wcdi byw mewn ardal o'r fath ers rhagor nag ugain mlynedd ac fel un 'yn gweithio dim yn rhengoedd Plaid Cymru', ond ymesgusododd trwy gyfaddef bod 'llawer tueddiad yn y Blaid yn yr ugain mlynedd diwethaf a fu'n siom chwerw i mi'. Nodweddid 'broydd marwolaeth' y Gymru Gymraeg gan '[dd]iffyg hyder, diffyg arweiniad, diffyg gweledigaeth, anobaith, difrawder, bodloni i'r drefn'. Ymbiliodd ar i Bleidwyr yn yr ardaloedd hynny 'lyncu holl raglen Cymdeithas yr Iaith Gymraeg' i'w hadfer o'u 'parlys':

> Gwaith politicaidd yw Cymreigio Cymru . . . Trwy frwydr yr iaith yn unig y gellir hynny. Y Gymraeg yw'r arf i ladd taeogrwydd ac ofn y Cymro a'i godi'n ddyn. Nid ennill pleidleisiau mewn etholiadau seneddol er mwyn, wedi hynny, medru Cymreigio Cymru. Nage; Cymreigio Cymru er mwyn gwneud llywodraethu Cymru drwy'r Saesneg yn unig yn amhosibl; wedyn bydd hunan-lywodraeth yn anochel.

Gellid gwneud hynny, meddai, heb bleidlais mewn cynhadledd, ond ni ellid ei wneud, ychwanegodd, heb 'ddeffro atgasedd'.[15]

Arweiniodd yr erthygl at fedyddio Lewis yn '[f]renin bro marwolaeth' gan un sylwebydd, John Legonna,[16] eithr megis yn achos *Tynged yr Iaith* dair blynedd ynghynt, daliodd Lewis, mewn llythyr at Gwynfor Evans, nad sefydlu ei deyrnas ei hun oedd ei amcan ond 'ceisio rhwystro'r tueddiadau at gychwyn mudiadau i ymchwalu yn y Blaid';[17] ac megis yn achos y ddarlith hefyd, gellir dehongli'r cynnig cydnabyddedig ar greu chwyldro mewnol fel cymwynas neu ymyrraeth ddi-alw-amdani. Yn wir, fe all mai dylanwad Lewis a gadwodd Gwynfor Evans yn y llywyddiaeth yn ystod y dyddiau du yn union o flaen isetholiad hanesyddol Caerfyrddin yn 1966. Mewn llythyr at ferch Robert Wynne yn nechrau 1965, dadleuodd yn erbyn ceisio llywydd newydd i Blaid Cymru am dri rheswm. Yn gyntaf, nid oedd y blaid yn ddigon pwysig i'w harweinyddiaeth fod yn werth y drafferth. Yn ail, 'To throw him out would be very wasteful politics and do no good . . . I think highly of Gwynfor Evans as a person of great integrity.' Yn drydydd, byddai canfasio dros arweinydd cenedlaethol newydd yn tynnu sylw oddi ar y brwydrau i Gymreigio llywodraeth leol: 'A real tough fight *locally* for these things would very, very soon make them national issues, would arouse violent opposition from Welsh people, but would be real nationalist leadership.'[18] Yr ensyniad – megis yn yr erthygl yn *Barn* – oedd fod Plaid Cymru, ar y gorau, yn amherthnasol i lwyddiant cenedlaetholdeb. Nid oedd yn syndod iddi hithau, felly, ymateb yn gyfrwys i Lewis yn ei thro. Yn gyntaf, neilltuwyd tudalen blaen rhifyn Mawrth 1965 o'r *Ddraig Goch* i gynnwys dyfyniadau o eiddo Lewis yn ystod ei gyfnod wrth y llyw yn 1929-30, yn mynegi ei sêl dros y dull etholiadol, 'gan fod yr hyn a ysgrifennodd ef genhedlaeth yn ôl yn dal yn berthnasol' – gan beri i'w hawdur 'synnu'n fawr' at 'anonestrwydd' y dacteg.[19] Yn ail, gwahoddwyd Lewis i'r cyfarfod protest a'r tresmasu symbolaidd gan y Blaid ar dir yr argae a godwyd yng Nghlywedog fis yn ddiweddarach ac i'r Ysgol Haf yn ei sgil. 'Ei goffáu', nododd Williams yn ei ddyddiadur am gynnwys llythyr a gollwyd bellach, 'am hanes hyd yn oed Arglwydd Dduw Israel yn newid ei feddwl rai troeon er mwyn y ffyddloniaid. A phe gwnâi'r gŵr bach styfnig SL yr un peth am dro o siawns y byddai mewn cwmni da o leiaf.'[20] Gwrthododd Lewis: 'Buasai'n brofiad chwerwach nag y gallwn ei ddal'.[21]

Derbyniodd un gwahoddiad yn 1965, fodd bynnag, ar 5 Awst, pan draddododd ddarlith ar gais y Cymmrodorion yn ystod Eisteddfod Genedlaethol y Drenewydd o flaen cynulleidfa o 700. Unwaith eto, cymerodd Ann Griffiths yn destun ac nid y rheswm lleiaf pam yr haedda'r ddarlith sylw yw oblegid y dehongli a fu arni o du ei gynulleidfa a'r darlithydd ei hun. Saif o ran ei dull o drafod ei mater yn gadarn ar briffordd beirniadaeth lenyddol cyfnod cynnar Lewis, a theimlir wrth ei ddarllen fod yr awdur yn trafod Dafydd Nanmor, *mutatis mutandis*. Ymgais ydyw i ganfod mawredd nid yn niffuantrwydd y dweud na hyd yn oed yng ngafael llenor ar adnoddau'r iaith, ond yn nilyniant y syniadaeth gynhaliol. Yma eto, fel gyda *Merch Gwern Hywel*, nod Lewis yw ysgar tröedigaeth oddi ar sentiment a gosod profiadau Ann yng nghanol 'dyfnion bethau diwinyddiaeth'.[22] Ei ddadl yw nad diolchgarwch am ei hachubiaeth ei hun sy'n peri iddi ymhyfrydu yn ei Duw eithr ei hymwybyddiaeth mai 'dianrhydedd ar Dduw' fyddai peidio. Am hynny, '[c]anu gwrywaidd, canu'r ymennydd a'r deall yw canu merch Dolwar . . . crefydd esthetig yw hi'.[23] Ac am mai gweu diwinyddiaeth yn benillion yw ei champ, a chyfleu profiad trwy gyfeiriadaeth Feiblaidd, rhanna'r ddawn sydd gan Fyrsil ac Ezra Pound. Yn ôl y rhai a wrandawodd arno, er hynny, effaith arhosol y ddarlith oedd ei diwedd, pan ddyfynnodd Lewis 'Rhyfedd, rhyfedd gan angylion'. Petai wedi dyfynnu'r saith pennill bob yn ail â thrafodaeth arnynt, diau y cofid am y ddarlith fel ymdriniaeth ddyfeisgar, nodweddiadol o ddisglair, eithr trwy ildio llais y dehonglydd i lais yr emynyddes, a dyfynnu'r emyn yn ei gyfanrwydd heb fwlch, creodd rywbeth tebyg i ddiwygiad ymhlith ei gynulleidfa.[24]

Mewn llythyr fis wedi hynny, ceisiodd egluro'i deimladau a'i amcan:

> Ffoi am fy mywyd a wnes i o'r Drenewydd ar ôl fy narlith. Ni fedrwn siarad gyda neb. Oblegid fy mod i'n dehongli emynau Ann Griffiths, y mae pobl yn priodoli i mi y profiadau piau hi; mae'r peth yn fy ngwneud i'n annifyr i'r eithaf.

Yr oedd y ddarlith wedi methu, i'w dyb ef, am na fynnai ei gynulleidfa dderbyn cynsail y ddadl fod llinyn meddwl cysylltiol yn y canu, neu am fod y deunydd dan sylw mor wydn yn y dychymyg poblogaidd fel na ellid synio amdano'n wahanol. Yr oedd stamp gwahanol ar Gristnogaeth Lewis ei hun:

> A rhoi'r peth yn gryno: addoliad yw hanfod crefydd, ac felly y mae agwedd meddwl Ann Griffiths yn safon ac yn batrwm o'r peth. Ond yn y traddodiad ymneilltuol Gymreig [*sic*] a Chymraeg y mae teimladrwydd hyfryd a serchus a chynnes a'r syniad fod yr Anweledig yn frawd hynaf agos-atoch a chlyd – mae'r ysbryd di-ddogma yna yn codi arswyd a chyfog arna' i.

Beth bynnag, ychwanegodd, cynigiai ei ddrama fer *Yn y Trên* 'gywirach' darlun o'i '[g]yflwr' na'r ddarlith.[25]

Darlledwyd *Yn y Trên* yn ddrama radio gomisiwn hanner awr gan y BBC ar 8 Mai 1965 a chyhoeddwyd fersiwn ohoni yn yr un mis â'r ddarlith.[26] Dau gymeriad sydd ynddi, 'Teithiwr' a 'Gard', ar drên nos rhwng Caerfyrddin ac Aberystwyth, yn y cyfnod wrth i doriadau llym Beeching ar y rheilffyrdd yn nechrau'r 1960au gael eu gweithredu gan gau gorsafoedd gwledig a dileu llwybrau cyfan. Wrth i'r stori fynd rhagddi, try hanes y teithiwr di-docyn a'r gard a fyn iddo dalu yn ddameg ar oferedd disynnwyr byw, nes i'r teithiwr ei daflu ei hun trwy ffenestr y cerbyd. Gan fod Lewis yn cyfosod y ddarlith a'r ddrama, ni waeth dilyn yr un trywydd, ond inni wneud hynny yn ochelgar. Os cyfyngwn ein sylw i'r cyferbyniadau rhwng ffydd ac amheuaeth, diben ac anhrefn, 'adnabyddiaeth', chwedl Ann Griffiths, ac anobaith gorffwyll, mae'n gwestiwn a ddysgwn lawer am 'gyflwr' Lewis y gellir ymddiried ynddo. Ceir perygl y bydd symbolaeth anghynnil y trên, y cledrau chwilfriw, y gorsafoedd caeedig, y cerbyd tywyll a'r cortyn rhybudd wedi torri yn ein hudo i chwarae gemau labelu simplistig ar fywyd ei hawdur gan ailadrodd amrywiad ar gam gwag cynulleidfa'r Drenewydd a dybiai glywed *apologia* yn y sylwadau ar Ann Griffiths. Ymdebygai Lewis i'r emynyddes o Ddolwar i'r graddau pwysig hyn: 'crefydd esthetig' oedd ei grefydd yntau, yn yr un modd ag yr oedd ei wleidyddiaeth yn wleidyddiaeth esthetig. Dibynnai'r ddeubeth ar gyfannu paradocsau ymddangosiadol. Yn ei wleidyddiaeth, fel y gwelwyd, y paradocs yw fod methiant ac amhoblogrwydd yn

cyfiawnhau'r safiad; yn ei grefydd, ceir paradocs cyfatebol rhwng ffydd
ac amheuaeth:

> . . . gwyn ei fyd y Cristion y mae credu holl Gredo Nicea yn hawdd a
> sicr a diysgog iddo. Ni bûm erioed yn un o'r fath. Rydw i'n cario baich
> o amheuaeth ac o dywyllwch drwy fy oes, yn rhan annatod o'm ffydd
> a'm gobaith, ond gyda hynny yn aros gyda'm dewis a cheisio gwneud
> y pethau sy raid.[27]

Os dymunir canfod arwyddocâd bywgraffyddol y ddrama mewn
cyferbyniad, mwy buddiol, efallai, fyddai craffu ar y cyferbyniad o ran
genre rhwng y feirniadaeth loyw a'r gwaith creadigol. Nid hwn, cofier,
oedd y tro cyntaf i Lewis draethu ar hunanladdiad. Adlais yw'r tyndra a
welir rhwng y ddarlith a'r ddrama o'r chwarae mig a welwyd eisoes
rhwng ei 'Efrydwyr a'r Offeren' i *Efrydiau Catholig* a symbolaeth
lawdrwm braidd y llaswyr a'r delwau yn *Gymerwch Chi Sigaret?* yn
1955. Yr unig beth pendant a ddywed *Yn y Trên* am Lewis yw fod ei
reddf yn gofyn hunanladdiad ganddo yn y ddrama tra mynnai ei ffydd
gasglu ei bod '[y]n bosibl fod Duw' yn ei lith i fyfyrwyr. Mae ei eiriau
am y ddarlith ar Ann Griffiths yr un mor berthnasol i'r ddrama: 'Mi
fedraf ddeall, mi fedraf ddehongli, ond nid fi piau'r pethau.'[28]
   Yr ocdd Cymru, ar ei waethaf, yn araf fynd yn lle dieithr i Lewis
erbyn canol y 1960au. Gwelsai'r deng mlynedd rhwng 'Efrydwyr a'r
Offeren' ac *Yn y Trên* 'chwyldro trychinebus'[29] colli'r offeren Ladin – yr
unig beth na châi'n 'ddiflas' yn yr Eglwys Gatholig[30] – yn sgil Ail
Gyngor y Fatican, ei ymddeoliad ei hun, marw cyfeillion, tranc *Efrydiau
Catholig*, cystudd ei chwaer-yng-nghyfraith, Kate Roberts yn ildio'r
Faner i berchnogion newydd, gwarth Tryweryn a threigl anorfod amser
a olygai nad oedd neb dan yr hanner cant oed bellach a gadwai gof
oedolyn am Benyberth. Daethai, meddai, yn 'hen ŵr yn griddfan fel
megin gof dan asthma bob nos . . . Fel yna y byddaf farw – liw nos'.[31]
Yr oedd arwydd gweladwy hefyd. Gellir dyddio llythyrau a llawysgrifau
Lewis cyn ac ar ôl 1966 gyda manylder paleograffig trwy sylwi ar y
llawysgrifen fawr, gynyddol flêr sy'n ei nodweddu wrth i henaint ac
anhwylder dynhau eu gafael. Eto, y ddadl gryfaf yn erbyn dehongliad
nihilistaidd ar fywyd Lewis oedd ei weithgarwch cyfyngedig ond cyson

yn ystod y flwyddyn ar ôl cyhoeddi ei ddrama. Er i'r golofn lenyddol i'r *Western Mail* ddod i ben yn unol â'r trefniant ym Medi 1965, ni fu pall ar y mân adolygiadau Cymraeg i'r papur gydol y flwyddyn i ddod: 16 o gyfraniadau i gyd, hyd yn oed yn sgil salwch ym Mai a'i cadwodd yn yr ysbyty am bron fis. 'It was asthma and nearly finished me.'[32] Parodd ei anhwylder iddo golli Gŵyl Saunders Lewis yng Ngarthewin rhwng 12 ac 16 Gorffennaf, lle llwyfannwyd dau berfformiad o *Amlyn ac Amig* ynghyd ag un act o *Gwaed yr Uchelwyr* gan Chwaraewyr Garthewin ac un perfformiad o *Siwan* gan Gwmni Cymdeithas Ddrama Theatr Fach Llangefni, gyda darlith gan Dafydd Glyn Jones, 'Dramâu Saunders Lewis', i gloi. Hwn fyddai ymwneud olaf Lewis â'r ŵyl, a ddaeth i ben ddwy flynedd yn ddiweddarach. Ei gyflawniad mwyaf, er hynny, oedd drama newydd – a gychwynnodd ym mis Ionawr – sydd yn ei ffordd ei hun yn parhau â themâu *Yn y Trên*. 'Ei theitl hi yw *Cymru Fydd*,' ysgrifennodd at D. J. Williams, 'ac felly wrth gwrs nid comedi mohoni.'[33] Yr oedd wedi 'meddwl o ddifri am sgrifennu pamffled i drafod dyfodol y Blaid' yr hydref cynt,[34] ac efallai mai sgil-gynnyrch y bwriad hwnnw nas gwireddwyd oedd y ddrama, oherwydd tyfodd yn gyflym o syniad a oedd eisoes wedi ymwreiddio cyn i'r comisiwn ddod am ddrama ar gyfer Eisteddfod y Bala 1967. Fe'i cwblhawyd ym Medi 1966.

Drama gyfoes ei thestun, feiddgar ei hymdriniaeth ond cwbl draddodiadol Saundersaidd ei thechneg theatraidd yw *Cymru Fydd*. Yn yr ymwneud rhwng Bet a Dewi tynnodd ar 'yr ethos a ddiffiniwyd unwaith ac am byth yn *Gwaed yr Uchelwyr*',[35] sef mai hanfod drama yw gwrthdrawiad gwerthoedd antur a sefydlogrwydd. Yr hyn a wna Dewi'n gymeriad yn olyniaeth Amlyn rhagor y Teithiwr sy'n wynebu'r un dynged yw presenoldeb Bet fel carreg ateb. Gwers baradocsaidd llunio *Cymru Fydd* ar sodlau *Yn y Trên* oedd fod rhaid wrth drefn er mwyn cyfleu gwacter ystyr.

Tra gweithiai Lewis ar ei ddarlun du o Gymru daeth digwyddiad i gyffroi cenedlaetholdeb mewn modd tebyg i'r Tân yn Llŷn ddeng mlynedd ar hugain ynghynt. Cipiodd Gwynfor Evans sedd Caerfyrddin dros Blaid Cymru mewn isetholiad ar 14 Gorffennaf 1966 – y fuddugoliaeth seneddol gyntaf yn hanes y blaid. Boed drwy ddiplomyddiaeth, diniweidrwydd neu ddallineb ewyllysiol, mynnodd D. J. Williams ddehongli'r canlyniad fel iawn am ddiswyddo Lewis gan Goleg Abertawe yn 1937 a 'brad' etholwyr Prifysgol Cymru chwe blynedd wedi hynny:

> . . . llawenydd yw gwybod fod yna dorf gynyddol bellach o bobl, hen, ac ifainc yn arbennig, sy'n synhwyro maint y pris y rhaid ei dalu eto, cyn clirio'r malltod hwn, yn derfynol, o enaid y genedl – dilynwyr Gwynfor Evans, yn llaw Rhagluniaeth, yn cyflawni gweledigaeth gynnar Saunders Lewis o Gymru Rydd, a hynny ar hyd ffordd nas gwelai ef, na neb arall ar y pryd.[36]

Nid felly Lewis ei hun. Yr oedd wedi bod yn ddilornus o'r ymgyrch yn Sir Gaerfyrddin o'r cychwyn, gan gasglu bod Plaid Cymru naill ai'n trin gwleidyddiaeth fel '*hobi*' neu ynteu'n 'blentynnaidd ddiniwed' os credai y gallai gyrraedd ei nod trwy berswâd yn unig.[37] Arwydd oedd camp annisgwyl ei olynydd yn y llywyddiaeth fod gafael yr hynafgwr ar ddychymyg y blaid a sefydlodd ar ben. Gyrrodd deligram graslon at y buddugwr yn ei longyfarch ac yn diolch iddo, ac erbyn Medi fe'i cyhoeddodd ei hun 'yn llawen iawn' â gorchest Gwynfor, '[y]n bennaf er ei fwyn ei hunan, mae o wedi cael ad-daliad am ei flynyddoedd hir o lafur, ac wedi cael profi buddugoliaeth am dro'. Ond daliai'n anedifar, fel y gwnaethai ddeunaw mis cyn hynny ar dudalennau *Barn*, nad cychwyn dyddiau gwell oedd llwyddiant etholiadol:

> . . . ni ddaw senedd i Gymru drwy Senedd Loegr. Petai pob etholaeth Gymreig yn mynd i Blaid Cymru, nid drwy hynny y deuai hunan-lywodraeth ond yn unig drwy wneud llywodraethu o Lundain yn amhosibl. Y mae dysgu mai dulliau cyfansoddiadol sy'n mynd i ennill yn chwarae'n syth i ddwylo llywodraeth Loegr.

Unig obaith y genedl, ychwanegodd, oedd 'bechgyn a merched' Cymdeithas yr Iaith, 'yn adeiladu Cymreigrwydd yn arf yn erbyn gwasanaeth suful Lloegr, yn codi mur Cymreig'. Gwyddai ei fod yn mynd yn ailadroddus. Yr oedd blinder yn y sylw clo, ac adduned a waeddai am gael ei gwrth-droi: 'Nid af i sgrifennu'r pethau hyn. Nid yw'n debyg y sgrifennaf ddim rhagor am wleidyddiaeth'.[38]

Cadwodd ei addewid am gwta wyth wythnos. Mewn cyfweliad gyda William Ricketts ymhell cyn diwedd y flwyddyn cyhoeddodd mai '[t]he best political weapon that Wales has is its language and this is the clue to its history', mynegodd 'complete approval and sympathy' gyda dulliau Cymdeithas yr Iaith, galwodd am ymchwiliad seneddol i'r dedfrydau a osodwyd ar ei haelodau yn y llysoedd a datganodd na lwyddodd 'persuasion and reason' i ennill hawliau i unrhyw leiafrif erioed mewn hanes. Ergyd ddiamheuol iddo, er hynny, oedd darllen sylwadau rhagarweiniol yr adroddiad a ddaliai am Lewis 'it is now comparatively rare for his name to be seen or heard'.[39]

Disgrifiodd Lewis ei hun ar drothwy 1967 fel 'hen ŵr chwerw a sursiomedig', yn synio am Blaid Cymru fel 'rhyw blaid Sosialaidd gyda chwt o bolisi Cymreig'.[40] Nid yr un oedd y blaid, efallai, ac nid yr un, yn sicr, oedd ei pherfformiad. Ar 9 Mawrth daeth o fewn 2,306 o bleidleisiau i gipio sedd Gorllewin y Rhondda gan y Blaid Lafur, gyda chynnydd o 31% yn ei phleidlais yn ystod y flwyddyn oddi ar yr etholiad cyffredinol. Rhaid oedd i'r gŵr a oedd 'wedi ryw [sic] ailsefydlu y syniad . . . o anrhydedd fel cymhelliad ym mywyd gwleidyddol Cymru', fel y dywedodd Dafydd Glyn Jones yr haf hwnnw,[41] fyw gyda'r canfyddiad bod ymgyrchu effeithiol yn drech nag unplygrwydd fel erfyn etholiadol.

Arhosai un cwr o'i fywyd na allai mympwyon na'r awch byrdymor am boblogrwydd mo'i gyffwrdd: beirniadaeth ar y clasuron Cymraeg. Ar ddiwedd 'pleser deallol ysblennydd' y broses feirniadol – y canfod, y treiddio, y gweld, y synnu a'r sgrifennu – meddai Lewis mewn cyfweliad tua diwedd ei oes, 'fe fydd pawb yn cyd-lawenhau â'ch llawenydd chi'.[42] Yn y feirniadaeth ddiweddar hon o'i eiddo, atyniad y testun yw ei fod yn gwarchod ar bapur y synhwyrau y mae'r byd goiawn yn eu difa. Y golwg, er enghraifft, yn ei ymdrin â chywydd am bensaernïaeth abaty: 'Heddiw adfeilion truenus yw holl fynachlogydd Cymru gynt, ond mewn awdl a chywydd y mae'r mawredd a fu i'r adeiladau hyn i'w glywed yn ysblander moliant.'[43] A'r clyw yn ei adolygiad o *Dadeni, Diwygiad a Diwylliant Cymru* Glanmor Williams yn yr un flwyddyn, sef pedwar canmlwyddiant *Testament Newydd* Salesbury a *Gramadeg* Gruffydd Robert, lle myn fod dadrithiad llenorion cyfnod y Dadeni â'r gagendor rhwng uchelgais a chyflawniad yn atseinio trwy eu gwaith: 'I'r neb sydd ganddo glust y mae sŵn ebwch o grïo i'w ddal yn y cyffesion o Salesbury hyd Thomas Wiliems. Fe wybu'r gwŷr hyn am eu methiant ac am fethiant eu gwlad. Trasiedi chwerw yw Cymru.'[44]

Yr oedd Lewis wedi gobeithio cyhoeddi *Excelsior, Problemau Prifysgol* a *Cymru Fydd* yn un gyfrol, 'gan eu bod yn trafod Cymru heddiw ac yn cloi fy ngwaith dramayddol'.[45] Eto, er gwaethaf mygfa a'i gwnâi'n anodd iddo weithio gyda'r nos yn ôl ei arfer, erbyn diwedd 1967 yr oedd 'eisoes yn darllen ar gyfer drama arall sy'n troi yn fy meddwl ers tro'.[46] Dathlodd y Nadolig 'ar ganol gwaith go gynhyrfus' gyda'r ddrama arfaethedig.[47] Mae'n rhaid mai gwaith i'r llwyfan oedd hwn, oherwydd ysgrifennodd at gyfarwyddwr *Cymru Fydd* yn y Bala i gynnig drama iddo gan ei hysbysu ei fod 'eisoes yn ei throi hi drosodd, megis, yn fy meddwl' er y cymerai 'ragor na blwyddyn i'w sgrifennu'.[48] Eto i gyd, drama radio a ddaeth nesaf, *Y Cyrnol Chabert*, y cwblhawyd y ddrafft gyntaf ohoni yn ystod haf 1968 ac a ddarlledwyd gan y BBC ar 19 Hydref yr un flwyddyn, bedwar diwrnod ar ôl pen blwydd Lewis yn 75 oed. Sylfaen y ddrama oedd nofelig *La Transaction* o waith Balzac ond gwahanol, fel yr awgryma teitlau'r ddau ddarn o waith, oedd pwyslais y Cymro rhagor y Ffrancwr. Yn Balzac, mae'r pwyslais ar y fargen a drewir rhwng milwr, Chabert, sy'n dychwelyd o'r fyddin flynyddoedd ar ôl diwedd rhyfel lle tybid ei fod wedi marw, a'i wraig sydd wedi etifeddu ei eiddo ac wedi ailbriodi. Yn nwylo Lewis, y milwr yw'r canolbwynt: yr henwr creithiog a gollodd ei swyddogaeth mewn bywyd ac a ddewisa orffen ei ddyddiau 'yn Stoig di-obaith, di-enw'.[49]

Erbyn i'r ddrama gael ei darlledu, yr oedd enw Saunders Lewis yn amlycach, gellid dadlau, nag y buasai ers dyddiau isetholiad Prifysgol Cymru. Ym mis Gorffennaf, ar aelwyd D. J. Williams yn Abergwaun, daeth tri gwron Penyberth at ei gilydd am y tro cyntaf ers cyfarfod croeso mawreddog Caernarfon dros 30 mlynedd ynghynt, a chael tynnu eu llun fel y'i tynnwyd ym mhoethder yr ymgyrch. Rhwng 6 ac 8 Medi cynhaliodd Cyngor Celfyddydau Gogledd Cymru ysgol breswyl yng Ngregynog i drafod ei waith fel dramodydd, bardd, beirniad ac awdur politicaidd, ysgol a fynychwyd gan Lewis ei hun. Yn ôl ei arfer, teimlai, meddai, 'yn ddig wrthyf fy hun' am fod wedi cytuno i'r gwahoddiad: 'Gorfod gwrando ar bum darlith arnaf i fy hun!'[50] Y cynllun gwreiddiol, fe ymddengys, oedd trefnu actio darnau o'r dramâu, ond yn y pen draw, cafwyd yn lle hynny ddarlleniad gan Lewis ei hun o *Y Cyrnol Chabert* ynghyd â chyfraniadau gan Dafydd Glyn Jones, Bruce Griffiths a Glanffrwd James.

Ffrwyth y penwythnos oedd *Presenting Saunders Lewis*, a luniwyd, yng ngeiriau'r golygyddion, yn y gobaith o ennill 'proper recognition for this remarkable man' y tu hwnt i Gymru, yn groes, fel y gellid disgwyl, i ddymuniadau ei wrthrych, a'i hystyriai yn 'improper' iddo weld y cyhoeddiad ymlaen llaw.[51] Nododd Dafydd Glyn Jones yn ei ysgrif ar wleidyddiaeth Lewis mai bai mwyaf ei athrawiaeth oedd ei 'neatness . . . the end product has about it an aesthetic perfection that does not accommodate itself easily to actuality. It excludes too many possibilities and dismisses plain and obvious facts when they do not fit in with the theory.'[52] Y ffaith fawr ac amlwg y dewisodd Lewis ei hanwybyddu yn 1968 oedd llwyddiant cymharol dulliau cyfansoddiadol Plaid Cymru yn y cyfnod wedi isetholiad Caerfyrddin: cynnydd o 200% yn ei haelodaeth a chanlyniadau ysgubol yng nghadarnleoedd traddodiadol y Blaid Lafur yng Ngorllewin y Rhondda a Chaerffili. Gwelodd mis Hydref gyrch arall eto ganddo ar blaid a aethai'n estron ganddo. Ei darged y tro hwn oedd datganiad ganddi yn amlinellu ei rhaglen am hunanlywodraeth. Y cam cyntaf, meddai'r datganiad, fyddai ennill mwyafrif o blith ASau Cymru yn Nhŷ'r Cyffredin a chyflwyno mesur yn pwyso am ddeddf. Yn wyneb y fath gynllun byddai dulliau treisgar yn niweidiol ac yn wrthgynhyrchiol. Fel y gwnaethai yn *Tynged yr Iaith*, ymatebodd Lewis ar sail 'dyletswydd' fod y Blaid '[y]n byw mewn breuddwydion afreal, plentynnaidd, amholiticaidd'. Cam gwag, barnodd, oedd ymwrthod â dulliau anghyfansoddiadol:

> Os yw Plaid Cymru'n cyhoeddi hyn i'r byd, ac i Lywodraeth Loegr yn anad neb, yna'r canlyniad anorfod yw na cheir fyth, fyth hunan-lywodraeth i Gymru. Y mae'r Blaid felly'n ymrwymo i fynd yn noeth a di-arfau a di-help i Dŷ'r Cyffredin a dwy blaid fawr Seisnig yno'n unfryd ar gadw, doed a ddelo, Act Uno Cymru a Lloegr yn ffaith annileadwy ar lyfrau statud Prydain Fawr . . . Ond at hynny byddai

datganiad Plaid Cymru mai trwy foddion cyfansoddiadol yn unig y
ceisiai hi ei hamcan, yn rhoi i'r ddwy blaid Seisnig ac i ddau Dŷ'r
Senedd y cysur dihafal a'r sicrwydd boddhaol na fyddai deg ar hugain
o aelodau Plaid Cymru yn y Tŷ ddim yn menu fwy ar eu polisi na'r un
aelod o Blaid Cymru sydd yno yn awr. Byddai diffrwythdra seithug y
Blaid yn y Tŷ a'i pharchedig ofn o 'gyfansoddiad' Lloegr yn arwain yn
dawel i'w difodiant hi.

Ei ateb yntau oedd '[c]yfuno moddion cyfansoddiadol a moddion
anghyfansoddiadol'. Yr oedd i ddulliau cyfansoddiadol 'ran fawr,
anhepgor, sylfaenol yn y gwaith', ond rhaid oedd eu hategu â'r
parodrwydd i aelodau seneddol y Blaid ymwrthod â'r Senedd a
'dychwelyd i Gymru i alw cynhadledd o aelodau seneddol ac o
awdurdodau lleol Cymru i sefydlu senedd a llywodraeth yn ninas
Caerdydd gydag awdurdod gweinyddol a threthol'. Arweiniai at anhrefn
a 'chwyldro', bid sicr – 'Chwyldro yw sefydlu llywodraeth a senedd i
Gymru' – ond gwell hynny na 'hunan-dwyll' ac 'anwiredd' y dulliau a
argymhellwyd.[53]

Ni ddywedodd ddim ar goedd nad oedd eisoes wedi'i ddweud yn
ddigon plaen wrth D. J. Williams ar lythyr;[54] eto, yn nyddiau amwys
1968, a'r Blaid ag un aelod seneddol ac wedi bygwth mwyafrifoedd
Llafur mawr yn y de diwydiannol, nid oedd y feirniadaeth ar Lewis o du
cenedlaetholwyr pwyllog yn annisgwyl. Cyhoeddodd 'Daniel' yn *Y
Faner* fod yr erthygl yn dystiolaeth glir pam y bu Plaid Cymru 'mor
druenus o aflwyddiannus' dan ei arweiniad. 'Y "breuddwyd afreal" a
wnaeth fwyaf o niwed i Gymru yn ystod yr hanner canrif ddiwethaf
ydyw'r gred bod Saunders Lewis yn arweinydd gwleidyddol
Cymreig.'[55] Ceisiodd Gareth Evans danseilio'r ddadl mewn modd mwy
cynnil. Taflodd i wyneb Lewis ei eiriau ei hun o flaen brawdlys
Caernarfon adeg Penyberth am y genedl Gymreig yn ennill ei rhyddid
'without resort to violence or to physical force', cyn casglu ei fod wedi
consurio 'awyrgylch afreal, ffantastig' ar sail camymresymu: 'Gwendid
mawr ymdriniaeth Mr Lewis, ac y mae i mi yn nodweddiadol o'i
ysgrifennu politicaidd, yw ei fod o hyd yn chwarae'r *"end-game"*, os caf
i ddefnyddio cymhariaeth o fyd *chess*.' Ei ddadl oedd fod synio am
wleidydda fel gwyddbwyll yn rhagdybio pen draw mewn gwrthdaro dau

rym gwrthgyferbyniol. Efallai fod modd cyrraedd y nod trwy gydsyniad a chyfaddawd:

> Sut y gŵyr Mr Lewis na ellir sefydlu llywodraeth yng Nghymru'n gyfansoddiadol? O hanes ac o brofiad, medd ef. Dwli, meddaf i. Nid dyna'r math o beth yw hanes. Mewn un ffordd yn unig y gellir cael gwybod. Trwy geisio'r ffordd gyfansoddiadol a gweld beth a ddigwydd.[56]

Ensyniodd cyfrannwr arall i'r drafodaeth gymhellion llai anrhydeddus y tu ôl i eiriau Lewis:

> Fe ŵyr Mr Lewis na ellir caniatáu i'w ddadleuon newid y polisi swyddogol sy'n gynwysedig yn y datganiad a feirniadwyd ganddo . . . Yr unig ganlyniad posibl, felly, yw ymrannu, ac y mae ymrannu yn golygu dinistrio. Ond y mae'n amhosibl credu y byddai Saunders Lewis, o bawb, a wnaeth gymaint i adeiladu'r Blaid, yn chwennych ei dinistrio.[57]

Tybed? O gofio'r ffin denau rhwng difrifoldeb a diawledigrwydd ym mhersona cyhoeddus Lewis o ddyddiau ei alwad am i Gymry ifanc ymffurfio'n fyddin i ddrilio gydag arfau pren, efallai mai camgymeriad cyffredin pob un a'i beirniadai oedd methu didoli symbyliad ac effaith ei eiriau. Gwyddai Lewis cystal â neb mai dadl ofer oedd hi o'r ddeutu: yr oedd y Blaid yr un mor debygol o ennill mwyafrif o seddau Cymru yn San Steffan ag ydoedd Gwynfor Evans o gyhoeddi senedd yng Nghaerdydd a wynebu'r canlyniadau. Nid ar dir ymarferoldeb y dadleuai Lewis ond ar dir rhesymeg fewnol sefyllfa ddamcaniaethol. Perthyn ei ddadl yn nes i ysbryd dadleuon Blodeuwedd, Amlyn, y Teithiwr ar y trên a'r Cyrnol Chabert a gyfyd o farw'n fyw, nag i ddim yn y byd go-iawn. Chwarae deallusol yw'r cyfan – chwarae chwerw, ie, chwarae'n codi o ddicter, ond chwarae er hynny.

Byddai'r rhai a ddarllenodd sylwadau Lewis a'r ymateb iddynt wedi gwneud hynny yng nghyd-destun ehangach a mwy cyhoeddus ei sgwrs deledu gyda Meirion Edwards ar y BBC ar 17 Hydref, ddeuddydd ar ôl ei ben-blwydd yn 75 oed, sy'n dangos y chwaraegarwch ar ei eithaf. 'Os teledir ef,' ysgrifennodd Lewis yn sgil ei recordio yn Llandaf ar 9 Awst, 'bydd yn ddifyr gweld a fydd y Blaid yn fy niarddel'.[58]

Hawdd deall disgwylgarwch Lewis, oherwydd truth oedd y cyfweliad yn erbyn gwleidyddiaeth ymarferol o unrhyw fath. Yn *Barn* yr Hydref hwnnw yr oedd Lewis wedi amlinellu rhaglen i ennill hunanlywodraeth; yn y cyfweliad teledu, amheuodd – fel y gwnaethai yn *Tynged yr Iaith* – a oedd hunanlywodraeth yn werth ei chael, gan ddefnyddio dadl ac ynddi fwy nag adlais o ysbryd y 'Llythyr ynghylch Catholigiaeth' ddeugain mlynedd ynghynt:

> Peth drwg ydy pob llywodraeth. Pechod ydy achos llywodraeth. Petai dynion yn berffaith fydde dim llywodraeth. Ac felly cyfrwng ydy llywodraeth, peiriant ar y gorau. Dydy llywodraeth ddim yn creu dim, dim ond trefnu pethau. Ond y pethau sy'n creu cenedl, [y] rheini ydy'r pethau hanfodol. 'Does dim eisiau llywodraeth lle nad oes creadigaeth i'w chynnal. Yr angen am gynnal pethau da sydd wedi'u hetifeddu ydy raison d'être – y rheswm am fodolaeth unrhyw lywodraeth. Ac felly os ydych chi'n colli hanfodion y genedl, a[c] rwy'n cyfri'r iaith yn un o hanfodion y genedl, os ydych chi'n colli hynny, wela i ddim rheswm dros hunan-lywodraeth.

Pan ofynnwyd iddo tybed a oedd yr iaith 'yn ddigon diriaethol' i fod yn ffocws, atebodd nad oedd. Haws a mwy poblogaidd oedd gwneud codi safon byw yn nod gwleidyddiaeth. Ond nid cynnig rhywbeth poblogaidd oedd y nod, eithr cyflawni dyletswydd ysbrydol:

> Edrychwch chi ar fywyd heddiw – yn Lloegr, yng Nghymru, mae'n debyg iawn fod safon byw y werin bobl yn uwch nag y bu erioed. Ond mae safon hunan-barch a moesoldeb a chwrteisi a chelfyddyd a'r pethau ysbrydol i gyd yn mynd [i] lawr yn arw. Yn awr, os ydych chi'n mynd i ddweud wrth Gymru fod ganddi iaith sy'n hanfod ei chenedlaetholdeb hi, ac yn rhywbeth y mae'n rhaid iddi frwydro i'w gadw i'r cenedlaethau sy'n mynd i ddŵad, os ydych chi'n mynd i wneud hynny, rydych yn gofyn i bobl wneud rhywbeth hollol ysbrydol.

Mewn cyfweliad sy'n nodedig am ei gymysgedd o eithafiaeth a chymrodedd, cytunodd â Meirion Edwards eto pan awgrymodd hwnnw nad oedd cyflwr ysbrydol Cymru'n aeddfed i apêl o'r fath, a chydnabu fod yr iaith yn amherthnasol i'r rhan fwyaf o'i thrigolion. Cydwelodd ag awgrym pellach Meirion Edwards nad oedd yn sicr a oedd Cymry di-Gymraeg y cymoedd diwydiannol 'yn ddigon agos at eu hanes nhw eu hunain' i allu bod yn ffyddiog o adfer yr iaith yn eu plith. Y pwynt, er hynny, oedd mentro credu. Ac am y dulliau:

> 'Rydw i'n credu'n bersonol fod trais gofalus, ystyriol, cyhoeddus, yn arf angenrheidiol yn aml i fudiadau cenedlaethol. Yn angenrheidiol i amddiffyn tir, i amddiffyn dyffrynnoedd Cymru rhag eu treisio'n gwbl anghyfreithlon gan lywodraeth a chan gorfforaethau mawrion yn Lloegr . . . Dydi'r ffaith eu bod nhw wedi'u penderfynu gan Senedd Loegr ddim yn rhoi dim hawl moesol iddyn nhw. Ac felly, 'rydw i'n credu bod unrhyw ddull sydd yn rhwystro y treisio anghyfrifol yna gan gorfforaethau yn Lloegr ar ddaear Cymru, yn gwbl gyfiawn.

Gwnaeth yn ysgafn o draddodiad heddychol Cymru. Dangosai hanes datodiad yr Ymerodraeth Brydeinig, meddai, mai trais oedd yr unig erfyn gwirioneddol effeithiol:

> Iaith y mae Llywodraeth Loegr yn 'i deall ydy trais. 'Dydy hi'n deall dim iaith arall, 'dydy hi'n deall dim apêl foesol, 'dydy hi'n deall dim apêl at reswm, at gyfiawnder, at hawliau dyn, ond mae hi'n cynddeiriogi, yn carcharu, yn dial, ac wedyn yn parchu ac yn ysgwyd llaw â threiswyr. Treiswyr sydd yn 'i chipio hi . . . Ac mi ddwedwn i fod unrhyw fudiad cenedlaethol sydd yn dweud nad ydy trais ddim i'w gydnabod am eiliad yn bosibilrwydd i'r mudiad hwnnw, bod y mudiad hwnnw'n cyhoeddi i Lywodraeth Loegr 'dydyn ni ddim o ddifri, gwnewch fel y mynnoch chi â ni. Rydyn ni'n siarad ond dydyn ni ddim o ddifri.'[59]

Llawenhaodd colofnydd 'Led-led Cymru' yn *Y Faner* wrth weld Lewis 'yn edrych mor hoyw ac yn glynu wrth yr egwyddorion y bu'n eu harddel er pan sefydlodd Blaid Genedlaethol Cymru ym 1925 . . . Da oedd gwaith Saunders Lewis yn ein hatgoffa fod y ffordd i ryddid yn un greulon ac anodd.'[60] Ysgogodd geiriau Lewis feddyliau cyferbyniol gan wyliwr arall: 'Meddwl fel yr oedd datganiadau a barnau Mr Lewis yn dal yn gadarn Dridegol yn eu anhyblygrwydd [*sic*] a meddwl tybed pa mor ddieithr y swnient i'r rhai a anwyd yng Nghymru ar ôl 1945.'[61]

Cydsyniodd 'Sbardun' yn *Y Cymro*. Amlygai Lewis, ysgrifennodd hwnnw, 'ddallineb gwleidyddol o'r radd flaenaf' ar yr union adeg pan fyddai'n ddoethach tewi: 'Nod pawb a gâr Gymru yw sicrhau ymreolaeth buan trwy ddulliau cyfansoddiadol. Ni all Saundersiaeth ond bod yn ergyd farwol i hynny.'[62]

Yr oedd nod Lewis yn ei berthynas â Phlaid Cymru, 'i geisio o leiaf ei dwrdio hi'n ôl i'r hen lwybrau',[63] yn hysbys ddigon, a pholisi'r blaid oedd ei anwybyddu, ond prin y gwyddai hyd yn oed y llymaf o blith beirniaid Lewis, efallai, pa mor bell y teimlai'n barod i fynd. Yr oedd wedi cyfansoddi ysgrif i rifyn Gorffennaf 1968 o *Barn* y gellir ei darllen fel cymar i'r cyfweliad, ond fe'i gwrthodwyd gan y golygydd, Alwyn D. Rees. Fe'i gyrrwyd wedi hynny i'r *Faner*, ond pan ofynnodd Gwilym R. Jones am gyfieithiad Saesneg er mwyn ceisio barn cyfreithiwr arni, nogiodd Lewis. Arhosodd yr ysgrif heb ei chyhoeddi hyd naw mlynedd wedi marw ei hawdur.

Y cyd-destun oedd ffrwydradau'r flwyddyn honno i atal codi cronfa ddŵr yn Sir Drefaldwyn. Clodforodd Lewis 'yr ysbryd tra chyfrifol a ddangoswyd . . . y gofal dros fywydau dynion . . . y penderfyniad i daro yn erbyn eiddo anghyfiawn llywodraeth Loegr', a beirniadodd lugoerni Plaid Cymru ar y mater: 'dim ewyllys i wrthsefyll . . . ond crio a phrotestio a bodloni . . . Os dyna yw cenedlaetholdeb Cymreig, mae ar gorfforaethau Lerpwl a Birmingham wanc anniwall am lawer rhagor ohono':

> Bu gennyf innau ryw gyfran yng nghychwyn ac yn nhwf Plaid Cymru. Mae hi heddiw, yn wyneb yr her newydd hon, yn argyfwng ar Gymru oll. Yr wyf am ddweud fy argyhoeddiad mai ar drais yn unig y gwrendy Llywodraeth Loegr a chyrff cyhoeddus Lloegr, nad oes dim modd amddiffyn cwm Dulas ond trwy ryw ffurf ar drais, trwy addo trais a mentro trais. Ac mi ddaliaf nad oes gan neb hawl i'r enw Plaid Cymru os nad yw'n cefnogi trais cyfrifol ac ystyriol yn ateb i ormes ac anghyfiawnderau.[64]

Nid dyna ddiwedd y feirniadaeth chwaith. Yn ei sêl dros rai o gyffelyb anian, ac yn ei ddirmyg cynyddol o'r blaid barchus na allai na'i harddel na chefnu arni'n derfynol chwaith, cafodd Lewis ei hun erbyn 1969 mewn cwmni brith. Yr oedd Byddin Rhyddid Cymru, neu'r FWA, wedi dod i amlygrwydd gyntaf ar gyrion diweddglo prudd hanes Tryweryn, ym misoedd olaf 1964, ond cyfyngwyd ei gweithgarwch bryd hynny i baentio priflythrennau ei henw ei hun ar waliau cefn gwlad, gorymdeithio mewn arfwisgoedd amryfath a sbectolau tywyll a sibrwd am weithredu torcyfraith yn erbyn awdurdodau Lloegr ac yn erbyn protestiadau heddychlon Plaid Cymru ei hun. Erbyn diwedd 1965 câi'r mudiad lliwgar, ecsentrig a chynyddol filwriaethus sylw yn y wasg a fygythiai hygrededd deallusol – ac etholiadol – cenedlaetholdeb mwy uniongred. Er i fuddugoliaeth Gwynfor Evans yn isetholiad Caerfyrddin roi taw arni dros dro, daeth i sylw eto yn niwedd haf 1966 a châi'r blaid drafferth am weddill y degawd i osgoi cymysgu anwybodus (ac ewyllysiol ar brydiau) yn y cyfryngau rhwng y ddau ddelfryd cwbl wrthgyferbyniol hyn o ryddid Cymru.

Ym mlwyddyn arwisgo Tywysog Cymru, 1969, digwyddodd yr anochel. Arestiwyd naw aelod o'r Fyddin dan Ddeddf Trefn Gyhoeddus 1936 ym mis Mawrth am fod ag arfau yn eu meddiant heb drwydded. Ar ôl prawf yn Abertawe a barodd am 53 diwrnod, ar brynhawn yr Arwisgo ei hun fe'u carcharwyd am gyfnodau yn amrywio o dri i bymtheng mis. Yr oedd awr anterth y criw cymysg hwn o Gymry dosbarth gweithiol, di-Gymraeg gan mwyaf, ar ben.

Yn dilyn y ddedfryd, lleisiodd Lewis ei farn ar yr achos, yr FWA a'r arwyddocâd i Gymru. 'Nonsens', meddai, oedd eu dedfrydu:

> Ni bu erioed y fath beth â 'Free Wales Army'. Hanfod byddin yw ufudd-dod a disgyblaeth ac ymarfer rheolaidd drwy ddrilio. Ni bu byddin. Ni bu drilio. Ni bu ufuddhau i swyddogion. Ni bu swyddogion. Ni bu milwyr preifat. Ni bu unrhyw ddisgyblaeth. Ni bu unrhyw drefniadaeth. Ni bu ond llawer iawn o siarad ffrostgar ac anghyfrifol, llawer iawn o hwyl, a pheth tâl, yn actio o flaen camerâu teledu a newyddiadurwyr o Saeson, a llawer iawn o hwyl yn pryfocio a chythruddo blaenoriaid parchus a heddgeidwadol y mudiad a elwir yn Blaid Cymru . . . Nid wyf yn eu deall. Ond yr wyf yn sicr mai ysbyty ac nid carchar a haeddant.

Cenedlaetholdeb ydoedd heb ddeall na dewrder, nac urddas nac anrhydedd na mawredd na sylfaen ysbrydol; ond cenedlaetholdeb yr un fath. Nid yr hyn a wnaeth y naw o flaen y llys yn Abertawe a'u gwnâi'n bwysig, eithr yr hyn a gynrychiolent. Fe'u cosbwyd am yr union reswm eu bod, yng ngolwg yr awdurdodau, yn genedlaetholwyr:

> Ni bu gen' i fymryn o gydymdeimlad â stranciau Mr Caeo [*sic*] Evans a Mr Coslett hyd at ddiwrnod eu restio. Ond o'r funud y llusgwyd hwy mewn cyffion creulon i'r carchar, fe newidiwyd eu sefyllfa a'u cyflwr yn llwyr . . . Eu carcharu yn wystlon a wnaed, yn wystlon dros unrhyw genedlaetholwyr a wrthwynebai mewn unrhyw fodd yr arwisgo yng Nghaernarfon . . . Gwystlon drosom ni, bob un ohonom, ni sy'n ffieiddio'r arwisgiad ac yn awchus am ddisodli llywodraeth Seisnig ar Gymru. Trosom ni y bu eu poen, trosom ni y mae eu carchar.[65]

Ysgrifennai Lewis ar sail profiad mwy uniongyrchol nag a ddatgelodd yn ei lith. Yr oedd wedi gyrru llythyr byr a chrafog i'r *Times* drannoeth y restio, yn gwawdio'r awdurdodau – 'The world's great age begins anew, the golden years of Empire return'[66] – a theithiodd i Abertawe i wylio dyddiau cynnar yr achos er mwyn dangos ei 'gydymdeimlad', chwedl llythyr at yr unig aelod o Blaid Cymru y gallai ymddiried ynddo:

> Ac y mae'n ffaith na ddaeth na Gwynfor na neb o swyddfa Plaid Cymru ar gyfer [*sic*] y llys yn gywilydd ac yn dangos dellni a thwpdra enbyd. Y mae plismyn Caerdydd yn fwy deallus. Nid FWA yw'r bechgyn hyn iddynt hwy, ond *Welsh Nationalists*. Dyna'r enw a roddant arnynt, ac y mae hynny'n ddigon i mi i roi pob cysur a chalondid a allaf iddynt tra byddant mewn cyffion. Cyn hynny, eu gweld hwy'n benwan a wnawn. Ond y mae'n well gen i fechgyn penwan brwd na chenedlaetholwyr wedi oeri eu gwaed a throi'n fydol ddoeth a pharchus.[67]

Adlais sydd yn y sôn am oeri gwaed, wrth gwrs, o ddigofaint y milwr yn 'Yr Ieuainc wrth yr Hen, 1914-18' W. J. Gruffydd, ond llais barddol digamsyniol arall y ddwy frawddeg glo yw eiddo 'Llygad y Dydd yn Ebrill' Lewis ei hun: 'echdoe dibris y troediwn/a doe gweld'. Ar un wedd, esgus oedd yr FWA i Lewis godi hen grachod, pastwn cyfleus arall – megis bomiau Cwm Dulas, protestiadau Cymdeithas yr Iaith, stranciau Neil Jenkins a'r Gweriniaethwyr – i roi ffonnod i blaid na theimlai ei bod yn llythrennol yn deilwng o'i henw. Eto, synhwyrir bod rhywbeth amgen na chwerwedd yn y meddylfryd – ar ysgrif ac ar lythyr – sy'n tadogi gwerth symbolaidd ar bobl a gâi yn ôl ei gyfaddefiad ei hun yn ffôl o anghyfrifol. Yn oriel gyhoeddus Llys y Goron Abertawe, yn sŵn yr hwtian a'r canu aflafar ar 'Hen Wlad fy Nhadau' gan eu cefnogwyr a'u teuluoedd, profodd Lewis drawsffurfio'r naw yn y doc, megis y blodau gwyn disylw ar lawr y cae, yn rhywbeth mwy na hwy eu hunain, yn 'lovers of Wales', chwedl y barnwr a'u dedfrydodd.[68]

Dymunodd 'Nadolig atgofus' i Kate Roberts fel y tynnodd y flwyddyn tua'i therfyn,[69] ond yr oedd ei olygon yntau eisoes ar fentrau newydd.

Nodiadau

1 LlGC, papurau D. J. Williams, Abergwaun, P2/30 blwch 11. SL at D. J. Williams, 13 Ionawr 1964.
2 'Nodyn ynghylch Diwinyddiaeth', *Barn*, 22 (Awst 1964), 273.
3 Aneirin Talfan Davies, 'Ar Ymyl y Ddalen', *Barn*, 20 (Mehefin 1964), 212.
4 'Tröedigaeth Ann Griffiths', *Seren Gomer*, 54 (Hydref 1962), 71.
5 *Merch Gwern Hywel* (Llandybïe, 1964), 10.
6 Ibid., 64.
7 Dyfynnwyd gan Percy Mansell Jones yn LlGC, ffacs 297. Percy Mansell Jones at SL, 15 Rhagfyr 1964.
8 *AKAS*, 202. SL at Kate Roberts, 8 Hydref 1964. 'Rwyf wedi addo sgrifennu bwletin Saesneg am bethau llenyddol Cymraeg i'r *Western Mail* am flwyddyn'.
9 LlGC, papurau D. J. Williams, Abergwaun, P2/30 blwch 11. SL at D. J. Williams, 4 Mawrth 1965.
10 'A Renaissant Colossus', *Western Mail*, 10 Hydref 1964.
11 'Incurably Involved in Religion', ibid., 7 Tachwedd 1964.
12 'A Member of Our Older Breed', ibid., 5 Rhagfyr 1964.
13 'Towards a Scientific Welsh', ibid., 16 Ionawr 1965.
14 'Welsh Literature and Nationalism', ibid., 13 Mawrth 1965.
15 'Plaid Cymru – y Cam Nesaf', *Barn*, 29 (Mawrth 1965), 125.
16 *Baner ac Amserau Cymru*, 15 Ebrill 1965.
17 LlGC, papurau Gwynfor Evans G1/37. SL at Gwynfor Evans, 18 Mawrth 1965.
18 *SLThG*, 368. SL at Gwenllian Wynne, 22 Ionawr 1965.
19 LlGC, papurau Gwynfor Evans, G1/37. SL at Gwynfor Evans, 18 Mawrth 1965.

20 LlGC, papurau D. J. Williams, Abergwaun, P3/30. Dyddiadur D. J. Williams, cofnod 24-5 Mawrth 1965.

21 Ibid., P2/30, blwch 11. SL at D. J. Williams, 28 Mawrth 1965.

22 'Ann Griffiths: Arolwg Llenyddol', *Trafodion Anrhydeddus Gymdeithas y Cymmrodorion*, 1965, 247.

23 Ibid., 250.

24 Sonia David Jones, er enghraifft, yn ei gyflwyniad i Alun R. Jones a Gwyn Thomas (goln), *Presenting Saunders Lewis* (Cardiff, 1973), xvii, am siarad â 'five or six Welshmen' a fynychodd y ddarlith ac a drawyd gan 'the intense and very deep religious nature of his mind . . . the *gravitas* and *pietas* of Saunders Lewis'. Cofiodd Gwilym R. Jones, '"Y Cawr Mawr Bychan"', *Y Faner*, 13 Medi 1985, deimlo 'fod yr Ysbryd Glân wedi cydio yn y darlithydd a throi ei ddarlith alluog yn foddion gras'.

25 LlGC, papurau D. J. Williams, Abergwaun, P2/30, blwch 11. SL at D. J. Williams, 5 Medi 1965. Cymharer ei gŵyn wythnos wedi hynny fod ei gynulleidfa wedi cymryd 'mai pregeth oedd y ddarlith'. *AKAS*, 212. SL at Kate Roberts, 12 Medi 1965.

26 'Yn y Trên', *Barn*, 34 (Awst, 1965), 274-6.

27 [Gwyn Thomas], 'Holi: Saunders Lewis', *Mabon*, 8 (Gaeaf 1974-5), 10.

28 *AKAS*, 212. SL at Kate Roberts, 12 Medi 1965.

29 [Gwyn Thomas], 'Holi: Saunders Lewis', 7.

30 LlGC, papurau D. J. Williams, Abergwaun, P2/30, blwch 11. SL at D. J. Williams, 14 Rhagfyr 1958: 'Mae popeth yn yr Eglwys Gatholig yn ddiflas gennyf i ond un peth – fod ganddi, yn fy nghred i, yr offeren a roes ei sylfaenydd iddi, a thrwy hynny wasanaeth sy'n rhyngu bodd Duw.' Pan deithiodd Emyr Humphreys i Rufain yn sgil penderfyniad y Fatican, cafodd y siars a ganlyn: 'Peidiwch â saethu'r Pab, er mai dyna a haedda am ddinistrio'r isel offeren Ladin, damia fo.' LlGC, papurau Emyr Humphreys, A1/1408. SL at Emyr Humphreys, 16 Mawrth 1967.

31 LlGC, papurau D. J. Williams, Abergwaun, P2/30, blwch 11. SL at D. J. Williams, 4 Ebrill 1967.

32 *SLThG*, 368. SL at Robert Wynne, 26 Mehefin 1966.

33 LlGC, papurau D. J. Williams, Abergwaun, P2/30, blwch 11. SL at D. J. Williams, 27 Ionawr 1966.

34 *AKAS*, 216. SL at Kate Roberts, 28 Hydref 1965.

35 Dafydd Glyn Jones, 'Agweddau ar Ethos y Dramâu', yn D. Tecwyn Lloyd a Gwilym Rees Hughes (goln), *Saunders Lewis* (Abertawe, 1975), 178-95.

36 D. J. Williams, *Codi'r Faner* (Caerdydd, 1968), 30.

37 LlGC, papurau Plaid Cymru, B1210. SL at Elwyn Roberts, 19 Mai 1966.

38 LlGC, papurau D. J. Williams, Abergwaun, P2/30, blwch 11. SL at D. J. Williams, 2 Medi 1966.

39 *Liverpool Daily Post*, 1 Tachwedd 1966.

40 LlGC, papurau Lewis Valentine, 3/32. SL at Lewis Valentine, 22 Ionawr 1967.

41 'Y Gwrandawr', atodiad i *Barn*, 56 (Mehefin, 1967), III.

42 [Gwyn Thomas], 'Holi: Saunders Lewis, 8.

43 'Pwy a Ddring i Ladingffordd?', *Y Genhinen*, 12 (1966-7), 116.

44 *Llên Cymru*, 9 (1966-7), 113.

45 *AKAS*, 222. SL at Kate Roberts, 16 Medi 1966.

46 Ibid., 223. SL at Kate Roberts, 29 Tachwedd 1967.

47 Ibid., 25 Rhagfyr 1967.

48 LlGC, papurau'r Academi Gymreig, CDC9/12. SL at Wilbur Lloyd Roberts, 14 Tachwedd 1967.

49 Ioan M. Williams (gol.), *Dramâu Saunders Lewis: y Casgliad Cyflawn, Cyfrol II* (Caerdydd, 2000), 759.

50 *AKAS*, 225. SL at Kate Roberts, 5 Mehefin 1968.

51 *Presenting Saunders Lewis* (Cardiff, 1973), vii-viii.

52 Dafydd Glyn Jones, 'His Politics', ibid., 67-8.

53 'Hunan-lywodraeth i Gymru', *Barn*, 72 (Hydref 1968), 314.

54 LlGC, papurau D. J. Williams, Abergwaun, P2/30, blwch 11. SL at D. J. Williams, 2 Medi 1966: 'Ni ddaw hunan-lywodraeth ond yn unig drwy wneud llywodraethu o Lundain yn amhosibl. Y mae dysgu mai dulliau cyfansoddiadol sy'n mynd i ennill yn chwarae'n syth i ddwylo llywodraeth Loegr.'

55 *Baner ac Amserau Cymru*, 17 Hydref 1968.

56 Gareth Evans, 'Polisi Di-drais y Blaid', *Barn*, 73 (Tachwedd 1968), 6.

57 Hugh Pritchard-Jones, 'Saunders Lewis a Gweithredu Anghyfansoddiadol', *Barn*, 74 (Rhagfyr 1968), 43.

58 LlGC, papurau Lewis Valentine, 3/34. SL at Lewis Valentine, 16 Medi 1968.

59 'Y Gwrandawr', atodiad i *Barn*, 74 (Rhagfyr 1968), iii.

60 *Baner ac Amserau Cymru*, 24 Hydref 1968.

61 D. Tecwyn Lloyd, 'Golygyddol', *Taliesin*, 17 (Rhagfyr 1968), 3.

62 *Y Cymro*, 24 Hydref 1968.

63 LlGC, papurau D. J. Williams, Abergwaun, P2/30, blwch 11. SL at D. J. Williams, 19 Rhagfyr 1968.

64 'Y Bomiau a Chwm Dulas', *Barn*, 378/9 (Gorffennaf/Awst 1994), 12.

65 'FWA', *Barn*, 82 (Awst 1969), 258.

66 *The Times*, 22 Mawrth 1969.

67 LlGC, papurau D. J. Williams, Abergwaun, P2/30, blwch 11. SL at D. J. Williams, Sul y Blodau [30 Mawrth] 1969.

68 *The Times*, 2 Gorffennaf 1969.

69 *AKAS*, 229. SL at Kate Roberts, 20 Rhagfyr 1969.

Y FFARWEL ESTYNEDIG
1970-85

... that's a thing I shall always associate with Saunders – the suddenness of his coming and going – many people say 'I must be going now' but when Saunders says this he has already vanished before one can turn round![1]

Yng nghyd-destun ffarwel olaf Saunders Lewis, nid oedd hynny'n wir. Bu'n hir yn llacio gafael ar fywyd. Adroddir hanes pymtheng mlynedd olaf ei oes o fewn cwmpas un bennod, er hynny, oherwydd perthyn tyndra thematig i'r blynyddoedd hynny. Ar y naill law, fe'u treuliodd gydag ymwybyddiaeth estynedig o anocheledd angau, gan ei ofni a'i ddeisyfu am yn ail. Ac ar yr un pryd, ac i raddau mwy na'r un Cymro o'i flaen, cafodd fyw'r blynyddoedd hyn yn y Gymru Gymraeg ddiwylliannol yr oedd ef ei hun wedi gwneud cymaint i'w chreu. Daeth ei raniad moel ef ar lenyddiaeth Gymraeg yn ddau gyfnod cyn ac ar ôl 1536 yn uniongrededd yn adrannau Cymraeg y Brifysgol; daeth craster clyfar, modernaidd ei gerddi yn arian bath i genhedlaeth newydd o feirdd ac, o safbwynt gwleidyddol, eiddo Lewis oedd Cymru'r 1970au yn y gweddau mwyaf hunanymwybodol ac anniddig o Gymreig arni. Yn ei ddyddiau olaf, profodd ddadeni. Ni safodd yr un protestiwr iaith gerbron llys (ac aethant yn gannoedd erbyn canol blwyddyn gyntaf y degawd) heb *Paham y Llosgasom* Lewis yn batrwm o rethreg iddo a *Tynged yr Iaith* Lewis yn anogaeth ac yn efengyl; ni weithredodd y llywodraeth mewn perthynas â Chymru heb enw Lewis yn rhywle ar gyrion y trafod; ac fel yr ymbaratôdd Plaid Cymru i amddiffyn sedd Gwynfor Evans yng Nghaerfyrddin ac ymgiprys am seddi eraill yn etholiad cyffredinol 1970, gweithredai dan gysgod y feirniadaeth anochel ar ei dulliau a'i hathrawiaeth a ddôi o gyfeiriad Bryn-y-môr, Westbourne Road, Penarth. Diau fod dylanwad uniongyrchol Lewis ar drai; ond lle bynnag y ceid y ddadl oesol ymhlith cenedlaetholwyr rhwng radicaliaeth a phragmatiaeth, chwifid ei enw ef fel erfyn. 'There is no way of looking at Welsh literature or modern Welsh politics that does not give Saunders Lewis the central place',[2] ysgrifennodd Ned Thomas ym mrawddeg agoriadol ei bortread ohono. Lewis, chwedl sylwedydd arall, oedd 'the guru of the language movement'.[3] Trwy osod y Gymraeg o flaen hunanlywodraeth, yr oedd Lewis, meddai Owain Owain, wedi 'chwythu'r haenau o lwch llwyd oddi ar genedlaetholdeb Cymru'.[4] 'The feeling persists', meddai ymgyrchwr arall dros yr iaith am yr un athrawiaeth, 'that one hundred years ago a movement inspired by such ideology and in the hands of capable men would have proved invincible.'[5] Fel yr oedd, cafodd Lewis fyw yn ddigon hir, er nad oedd gwahaniaeth ganddo erbyn y diwedd, bid sicr, i fedru synhwyro mai ei ddewis ddull ef o wleidydda gweithredol, herfeiddiol rhagor camau pwyllog cyfansoddiadol a chymrodeddus – ledled yr Ymerodraeth Brydeinig, yn ne'r Unol Daleithiau, yn Ne Affrica a Chanolbarth America, Dwyrain Ewrop a'r Dwyrain Pell – oedd y dull mwyaf llwyddiannus o ennill rhyddid. Mewn degawd a roddodd bwyslais yn ei athrawiaeth foesol boblogaidd ar aberth arwrol, megis stori difa brodorion America yn *Bury My Heart at Wounded Knee* Dee Brown (1970) ac a gyhoeddodd ei gredo wrthddiwydiannol, gydweithredol trwy sefydlu Greenpeace a phrynu *Small is Beautiful* E. F. Schumacher (1973) fesul miliwn, yr oedd Lewis Penyberth a'r 'Deg Pwynt Polisi', o'r hir ddiwedd, bron yn *chic*. Yr oedd yn ei henaint, meddai Harri Pritchard Jones mewn teyrnged iddo, wedi '[t]aro yr union nodyn a ddeffrodd y genhedlaeth bresennol o ymladdwyr cenedlaethol'.[6] Lewis, ysgrifennodd Trevor Fishlock, yn sgil ymweliad ag ef yn ei gartref ym Mhenarth ym Medi 1970, lle y'i cafodd 'mowing his front lawn with a furious energy',[7] oedd 'the strongest voice of Welsh consciousness . . . There is a section of Welsh youth which venerates him like a prophet.'[8] Lewis, ychwanegodd edmygydd arall, oedd 'the mind and spirit of a great (though small!) nation . . . reminding us that the "race is not to the swift nor the battle to the strong"'.[9] Deilliodd gweithgarwch creadigol y blynyddoedd clo – dramâu, dyrnaid o gerddi a llond llaw o erthyglau ac adolygiadau – o'r

croestynnu cymhleth hwn rhwng bod yn icon, chwilfrydedd deallusol a'r
awydd gwrthgyferbyniol anorthrech i ildio. Adlewyrchid yr un tensiwn
yn ei sylwadau ar faterion y dydd, bron fel petai'n hiraethu am
amaturiaeth dyddiau cynnar y Blaid Genedlaethol. Bu ei flynyddoedd
olaf yn fodd i amlygu cyflwr meddwl a fuasai'n rhan ohono byth oddi ar
ddechrau'r dauddegau, mai nod amgen anniffuantrwydd yw llwyddiant
ac mai methiant yw gwarant sicraf cywirdeb barn.[10]

Wynebodd Lewis y degawd newydd gyda £700 o gymhorthdal gan
Gyngor y Celfyddydau a phrosiect newydd: cais gan yr un corff ym mis
Tachwedd 1969 i lunio cyfrol fechan Saesneg ar David Jones. Wedi
petruso – 'mostly a matter of conscience' – am na ddymunai osod
esiampl ddrwg i lenorion Cymraeg trwy ysgrifennu yn Saesneg ac
oherwydd ofn na allai gynhyrchu llyfr cyfan yn yr iaith honno bellach,
fe'i derbyniodd gan gredu nad brad fyddai 'a little informative book on a
very particular friend'. Er mai 'foolhardy' oedd mentro yn 77 oed,
addawodd fwrw ymlaen a gofyn 'heaps of impertinent and pertinent
questions about your youth'.[11]

Ni ddaeth dim o'r fenter, ac mae lle i amau i gynnig arall fynd â'i
fryd, sef y ddrama deledu *Branwen*, a gomisiynwyd gan y BBC yn ail
hanner 1969 ac a ddarlledwyd ar Ŵyl Dewi 1971. Fel y cofiodd y
comisiynydd, Aneirin Talfan Davies, derbyniodd Lewis y cynnig 'ar
unwaith', a synnodd 'pa mor sicr oedd ei law wrth drafod y cyfrwng
newydd'.[12] Ond os newydd y cyfrwng, nid felly y genadwri a'r duedd,
chwedl un colofnydd, 'i'r ddrama ymylu ar fod yn hunan-barodi'.[13] Yn
sicr, mae *Branwen* yn llwyfan i'r elfennau hynny a nodweddai waith
Lewis hanner canrif cyn hynny bron yn *Gwaed yr Uchelwyr*: aberth dros
gymdeithas, cariadon yn bradychu ei gilydd a ffraethineb geiriol. Gyda
hyn o wahaniaeth: pan gyhoeddodd Lewis hi ynghyd â drama deledu
arall, *Dwy Briodas Ann*, yn 1975, mewn ymgais i 'estyn mymryn ar eu
hoes', nid ymhelaethodd Lewis ar ei harwyddocâd yn y rhagymadrodd,
ac nid awgrymodd yn ei deitl cyffredinol i'r ddwy ddrama, fod ganddo
fawr o feddwl ohonynt fel cyfraniad arhosol i lenyddiaeth Gymraeg.[14]

Aeth Lewis trwy'r 1970au heb ddim, fe ymddengys, a'i dwfn fodlonai.
Gwelodd Mawrth 1970 gychwyn colofn fyrhoedlog i fisolyn Cymdeithas
yr Iaith Gymraeg, *Tafod y Ddraig*. Ymagweddodd ynddi fel swmbwl i'r

sefydliad – bu ymosodiad personol ar Elystan Morgan a Goronwy Daniel yn y golofn agoriadol – ond yma, efallai, fel gŵr gwadd ar ddudalennau cyhoeddiad byrlymus, ifanc, amharchus, gyda'i Gymraeg simsan, ei ddiwyg cyforiog, blêr, ei ebychnodau, ei gartwnau crafog ond hanfodol ddiniwed a'i ffotograffau gwelw, y daw henaint Lewis i'r golwg megis am y tro cyntaf, gan ein hatgoffa mor llwyddiannus y bu'n ei guddio cyn hynny. Nid oedd yn westai cyffordus. Mae rhywun yn synhwyro tyndra rhwng dwy duedd yr un mor amhriodol â'i gilydd yn ei ymwneud â'r cyhoeddiad. Ar y naill law, teimlir bod y meddwl yn crwydro peth ar brydiau a bod ysbryd y *Daily Mail* neu ynteu ei fagwraeth Anghydffurfiol yn cael y llaw uchaf ar y sylwedydd a hogodd ei arfau yn *Y Faner* ddeng mlynedd ar hugain ynghynt; ar y llall, ceir ymgais i gynnal dadl, i ymresymu. Daw'r ddwy bob yn ail â'i gilydd yng nghyfraniad Ebrill 1970. Hyn o ragfarn biwis, adain-dde:

> Y mae streiciau cyson am uwch ac uwch cyflogau, a'r anllywodraeth ym mysg yr ifainc a'r tyrfaoedd pêl-droed – er eu bod yn dangos anfodlonrwydd sy'n tyfu ar fywyd diwydiannol y trefi – eto'n prysuro'n anochel i'r chwyldro totalitaraidd sydd yn ben-draw gwareiddiad ein cyfnod ni.

A hyn mewn cywair tawelach ond yr un mor anghydnaws mewn cyhoeddiad gan fudiad a fynnai statws i'r iaith fel cyfrwng bywyd cyfoes:

> Brwydr dros ddynion, dros ddyn sy'n berson i'w barchu, yw'r frwydr dros yr iaith Gymraeg. Os amddifedir dyn o'i orffennol, o'i gysylltiad â'i nain a'i hen-nain, y mae ef o'r herwydd yn dlotach person, yn llai o lawer iawn ei hunan-barch, ac felly yn haws i'w ormesu a'i drin fel da byw neu ddarn o beiriant ffatri.[15]

Nis bodlonwyd, yn sicr, gan gynnydd Plaid Cymru, ac ar drothwy etholiad cyffredinol 1970, llugoer oedd ei gefnogaeth iddi. Pwysig oedd 'ennill pleidleisiau', addefodd, ond yr oedd yn rhaid ystyried 'pethau pwysicach lawer': pennaf amcan 'ein cenedlaetholdeb ni' oedd 'magu pobl yng Nghymru sy'n deilwng o'u hetifeddiaeth, ac y sydd drwy hynny ac oherwydd hynny yn fwy dynion ... y mae bod y cyfryw leiafrif i'w gael yn ein gwlad ni yn ei gwneud hi'n wlad fwy goddefadwy i fyw ynddi tra bo raid i neb fyw.'[16]

I Lewis, yr oedd 1970 yn flwyddyn ac ynddi enghreifftiau ddigon o farwolaethau amserol, gweddus. Gwelodd 'naws buddugoliaeth' ym marw D. J. Williams yn 84 oed, y mis Ionawr hwnnw, ar lawr ei hen gapel yn Rhydcymerau. 'Y mae'r peth mor anhygoel briodol, mor ddramatig briodol. Does dim lle i ddagrau na gofid na galar.'[17] Fel yr aeth y flwyddyn rhagddi, ymddatododd o un i un y cysylltiadau a roddai siâp a chymeriad i'r genedl fel yr adwaenai Lewis hi. Bu farw Ifan ab Owen Edwards ar 23 Ionawr; wythnos yn ddiweddarach, collwyd Francis Fisher, sylfaenydd y Theatr Fach yn Llangefni a lwyfannodd rai o ddramâu mwyaf arbrofol Lewis; fe'i holynwyd ar 6 Ebrill gan J. P. Davies, Porthmadog, meichiau D. J. Williams adeg Penyberth ac un a fuasai'n gefn i'r achos cenedlaethol yn Eifionydd yn ystod dyddiau Lewis wrth y llyw; ac ar 20 Ebrill, gyda marw T. I. Ellis, collodd Lewis y ddolen gydiol olaf ag Undeb Cymru Fydd.

Priodol yn ei ffordd ei hun hefyd, megis colli D.J. o'i flaen, oedd marw cynheilydd deallusol Cymdeithas yr Iaith, J. R. Jones, ym mis Mehefin, er nad oedd eto'n 60 oed. Cafodd Lewis ei gwmni yn ystod misoedd olaf ei fywyd tra gweithiai ar y pum pregeth sydd yn *Ac Onide*, a chael yr ymweliadau â'i gartref yn Abertawe 'yn brofiad i'w drysori'. Dyma ddyn, barnai, a gymerai 'angau o ddifrif'. Yn ei ymdriniaeth estynedig â'r gyfrol, a ystyriai'n 'gân ryddiaith', dyfynnodd eiriau Jones yn gymeradwyol, gan ofyn 'a oes unrhyw beth mor nobl ac mor angerddol ddwys wedi ei sgrifennu mewn pros Cymraeg yn yr ugain mlynedd diwethaf'. Rhaid diolch yn wylaidd am rodd bywyd gan wybod na all barhau:

> Eithr yng nghraidd pob diolch y mae gostyngeiddrwydd. Pan ddaw dyn i wyneb Dirgelwch sy'n dywedyd wrtho mai peth cyfan gwbl ddibynnol ydyw ym myd 'bod', fe ddaw'n ymwybodol eto o ffiniau ei feidroldeb. Fe dorrir crib ei falchder yn y llwyr-fedrusrwydd technolegol a enillodd iddo gymaint awtonomi ym myd 'cynheiliaeth' a 'rheolaeth' ei wareiddiad. Ym myd 'bod' y mae'n crebachu'n ddim.[18]

Yr un modd gyda marw iaith. Cytunai Lewis gydag ef mai '[m]ater o achub yr enaid' oedd achub y Gymraeg:

Ni bydd Cymru heb Gymraeg . . . Hyd yn oed os ennill ei hunan-lywodraeth, os ennill hi annibyniaeth, nid Cymru fydd Wales. Ac o'r herwydd, yn argyhoeddiad J. R. Jones – a thrwy drugaredd yn f'argyhoeddiad innau erioed – nid oes ond un frwydr sy'n werth ei hymladd y dwthwn hwn yng Nghymru. Brwydr yr iaith yw honno, y frwydr i'w chael hi'n ôl i holl fywyd Cymru. Dyna destament J. R. Jones, ei neges olaf.[19]

Mynychodd angladd J. R. Jones ar 6 Mehefin, i glywed ei enw ei hun wedi ei gyplysu ag eiddo ei gyfaill yn anerchiad Pennar Davies, fel dau a wnaeth '[dd]wy gais nodedig i ddarparu athroniaeth ar gyfer deffroad cenedlaethol y Cymry yn ystod y ganrif hon'.[20] Cyrhaeddodd adref i'r newydd am farw J. E. Jones, y gŵr yr oedd ef ei hun wedi'i benodi'n drefnydd y Blaid Genedlaethol ddeugain mlynedd cyn hynny. Cymorth oedd y ddwy farwolaeth, ar drothwy etholiad cyffredinol, ysgrifennodd i'w gynulleidfa ifanc, 'i beidio ag ymgolli ormod yn y berw . . . Mae'n iawn i Blaid Cymru ymladd yr etholiad. Byddai peth llwyddiant i'r Blaid yn galondid hyfryd. Ond nid etholiad a fedr benderfynu tynged cenedl.'[21]

Yn y cyferbyniad rhwng berw byrhoedlog a thynged anorfod y mae modd dod at linellau esgyrnog 'Dychwelyd', a ddyfynnir yn llawn yma:

Bûm ifanc yn caru. Mae cariad
Yn lladd byd o bobl ar drawiad:
'Does neb yn bod ond fy nghariad.

Mae myrdd goleuadau'r cread
Yn diffodd yn rhin yr eiliad:
'Does na haul na lloer ond fy nghariad.

Weithian mi wn anobeithio.
Anobaith, anobaith, mae'n chwalu pob bod
Yn ulw â'i gnulio.[22]

Yma – maddeuer yr ystrydeb – y cyfrwng yw'r neges, yn yr un modd ag y mae mesur cywydd a delweddau 'Llygad y Dydd yn Ebrill' ar ddechrau gyrfa Lewis fel bardd yn dystion llafar i'w gred mewn trefn, mawl a chyfatebiaeth daear a nef. Yr anwastadrwydd sy'n taro rhywun: testun ansicr ei lais, diganolbwynt, amodol yw hwn, lle mae'r elfennau yn ceisio dianc oddi wrth ei gilydd trwy rym allgyrchol. Cerdd yw hi sy'n gweiddi am gael ei dehongli mewn ffordd ddadadeileddol. Yn gyntaf, ceir y croestynnu rhwng llais baledol y frawddeg agoriadol a lleisiau gwirebol a chyffesol corff y gwaith; yn ail, mae'r tyndra rhwng amser gorffennol a phresennol y dweud; yn drydydd, chwilia rhywun yn ofer am batrwm rhwng y llinellau odledig a'r llinellau cynganeddol; yn bedwerydd, mae'r nogio greddfol wrth ailddarllen 'weithian' rhag ofn mai 'weithiau' sydd yno. Hyn oll mewn cerdd y mae ei theitl yn gwahodd cymhariaeth â diddymdra bydysawd diffwdan T. H. Parry-Williams a 'llithro i'r llonyddwch mawr yn ôl'.

Fel yr ymgodymai Lewis â'r Gymru newydd a gwacach hon yr oedd rhai am sicrhau mesur o anfarwoldeb iddo. Bu sôn am gyflwyno'i enw am Wobr Nobel bron gyda chychwyn yr Academi Gymreig yn 1958, ond nid tan 1970 yr aed ati i lunio cais ffurfiol. Ysgrifennodd Gwyn Thomas at Lewis ar ran yr Academi ar 20 Mai i'w hysbysu o'r bwriad, ac er i Lewis farnu bod y cais yn 'rhyfygus', nid oedd ganddo wrthwynebiad.[23] Pan gyhoeddwyd y si yn y *Times* ar 17 Medi, gwrthododd yr Academi ei wadu na'i gadarnhau. Cadwyd at y stori hyd yn oed yn nechrau 1971, pan oedd y cyfan yn barod, a chynnig i anrhydeddu Lewis fel 'an author and a leader of thought' ar ei ffordd i Stockholm. 'It is not too much to claim, we believe', meddai'r llythyr ynghlwm wrth y cais, that Mr Lewis has added another nation to the concert of Europe, and that henceforth its general acclaim by Europe and the world is merely a matter of time.'[24] Caed y cais ei hun mewn dwy gyfrol wedi'u rhwymo 300 a mwy o dudalennau rhyngddynt. Cynhwysai'r gyfrol gyntaf dystlythyrau gan Rachel Bromwich, David Jones (a soniodd am yr 'astonishing man' a adwaenai), R. S. Thomas ac Emyr Humphreys, a gymharodd Lewis â Voltaire a Dr Johnson am ei feistrolaeth ar 'the twin functions of creative writer and creative critic'. Baich y gwaith, er hynny, oedd *excursus* 69 o dudalennau,[25] yn cydnabod dyled Lewis i Barrès, Bernanos, Mauriac, Kierkegaard, Berdayev, Malraux, Sartre a Camus ymhlith eraill: 'In any company where there is heroism, where the spirit of life struggles in the face of its very precariousness, Saunders Lewis would be at home. He is one of those writers who have, in the words of Albert Camus, "created dangerously"'.[26] Cynhwysai'r ail gyfrol ddetholiad o'i waith: cyfieithiadau o *Buchedd Garmon, Amlyn ac Amig, Gymerwch Chi Sigaret?, Esther, Yn y Trên, Y Cyrnol Chabert*, darnau Saesneg a llyfryddiaeth.

Ni chydnabuwyd derbyn y cais hyd yn oed gan y pwyllgor. Bu ail gynnig yn 1977 a thrydydd yn 1981 – ond yn ofer.

Os oedd Lewis yn ymwybodol o'r ceisiadau seithug, ni soniodd ddim. Erbyn dechrau'r 1970au, fodd bynnag, ymddangosai'r cyfan yn amherthnasol. Barnodd ei fod 'yn rhy hen bellach i newyddiaduraeth dda':

> Y mae fy sefyllfa i yng Nghymru heddiw yn od. Mae Plaid Cymru erbyn hyn yn fwy sosialaidd na chenedlaethol, ac y mae Cymdeithas yr Iaith Gymraeg hithau'n edrych gyda Gareth Miles at y nefoedd comiwnyddol. Bu gennyf ran go fawr yng nghychwyn y ddau fudiad ac y mae gennyf ddau gyhuddiad yn eu herbyn: yn gyntaf, fod eu sosialaeth ddiwydiannol yn gwbl anghyson â'r Cymreigrwydd traddodiadol; ac yn ail fod eu hathrawiaeth gymdeithasol yn eu parlysu; ni allant ond addo i'r dyfodol a phrotestio yn erbyn y presennol.[27]

Athrawiaeth gymdeithasol dra gwahanol oedd eiddo Lewis yntau. Encilio oedd raid; creu gwlad newydd o ludw'r hyn a oedd yn weddill o'r Gymru Gymraeg; arddel meddwl y 'ghetto'. Nid peth i'w ofni oedd ghetto, dadleuodd Lewis, ond cadarnle. Onid 'cynnyrch y ghetto . . . plentyn y ghetto, cyfiawnhad ac apotheosis y ghetto' oedd Israel ei hun, y ffodd ei thrigolion o gaethiwed yn Ewrop i greu 'gwladwriaeth fwyaf nerthol a militaraidd y Dwyrain Canol heddiw'? Yn ei dwyieithrwydd, yr oedd Cymru 'wedi dyfod allan o ghetto'r Gymraeg, ond yn wahanol i'r Iddewon, wedi dyfod allan i farw'.[28] I oroesi, rhaid oedd arddel y plwyfoldeb achubol a fu'n eiddo i'r Cymry cyn dyfod diwydiannaeth:

> Ymddengys i mi y bydd yn rhaid ail godi ghetto Cymraeg yn fuan os am achub y genedl . . . Rhaid sefydlu neu adfer cymdeithas ar ddarnau o dir Cymru na bydd unrhyw iaith ond y Gymraeg yn *anhepgor* ynddi, mewn ysgol, mewn llys barn, mewn swyddfa drethi, mewn ysbyty, mewn carchar, mewn gwallgofdy, mewn swyddfa deledu. Dyna

ailsefydlu'r ghetto Cymraeg . . . Nid yw celfyddyd y posibl yn
'gwneud sens' yn y sefyllfa bresennol yng Nghymru. Yr amhosibl yw'r
unig beth ymarferol . . . O'r ghetto Cymraeg fe gyfyd Gwladwriaeth
Cymru.[29]

Y Lewis anfoddog hwn – tad bedydd dau fudiad yr oedd yn
ysbrydoliaeth iddynt ond heb reolaeth drostynt, a thyst i weithredoedd yn
ei enw ef na fynnai gyfran ynddynt – oedd gwestai'r unig ran o'r sefydliad
Cymreig, fe ddichon, a fuasai'n gefn iddo ar hyd ei yrfa, pan anrhegwyd
ef â *Presenting Saunders Lewis* yng ngwesty'r Royal yng Nghaerdydd nos
Iau 15 Mawrth 1973 gan Glyn Tegai Hughes, cadeirydd Cyngor Darlledu
Cymreig y BBC. Cofiodd un a fu yno am awyrgylch swrrealaidd bron yr
achlysur mewn 'goruwch stafell foethus a oedd dan ei sang o bobl neis'.[30]
Cafodd gwin Don Cortez ei weini, cafwyd anerchiadau gan Glyn Tegai
Hughes, cadeirydd Cyngor Darlledu Cymru'r BBC, Syr Goronwy Daniel
a Syr Ben Bowen Thomas, a derbyniodd Lewis gopi o'r gyfrol wedi'i
rwymo mewn lledr. Agorodd trwy ddiolch yn Saesneg am y derbyniad,
cyn troi at y Gymraeg. Ni bu pob derbyniad yn ei fywyd mor garedig,
meddai; yn sicr felly, y noson yn Ionawr 1937 pan dderbyniwyd ef gan yr
awdurdodau i Wormwood Scrubs. Yn wir, ym mis Tachwedd 1936,
ychwanegodd, ef yn ôl pob tebyg oedd 'y dyn mwyaf amhoblogaidd yng
Nghymru'. Eto, dyna'r union adeg pryd y dewisodd Rhys Hopkin Morris,
rheolwr y BBC yng Nghymru gomisiynu *Buchedd Garmon* ganddo, 'ar
unwaith, cyn mynd i Lundain ar wyliau'. Bu'r 'act ddewr honno' yn
gychwyn blynyddoedd o gydweithrediad rhwng y gorfforaeth a'r
dramodydd. Ni fynnai, gan hynny, glywed beio ar y BBC.[31] Parodd ei
eiriau ddyfalu. Ai arwydd o anghydweld oedd yma rhyngddo a
Chymdeithas yr Iaith, a oedd newydd ddechrau ymgyrch ar ddarlledu?
Neu a oedd neges yn ei eiriau i arweinwyr presennol y gorfforaeth i
ddangos yr un gwroldeb â'u rhagflaenwyr? Nid ymhelaethodd Lewis.
Siomwyd y rhai a ddisgwyliai sylw ganddo ar sefydlu sianel deledu
Gymraeg hefyd: ' . . . ni ddywedodd ddim syfrdanol', nododd Dafydd
Huws; ' . . . cyn i neb sylweddoli yr oedd Saunders Lewis wedi diflannu
unwaith eto i'w fyd dirgel.'[32]

Gwelodd yr un flwyddyn gyhoeddi hefyd – fymryn o flaen *Presenting*
– y gyntaf o dair cyfrol o ysgrifau beirniadol Lewis a welai olau dydd

rhwng hynny a 1986. Nodau amgen y casgliad o 37 o ddarnau (mewn trefn amseryddol fras yn ôl eu pwnc) yn ôl eu golygydd, R. Geraint Gruffydd, oedd eu bod 'yn ffrwyth cyfuniad cwbl eithriadol o ddysg a gweledigaeth', ac yn enwedig yr ail elfen – 'peth prinnach o lawer na dysg' – a alluogai eu hawdur, mewn geiriau sy'n adleisio llinellau agoriadol 'Llygad y Dydd yn Ebrill', 'i ganfod mawredd ac arbenigrwydd mewn awdur unigol y tueddid i fynd heibio iddo'n ddibris ddigon o'r blaen'.[33]

Yn bendant iawn, nid oedd dibrisio ar Lewis ym mlwyddyn ei ben blwydd yn 80. Yr oedd 'Cymru gyfan', nododd Charles Huws mewn cywair sinigaidd braidd ym mis Hydref y flwyddyn honno, 'fel petai wedi gwirioni eleni, gyda phawb blith-draphlith am y gorau i dalu teyrnged', gan ddefnyddio'r achlysur 'fel bachyn hwylus i hongian eu heuogrwydd hwyrfrydig arno'.[34] Traddododd Dafydd Glyn Jones ddarlith ar 'Saunders Lewis a thraddodiad y ddrama Gymraeg' yng nghyfarfod blynyddol cyntaf Cymdeithas Theatr Cymru yn Eisteddfod Dyffryn Clwyd ar 10 Awst ac ym Medi aeth cwmni Theatr yr Ymylon ar daith ledled Cymru gan berfformio *Cymod Cadarn* Emyr Humphreys mewn 11 o ganolfannau, 'drama ddogfen am hynt delfryd', yn adrodd hanes Lewis rhwng diwedd y Rhyfel Byd Cyntaf a 1961, gyda T. James Jones yn y brif ran dan enw 'y Dyn Angenrheidiol'.[35] Y Nadolig hwnnw, cartŵn o'i wyneb ef gan Tegwyn Jones a lanwodd glawr *Barn*: y talcen uchel dan goron o wallt, y llygaid gwelw a'r trwyn hirfain heb newid fawr er pan dynnwyd ei lun gyda gweddill y staff yng Ngholeg Abertawe hanner can mlynedd ynghynt.

Dechreuai treigl y blynyddoedd ddweud arno, er hynny. 'Ni fedraf honni fy mod i'n mwynhau henaint', ysgrifennodd at gyfaill.[36] Yr oedd yr asthma yr oedd wedi 'ymbriodi ag ef . . . fel gwraig yn aros yn ffyddlon',[37] rai blynyddoedd cyn hynny gan ei adael 'yn griddfan fel megin gof',[38] bellach yn gydymaith cyson. 'Maen nhw'n dweud na fedr asthma ddim lladd,' ysgrifennodd at Lorraine Davies o'r BBC yng nghyswllt ei fenter nesaf, y ddrama radio *Cell y Grog*, a ddarlledwyd ym Mawrth 1974. 'Efallai, ond fe fedr yrru dyn i uffern cyn ei ladd.'[39] Gohiriodd ei apwyntiad yn yr ysbyty ar 20 Hydref i'w chwblhau. Pan addefodd fod tynged y ddau gymeriad – y carcharor ar fin cael ei grogi

sy'n dyheu am gael byw a'r swyddog nihilaidd sy'n chwennych marw –
'yn fwy diddorol i mi nag i'r gwrandawyr',[40] nid techneg y darn yn unig
a feddyliai.

Lansiad *Presenting Saunders Lewis* oedd sbardun y 'gyfrol gyfarch'
Gymraeg, *Saunders Lewis*, dan olygyddiaeth D. Tecwyn Lloyd a
Gwilym Rees Hughes, y comisiynwyd cyfraniadau iddi ym Mai 1973 ac
a ymddangosodd yn 1975. Fe'i cyflwynwyd i Lewis mewn 'noson syml
o deyrnged ac o werthfawrogiad' ar aelwyd Alun Talfan Davies ar 1 Mai
y flwyddyn honno, yng nghwmni Gwenlyn Parry, Pennar Davies, A. O.
H. Jarman ac eraill, lle canmolodd Tecwyn Lloyd 'y modd y mae o wedi
ein gwahanu ni yma yng Nghymru a gwneud i ni feddwl amdanom ein
hunain fel pobl annibynnol . . . Fydd dim byd yng Nghymru yr un fath
eto yn yr ystyr yna . . .'[41]

Mwy dadlennol, er hynny, yw cymharu'r casgliad hwn o naw ysgrif
(ynghyd â llyfryddiaeth a gasglwyd gan Tecwyn Lloyd) â *Saunders
Lewis, ei feddwl a'i waith*, a gyhoeddwyd union chwarter canrif ynghynt.
Saunders yr athrylith esgymun oedd testun 1950; Lewis a ddioddefws a
orfu sydd yma. Daeth oes faith ac anodd i ben yn ogoneddus, a synhwyrir
bod yr awduron (hwythau'n bendant sefydliadol at ei gilydd) yn llai
chwannog na'u rhagflaenwyr ar ddechrau'r 1950au i drin eu gwrthrych
yn dyner-ddiplomyddol. Er i J. Gwyn Griffiths, er enghraifft, ddatgan mai
'hawdd' oedd canmol '[d]isgleirdeb meddwl a dewrder enaid' Lewis,[42]
nid ymgadwodd rhag 'anghytuno'n gadarn' ag ef ar bwysigrwydd
cymharol hunanlywodraeth a chadw'r Gymraeg.[43] Eto, y nodyn mwyaf
diddorol oedd hwnnw a drawyd gan yr unig gyfrannwr i gyfrol 1950, i
Presenting ac i hon: Pennar Davies. Testun anesmwythyd neilltuol i
Davies yn ei ysgrif ar ganu Lewis oedd 'anobaith' tybiedig 'Gweddi'r
Terfyn'.[44] Ymddihatrodd o'r dehongliad parod ei bod yn gerdd nihilaidd
yn olyniaeth drama *Yn y Trên* trwy fynnu bod rhaid ei darllen gan
'[w]ahaniaethu rhwng anobeithio am ddyn (a'i egwyddorion
hunanfoddhaus a'i orchestion hunandwyllodrus a'i ddelfrydau
bondigrybwyll) ac anobeithio yn Nuw.'[45] Ni allai Dewi Z. Phillips yn ei
dro, chwaith, dadogi anffyddiaeth – ni waeth pa mor fyrhoedlog – ar
Lewis. Yn y drydedd o dair erthygl ar y gerdd, daeth Phillips i'r casgliad
ei bod yn adlewyrchu 'cyflwr Cristion dryslyd, Cristion yn byw mewn

cyfnod lle mae'n fwyfwy anodd i ddweud "Duw" gydag ystyr'.[46] Yn ei ymgais yntau i brofi 'uniongrededd' a '[ch]ywirdeb diwinyddol' y gerdd, mewn ysgrif sy'n adleisio'r dechneg ysgubol o restru enwau yn 'Llythyr Ynghylch Catholigiaeth' yn nyddiau ei anterth tua diwedd y 1920au, cyfeiriodd Lewis at ddylanwad '[d]arnau a dyfyniadau' o waith diwinyddion Protestannaidd Almaenaidd ac Isalmaenaidd y bedwaredd ganrif ar ddeg. Tynnai, meddai, ar gysyniad y Meistr Eckhart ac eraill mai gweddi hithau yw'r weithred o farw ac mai peth 'affwysol druenus "ddigri"' yw ein hymdrech i wisgo'r profiad mewn iaith. Yn debyg i'r 'Llythyr' hefyd, cerdd ydoedd am amwysedd ein dynoliaeth yng ngoleuni ymgnawdoliad Crist: 'Dynion ydym ni, bodau bach digri; does dim rhyw lawer rhyngom ni a llygod. Ond bod rhai ohonom ni yn mentro credu ddyfod Duw yn ddyn.'[47] Er y dylid yn sicr groesawu *caveat* Lewis nad y bardd piau'r gair olaf ar ei waith ei hun, mae arwyddocâd yn yr ensyniad gan Lewis a Phillips o'i flaen mai cerdd yw hi am iaith yn ogystal ag angau. Yn wir, gellir yn gyfiawn ddod ati yng nghyd-destun rhyddiaith Lewis yn yr un cyfnod. Galwad am sianel deledu Gymraeg yw achlysur digon rhyddieithol y geiriau hyn yng nghanol 1972, ond iaith yn fwy cyffredinol sy'n rhoi iddynt eu harwyddocâd:

> . . . nid trysor amhrisiadwy a gollodd y mwyafrif o'r Cymry yn anlwcus mo'r iaith. Nid rhywbeth sy *gan* ddyn neu *gan* gymdeithas yw ei hiaith. Eithr rhan o ddyn, rhan hanfodol o gymdeithas, craidd ei dynoliaeth hi. Heb y Gymraeg ni buaswn i'n bod heddiw . . . Lladd dynion yw lladd iaith, diraddio dyn, ei amddifadu o'i dras a'i orffennol a'i hanes . . .[48]

Yr un cyswllt dirfodol rhwng iaith a bodolaeth – wedi'i weld o'r pen arall, megis – yw pwnc 'Gweddi'r Terfyn'. Yn yr un modd ag y bydd colli iaith yn golygu colli hunaniaeth, mae angau yntau'n dinoethi terfynau iaith. Anobaith canolog y gerdd yw'r agendor rhwng cred a mynegiant, tlodi ein dychymyg yn wyneb anocheledd angau, annigonolrwydd chwerthinllyd 'datganiadau goruchaf ein ffydd'. Wrth farw, y cyfan a allwn yw 'mynd yn fud at y mud'.

Pan ymddangosodd 'Gweddi'r Terfyn', yr oedd Lewis, gartref, yn gwella wedi ei lawdriniaeth ohiriedig ar dro yn y coluddion yn ysbyty preifat y Santes Gwenffrwd yng Nghaerdydd. Cofiodd ymwelydd weld copi o'r *Traethodydd* yn cynnwys y gerdd wrth erchwyn ei wely.[49] 'I had feared', ysgrifennodd Margaret at gyfaill o'i chyfnod yn Workington, 'that he would not return . . . He is only now beginning to feel more sure of himself. That means he is trying to do too much.'[50]

Erbyn dechrau 1974 yr oedd wedi ymgryfhau ddigon i gyhoeddi llythyr dicllon ar 'The Shame of the 1536 Act' yn y *Liverpool Daily Post* ar 23 Ionawr. Aethai popeth yn fwy o ymdrech, er hynny. 'These days', dywedodd wrth Trevor Fishlock, 'it is a considerable effort to stop civilization going to the devil . . . History is not a story of progress; it is sometimes, though not constantly, a story of stopping the rot.'[51]

Ddeufis wedi hynny, gwelwyd ei ymgais olaf i gymathu ffydd ei dadau â ffydd ei Fam Eglwys fabwysiedig mewn adolygiad estynedig ac anuniongred ei hanesyddiaeth ar gyfrol gyntaf *Hanes Methodistiaeth Cymru* dan olygyddiaeth Gomer M. Roberts. Y Diwygiad Methodistaidd, barnodd Lewis, oedd 'y testun mwyaf cyffrous ac epig y gellid ei ddymuno, sef stori ail eni ein cenedl'. Yr oedd y Cymry erbyn 1730, ysgrifennodd, 'yn bobl angofiedig [*sic*], esgymun, ar wahân, eu hiaith yn arwydd o'u hanwareiddiad, a llawysgrifau ei llenyddiaeth hi yn troi'n llwch yn seleri'r plasau Seisnig. Ac eto yr oedd mil o flynyddoedd o addoli'r Arglwydd Iesu Grist yn eu ffurfiant, yn eu gwaed, yn eu cromosomau.'[52]

Synhwyrir mai gwrthglawdd oedd y gweithgarwch rhag teimladau llai cadarnhaol. 'Yr wyf yn cael dyddiau a nosweithiau y byddai'n dda gennyf farw',[53] ysgrifennodd at gyfaill flwyddyn wedi hynny. Naw mis yn ddiweddarach, yr un oedd y cywair mewn llythyr at un arall: 'Mae arna' i ofn y galla' i fyw fel yma tan yn gant oed, yn gwneud dim ond ceisio ac ysywaeth medru anadlu.'[54] Tyndra tebyg rhwng darfod a pharhau yw nod amgen y cyfweliad a wnaeth Lewis yn 1974. Yr oedd newid iaith addoliad yr Eglwys Gatholig wedi bod yn 'ysgytwad ingol' iddo, ond ni fynnai ymhelaethu.[55] Eto i gyd, fe'i hystyriai ei hun yn wleidyddol weithredol o hyd. 'Mater gwleidyddol yw cadw'r genedl Gymreig rhag difancoll ac ni all hynny fod yn ddifater gennyf tra byddaf.' Âi gwleidydda yn groes, meddai i'w '[d]uedd subaritig', ond rhaid oedd 'penderfynu, dewis, plygu, cydnabod hawl, mentro tlodi'.[56]

A'r Eglwys wedi mynd yn ddiffeithwch, cynigiai cadwraeth y genedl faeth ysbrydol iddo o hyd – a'r Gymraeg yn anad popeth oedd nod amgen y gadwraeth honno. Yr oedd ei sêl drosti yn sêl dros barhad a dilyniant bywyd ei hun:

> Yn wir, yn wir, meddaf i chwi, nid oes ond adfer yr iaith Gymraeg i barch a all roi'n ôl urddas person a hunan-barch cyfrifol i bob Cymro a Chymraes. Dyma'r peth hynaf a'r peth mwyaf aristocratig a fedd Cymru heddiw, dyna'i chyswllt â Chunedda ac â Rhufain.[57]

Wrth i'r geiriau hyn ymddangos yr oedd eu hawdur unwaith eto yn destun dadl. Âi tuedd ei feddwl, gyda'i sôn am froydd Cymraeg, mudiad Adfer a Chymdeithas Tai Gwynedd fel 'yr hedyn mwstard' yn y darn uchod, yn groes i'r delfryd o Gymru ddwyieithog, sosialaidd, heddychol a goleddid yn gynyddol gan Gymdeithas yr Iaith. Yr oedd wedi galw heddychiaeth yn '[f]eicrob fel y twbercwlosis' yn y bywyd cenedlaethol ddeuddeng mlynedd cyn hynny gan honni mai 'hynny a laddodd Blaid Cymru' pan gyhoeddodd ei gwrthwynebiad swyddogol i arfau niwclear yn 1958.[58] Yng nghanol y 1970au ymddangosai fod yr un haint ar waith yn rhengoedd y Gymdeithas. Cafwyd enghraifft bwrpasol o'r union beth a'i cythruddai yn nechrau 1975, pan gododd y Gymdeithas ei llais yn erbyn noddi coron Eisteddfod Genedlaethol Aberteifi a'r Cylch 1976 gan Sefydliad yr Awyrlu, yr RAE. Ymddiswyddodd Lewis o fod yn llywydd er anrhydedd arni ar ôl un mlynedd ar ddeg oherwydd ei gred bod 'gyrfa milwr yn yrfa anrhydeddus a nobl ac yn un anhepgor i unrhyw wlad rydd'. Nid oedd dicter yn y penderfyniad. Cyfrannodd Lewis at gostau Ysgol Basg y Gymdeithas yn y Bala rhwng 26 a 30 Mawrth 1975, gan alw arni, fel y gwnaethai yn nyddiau cynnar y Blaid Genedlaethol, 'i fynnu Cymreigio'r awdurdodau lleol Cymreig a'u swyddogion a'u holl sefydliadau a'u hysgolion a'u colegau fel y coder yng Nghymru eto genhedlaeth a fydd yn gwrthod ei diraddio'. O'i ran ef, fel un yn blasu'r fuddugoliaeth wedi i'r Awyrlu dynnu ei gynnig yn ôl, diolchodd Cynog Davies, golygydd misolyn y Gymdeithas, *Tafod y Ddraig*, i Lewis 'am fod yn llym a di-dderbyn-wyneb ac onest'.[59]

Darfu am 'Stŵr Aber-Porth', fel y galwodd *Y Faner* ef, ond bywyd y milwr oedd pwnc menter lenyddol fawr olaf Lewis, ar drothwy ei 82 oed. Drama deledu gomisiwn arall i'r BBC oedd *1938*, y cytunodd i'w hysgrifennu yn Awst 1975 ac a gwblhawyd ym Mai y flwyddyn ganlynol. Teimlai'n 'reit falch' o'r arian, ond ofnai fod ei arddull yn 'hen-ffasiwn enbyd'.[60] Hawdd deall ei ofn. Mewn gwirionedd, yr hyn a wnâi oedd gwrando eto, megis yn 'Y Dilyw 1939', ar 'sŵn tanciau yn crynhoi' neu sefyll fel y safai yn y tir neb rhwng y ffosydd a'i wn ar annel am Almaenwr rhynllyd, diniwed. Drama yw hi am rywbeth nad yw'n digwydd. Gyda hyn o wahaniaeth pwysig: cynysgaedda Lewis y Cadfridog Beck â llygad i weld y dyfodol: 'Trwy ail hanner yr ugeinfed ganrif bydd byddinoedd yr Amerig a Rwsia yn wynebu ei gilydd ar ein tir ni. Heddiw daeth tywyllwch ar Ewrop. A ddaw mo'r goleuni yn ôl yn oes neb byw.'[61] Addefiad ydyw fod yr Anghrist y rhybuddiodd reithwyr Caernarfon rhagddo, yn bwrw ei gysgod dros Ewrop ac na chaiff fyw i weld ei drechu.

Ffrwyth unigedd atgofus oedd *1938*, gwaith llythrennol boenus i Lewis ei gyfansoddi gan gymaint y crydcymalau yn ei ddwylo. Cwynodd y flwyddyn ganlynol nad oedd ef a Margaret wedi gweld 'nemor neb o gwbl ers blynyddoedd'. Daeth haf crasboeth 1976 â phryder am yr adar yn yr ardd: 'eleni mae'r pryfed genwair wedi diflannu, ac mae'r glaswellt yn felyn farw a 'does 'na phryf cop na morgrugyn i'r fronfraith druan'. Tebyg oedd ei sefyllfa yntau. Soniodd ei fod 'yn weddol normal a symol gall rhwng deg ar gloch y bore a saith yr hwyr',[62] ond artaith oedd anadlu gyda'r nos. Yn faterol, câi fyw bywyd 'normal a dosbarth canol cyffredin' am fod 'gamblo ar y stock exchange wedi helpu i'm cadw ac i gadw fy merch a'i theulu',[63] ond nid oedd cysur yn y sadrwydd. 'Y mae henaint mawr yn beth arswydus,' rhybuddiodd gyfaill, 'yn ein gadael ni mewn byd dieithr.'[64] Erbyn diwedd y 1970au, aethai'r cartref ym Mhenarth yn rhy fawr. Cysgai Margaret gan amlaf ar y llawr gwaelod am fod y grisiau'n ormod o dreth arni. Daeth ymweliadau Mair, ei gŵr Haydn a'u plant – Marged, a weithiai fel athrawes Gymraeg a Saesneg ym Mhenarth, Siwan, a astudiai gerddoriaeth yn Aberystwyth: 'grand girls (old-fashioned)',[65] chwedl eu nain, a Dyfrig, gwyddonydd y teulu maes o law – yn ddolen gydiol rhyngddynt a'r byd, gan eu cludo i'r eglwys a gofalu am yr ardd. Ym Mehefin 1979, trawyd Lewis gan strôc. 'Mae fy nghlyw wedi gwaelu'n ddifrifol a'm llygaid yn cyflym ddarfod,' ysgrifennodd, 'ond gallaf o hyd fwynhau gwin yn gymedrol.'[66]

Prin fod achos llwncdestun. Yr oedd Lewis wedi ymboeni a ddylai bleidleisio o gwbl yn y refferendwm ar gynulliad i Gymru ar 1 Mawrth 1979. Yn y diwedd, mentrodd wneud ac annog eraill i'w ddilyn,[67] ond dangosodd y bleidlais Na o 80 y cant na fynnai ei gyd-Gymry hyd yn oed y mynegiant cyfyngedig hwnnw o hunaniaeth. Os oedd yn argyfwng ar genedlaetholdeb, dynododd i bob pwrpas hefyd dranc y llywodraeth Lafur. Yr oedd yr SNP am gyflwyno cynnig o ddiffyg ymddiriedaeth yn llywodraeth James Callaghan a gwnaeth Plaid Cymru yr un peth ar 22 Mawrth, gyda hyn o amod: y cadwai tri AS Plaid Cymru – Gwynfor Evans, Dafydd Wigley a Dafydd Elis Thomas – Lafur mewn grym petai'r llywodraeth yn talu iawndal i deuluoedd chwarelwyr a ddioddefai gan glefyd y llwch. Collwyd cyfle, ym marn Lewis, 'i gyhoeddi a phrofi arwahanrwydd cenedl y Cymry'. Yr oedd blas dyddiau Penyberth ar ei gondemniad:

> Ymddengys i mi fod dyddiau Plaid Cymru wedi eu rhifo. Rhaid i genedlaetholwyr Cymreig sydd o ddifrif edrych am arweiniad o'n carcharau, sy'n magu onestrwydd, nid o Westminster.[68]

Yr oedd ateb Gwynfor Evans wythnos wedi hynny yn fodel o ymatalgarwch. Cafodd sylwadau Lewis 'yn rhyfedd o siom', rhestrodd gyflawniadau ei blaid yn y Senedd, a gofynnodd a welsai Lewis erioed 'un o'r dioddefwyr silicotig hyn' yn methu dringo rhiw heb aros i gael ei wynt neu'n orweddiog ar ei wely 'gyda ffiol fawr o ocsigen wrth ei ochr, yn ymladd am anadl i ddweud ychydig eiriau cryg'.[69] Atebodd Lewis gyda'r troad, ar 23 Ebrill, ond gofynnodd am i'r llythyr gael ei ddal yn ôl tan ar ôl yr etholiad cyffredinol ar 3 Mai. Ynddo, fe'i galwodd ei hun yn '[b]echadur dig a chas', a mynegodd y dymuniad amwys y byddai'r tri AS yn derbyn 'eu gwobr' yn yr etholiad. Amdano'i hun, 'y mae Cymru i mi yn bwysicach na Phlaid Cymru, ac nid trwyddi hi, gyda'i harweiniad presennol, a'i pholisi presennol, y daw hunan-lywodraeth i Gymru'.[70]

Daeth diwedd 1979 ag un gobaith egwan. Ar 11 Hydref, fel rhan o'r ymgyrch dros sianel deledu Gymraeg, diffoddwyd trosglwyddydd

Pencarreg ger Llanybydder gan drindod o genedlaetholwyr canol oed: Pennar Davies, a oedd ar y pryd yn brifathro Coleg Coffa yr Annibynwyr yn Abertawe, Meredydd Evans, uwchddarlithydd yn Adran Efrydiau Allanol Coleg y Prifysgol Caerdydd a Ned Thomas, uwchddarlithydd yn Adran Saesneg, Coleg y Prifysgol, Aberystwyth. Pan ofynnwyd i Lewis a garai ddweud 'unrhyw beth o gwbl am 1936 a'r blynyddoedd wedi hynny', cydiodd yn yr efelychiad pendant hwn o weithred Penyberth. Yr oedd, meddai, 'yn braw fod Plaid Cymru o'r diwedd wedi peidio â bod arni led gywilydd o'r llosgi yn 1936 . . . deled y goelcerth!'[71]

Rhwng ymddangosiad cyntaf y tri o flaen ynadon Llanymddyfri ar 1 Chwefror 1980 a'r gwrandawiad yn Llys y Goron Caerfyrddin ar 28 Gorffennaf sionciodd Lewis drwyddo, gan weld yr achos 'yn gyfle i arddangosiad pwysig o gryfder cenedlaethol ac yn ddatganiad nerthol o hawliau'r iaith'.[72] Gobeithiai weld ailadrodd cynnwrf Brawdlys Caernarfon yn Hydref 1936:

> Yr hyn yr wyf i'n ei obeithio yw y bydd Pennar yn dweud wrth y rheithwyr ei bod yn amhosibl iddynt eich cael chi'n euog gan mai gweithred yn cyhoeddi y llywodraeth yn euog o ladd iaith a chenedl Cymru oedd eich gweithred. Os gellir felly rannu'r rheithwyr, bydd yn fuddugoliaeth. Ni ellir gobeithio am ddedfryd o ddieuog, ond am rwystro dedfryd. O na fedrwn fod gyda chi.[73]

Gwarant oedd y weithred i Lewis, chwedl ei gerdd gyfarch i'r tri, nad âi 'dan bwdu i'r llwch'.[74] Aeth 'Pendefigion ein Planed, / Pennar, Meredydd a Ned' i Gaerfyrddin dan ei fendith a'i weddi yn eu clustiau.[75] Fel y disgwylid, er hynny, ni rannwyd y rheithgor ac nid oedd y Barnwr Robin David yn yr hwyl chwaith i greu merthyron. Yn sgil gwrandawiad a fuasai, chwedl yntau, yn 'complete farce, an exercise in promoting your views',[76] pennodd ddirwy o £500 yr un a chostau, a'r symiau i'w tynnu o'u cyflogau pe baent yn gwrthod eu talu fel arall.[77] Bu'r achos hefyd, yn enwedig felly araith Pennar Davies, yn ymarferiad mewn atgyfodi ysbryd Lewis adeg yr Ysgol Fomio. Mewn anerchiad a alwodd Lewis 'yn gampwaith llenyddol',[78] soniodd Pennar am ddiffodd y trosglwyddydd fel 'ein gweithred simbolaidd',[79] am natur gwbl ddi-drais y brotest, am bwysigrwydd llenyddiaeth, am Ddeddf Uno 1536 ac, mewn adlais o gyfeiriad Lewis at 'y ddeddf foesol', am 'sefydlu cyfraith uwch' ac ufuddhau i 'awdurdod uwch na holl awdurdodau'r ddaear'.[80]

Cyflawnodd gweithred Pencarreg rywbeth mwy hefyd, sef ysbrydoli penderfyniad Gwynfor Evans – wedi dadrith ymgyrch y refferendwm ar ddatganoli – i gefnu ar y meddylfryd cyfansoddiadol a fuasai'n dân ar groen ei ragflaenydd, i ymprydio i farwolaeth yr hydref hwnnw. Y sawl y ceisiodd Gwynfor Evans ei farn cyn cyhoeddi ei fwriad oedd Lewis ei hun. Yn wir, aeth mor bell â galw heibio i'r cartref ym Mhenarth. 'Yn fy marn i, eich gweithred chwi eich tri a fu'r symbyliad',[81] ysgrifennodd Lewis at Pennar, gan awgrymu bod ffactor arall, yn y sôn am 'farn', a allai fod wedi llywio ei feddwl. Math o *rapprochement* oedd y cyfarfod ynddo'i hun a rhaid ystyried y posibilrwydd bod Gwynfor yntau wedi ei gyffroi yn uniongyrchol, fel y tri academydd o'i flaen, gan esiampl Lewis yr holl flynyddoedd hynny ynghynt.

Cribinion sy'n aros. Cafodd Lewis strôc arall yn haf 1980, a adawodd ei fraich chwith yn ddiffrwyth. Synhwyrodd Lewis Valentine, gohebydd achlysurol ond cyson ag ef byth oddi ar eu dyddiau gyda'i gilydd yn Wormwood Scrubs, na châi'r ddau weld ei gilydd eto, er gwaethaf eu bwriad taer i giniawa yng Nghaerdydd, 'ac na chaf mo'r cyfle o ddywedyd yn eich wyneb "diolch yn fawr["]i chi am roddi i mi ragorfraint eich cyfeillgarwch, a sail i gredu, oherwydd eich arweiniad a'ch dylanwad, na bûm fyw yn ofer'.[82] Ychydig wythnosau wedi hynny, yn Chwefror 1981, cwympodd Lewis gan dorri ei glun. Adroddodd ymwelydd o weinidog ag ef yn Ysbyty'r Brifysgol fel yr edrychai 'yn eiddil a blinedig iawn'.[83] Erbyn dechrau 1982, yn niffyg llyfrau print bras, ni allai bellach ddarllen Cymraeg: 'Ac ers blwyddyn a chwaneg nid wyf ond baich i'm gwraig ac i'm teulu a'm doctor. Ac ni fedraf farw.'[84]

Daeth o'r ysbyty mewn pryd i un digwyddiad annisgwyl arall. Mewn araith i'r Cymmrodorion yng Nghaerdydd ar 10 Chwefror 1982, cyfeiriodd yr Arglwydd Edmund-Davies, bargyfreithiwr Lewis adeg prawf yr Old Bailey at 'Dr Saunders Lewis'. Sylwodd Dewi Watkin Powell ar y llithriad, a chysylltodd â Phrifysgol Cymru i holi a ddyfarnwyd doethuriaeth er anrhydedd iddo. Cafodd wybod i Lewis wrthod DLitt adeg ei ymddeoliad yn 1959.[85] Cychwynnodd yr ymgyrch o'i blaid: deiseb yn cynnwys llofnodion 82 o raddedigion y Brifysgol a geirda ar eu rhan gan A. O. H. Jarman: 'Daeth â threfn a dosbarth a disgyblaeth i faes a oedd hyd at hynny'n ddigon anhrefnus a mympwyol yn y Gymraeg.'[86] Yr hydref hwnnw, mewn llythyr 'Hollol Breifat a Chyfrinachol', cysylltodd Emyr Wynn Jones, cofrestrydd y Brifysgol, â Lewis i wneud yr un cynnig.[87] Y tro hwn fe'i derbyniodd. Ar yr aelwyd ym Mhenarth, ar 18 Chwefror 1983, cyflwynwyd Lewis am ei radd mewn seremoni a gyfunwyd â gweddi gan yr Esgob Daniel Mullins, cyffeswr Lewis.[88] Ni chafodd y wasg fynychu ac ni thynnwyd yr un llun. Cyhoeddwyd yr hanes yn y *Times* dan y pennawd 'Back in the Fold'.[89]

Fe'i dygwyd ef a Margaret i ysbyty'r Santes Gwenffrwd yng Nghaerdydd yn 1984, lle bu hi farw yn yr un flwyddyn. 'Mae'n gwbl ddall erbyn hyn ac mewn cyflwr truenus yn gorfforol,' adroddodd un a aeth i weld Lewis. 'Ond mae ei feddwl mor finiog ag erioed. Mae'n pryderu am y Blaid ac yn llym ei feirniadaeth o Dafydd Elis.'[90]

Yr olaf i'w weld yn fyw oedd Daniel Mullins, ar 31 Awst 1985. 'Yr oedd yn dawel ac yn barod ac yn gwbl glir ei feddwl.'[91] Gweinyddwyd y sacramentau iddo a gweddïo yn Lladin.

Bu farw drannoeth, dydd Sul 1 Medi, gan adael £75,682 net yn ei ewyllys. Yng ngwasanaeth offeren y meirw yn Eglwys Gadeiriol Dewi Sant, Caerdydd, bedwar diwrnod wedi hynny, canwyd 'O llefara, addfwyn Iesu' o waith Pantycelyn, emyn gwladgarol Lewis Valentine, 'Dros Gymru'n gwlad', ac 'O galon Crist / Ein lloches ni a'n nod' o'i waith ef ei hun Cludwyd yr arch gan bedwar a oedd, pob un, wedi chwarae eu rhan yn antur ei fywyd: Geraint Gruffydd, golygydd a dehonglydd praffaf ei ysgrifau a'i gerddi a mab Moses, y gŵr y daeth Lewis i'w ystyried yn frawd yn y dyddiau anodd wedi iddo adael Abertawe;[92] Dafydd Wigley, etifedd llywyddiaeth y blaid a sefydlodd; a dau a fuasai'n brawf byw iddo nad oedd terfyn oedran ar ddewrder egwyddorol: Dafydd Iwan a Meredydd Evans. 'Doedd credu ddim yn beth hawdd iddo', meddai Daniel Mullins yn ei angladd:

> Cymaint yn haws fyddai derbyn mai ar olwg allanol pethau y mae barnu'r byd ac mai pethau'r byd yw'r unig rai sydd. Byddai hynny'n caniatáu iddo fyw yn ôl ei reswm a doethineb yr oesoedd a bod yn atebol iddo ef ei hun yn y diwedd am ei weithredoedd.

Rhaid, er hynny, fu byw gyda '[ch]roesddywediadau arswydus y ffydd Gristnogol'.[93] Datgelwyd yn y gwasanaeth hefyd iddo gael ei anrhydeddu gan y Pab Paul VI â theitl Pen Marchog o Urdd Sant Gregori. Gosodwyd y fedal ar ei arch a'i chladdu gydag ef yn yr un bedd â Margaret ym mynwent Gatholig Penarth. Geiriau o'r offeren a naddwyd ar eu carreg: 'Sanctaidd Fair, Fam Duw: Gweddïa drosom'.

Ymunodd cyfeillion a hen elynion a rhai na chawsent erioed ei adnabod i dalu teyrngedau a ogwyddai rhwng cydnabod cyflawniad a dyfalu sut y gallasai'r bywyd cynhyrfus ac epig hwn fod wedi llwyddo'n well. Cymharodd Dafydd Elis Thomas Lewis â Yeats ac Eliot a dal y byddai wedi ennill Gwobr Nobel petai Cymru'n wladwriaeth.[94] Yr oedd Lewis, yn ôl Ned Thomas, 'too austerely intellectual to make a popular politician', ond maentumiodd na fu erioed 'the sinister and fanatical figure sometimes conjured up by his detractors.'[95] Derbyniodd Meredydd Evans '[na] fu Cymru yn union yr un fath wedi 1962', ond gresynodd na chafodd *Tynged yr Iaith* ddylanwad ehangach: 'Yn sicr, ni chafwyd yr hyn y galwyd amdano'.[96] Un yn unig a edrychodd ymlaen. Wrth gloi ei arolwg yntau o fywyd Lewis, mentrodd ei gofiannydd, Tecwyn Lloyd, ystyried y posibilrwydd 'efallai yn wir nad yw ei wir einioes ond megis dechrau'.[97]

Nodiadau

1 LlGC, papurau Aneirin Talfan Davies, blwch 4. David Jones at Aneirin Talfan Davies, 7-8 Medi 1970.
2 Ned Thomas, *The Welsh Extremist* (London, 1971), 52.
3 Clive Betts, *Culture in Crisis: the Future of the Welsh Language* (Upton, 1976), 214.
4 *Y Faner*, 26 Mawrth 1970.
5 Chris Rees, 'The Welsh Language in Politics', yn Meic Stephens (gol.), *The Welsh Language Today* (Llandysul, 1973), 243.
6 *Y Cymro*, 1 Hydref 1973.
7 Trevor Fishlock, *Wales and the Welsh* (London, 1972), 78.
8 *The Times*, 28 Medi 1970.
9 Hugh MacDiarmid, 'Saunders Lewis and the Real Thing', *Anglo-Welsh Review*, 51 (1973), 159.
10 Gweler, er enghraifft, LlGC, papurau Lewis Valentine, 3/35. SL at Lewis Valentine, 21 Mawrth 1971: 'Nid bod mudiad yn llwyddo sy'n dangos ei hawl i gefnogaeth. Mae'n amheus ddigon gen i a eill Cymdeithas yr Iaith achub yr iaith, ond dyna'r unig fudiad politicaidd a chymdeithasol sy'n deilwng o gymorth Cymry gwâr heddiw. Fe'i cefnogwn petai sicrwydd y methai yn ei holl amcanion cyn pen pum mlynedd – ei gefnogi'n syml am mai hynny sy'n iawn.'
11 LlGC, papurau David Jones. SL at David Jones, 13 Rhagfyr 1969.
12 Aneirin Talfan Davies, 'Ar Ymyl y Ddalen', *Barn*, 102 (Ebrill 1971), 170.
13 J.L.M., *Baner ac Amserau Cymru*, 11 Mawrth 1971.
14 'Rhagair', *Dramâu'r Parlwr: Branwen a Dwy Briodas Ann* (Llandybïe, 1975), 5.
15 'Helbulon y Mis', *Tafod y Ddraig*, 31 (Ebrill 1970), 13.
16 Ibid., 32 (Mai 1970), 8.
17 'D. J. Williams', *Barn*, 88 (Chwefror 1970), 90. Gweler hefyd gyfraniad Lewis a Gwynfor Evans yn 'Two Tributes to D. J. Williams', *Anglo-Welsh Review*, 43 (1970), 29-31.
18 'Ac Onide', *Ysgrifau Beirniadol VI* (Dinbych, 1971), 312.
19 '"Gwaedd yng Nghymru"', *Barn*, 100 (Chwefror 1971), 89.
20 Pennar Davies, 'J. R. Jones', *Barn*, 93 (Gorffennaf 1970), 231.
21 'Helbulon y Mis', *Tafod y Ddraig*, 33 (Mehefin-Gorffennaf 1970), 9.
22 'Dychwelyd', *Y Traethodydd*, 535 (Ebrill 1970), 57.
23 Dyfynnwyd yn LlGC, papurau'r Academi Gymreig CSM1/1. Gwyn Thomas at Bobi Jones, 4 Mehefin 1970.
24 Ibid., CSM1/2.
25 Er nad oes enw awdur ar y copi sydd ar gadw ym mhapurau'r Academi Gymreig, fe'i priodolir i D. Tecwyn Lloyd yn Meinir Pierce Jones, 'Yr Awel o Ffrainc', *Y Traethodydd*, 600 (1985), 187.
26 LlGC, papurau'r Academi Gymreig, CSM1/7.
27 LlGC, papurau'r Academi Gymreig, CDC9/12. SL at Alwyn D. Rees, 29 Hydref 1972.

28 'Y Ghetto Cymraeg', *Barn*, 122 (Rhagfyr 1972), 46. Achlysur yr erthygl oedd anerchiad Aneirin Talfan Davies fel llywydd y dydd yn Eisteddfod Genedlaethol Aberafan yn 1966, fel y'i dyfynnwyd yn *Y Faner*, 11 Awst 1966: 'Fedrwch chi ddim diogelu, hyd yn oed yr iaith, trwy gloddio o'i chwmpas a'i gwthio i ryw "ghetto" ddiwylliannol. Rhaid i ni fentro'r cyfan os ydym am gadw dim.'

29 Ibid., 47.

30 *Y Faner*, 23 Mawrth 1973.

31 *Y Cymro*, 22 Mawrth 1973.

32 *Y Faner*, 30 Mawrth 1973.

33 R. Geraint Gruffydd (gol.), *Meistri'r Canrifoedd: Ysgrifau ar Hanes Llenyddiaeth Gymraeg gan Saunders Lewis* (Caerdydd, 1973), ix, x.

34 *Y Faner*, 26 Hydref 1973.

35 Ceir y ddrama gyfan, ynghyd â lluniau o'r prif olygfeydd, yn *Llwyfan: Cylchgrawn Theatr Cymru* (Gaeaf 1973), 13-39.

36 LlGC, papurau Aneirin Talfan Davies, blwch 8. SL at Aneirin Talfan Davies, 7 Ionawr 1973.

37 LlGC, papurau Lewis Valentine, 3/32. SL at Lewis Valentine, 22 Ionawr 1967.

38 LlGC, papurau D. J. Williams, Abergwaun, P2/30, blwch 11. SL at D. J. Williams, 4 Ebrill 1967.

39 SL at Lorraine Davies, 6 Awst 1973. Dyfynnwyd yn Ioan M. Williams, *Dramâu Saunders Lewis: Y Casgliad Cyflawn, Cyfrol II* (Caerdydd, 2000), 873.

40 *Radio Times*, 28 Chwefror 1974.

41 'Detholion o'r Noson ym Mhenarth', *Barn*, 149 (Mehefin 1975), 670-1.

42 J. Gwyn Griffiths, 'Saunders Lewis fel Gwleidydd' yn D. Tecwyn Lloyd a Gwilym Rees Hughes (goln), *Saunders Lewis* (Abertawe, 1975), 72.

43 Ibid., 93.

44 Fe'i cyhoeddwyd yn wreiddiol yn *Y Traethodydd*, 549 (Hydref 1973), ac mewn fersiwn diwygiedig yn T. Gwynn Jones (gol.), *Cerddi '74* (Llandysul, 1974), 63. Yr ail olygiad hwn, gydag un mân ddiwygiad eto, a geir yn R. Geraint Gruffydd (gol.), *Cerddi Saunders Lewis* (Caerdydd, 1986), 53.

45 Pennar Davies, 'Cerddi Saunders Lewis' yn D. Tecwyn Lloyd a Gwilym Rees Hughes (goln), *Saunders Lewis* (Abertawe, 1975), 175.

46 *Y Tyst*, 23 Mai 1974.

47 'Am "Weddi'r Terfyn"', *Y Tyst*, 13 Mehefin 1974.

48 'Teledu a'n Haelodau Seneddol Ni', *Barn*, 117 (Gorffennaf 1972), 228.

49 Aneirin Talfan Davies, 'Ar Ymyl y Ddalen', *Barn*, 134 (Rhagfyr 1973), 55-6. Cyffrowyd Aneirin Talfan 'i waelodion fy enaid' gan 'Gweddi'r Terfyn': 'Fe'm dilynwyd ganddi am ddiwrnodau a methais gysgu'r nos.' Wedi petruso hir ('Ni chefais fwy o anhawster erioed mewn llunio llith i *Barn*, mae'r ugeiniau o ddalennau a daflwyd heibio hyd llawr [*sic*] fy stydi yn dystiolaeth i hynny'), gwelodd ynddi ôl dylanwad *Ac Onide* J. R. Jones a 'gwewyr meddwl' hirhoedlog Lewis ei hun ynghylch y bom atomig.

50 LlGC, papurau Ben Morgan, 1/5. Margaret Lewis at Ben Morgan, 25 Tachwedd 1973.

51 *The Times*, 9 Mawrth 1974.

52 'Y Deffroad Mawr', *Barn*, 139 (Mai 1974), 284-5.

53 LlGC, papurau Lewis Valentine, 3/40. SL at Lewis Valentine, 17 Ionawr 1975.

54 LlGC, papurau Emyr Humphreys, AI/1437. SL at Emyr Humphreys, 16 Medi 1975.

55 Yr oedd Lewis yn llai tawedog yn ei ohebiaeth bersonol, wrth gwrs. Gweler troednodyn 30 ar ddiwedd Pennod 17.

56 [Gwyn Thomas], 'Holi: Saunders Lewis', *Mabon*, 8 (1974-5), 7.

57 *Western Mail*, 18 Ebrill 1975.

58 LlGC, papurau D. J. Williams, Abergwaun, P2/30, blwch 11. SL at D. J. Williams, 13 Awst 1961.

59 'Ymddiswyddiad Saunders Lewis', *Tafod y Ddraig*, 81 (Mai 1975), 2.

60 LlGC, papurau Emyr Humphreys, AI/1438. SL at Elinor Humphreys, 25 Hydref 1975.

61 Ioan M. Williams, *Dramâu Saunders Lewis: Y Casgliad Cyflawn, Cyfrol II* (Caerdydd, 2000), 950.

62 LlGC, papurau Lewis Valentine, 3/44. SL at Lewis Valentine, 6 Medi 1976.

63 LlGC, papurau Emyr Humphreys, AI/1450. SL at Emyr Humphreys, 24 Mawrth 1979.

64 LlGC, papurau Lewis Valentine, 3/46. SL at Lewis Valentine, 20 Chwefror 1978.

65 LlGC, papurau Ben Morgan, 1/5. Margaret Lewis at Ben Morgan, 25 Tachwedd 1973.

66 LlGC, papurau Emyr Humphreys, AI/1452. SL at Emyr Humphreys, 4 Gorffennaf 1979.

67 *Western Mail*, 26 Chwefror 1979.

68 *Y Faner*, 13 Ebrill 1979.

69 Ibid., 20 Ebrill 1979.

70 *Y Faner*, 4 Mai 1979.

71 John Rowlands, 'Holi Saunders Lewis', *Llais Llyfrau*, Haf 1980, 4.

72 LlGC, papurau'r Academi Gymreig, CDC9/12. SL at Meredydd Evans, 12 Mehefin 1980.

73 Ibid., CDC9/12. SL at Meredydd Evans, 17 Gorffennaf 1980. Tebyg oedd ei neges yn LlGC, papurau Pennar Davies. SL at Pennar Davies, 25 Gorffennaf 1980: 'Fy ngobaith yw na bydd dedfryd eithr rhannu'r rheithgor. Wedyn? Bydd y Llywodraeth a'r BBC mewn trwbl bendigedig.'

74 'Cyfarch', *Y Faner*, 15 Chwefror 1980.

75 LlGC, papurau Pennar Davies. SL at Pennar Davies, 5 Chwefror 1980.

76 *The Times*, 29 Gorffennaf 1980.

77 Ffigurau adrodd yr uchod yw'r symiau. Noda D. Densil yn *Pennar Davies* (Caerdydd, 2003), iddynt 'dalu dirwy o £2,000 ynghyd â chostau'.

78 LlGC, papurau Pennar Davies. SL at Pennar Davies, 21 Awst 1980.

79 Pennar Davies, Meredydd Evans a Ned Thomas, *Achos y Tri: Areithiau Llys y Goron Caerfyrddin* (Aberystwyth, 1980), 7.

80 Ibid., 9-10.
81 LlGC, papurau Pennar Davies. SL at Pennar Davies, 21 Awst 1980.
82 LlGC, 22963E/26. Lewis Valentine at SL, 30 Ionawr 1981.
83 LlGC, papurau Kate Roberts, 1978. Cynwil Williams at Kate Roberts, 6 Mawrth 1981.
84 LlGC, 22963E/26. SL at Lewis Valentine, 30 Ionawr 1981.
85 *Barn*, Ebrill 1964, 166.
86 Cyhoeddwyd anerchiad A. O. H. Jarman yn *Barn*, 243 (Ebrill 1983), 90.
87 LlGC, 22725E/78. E. Wynn Jones at SL, 23 Tachwedd 1982.
88 LlGC, 22725E/50. SL at Lewis Valentine, 30 Ionawr 1982.
89 *The Times*, 14 Ionawr 1983.
90 LlGC, papurau Gwynfor Evans, 1994, Ffeil S. Wynne Samuel at Gwynfor Evans, 14 Tachwedd 1984.
91 'Pregeth ar gyfer Offeren Gladdu Saunders Lewis', *Barn*, 273 (Hydref 1985), 376.
92 'Saunders Lewis yn cofio Moses Griffith', *Y Ddraig Goch*, Ebrill 1973.
93 'Pregeth ar gyfer Offeren Gladdu Saunders Lewis', 375.
94 *Y Cymro*, 4 Medi 1985.
95 *The Times*, 2 Medi 1985.
96 'Y Darlithydd Proffwydol', *Y Faner*, 13 Medi 1985.
97 D. Tecwyn Lloyd, 'Golygyddol', *Taliesin*, 53 (Hydref 1985), 5.

ÔL-NODYN

Tybed? Ar ddechrau'r unfed ganrif ar hugain, efallai ei bod yn bryd mentro asesu faint o 'wir einioes' Saunders Lewis sydd ar gerdded yng Nghymru. Ni sefydlodd ysgol ac nid oedd ganddo olynwyr. Daeth Penyberth, isetholiad y Brifysgol a darlith *Tynged yr Iaith* yn dair cyfranc yn chwedloniaeth cenedlaetholdeb, ond prin fod yr un sill o'r weledigaeth a'u cymhellodd wedi goroesi. Felly hefyd glwt porffor 'Gwinllan a roddwyd . . .' Fe'i dyfynnir gydag arddeliad a'i atgynhyrchu ar bosteri, eithr darfu am yr uniongrededd a fu'n sylfaen iddo. Parheir i berfformio'r dramâu, fel pethau cywrain, er mai marw hollol yw eu hestheteg wrth-naturiolaidd, lem. Yr un modd gyda'r erwau o newyddiaduraeth a'r cerddi sy'n mynnu eu lle mewn blodeugerddi ac a astudir ar feysydd llafur. Ffenestri ydynt ar gyfnod a aeth heibio.

Eto i gyd, ar lefel ddyfnach, isymwybodol bron, mae ôl ei law ar Gymru o hyd. Ef a luniodd fframwaith deallusol disgwrs hyd yn oed ei feirniaid mwyaf digymrodedd. Ef, er gwell neu er gwaeth, a ddangosodd fod gwahaniaeth ansawdd ac nid gwahaniaeth graddau rhwng gwladgarwch a chenedlaetholdeb. Pennodd beth mor hurt o anymarferol â'r iaith Gymraeg yn nod amgen y cenedlaetholdeb hwnnw gan ei gwneud yn y fargen yn beth i'w arddel heb gywilydd gan eraill. Dehonglodd hanes diwylliannol Cymru nid fel ffrwyth damweiniol athrylith ond fel traddodiad sy'n drech na dawn yr unigolyn. Ar fyr, ni ellir cyfathrebu yn ystyrlon am y Gymru gyfoes hebddo.

Ar ben hynny, ymddengys fod ar y dychymyg poblogaidd yr un awch am Saunders Lewis ag erioed. Yn 2004, fe'i dewiswyd ymhlith y deg uchaf yn y rhestr o gant o arwyr Cymru gan ddarllenwyr y *Western Mail*. Fe'i dyfynnwyd i gyfiawnhau gwahodd yr Eisteddfod Genedlaethol i Lerpwl, croesawu pobl ddawnus o'r tu allan i Gymru i weithio drosti a

chael gwared ar Hen Wlad Fy Nhadau. Fe'i canmolwyd fel dysgwr sydd
wedi gwneud cyfraniad i fywyd yr iaith Gymraeg, fel esiampl i'r henoed
nad oes angen tawelu a chyfaddawdu, fel anogaeth i Gymry ifanc aros
yn eu broydd ac fel prawf – gydag Aneurin Bevan a Lloyd George – fod
gwleidyddiaeth gyfoes wedi colli ei chymeriadau diddorol.

Daeth enw Lewis yn llaw-fer ddiwylliannol am warth hefyd. Fe'i
collfarnwyd gan Geoffery Alderman yn y *Jewish Chronicle* yn Ionawr
2006 fel 'racist demagogue', fel un 'drawn to the ideals of Italian
Fascism' gan Tim Luckhurst yn yr *Independent* ym Mawrth 2002, fel 'a
fascist, a lover of Hitler, an English public school educated snob' gan
Paul Starling yn y *Welsh Mirror* ym mis Gorffennaf yr un flwyddyn, ac
fel y sawl a boblogeiddiodd y syniad bod rhaid wrth yr 'ethnic cleansing
of Wales' i ddiogelu'r iaith, chwedl Ian Skidmore yn y *Mail on Sunday*
yn Ebrill 2000.

O safbwynt heddiw, yr un mor ddibwrpas yw ei ddyfynnu yn 1948 yn
cymeradwyo polisi Plaid Cymru 'to unite the Welsh people in a unity as
brave and adventurous as the Jews in Palestine'[1] ag yw codi ei eiriau
difrïol (a ffeithiol anghywir yn achos yr ail a enwir) genhedlaeth cyn
hynny eto am Alfred Mond a Lenin fel 'Iddewon napoleonaidd' heb
wahaniaeth ganddynt am 'guriad calon y Gorllewin, na thraddodiadau
gwareiddiad Lladin Ewrop'.[2] Nid ei fyd ef mo'n byd ni. 'The soul', yng
ngeiriau Seamus Heaney, 'exceeds its circumstances'.

Y tyndra parhaus hwn rhwng ei edmygwyr a'i elynion, y dehongli a'r
cymhwyso arno, yw ei waddol. Aeth yn estyniad o'n hymwybyddiaeth,
fel baner neu fel bwgan. Bydd byw bellach yn ateg i'n rhagfarnau, yn
llais dirprwyol, yn rhywbeth mwy nag ef ei hun.

Rhoddwyd cynnig yn y cofiant hwn ar adrodd hynt y broses o
gyfannu a wnaeth Saunders Lewis yn ffigur mor allweddol bwysig yn
hanes Cymru'r ugeinfed ganrif fel na ellir bellach edrych arno ond trwy
ei lygaid ef. Dyma un bywyd o blith nifer a dyfodd yn 'unigrwydd
eithaf'[3] angau yn rhan annatod o'n bywydau ni oll.

Nodiadau

1 LlGC. Heb ei gatalogio. 'Speech for MSL. By Herself', anerchiad yn llaw SL a gyfansoddwyd i'w draddodi gan ei ferch, Mair Saunders.

2 'Nodion y Mis', *Y Ddraig Goch*, Medi 1926.

3 'Ac Onide', yn J. E. Caerwyn Williams (gol.), *Ysgrifau Beirniadol VI* (Dinbych, 1970), 307.

MYNEGAI

Evans, Evan, 69
Evans, Gareth, 350
Evans, Gwynfor, 32, 252, 265, 271,
274-5, 287, 294-5, 296, 302, 328,
330, 333, 341, 345-6, 351, 355, 360,
375, 377
Evans, J. Gwenogvryn, 235
Evans, Meredydd, 376, 378, 379
Evans, Tecwyn, 180
Evans, Watcyn, 163
Evening Express, 199
Ewrop, xvii, 262, 361
Excelsior, 326, 331-2, 348

Family Favourites (rhaglen radio), 297
Faner, Y, 97, 125, 143, 199, 210, 218-
20, 228, 232, 234, 239, 245, 250-2,
260, 265, 267, 269, 283, 292, 296-7,
304, 306, 317, 329, 333-4, 344, 350,
353, 354, 363, 373
Fatican, Y, 35, 120, 250-1, 344
Fenis, 47
Fisher, Francis, 364
Fishlock, Trevor, 361, 370
Fleet Street, 263
Folkestone, 32
Fordham, Montague Edward, 109
Fort Salisbury, 2
Foster, Idris, 281, 303
Franco, Francisco, 209, 219, 221, 224
Free Wales Army (FWA) gweler Byddin
Rhyddid Cymru
Freud, Sigmund, 42
Friskney, 172
Fyrsil, 265, 342

Ffasgiaeth, 148, 222-3, 250-2, 261, 306
Fflorens, 231, 333
Ffôr, Y, 213
Ffrainc, xxiii, 8, 23, 28, 31, 36, 87, 131,
224, 229, 244, 293, 307

Gan Bwyll, 290, 297, 302, 307, 308,
310-11
Gandhi, Mahatma, 174, 226, 291, 296,
302
Garthewin, 49, 212, 248, 255, 284, 291,
297, 303, 307, 310, 312, 313, 325, 345
Genhinen, Y, 95
Gentile, Giovanni, 147
George VI, y Brenin, 203
George, David Lloyd, xxi, 2, 88, 162,
164, 177, 264, 269, 385
Gerddi Soffia, 325
Gestapo, y, 244
Gibson, Harvey, 20
Gilcriest, Margaret, gweler Lewis,
Margaret
Glais, Y, 159
Glannau Mersi, xx, 2
Glasgow, 3, 134-5, 185
Glynebwy, 104, 321, 323
*Golden Barque and the Weaver's Grave,
The*, 82
Golder's Green, 263
Gonnelieu, 32
Gorfforaeth Ddarlledu Brydeinig, y,
gweler BBC, y
Gors-las, 3
Gosber yn Sisilia, 325
Grangetown, Caerdydd, 308
Grantham, 23
Greenpeace, 361
Gregynog, 348
Griffiths, Ann, 337, 340, 342-4
Griffiths, Bruce, 349
Griffiths, James, 274
Griffiths, J. Gwyn, 272, 296, 370
Griffiths, Peter Hughes, 180
Gruffydd, Moses, 106, 130, 136, 161,
180, 217, 222, 246, 252, 265, 281-2,
293, 303, 305, 314, 334, 378
Gruffydd, R. Geraint, 369, 378
Gruffydd, W. J., xviii, xx, 56-57, 85-7,
103, 123, 133, 151, 165, 177, 180-2,